INHALTSVERZEICHNIS

PERSÖNLICHKEITSENTWICKLUNG MIT DEM 360° SYSTEM

NLP | Visualisierung | Selbstdisziplin | Selbstbewusstsein stärken - Das ultimative 4 in 1 Buch mit Erfolgsgarantie

+ Schritt für Schritt zu mehr Ausstrahlung und Charisma

CHERRY MEDIA

Originale Erstauflage

978-3-96583-311-1	KDP TB
978-3-96583-312-8	Hardcover
978-3-96583-313-5	CD
978-3-96583-314-2	eBook

Druck/Auslieferung:
Amazon.com oder eine Tochtergesellschaft

Impressum:
Cherry Media GmbH
Bräugasse 9
94469 Deggendorf
Deutschland

Für weitere Informationen: **info@cherrymedia.de**

HACKING YOU
DAS GROSSE NLP BUCH

Unterbewusstsein kontrollieren, Persönlichkeit entwickeln und Ziele erreichen! Inklusive zahlreichen Praxistipps für schnelle Erfolge.

CHERRY Finance

Ein Buch Von: Maximilian Heinrich Jännert

Originale Erstauflage

978-3-96583-022-6	POD Taschenbuch
978-3-96583-042-4	Kindle eBook
978-3-96583-050-9	Hardcover
978-3-96583-066-0	Taschenbuch
978-3-96583-184-1	Audio CD

Druck/Auslieferung:
Amazon.com oder eine Tochtergesellschaft

Impressum:
Cherry Media GmbH
Bräugasse 9
94469 Deggendorf
Deutschland

INHALTSVERZEICHNIS

Kostenfreies e-Book & Hörbuch inklusive

Beim Kauf jedes Taschenbuches von Cherry Media ist das **e-Book**, **spannende Bonusinhalte** sowie das **Hörbuch kostenfrei** für Sie **inkludiert**. Gehen Sie dazu einfach auf

https://link.cherrymedia.de/EPUB

oder scannen Sie den abgebildeten QR Code. Auf der Website können Sie dann Ihren einmalig gültigen Zugangscode eingeben.

Den **Zugangscode** zu Ihrem kostenfreie eBook, Hörbuch und zu den Bonusinhalten finden Sie auf der Seite: **194.**

Wir wünschen **viel Freude** mit Ihren **kostenfreien** Inhalten!

Haben Sie Fragen zu Ihrem e-Book? Wir sind gerne für Sie da!

Sie erreichen Sie uns unter info@cherrymedia.de

EINLEITUNG

SEHNEN SIE SICH NACH Veränderung in Ihrem Leben? Möchten Sie erfolgreicher sein, Ängste besiegen und einfach zufriedener werden? Es handelt sich hierbei um eher rhetorische Fragen. Denn wer würde nicht gerne erfolgreicher im Leben sein, etwas mehr Geld verdienen und dieses nutzen, um eigene Träume zu verwirklichen?

Der normale Lebensweg sieht in etwa so aus, dass Sie versuchen einen guten Schulabschluss erreichen. Diesen nutzen Sie, um eine geeignete Ausbildung zu finden oder Sie nutzen die Zeit, um ein Studium zu beginnen. Haben Sie einen passenden Job gefunden, versuchen Sie die Karriereleiter zu erklimmen. Nebenbei wird eine eigene Familie gegründet und die Ziele im Leben scheinen vorbestimmt zu sein.

Sind Sie mit diesem Leben glücklich oder sehen Sie sich nach mehr? Möchten Sie nicht einfach nur einen gewöhnlichen Bürojob haben, bei dem Sie kaum gefordert werden und die langfristigen Aussichten nicht gerade besser aussehen?

Dann ist es an der Zeit, dass Sie an sich arbeiten. Sie haben so viel ungenutztes Potenzial, dass Sie nutzen können, um in allen Lebensbereichen gravierende positive Veränderungen zu vollziehen. Möchten Sie am Ende Ihres Lebens zurückblicken und erkennen, dass Sie Ihr Leben vollends genutzt und genossen haben, sollten Sie versuchen Ihr Potenzial auszuschöpfen.

Weshalb sollten Sie sich mit dem einfachen Job zufriedengeben, wenn Sie doch eigentlich in der Lage wären, so viel mehr zu leisten? Oder haben Sie bestimmte Ängste, die Sie davon abhalten Ihr Leben so zu leben, wie Sie es eigentlich mal erträumt haben?

Wenn Sie auf Ihre Kindheitsträume zurückblicken, wäre Ihr kindliches oder jugendliches Ich, mit Ihrer Entwicklung glücklich oder würde dieses ungläubig an Ihnen zweifeln?

Sie merken also, dass es einen alternativen Weg gibt und wenn Sie nun ehrgeizig an Ihren Zielen arbeiten und eine positive Veränderung erreichen möchten, dann gibt Ihnen die Neuro-Linguistische Programmierung (NLP) geeignete Werkzeuge an die Hand. Dabei geht es vor allem darum, dass Sie Ihre geistigen Fähigkeiten voll ausschöpfen. Ein Sprichwort besagt, dass der Glaube Berge versetzen kann. Dieser Glaubenssatz wird aufgegriffen und auch wenn Sie in diesem Moment noch etwas skeptisch sind, werden Sie merken, dass Ihr Geist das mächtigste Werkzeug ist, dass Ihnen zur Verfügung steht.

Es ist kein Geheimnis, dass Menschen einen Großteil der mentalen Kapazitäten ungenutzt lassen. Viel Energie wird dafür verwendet, die eigenen Ängste zu vermeiden. Gedanken werden daran verschwendet, dass Sie sich einreden, eine Aufgabe unmöglich lösen zu können. Herausforderungen in Ihrem Leben werden zu unlösbaren Hindernissen.

Die Neuro-Linguistische Programmierung schlägt eine Brücke, die es Ihnen ermöglicht auf allen Wegen voranzukommen. Egal ob Sie Ängste besiegen möchten oder einen Motivationsschub benötigen. Sie erhalten die passenden Werkzeuge, um diese Herausforderungen zu meistern und im Leben glücklicher zu werden.

Im Beruf werden Sie Chancen, die sich Ihnen bieten eher ergreifen. Sie sind in der Lage Ihren Vorgesetzten und Ihre Kollegen von sich zu überzeugen. Die Kontaktaufnahme mit fremden Personen wird nicht mehr durch Ihre Schüchternheit überlagert, sondern als freudiges Ereignis wahrgenommen.

Wie genau kann Ihnen die Neuro-Linguistische Programmierung helfen, all diese Ziele zu erreichen und klingt dieses Versprechen nicht etwas unrealistisch?

Die Neuro-Linguistische Programmierung wurde mit dem Ziel gegründet, eine Alternative zu den bisherigen psychologischen Erkenntnissen zu bieten. Die Psychologie konzentriert sich vor allem auf Krankheitsbilder und versucht diese zu ergründen. Dies hat natürlich seine Berechtigung und es ist wichtig, dass psychologische Krankheiten genauso wahrgenommen werden, wie physische Beschwerden.

Dennoch lässt die Wissenschaft hier vollkommen außer Acht, dass für den Geist nicht nur Krankheiten eine hohe Beeinträchtigung sind. Wenn

Sie die physischen Voraussetzungen des Menschen anschauen, dann sind Ärzte dafür verantwortlich, dass der Körper gesund ist und seine normale Leistungsfähigkeit abrufen kann. Darüber hinaus gibt es aber noch Möglichkeiten, die Leistungsfähigkeit weiter zu steigern. Durch sportliches Training können Sie schier unglaubliche Leistungen vollbringen. Menschen können einen Marathon absolvieren, Berge erklimmen oder hohe Gewichte bewegen. Die Leistungsfähigkeit der Menschen, die diese Training absolvieren, geht weit über das hinaus, was eigentlich vom menschlichen Körper erwartet wird.

Was auf körperlicher Ebene längst erkannt wurde, wurde im Geist aber lange Zeit nicht beachtet. Erst in den 1960er Jahren haben sich renommierte Wissenschaftlicher zusammengefunden, um eine Art Trainingsplan zu entwerfen, der aus verschiedenen Übungen besteht. Diese Übungen sind für Jedermann gedacht und Sie benötigen keine psychologische Ausbildung, um diese zu Ihrem Vorteil zu nutzen.

Durch das Anwenden dieser NLP-Techniken werden Sie Ihre eigenen Leistungsgrenzen sprengen und mit der Zeit lernen, Ihr volles Potenzial auszuschöpfen. Sie werden lernen, wie Sie konzentrierter Arbeiten und produktiver werden. Wenn Sie an bestimmten Tagen mal keine Motivation verspüren, werden Sie lernen, wie Sie diese mithilfe des Geistes heraufbeschwören können. Probleme und Hindernisse sind nicht mehr unlösbar, sondern werden als Herausforderungen wahrgenommen, denen Sie begegnen können. Kurzum, Sie können alles schaffen, was Sie sich vorstellen.

Dazu werden Sie zunächst eine kurze Einführung in die Neuro-Linguistische Programmierung erhalten. Im zweiten Kapitel werden Ihnen die Hintergründe aufgezeigt und welche Ziele mit dieser psychologischen Richtung verfolgt werden. Dies wird Ihnen zeigen, ob Sie diese Techniken und Methoden lernen möchten oder ob Sie lieber andere Möglichkeiten wahrnehmen, um Ihr geistiges Potenzial auszuschöpfen.

Vorab sei allerdings gesagt, dass es sich bei den Techniken nicht um irgendwelche „Wunderwaffen“ handelt. Sind Sie in den Medien oder in der Öffentlichkeit schon Mal auf die Neuro-Linguistische Programmierung gestoßen, werden Sie vielleicht ein verzerrtes Bild wahrgenommen haben. Dort besteht die Vorstellung, dass mittels weniger Tricks Gespräche so beeinflusst werden können, dass der Gesprächspartner nach den eigenen Vorstellungen manipuliert wird. Dies hat allerdings nichts mit dem Kern der Neuro-Linguistischen Programmierung zu tun, sondern ist ein oftmals falsches Bild, dass in der Öffentlichkeit besteht.

Zudem sollten Sie sich im Klaren darüber sein, dass die Erfolge nicht über Nacht entstehen. Ähnlich wie der Marathonläufer Monate und Jahre dafür trainiert, um diese Leistungen abrufen zu können, müssen Sie Ihren Geist ebenfalls über einen langen Zeitraum trainieren. Es ist einiges an Ausdauer und Einsatz gefragt, damit die mentalen Übungen eine Wirkung zeigen.

Um ein besseres Verständnis dafür aufzubauen, was Sie in diesem Buch erwartet, werden im zweiten Kapitel weitere Grundlagen gelegt. Hintergründe der Neuro-Linguistischen Programmierung werden aufgezeigt und welche konkreten Veränderungen Sie umsetzen können.

Nachdem die ersten Grundlagen gelegt wurden und Sie verstanden haben, worauf die Neuro-Linguistische Programmierung sich beruft, werden Sie herausfinden, welche Ziele Sie eigentlich im Leben verfolgen. Wie die meisten Menschen werden Sie sich wahrscheinlich darauf berufen, dass Geld eines der wichtigsten Ziele für Sie sei. Schließlich bedeute Geld ein gewisses Maß an Freiheit und Sie könnten sich besser selbst verwirklichen.

Geld sollte allerdings nicht aus dem Selbstzweck heraus angestrebt werden. Es ist nur ein Mittel zum Zweck und es zeigt sich, dass Menschen, die bereits über eine gewisse Menge an Kapital verfügen, durch einen Zugewinn nicht unbedingt glücklicher werden. Insbesondere, wenn Sie durch die starke Fokussierung auf die wirtschaftlichen Ziele andere Aspekte des Lebens außer Acht lassen, werden Sie nicht glücklich im Leben werden.

Doch wo liegen eigentlich Ihre kurz- und mittelfristigen Ziele? Bevor Sie den neuen Weg beschreiten können, müssen Sie herausfinden, wohin Sie eigentlich gehen möchten. Daher werden Ihnen in diesem Kapitel Hilfestellungen geboten, damit Sie mehr über sich und Ihre Werte erfahren können. Denn vielen Menschen sind Ihre wahren Werte entweder unbekannt oder Sie verletzen Sie mit Ihrer Lebensweise. Dies führt zu inneren Konflikten und einer tiefen Unzufriedenheit.

Um Ihre Ziele zu definieren, müssen Sie also herausfinden, welche Werte Ihnen im Leben wichtig sind und wie Sie sich als Person überhaupt wahrnehmen. Nachdem diese Definitionen abgeschlossen sind, können Sie sich darauf konzentrieren, die Ziele zu erreichen.

Das Stecken von Zielen ist nicht gerade unbekannt. Zum Jahreswechsel werden einige Wünsche und Ziele definiert. Raucher möchten endlich von Ihrer Sucht loskommen, das Fitnessstudio soll wieder öfter besucht werden und das Studium soll endlich wieder zu einem Erfolgserlebnis werden. Diese Vorsätze kennt wohl jeder, doch in den wenigsten Fällen sind diese auch erfolgreich.

In den ersten Wochen mögen Sie noch voller Motivation sein, doch sobald es etwas schwieriger wird, verfolgen Sie die Ziele nicht mehr so hartnäckig und verlieren diese aus den Augen. Die Motivation ist ein wichtiger Faktor, damit Ziele verwirklicht werden. Haben Sie sich Ihre Ziele gesteckt, lernen Sie im dritten Kapitel, wie Sie Ihre Motivation steigern können.

Zu Beginn wird die Motivation sehr hoch sein. Erfolgserlebnisse sind sichtbar und Sie werden von dieser Erfolgswelle getragen. Dies hält jedoch nicht immer an und nach der Anfangszeit müssen Sie sich selbst motivieren können.

Die Neuro-Linguistische Programmierung bietet Ihnen hierfür verschiedene Techniken. Sie können die Ziele zum Beispiel in kleinere Unterziele abstecken. Dadurch erhalten Sie viel mehr Erfolgserlebnisse und die natürliche Motivation wird aufrechterhalten. Eine andere Methode liegt in dem Ankern.

Das Ankern ist eine Technik, die Sie häufig in diesem E-Book vorfinden werden. Mit dieser Methode werden Emotionen mit bestimmten Symbolen verknüpft. Diese Symbole können eine Gestik, Berührung oder ein Geräusch sein. Wird dieses Geräusch hervorgerufen, wird automatisch diese Emotion geweckt.

Diese Technik mag etwas abstrakt erscheinen. Sie werden solche Verknüpfungen aber natürlicherweise schon haben. Bestimmte Kindheitserinnerungen werden Sie in diese Zeit zurückversetzen und die gleichen Emotionen auslösen. Bekannt dafür ist der Urlaub, da dieser mit sehr starken Emotionen verbunden wird. Die Urlaubszeit ist meistens unbeschwert und gehört zu den schönsten Zeiten im Jahr. Erinnern Sie sich an einen besonders schönen Urlaub zurück, werden diese Gefühle wahrscheinlich wieder hervorgerufen.

Das Ankern mag zu Beginn noch nicht so einfach zu verstehen sein, doch mit einiger Übung werden Sie immer mehr in der Lage sein, gewünschte Emotionen zu erzeugen. Dies wird Ihnen helfen, die Motivation zum Bewältigen einer Aufgabe zu erhalten. Darüber hinaus werden diese Emotionen Ihnen noch nützlich sein, wenn Sie Ängste besiegen.

Nachdem Sie Ihre Werte und mittelfristigen Ziele erörtert haben, sollten Sie tief in sich gehen und herausfinden, was eigentlich der Sinn des Lebens für Sie ist. Welches ist das größte Ziel, dass Sie sich vorstellen können, das Sie im Leben erreichen möchten. Egal wie hoch gegriffen dieses Ziel ist, Sie sollten dieses verfolgen. Alle anderen Ziele werden diesem Lebensziel untergeordnet.

Haben Sie im vierten Kapitel gelernt, wie Sie die Motivation herbeiführen können, entdecken Sie im fünften Kapitel den Sinn Ihres Lebens. Damit wissen Sie, wohin Ihre Reise gehen soll.

Die Neuro-Linguistische Programmierung ist nun ein wichtiger Begleiter, damit Sie Ihre Ziele erreichen. Um Herausforderungen bewältigen zu können, müssen Sie über zahlreiche Fähigkeiten verfügen. Diese Fähigkeiten besitzen Sie zwar schon, wissen aber nicht, wie Sie diese anwenden können. Haben Sie in der Vergangenheit negative Erfahrungen gehabt und leiden Sie unter einem negativem Selbstbild, erfahren Sie hier, wie Sie dieses wieder zum Positiven wenden können.

Denn entgegen der weitläufigen Meinung ist die Vergangenheit nicht starr und unveränderbar. Die Ereignisse mögen zwar bereits eingetreten sein, die Wahrnehmung können Sie aber weiterhin beeinflussen.

Um die eigene Wahrnehmung zu verändern, werden Sie eine weitere Technik lernen, die Sie im Rahmen der Neuro-Linguistischen Programmierung noch häufiger antreffen werden. Das Reframing beschreibt eine Methode, bei der Sie vergangene Ereignisse nochmals durchleben. Anstatt die negativen Erfahrungen wahrzunehmen, werden Sie allerdings die positiven Seiten hervorbringen. Dies hilft Ihnen, die Erfahrungen zu verarbeiten und Sie werden merken, dass viele negative Vorstellungen sich alleine in Ihrem Geist festsetzen. Diese beschreiben selten die Realität und für den weiteren Werdegang ist es wichtig, wenn Sie diese negativen Erlebnisse in positive Erkenntnisse umwandeln.

Möchten Sie Ziele erreichen, werden Sie schnell merken, dass dies alleine nicht so einfach ist. Selbst wenn Sie Ihre Fähigkeiten ausbauen und darauf gefasst sind, alle Probleme eigenständig zu bewältigen, werden Sie an gewissen Stellen Unterstützung brauchen. Im sechsten Kapitel lernen Sie, wie Sie in sozialen Situationen am schnellsten das Vertrauen anderer Personen gewinnen können. Dadurch bauen Sie schneller Freundschaften auf und es besteht ein beidseitiger Zugewinn.

Sind Sie eher schüchtern und meiden Sie soziale Interaktionen? Haben Sie das Gefühl nicht immer auf einer Wellenlänge zu sein und Probleme damit, auf neue Personen offen zuzugehen? Dann werden Sie in diesem Kapitel lernen, wie Sie viel offener und selbstbewusster mit anderen Menschen umgehen.

Die Kommunikation ist ein sehr wichtiger Aspekt, um Ziele zu erreichen und ein glückliches Leben zu führen. Eine wichtige Technik, um das Vertrauen aufzubauen, ist das Spiegeln. Bei der Methode werden Sie sich der Körpersprache des Gegenübers anpassen und dadurch signalisieren, dass Sie sich einander vertraut sind. Haben Sie das entsprechende Vertrauen aufgebaut, können Sie das Gespräch nach Ihren Vorstellungen lenken.

Diese Technik wird häufig missverstanden und gibt Anlass dazu, zu behaupten die Neuro-Linguistische Programmierung biete Werkzeuge, um Menschen zu manipulieren. Dies ist allerdings nicht das Ziel, denn es geht lediglich darum Menschen in sozialen Situationen zu helfen. Nicht jede Person hat diese sozialen Fähigkeiten in jungen Jahren natürlicherweise aufgebaut und es ist in der Tat so, dass schüchterne Personen Nachteile in vielen Lebensbereichen erfahren. Sie gelten als weniger durchsetzungsfähig im Beruf und im Privatleben werden Ihre Bedürfnisse möglicherweise auch übergangen.

Daher ist das Anwenden dieser Methoden wichtig, um sich besser anderen Menschen mitteilen zu können. Es geht auch nicht darum, sich komplett zu verstellen, sondern die eigene Persönlichkeit etwas anzupassen. Das ganze Verhalten muss weiterhin natürlich wirken und darf nicht aufgesetzt sein. Andernfalls würde genau das Gegenteil erreicht werden.

So lernen Sie, wie Sie mit anderen Menschen einen engeren Kontakt aufbauen. Von dieser Freundschaft können beide Seiten profitieren und Ihre Fähigkeiten ergänzen.

Ein Großteil des Tages verbringt der Mensch eher unbewusst. Dies beginnt schon am Morgen, wenn Sie eine bestimmte Routine durchführen. Der Weg zur Arbeit ist immer der Gleiche und innerhalb der Woche sind Ihre Abende immer mit den gleichen Terminen belegt. Gewohnheiten sind hilfreich, damit nicht zu viele Gedanken damit verbracht werden müssen, wie der Alltag bewältigt wird.

Es gibt allerdings auch einige negative Gewohnheiten, die eher Energie kosten und Sie nicht Ihrem Lebensziel näherbringen. Das Rauchen ist eines der häufigsten Laster, welches gerne abgelegt werden soll. Das siebte Kapitel zeigt Ihnen auf, wie Sie Ihre Gewohnheiten ändern können.

Diese automatischen Tätigkeiten sind tief im Unterbewusstsein verwurzelt und mithilfe der Neuro-Linguistischen Programmierung können Sie dieses Bewusstsein so verändern, dass Sie diese Laster ablegen. Dadurch erhalten Sie mehr Energie, um sich auf Ihre eigentlichen Ziele konzentrieren zu können.

Leiden Sie unter starken Phobien, die Sie im Leben stark einschränken, können Sie diese ebenfalls verändern. Allerdings ist hierbei der Hinweis notwendig, dass starke Ängste am besten mit professionellen Mitteln behandelt werden sollten. Es gibt zwar einige Methoden, die Sie heranziehen können, um die Phobien abzulegen, die Erfolgswahrscheinlichkeit ist jedoch sehr gering. Eine professionelle Therapie kann durch die Neuro-Linguistische Programmierung nicht ersetzt werden.

Der Arbeitsalltag nimmt einen großen Teil des Lebens ein. Er bietet die finanzielle Grundlage und die Zeit, die Sie in der Woche auf der Arbeitsstelle verbringen ist nicht zu unterschätzen. Möchten Sie mit guten Leistungen überzeugen, ist es wichtig, dass Sie sich auf die Aufgabe fokussieren können. Wie Sie den Fokus erhalten, erfahren Sie in Kapitel acht. Durch die gute Leistung werden Sie nicht nur Ihren Vorgesetzten davon überzeugen können, dass Sie eine Beförderung verdient hätten, sondern Sie werden viel weniger Stress ausgesetzt.

Stress gilt als eine der größten Gefahren im Arbeitsleben. Müssen Sie viele Aufgaben gleichzeitig erledigen, kann dies schnell zu einer Überforderung führen. Sie haben Angst, dass Sie die Aufgaben nicht erfüllen können und diese Angst stellt eine hohe Belastung dar. Wird die Angst zum ständigen Begleiter im Beruf, kann dieser Dauerzustand nicht nur mentale Folgen

haben, sondern sich auch körperlich bemerkbar machen.
Um im Arbeitsleben erfolgreicher aufzutreten und die richtige Balance aus Karriere und Privatleben zu finden, erhalten Sie einige Tipps und Übungen. So erhalten Sie den notwendigen Ausgleich, um nicht unter dem Arbeitsdruck zusammenzubrechen.

Eine weitere Komponente, die im Beruf immer mehr zu einem Problem wird, ist das Mobbing. Der Arbeitsdruck und die Unzufriedenheit der Kollegen führt dazu, dass sich dieser Druck entlädt. Eine sehr schädliche Methode, um sich diesem Druck zu entledigen, ist das Mobbing. Der eigene Frust wird an einem Kollegen ausgelassen. Bemerken Sie das Mobbing in Ihrem Umfeld oder sind Sie selber Opfer des Mobbings, erhalten Sie Strategien, wie Sie gegen das Mobbing vorgehen können.

Sind Sie selber dem Mobbing ausgesetzt, ist es nur sehr schwer diese Situation zu lösen. Scheuen Sie sich nicht davor, professionelle Hilfe in Anspruch zu nehmen, wenn die vorgeschlagenen Tipps nicht zum gewünschten Erfolg führen. Ist das Mobbing bereits sehr stark in der Unternehmenskultur verankert, können Sie sich diesem nur sehr schwer entziehen.

Benötigen Sie Unterstützung und sind auf der Suche nach einem Coach oder möchten Sie selber Ihre Erkenntnisse im Rahmen der Neuro-Linguistischen Programmierung weitergeben, dann erhalten Sie im neunten Kapitel Hinweise darauf, worauf Sie bei der Wahl des Coaches achten sollten. Ebenso sollte Ihnen bewusst sein, dass das Anwenden der Techniken an anderen Personen eine sehr verantwortungsvolle Aufgabe ist.

Dennoch ist die Zusammenarbeit vorteilhaft und Sie werden schneller Ihre Ziele verwirklichen können. Besonders skeptisch sollten Sie sein, wenn monetäre Interessen im Vordergrund stehen und unrealistische Versprechen geleistet werden.

Diese Kritik wird im zehnten Kapitel aufgegriffen. Die Neuro-Linguistische Programmierung hat für sich zwar den Anspruch eine Wissenschaft zu sein, in der Psychologie wird diese jedoch selten als solche anerkannt. Zudem sind die Methoden und Techniken in der Öffentlichkeit häufiger Kritik ausgesetzt.

So bestehen Vorurteile, dass es sich um eine wirkungslose Pseudowissenschaft handele oder das Ziel nur sei andere Menschen gegen Ihren Willen zu beeinflussen. Diese Kritik wird offen aufgearbeitet und mit Gegenargumenten entkräftet.

Zudem werden einige Fragen beantwortet, die im Zusammenhang mit der Aufarbeitung der Neuro-Linguistischen Programmierung entstehen werden. Denn Sie werden merken, wie komplex diese Gebiet ist und dass Sie dieses nicht mit dem Lesen eines Buches komplett aufarbeiten werden können.

Sie erhalten aber einen umfassenden Blick über die Themengebiete der Neuro-Linguistischen Programmierung und wie Sie diese zu Ihrem Vorteil nutzen können. Der Hauptfokus liegt hierbei auf das langfristige Ziel, dass Sie sich im Leben setzen.

Um dieses zu erreichen, ist das Nutzen des vollen geistigen Potenzials notwendig. Die Neuro-Linguistische Programmierung bietet Ihnen die Unterstützung, damit Sie die Ziele erreichen werden.

Auf diese Weise werden Sie zufriedener und können Ihre eigenen Wertvorstellungen ausleben. Egal welches Ziel Sie sich setzen, mit der Neuro-Linguistischen Programmierung werden Sie diesem näherkommen. Mithilfe dieser Erfolgserlebnisse können Sie sich selbst verwirklichen und das wahre Glück im Leben finden.

In den kommenden Kapiteln finden Sie mit der Neuro-Linguistischen Programmierung die passende Anleitung dafür. Es liegt aber an Ihnen, diesen Weg zu beschreiten und kontinuierlich an sich zu arbeiten.

GESCHICHTE DER NLP

DIE GESCHICHTE DER NEURO-LINGUISTISCHEN Programmierung ist lang und wahrscheinlich viel länger, als Sie annehmen würden. Die ersten Grundlagen und Beiträge wurden bereits in den 1960er Jahren gelegt. In Kalifornien begannen die erste Schritte in Richtung NLP mit der Frage, was der Psychologie noch fehlen würde.

Denn auch wenn die Psychologie ein sehr komplexes Feld ist, wurde sie oftmals als sehr theoretisch und nicht gerade praxisnah bezeichnet. Vor allem, wenn es um Menschen, deren Beziehung zu sich selbst und den Mitmenschen kam, wurde festgestellt, dass die psychologischen Erkenntnisse dieser Zeit einige Lücken aufwiesen.

Gerade im Bereich der seelischen Zustände wurde die Psychologie als sehr unzureichend beschrieben. Gerade wenn es darum ging, die Kräfte des eigenen Geistes zu mobilisieren, stieß die Psychologie an ihre Grenzen. Diese war weitestgehend damit beschäftigt, Krankheiten und deren Ursachen zu erforschen. Hierbei ging es also vor allem um Geisteszustände, die von der Norm abwichen.

Wie aber konnten gesunde Menschen von der Psychologie profitieren? Schließlich wird gerne gesagt, dass der Mensch nur einen Bruchteil seines Geistes nutzen würde. Es sind also noch einige Potenziale versteckt, die gesunde Menschen für Ihre Zwecke nutzen könnten.

Für diese Menschen bat die Psychologie keine Lösungsansätze. Sie fokussierte sich zum Großteil nur auf Krankheitsbilder, aber nicht darauf, das Positive im Menschen zu entwickeln und zu fördern. Doch genau diese Entwicklung der Potenziale ist wichtig, wenn Sie im Beruf mehr Erfolg haben oder generell ein glücklicherer Mensch werden möchten. Schließlich ist der menschliche Geist die Grundlage allen Handels und das größte Werkzeug, dass uns zur Verfügung steht.

Die ersten Grundlagen der modernen Neuro-Linguistischen Programmierung wurden in der „Human Potential" Bewegung gelegt. Hierbei ging es noch nicht so zielgerichtet darum, bestimmte Techniken oder Methoden anzuwenden. Grundsätzlich war erst das Ziel, die Möglichkeiten des menschlichen Geistes zu erörtern und auf Basis dieser Erkenntnisse, die Fähigkeiten zu verbessern.

Im Rahmen dieser Bewegung in Kalifornien stand das Ziel, das menschliche Potenzial besser ausschöpfen zu können. Welch große Bedeutung diese Bewegung haben würde und welch umfangreiche Arbeit noch folgen sollte, war zunächst nicht abzusehen. Schließlich stand nur eine lose Bewegung im Vordergrund, deren Ziel zwar definiert, aber die Methodik dahinter noch völlig unbekannt war.

Dennoch war die Bedeutung dieser Bewegung schon durch die Teilnahme herausragender Persönlichkeiten jener Zeit abzusehen. Zu den Gründern der Bewegung zählte zum Beispiel Abraham Maslow. Dieser ist der Begründer der Maswlow'schen Bedürfnispyramide, die eine objektive Anordnung der menschlichen Bedürfnisse vornimmt. Danach möchten Menschen grundsätzlich die gleichen Bedürfnisse befriedigen und um wirklich glücklich zu werden, müssen die Bedürfnisse jeder Stufe erfüllt sein. Dazu gehört unter Anderem das Existenzbedürfnis und das Bedürfnis nach Sicherheit. In späteren Stufen kommt es dann zur Selbstverwirklichung des Menschen, bei der der Mensch seinen wahren Interessen nachgehen kann und von innen heraus glücklich wird.

Eine weitere herausragende Persönlichkeit, die sich dieser Bewegung zu Beginn anschloss, war Carl Rogers. Er hatte einen maßgeblichen Einfluss auf die Gesprächsführung im Rahmen von Therapiegesprächen. Seine Erkenntnisse stellen selbst heute noch eine wichtige Grundlage für die Verhaltensweisen im Therapiegespräch dar.

Diese Personen galten in den 1960er Jahren schon als bedeutsame Wissenschaftler und ihnen eilte ein exzellenter Ruf voraus. Es handelte sich bei der Bewegung also nicht etwa um eine flüchtige Idee von jungen Studenten, die ein gemeinsames Ziel verfolgen wollten, sondern es vereinten sich renommierte Wissenschaftler der Psychologie, um grundlegende Veränderungen zu schaffen.

Dennoch engagierten sich natürlich auch viele junge und kreative Wissenschaftler im Rahmen dieser Bewegung, die ebenfalls einen Einfluss auf die weiteren Entwicklungen nehmen sollten. So entwickelten sich neue Modelle der Kommunikation, die die bisherigen Erkenntnisse auf den Kopf stellen sollten.

Als eine große Entdeckung wird hierbei vor allem die Bedeutung der nonverbalen Kommunikation gesehen. Zu diesem Zeitpunkt galt die Kommunikation vor allem als das gesprochene Wort. Es galt viel mehr der Inhalt und was gesprochen wurde, wenn die Kommunikation zwischen zwei oder mehreren Personen untersucht wurde.

Erst im Rahmen der neuen Bewegung, wurde überhaupt die Idee erörtert, dass die nonverbale Kommunikation einen wesentlichen Bestandteil bei einem Gespräch ausmacht. Anstatt also nur den Inhalt des gesprochenen Wortes zu analysieren, wurden jetzt Sprachmuster und die Elemente der nonverbalen Kommunikation untersucht.

Um diese Erkenntnisse zu vertiefen, wurden die Therapiesitzungen von drei zu dieser Zeit herausragenden Therapeuten analysiert. Hierbei ging es vor allem um Therapeuten, die jeweils auf einem anderem Gebiet herausragende Arbeit leisteten. So war Milton Erickson in der Hypnotherapie erfolgreich, während Virginia Satir vor allem auf dem Gebiet der Familientherapie große Erfolge vorzuweisen hatte.

Aus den Analysen der Therapiesitzungen konnte abgelesen werden, dass nicht unbedingt die Methoden für den Erfolg verantwortlich waren, sondern das vor allem die Art und Weise der Kommunikation für den Erfolg der Therapeuten verantwortlich war. Die Therapeuten waren sich dieser Sachlage gar nicht bewusst und machten grundsätzlich Ihre Inhalte und Ihren Ansatz in der Therapie verantwortlich für Ihren großen Erfolg.

Es ist also anzunehmen, dass die Therapeuten vor allem aus der Intuition heraus bereits Verhaltensmuster angewandt haben, die zu den Therapieerfolgen führen. Die Therapeuten haben diese Verhaltensweisen wahrscheinlich unbewusst gelernt und angewandt.

Der große Erfolg der Therapiesitzungen sollte aber nicht nur den wenigen Therapeuten vorenthalten bleiben, die über die gleiche Intuition verfügen, um solche Verhaltensmuster auf natürliche Art und Weise zu erlernen.

Daher wurde mit der Neuro-Linguistischen Programmierung der Versuch unternommen, diese Verhaltensmuster zu beschreiben und festzuhalten. Als Konsequenz hat sich mit der Neuro-Linguistischen Programmierung ein ganz neues Feld innerhalb der Psychologie ergeben, bei dem eine Veränderung des Menschen im Vordergrund steht.

Ähnlich wie die Therapeuten auf Ihre Patienten eingehen, können bei der Neuro-Linguistischen Programmierung die Menschen nun lernen, sich selber und Ihre Verhaltensmuster besser zu verstehen. Auf diese Weise wird nun also das Ziel verfolgt, dass Menschen sich verändern und Ihr volles Potenzial besser ausschöpfen können.

Zunächst begrenzte sich die Popularität noch auf die regionale Grenzen Kaliforniens und später der gesamten USA. Es dauerte allerdings einige Zeit, bis diese Techniken auch in anderen Teilen der Welt angenommen wurden. Schließlich wurde die Neuro-Linguistische Programmierung unter den Wissenschaftlern immer etwas belächelt und nicht immer als korrekte wissenschaftliche Methode wahrgenommen.

So bestand lange Zeit ein Streit darum, ob die NLP tatsächlich einem Feld der Psychologie zugesprochen werden darf oder ob es sich um ein besonderes Modell handelt, welches das menschliche Lernen und die Kommunikation beschreibt. Unabhängig von der Zuordnung entwickelte sich die NLP als eine der bedeutendsten Verfahren des Verhaltenstrainings. Gerade bei beruflichen Vorträgen wurden Erkenntnisse angewandt, um die Zuhörer zu einem erfolgreichem Arbeitsleben zu verhelfen.

Anfang der 1980er Jahre wurde die NLP in Deutschland und Österreich populärer. Zeitgleich breitete sich diese etwa in ganz Europa aus. Allerdings ist hier eine Teilung zu beobachten und es begannen sich verschiedene Strömungen zu bilden, die Teile etwas anders interpretierten und in der Anwendung unterschiedlich waren.

Heutzutage findet aber ein weitestgehender Konsens über die Lehre der Neuro-Linguistischen Programmierung statt. So haben sich nationale Verbände gegründet, um einheitliche Standards festzulegen, die sowohl in der Lehre, als auch in der Anwendung ihre Gültigkeit haben.

Somit ist aus der kleinen regionale Bewegung in Kalifornien eine weltweit anerkannte Sammlung von Kommunikationstechniken und Methoden entstanden, mit denen Menschen in verschiedenen Lebensbereichen geholfen wird. Dabei ist das Ende der Entwicklung nicht abzusehen und es muss festgehalten werden, dass die NLP, wie viele Wissenschaften, neuen Erkenntnissen unterliegt und einem Wandel unterzogen wird. Wissenschaftlicher Fortschritt fließt genauso in diesen Ansatz mit ein, wie praktische Ergebnisse und so ist der stetige Wandel wahrscheinlich ein Erfolgsgeheimnis für die hohe Popularität.

Was ist NLP?

Die Grundziele und die Idee hinter der Neuro-Linguistischen Programmierung sollten Ihnen jetzt also bekannt sein. Dennoch ist nicht immer klar abzugrenzen, was eigentlich unter dieser wissenschaftlichen Technik und Methodik verstanden wird. Schließlich gibt es verschiedene Strömungen und letztlich bleibt es Ihnen überlassen, welche Techniken Sie anwenden möchten und welche Methoden Ihnen helfen, Ihr Ziel zu erreichen.

Das grundsätzliche Ziel der NLP ist, dass Sie Ihr eigenes Potenzial wecken und voll ausschöpfen können. Denn der Geist und das richtige Mindset haben eine große Wirkung auf die Realität und diese können Sie selber beeinflussen. Als großes Teilgebiet wird hierbei die Selbstwahrnehmung verstanden. Viele Menschen heutzutage leiden unter einem verzerrten Selbstbild. Während einige Menschen schnell darunter leiden, sich zu überschätzen, haben andere Menschen ständig das Gefühl, dass Ihre Arbeit oder das Aussehen niemals gut genug seien.

Mit den richtigen Techniken kann das Selbstbild besser eingeschätzt und verbessert werden. Dies ist aber nur ein Beispiel dafür, wie die NLP eingesetzt werden kann, um die Persönlichkeit und letztlich das Leben zu gestalten und zu ändern.

Stehen Sie vielleicht gerade selber an einem Punkt, an dem Sie etwas verändern möchten, aber wissen noch nicht so richtig wie Sie vorgehen können? Möchten Sie mit dem Rauchen aufhören, im Beruf so richtig durchstarten oder neue soziale Beziehungen aufbauen? Haben Sie den Partner fürs Leben noch nicht kennengelernt und zweifeln teilweise an Ihren eigenen Fähigkeiten?

All diese Dinge umzusetzen hat nichts mit Zufall zu tun. Es ist natürlich einfach sich einzureden, dass der Misserfolg mit anderen Menschen zusammenhänge und man selber gar nicht für sich verantwortlich sei. So kann der berufliche Misserfolg natürlich mit dem Chef in Verbindung gebracht werden, welcher einfach nicht die Beförderung gewährt. Oder hat sich die richtige zwischenmenschliche Beziehung noch nicht ergeben, weil Sie einfach Pech haben und dem richtigen Menschen noch nicht begegnet sind?

Ausflüchte sind schnell und einfach gefunden, sie können aber keine Erklärung dafür sein, weshalb das eigene Leben sich nicht in den Bahnen bewegt, in denen Sie es gerne haben möchten. Es mag zwar sein, dass es einige unbekannte Faktoren und äußere Einflüsse gibt, die Ihr Leben verändern, aber es geht vor allem darum, dass Sie immer das Beste erreichen. Dies wird unabhängig von den jetzigen Umständen ermittelt und Sie haben wahrscheinlich immer die Möglichkeit sich etwas zu verbessern.

Wenn Sie ehrlich zu sich sind, haben Sie sich vielleicht in letzter Zeit bei der Arbeit nicht mehr zu 100 Prozent angestrengt, sondern eher „Dienst nach Vorschrift" geleistet. Und Sie sind auch nicht so häufig ausgegangen, um etwas in der Welt zu entdecken und neue Personen kennenzulernen.

Der erste Weg zur Veränderung ist die Erkenntnis, dass alleine Sie verantwortlich für Ihr Leben sind und nur Sie dieses steuern können. Wenn Sie diese Einsicht gewonnen haben, erhalten Sie mit der NLP das richtige Werkzeug, Ihre Ziele umzusetzen und die positiven Veränderungen zu erreichen, die Sie sich vornehmen.

Eine allgemeingültige Definition für die NLP zu finden ist jedoch schwierig. Da im Laufe der Zeit unterschiedliche Ansätze verfolgt wurden und verschiedene Strömungen entstanden, gibt es kaum eine allgemeingültige Definition, die das Feld der NLP vollumfänglich beschreiben könnte.

Am ehesten trifft noch die Beschreibung der ersten Bewegung zu, die es als Ziel verstand positive Veränderungen für den Menschen herbeizuführen. Hierbei wurde NLP als: „das Studium über die Struktur subjektiver Erfahrung" definiert.

Mittlerweile hat sich die NLP aber vor allem als ein praktischer Ansatz entwickelt. Sie müssen also keine psychologischen Fachkenntnisse besitzen. Weder ist ein Psychologiestudium, noch eine anderweitige Fachbildung notwendig, um von der NLP zu profitieren.

Die Stärke liegt vor allem darin, dass es sich um eine praxisorientierte

Anwendung handelt, die für viele Menschen eine positive Veränderung bewirken kann. Es geht hierbei nicht darum, sich den theoretischen und wissenschaftlichen Erkenntnisstand anzueignen, sondern eigene Übungen und Erfahrungen durchzuführen. Mit diesen werden Sie Ihre Ziele erreichen und die positive Veränderung erfahren.

Die NLP stellt Ihnen zu diesem Zweck die unterschiedlichen Instrumente zur Verfügung, die Sie nutzen können, um Ihre Ziele zu erreichen. Dabei gibt es ein sehr breites Spektrum an Übungen und Techniken, die unter der NLP zusammengefasst werden. Natürlich ist jeder Mensch individuell und dies bedeutet, dass bestimmte Techniken für Sie besser funktionieren als andere. Eventuell kann es auch helfen, wenn Sie diese leicht abwandeln und genau auf sich anpassen.

Wichtig ist auch anzumerken, dass die Vorgaben im Rahmen der NLP nicht immer starr sind. Sie müssen diese nicht immer als absolute Glaubensgrundsätze wahrnehmen, sondern können diese eher als Handlungsempfehlungen bezeichnen. Wenn Sie jedoch noch am Beginn der Auseinandersetzung mit der NLP stehen, ist es natürlich von Vorteil, wenn Sie von den Erfahrungen lernen und diese versuchen so genau wie möglich umzusetzen. Mit der Zeit werden Ihre eigenen Erfahrungen Ihnen helfen, die Techniken so zu verfeinern, dass diese für Sie sogar noch wirkungsvoller sind.

Welche Ziele Sie erreichen können

Haben Sie konkrete Probleme und Fragestellungen im Leben, dann ist es natürlich positiv, wenn Sie diese selber bewältigen können. Die NLP ist ein guter Wegweiser und stellt Methoden zur Verfügung, mit denen Sie einige positive Veränderungen im Leben wahrnehmen können.

Grundsätzlich dient die NLP dazu, Ihr Potenzial voll auszuschöpfen. Dies gilt in allen Lebensbereichen und egal, ob Sie sich gerade im Studium befinden und immer von Selbstzweifeln geplagt werden oder ob Sie im Beruf die nächste Stufe erklimmen möchten. Auch im Privatleben können die Methoden einen guten Ansatz bieten, bestimmte Ziele zu erreichen.

Die NLP kann aber auch helfen negative Situationen zu überwinden. Nicht immer ist das Leben von positiven Ereignissen geprägt und es gibt einige Schwierigkeiten, die Sie davon abhalten das persönliche Wachstum zu erreichen. Mit den richtigen Methoden können Sie diese Probleme lösen und langsam wieder Ihr volles Potenzial ausschöpfen. Bei sehr schwerwiegenden Problemen ist jedoch die Arbeit mit einem Therapeuten empfehlenswert. Als Unterstützung zu den persönlichen Gesprächen und Therapiesitzungen, können Sie die NLP nutzen, um den Therapieerfolg zu steigern.

Eine der größten Anwendungsgebiete der NLP ist aber das Überwinden von praktischen Problemen und Lastern. Es geht hierbei vor allem um die Veränderung des Geistes und fest eingebrannten Verhaltensmustern und Gewohnheiten. Es gibt einige Laster, die Ihren Alltag belasten und Sie davon abhalten Ihr volles Potenzial auszuschöpfen. Dazu gehören zum Beispiel das Rauchen, das Übergewicht oder starke Ängste. Mit der NLP können Sie diese konkreten Probleme angehen und überwinden. Ohne diese Blockaden werden Sie mit Sicherheit Ihre Ziele viel schneller erreichen können. Schlussendlich wird durch das Bewältigen eine höhere Selbstzufriedenheit erreicht.

Sind Sie eine Führungskraft und müssen ein Team delegieren? Dann werden Sie wahrscheinlich merken, wie Sie täglich vor neuen Herausforderungen stehen. Gerade im Rahmen der Kommunikation treten in Teams einige Probleme auf, die eigentlich vermieden werden können. Mit der NLP lernen Sie, diese Kommunikationsbarrieren zu erkennen und erfolgreich zu durchbrechen. So wird sich Ihre Führungskompetenz verbessern und insgesamt ein besseres Arbeitsklima herrschen.

Manchmal liegen bestimmte Probleme aber auch schon Jahre zurück. Diese manifestieren sich im Unterbewusstsein. Dort können Sie einen großen Einfluss auf Ihr tägliches Handeln haben und sich in bestimmten Ängsten äußern. Mit der NLP können Sie diese seelischen Probleme identifizieren und nach Möglichkeit schon in einer Sitzung lösen.

All diese Wirkmechanismen scheinen auf den ersten Blick zu gut, um wahr zu sein. Verspricht die NLP doch mehr Erfolg im Beruf, bessere zwischenmenschlichen Beziehungen und dass Sie generell ein glücklicherer Mensch werden.

Die Anwendungen der NLP mögen vielfältig sein und all diese Wirkweisen mögen zunächst unglaubwürdig klingen. Die Wahrheit ist aber, dass die eigentlichen Grenzen nur im menschlichen Geist gefestigt sind. Mit der NLP erhalten Sie ein Werkzeug, welches hilft die eigenen Grenzen zu erreichen und wenn Sie die Methoden und Techniken anwenden, werden Sie merken wie leistungsfähig Sie eigentlich sind und welche niedrigen Grenzen Sie sich vielleicht selber gesteckt haben.

Damit sind also immer Sie für den letztlichen Erfolg verantwortlich und wenn Sie bestimmte Ziele erreichen möchten, gibt Ihnen die NLP die geeigneten Instrumente vor, die Sie nur noch richtig anwenden müssen.

Grundlagen

Eine allgemeingültige Definition für den Begriff der Neuro-Linguistischen Programmierung gibt es nicht. Aber der Begriff kann in seine drei Bestandteile zerlegt und diese erörtert werden.

Die Neurologie ist die Wissenschaft vom Nervensystem. Sie beschäftigt sich damit, wie das Gehirn funktioniert und welche Vorgänge das Gehirn beeinflussen.

Die Linguistik wird als Wissenschaft der Sprache bezeichnet. Bei Ihr geht es vor allem darum, die Sprache als System darzustellen. Hierbei stehen die Wahrnehmung, die Form und die Funktion der Sprache im Vordergrund.

Das Programmieren ist ein sehr weiter Begriff und wird vor allem im Sinne der Programmierung eines Computers benutzt. Mithilfe des Programms setzt der Computer eine Anweisung um und weiß, welche Operation er durchzuführen hat. Im weiteren Sinne wird bei der NLP das Gehirn umprogrammiert und die Methoden stellen klare Anweisungen dar. Am Ende wird durch das Programmieren das definierte Ziel erreicht.

Damit das Programmieren des Gehirns erfolgreich sein kann, beruht die NLP auf drei wesentlichen Grundpfeilern. Diese müssen Sie klar verstehen, damit die NLP für Sie ein persönlicher Erfolg wird.

Der erste Grundpfeiler ist das zielorientierte Handeln. Viele Menschen gehen mit der Herangehensweise in das Leben, dass bestimmte Probleme auftauchen und diese abgearbeitet werden müssen. Dies wird als problemorientiertes Denken bezeichnet. Das problemorientierte Denken ist eher von negativen Emotionen geprägt. Es geht nicht darum, positive Ziele zu erreichen, sondern immer bestimmte Ängste zu vermeiden. In Anlehnung an die Maslow‘sche Bedürfnispyramide geht es beim problemorientierten Denken darum, die unteren Ebenen zu befriedigen. Dadurch können Sie zwar ein halbwegs sicheres Leben führen, Sie werden aber immer von Ängsten und Zweifeln getrieben.

Beim zielorientierten Denken geht es auch darum die Probleme zu lösen. Anstatt sich aber immer von den Problemen antreiben zu lassen und diese in den Mittelpunkt zu stellen, geht es nun darum die Lösung zu visualisieren. Indem die Ziele und das Endergebnis den Mittelpunkt der Denkweise ausmachen, werden die Probleme gar nicht mehr als solche wahrgenommen. Dadurch ist das Ausgangsproblem zwar noch nicht gelöst, es stellt aber keine unüberwindbare Barriere mehr dar. Sie sind damit schon einen Schritt näher am Ziel und können mit der Situation besser umgehen.

Einen Großteil des Tages und wahrscheinlich des Lebens verbringen die Menschen mit immer den gleichen Tätigkeiten. Der Alltag beginnt mit den gleichen Angewohnheiten, der Weg zum Arbeitsplatz ist immer derselbe und danach beginnt immer der gleiche Tagesrhythmus.

Diese Angewohnheiten und Denkmuster können positiv sein. Wäre es doch reichlich aufwendig, wenn Sie jeden Tag den Weg zum Arbeitsplatz sich neu einprägen müssten. Allerdings gibt es auch negative Angewohnheiten. Das schon erwähnte Rauchen gehört dazu und oftmals wird das Rauchen mit bestimmten Tätigkeiten verbunden. Dies kann das Frühstück sein oder die Zigarette nach einem stressigem Tag auf der Arbeit. Diese Angewohnheiten zu überwinden ist nicht einfach und das Gehirn ist so programmiert, das es sehr effizient arbeitet.

Mit den Methoden der NLP werden Sie für Veränderungen aber wieder zugänglicher. Alte Verhaltensmuster und Gewohnheiten können aufgebrochen werden. Daher ist einer der Grundpfeiler des NLP, das Denken außerhalb der fest eingefahrenen Strukturen. Nur auf diese Weise können neue positive Denkmuster verankert werden.

Als dritter wichtiger Pfeiler wird die Kommunikation angesehen. Normalerweise wird die Kommunikation zwischen zwei oder mehreren Menschen betrachtet. Im Sinne der NLP zählt zu der Kommunikation aber auch die Beziehung mit Ihrem Inneren. Es ist hierbei wichtig, dass Sie nicht nur Ihre Mitmenschen besser verstehen, sondern auch sich selbst. So können Sie ein besseres Selbstbild aufbauen und das Vertrauen mit Ihren Mitmenschen steigern.

Die drei Grundpfeiler des zielorientierten Denkens, der Flexibilität des eigenen Handelns und der Kommunikation sind ursächlich, damit die Methoden der NLP zum Erfolg führen.

Was den Menschen ausmacht

Wenn von der Neuro-Linguistischen Programmierung gesprochen wird, könnte schnell der Eindruck entstehen, der Mensch sei wie ein Computer aufgebaut. Der Computer befolgt die Befehle der Programme und führt diese immer auf die gleiche Weise durch. Der Mensch ist allerdings um einige Varianten komplexer und dies kann dazu führen, dass ein und dasselbe Programm unterschiedliche Ergebnisse zum Ausgang hat.

Beim Menschen spielen die Gefühle eine wichtige Rolle, die die Entscheidungen beeinflussen und weshalb der Mensch nicht immer als komplett rational wahrgenommen wird. Dies muss beachtet werden, wenn bestimmte Methoden angewandt werden. Wenn von der Programmierung die Rede ist, dann muss diese auf den Mensch bezogen werden und ist nicht komplett mit der Anwendung bei einem Computer vergleichbar.

So unterschiedlich der Mensch und ein Computer sein mögen, so ist der Vergleich dennoch nicht komplett abwegig. Der Computer ist in erster Linie nur so leistungsfähig wie seine Hardware. Die CPU gibt hierbei vor, wie viele Denkprozesse er in einem gewissen Zeitabschnitt durchführen kann. Je leistungsfähiger die CPU, desto komplexere Anwendungen kann der Computer in kürzerer Zeit absolvieren.

Allerdings ist die Hardware nur die Grundlage seiner Fähigkeiten. Diese benötigt eine entsprechende Software, um überhaupt genutzt zu werden. Denn ohne Software bietet selbst der leistungsfähigste Computer keinen praktischen Nutzen.

Dieser Vergleich kann auch mit dem Gehirn gezogen werden. Denn das Gehirn als solches besitzt keine eigenen Fähigkeiten. Es ist also ebenfalls nur wie ein Computer, der noch völlig ohne Software auskommt. Wenn wir geboren werden, sind wir noch völlig unbedarft und das Gehirn bietet nur bestimmte Voraussetzungen, die nun durch Erfahrungen, Erziehung und Lernen in tatsächliche Fähigkeiten umgesetzt werden. Erst durch die Einflüsse von Außen oder durch die eigenen Erfahrungen wird das Gehirn so weiterentwickelt, dass es praktische Aufgaben erledigen kann. So erlernen wir in den ersten Lebensjahren die Sprache und machen uns mit der Umwelt vertraut.

Die Grenzen, die durch unsere Hardware, also dem Gehirn, vorgegeben werden sind für uns gar nicht greifbar. Zu Beginn des Lebens ist das Sprechen noch eine der größten Herausforderungen, aber im Laufe des Lebens können Sie sogar die Fähigkeit erlangen mehrere Sprachen fehlerfrei zu erlernen. Was in den ersten Jahren noch schier unmöglich erschien, wird für Sie im späteren Verlauf des Lebens keine Herausforderung mehr sein.

So verschieben sich gerade in den ersten Lebensjahren die wahrgenommen Grenzen des Gehirns stetig. Was für Sie zunächst in der Schule noch als unlösbare Aufgabe bevorstand, wurde durch Lernen verstanden und rückblickend werden Sie diese Aufgaben als gar nicht mehr kompliziert wahrnehmen.

Analog zu dem Vergleich mit dem Computer, können Sie erkennen, dass die menschliche Sprache den Programmierbefehlen entspricht. Mit der Sprache können Sie sowohl Ihre Mitmenschen, als auch sich selber „umprogrammieren“. Durch das gesprochene Wort, der Körpersprache oder der Mimik können Sie einen Einfluss darauf nehmen, wie die Umwelt Sie wahrnimmt und genauso können Sie auch einen Einfluss auf Ihre Mitmenschen nehmen.

Ein wichtiges Instrument hierbei sind Gedanken. Diese werden so wahrgenommen, als würden Sie mit sich selber sprechen. Durch die Gedanken wird die eigene Gefühlslage und das Verhalten beeinflusst. Langfristig können durch die Kraft der Gedanken Veränderungen im Gehirn auftreten. Es entstehen bestimmte Verbindungen zwischen Gehirnzellen und diese können Ihre Denkweise verändern. Durch die Gedanken können also messbare und reale Unterschiede im Gehirn auftreten. Dies sollte Ihnen naheliegen, welche Wirkung Ihre Gedanken haben und das diese einen wesentlichen Einfluss darauf haben, ob Sie ein glücklicher Mensch sind und Ihre Ziele erreichen.

Wenn Sie es könnten, würden Sie wahrscheinlich Ihre Gedanken am liebsten so gestalten, dass diese für Sie nur positive Auswirkungen haben. Nicht immer haben wir Menschen allerdings die Möglichkeit, die Gedanken so zu beeinflussen, dass diese stets zu unserem Vorteil sind. So spielt die Gefühlslage eine elementare Rolle und diese kann zu negativen Gedanken führen, die nur schwer zu beeinflussen sind.

Dennoch können Sie versuchen, alte Denkstrukturen zu verbessern und neue direkt effizienter aufzubauen, sodass Sie Ihre Ziele besser erreichen können. Durch die Techniken des NLP sollte es Ihnen gelingen, Ihre Denkmuster so zu verändern, dass Sie selber sehr viel leistungsfähiger werden.

So werden Sie feststellen, dass Sie Ihre eigenen Leistungsgrenzen stetig erweitern können. Denn im Gegensatz zum Computer ist die menschliche Hardware sehr viel flexibler und kann durch die richtige Methodik laufend verbessert werden.

Erfahrungen beeinflussen

Zusammenfassend kann auch beschrieben werden, dass Menschen die Summe Ihrer Erfahrungen sind. Durch äußere Einflüsse und der eigenen Erforschung der Umwelt nehmen wir diese Erfahrungen auf, die sich im Gehirn manifestieren und zu Verhaltensweisen geformt werden.

Erfahrungen sind aber keinesfalls objektiv, sondern sie unterliegen den subjektiven Eindrücken. Dies kann schon dadurch festgestellt werden, dass bei Polizeiaussagen unterschiedlichen Zeugen verschiedene Wahrnehmungen vom Tatgeschehen haben können. So unterscheiden sich Personenbeschreibungen oder der gesamte Vorfall wird unterschiedlich beschrieben. Dabei liegt keine böswillige Absicht zugrunde, sondern die Erinnerungen und die Erfahrung zu dem Zeitpunkt war für die Personen einfach unterschiedlich.

Ein wesentlicher Bestandteil für die Erfahrungen sind die Sinneswahrnehmungen. Wenn Sie sich zum Beispiel den letzten schönen Urlaub vor Augen halten, werden Sie wahrscheinlich direkt in eine positive Stimmung versetzt. Sie werden die Umgebung aus der Erinnerung heraus förmlich riechen können und all die Sinneseindrücke vom Urlaub werden wieder wahrgenommen.

Beim Urlaub ist diese Erfahrung und die Wahrnehmung meist eindeutig. Viele Erfahrungen besitzen solch eine Allgemeingültigkeit allerdings nicht und können durch das Austauschen eines Details schnell ins Wanken geraten. Erfahrungen können im Nachhinein verändert werden und dies hat auch einen Einfluss darauf, welche Auswirkungen diese Erfahrung auf Ihre

Verhaltensweisen hatte.

Dieser Umstand wird in der Neuro-Linguistischen Programmierung ganz aktiv genutzt. Denn oftmals ist nicht das völlig neue Programmieren notwendig, um die eigenen Fähigkeiten zu verbessern, sondern es werden vergangene Erfahrungen betrachtet, die einen wesentlichen Einfluss auf das heutige Verhalten haben. Diese Erfahrungen werden so verändert, dass unangenehme Erinnerungen neutralisiert werden. Auf diese Weise können Ängste eliminiert und neue Kräfte freigesetzt werden.

Dabei geht es nicht darum, dass Sie Ihrem Gehirn eine Lügengeschichte erzählen, sondern dass Sie verstehen, dass Ihre ursprüngliche subjektive Wahrnehmung nicht der objektiven Wahrheit entspricht. Durch verschiedene Techniken können Sie andere Perspektiven einnehmen und die negativen Erfahrungen in Positive umwandeln.

Dies können Sie sich schon an einem einfachen Beispiel bewusst machen. Erinnern Sie sich noch an den letzten Horrorfilm, den Sie geschaut haben und sich so richtig gruselten? Sie werden wahrscheinlich von den Gefühlen der Angst und Unsicherheit begleitet worden sein. Diese Gefühle sind völlig normal und verständlich.

Nun stellen Sie sich vor, der Film würde von einer unpassenden Musik begleitet werden. Es würde eine Clownsmusik laufen, die eher zu Slapstick bei bestimmten Komödien passen würde. In diesem Moment werden Sie wahrscheinlich kaum eine Angst verspüren, obwohl der Filminhalt weiterhin der gleiche ist.

Im letzten Schritt können Sie den Film noch einmal komplett ohne Musik betrachten. Wahrscheinlich werden Sie jetzt kaum noch eine Angst verspüren, sondern weiterhin unterbewusst von der lustigen Musik begleitet werden. Auf diese Weise können Sie sich schon bewusst machen, wie unterschiedlich Ihre Erfahrungen wahrgenommen werden können. Obwohl sich der Inhalt des Filmes nicht geändert hat, wurde durch das Austauschen eines Elementes die komplette Gefühlslage geändert.
Nun geht es bei der NLP nicht darum, dass Sie Filme anders wahrnehmen, aber im Grunde sind Ihre Erinnerungen nichts anderes als Szenen aus Ihrem Leben. Mithilfe der NLP-Techniken, können Sie die eigenen Erfahrungen so verändern, dass diese eine andere Struktur erlangen. Negative Erfahrungen werden als nicht mehr so bedrohlich wahrgenommen

und mit den optimalen Möglichkeiten sogar so verändert, dass diese einen positiven Einfluss haben.

Sollen Erfahrungen verändert werden, ist es wichtig, dass Sie verstehen wie das Gehirn solche Erfahrungen wahrnimmt. Denn es handelt sich hierbei nicht um einen Computer, welcher nur mit der 0 und der 1 operiert. Ebenso handelt es sich bei den Erlebnissen nicht um reale Abbilder, wie sie zum Beispiel mit einer Fotokamera aufgenommen werden.

Vielmehr werden die Erlebnisse und Erfahrungen durch die Sinne des Menschen beeinflusst. Zu den menschlichen Sinnen werden die folgenden gezählt:

- Sehen
- Hören
- Fühlen
- Riechen
- Schmecken

Gefühle festigen

Eine der wesentlichen Grundtechniken der NLP ist das Setzen von bestimmten „Ankern". Wie Sie in dem vorherigem Beispiel mit dem Film gesehen haben, haben Sie mit dem Horrorfilm eine bestimmte Gefühlslage verbunden. Wenn Sie sich diesen Film anschauen werden Sie eine Angst verspürt haben.

Dabei ist es nicht einmal notwendig, dass Sie diesen Film tatsächlich sehen. Es ist schon ausreichend, wenn Sie die Hauptfigur sehen oder die tatsächliche Filmmusik gespielt wird. Schon werden die Gefühle hervorgerufen, die Sie mit dem Film verbinden, obwohl Sie diesen gar nicht mehr schauen.

Diese Verbindungen werden in der NLP als Anker bezeichnet, weil Sie mentale Gefühlszustände festigen. Durch bestimmte mentale Anker, können Sie einen gewünschten Gefühlszustand aufrufen und diesen für sich nutzen. Stellen Sie sich zum Beispiel die Situation vor einem Bewerbungsgespräch vor. Sie werden wahrscheinlich sehr nervös sein und hoffen, dass alles optimal verlaufen wird.

Durch das Setzen eines Ankers können Sie Ihre Gefühle beeinflussen und solch einer stressigen Situation besser begegnen. Sie können den Anker aufrufen und ein positives Gefühl hervorrufen, welches Ihnen mehr Selbstsicherheit verleiht. Dadurch werden Sie im Bewerbungsgespräch höhere Erfolgschancen haben. Das Ankern funktioniert hierbei auf die Weise, dass Sie zum Beispiel durch eine Handbewegung oder eine andere einfache Handlung den komplexen Gefühlszustand hervorrufen und für sich nutzen.

Das Prinzip des Ankerns ist nicht auf die NLP zurückzuführen, sondern wurde schon in zahlreichen Experimenten im Sinne der Konditionierung genutzt. Vielleicht kennen Sie schon das Experiment von Pawlow, welcher Hunde so konditioniert hat, dass diese auf einen Reiz immer mit einem Speichelfluss reagiert haben?

Das Experiment wurde bereits im Jahre 1905 durchgeführt und lief so ab, dass Iwan Petrowitsch Pawlow Hunde so konditioniert hat, dass diese beim Glockenruf immer an das Futter dachten. Der Speichelfluss ist eine völlig natürliche Reaktion des Hundes, wenn dieser Futter erblickt. Durch den Speichelfluss wird die Erregung des Hundes sichtbar.

Nun wurde im Rahmen des Experimentes immer beim Geben des Futters eine Glocke geläutet. Dies wurde so oft wiederholt, bis der Hund das Glockenläuten mit der Gabe des Futters verbunden hat. Wurde jetzt nur noch die Glocke geläutet, hat der Hund mit dem unkontrolliertem Speichelfluss reagiert, obwohl die Glocke eigentlich kein Grund für den Erregungszustand des Hundes sein sollte.

Offensichtlich ist durch die Konditionierung das Läuten der Glocke zu einem Anker für die Gabe des Futters und somit dem Speichelfluss geworden. Diese einfach Experiment zeigt deutlich, wie einfach Hunde konditioniert werden können.

Diese Anker können Sie ganz bewusst setzen und nutzen, um in bestimmten Situationen Ihre Gefühle so zu beeinflussen, dass diese für Sie zu einem Vorteil werden. So können Sie vor einer wichtigen Prüfung gezielt Gefühle aufrufen, die Sie beruhigen. Indem Sie Ihre Gefühle besser kontrollieren, erreichen Sie Ihre Ziele besser und können das eigene Potenzial nutzen.

Gefühle sind keineswegs nur negativ zu betrachten. Das Sie Angst vor einer Prüfungssituation haben ist normal und bis zu einem gewissen Zustand auch nützlich. Durch die Angst werden Sie eine besondere aufmerksame Haltung gebracht und Sie werden leistungsfähiger in die Prüfung gehen.

Allerdings kann die Angst und das negative Gefühl auch negative Auswirkungen haben. Wenn die Anspannung zu groß wird und Sie schon gar keinen klaren Gedanken mehr fassen können, werden Sie die Prüfungssituation kaum erfolgreich absolvieren können. Diese Gefahren des „Black-Outs" hat wahrscheinlich jeder schon erlebt und Sie kennen das unangenehme Gefühl, wenn Ihre Angst Sie davon abhält die höchste Leistungsfähigkeit zu erreichen.

Durch das Setzen der Anker können Sie Ihre Gefühle beeinflussen und diese so regeln, dass Sie stets einen positiven Nutzen für Sie haben. Dies ist eine Grundlage der NLP und soll Ihnen zeigen, wie sehr die Kraft der Gedanken einen Einfluss auf Sie hat.

Durch die gesamte Anzahl der Methoden und Techniken, die in der NLP zur Verfügung stehen, werden Sie lernen, wie Sie mit verschiedenen Situationen umgehen können. Das Setzen von Ankern ist nur eines der Instrumente, welches Sie einsetzen können und im Detail wird dies noch in den folgenden Kapiteln erläutert.

Sie sollten aber schon jetzt einen Eindruck erhalten haben, welch positive Auswirkungen der Einsatz der NLP haben kann und wobei es sich hier im Wesentlichen handelt.

Ihre kostenfreies Hörbuch

Dieses Buch können Sie als neuer Audible Nutzer kostenlos als Hörbuch genießen. Folgen Sie dem Link um sich dieses Hörbuch jetzt kostenfrei zu sichern:

cherryfinance.de/ADBL12

ZIELE DEFINIEREN

IN DER WIRTSCHAFT GIBT es eine genaue Abgrenzung zwischen der Effektivität und der Effizienz. Dieser Unterschied ist vielen Menschen im Alltag nicht bewusst und dies führt dazu, dass Sie ziellos versuchen zwar das Beste aus Ihrem Leben zu machen, aber nie so richtig glücklich werden und die eigenen Ziele verwirklichen.

Die Effizient beschreibt, dass Ziele mit besonders wenig Ressourcen erreicht werden. Dies kann bedeuten, dass Sie Ziele mit wenig Zeitaufwand oder finanziellen Investitionen erfüllen. Allerdings ist selbst das Bemühen um die höchste Effizienz vergebens, wenn die Ziele nicht richtig abgesteckt werden.

Die Effektivität gibt an, dass die richtigen Ziele erreicht werden. Dies bedeutet also, dass Sie bevor Sie mit der NLP beginnen, genau formulieren müssen, wohin die Reise eigentlich gehen soll. Dieser Umstand mag zwar sehr einleuchtend sein, aber können Sie in diesem Moment genau formulieren, welche Ziele Sie eigentlich im Leben verfolgen? Können Sie dabei tiefer ins Detail gehen und von allgemeinen Phrasen wie „mehr Geld verdienen" absehen und konkrete Ziele beschreiben?

Selbst wenn Sie Ziele haben, können Sie auch genau festlegen, welches im Moment das wichtigste Ziel für Sie ist und wo Sie die meiste Energie investieren? Ungefähre Ziele haben wohl die meisten Menschen im Leben. Dazu gehört der Erfolg im Beruf, eine harmonische Familie und eine gute Gesundheit. Aber wissen Sie auch, wie Sie diese allgemein formulierten Ziele im Leben tatsächlich erreichen?

Wenn Sie NLP erfolgreich durchführen möchten, dann müssen Sie sich zu Beginn klare Ziele setzen. Dabei geht es aber nicht nur darum, dass Sie sich vor Augen halten, was Sie in der Zukunft erreichen möchten, sondern dass Sie auch erläutern, ob diese Ziele Sie wirklich nach Vorne bringen. Denn nur wenn das Erreichen der Ziele auch in das Gesamtkonstrukt passt, dass Sie sich für Ihr Leben vorstellen, ist es wirklich sinnvoll diese Ziele zu verfolgen. Allzu oft gibt es Ablenkungen, die dazu führen, dass man das eigentliche Ziel aus den Augen verliert. So werden Aufgaben erledigt, die zwar in diesem Moment einen positiven Ausgang haben, aber nicht dem langfristigem Ziel dienlich sind.

Wichtig bei der Bestimmung der Ziele ist zudem, dass diese klar formuliert und definiert werden. Dadurch erhalten diese eine objektive Komponente und Sie können sich viel leichter an Ihre Vorgaben halten. So kann es nicht passieren, dass Sie etwa die Motivation und Ihre Ziele aus den Augen verlieren.

Ziele zu setzen ist aber erst der Anfang. Sie kennen es wahrscheinlich selber, wenn Sie sich Vorsätze für das neue Jahr überlegen, dass Ziele sehr einfach und schnell gesteckt werden. An der Motivation, diese Ziele wirklich umzusetzen mangelt es aber dennoch schon nach einem bestimmten Zeitraum.

In Bezug auf die Ziele gibt es drei wesentliche Schritte, die Sie umsetzen müssen, um erfolgreich zu sein. Im ersten Schritt geht es darum, realistische und nützliche Ziele zu setzen. Diese müssen für Ihr Leben einen tatsächlichen Mehrwert bieten und im Einklang mit Ihren Werten stehen. Danach müssen Sie die Ziele umsetzen und die notwendige Motivation finden. Mit der NLP können Sie die Motivation verstärken, sodass Sie auch in Phasen, wo Sie nicht über die vermeintliche Energie verfügen, die notwendige Disziplin aufbringen, um das Ziel zu erreichen.

Im dritten Schritt folgt dann die Handlung, mit der Sie die tatsächlichen Ziele auch erreichen. Je nach Ziel weichen die konkreten Handlungsmaßnahmen voneinander ab, aber die Grundschritte, um die Ziele zu erreichen und erfolgreich umzusetzen bleiben in jedem Fall die gleichen.

Träume von Zielen abgrenzen

Wohl kaum jemand kann im Leben behaupten, wunschlos glücklich zu sein. Sie verfolgen wahrscheinlich selber bestimmte Träume, die Sie antreiben und die Sie im Leben verfolgen. Ein Traum könnte zum Beispiel das bestimmte Auto sein, dass Sie sich schon seit der Kindheit zulegen möchten. Mit diesem Traum verbinden Sie eine sehr positive Emotion und glauben, dass das Fahren des Fahrzeugs Sie glücklicher machen würde.

Das Fahren eines bestimmten Fahrzeuges, die Sehnsucht nach mehr Geld oder die Reise in ein entferntes Land sind aber noch keine Ziele. Es sind viel mehr Wünsche, die Ihr Handeln beeinflussen und der Beginn eines definierten Zieles sein kann. Diese Wünsche sind so gesehen Antreiber, die Sie nutzen können, um sich bestimmte Ziele zu stecken.

Erst wenn Sie die Wünsche formulieren und diese ausgiebig vor dem inneren Auge vorstellen, können diese Ihnen helfen, bestimmte Ziele im Leben festzulegen. So können Wünsche eine Kraft auslösen, die Sie in Form eines Zieles umsetzen können.

Abgrenzen sollten Sie diese Wünsche aber von unrealistischen Formulierungen, auf die Sie ohnehin keinen Einfluss haben und dessen Ziel bereits im Wunsch definiert sind. Dies kann zum Beispiel der Lottogewinn sein, bei dem Sie sich den berühmten „Sechser plus Zusatzzahl" wünschen. Dieser Wunsch mag zwar schmeichelhaft klingen, es ist aber ein Wunsch, der keinerlei Kraft verleiht. Denn aus diesem Traum heraus, können Sie keine Handlungsempfehlung ableiten, mit der Sie diesen Traum erfüllen können, da der Gewinn weiterhin nur auf das Glück beruht.

Solch einen Traum müssen Sie nicht als negativ wahrnehmen und solch traumhafte Vorstellungen können eine Möglichkeit darstellen, positive Gefühle zu wecken. So können diese Gefühle trotzdem helfen andere Ziele zu erreichen.

Aber ein Ereignis wie der Lottogewinn bleibt weiterhin nur ein Wunsch, der nichts mit einem formulierten Ziel zu tun hat, das Sie erreichen können. Wichtiger ist es, dass Sie Ziele definieren und konkrete Handlungen unternehmen, damit Sie sich Ihre Wünsche erfüllen können.

Wenn Sie sich mit erfolgreichen und glücklichen Menschen unterhalten, werden Sie wahrscheinlich häufig auf die Floskel treffen, dass der Weg das Ziel sei. Dies mag zwar etwas sehr verschwommen klingen, im Kern ist diese Aussage aber wahr und sollten Sie beachten, wenn Sie Ihre Ziele formulieren. Denn angenommen, Sie hätten die Möglichkeit sich all Ihre Ziele morgen auf einen Schlag zu erfüllen. Würden Sie damit automatisch langfristig ein glücklicher Mensch werden?

Die Realität ist, dass mit jedem erfülltem Ziel wahrscheinlich wieder neue Ziele auftreten, die Sie erfüllen möchten. So werden die Ziele mit der Zeit immer umfangreicher und komplexer. Sobald ein Ziel erreicht wurde, wartet schon der nächste Wunsch, der in Erfüllung gehen soll.

Immer nur neuen Zielen hinterherzurennen kann aber auch nicht die Erfüllung und der Sinn des Lebens sein. Denn selbst das Erfüllen aller Ziele macht Sie nicht automatisch glücklicher und diese sorgen meist nur für eine kurzzeitige Befriedigung.

Um langfristig glücklich zu sein, sollten Sie auch den Weg als Komponente der Zielerfüllung betrachten. Denn was bringt es Ihnen, das Traumauto zu fahren, wenn Sie dafür 10 Jahre Ihres Lebens einen Job nachgehen mussten, der Sie weder erfüllt noch weiter gebracht hat. Am Ende haben Sie zwar das Ziel erreicht, aber wirklich nachhaltig glücklich werden Sie dadurch nicht werden.

Werte beschreiben

Ziele beruhen immer auf einer persönlichen Motivation. Dieser ist der Antrieb, der Sie täglich aufstehen und handeln lassen. Doch was sind eigentliche Ihre inneren Werte und wissen Sie genau, wofür Sie leben? Bevor Sie Ihre persönlichen Ziele formulieren, sollten Sie einen wichtigen Schritt dahin unternehmen, dass Sie sich besser kennenlernen und verstehen, wofür Sie eigentliche leben. Wie ist Ihre Persönlichkeit und welche Werte sind Ihnen im Leben besonders wichtig?

Wenn Sie sich Ziele setzen, sollten diese immer im Einklang mit den persönlichen Werten stehen. Hierbei tritt schon das Problem auf, dass es schwerfällt, überhaupt persönliche Werte zu definieren. Der Mensch ist ein soziales Wesen und innerhalb der Gesellschaft gibt es einige Werte, die als allgemeingültig formuliert werden.

So erscheint es für alle Teile der Gesellschaft erstrebenswert zu sein, möglichst viel Geld anzuhäufen. Denn Geld wird als Symbol für Erfolg betrachtet und über den eigenen Besitz wird häufig das Selbstwertgefühl definiert. Sie könnten jetzt in Verlegenheit geraten und diese gesellschaftlichen Werte auch als persönliche Werte zu übernehmen. Schließlich wird es schon zutreffend sein, wenn ein Großteil der Gesellschaft diese Werte vorlebt, dass diese auch für Sie gültig sein müssen.

Es gibt aber sehr viel mehr Werte, die Sie für sich selbst festlegen können als materialistische Güter und Anerkennung. Vielleicht ist für Sie die Freiheit eines der höchsten Werte. Sie lieben es zu reisen und möchten so unabhängig wie möglich sein. Dann sollten Sie Ziele definieren, die mit diesen Werten in Einklang stehen. Oder vielleicht steht für Sie die Harmonie und die zwischenmenschlichen Beziehungen im Vordergrund?

Ganz egal wie Ihre Werte aussehen, es ist wichtig, dass Sie Ihre persönlichen Werte kennen und Ihre Ziele darauf abstimmen. Dies entspricht dem Grundsatz der Effektivität und das Sie wissen, wohin Ihre Reise gehen soll. Wissen Sie, was Ihnen im Leben wichtig ist, können Sie viel leichter die Ziele setzen und verfolgen, die Sie zu einem glücklicheren Menschen machen.

Der Grundsatz, dass der Weg das Ziel sei, wird schon dadurch erreicht, dass Ihre Ziele mit Ihren Werten übereinstimmen. Denn Werte sind keine fern definierten Punkte im Leben, welche Sie in einigen Jahren erreichen möchten. Werte erkennen Sie daran, dass Sie Grundsätze darstellen, nach denen Sie Ihr tägliches Leben gestalten.

Verfolgen Sie Ziele, die mit Ihren Werten übereinstimmen, werden Sie jeden Tag die kleine Genugtuung erhalten, dass Sie Ihr Leben nach Ihren Werten ausrichten können. Andererseits kann schnell eine Unzufriedenheit entstehen, wenn Sie zwar danach handeln, bestimmte Ziele zu erreichen, dabei aber Ihre persönlichen Werte verletzen.

Wenn ein Wert darauf beruht, besonders unabhängig und frei zu leben, dann werden Sie in einem starren Bürojob wahrscheinlich unzufrieden sein, selbst wenn Sie ein längerfristiges Ziel verfolgen. Angenehmer wäre es natürlich, wenn Sie schon beim Verfolgen des Zieles, Ihre Werte beachten und entsprechend handeln könnten.

Vielleicht kennen Sie Ihre eigenen Werte noch gar nicht richtig oder sind sich gar nicht bewusst, nach welchen Werten Sie eigentlich Ihr Leben gestalten. Werte werden immer dann in das Bewusstsein gerückt, wenn diese missachtet werden. Sind Sie zum Beispiel ein sehr gerechtigkeitsliebender Mensch, dann werden Sie es wahrscheinlich mit Unmut begrüßen, wenn einem Ihrer Mitmenschen eine Ungerechtigkeit widerfährt. Sie sollten in nächster Zeit darauf achten, ob bestimmte Ereignisse zu Unmut führen und ob vielleicht die Missachtung Ihrer Werte dabei eine Rolle gespielt hat. Als Konsequenz können Sie versuchen den Wert für sich festzuhalten und diesen stärker bei der Zielsetzung zu beachten.

Werte werden auch dann immer in den Vordergrund gerückt, wenn diese verwirklicht werden. Also anstatt, dass Sie eine negative Emotion auslösen, können diese zu einem positiven Gefühl führen. Haben Sie einen besonders schönen Tag erlebt, können Sie versuchen für sich herauszufinden, ob dies mit der Verwirklichung bestimmter Werte zusammenhängt. Haben Sie vielleicht ein sehr tiefgründiges Gespräch geführt, dass Sie in diesem Moment glücklich macht, dann ist dies ein starker Hinweis darauf, dass dies für Sie ein wichtiger Wert im Leben ist.

Das Veranschaulichen der eigentlichen Werte und das bessere Kennenlernen über die Dinge, die Ihnen in Wahrheit wichtig sind, sind der erste Schritt in ein glücklicheres Leben. Denn eine ständige Verletzung bestimmter Werte kann unbewusst als Quelle von Unzufriedenheit gelten und andere Lebensbereiche negativ beeinflussen.
Geld als Ziel formulieren

Wenn Sie die vorher definierten Werte für sich gefunden haben, dann werden diese Ihnen helfen, Ihren Lebensweg zu beschreiten. Unabhängig davon, ob Sie mehr Freiheit wünschen, Abenteuer erleben wollen oder einfach nur mehr Spaß haben möchten, wird ein Faktor immer einen Einfluss haben. Denn auch wenn Ihnen Geld als Wert nicht wichtig sein wird, wird dieses als Mittel zum Zweck eine hohe Bedeutung für Sie haben.

Allerdings sollten Sie die Rolle des Geldes nicht überschätzen. Das Geld nicht glücklich macht, ist bereits eine Weisheit, die an vielen Stellen gelehrt wird. Die Forschung zeigt zudem, dass dieser Spruch zutrifft und Geld nicht zwingend Menschen glücklicher macht. Wenn Sie sich die Maslow'sche Bedürfnispyramide noch ein Mal vor Augen halten, werden Sie merken, dass Geld nur bis zu einem gewissen Grad für eine Steigerung der Zufriedenheit führen kann.

Kämpfen Sie jeden Tag darum Ihre Grundbedürfnisse zu erfüllen, weil Sie vielleicht Probleme damit haben die Miete rechtzeitig zu bezahlen oder weil Sie sich im Supermarkt einschränken müssen, dann stellt mehr Geld für Sie auch eine höhere Zufriedenheit dar. Haben Sie aber bereits einen guten Job und verfügen über keine Existenzängste, dann hat Geld kaum noch einen Einfluss auf Ihre Lebenszufriedenheit.

Das Streben nach immer mehr Geld, nur aus dem Selbstzweck heraus mehr Geld anzuhäufen, führt also selten zu einer höheren Zufriedenheit. Dennoch müssen Sie bedenken, dass Geld zwar nicht direkt zu einer höheren Zufriedenheit führen wird, aber indirekt für die Erfüllung Ihrer Werte von Bedeutung sein kann.

Durch die Definition des Geldes können Sie zudem sehr einfach herausfinden, ob Sie ein Ziel aus einem inneren Antrieb heraus verfolgen oder dies nur annehmen, um im Endeffekt mehr Geld zu erhalten. Stellen Sie sich dazu einmal vor, Ihnen würden morgen eine große Summe Geld zur Verfügung stehen. Sie könnten sich alle Wünsche im Leben erfüllen und hätten keine Geldsorgen mehr.

Würden Sie dann immer noch das eine bestimmte Ziel verfolgen oder würde dieses durch das Bereitstellen des Geldes wegfallen? Oder wäre es sogar möglich, dass Sie das Ziel verfolgen, selbst wenn Sie gar kein Geld zur Verfügung hätten?

Wenn Sie ein Ziel definieren, an dem Sie nicht festhalten, wenn Sie über ausreichend viel Geld verfügen würden, für welches aber ohnehin kaum Geld notwendig wäre, ist es nicht Wert eine hohe Priorität zu erhalten. Schließlich haben Sie keinen wirklichen inneren Antrieb dafür und die Motive sind nur von dem Geld abhängig.

Umgekehrt kann diese kleine Vorstellung aber auch zeigen, dass es sich manchmal lohnen kann nach mehr Geld zu streben. Haben Sie ein Ziel, dass Sie auch mit einer großen Menge von Geld noch verfolgen würden, für welches Sie aber ein gewisses Kapital benötigen? Dann ist es sinnvoll, dass Sie als mittelfristiges Ziel angeben, nach mehr Geld zu streben. Durch die finanziellen Mittel können Sie überhaupt erst das Ziel erreichen, dass Sie sich gesteckt haben und als keine Zwischenetappe, können Sie versuchen Ihr Einkommen zu maximieren.

Sie merken also, Geld ist nicht alles im Leben und Sie müssen selber für sich abgrenzen, welche Bedeutung das Geld in Ihrem Leben hat. Haben Sie Ziele, die Sie auch ohne finanzielle Mittel gut erreichen können, dann sollten Sie diese verfolgen und den Fokus nicht unbedingt auf das Geld legen.

Andererseits ist Geld für eine Vielzahl von Zielen notwendig. Denn es ist nun mal ein Fakt, dass die meisten Dinge im Leben Geld kosten. Sich eine stabile Basis zu schaffen und sich in eine gute berufliche Position zu bringen, um damit langfristig die eigenen Ziele zu erreichen, scheint ein optimaler Mittelweg zu sein. Damit können Sie einerseits Ihre Grundbedürfnisse absichern und leiden nicht unter Existenzängsten. Andererseits haben Sie eine langfristige Perspektive und können daran arbeiten Ihre Ziele zu verwirklichen.

Denken Sie immer daran, dass der Weg auch das Ziel ist und Sie nicht einfach nur dem Selbstzweck wegen an der Arbeit kaputtgehen sollten. Versuchen Sie eine gute Balance aus der beruflichen Laufbahn und Ihren eigenen Werten zu finden. So können Sie langfristig Ihre Ziele erreichen und im Berufsleben ebenfalls Ihre Erfüllung finden.

Wie das Ziel formuliert wird

Wie wichtig es ist, dass Sie genau erkennen, welches Ziel Sie erreichen möchten, wurde bereits eingangs erwähnt. Es kann aber kaum oft genug erwähnt werden, denn das Erreichen der selbstgesteckten Ziele ist schließlich, was Sie glücklich machen wird. Wenn Sie aber merken, dass Sie Zielen hinterherjagen, die für Sie eigentlich keine große Bedeutung haben oder Sie gar nicht zufriedener werden lassen, dann ist dies ein großes Missverständnis, das Sie aus dem Weg räumen sollten.

Umso wichtiger ist es daher noch ein Mal, dass Sie merken, wie Sie Ihre Ziele festlegen und definieren. Je besser Sie zudem Ihr Ziel kennen und je stärker dieses in Ihrem innerem Auge präsent ist, desto einfacher werden Sie dieses erreichen. Würden Sie von sich selber sagen, dass Sie Ihre Ziele gut kennen?

Wahrscheinlich würden die meisten Menschen genau sagen, welche Ziele Ihnen wichtig sind und wie diese ausschauen. Allerdings herrscht bei genauerer Betrachtung dennoch nur eine sehr grobe Vorstellung von dem Ziel. Dieses ist nicht genau definiert, sondern liegt nur in einer sehr schwammigen Grundannahme oder Wunsch vor.

Die Neuro-Linguistische Programmierung führt bei genauer Anwendung aber weitreichende Veränderungen durch, damit Sie das Ziel erreichen können. Um das Ziel wirklich zu erreichen, ist eine genaue Zieldefinition gefragt. Andernfalls hätte die Programmierung zur Folge, dass Sie andere

Lebensbereiche beeinflussen und Sie von der eigentlichen Erfüllung des Ziels abweichen.

Damit Sie das Ziel erreichen können, muss dieses wohl strukturiert sein. Hierbei wird auch von dem wohlgeformten Ziel gesprochen. Dies unterliegt einer sehr bestimmten Struktur, durch welche eine Form aufgebaut wird. Diese Struktur hilft Ihnen, bestimme Erwartungen auszulösen. Wenn Sie sich das Ziel vorstellen, werden sich in Ihrem Inneren Sinneseindrücke, Gefühle und Gedanken abspielen. Diese sind in dem Ausdruck so stark, dass sie als Motivation wahrgenommen werden. Durch die richtige Struktur des Ziels können Sie also nicht nur sicherstellen, dass Sie stets auf den richtigen Pfaden wandeln, sondern dass Sie eine Motivation erhalten. Dadurch wird Ihre Handlungskraft angeregt und es wird wahrscheinlicher, dass Sie das Ziel erreichen.

Wie sieht das Ziel aus?

Wenn Sie im Leben zufriedener und erfolgreicher sein möchten, dann ist eine genaue Definition der eigenen Ziele und Werte wichtig, damit Sie genau wissen worauf Sie im Leben hinarbeiten. Damit die Ziele sinnvoll sind und das Erreichen für Sie einen positiven Nutzen hat, sollten Sie diese ganz konkret formulieren.

Oftmals werden nur allgemeine Ziele definiert. Dies kann zum Beispiel so aussehen, dass Sie erfolgreicher im Beruf sein oder generell mehr soziale Kontakte pflegen möchten. Diese Ziele sind für die Anwendung der NLP ungeeignet. Denn Sie sind sehr allgemein formuliert und es wird schwerfallen, überhaupt einen richtigen Weg zu finden, diese Ziele zu erfüllen.

Besser ist es, wenn Sie sich konkrete Ziele setzen. Sind Sie schüchtern und Ihnen fällt es schwer mit neuen Menschen in Kontakt zu treten? Dann nehmen Sie sich doch zum Ziel, dass Sie in nächster Zeit in eine neue Freizeitgruppe gehen und mit diesen neuen Kontakten ins Gespräch kommen. Dieses Ziel ist schon sehr viel konkreter und leichter umzusetzen.

Es ist aber nicht nur wichtig, was Sie sich zum Ziel nehmen. Schon die Wahrnehmung darüber, wie Sie das Ziel formulieren, kann das Erreichen des Zieles erleichtern. Nehmen Sie sich zum Beispiel vor, dass Sie nicht mehr so schüchtern sein wollen, ist dies schon ein erstes Hindernis für Ihr eigentliches Ziel. Indem Sie Ihre negativen Seiten auflisten oder diese im

Ziel wiedergeben, werden diese Ihnen ständig vorgehalten.

Daher ist es besser, wenn Sie ein Ziel positiv formulieren und diese dahingehend ändern. Anstatt also zu sagen, dass Sie nicht mehr so schüchtern sein wollen, ist es besser zu definieren, dass Sie mit neuen Personen offener umgehen möchten. Dadurch haben Sie eher die positive Eigenschaft im Blick und reduzieren das Ziel nicht immer nur auf das Negative, was Sie loswerden möchten.

Ein weiteres Problem beim Setzen der Ziele kann das Ziehen von Vergleichen sein. Wenn Sie sich zum Beispiel wünschen erfolgreicher im Beruf zu sein, dann werden Sie immer Personen vor sich haben, die bereits einen Schritt weiter sind. Dies führt zu einer Art Teufelskreis und Sie werden selbst beim Erreichen des Zieles kaum eine Erfüllung verspüren. Doch nicht nur der Vergleich mit anderen Personen ist hinderlich. Sie können auch den Vergleich mit sich selber anstellen, welcher langfristig zum Nachteil ist. Das Problem hierbei ist, dass Sie immer Ihren Ausgangswert im Auge behalten müssten. Dies bedeutet, dass Sie weiterhin die negativen Eigenschaften in Ihrem Inneren behalten, die Sie eigentlich loswerden möchten. Daher ist es besser, wenn Sie beim Festlegen der Ziele keinerlei Vergleiche ziehen. Weder mit sich selber noch mit anderen Personen, sondern einfach das Ziel positiv formulieren.

Haben Sie vor einigen Jahren schon Ziele definiert, an deren Verwirklichung Sie immer noch arbeiten? Haben Sie einen konkreten Zeitrahmen, den Sie für die Ziele setzen oder kommen diese vollkommen ohne zeitlichen Einschränkungen daher?

Die Wahrheit ist, dass der Mensch in der Natur nicht gerade so ehrgeizig ist, dass er Ziele durchgehen verfolgt. Wenn er es kann, schiebt er die Ziele lieber auf einen späteren Zeitpunkt und gibt vor, dass er diese schon irgendwann erreichen würde. Damit Sie Ihre Ziele aber wirkliche verfolgen und die Disziplin dafür aufbringen, müssen Sie einen Zeitrahmen festlegen, innerhalb dessen Sie das Ziel erreichen möchten. Denn es wird kaum vorkommen, dass es offensichtlich ist, dass Sie ein Ziel verfehlt haben. So könnte die Gefahr bestehen, dass Sie immer mehr Ziele anhäufen, die so nebenbei in Ihrem Leben mitlaufen, aber keines so wirklich angegangen wird.

Nur durch das Setzen eines zeitlichen Rahmens erhalten Sie die Vorstellung davon, dass Sie täglich an dem Erreichen des Ziels arbeiten müssen. Fällt die zeitliche Komponente weg, ist es ein Leichtes für Sie, die Ziele aus den Augen zu verlieren und sich lieber anderen Dingen zu widmen.

Der dritte wichtige Punkt beim formulieren des Ziels ist, dass Sie es aus eigener Kraft erreichen können. Offensichtlich ist das Setzen des Ziels, dass Sie innerhalb eines Jahres einen hohen Lottogewinn erreichen, nicht sehr sinnvoll. Denn auf den Lottogewinn haben Sie kaum einen Einfluss und sind von Ihrem Glück abhängig. Genauso kann auch die Formulierung nach einem Aufstieg in Ihrer Karriere nicht nur von Ihren eigenen Fähigkeiten abhängen, sondern vom Wohlwollen Ihres Vorgesetzten. Damit die Ziele fair formuliert sind und auch wirklich eine Motivation darstellen, müssen diese vollkommen unter Ihrer Kontrolle liegen.

Dies bedeutet, dass Sie bei der Karriere das Ziel lieber so formulieren, dass Sie innerhalb des nächsten Monats ein Gespräch mit Ihrem Vorgesetzten führen möchten und dabei sicher auftreten. Dies ist ein Ziel, dass Sie selbst verwirklichen können und das einen klar definierten Zeitrahmen darstellt. Dadurch wirkt das Ziel motivierend und Sie behalten über Ihre Ziele die volle Kontrolle.

Wenn Sie sich größere Ziele setzen, die vielleicht innerhalb eines Jahres verwirklicht sein sollen, dann kann es zunächst zu einer Überforderung kommen. Schließlich ist es nicht immer einfach sich über ein gesamtes Jahr hinweg zu motivieren und es fällt schwer, die richtigen Dinge zu tun, um das Ziel zu erreichen. Eine wichtige Technik innerhalb der NLP ist daher das unterteilen des Hauptzieles in kleine Unterziele.

Wenn Sie ein bestimmtes Ziel innerhalb eines Jahres erreichen möchten, dann versuchen Sie herauszufinden, welche kleineren Erfolge Sie persönlich weiterbringen. Diese können Sie dann so definieren, dass Sie die Unterziele in jedem Monat erreichen möchten und diese können wiederum in Wochenziele unterteilt werden. Durch das Festlegen dieser kleinen Unterziele wird Ihre Motivation aufrechterhalten und Sie werden mit einer größeren Sicherheit das Hauptziel verwirklichen.

Einen Berg zu erklimmen mag eine große Herausforderung darstellen und wenn Sie immer nur vom Fuße des Berges auf den Gipfel schauen, wird dieser unerklimmbar erscheinen. Unterteilen Sie den Berg aber in kleinere Etappen, dann erreichen Sie Schritt für Schritt das Gesamtziel. So erhalten Sie kleine Erfolgserlebnisse und es wird nicht an Motivation fehlen.

Das Zusammenspiel zwischen Ihren Werten und den Zielen wurde schon benannt. Nun sollten Sie in der Lage sein, Ziele klar zu definieren. Diese werden detailliert, positiv und in einem gewissen Zeitrahmen strukturiert. Nachdem Sie das Ziel für sich ausformuliert haben, sollten Sie noch abgleichen, welcher Ihrer Werte dieses Ziel eigentlich erfüllt.

Hierbei sollten Sie genau darauf achten, dass die Werte auch tatsächlich von Ihnen definiert wurden. Denn oftmals wirken äußere Einflüsse auf uns ein, die bestimmte Werte und Ziele erzwingen möchten. Ist das neue Auto tatsächlich so wichtig für Sie, weil Sie damit einen Wert erfüllen, der von Ihnen definiert wurde oder sind Sie hier der Werbewirkung erlegen?

Gleichen Sie bei dem Setzen der Ziele genau ab, ob damit wirklich Ihre eigenen Werte erfüllt werden.

Wann wurde das Ziel erreicht?

Es mag paradox klingen, aber nicht immer ist klar definiert, wann Sie das Ziel auch erreichen. Bestimmte Ziele haben einen klaren Anfangs- und Endpunkt. Hier können Sie einen bestimmten Zustand als Ziel definieren und wenn dieser eintritt, haben Sie mit Sicherheit das Ziel erfüllt. Doch nicht immer ist es so klar, wann Sie tatsächlich das Ziel erfüllt haben.

Wenn Sie ein Ziel formulieren, dass über keinen fest definierten Endpunkt verfügt, können Sie mit bestimmten Techniken der NLP diesen Zustand herbeiführen. Denn ohne die Möglichkeit das Erfüllen des Ziels sich vorzustellen, kann die Motivation fehlen dieses tatsächlich zu erreichen.

In der Schule werden Sie wahrscheinlich schon lange den Moment ersehnt haben, in dem Sie das Abschlusszeugnis erhalten und der Druck der schulischen Laufbahn von der Schulter fällt. Hier ist der Endpunkt klar definiert und tritt in einem bestimmten Zeitpunkt ein. Wenn Sie sich selber ein Ziel gesteckt haben, wie zum Beispiel das selbstsichere Auftreten, dann wird es allerdings schwerfallen, genau zu wissen wie das Ziel aussieht.

Hierzu müssen Sie Ihr Unterbewusstsein so vorbereiten, dass Sie dennoch klar erkennen können, wann das Ziel erreicht wird. Dazu machen Sie sich im ersten Schritt klar, welche Aktivitäten Sie unternehmen, um das Ziel zu erreichen. Dies bedeutet zum Beispiel, dass Sie sich vorstellen, wie Sie vor dem Spiegel stehen, um frei und selbstsicher zu reden. Danach stellen Sie sich vor, was Sie tun werden, wenn Sie Ihr selbstdefiniertes Ziel erreicht haben. Welche Gefühle verspüren Sie in dem Moment, in dem das Ziel verwirklicht wurde?

Diesen Zielzustand müssen Sie sich ganz besonders empfindlich einprägen. Nutzen Sie dazu all Ihre Sinne. Versuchen Sie also das Ziel zu riechen, die Umgebung zu hören und was können Sie vor Ihrem inneren Auge sehen?

Hierbei ist es hilfreich, wenn Sie sich vorstellen, wie das Erfüllen des Ziels Ihr Leben verändert. Bei NLP und dem Setzen der Ziele geht es in erster Linie darum das eigene Leben zu verändern. Die Ziele sollten daher einen direkten Einfluss darauf haben, wie sich Ihr Leben verändern wird. Falls Sie auch in der Vorstellung durch das Erreichen des Ziels keine Veränderung wahrnehmen, dann werden Sie kaum die Motivation aufbringen, dieses tatsächlich über einen längeren Zeitraum zu verfolgen.

Bevor Sie ein Ziel festlegen, sollten Sie sich daher genau vor Augen halten, was sich dadurch tatsächlich in Ihrem Leben ändert. Häufig sind Ziele nämlich dadurch geprägt, dass Sie vordergründig zu einer Zufriedenheit führen, aber langfristig keine persönliche Änderung hervorrufen. Das neue Auto oder der bessere Fernseher mögen zwar am Anfang noch ganz nett sein, aber ändert sich dadurch wirklich etwas in Ihrem Leben oder ist der Effekt des Ziels nach kurzer Zeit wieder verpufft?

Konsumziele sind daher immer mit Vorsicht zu genießen und dienen nicht wirklich als langfristige Ziele. Die Zufriedenheit, die Sie aus diesen Zielen erzielen, ist meist nur von kurzer Dauer und dies führt dazu, dass Sie trotz des Erreichen des Ziels kein erfülltes Leben führen.

Halten Sie sich daher immer vor Augen, wie sich Ihr Leben grundlegend verändern kann und welchen Einfluss das Verwirklichen der Ziele hat. Wenn sich Ihr Leben kaum verbessert oder der Effekt nur von kurzer Dauer ist, dann werden Sie wahrscheinlich besser beraten sein, wenn Sie ein anderes Ziel verfolgen.

Wie die Ziele besser erreicht werden

Bisher ging es vor allem darum, die richtigen Ziele zu finden und zu definieren. Schließlich möchten Sie Ihre Zeit so investieren, dass Sie langfristige Veränderungen hervorrufen und ein glücklicherer Mensch werden. Doch wie genau können Sie die Ziele erreichen und welche Ressourcen benötigen Sie dafür?

Wenn Sie an Ressourcen denken, werden Sie wahrscheinlich zuerst finanzielle Ressourcen wahrnehmen. Denn bekanntlich ist Geld wichtig, zum Erreichen der meisten Ziele. Im Sinne der Neuro-Linguistischen Programmierung ist Geld allerdings keine Ressource, die eine Beachtung finden sollte.

Hier geht es vor allem um die Kräfte und Fähigkeiten, die von Ihrer Person ausgehen. Als ein Grundsatz wird dabei festgeschrieben, dass Sie bereits über alle benötigten Ressourcen verfügen. Aus vergangenen Erfahrungen und Kenntnissen können Sie Ressourcen schöpfen, um diese zum Erreichen Ihrer Ziele einzusetzen.

Dabei geht es vor allem um die geistigen Fähigkeiten und die Motivation, um das Ziel zu erreichen. Zu diesen mentalen Ressourcen gehören zum Beispiel der Fleiß, die Ausdauer oder die Geduld. Haben Sie in der Vergangenheit bereits sehr zielstrebig einen bestimmten Wunsch erfüllt und sehr viel Energie investiert, um dieses Ziel zu erreichen? Dann versuchen Sie sich wieder in diesen Zustand zu begeben, bei dem es Ihnen leicht fällt, diese Energie aufzubringen.

Indem Sie sich an diese Zeit und diese Aktivitäten erinnern, können Sie die gleichen Gefühle mit dem jetzigen Einsatz verbinden. Hierbei können Sie sich auch vorstellen, wie gut Sie sich gefühlt haben, als Sie das Ziel letztlich erreichten. Es gibt also sehr viel wichtigere Ressourcen als das Geld und in der NLP herrscht der Glaubenssatz, dass Sie grundsätzlich über alle Ressourcen verfügen, um Ihre Ziele zu erreichen.

Dies können Sie sich vor Augen halten, um sich selber zu motivieren. Sie müssen also nicht dem Trugschluss unterlegen sein, dass es gerade an Geld mangelt und Sie deshalb das Ziel nicht verwirklichen können.

Merken Sie dennoch, dass Sie nicht über die benötigten Ressourcen verfügen, um das Ziel zu erreichen, können Sie zuerst daran arbeiten diesen Mangel zu beseitigen. Sind Sie nicht der geduldigste Mensch oder waren Sie bisher nicht immer fleißig und haben Zweifel daran, dass Sie diese Eigenschaften mitbringen, um das Ziel zu erreichen? Dann sollte zunächst die Verbesserung dieser Ressource im Vordergrund stehen. Setzen Sie sich also zunächst das Unterziel, dass Sie Ihren Fleiß verbessern und länger arbeiten können, ohne eine Pause einlegen zu müssen. Wesentlich ist hier zum Beispiel die Konzentrationsfähigkeit. Mit gezielten Übungen können Sie diese Eigenschaften verbessern und Ihre Ressourcen ausbauen, die Ihnen helfen werden die Ziele zu erreichen.

Haben Sie die vorherigen Tipps angewandt, sollten Sie das Ziel klar vor Augen haben und dieses visualisieren. Sie wissen genau, wie das Ziel aussieht und wie Sie vorgehen müssen, um dieses zu erreichen.

Sie haben jetzt die Motivation aus dem Inneren heraus, das Ziel zu erreichen und die ersten Schritte zur Zielerfüllung haben Sie mit der richtigen Struktur bereits erfüllt.

Je klarer und fester das Ziel in Ihrer Wahrnehmung gefestigt ist, desto wahrscheinlicher wird es sein, dass Sie dieses auch erfüllen. Die Zieldefinition ist damit ein wichtiger Schritt, um langfristig ein zufriedeneres Leben zu führen.

Bei allen positiven Konsequenzen, die mit der Erfüllung des Zieles einhergehen, sollten Sie sich immer bewusst sein, dass es auch negative Seiten gibt. Schließlich verfügen Sie nur über begrenzte Ressourcen und müssen lernen Prioritäten zu setzen. Manchmal kann eine Zeit, in der Sie sehr fleißig sein müssen auch zu Entbehrungen führen.

Bevor Sie das Ziel nun angehen, sollten Sie sich auch bewusst machen, was es für negative Konsequenzen geben könnte. Insbesondere wenn Sie Ihre Persönlichkeit ändern möchten, kann dies zu negativen Reaktionen im Umfeld führen. Denn nicht jeder reagiert positiv auf Ihre neue Selbstsicherheit oder Offenheit.

Damit Sie nicht von diesen Konsequenzen überrascht werden, machen Sie sich am besten jetzt schon einen Plan, wie Sie damit umgehen werden. Diese Situationen können Sie wiederholt durchspielen und mit der Zeit werden die Gefühle, die mit den negativen Konsequenzen verbunden sind, weniger werden.

So erhalten Sie ein realistisches Bild von der Zukunft und wie diese aussieht, wenn Sie Ihre Ziele umsetzen.

In erster Linie geht es aber darum, dass Sie herausfinden, was für Sie wichtig ist und welche Dinge Sie glücklich machen. Dadurch wissen Sie, wohin Ihre Reise im Leben hingeht und auf welchen Wegen Sie zufriedener werden. Mithilfe der NLP können Sie die Ziele ausfindig machen und mit einer höheren Erfolgsrate abschließen.

DIE EIGENE MOTIVATION FINDEN

IM VORHERIGEN KAPITEL WERDEN Sie Ihre Ziele definiert haben. Sie wissen jetzt genau, welche Ziele Sie im Leben verfolgen und welche Werte Ihnen wichtig sind. Sie können jetzt genau bestimmen, dass das Erreichen der Ziele zu einem glücklicheren Leben führt und dieser Zustand für einen längeren Zeitraum anhalten wird.

Mit diesen Zielen verbinden Sie auch das Gefühl des Erfolgs und Sie möchten sicherlich ein erfolgreicher Mensch sein. Doch was wird eigentlich unter Erfolg verstanden?

Wenn das Ziel verwirklicht wurde wird dies als Erfolg wahrgenommen. Bevor Sie das Ziel definiert haben, werden Sie sich schon vorgestellt haben, welche Veränderung das Umsetzen des Ziels auf Ihr Leben haben wird. Gleichzeitig treten beim Erreichen der Ziele Erfolgsgefühle ein. Sie werden glücklich darüber sein, dass Sie all die Arbeit und Zeit erfolgreich investiert haben. Zudem führen diese Erfolgserlebnisse zu einem höherem Selbstbewusstsein und Sie werden anerkennen, dass Sie Ihre selbstgesteckten Ziele erreichen können, wenn Sie nur hart genug dafür arbeiten.

Der Weg des Erfolges ist von Rückschlägen und negativen Emotionen geprägt. Diese negativen Emotionen stellen wichtige Erfahrungen dar, die Sie im Leben noch nutzen können. Ein Erfolg ist deshalb so bedeutsam, weil Sie auch durch schlechte Zeiten gingen und diese überwunden haben.

Damit das Erfolgserlebnis eintritt, muss der Erfolg mit Ihren persönlichen Werten vereinbar sein. Sie werden bereits ausgiebig festgelegt haben, welche Werte wichtig für Sie sind. Können Sie nun Ihr Leben um diese Werte aufbauen und die Werte verwirklichen, stellt sich das Erfolgsgefühl ein. Werden Sie trotz des Verwirklichen des Ziels keine Erfolgsgefühle wahrnehmen, haben Sie wahrscheinlich nicht genau auf sich selber gehört und Ihre eigenen Wertevorstellungen verletzt. Jetzt wird Ihnen vielleicht erst bewusst, dass Sie ein Ziel erreicht haben, das für Sie eigentlich keine hohe Bedeutung hat.

Zudem baut der Erfolg auf Ihrem Handeln auf. Plötzlich eine hohe Geld zu erben mag zwar erfreulich für Ihr Bankkonto sein, Sie haben dafür aber keine Eigenleistung erbracht. Dies stellt also keinen Erfolg im eigentlichen Sinne dar, denn dieser kann nur eintreten, wenn Sie selber auf das Ziel hingearbeitet haben.

Der Mensch ist von der Natur eher so eingestellt, dass er faul ist. Positiv ausgedrückt könnte man auch behaupten, der Mensch sei ein sehr effizientes Wesen. Er versucht so wenig wie möglich Energie aufzuwenden und solange die Grundbedürfnisse erfüllt werden, findet er kaum einen Antrieb mehr. Heutzutage kann festgestellt werden, dass wir bereits in einer sehr komfortablen Zeit leben. Gerade durch die sozialen Sicherungsmechanismen der Gesellschaft wird das Erfüllen der Grundbedürfnisse sicherg-estellt.

Das Erfüllen der Grundbedürfnisse stellt aber nur eine Grundlage zum Überleben dar. Dies bedeutet nicht, dass die Menschen dadurch zufrieden oder glücklich werden. Erst durch die Veranschaulichung, dass eine bestimmte Handlung zu einer höheren Zufriedenheit oder einem besseren Leben führen kann, werden Sie diese überhaupt durchführen.

Je höher der Einfluss der Handlung auf Ihre zukünftige Zufriedenheit ist, desto stärker wird Ihre Motivation ausfallen. Geld stellt hierbei eine sehr große Motivation dar und viele Handlungen sind vor allem darauf ausgelegt, Geld zu verdienen. Es wird gerne gesagt, dass Menschen für Geld alles tun würden und gewissermaßen ist dies zutreffend. Gerade für Menschen, die nur über sehr wenig Geld verfügen, ist der Zugewinn jedes noch so kleinen Betrages mit einer hohen Motivation verbunden.

Es gibt aber auch viele Tätigkeiten und Ziele, die nicht mit Geld verbunden sind und für Sie eigentlich positiv wären. Haben Sie sich für das neue Jahr vorgenommen wieder etwas mehr Sport zu treiben und merken Sie bereits in den ersten Wochen, dass Sie sich nicht treu sind und dieses Ziel nicht erreichen?

Dann wird Ihre Motivation nicht hoch genug sein, um die Handlungen durchzuführen, die zum Erreichen des Ziels notwendig sind. Nach einem harten Arbeitstag noch in das Fitnessstudio zu gehen und sich gesund zu ernähren ist mit einer hohen Anstrengung verbunden. Wenn die Motivation nicht ausreicht, um diese Anstrengung zu vollbringen, werden Sie das

Ziel nicht erreichen können.

Mithilfe der NLP werden Sie lernen, wie Sie die Motivation aufrechterhalten können, selbst wenn die Umsetzung mit einer hohen Anstrengung verbunden ist. So können Sie selber den inneren Schweinehund überwinden und Ihre gesteckten Ziele verwirklichen.

Die zwei Arten der Motivation

Der Mensch benötigt immer einen bestimmten Antrieb, um eine Handlung durchzuführen. Ohne Antrieb sträubt sich der Mensch davor, diese Handlung durchzuführen, weil es viel einfacher und effizienter wäre, diese Energie zu sparen und für Aufgaben zu nutzen, die eine höhere Priorität haben.

Eine der beiden Arten der Motivation ist die Vermeidung von negativen Erfahrungen. Dazu gehören bestimmte Ängste, die uns Antreiben und die wir in der Zukunft nicht begegnen möchten. Dazu gehört zum Beispiel, dass Geld gespart und der Arbeit nachgegangen wird, um zu verhindern, dass die eigene Existenz bedroht wird. Denn wer hat schon gerne das Gefühl, kein Essen oder ein Dach über dem Kopf zu haben.

Es kann also schon ausreichend sein, wenn die Gedanken an die Zukunft dazu führen, dass diese Erfahrungen vermieden werden sollen. Nicht immer erkennt der Mensch allerdings solche negativen Erfahrungen rechtzeitig. Oftmals bemerkt er diese erst, wenn er sich bereits in der Situation befindet und diese unerwünschte Erfahrungen wahrnimmt.

Dies kann der Fall sein, wenn Sie unter dem Übergewicht leiden und dieses Problem angehen möchten. Als Sie noch schlank waren, konnten Sie sich vielleicht noch nicht genau ausmalen, wie es mit den extra Kilos sein würde. Mit der Zeit hat sich das Gewicht aber schleichend erhöht und auf einmal finden Sie sich in einer Situation wieder, wo Sie laufend negativen Erfahrungen begegnen. Diese werden nun als Antrieb für die Diät genommen, um wieder das Idealgewicht zu erreichen.

Diese Art von Motivation hat aber einen bedenklichen Nachteil. Sie ist von Ängsten und negativen Emotionen geprägt. Um diese zu vermeiden wird häufig eine Handlung ausgeführt, die nicht besonders zielgerichtet ist. Um im Beispiel bei dem Übergewicht zu bleiben, führen die Ängste vielleicht dazu, dass Sie jetzt eine Extremdiät anfangen. Anstatt sich vorher ausgiebig zu informieren, die Ziele und deren Umsetzung zu definieren, wird einfach probiert so schnell dem negativen Zustand zu entfliehen wie möglich. Dies klappt aber nicht und so tritt der Jo-Jo-Effekt ein, der den negativen Zustand sogar noch verstärken kann. Eine Verbesserung der Lebenslage wurde also nicht erreicht und all die Energie, die aufgewendet wurde, war anscheinend fehlgeleitet.

Ein weiteres grundlegendes Problem ist, dass Sie Energie darauf verwenden sich mit Ängsten zu beschäftigen. Dadurch fehlt der Fokus, sich auf die positiven Ziele zu konzentrieren. Denn diese Motivation um das Vermeiden der negativen Situation kann zwar ein großer Antrieb sein, aber dieser wird nie dazu führen, dass Sie tatsächlich glücklich werden. Vielmehr ist dieser dafür zuständig, dass Sie nicht unzufrieden sind und eine gesunde Existenz aufbauen. Haben Sie sich diese Existenz bereits aufgebaut, sollten Sie sich nicht mehr auf diese Weise von Ihren Ängsten geleitet werden, sondern positive Antriebe suchen.

Daher beruht die zweite Motivation vor allem darauf, dass Sie einen persönlichen Wert mit dem Ziel verwirklichen. Diesem Zielbewusstsein liegen nun keine Ängste bei, sondern Sie arbeiten aktiv auf ein Ziel zu, da Sie bei diesem die Vorstellung haben, dass es sich positiv auf Ihr Leben auswirkt.

Dies setzt voraus, dass Sie über die Vorstellungskraft verfügen, dass Ergebnis des Ziels und die Konsequenzen zu visualisieren. Zudem ist diese Art der Motivation sehr viel effektiver. Denn anstatt eine unangenehme Situation zu vermeiden, was auf vielen verschiedenen Wegen gelingen kann, haben Sie ein klares Ziel vor Augen, auf welches Sie hinarbeiten können. Dadurch wird das Erreichen des Zieles wahrscheinlicher und Sie werden nicht durch Nebensächlichkeiten abgelenkt.

Allerdings ergeben sich aus dieser Zielmotivation wieder andere Eigenschaften. Es steht hierbei zum Beispiel fest, dass das Ziel weniger flexibel gestaltet werden kann. Außerdem müssen Sie aktiv das Ziel öfter vor Augen halten, um tatsächlich die Motivation hinter der Handlung zu entdecken.

Denn die Motivation aus dem Angstzustand heraus findet durch das Erleben der jetzigen Situation statt. Diese negativen Emotionen sind Ihnen in diesem Augenblick bereits bewusst und Sie arbeiten daraufhin dass, diese in Zukunft vermieden werden.

Bei der positiven Motivation und dem Zielantrieb geht es darum, Emotionen zu erwecken, die Sie erst in der Zukunft erleben. Daher kann es manchmal zu Schwierigkeiten kommen, wenn Sie in der Gegenwart gar nicht wahrnehmen, welche Auswirkungen die Handlungen haben. Diese positiven Emotionen, die am Ende des Zieles vorkommen, sollten Sie sich visualisieren und als positiven Antrieb nutzen.

Vielleicht möchten Sie in Zukunft ein Haus bauen, damit es Ihrer Familie besser geht. Derzeit leben Sie möglicherweise in einer Wohnung, die für Ihre Bedürfnisse ausreichend ist. Daher kann der Antrieb fehlen, die Arbeit so zu investieren, dass Sie sich in Zukunft ein Haus leisten können. Um diese zusätzliche Motivation aufzubringen, können Sie sich vor Augen halten, welche positiven Auswirkungen das Haus haben könnte. Wächst Ihr Kind in einer besseren Umgebung auf, haben Sie sehr viel mehr Platz, um Ihre Hobbys zu verwirklichen? All diese Vorstellungen werden wahrscheinlich zu einem positiven Gefühl führen, welches Ihnen die notwendige Motivation verleiht, um das Ziel zu erreichen.

Im Sinne der Motivation haben beide Antriebe Ihre Berechtigung. Sie müssen aber lernen, diese zu differenzieren und wie Sie mit diesen umgehen. Sind für das Erreichen eines Ziels beide Antriebe gleichzeitig aktiv, stellt dies die größte Motivation dar, die Sie haben können.

Energie aus negativen Erfahrungen gewinnen

Befinden Sie sich gerade in einer Situation, mit der Sie nicht zufrieden sind, dann können Sie diese Ängste nutzen und in eine positive Motivation umwandeln. Der größte Fehler hierbei ist aber, dass viele von Ängsten geleitete Menschen nicht wissen, wohin Sie sich bewegen sollen. Sie versuchen zwar Ihren Ängsten zu entfliehen, nutzen diese Energie aber nicht, um ein klar definiertes Ziel zu erreichen.

Um diese Ängste als Motivation zu nutzen, müssen Sie also zunächst einsehen, dass eine Unzufriedenheit mit der aktuellen Situation besteht. Danach können Sie analysieren, durch welches Ziel sich Ihre Lebenssituation langfristig verbessern könnte.

Als Beispiel können Sie das Rauchen nehmen, dass neben dem Abnehmen gerne als Motivation dient. Beim Rauchen treten einige Risikofaktoren auf, die als Antrieb dienen können. So kann die Gesundheit durch Lungenkrebs in Gefahr sein und das Rauchen ist ein großer Kostenfaktor. Jetzt könnten Sie sich dazu entscheiden, dass Rauchen aufzugeben, um nicht mehr diesen Ängsten und Risiken ausgesetzt zu sein.

Allerdings vergessen Sie hierbei, dass das bloße Nichtrauchen als Ziel noch nicht ausreichend ist. Denn hierbei fehlt es an der positiven Motivation und wenn Sie sich nur das Ziel setzen, auf das Rauchen zu verzichten, wird Ihnen mit Sicherheit die Motivation fehlen, dieses Ziel zu verwirklichen.

In dieses Vakuum der Motivation tritt nun die positiv definierte Zieldefinition. Dies bedeutet, dass Sie sich vorstellen können, welch positive Auswirkungen der Verzicht haben wird. Sie können das Geld für andere Dinge ausgeben und Ihre Fitness wird sich ebenfalls verbessern. Sie können sich also vor dem inneren Auge vorstellen, welch positive Veränderungen durch den Verzicht des Rauchens auftreten werden.

An diesem Beispiel des Rauchens können Sie erkennen, wie sowohl die Angst, als auch die positive Zieldefinition Sie motivieren kann. Die Angst vor Krankheiten kann der ursprüngliche Antrieb gewesen sein, der Sie dazu bewegt hat die Entscheidung zu treffen mit dem Rauchen aufzuhören. Indem Sie zusätzlich positive Ziele definieren, wie sich Ihr Leben durch den Verzicht des Rauchens verändert, können Sie den anfänglichen Antrieb nutzen und in eine langfristige Motivation ummünzen.

Ihre Motivation steigern

Die Motivation ist eine wesentliche Ursache dafür, dass Sie ein Ziel verfolgen und tatsächlich erreichen. Doch nicht immer ist die Motivation ausreichend, um tatsächlich die Handlungen durchzuführen, die eigentlich notwendig wären. Gerade wenn es um langfristige Ziele geht, ist es nicht immer einfach diese im Auge zu behalten. Denn der Mensch wird vor allem von Belohnungen getrieben und wenn diese in der fernen Zukunft liegen, gibt es womöglich andere Dinge, die eine schnellere Belohnung mit sich bringen.

In gewisser Weise können Sie durch bestimmte Übungen aber Ihre Motivation auch von selber steigern. Ähnlich wie beim Definieren von Zielen, gibt Ihnen die Neuro-Linguistische Programmierung verschiedene Übungen und Techniken mit, mit denen Sie die Motivation herstellen können. So erreichen Sie viel eher Ihr Ziel und erliegen nicht der Versuchung, Ihre

Energie in andere Dinge zu investieren, die mit Ihrem eigentlichen Ziel gar nichts zu tun haben.

Um Ihre Motivation zu steigern, können Sie eine Technik verwenden, die ähnlich dem Ankern angewandt wird und Ihre Gefühle in der Gegenwart beeinflusst.

Im ersten Schritt rufen Sie sich dafür eine Erfahrung ins Bewusstsein, die Sie mit einem Zustand hoher Motivation verbinden. Vielleicht hatten Sie in der Schule oder im Studium ein ganz bestimmtes Ziel. Sie wollten unbedingt die Prüfung mit einer guten Note abschließen und in der Vorbereitungszeit waren Sie so motiviert, dass das Lernen ohne größere Probleme zu absolvieren war. Oder Sie haben beim Sport mit Ihren Freunden konkurriert und wollten dort unbedingt eine bessere Leistung abrufen, haben so oft es geht trainiert und tatsächlich triumphiert.

Egal um welche konkrete Situation es sich handelt, im ersten Schritt müssen Sie sich diese Zeit in Ihr Bewusstsein rufen. Jetzt wissen Sie, wie sich die Motivation anfühlt. Es ist ein Zustand, voller Energie und Sie verbinden damit ein ganz bestimmtes Ziel, dass Sie unbedingt erreichen wollten.

Wenn Sie sich diesen Zustand der Motivation vor Ihrem inneren Auge betrachten, sollten Sie im nächsten Schritt dazu übergehen, diesen Zustand mit all Ihren Sinnen wahrzunehmen. Wenn Sie diesen Zustand als Film abspielen könnten, wie würde der Film aussehen? Welche Farben überwiegen für Sie, welche Geräusche nehmen Sie wahr und welche Gerüche können Sie womöglich riechen? Je mehr Sinneseindrücke Sie mit diesem Zustand der Motivation wahrnehmen, desto intensiver wird Ihr Rückblick und das positive Gefühl.

Nun sollten Sie wieder in der Gegenwart ankommen. Jetzt geht es darum, wieder in einen neutralen Gemütszustand zu gelangen. Der Film ist zu Ende und Sie sind wieder komplett im Hier und Jetzt angekommen. Dadurch wird der emotionale Gefühlszustand unterbrochen und durch einen neutralen Zustand ersetzt. Sollten Sie die starken Emotionen immer noch spüren, dann suchen Sie sich ein Erlebnis aus, dass mit keinen besonderen Emotionen verbunden ist. Vielleicht können Sie sich vorstellen, wie Sie gerade das Frühstück zubereiten oder andere Hausarbeiten erledigen. Daran werden Sie wahrscheinlich keine besonders starken Emotionen haben, sondern diese ziemlich gleichgültig ausführen. Dadurch werden Sie in einen neutralen Gefühlszustand versetzt.

Nachdem also Ihre ursprünglichen Emotionen abgeklungen und nicht mehr wahrnehmbar sind, versuchen Sie sich wieder in diesen emotionsbelasteten Zustand zu versetzen. Jetzt geht es vor allem darum, den Unterschied der Emotionen zu erfassen. Gerade waren Sie noch in einem Zustand der relativen Emotionslosigkeit und jetzt werden Sie von den Emotionen geradezu überwältigt. Spüren Sie die Unterschiede und wie die Wahrnehmung sich verändert?

Kehren Sie wieder in die Gegenwart zurück und führen sich den neutralen Zustand vor Augen. Nun kommt der eigentlich wichtigste Schritt. Jetzt versuchen Sie detailliert zu analysieren, welche Wahrnehmung Sie im Zustand der starken Emotionen spürten. Welche Formen haben diese angenommen und was trat besonders stark hervor? Haben Sie Farben ganz intensiv wahrgenommen, liegt Ihnen ein ganz besonderer Geschmack auf der Zunge? Waren die Bewegungen eher schnell und aktiv oder kamen diese Ihnen eher bedacht und langsam vor?

Wenn Sie diese Wahrnehmungen in Worte fassen können, dann schreiben Sie diese am besten auf. Denn ähnlich wie bei einem Traum sind diese Momente sehr flüchtig und es kann Ihnen schwerfallen, diese später wieder zu rezitieren.

Durch das Aufschreiben können Sie ganz genau erfassen, was Sie eigentlich motiviert und wie sich diese ausdrückt. Jetzt können Sie sich Ihr Ziel vorstellen und merken, wie dieses aussieht. Ist dieses für Sie noch nicht besonders motivierend, können Sie die Details der Motivation auf dieses Zielbild übertragen. Dies bedeutet, dass das Zielbild mit Elementen vermischt wird, die Ihnen schon bei der Motivation wichtig waren. Das Zielbild wird also entsprechend Ihrer Motivation etwas abgewandelt. Es können bestimmte Farben nun stärker hervorgehoben werden oder Gerüche auftreten, die für Sie mit der Motivation verbunden werden.

Indem Sie wissen, was Sie motiviert und wie sich diese Emotionen bei Ihnen ausdrückt, können Sie Ihre Ziele auf diese Weise beeinflussen und selber mit den Motivatoren anreichern. Rufen Sie Ihr Zielbild auf, werden Sie automatisch stärker motiviert sein und Ihre Tätigkeit wird erleichtert. Sie werden jetzt nicht mehr so leicht abgelenkt sein oder sich auf andere eher unwichtigen Dinge konzentrieren.

Wie die Motivation aussieht

Die vorhergehende Übung war mit Sicherheit etwas abstrakt und wenn Sie mit solchen Visualisierungen noch nicht vertraut sind, kann es eine Weile dauern, bis Sie diese tatsächlich so wahrnehmen, dass Sie diese auch in Worte fassen und niederschreiben können. In der Regel sieht die Motivation aber so aus, dass diese für Menschen heller und intensiver wahrgenommen werden. Dies bedeutet, dass die Farben praktisch strahlen und das Bild sehr hell ist.

Dies ist auch damit zu erklären, dass dunkle Bilder häufig als depressiv wahrgenommen werden und die Stimmung etwas drücken. Sie strahlen nicht gerade eine positive Energie aus, sondern scheinen für die Motivation hinderlich zu sein. Andere Dinge, die für die Motivation sprechen sind intensive und dynamische Bewegungen. Durch diese Elemente wird eine Energie symbolisiert, die sich auf Sie übertragen soll, wenn Sie ein bestimmtes Ziel erreichen möchten. Denn Motivation ist eng verwandt mit Energie und es geht hierbei um die Arbeit, die Sie zur Erfüllung eines ganz bestimmten Ziels investieren.

Sie können Ziele und die Motivation zum Erreichen dieser auch stärken, indem Sie sich diese vorstellen und einzelne Details verändern. Stellen Sie sich das Ziel bildlich vor dem inneren Auge vor. In Ihrer Vorstellung gehen Sie langsam aber bewusst auf das Ziel zu, bis Sie dieses erreicht haben. Auf Ihrem Weg dahin können Sie bestimmte Elemente so verändern, dass diese sich positiv auf Ihre Motivation auswirken.

Während Sie auf das Ziel zulaufen, kann die Umgebung sich aufhellen, die Farben werden verstärkt und es läuft eine harmonische Musik. Sie werden jetzt etwas entspannter wirken und gleichmäßig atmen.

Um die Motivation zu erhöhen und das Ziel besser wahrzunehmen, können Sie den inneren Film mehrmals wiederholen. Stellen Sie sich immer wieder vor, wie Sie auf das Ziel zulaufen und dieses erreichen. Bei jeder neuen Wiederholung der Vorstellung können Sie ein anderes Element verändern. Beim ersten Mal wird die Umgebung vielleicht nur etwas heller, beim zweiten Mal wird die Farbintensität höher und beim dritten Film sind Sie von einem Wind umgeben, der Sie praktisch zum Ziel trägt. Hier liegt es ganz an Ihrer Vorstellungskraft, welche Elemente Sie als förderlich empfinden, um das Ziel zu erreichen.

Mit diesen Übungen und vor allem durch Ihre Vorstellungskraft wurde das Ziel nun mit der Motivation verankert. Wenn Sie sich jetzt Ihr Ziel vor Augen führen und an dieses denken, werden Sie gleichzeitig die Motivation spüren, die Sie schon für andere Aufgaben hatten. Denken Sie an das Zielbild, werden Sie in einen Zustand versetzt, der Ihnen die Energie verleiht, das Ziel besser erreichen zu können.

Dies ist wieder eine sehr mächtige Form des Ankers und Gefühle aus einer für Sie bereits positiven Situation im Leben, werden auf ein zukünftiges Ziel übertragen. Sind die Emotionen des Zielbilds noch relativ schwach, dann wiederholen Sie die Übungen und Vorstellungen so lange, bis die Motivation sich auf das Zielbild übertragen hat.

Finden Sie sich nun in einer Situation wider, wo Sie Probleme haben sich für das Ziel zu motivieren und lieber einer anderen Tätigkeit nachgehen würden, dann rufen Sie sich das Zielbild vor Augen. Dies kann Ihnen einen Motivationsschub geben und auf diese Weise werden Sie es einfacher haben, Ihre Ziele zu verwirklichen.
Belohnungen finden

Das Motivieren über Zielbilder ist eine gute Möglichkeit, den anfänglichen Stein ins Rollen zu bringen. Schließlich ist der erste Schritt meist der Schwerste und wenn Sie erst ein Mal dabei sind, eine Aufgabe zu erledigen, werden Sie merken wie erfüllend dies sein kann. Dennoch wird die Motivation nur für einen begrenzten Zeitraum anhalten und Sie werden sich öfter in Phasen wiederfinden, in denen Sie sich selber motivieren müssen.

Das Vorführen des eigenen Zielbildes ist zwar nützlich, kann aber mit der Zeit seine Wirkung verlieren. Die Emotionen, die Sie zu Beginn noch mit dem Zielbild verbanden, verblassen mit der Zeit und es wird immer schwieriger, daraus die notwendige Energie zu ziehen.

Wenn Sie das langfristige Ziel, mit der anderen Tätigkeit vergleichen, die Sie in diesem Moment lieber ausführen würden, werden Sie wahrscheinlich merken, dass Sie vor allem von Belohnungen motiviert werden. Während die Belohnung für das langfristige Ziel noch in weiter Ferne liegt, können andere Tätigkeiten eine sofortige Belohnung versprechen. So ist es in diesem Moment vielleicht interessanter, wenn Sie einen spannenden Film schauen, weil dieser Ihre Emotionen in der Gegenwart anspricht.

Diese Konkurrenz der Handlungen ist völlig normal und Belohnungen sind ein starker Motivator. Allerdings kann dies auch dazu führen, dass langfristige Ziele frustrierend wirken. Denn nicht nur das Erreichen einer Belohnung wirkt sich positiv auf Ihren Gemütszustand aus, sondern das Erledigen einer Aufgabe, ohne eine Belohnung zu erhalten, kann sich negativ auswirken. Dies bedeutet zum Beispiel, dass Sie den ganzen Tag ehrgeizig an Ihrem Ziel gearbeitet haben und diesem ein Stück näher gekommen sind, aber effektiv keine Belohnung erhalten haben. Für Ihren Geist kann dies bedeuten, dass die Tätigkeit also gar keine positiven Auswirkungen hat und deshalb lieber vermieden werden sollte. Natürlich wissen Sie, dass die Arbeit langfristig mit einer Belohnung verbunden ist, aber Ihr Geist denkt nicht so rational und langfristig, sondern ist eher auf die kurzfristige Belohnung programmiert.

Intuitiv werden Sie wahrscheinlich schon wissen und nachvollziehen können, wie Sie mit dieser Situation umzugehen haben. Durch das Aufteilen des Gesamtzieles in kleinere Ziele können Sie viel öfter das Gefühl der Belohnung erfahren und die Motivation hoch halten.

In der NLP wird dies mit dem Begriff des Chunking erklärt. Ein großes Gesamtwerk wird in kleinere Abschnitte unterteilt. Erinnern Sie sich noch an die Metapher mit dem Bergsteigen und welch eine große Herausforderung dieses darstellt? Wenn Sie sich die Aufgabe nur als Gesamtes betrachten, werden Sie schon nach einigen Stunden oder Tagen des Aufstieges keine Motivation mehr haben. Sie sind zwar etwas Vorangekommen, aber eine wirkliche Belohnung haben Sie nicht erhalten. Im Gegenteil, die Bedingungen haben sich nur noch verschärft und der Aufstieg wird immer schwieriger. Durch das Unterteilen in kleinere Etappen können Sie aber immer wieder kleinere Erfolge feiern.

Wenn Sie sich gerade im Studium befinden, dann wird das Lesen eines Fachbuches nicht gerade als interessant wahrgenommen. Kann das Buch doch gerne mehrere hundert Seiten umfassen und am Anfang ist noch ungewiss, ob dieses Buch Sie tatsächlich weiterbringen wird. Durch das Chunking können Sie sich immer kleinere Unterziele setzen. So können Sie sich vornehmen, jeden Tag 50 Seiten zu lesen und erst wenn Sie diese 50 Seiten gelesen und verstanden haben, schauen Sie sich eine Folge Ihrer Lieblingsserie an. Sie können die 50 Seiten am Tag nochmals unterteilen und zum Beispiel nach jeden 10 Seiten ein Stück Schokolade essen. All dies sind kleine Belohnungen, mit denen Sie auf natürliche Weise die Motivation steigern und die Frustration minimieren.

Beim Setzen der Teilziele können Sie sehr flexibel sein. Wenn Sie merken, dass die Teilziele nicht besonders motivierend sind, weil sie in sich noch eine zu große Herausforderung darstellen, können Sie die Teilziele weiter verfeinern. Hier müssen Sie selber herausfinden, mit welcher Unterteilung Sie am einfachsten das Gesamtziel erreichen.

Wichtig hierbei ist, dass diese Teilziele Sie auch wirklich im Zusammenhang mit Ihrem Gesamtziel stehen. Bei dem Lesen eines Buches mag die Unterteilung noch sehr einfach sein, wenn Sie aber ein weit entferntes komplexes Ziel anvisieren, sollten Sie sich genauer Gedanken darüber machen, wie Sie dieses unterteilen können. Denn durch die vielen Unterteilungen besteht auch das Risiko, dass Sie nicht mehr eine klare Linie verfolgen, sondern Abzweigungen nehmen, die Sie letztlich dem Ziel nicht näher bringen. Daher sollten Sie Ihre Teilziele überprüfen und immer das Gesamtziel im Blick haben.

Die Sprache des Erfolges lernen

Motivation kann entweder von Ihrem Inneren ausgehen oder von außen. Belohnungen wirken als äußere Motivatoren, die es Ihnen leichter machen das Gesamtziel zu erreichen. Die innere Haltung ist aber ebenfalls wichtig, wenn Sie sich dazu motivieren möchten ein bestimmtes Ziel zu erreichen. So ist der Ausgang über Sieg und Niederlage, oft vorbestimmt und hängt mit Ihrer Einstellung zusammen. Würden Sie sich eher als Optimist oder Pessimist bezeichnen? Mit welcher Überzeugung Sie die Aufgaben beginnen, ist ein wichtiger Einflussfaktor zum Verwirklichen der Ziele.

Ein wichtiger Bestandteil dieser inneren Einstellung ist die Sprache und Denkweise. Wenn Sie an positive Erfahrungen wie Erfolg, Liebe und Glück denken, werden Sie wahrscheinlich schon automatisch eine bestimmte Gefühlslage entwickeln. Worte und Sätze können dabei aktiv Ihre Stimmung beeinflussen und damit indirekt auch die Energie, die Sie verwenden, um die gesteckten Ziele zu erreichen.

Wenn Sie sich selber immer nur einreden, dass Sie traurig oder schlecht gelaunt seien, wird dies mit Sicherheit irgendwann auch zutreffen. Sie können versuchen, während Sie sich diese negativen Sätze selber sagen, ein positives Gefühl zu erwecken. Es wird Ihnen kaum möglich sein, eine fröhliche Stimmungslage einzunehmen, wenn Sie gleichzeitig diese negativen Sätze formulieren. Auf der anderen Seite können Sie allein schon durch das Aufsagen positiver Formulierungen dieses Gefühl auslösen. Sie können sich selber sagen, dass Sie glücklich seien und das Ziel erreichen werden. Dadurch erhalten Sie bereits ein Gefühl, dass Sie in Motivation ummünzen können. Damit stehen Ihnen die Energie und Konzentration zur Verfügung, um die anfallenden Aufgaben bewältigen zu können.

Dabei ist das laute Formulieren der Sätze nur eine kleine Randnotiz. Viel wichtiger ist es, dass Sie darauf achten, welchen Wortschatz Sie im Alltag verwenden. Gehören dabei häufig negative Formulierungen zu Ihrem Wortschatz, dann können diese unbewusst Ihre Motivation beeinflussen. Besser ist es, wenn Sie diese so umformulieren, dass diese sich positiv anhören.

Fühlen Sie sich gerade überfordert, dann formulieren Sie die Überforderung eher in eine hohe Beschäftigung um. Dadurch signalisieren Sie sich selber, dass Sie jede Menge Aufgaben vor sich haben, die Sie abarbeiten können.

Diesen Schritt können Sie noch weitergehen, indem Sie positive Wörter steigern. Wenn Sie Ihr Kollege fragt, wie es Ihnen gerade geht, dann antworten Sie nicht einfach nur mit „ganz gut", sondern mit „bestens". Das Umformulieren von bestimmten Wortgruppen mag banal klingen. Es hat aber einen sehr großen unterbewussten Einfluss auf Ihre Motivation und wie Sie sich verhalten. Verändern Sie Ihre Geisteshaltung dahingehend, dass Sie immer versuchen das Positive zu sehen, dann wird auch das Erreichen von Zielen als nicht mehr so schwierig wahrgenommen.

Dabei sollten Sie aber auch bedenken, dass erst die Gegensätze das Leben interessant machen und wichtig für eine gesunde Geisteshaltung sind. Aus jeden negativen Erfahrungen etwas Positives zu lernen, ist eine gute Grundeinstellung. Sie sollten aber nicht zwanghaft probieren, das negative Denken oder diese Gefühle auszublenden. Es ist wichtig, dass Sie diese weiterhin zulassen und lernen, besser mit diesen umzugehen. Denn ähnlich wie bei dem positivem Zielbild, wenn alles für Sie nur noch großartig und bestens ist, werden diese Worte bald Ihre Wirkung verlieren.

Finden Sie also eine Balance und versuchen Sie grundsätzlich aus allen Erfahrungen etwas Positives zu gewinnen. Gehen Sie dabei aber nicht zwanghaft vor und lassen Sie auch negative Gefühle zu. Durch das Erweitern des eigenen Wortschatzes und das häufigere Verwenden von positiven Formulierungen, werden Sie langfristig merken, wie sich Ihre Geisteshaltung verändert und Sie generell lernen optimistischer zu denken. Dies wird Ihnen eine bessere Energie verleihen, um die Ziele tatsächlich zu erreichen.

Das Selbstvertrauen und Limiting Beliefs

Ausgehend von Ihrem Wortschatz, lässt sich auch ableiten, ob Sie eher über ein hohes Selbstvertrauen verfügen oder von Selbstzweifeln zerfressen werden. Verwenden Sie häufig negative Formulierungen, sehen Sie sich selber als schwach. Glauben Sie, dass Sie selten eine Aufgabe erfolgreich bewältigen können, dann wird sich dies in einem niedrigem Selbstvertrauen ausdrücken. Diese Zweifel sind aber hinderlich, wenn Sie ein bestimmtes Ziel erreichen möchten und können dazu führen, das Sie mehr Energie aufbringen sich selber davon zu überzeugen, dass Sie diese Aufgabe bewältigen können, als Sie in die eigentliche Handlung investieren. Daher ist Selbstvertrauen eine wichtige Ressource, um Ziele erfolgreich zu erreichen.

Nicht zu verwechseln ist das Selbstvertrauen aber mit einer Einstellung, bei der Sie arrogant an die Aufgaben herantreten. Echtes Selbstvertrauen erkennen Sie daran, dass Sie sowohl Ihre Stärken und Schwächen kennen. Sie sind sich darüber bewusst und können diese nutzen, um Ihre Ziele zu erreichen. Des Weiteren ist das Selbstwertgefühl eine wichtige Ressource. Durch diese wissen Sie, dass Sie eine hohe Bedeutung haben und wertvoll sind. Sie sind für andere Personen wichtig und innerhalb der Gesellschaft wird Ihnen eine bestimmte Rolle zuteil.

Fehlt Ihnen das Vertrauen in sich selber, werden Sie die selbst gesetzten Ziele nur sehr schwer erreichen können. Sie gehen diese nur sehr zögerlich und werden von Zweifeln geplagt. Sowohl, ob es sich um ein erstrebenswertes Ziel handelt, als auch, ob Sie überhaupt in der Lage sein werden dieses zu erreichen. Eine positive Selbsteinschätzung ist also wichtig, um die Ziele zu verwirklichen und zielstrebig zu arbeiten.

Eine häufige Einschränkung fängt schon in den Gedanken an. Ähnlich wie beim Wortschatz kann es einige Gedankengänge geben, die Sie an sich zweifeln lassen und zu einer Belastung werden. Diese negativen Glaubenssätze werden als „Limiting Beliefs“ beschrieben. Hierbei werden durch die Gedanken reale Grenzen gesetzt, die Sie gar nicht mehr überwinden können.

Haben Sie selber von sich die Meinung, dass Sie ein Versager seien oder dass keine Menschen Sie mögen würden, dann sind dies nur kleine Beispiele für solche Limiting Beliefs. Diese Gedanken wird wahrscheinlich jeder Mensch von Zeit zu Zeit bekommen und diese sind nicht völlig unnatürlich. Wenn Sie jedoch merken, dass Sie ständig von solchen Zweifeln geplagt werden, ist es an der Zeit diese zu bekämpfen.

Hierzu müssen Sie den Limiting Belief aufschreiben, wenn Sie diesen gerade erleben. Danach halten Sie fest, dass es sich dabei nicht um die objektive Wahrheit handelt. Diese Grenzen werden alleine durch Ihre Geisteshaltung festgesetzt und diese entsprechen nicht der objektiven Realität. Danach können Sie versuchen, diesen negativen Glaubensgrundsatz wieder in eine positive Handlung umzuformulieren. Wenn es sich um einen Glaubensgrundsatz handelt, der mit einer vergangenen negativen Erfahrung zu tun hat, können Sie sich auch darauf fokussieren, was Sie seitdem alles gelernt haben.

Nur weil Sie ein Mal in einer Situation ein schlechtes Erlebnis hatten, muss dieses nicht wieder zutreffend sein und schon gar nicht, müssen Sie sich diese Glaubenssätze weiterhin einreden. Danach ist vor allem entscheidend, dass Sie nach Ihren positiven Glaubensgrundsätzen handeln und diese umsetzen. Erst wenn Sie diese Handlungen durchführen, werden sich die positiven Gedanken wirklich in Ihrem Inneren widerspiegeln.

Nachdem im vorherigen Kapitel die Ziele festgelegt wurden, wissen Sie nun, wie Sie diese erreichen können. Sie erkennen, wie Ihre Motivation aussieht und sind in der Lage, sich diese vor Augen zu führen, selbst wenn Sie gerade eine sehr energielose Phase durchleben.

Als Grundlage des Erfolges wird immer die eigene Geisteshaltung wahrgenommen. Indem Sie diese zum Positiven verändern und im Inneren davon überzeugt sind, dass Sie Ihre Ziele erreichen werden, wird es Ihnen viel leichter sein den Erfolg zu erreichen.

WAS TREIBT SIE AN?

WENN SIE BISHER VON der Neuro-Linguistischen Programmierung am Rande etwas erfuhren, dann werden Sie dies wahrscheinlich als eine Methode wahrgenommen haben, mit der Sie den Gesprächspartner beeinflussen können. Die NLP ist aber mehr als nur das Anwenden von verschiedenen Techniken, um in Gesprächen schneller an das eigene Ziel zu gelangen. Mit der richtigen Programmierung soll Ihre Persönlichkeit wachsen und Sie werden in der Lage sein jedes Ziel, welches Sie sich setzen, zu erreichen. Deshalb geht es jetzt wieder zurück zu den Wurzeln der NLP und Sie sollen lernen, wie Sie Ihre Fähigkeiten und Potenziale erweitern, bzw. verbessern.

Im vorherigen Kapitel haben Sie bereits sehr große Fortschritte gemacht, um Ihren Zielen ein Stück näherzukommen. Sie wissen, wie Sie sich selber motivieren können, um ein bestimmtes Ziel zu erreichen. Durch das Unterteilen in kleinere Unterziele gewinnen Sie auch aus kleinen Aufgaben eine hohe Motivation und merken, wie diese Ihnen helfen, das große Gesamtziel zu erreichen.

Dem eigenen Geist werden zudem keine Grenzen mehr gesetzt. Sie reden jetzt nicht mehr davon, dass die Aufgaben zu schwer seien und Sie diese gar nicht schaffen könnten. Stattdessen sehen Sie Herausforderungen auf Ihrem Weg zum Ziel, die Sie bewältigen und aus der Welt schaffen können. Ihre gesamte Grundeinstellung hat sich zum Positiven verändert und Sie merken förmlich, wie diese positive Energie Ihnen Flügel verleiht und Sie Stück für Stück zum Ziel trägt.

Wenn Sie die vorherigen Kapitel gründlich durchgegangen sind, dann werden Sie wahrscheinlich einige Ziele gefunden haben, die für Sie wichtig sind. Diese sind mit Ihren persönlichen Werten vereinbar und Sie sind sich sicher, dass das Erfüllen dieser Ziele mit einer gesteigerten Lebensqualität einhergeht. Was haben Sie sich konkret als Ziel vorgenommen? Geht es wirklich darum mit dem Rauchen aufzuhören oder möchten Sie Ihren Job wechseln, um langfristig mehr Geld zu verdienen?

Dies sind sicherlich erstrebenswerte Ziele und diese zu verwirklichen, wird Sie mit hoher Wahrscheinlichkeit zufriedener machen. Haben Sie aber überlegt, was eigentlich Ihr wichtigstes Ziel im Leben ist oder welchen Lebenssinn Sie für sich wahrnehmen? Vereinzelt Ziele im Leben zu haben ist eine gute Herangehensweise, um ein positives Leben zu führen. Um aber wirklich ein erfülltes Leben zu haben, sollten Sie überlegen, was Ihr Lebensleitziel ist.

Wenn Sie im hohen Alter auf Ihr Leben zurückblicken, was möchten Sie dort vorfinden, um sagen zu können, dass Sie Ihr Leben ausgiebig gelebt und Ihre Ziele erreicht haben? Möchten Sie eine Familie aufbauen, Ihren Kindern ein besseres Leben ermöglichen oder sind Sie vielleicht eher kreativ und möchten ein besonderes Werk vervollständigen?

Wenn Sie erfolgreich im Leben sein möchten, sollten Sie für sich definieren, was Ihr großes Lebensleitziel ist. Innerhalb dieses Ziels verwirklichen sich Ihre Werte, die Sie bereits definiert haben und dieses Ziel gibt Ihnen die Kraft, alle anderen Herausforderungen erfolgreich zu meistern. Zu einem gewissen Teil wird das Lebensleitziel zu Ihrer Identität und Persönlichkeit. Es könnte auch zu einer Art Lebensmotto werden, das Ihr weiteres Handeln bestimmt.

Kennen Sie selber Menschen, die mit einer besonderen Kraft auftreten und die andere Menschen selber in Ihren Bann ziehen können? Diese Menschen werden wahrscheinlich eine besondere Mission und ein Ziel im Leben haben, dass Sie versuchen zu verwirklichen. Sie arbeiten mit äußerstem Eifer daran und diese Entschlossenheit wirkt magisch auf andere Personen.

Hierbei wird auch von der „Mission“ gesprochen, die diese Menschen antreibt. Sie möchten etwas im Leben erreichen und diesem Ziel werden alle anderen Ziele untergeordnet. Damit erreichen Sie eine viel höhere Motivation und lassen sich nicht einfach von dem Leben dahintreiben. Wenn Sie also selber etwas verändern und erreichen möchten, sollten Sie für sich entdecken, welches Ihr höchstes Ziel im Leben ist.

Das Lebensziel finden

Das eigene Lebensziel zu finden ist keine leichte Aufgabe. Die meisten Menschen machen sich darüber wahrscheinlich keine Gedanken. Sie sind gefestigt in Ihrem Beruf und im Privatleben, haben darüber hinaus aber keine besonderen Ambitionen.

Wenn Sie für sich aber höhere Ziele definieren, dann sollten Sie diese mit Nachdruck verfolgen. Das Lebensziel kann dabei etwas ganz Außergewöhnliches sein, dass Sie vor enormen Herausforderungen stellt. Überlegen Sie zunächst völlig wertfrei, was Sie als Ziel im Leben empfinden könnten. Sie sollten sich nicht schon beim Gedanken an das Erreichen des Zieles entmutigen lassen, sondern die Mission für sich wahrnehmen, selbst wenn es noch so schwierig erscheint.

Halten Sie alte Gewohnheiten und Gedankengänge davon ab, Ihre Mission zu verfolgen, dann sollten Sie einsehen, dass Sie diese verändern können. Wenn Sie wirklich ein Ziel im Leben haben, dann können Sie Ihr Leben so verändern, dass Sie sich auf den Weg machen können, um dieses Ziel zu erreichen. Schließlich geht es bei der Neuro-Linguistischen Programmierung darum, Veränderungen zu verwirklichen und Potenziale auszuschöpfen. Dies erreichen Sie nur, indem Sie zur Tat schreiten und Ihr Leben neu ausrichten.

Wenn Sie für sich einen Sinn im Leben finden und diesen verfolgen möchten, dann muss dieses Ziel nicht ein Mal erreicht werden, um die Welt schon verändert zu haben. Möchten Sie die Umwelt schützen und sich in diesem Bereich engagieren oder lieber sozial tätig werden und Menschen helfen? Dann können Sie mit Sicherheit nicht allen Menschen auf diesem Globus helfen und für die Umwelt sind auch nicht Sie alleine verantwortlich. Das heißt aber nicht, dass diese Ziele sinnlos sind oder dass Sie diese verwerfen müssen.

Selbst wenn Sie das Ziel niemals verwirklichen werden, wird der Weg dahin schon für eine Veränderung sorgen. Somit erleben Sie Teilziele, die eine positive Erfahrung für Sie darstellen und gleichzeitig eine Veränderung in der Welt schaffen.

Das Lebensziel muss aber nicht direkt so hoch gegriffen sein. Auch das Erziehen des eigenen Kindes oder die Perfektion gewisser Fähigkeiten können ein Ziel darstellen, mit dem Sie nicht nur selber zufrieden sind, sondern auch Ihren Mitmenschen helfen. Dabei sollten Sie nicht unterschätzen, welch großen Einfluss Sie auf die Welt schon mit kleinen Handlungen nehmen können.

Den Sinn des Lebens zu finden ist sicherlich zu einem gewissen Teil auch eine philosophische Frage. Einige scheitern daran und entwickeln für sich selber keine Vision, sondern leben nur von einem Tag zum Nächsten. Möchten Sie aber selber ein Lebensziel finden, können Sie dieses Ziel mit den folgenden Tipps entdecken.

Zunächst schauen Sie sich noch einmal Ihre Werte an, die Sie bereits festgelegt haben. Gibt es innerhalb der Werte eine bestimmte Tendenz oder Kategorie, unter welcher ein Großteil der Werte zusammengefasst werden kann? Mit welchem Beruf sind diese Werte am ehesten vereinbar? Lassen Sie Ihren Gedanken freien Lauf und versuchen Sie eine besondere Erfüllung zu finden. Was spüren Sie, wenn Sie an die Aktivitäten denken, mit denen Ihre Werte im Einklang stehen? Stellen diese Aufgaben eine Erfüllung für Sie dar oder entwickeln Sie keine besonderen Emotionen?

Erinnern Sie sich an eine besondere Situation in Ihrem Leben, an der Sie eine besondere Erfüllung gespürt haben? Haben Sie vielleicht ein eigens geschriebenes Gedicht vorgetragen, einem Menschen geholfen oder eine andere besondere Leistung vollbracht? Versetzen Sie sich in diese Erfahrung vor Ihrem inneren Auge und versuchen Sie diese Erfahrung nochmals zu durchleben. Gehen Sie hierbei ganz intensiv vor und lassen Sie diese auf sich wirken.

Danach überlegen Sie sich, welche Fähigkeiten Sie benötigen, um diese Erfahrung dauerhaft zu verwirklichen. Wie müssen Sie sich weiterentwickeln, um dieses Ziel zu erreichen und kann es eine zufriedenstellende Lebensaufgabe sein, an diesen Fähigkeiten zu arbeiten?

Im letzten Teil gehen Sie dazu über, die Lebensaufgabe zu formulieren. Was gibt Ihnen wirklich eine Erfüllung im Leben und würde Sie nachhaltig zufrieden stimmen?

Nachdem Sie für sich den Grundsatz im Leben gefunden haben, sollten Sie diesen mehrmals laut sagen. Welches Gefühl erleben Sie dabei und spüren Sie schon, ob alleine das Aufsagen dieses Leitsatzes zu einer besonderen Energie führt?

Wenn Sie kaum etwas spüren und den Satz nur lustlos vor sich hin sagen, ist dies ein klarer Hinweis darauf, dass dieser nicht Ihren wahren Grundsätzen entspricht. Hier sollten Sie noch ein Mal gründlich überdenken, ob Sie nicht doch einen anderen Grundsatz in Ihrem Leben finden und dieser passender wäre. Ein Grund, dass Ihr eigentlich gewählter Leitsatz bei Ihnen keine Emotionen auslöst könnte sein, dass dieser vor allem durch äußere Einflüsse bestimmt wurde. Vertrauen Sie aber nur ganz sich selber und achten Sie darauf, was Sie erreichen möchten. Nur auf diese Weise können Sie den Grundsatz für Ihr Leben bestimmen und dieses Ziel klar vor Augen behalten.

Es kann aber auch sein, dass Sie einfach noch nicht wissen, was Ihre Bestimmung ist. Vielleicht sind Sie noch jung und stehen gerade am Anfang Ihrer beruflichen Entwicklung. Oder Sie haben gerade einige Veränderungen im Leben durchgemacht und wissen noch gar nicht, wo Sie sich wieder positionieren können. Im Laufe der nächsten Kapitel werden Sie weitere Anregungen finden, um Ihr Lebensziel zu definieren. Es ist nicht einfach, aber sobald Sie wissen, was das ganz große Ziel in Ihrem Leben ist, haben Sie eine bestimmte Richtung, die Sie verfolgen können. Dies wird Ihnen einen ungeheuren Schub geben, um Ihre Ziele zu erreichen und ehrgeiziger im Leben zu sein.

Den Weg zum Ziel betrachten

Es ist vorher schon angeklungen, dass nicht nur das Erreichen des Ziels, sondern vor allem auch der Weg dorthin wichtig ist, um ein glückliches und erfülltes Leben zu führen. Gerade wenn es um das Lebensziel geht, wird der Weg umso wichtiger, denn nicht immer ist das Erreichen des Lebensziels realistisch und dieses muss auch nicht haargenau erfüllt werden.

Wenn Sie Ihr Lebensziel gefunden haben, dann stellen Sie sich dieses nicht so vor, dass Sie einen Ausgangs- und einen Zielpunkt vorfinden. Normalerweise geht es beim Erreichen von Zielen darum, den Ausgangspunkt zu verlassen und den Endpunkt zu erreichen. Zwischen diesen Punkten liegen zahllose Herausforderungen, die überwunden werden müssen. Das Ziel liegt also abgetrennt von Ihrem Ausgangspunkt und wird nur durch das Überwinden der Herausforderungen erreicht. Da die Probleme auf dem Weg zum Ziel mit einem hohen Aufwand verbunden werden, kann es sein, dass Ihnen die Motivation fehlt, diese Probleme zu überwinden und Sie eigentlich gar keine Erfüllung auf dem Weg verspüren.

Besser ist es, wenn Sie sich vorstellen, dass der Ausgangs- und Endpunkt ganz nah beieinander liegen. Diese werden nicht durch eine große Entfernung voneinander getrennt, sondern liegen so dicht beieinander, dass nicht das Erreichen des Ziels ursächlich ist, sondern nur, dass Sie sich auf den Weg machen. Denn der Weg sollte für das Erfüllen des Lebensleitziels bereits Zufriedenheit geben.

Sie sollten sich auch vor Augen halten, dass es in diesem Falle nicht nur zwei Zustände gibt, die klar getrennt werden. Das heißt, es treten nicht nur die Ereignisse „Ziel nicht erreicht" und „Ziel erreicht" ein. Auf dem Weg den Sie beschreiten, werden Sie bereits einige Veränderungen erreichen. Das Erfüllen der Teilziele wird Sie bereits mit einiger Zufriedenheit ausstatten und je nach Ziel, können diese einen realen Einfluss auf Ihre Umwelt haben. So steht der ganz große Erfolg vielleicht noch aus, aber Sie können schon kleine Erfolge feiern und diese für sich verbuchen. Denken Sie also daran, dass es nicht nur darum geht dieses große Ziel tatsächlich zu erreichen, sondern das der Weg dorthin bereits für Zufriedenheit sorgt.

Ihre Persönlichkeit definieren

Für das Festlegen des eigenen Lebensleitziels oder anderer kleinerer Ziele ist die eigene Persönlichkeit wichtig. Diese gibt in der Regel die Richtung vor und danach richtet sich, welche Ziele Sie angehen und die höchste Priorität haben. Wie würden Sie Ihre Persönlichkeit beschreiben und wie sieht diese tatsächlich aus?

Ein häufiges Problem im Alltag ist, dass es zu Konflikten der inneren Person kommt. Sie werden dies wahrscheinlich selber bemerken, wenn Sie eigentlich ein ganz bestimmtes Ziel vor Augen haben, auf dieses hinarbeiten möchten, aber ein Teil Ihrer Persönlichkeit beeinflusst Sie genau das Gegenteil zu tun. Menschen sind also nicht immer nur als Einheit zu betrachten, die aus einer einfachen Persönlichkeit besteht, die die Richtung vorgibt. Es kommt zu Konflikten innerhalb der Persönlichkeit. Diese Konflikte können es erschweren, Ziele zu erreichen und Kosten einige Energie.

Im Rahmen der NLP können Sie herausfinden, wie Ihre Persönlichkeit genau aufgebaut ist. Dazu wird das Modell der Subpersönlichkeiten eingeführt. Denn jeder Mensch besteht nicht nur aus einer zentralen Persönlichkeit, sondern aus vielen kleinen Subpersönlichkeiten. Diese haben eigene Motive, Erinnerungen, Bedürfnisse und Verhaltensmuster. Im Unterbewusstsein manifestieren sich die Subpersönlichkeiten und drücken sich manchmal zum Nachteil von Ihnen aus.

Sie können sich das ganze wie eine Pyramide vorstellen. An der Spitze stehen Sie selber und geben die Richtung vor. An oberster Stelle ist Ihre Persönlichkeit die wichtigste und Sie glauben die Kontrolle zu haben. Darunter gibt es eine weitere Ebene, die aus mehreren zentralen Subpersönlichkeiten besteht. Auf der untersten Ebene gibt es nun eine Vielzahl von weiteren Subpersönlichkeiten, die ebenfalls ihren Anteil an der Gesamtpersönlichkeit haben und Sie beeinflussen.

Konflikte können nun entstehen, wenn Subpersönlichkeiten andere Aufgaben bearbeiten möchten oder dieselbe Aufgabe auf unterschiedliche Art bewältigen möchten. Sie kennen dies vielleicht aus der Teamarbeit, wenn mehrere Mitglieder zwar das gleiche Ziel erreichen möchten, aber dafür unterschiedliche Herangehensweisen nutzen. Beides kann zum Ziel führen, aber innerhalb der Gruppe sorgt dies für Konflikte und Sie sollten sich auf eine Arbeitsweise festlegen. Genauso kann auch der innere Konflikt zu Problemen führen und Reibungsverluste verursachen.

Die Neuro-Linguistische Programmierung kann nun helfen, zwischen Ihren Persönlichkeiten zu vermitteln und eine Einigung zu finden. So können Sie sich besser auf ein Ziel konzentrieren und dieses erreichen. Hierbei geht es darum, dass Sie förmlich eine Verhandlung durchführen und nicht einfach nur eine Entscheidung treffen.

Dies können Sie analog zu Ihrem Team sehen. Wenn einfach nur eine Entscheidung von oben getroffen wird, kann dies die Motivation der Mitglieder hemmen und diese sehen sich nicht mehr als integralen Bestandteil des Teams. Besser ist es, wenn eine faire Basis geschaffen wird, bei der alle Mitglieder gehört und verstanden werden. Im Anschluss wird möglichst eine sinnvolle Zusammenarbeit erörtert und ein Mittelweg gefunden.

Indem Sie wahrnehmen, dass Sie verschiedene Unterpersönlichkeiten haben, können Sie diese besser vereinen und zu einem gemeinsamen Ziel führen. Es wichtig anzuerkennen, dass die Subpersönlichkeiten ein Teil Ihrer Persönlichkeit sind und benötigt werden, um Ihr volles Potenzial auszuschöpfen.

Bemerken Sie einen inneren Konflikt und haben das Gefühl, dass Sie einerseits ein Ziel erreichen, aber andererseits viel lieber eine andere Aufgabe durchführen möchten, sollten Sie zwischen den Unterpersönlichkeiten vermitteln.

Dabei hilft das Modell der personalen Integration. Dieses beschreibt die Subpersönlichkeiten im Detail und wie diese Ihnen helfen können, das volle Potenzial auszuschöpfen. Im Grundsatz müssen Sie akzeptieren, dass Ihre Persönlichkeit aus kleineren Unterpersönlichkeiten besteht. Dies mag zwar etwas merkwürdig klingen, es ist aber völlig natürlich, dass innere Konflikte auftreten.

Die Subpersönlichkeiten agieren nicht in böser Absicht. Sie können im Zusammenspiel zwar zu inneren Konflikten führen, isoliert betrachtet haben diese aber jeweils nur eine positive Absicht. Dabei erreichen nicht alle Subpersönlichkeiten das Bewusstsein. Vieles spielt sich im Unterbewusstsein ab und daher ist die Erkenntnis der Subpersönlichkeiten wichtig, um mit dem inneren Konflikt besser umgehen zu können.

Es gibt verschiedene Hierarchien der Subpersönlichkeiten, die einen unterschiedlichen Einfluss auf Sie haben können. Während manche Subpersönlichkeiten direkt das Bewusstsein beeinflussen und von Ihnen wahrgenommen werden, befinden sich andere nur im Unterbewusstsein. Die Unterpersönlichkeiten können mitunter körperliche Funktionen steuern. Vielleicht kennen Sie das Gefühl des flauen Magens oder wenn dieser Ihnen bei Stress Probleme bereitet. Ursache hierfür sind häufig die inneren Konflikte und dass eine Unterpersönlichkeit sich danach sehnt, das Ziel zu erreichen und viel Energie für dieses einsetzt, während eine andere Unterpersönlichkeit eher das Bedürfnis nach Erholung verspürt.

Indem Sie sich begreifbar machen, dass Sie zwar eine Gesamtpersönlichkeit haben, diese aber aus verschiedenen Richtungen und Gruppierungen besteht, können Sie Ihre Handlungen besser nachvollziehen. Dies macht es Ihnen leichter, die Konflikte zu lösen und besser mit Ihnen im Einklang zu stehen.

Führen Sie manchmal Selbstgespräche? Jeder Mensch führt diese und Ihre innere Stimme ist ein wichtiges Mittel, um mit Ihren verschiedenen Persönlichkeiten zu kommunizieren. Indem Sie über bestimmte Punkte nachdenken, können Sie den inneren Konflikt lösen und abwägen, welche Entscheidung für Ihr Leben wohl einen besseren Ausgang hätte. Innere Dialoge und das Gespräch mit sich selber sind wichtig und helfen dabei, die Konflikte zu lösen.

Wenn Sie den Teil über die Subpersönlichkeiten gelesen haben, werden Sie wahrscheinlich ebenfalls ins Grübeln gekommen sein. Ein Teil wird Ihnen gesagt haben, dass dieses Modell und die Annahme ziemlich abstrakt klingen und schwer nachvollziehbar seien, während ein anderer Teil versuchte dieses Modell zu verstehen. Dies ist ein Beispiel dafür, wie Sie die verschiedenen inneren Persönlichkeiten identifizieren können.

Der innere Dialog ist eine wichtige Möglichkeit mit sich selber zu kommunizieren und sich im Klaren darüber zu sein, welches Ziel Sie wie erreichen möchten. Wenn Sie diesen Dialog führen, sollten Sie einige Grundregeln beachten. Diese wurden bei der Neuro-Linguistischen Programmierung als bedeutsam identifiziert und helfen Ihnen dabei, die Konflikte auf sanfte Art und Weise zu lösen.

Zunächst sollten Sie das Gespräch so führen, wie Sie mit einem Freund sprechen würden. Dies bedeutet, dass ein respektvoller und freundlicher Umgangston die Grundlage des Gesprächs darstellt. Nur weil Sie den Dialog mit sich selber führen, sollten Sie nicht besonders hart mit sich ins Gericht gehen oder zu Formulierungen greifen, die Sie verletzen könnten. Seien Sie offen und ehrlich, gleichzeitig wird vor allem das Positive gesucht und gefunden.

Danach sollten Sie Verständnis für jede Position einnehmen, die Ihre Unterpersönlichkeiten gerade einnehmen. Wenn diese unterschiedliche Handlungen priorisieren, sollten Sie ergründen, was die positive Motivation dahinter ist. Welche Bedürfnisse werden damit befriedigt und welches Ziel könnte dahinter stecken?

Um den inneren Dialog erfolgreich zu führen, sollten Sie jeder Ihrer eigenen Seiten mit Respekt begegnen. Da immer eine positive Absicht zugrunde liegt, ist es nicht ratsam zu denken, dass eine Seite Ihres „Ichs" immer gegen Sie arbeitet. Sie sollten dabei nicht an gute und schlechte Seiten denken, die gegen und für Sie arbeiten, sondern anerkennen, dass jede Seite im Grunde nur das beste für Sie möchte.

Dazu gehört auch, dass Sie es vermeiden sollten bestimmte Seiten zu unterdrücken oder zu bestrafen. Natürlich möchten Sie am liebsten die Stimme komplett verstummen lassen, die Ihnen vielleicht rät eine Pause einzulegen oder einer kurzfristigen Belohnung zu folgen, anstatt auf das langfristige Ziel hinzuarbeiten. Diese Missachtung oder Bestrafung ist nicht sinnvoll, denn langfristig werden diese Seiten sich zurückziehen. Dies kann dazu führen, dass Sie die Bedürfnisse eines Teils Ihrer Persönlichkeit komplett vernachlässigen. Langfristig kann dies nicht nur zu weiteren inneren Konflikten und Unzufriedenheit führen, sondern Krankheiten verursachen.

Wenn Sie in einem sehr stressigem Umfeld arbeiten, werden Sie wahrscheinlich schon von den Krankheitsbildern gehört haben. Im Nachhinein geben viele Betroffene zu, dass Sie doch lieber auf Ihren Körper hätten hören sollen. Eine Pause wäre nützlicher gewesen, als noch eine weitere Überstunde dranzuhängen. Durch das Missachten der eigenen Bedürfnisse wurden Sie krank und müssen jetzt erst wieder lernen, auf sich selber zu hören und Ihren Bedürfnissen Beachtung zu schenken.

Im inneren Dialog sollten Sie ehrlich zu sich sein. Es bringt Ihnen nichts, wenn Sie versuchen bestimmte Eigenschaften oder Tatsachen vorzutäuschen, die nicht der Realität entsprechen. Der oberste Grundsatz bei den Gesprächen mit sich selber sollte das Verständnis sein, dass Sie stets darum bemüht sind alle Ihre Bedürfnisse zu verstehen. Mit dieser Art der Selbstreflexion lernen Sie besser sich selber kennenzulernen und die Konflikte zu lösen.

Diese Kommunikationsregeln gelten nicht nur im Gespräch mit sich selber. Sie sollten diese auch bei der Kommunikation mit anderen Menschen anwenden. Der Unterschied ist allerdings, dass bei dem Gespräch mit sich selber kein Misstrauen herrscht. Sie kennen sich selber und können sich nichts vortäuschen.

Das positive Selbstgespräch und das intensive Nachdenken sind die zentralen Möglichkeiten, Prioritäten für Ihre Handlungen zu setzen. Sie lernen daraus, was Ihnen gerade im Moment wichtig ist und wie Sie die Bedürfnisse erfüllen.

Den „inneren Schweinehund" ablegen

Nachdem der innere Dialog noch etwas abstrakt scheinen mag, können Sie nun etwas praktischer diese Empfehlungen umsetzen. Dem „inneren Schweinehund" werden Sie schon öfter begegnet sein. Dieser ist ein Gegenspieler, der Sie davon abhalten möchte zum Sport zu gehen oder für die nächste Prüfung zu lernen. Der Schweinehund scheint dabei wie eine Art kleiner Teufel auf Ihrer Schulter zu sitzen und Ihnen diese Dinge einzureden, die für Sie eigentlich negativ sind.

Der „innere Schweinehund“ ist dabei das Symbol des Schlechten, welches sich in Ihrer Persönlichkeit wiederfinden lässt. So gibt es Teile, die selbstsüchtig und bestimmten Versuchungen erlegen sind. Diese Teile halten Sie davon ab, Ihre langfristigen Ziele zu erreichen und scheinen Ihnen immer im Weg zu stehen. Diese inneren Stimmen zu unterdrücken ist keine sinnvolle Methode, um diese Konflikte zu lösen. Sie können zwar vordergründig versuchen, diese zu ignorieren, das bedeutet aber nicht, dass Sie vollständig verstummen werden. Sie haben nun aber nicht mehr die Möglichkeit in den Dialog mit diesen negativen Stimmen zu gelangen. Die inneren Konflikte schwelen weiterhin in Ihrer Persönlichkeit und gelten nun als Quelle für Ihre Unzufriedenheit.

Anstatt dem „inneren Schweinehund“ keine Beachtung zu schenken, sollten Sie offen auf diesen zugehen. Haben Sie noch den Einfluss der Formulierungen, bei den inneren Dialogen im Kopf und wie sich diese auf Ihre Gefühle auswirken? Dann sollten Sie beginnen, die Teile Ihrer Persönlichkeit, die vielleicht ein anderes Ziel im Blick haben, nicht mehr negativ zu bezeichnen. So könnte der „innere Schweinehund“ auch der „innere Genießer“ sein, welcher eher darauf ausgelegt ist eine kurzfristige Belohnung zu erhalten, anstatt ein langfristiges Ziel zu erreichen. Hält dieser Sie zum Beispiel davon ab in das Fitnessstudio zu gehen und stattdessen die Zeit vor dem Fernseher zu verbringen, dann ist dies nichts anderes, als dass diese innere Stimme davon überzeugt ist, dass die schnelle kurzfristige Belohnung wichtiger ist, als das langfristige Ziel im Fitnessstudio.

Hören Sie also auf, gegen sich selber zu arbeiten und akzeptieren Sie alle Seiten Ihrer Persönlichkeit. Dazu gehört auch, dass Sie sich manchmal eine Auszeit gönnen sollten und anderen Tätigkeiten nachgehen, die vielleicht nicht in direktem Zusammenhang mit einem Ihrer Ziele stehen, sondern ein anderes Bedürfnis erfüllen.

Wie können Sie Ihren inneren Kritiker, der Sie davon abhält die langfristigen Ziele zu verfolgen, besänftigen und davon überzeugen, dass der Gang in das Fitnessstudio für Sie die oberste Priorität hat?

Finden Sie sich in solch einer Situation des Konflikts, versuchen Sie etwas Abstand von diesen Seiten zu nehmen. Vergewissern Sie sich, welche Seiten gerade in einem Konflikt stehen und geben Sie diesen eine neutrale Bezeichnung. Da könnte auf einer Seite der Kritiker stehen, der vor allem Ihre Schwächen aufzeigt und auf der anderen Seite könnte der Zielstrebige sein, der stetig daran arbeitet seine Wünsche zu erfüllen.

Nachdem Sie sich klargemacht haben, welche zwei Parteien gerade in einem Konflikt stehen, sollten Sie die positiven Absichten beider Seiten ergründen. Danach gehen Sie in den Dialog, indem Sie jede Seite fragen, ob Sie die Gegenseite kennt und die positive Absicht wahrnimmt.

Lassen Sie sich im Anschluss von den eigenen Gedanken zu diesem Dialog treiben und versuchen Sie das ganze von einer äußeren Perspektive einzunehmen. Beobachten Sie, wie beide Seiten argumentieren und Ihre Sichtweise darlegen.

Am Ende des Dialoges muss keine Einigkeit herrschen und es ist nicht wichtig, dass Sie eine bestimmte Übereinkunft erzielen. Es ist schon ein Gewinn, wenn Sie anerkennen, dass sowohl die kritische, als auch die zielstrebige Seite, Teile Ihrer Persönlichkeit sind. Diese Teile arbeiten nicht gegen Sie, sondern verfolgen nur das Erfüllen von Bedürfnissen, die in Ihrem Inneren vorkommen.

Wenn Sie das erste Mal solch ein Gedankenexperiment durchführen, werden Sie sich bestimmt noch etwas unwohl führen. Schließlich werden Selbstgespräche oftmals als etwas merkwürdig wahrgenommen.

Sie müssen den Dialog aber nicht laut vorführen. Es reicht aus, wenn Sie in Gedanken mit sich sprechen und einen inneren Dialog führen. Dabei ist es hilfreich, wenn Sie die Augen schließen. Auf diese Weise erhalten Sie einen besseren Zugang zu Ihrem Inneren und können die verschiedenen Seiten besser wahrnehmen. Häufig werden Sie zu Beginn noch keine inneren Stimmen vernehmen. Es ist in Ordnung, wenn Sie selber das Gespräch ergreifen und den Monolog mit sich selber führen. Mit der Zeit werden Sie deutlicher die unterschiedlichen Seiten spüren.

Der innere Dialog ist sehr gut vergleichbar, mit einem Dialog, den Sie mit einem guten Freund führen. Es geht nicht darum, am Ende als Sieger dazustehen oder den Gesprächspartner von der eigenen Ansicht zu überzeugen. Das Hauptziel sollte zunächst sein, das beide Seiten offen miteinander umgehen und Ihre Perspektiven schildern.

Dies hilft Ihnen dabei, schon ein kleines positives Fazit aus dem inneren Dialog zu ziehen und besser über Ihre eigenen Motive Bescheid zu wissen.

Dies wird Ihnen helfen, Konflikte in Zukunft einfacher aufzulösen.

Übrigens führen Sie diese inneren Dialoge nicht nur, wenn es um eine große Entscheidung geht. Sie kommen nicht nur dann mit sich selber ins Gespräch, wenn Sie sich für einen Arbeitsplatzwechsel entscheiden müssen oder wenn es darum geht eine neue Wohnung zu finden. Jeden Tag treten Sie in den inneren Dialog. Wenn Sie im Supermarkt vor die Wahl gestellt werden, welches Produkt wohl das überzeugendere sei oder wenn Sie eine andere Wahl treffen. Jedes Mal werden Sie die Auswirkungen der Entscheidungen miteinander abwägen und den Konflikt dadurch auflösen, dass Sie für sich die beste Wahl treffen. Wenn Sie Probleme damit haben, die inneren Stimmen zu hören, dann achten Sie vermehrt auf diesen inneren Dialog, wenn Sie das nächste Mal einen Entscheidung treffen müssen.

Der Einfluss der Zeit

Obwohl die Zeit objektiv von Uhren gemessen werden kann, wird diese von den Menschen subjektiv wahrgenommen. Verbringen Sie eine schöne Zeit mit positiven Erlebnissen, dann vergeht die Zeit sprichwörtlich wie im Fluge. Ist Ihnen hingegen langweilig und Sie möchten am liebsten, dass die Zeit so schnell wie möglich vorbeigehe, dann wird die Zeit als sehr langsam und dehnbar empfunden.

Für die Bildung der Persönlichkeit haben sowohl die Vergangenheit, als auch die Zukunft einen großen Einfluss. Wie nehmen Sie Ihre persönliche Zeitleiste wahr? Ist diese eine einzige gerade Linie, die bei der Geburt beginnt und sich bis in die Gegenwart fortsetzt? Oder ist Ihre Zeitleiste von Abbiegungen und Schwüngen begleitet, mit denen Sie jetzt in der Realität ankommen?

Je nachdem wie Sie Ihren Zeitstrahl wahrnehmen, verändert sich auch das Empfinden gegenüber der Zeit. Wo würden Sie die Vergangenheit in Relation zu Ihrer Person betrachten? Liegt die Vergangenheit hinter Ihnen, vor Ihnen oder vielleicht seitlich?

Es ist interessant zu erfahren, dass Menschen mit traumatischen Erlebnissen die Vergangenheit vor sich sehen. Die Zukunft liegt hinter Ihnen und diese nehmen Sie kaum wahr. Dies bedeutet, dass die Vergangenheit für diese Personen immer wieder in das Bewusstsein rückt. Schließlich liegt die Vergangenheit vor Ihren Augen und Sie können den Blick kaum davon abwenden. Hier kann es sinnvoll sein, die Perspektive zu ändern. Die traumatischen Erlebnisse hinter sich zu lassen und positiv in die Zukunft zu schauen.

Manchmal kann es aber auch von Vorteil sein, negative Erfahrungen wieder in das Bewusstsein zu bringen. Haben Sie bestimmte negative Ereignisse hinter sich gelassen und möchten Sie diese ignorieren? Dann werden Sie dies nicht wirklich schaffen, sondern nur von diesen verfolgt werden.

Durch das Verlagern des eigenen Zeitstrahls können Sie Ihre Perspektive verändern und positiver in die Zukunft schauen. Waren Sie bisher ein Mensch, der vor allem in der Vergangenheit lebte und traumatische Erlebnisse immer und immer wieder hervorgerufen werden, dann ist es hilfreich, wenn Sie sich vorstellen, dass die Vergangenheit nun hinter Ihnen liegt.

Diese Visualisierung hat nicht nur einen Einfluss auf Ihr Wohlbefinden, sondern spielt eine große Rolle für die Motivation. Liegt das Ziel kurz vor Ihnen und Sie können es auf dem Zeitstrahl schon genau betrachten, dann ist dies ein sehr motivierender Effekt. Sie werden sich wie ein Sportler auf der Zielgerade fühlen und Energie finden, die notwendig ist, um durch das Ziel zu schreiten.

Das Selbstbild kreieren

Zum Ende dieses Kapitels sollten Sie noch ein Mal lernen, wie Sie mehr Selbstvertrauen erlangen. Denn das Selbstvertrauen ist notwendig, damit Sie Ihre Ziele tatsächlich erreichen. Wichtig hierfür ist das Selbstbild und wie Sie sich selber wahrnehmen.

Zum Start sollten Sie Ihr Selbstbild betrachten. Wie sieht dieses aus und was nehmen Sie dabei wahr? Das Selbstbild ist nicht nur eine blasse zwei-dimensionale Ebene, sondern dieses besteht noch aus einer Fülle anderer Sinneswahrnehmungen. Sie werden sich sehen, aber auch fühlen und hören können. Wie sehen diese Wahrnehmungen aus?
Sie werden vielleicht glauben, dass das Selbstbild feststeht und unveränderlich sei. Schließlich hat sich das Bild von Ihnen schon so fest in Ihrem Bewusstsein verankert, dass Sie dieses kaum noch ändern könnten.

Die gute Nachricht ist, dass das Selbstbild nicht der objektiven Realität entspricht und Sie dieses zum Positiven verändern können. Leiden Sie unter massiven Selbstzweifeln, dann können Sie mehr Selbstvertrauen erlangen, indem Sie ein besseres Bild von sich kreieren.

Dazu müssen Sie im ersten Schritt Ihr aktuelles Bild von sich zeichnen. Achten Sie vor allem auf die Details, die Sie ausmachen. Welche Haltung nehmen Sie an, wie würden Sie Ihre Stimme wahrnehmen und wie würden Sie sich selber verbal beschreiben?

Danach treten Sie zurück und betrachten sich von Außen. Sie nehmen nun die Betrachtungsweise, eines neutralen Beobachters ein. Nehmen Sie nun Unterschiede wahr, in dieser Haltung von Außen? Sind bestimmte Details Veränderungen unterworfen und wie sehen diese aus?

Stellen Sie nun die Bilder doppelt vor Ihrem inneren Auge dar. Bei einem Bild verändern Sie die Details. Dieses soll zwar immer noch Ihren eigenen Vorstellungen entsprechen, aber etwas zum Positiven bewegt werden. Merken Sie, das eine Veränderung ein negatives Gefühl in Ihnen auslöst, dann machen Sie diese wieder rückgängig.

Versuchen Sie das Bild so vorteilhaft darzustellen, wie es nur geht, aber erkennen Sie sich dabei immer noch wieder. Es geht hierbei nicht nur um die Inhalte des Bildes, sondern generell darum, wie Sie sich wahrnehmen. Also welche Farben Sie mit diesem Bild verbinden und ob es positive Klänge sind.

Nachdem Sie das positive Selbstbild gestaltet haben, werden Sie zwei Bilder vor Ihrem inneren Auge erleben. Eines, welches attraktiver ist und das Originalbild. Beide Bilder sind Sie und dennoch haben Sie eine unterschiedliche Wahrnehmung. Nun stellen Sie sich vor, wie Sie in das attraktivere Bild eintreten und diese Haltung einnehmen. Das ursprüngliche Selbstbild legen Sie ab und assoziieren sich nur noch mit dem positiven Bild. Welche Gefühle nehmen Sie nun wahr? Wenn Sie die gesamte Übung intensiv durchgeführt haben, sollten Sie sich besser fühlen und mit mehr Selbstvertrauen auftreten.

Gibt es vielleicht etwas, das Ihnen an diesem Bild nicht gefällt? Dann gehen Sie wieder einen Schritt zurück und verändern diese Eigenschaft, sodass Sie mit Ihrem neuen Selbstbild komplett übereinstimmen. Um das positive Bild besser anzunehmen, wiederholen Sie nun die Vorstellung, dass Sie in dieses Bild eintreten.

Fällt Ihnen vielleicht eine Situation ein, die Sie in der Vergangenheit nicht so gut gemeistert haben, wie Sie es eigentlich vorhatten? Versetzen Sie sich in diese Situation und prüfen Sie nun, ob eine Veränderung stattgefunden hat. Sind Sie sich jetzt sicher, dass Sie diese Situation positiver bewältigen würden? Dann haben Sie das neue Selbstbild gut verinnerlicht und Ihr Selbstvertrauen wurde damit gesteigert.

Achten Sie darauf, dass Ihr Wortschatz, Ihre Gedanken und die Art und Weise, wie Sie selber mit sich umgehen einen wesentlichen Einfluss auf Ihr Selbstempfinden haben. Wenn Sie sich selber immer nur mit negativen Erfahrungen assoziieren, wird das Selbstvertrauen leiden und es wird sehr viel schwieriger für Sie werden, Ihre Ziele zu erreichen.

Versuchen Sie sich immer positiv zu betrachten und das Selbstvertrauen als Energie zu nutzen, um die Ziele zu verwirklichen.

DIE UNTERSCHIEDLICHEN BOTSCHAFTEN DER KOMMUNIKATION

SIND SIE IM BERUF stark in Teams eingebunden und ist eine gute Kommunikation mit all Ihren Kollegen wichtig, um das gemeinsame Ziel zu verfolgen? Die ersten Berührungspunkte mit der Neuro-Linguistischen Programmierung erhalten viele Personen über das Versprechen, dass die Kommunikation verbessert werden kann. So können Sie besser verstehen, was der Gesprächspartner eigentlich ausdrücken möchte und mit den richtigen Handlungsmustern lernen Sie effektiver zu kommunizieren.

In diesem Kapitel lernen Sie, welche Hürden es bei der Kommunikation gibt und wie Sie diese überwinden. Dabei ist nicht nur die Kommunikation mit einem Gesprächspartner wichtig, sondern auch mit sich selber.

Kommunikation beschreibt einen Austausch von Informationen. Es geht darum, Ideen, Gedanken, Gefühle oder Sichtweisen einem Gesprächspartner mitzuteilen. Oftmals sind diese Informationen nicht eindeutig, denn es zählt nicht nur, was gesagt, sondern vor allem wie dies vermittelt wird. Dies zeigt, dass die Kommunikation ein sehr komplexes Feld ist und wenn Sie erfolgreich im Beruf und im Leben sein wollen, ist ein gutes Verständnis für die menschliche Kommunikation notwendig. Menschen sind soziale Wesen und wenn Sie Ziele verwirklichen möchten, ist dies mit der Unterstützung von Freunden und anderen Menschen wesentlich einfacher.

Ein grundlegendes Problem ist, dass Informationen und Botschaften, die wir vermitteln oder empfangen nicht eindeutig sind. Für Sie ist wahrscheinlich alles verständlich, wenn Sie etwas einem Gesprächspartner erklären und Sie haben die Meinung, sich klar und deutlich auszudrücken. Beim Gesprächspartner können die Informationen dennoch nicht so ankommen, wie Sie dies wünschten. Dies kann schnell zu Frustration führen und Sie denken vielleicht, dass Ihr Gesprächspartner geistig nicht in der Lage wäre Ihre Informationen korrekt aufzunehmen.

Diese arrogante Haltung ist nicht förderlich. Weder werden Sie damit die Informationen korrekt wiedergeben, noch werden Sie eine positive Beziehung aufbauen. Um weniger Frustration zu erleben, müssen Sie verstehen, wie Kommunikation überhaupt funktioniert und weshalb es sein kann, dass Menschen aneinander vorbeireden.

Wenn Sie mit Ihrem Kollegen oder Freund kommunizieren, senden Sie mehr als nur eine Botschaft. Nach Ihrem Verständnis haben Sie jedoch nur eine Botschaft, die Sie vermitteln möchten und diese wird laut Ihnen klar und verständlich ausgedrückt. In Wahrheit werden aber viele verschiedenen Botschaften übermittelt und Sie müssen es schaffen, dass Sie die passende Botschaft versenden.

Die Botschaften werden auf verschiedene Weisen gesendet. Sie formen Wörter und nutzen die Sprache, um eine bestimmte Botschaft auszuformulieren. Mit Mimik und Gestiken versuchen Sie der Botschaft Nachdruck zu verleihen, sodass die Nachricht nach Ihren Vorstellungen übermittelt wird. Worte, Mimik und Gesten übermitteln aber keine direkte Botschaft. Sie führen zu einer Reaktion des Gesprächspartners und dieser muss versuchen, aus diesem Zusammenspiel die passende Botschaft zu rekonstruieren. In gewisser Weise muss also der Kommunikationspartner versuchen, aus Ihren Signalen die passenden Informationen zu generieren. Dabei kann es zu leichten Abweichungen kommen und die rekonstruierte Botschaft muss nicht mit der eigentlich übermittelten Botschaft übereinstimmen.

Diese Abweichungen können Sie anhand der Reaktion des Gesprächspartners bemerken. Dieser versucht nämlich in gewisser Weise, auszudrücken, welche Botschaft er empfangen hat. Stellen Sie Abweichungen fest, können Sie diese beseitigen, indem Sie versuchen Ihre Botschaft zu modifizieren und etwas anders darzustellen.

Wie effektiv die Kommunikation ist, können Sie dann im Ergebnis feststellen. Ist die Botschaft beim Gesprächspartner angekommen oder haben Sie weiterhin das Gefühl, dass dieser Sie gar nicht richtig verstanden hat?

Falls Sie Kinder haben, kennen Sie das Gefühl wahrscheinlich sehr hinreichend, dass Sie bestimmte Dinge mehrmals wiederholen müssen. Phrasen wie: „Muss man Dir denn alles tausendmal sagen" fallen wahrscheinlich des Öfteren. Weder in der Kommunikation mit Ihren Kindern, noch im Umgang mit Freunden und Kollegen ist dies jedoch eine hilfreiche Form der Kommunikation.

Der erste Schritt zu einer Verbesserung ist daher die Erkenntnis, dass nicht der Gesprächspartner für die fehlgeleitete Kommunikation verantwortlich ist, sondern dass Sie die Botschaft besser vermitteln sollten. Denn auch wenn sich für Sie alles plausibel anhört und leicht verständlich ist, für den Gesprächspartner ist dies nicht so eindeutig und Sie sollten versuchen, Verständnis für die Gegenposition aufzubringen.

Welche Botschaften übertragen werden

Kommunikation findet auf vielen verschiedenen Ebenen statt. Im Bewusstsein steht vor allem das gesprochene Wort und was Sie eigentlich ausdrücken möchten. Wenn Sie mit Ihrem Gesprächspartner kommunizieren, geht es aber vor allem darum, dass Sie etwas erreichen möchten. Indem Sie eine Information vermitteln, verfolgen Sie ein ganz bestimmtes Ziel.

Gerade in emotionalen Situation, wenn Sie am Arbeitsplatz eine sehr stressige Zeit durchleben, sollten Sie sich immer klarmachen, was Sie mit Ihrer Kommunikation erreichen wollen. Sicherlich kann es für den Moment sehr befreiend sein, wenn Sie einfach nur Ihren Frust loswerden, aber wirklich zielführend ist dies nicht. Daher führen Sie sich immer vor Augen, was das eigentliche Ziel Ihrer Kommunikation ist.

Das folgende Modell der unterschiedlichen Botschaften ist essenziell, damit Sie verstehen wie Ihre Kommunikation vom Partner aufgenommen wird. Denn für Sie mag die Kommunikation leicht verständlich sein, beim Gesprächspartner wird diese aber als sehr komplex wahrgenommen.

Als Grundlage gibt es drei personale Botschaften, die sich sowohl auf Sie als auch auf den Gesprächspartner fokussieren. Mit jeder Botschaft, die Sie aussenden, vermitteln Sie auch, wie Sie sich gerade Fühlen und was Sie empfinden. Dies wird als „Ich-Botschaft" bezeichnet.

Neben der „Ich-Botschaft", drücken Sie gleichzeitig auch aus, wie Sie den Gesprächspartner wahrnehmen. Dieser kann sich dadurch wertgeschätzt fühlen oder genau das Gegenteil kann eintreten. Dies ist die „Du-Botschaft". Das Zusammenspiel dieser beiden Botschaften wird als „Wir-Botschaft" verstanden. Damit drücken Sie aus, wie Sie die Beziehung zueinander wahrnehmen. Welches Vertrauen herrscht zwischen Ihnen und ist die Verbindung auf einer freundlichen oder rein kollegialen Ebene.

Neben diesen persönlichen Ebenen gibt es drei weitere Sachebenen. Auf der Sachebene wird die Botschaft übermittelt, wie Sie einen bestimmten Sachverhalt sehen. Danach wird dies in einen Kontext gebracht. Der Kontext stellt die fünfte Botschaft dar.

Mit jeder Kommunikation möchten Sie etwas erreichen. Dies ist die sechste Ebene und wird als Appell bezeichnet. Hier zeigt sich, ob Ihre Kommunikation zu dem gewünschten Ziel führt oder ob der Appell nicht richtig wahrgenommen oder ausgeführt wird.

Am einfachsten werden diese verschiedenen Ebenen deutlich, wenn Sie mit Ihrem Kind kommunizieren. Im Rahmen der Erziehung werden zahlreiche Appelle formuliert, um die eigenen Wertvorstellungen dem Kind mitzugeben.

Ein häufiger Streitpunkt ist die Ordentlichkeit. Kinder haben mit etwas Unordnung seltener Probleme und haben nicht das Bedürfnis, dass das Zimmer aufgeräumt werden müsste. Als Elternteil möchten Sie Ihrem Kind aber deutlich machen, wie wichtig die Hygiene und die Sauberkeit ist. Schließlich sei Ordnung das halbe Leben und als Lektion für das spätere Leben sehr wichtig.

Daher kommt es meist zu einer ersten Ansprache. Sie teilen Ihrem Kind vielleicht mit, dass das Zimmer noch nicht aufgeräumt sei. Ihr Kind antwortet aber nur mit einem verdutztem „Aha“ und das Zimmer wird im Anschluss nicht aufgeräumt. Wo lag jetzt der Fehler und wie können Sie die Kommunikation verbessern? An diesem Beispiel können Sie die unterschiedlichen Ebenen verdeutlichen.

Ihre Intention war, dass Ihr Kind das Zimmer aufräumt. In der Sach-Botschaft kommt an, dass das Zimmer nicht aufgeräumt sei. Dies haben Sie in der ursprünglichen Aussage klar zum Ausdruck gebracht.

Selber drücken Sie aus, dass Sie mit der aktuellen Situation des Zimmers nicht zufrieden seien. Dies zeigt sich in der „Ich-Botschaft“ und das Sie etwas ärgerlich sind. In Bezug auf Ihr Kind sagen Sie aus, dass dieses unordentlich sei. In der „Du-Botschaft“ wird diese Information vermittelt.

Zueinander stellt sich heraus, dass Sie einen Konflikt haben. Das unaufgeräumte Zimmer stellt ein Problem dar, welches sich in der „Wir-Botschaft" manifestiert.

Im Kontext bedeutet dies, dass es an der Zeit wäre, das Zimmer vor dem Schlafengehen aufzuräumen. Im Appell möchten Sie die Botschaft „Du sollst das Zimmer aufräumen" zum Ausdruck bringen. All diese Botschaften könnten von Ihrem Kind zur gleichen Zeit aufgenommen werden. Im Idealfall wird der Appell wahrgenommen und in diesem Beispiel ist die Aufforderung sehr verständlich.

In der alltäglichen Kommunikation sind diese Ebenen nicht immer so eindeutig. Dies führt dazu, dass Missverständnisse auftreten und die Botschaften nicht den eigenen Wünschen entsprechen. Wie können Sie nun also auftreten, damit Sie besser verstanden werden?

Die Kommunikation genauer gestalten

Wenn Sie die Aufforderung und die anderen Botschaften klarer zum Ausdruck bringen möchten, sollten Sie zunächst mehr darauf achten, welche Botschaft Sie von sich aus übermitteln. Hierfür ist die „Ich-Botschaft" wichtig.

Im vorherigen Beispiel wird mit der „Ich-Botschaft" ausgedrückt, dass Sie mit dem Verhalten Ihres Kindes unglücklich seien. Schließlich wäre es in Ihrer Vorstellung besser, wenn Ihr Kind ordentlicher sei und das Zimmer aufgeräumt wäre. Vielleicht sind Sie in diesem Moment auch einfach nur genervt davon, dass das Zimmer immer noch nicht aufgeräumt sei und dies schwingt im Tonfall deutlich mit.

Für Sie als Elternteil ist klar, dass sich dieser gereizte Zustand nur auf diese eine Situation bezieht. Natürlich lieben Sie Ihr Kind weiterhin und Sie würden wahrscheinlich nicht behaupten, dass es generell faul oder nicht fähig sei, das Zimmer aufzuräumen. Gerade auf der Beziehungsebene kann es aber zu einer missverständlichen Kommunikation kommen.

Dieser strengere Appell in Verbindung mit einer entsprechenden Gestik und Tonfall kann dazu führen, dass auf der Beziehungsebene für Ihr Kind nur ankommt, dass Sie es gar nicht wertschätzen. Dies kann zu ernsten Problemen führen und Ihr Kind könnte unter dieser Kommunikation leiden und sich nicht mehr geliebt fühlen.

Dabei wollten Sie lediglich ausdrücken, dass das Zimmer nicht aufgeräumt sei und Sie möchten, dass das Zimmer ordentlicher gestaltet wird. Dieses Missverständnis sollten Sie beachten und verstehen, wie dieses Zustande kommt. So können Sie verhindern, dass die Beziehung zu Ihrem Kind leidet.

Möchten Sie also das nächste Mal sicherstellen, dass Ihr Kind das Zimmer aufräumt, bringen Sie dies lieber so zum Ausdruck, dass Sie unmissverständlich ausdrücken, dass es sich nur um den Zustand des Zimmers handelt und Sie Ihr Kind dennoch lieben und wertschätzen.

Nehmen Sie ein Missverständnis wahr, dann sollten Sie nicht zögern, dieses zu korrigieren. Dies hat auch nichts damit zu tun, dass die ursprüngliche Aussage negiert wird oder das Sie Schwäche zeigen.

Indem Sie dieses Modell der verschiedenen Ebenen verstehen, können Sie die Kommunikation verbessern. Gerade die Beziehungsebene ist eine häufige Quelle für Missverständnisse. Freundschaften oder familiäre Verbindungen können durch das Nichtbeachten dieser Ebene zerbrechen.

Rapport und weshalb dieses wichtig ist

Kennen Sie das Gefühl, wenn Sie mit einem Menschen sofort auf einer Wellenlänge liegen und ein tiefes Vertrauen besteht, obwohl Sie sich gerade erst seit Kurzem kennen?

Dieses Gefühl wird in der Neuro-Linguistischen Programmierung als Rapport bezeichnet. In den vorherigen Beispielen haben Sie schon gemerkt, wie unterschiedlich die Botschaften sein können, die jeweils gesendet und aufgenommen werden.

Umgangssprachlich ist das Bild der Wellenlänge gut geeignet, um die Kommunikation darzustellen. Denn wenn Sie eine Botschaft empfangen, sollten Sie so eingestellt sein, dass Sie den Gesprächspartner besser verstehen. Möchten Sie hingegen eine Botschaft übermitteln, ist es einfacher, wenn Sie die Wellenlänge des Empfängers ausloten und sich entsprechend einstellen.

Damit können Sie das Phänomen verhindern, dass Sie aneinander vorbeireden und beide Seiten zwar miteinander kommunizieren, aber jeweils die Botschaften nicht klar empfangen. Indem Sie versuchen auf derselben Wellenlänge zu liegen, können Sie viel effektiver miteinander kommunizieren und die Gefahr, dass bestimmte Botschaften und Aussagen untergehen ist viel geringer.

Menschen sind sehr unterschiedlich und dies bedeutet, dass Sie sich auf die verschiedenen Kommunikationswege einstellen müssen. Mit den folgenden Verhaltensweisen können Sie leicht den Rapport herstellen und eine positive Beziehung aufbauen. Dies ist gerade im Berufsleben oder in der Familie wichtig, denn diese können Sie sich nicht aussuchen und es wird von Ihnen verlangt, dass Sie mit Menschen, die auf einer ganz anderen Wellenlänge liegen kommunizieren können.

Die erste Regel, die Sie beachten sollten, um herauszufinden auf welcher Wellenlänge Ihr Gegenüber liegt, ist das Aussprechen lassen. In der heutigen Zeit wird diese Tugend und Höflichkeitsregel gerne ignoriert. Vielen Personen ist es wichtiger, selber etwas zu vermitteln, als auch mal zuzuhören und geduldig den Gesprächspartner reden zu lassen.

Den Gesprächspartner ausreden zu lassen, ist eine wichtige Geste des Respekts. Denn dadurch signalisieren Sie, dass die Informationen, die von Ihrem Gegenüber ausgesendet werden, einen hohen Stellenwert haben. Fallen Sie dagegen öfter ins Wort und können Sie es kaum abwarten selber zu sprechen, signalisieren Sie dadurch nur, dass Ihre Botschaft sehr viel wichtiger sei.

Das Aussprechen lassen ist aber erst der Anfang. Denn zwischen jemandem anderem sprechen lassen und dem aktivem Zuhören gibt es einen gewaltigen Unterschied. Vielleicht kennen Sie selber die Situation, wenn Sie mit einem Gesprächspartner involviert sind, der zwar selber nichts sagt, bei dem Sie aber auch nicht das Gefühl haben, dass dieser Ihnen gerade zuhört. Vielleicht ist der Gesprächspartner mit den Gedanken schon völlig woanders oder er überlegt, was er selber als Nächstes vorbringen kann. Dieses Gefühl ist für Sie nicht gerade angenehm und Sie spüren, dass Sie nicht wertgeschätzt werden.

Wenn Sie also das nächste Mal in einem Gespräch vertieft sind, versuchen Sie ganz bewusst zuzuhören. Die Gedanken schweifen jetzt nicht dahin ab, dass Sie überlegen, was Sie antworten könnten. Sie denken auch nicht an den letzten Urlaub und wie schön es doch wäre, wenn Sie in diesem Moment wieder am Strand liegen könnten.

Jetzt widmen Sie Ihre Aufmerksamkeit voll und ganz dem Gesprächspartner. Sie hören aktiv zu und werden merken, wie Sie viel mehr verstehen können. Die Körpersprache wird für Sie zugänglicher und Missverständnisse treten seltener auf.

Wie können Sie jetzt signalisieren, dass Sie alles verstanden und zugehört haben? Dazu können Sie die Techniken des Spiegelns und Pacings verwenden. Diese gehören zu den Grundtechniken der Neuro-Linguistischen Programmierung.

In erster Linie fühlt der Gesprächspartner sich verstanden, wenn Sie seine Worte und vor allem die Botschaft wiedergeben können. Wiederholen Sie also, was gesagt wurde. Verwenden Sie dafür aber Ihre eigenen Worte. Dies hat den Vorteil, dass zugleich erkannt werden kann, wenn etwas nicht richtig verstanden wurde. Denn selbst wenn Sie Ihre Aufmerksamkeit vollständig dem Zuhören widmen, kann es dazu kommen, dass Sie nicht sofort alles verstehen werden. Dies ist nicht weiter schlimm und solange Sie die groben Aussagen wiedergeben, können Details noch vom Gesprächspartner korrigiert werden.

Mit dem Spiegeln können Sie nun weitere Signale senden, die verdeutlichen, dass Sie Ihrem Gesprächspartner zuhören. Diese sind eher unterbewusst wahrnehmbar und nicht so deutlich, wie das gesprochene Wort. Dennoch haben Sie einen wesentlichen Einfluss darauf, den Rapport aufzubauen.

Ein wichtiges Element ist die Körperhaltung. Durch die Körperhaltung können wir signalisieren, wie offen wir uns dem Gegenüber verhalten und wie eng die zwischenmenschliche Beziehung ist. Indem Sie die Körperhaltung spiegeln, können Sie zeigen, dass Sie auf dieser Ebene das gleiche Verständnis haben. Dies lässt Sie sympathischer wirken und der Partner fühlt sich nicht von einer zu offenen oder engen Körperhaltung angegriffen.

Nicht nur der Körper sendet solche Signale aus, sondern auch die Stimme, wenn Sie mit anderen Menschen in Kontakt treten. Eine wichtige Eigenschaft ist das Sprechtempo. Indem Sie versuchen, etwa das gleiche Tempo einzuhalten, können Sie ebenfalls vermitteln, dass Sie sich ähnlicher sind. Liegt ein sehr großer Unterschied im Sprechtempo vor, kann dies zu einer anstrengenden Probe werden, denn für den schnell sprechenden Partner kann das Gespräch zu langatmig werden, während der langsam sprechende Partner schnell überfordert wird.

Um schnelles Vertrauen aufzubauen, sollten Sie also in erster Linie den Gesprächspartner aussprechen lassen, gut zuhören und die Inhalte wiedergeben. Gleichen Sie Ihre Körpersprache etwas an und versuchen Sie dem Gesprächspartner ähnlicher zu werden, werden Sie gleich als viel sympathischer wahrgenommen.

Sie sollten es mit dem Spiegeln aber auch nicht übertreiben. Hierbei müssen Sie eine gute Balance finden, selber Ihren Charakter und die Persönlichkeit zu bewahren und gleichzeitig sich dem Partner anzupassen. Versuchen Sie zu stark die Körperhaltung zu verändern und werden Sie sich zu ähnlich, kann dies als Nachäffen empfunden werden. Wenden Sie diese Technik also zunächst sehr bedacht an und warten Sie ab, wie Ihr Gegenüber reagiert. Zeigt sich tatsächlich ein Vertrauensgewinn oder wird Ihr Verhalten eher als unnatürlich empfunden?

Das Spiegeln ist ein mächtiges Instrument, um effektiver mit anderen Menschen kommunizieren zu können. Es erfordert aber auch sehr viel Übung, damit dies als natürlich wahrgenommen wird. Seien Sie also nicht gleich enttäuscht, wenn der gewünschte Effekt nicht sofort eintritt, sondern versuchen Sie stetig an sich zu arbeiten.

Das Aussprechen lassen und Zuhören sind aber schon grundlegende Verhaltensweisen, mit denen Sie einen positiven Eindruck vermitteln und Vertrauen gewinnen.

Unterstützung auf dem Weg zum Erfolg

Wenn Sie Ziele haben und diese verwirklichen möchten, dann sind Sie selber dafür in erster Linie verantwortlich. Sie treffen die notwendigen Entscheidungen, um glücklich und erfolgreich im Leben zu werden. Dennoch ist das Leben als Einzelkämpfer nicht leichter. Auf Ihrem Weg ist es hilfreich, wenn Sie Freunde haben, die Sie begleiten und von denen Sie profitieren können. Natürlich sollte die Freundschaft für beide Seiten einen Zugewinn darstellen. So können Sie gegenseitig voneinander lernen und sich in schwierigen Situationen unterstützen.

Die Beziehung mit der eigenen Familie ist wichtig und gibt Ihnen einen Halt im Leben. Allerdings können Familienmitglieder Ihnen nicht auf die gleiche Weise helfen, wie dies Freunde tun können. Gerade wenn es Probleme innerhalb der Familie gibt, ist es hilfreich, wenn Sie Freunde haben mit denen Sie sich austauschen können.

In der heutigen Gesellschaft ist der Begriff der Freundschaft weit von seiner eigentlichen Bedeutung abgedriftet. Auf Facebook können hunderte Freundschaften bestehen und dennoch ist niemand dieser „Freunde" bereit Ihnen zu helfen, wenn Sie in ernsten Problemen stecken. Wie definieren Sie eigentlich eine Freundschaft und als wie groß würden Sie Ihren Freundeskreis beschreiben? Wie viel enge Freundschaften haben Sie dort und wen würden Sie eher als Bekannten einstufen?

Wenn Sie Menschen begegnen, werden Sie diese zunächst als Bekannte wahrnehmen. Sie sprechen mit diesen Menschen vielleicht und je persönlicher die Gespräche werden, desto enger wird die Beziehung mit Ihnen. Sie bemerken zudem, dass Gemeinsamkeiten bestehen.

Danach gibt es die Gruppe der Menschen, die mit Ihnen verbunden sind. Dies können Familienmitglieder sein, die Sie schon seit der Kindheit kennen und immer ein wichtiger Teil in Ihrem Leben waren. Mit diesen Menschen haben Sie eine ganz besondere Verbindung. Dies muss aber nicht heißen, dass die Beziehung sehr eng ist. Sie haben wahrscheinlich einige Verwandte, mit denen Sie nur in sehr unregelmäßigen Kontakt stehen. Dennoch besteht durch die Dauer der Beziehung eine besondere Verbindung, wie Sie mit Freunden nicht vorkommt.

Enge Freunde und diese, die Ihnen am nächsten stehen, werden wiederum anders wahrgenommen. Ihre Freunde haben einige Gemeinsamkeiten mit Ihnen, Sie schätzen aber auch die negativen Seiten und die Unterschiede in den Persönlichkeiten. Es herrscht ein grundlegendes Vertrauen und den engsten Freunden können Sie praktisch jedes Geheimnis verraten.

Erstellen Sie nun eine grobe Übersicht und versuchen Sie Ihre sozialen Kontakte einzuordnen. Wie viele enge Freunde haben Sie tatsächlich, denen Sie jedes Geheimnis anvertrauen können?

Zu beachten ist hierbei, dass jede Gruppe für Sie im Leben wichtig ist und diese eine bestimmte Funktion übernimmt. Sie sollten also nicht davon ausgehen, dass Kollegen oder Bekannte für Sie im Leben unwichtig wären und Sie diese vernachlässigen sollten. Ebenfalls müssen Sie nicht darauf abzielen, dass jede lose Bekanntschaft zu einem engen Freund wird.

Für Ihren weiteren Weg ist es wichtig, dass Sie die Einteilung zuverlässig vornehmen können und wissen, wie die Beziehung einzuordnen ist. Einem Kollegen ein Geheimnis anzuvertrauen, welches direkt verraten wird, ist nicht förderlich für Ihre Karriere. Möchten Sie neue Freunde gewinnen und mit Ihren Kollegen einen engeren Kontakt pflegen, sollten Sie zudem nichts überstürzt angehen. Es geht nicht darum, die Distanz so schnell wie möglich zu überwinden. Dies könnte eher als aufdringlich wahrgenommen werden und verhindern, dass sich eine echte Freundschaft entwickelt. Versuchen Sie in dem Tempo voranzuschreiten, wie es der anderen Person angenehm ist.

Soziale Kontakte als Grundbedürfnis

Freundschaften sind ein wichtiger Bestandteil des Lebens. Gute Freunde sind Ihnen eine Stütze, wenn Sie mal in Not stecken und auf dem Weg Ihr Ziel zu erreichen, eine helfende Hand benötigen. Das Schließen von Freundschaften kann in fortgeschrittenem Alter zu einem Problem werden.

Im jüngeren Alter ist es noch relativ einfach Freunde zu gewinnen. In der Schule und im Kindergarten werden Sie unvoreingenommen viele verschiedene Persönlichkeiten kennenlernen. Verstehen Sie sich gut, dann entstehen die Freundschaften fast von alleine.

Je älter Sie werden, desto schwieriger wird es allerdings Freundschaften zu schließen. Gründe dafür können die weniger zur Verfügung stehende Zeit sein. Sie haben nun andere Verpflichtungen und gerade der Beruf nimmt einen Großteil des Tagesablaufes ein. Freundschaften auf der Arbeitsstelle sollten nur mit äußerster Bedacht geschlossen werden. Das Vermischen von Privatleben und Beruf kann zu einigen Problemen führen. Ein weiteres Problem ist, dass Sie nicht mehr so viele neue Leute kennenlernen. Die meisten sozialen Strukturen sind bereits gefestigt und es kann schwierig werden, diese in einem höheren Alter neu aufzubauen.

Wenn Sie Ihren Lebensstandort verlagern und Ihren Freundeskreis verlassen oder einfach bemerken, dass Ihr sozialer Kreis nicht sehr ausgeprägt sind, müssen Sie selber die Initiative ergreifen. Der soziale Kontakt gehört zu den Grundbedürfnissen des Menschen. Es wird sogar argumentiert, dass dies das einzige Grundbedürfnis ist, welches nicht alleine befriedigt werden kann.

Werden soziale Kontakte vernachlässigt, entsteht eine Einsamkeit. Dies kann zum Teil auf das eigene Verhalten zurückgeführt werden. Wurden Sie in der Vergangenheit verletzt und Ihnen fällt es schwer, anderen Menschen zu vertrauen, werden Sie den Kontakt eher meiden. Ihre Körpersprache macht anderen Menschen deutlich, dass Sie keine Nähe zulassen wollen. Die Wahrheit hinter diesem Verhalten ist allerdings, dass dies nur einen Teil der Persönlichkeit betrifft. Die anderen Teile der Persönlichkeit benötigen weiterhin soziale Kontakte und leiden darunter, wenn dieses Bedürfnis nicht erfüllt wird.

Ein anderer Grund für die Einsamkeit kann sein, dass Sie keine Gelegenheiten wahrnehmen, überhaupt neue Kontakte zu knüpfen. Gerade in der Großstadt tritt dieses Phänomen gehäuft auf. Sie leben in einer anonymen Wohnsiedlung und können Ihren Alltag verbringen, ohne überhaupt soziale Kontakte wahrzunehmen.
Der Einsamkeit entfliehen

Verspüren Sie das innere Bedürfnis, nach engeren freundschaftlichen Beziehungen und möchten einen größeren Freundeskreis aufbauen? Dann müssen Sie selber den ersten Schritt wagen. Verändern Sie Ihre Verhaltensweisen nicht und versuchen Sie weiterhin möglichst anonym durchs Leben zu gehen, werden Sie keine neuen Freunde finden. Sie müssen sich also der Welt präsentieren und aktiv versuchen neue Kontakte zu finden.

Um Freundschaften zu knüpfen ist regelmäßige Kommunikation wichtig. Gerade wenn Sie neue Menschen kennenlernen und diese eher noch in die Kategorie „Bekannte“ einordnen würden, ist eine gesunde Kommunikation erforderlich, um diese zu engen Freunden werden zu lassen.

Ein häufiger Fehler, der dazu führt, dass Sie keine intensiven Freundschaften pflegen können, ist das Vernachlässigen der Kommunikation. Warten Sie darauf, dass Sie angesprochen werden oder jemand anderes den Kontakt mit Ihnen sucht, dann ist dies eine sehr optimistische Einstellung. Sie mögen zwar von sich überzeugt sein und finden, dass Sie so interessant sind, dass sich andere Menschen automatisch für Sie interessieren sollten, doch diese können dies von außen gar nicht einsehen.

Wenn Sie neue Freundschaften suchen möchten, müssen Sie selber den ersten Schritt wagen. Hierfür sollten Sie sich einen passenden Ort aussuchen. In der Bar oder in der Kneipe neue ernsthafte Freundschaften zu knüpfen ist nicht gerade einfach. Sie müssen an diesen Orten schon zu den extrovertierten Personen gehören, um wirklich neue Kontakte zu knüpfen.

Besser ist es, wenn Sie sich Gemeinsamkeiten überlegen, die eine Basis für eine Freundschaft sein könnten. Dies kann ein gemeinsames Hobby sein oder ein besonderes Engagement. Freundschaften können Sie zum Beispiel in Sportvereinen oder bei ehrenamtlichen Stellen schließen. Hier finden Sie in jedem Fall Menschen, die ein bestimmtes Gebiet mit Ihnen teilen und dies kann als Basis für die Freundschaft dienen.

Ob in der Bar oder im Sportverein, damit sich eine Freundschaft entwickeln kann, ist Kommunikation notwendig. Hier erhalten Sie Grundregeln, mit denen Sie effektiver Freundschaften schließen können. Es handelt sich hierbei eher um soziale Normen als um Techniken der Neuro-Linguistischen Programmierung. Dennoch ist es natürlich hilfreich, sich diese Grundregeln zu verinnerlichen.

An erster Stelle sollte stehen, dass Sie mit sich selber im Reinen sind. Sie verfügen über ein ausreichend hohes Selbstvertrauen und kennen sowohl Ihre Stärken, als auch Ihre Schwächen. Sie müssen sich nicht dafür fürchten, sich anderen zu öffnen und Sie sind bereit, die Nähe zuzulassen.

Haben Sie eine interessante Person getroffen, gilt es nun den Kontakt aufrechtzuerhalten. Warten Sie nicht ab, bis sich die andere Person bei Ihnen meldet, sondern zeigen Sie selber Interesse. Vermeiden Sie es allerdings, sich ständig aufzudrängen. Es ist in Ordnung, wenn Sie die Kommunikation initiieren. Wenn Sie aber merken, dass Ihr Gegenüber nicht daran interessiert ist, sollten Sie die Signale wahrnehmen und nicht versuchen, den Kontakt weiter zu forcieren.

Eine Freundschaft besteht immer aus einem Geben und Nehmen. So sollten beide Seiten von der Freundschaft profitieren und dies ist ein wichtiger Punkt, der bei vielen Menschen unterbewusst abläuft. Zeigen Sie, weshalb die Freundschaft für die andere Person wichtig sein könnte und in welcher Weise Sie profitiert. Es geht jetzt nicht darum, dass Sie mit Ihren finanziellen Mitteln prahlen, sondern dass Sie Ihre Persönlichkeit zeigen. Sie werden ganz eigene Erfahrungswerte haben, die für die andere Person wichtig sein könnten. Ebenso können Sie zeigen, in welcher Weise Sie Ihre Unterstützung anbieten können, um Ziele zu erreichen.

Stellen Sie sich jetzt ein Mal vor, wie Sie von Außenstehenden beschrieben werden würden. Welche Wirkung haben Sie und was vermitteln Sie nach außen? Menschen sind vor allem auf der Suche nach Personen, die ein positives Gefühl vermitteln. Treten Sie hingegen eher mit einer negativen Geisteshaltung auf, wird dieses negative Denken auch von anderen Menschen wahrgenommen. Diese entscheiden sich wahrscheinlich eher dazu, mit Ihnen den Kontakt zu vermeiden. Möchten Sie Kontakte finden, sollten Sie eine positive Grundhaltung annehmen und diese nach außen vermitteln. Unterstützen können Sie dies, indem Sie das Gute im Gegenüber erkennen und ein ehrliches Kompliment aussprechen.

Wie wichtig das Zuhören und Verstehen für eine reibungslose Kommunikation sind, sollten Ihnen bewusst sein. Um neue Freundschaften zu schließen, sind diese beiden Eigenschaften ebenfalls notwendig. Werden Sie ein aktiver Zuhörer und gehen Sie auf das Gesprochene ein. Dadurch zeigen Sie, wie wichtig Ihnen der Gesprächsinhalt der anderen Person ist und Sie werden das vorher schon betonte positive Gefühl auslösen können.

Zu guter Letzt sollten Sie sich selber nicht verstellen. Natürlich geht es bei der Neuro-Linguistischen Programmierung darum sich zu verändern, aber Sie sollten keine Rolle einnehmen, die nicht mit Ihren Werten übereinstimmt. Solche Rollen werden schnell durchschaut und Sie werden als unehrlich wahrgenommen. Gerade wenn es Ihnen darum geht enge und echte Freundschaften aufzubauen, sollten Sie sich nicht davor scheuen, Ihre wahre Persönlichkeit zu präsentieren.

Damit schließt sich wieder der Kreis, denn zu Beginn ging es darum, dass Sie mit sich im Reinen sein sollen, damit Sie offen auf andere Personen zugehen können. Es zeigt sich also, dass eine der wichtigsten Eigenschaft, um Freundschaften zu schließen, vor allem bei Ihnen liegt. Sie sollten zu Ihrer Persönlichkeit stehen und nicht davor zurückschrecken, diese mit Selbstvertrauen zu präsentieren.

Die Kommunikation mit sich selber

Die Kommunikation ist eines der wichtigsten Elemente, um Freundschaften zu schließen. Dabei geht es nicht zwingend darum, dass Sie ein

Gespräch mit einem anderen Menschen führen. Die eigene Persönlichkeit und das Selbstvertrauen haben ebenfalls einen starken Einfluss darauf, wie Sie auf andere Menschen wirken. Indem Sie selber mit sich kommunizieren, können Sie eine bessere Basis legen und sogar Probleme lösen.

Damit Sie Freundschaften mit anderen Personen schließen, ist die Kommunikation eine wichtige Grundlage. Haben Sie in der Vergangenheit Konflikte mit sich selber gehabt oder leiden Sie vielleicht unter einem niedrigem Selbstvertrauen? Dann ist die Kommunikation notwendig, um die inneren Spannungen zu lösen. Nur durch die innere Kommunikation können Sie tatsächlich mit sich im Reinen sein. Haben Sie die inneren Konflikte bewältigt, wird es Ihnen viel leichter fallen, positiv auf andere Menschen zuzugehen und Freundschaften zu knüpfen.

Ihre Persönlichkeit ist sehr komplex und besteht aus unterschiedlichen Teilen. Nicht jeder Teil hat immer einen positiven Einfluss auf Sie. So gibt es sehr kritische Stimmen, die vor allem Ihre Fehler in den Vordergrund stellen. An diesen Stimmen können Sie mit Sicherheit wachsen, wenn Sie Ihre Fähigkeiten erweitern wollen. Möchten Sie aber zunächst lernen besser mit sich selber zu kommunizieren, sollten Sie anderen Teilen Ihrer Persönlichkeit mehr Gehör schenken.

Dazu gehört der innere Freund. Dieser Teil Ihrer Persönlichkeit akzeptiert Sie so, wie Sie sind. Dazu gehören sowohl Ihre Stärken, als auch Ihre Schwächen. Der innere Freund ist aber stets bemüht, die positiven Seiten Ihrer Persönlichkeit zum Vorschein zu bringen. Er akzeptiert aber auch, dass Sie nicht fehlerfrei sind und sich weiterentwickeln möchten.

Nehmen Sie im inneren Dialog mit sich selber die Stimme des inneren Freundes kaum wahr? Dann ist dies ein Zeichen dafür, dass Sie ein niedriges Selbstwertgefühl besitzen. Negative Erfahrungen können Sie leicht aus der Bahn bringen und Ihnen fehlt die Unterstützung von innen heraus, mit diesen Problemen klarzukommen. Genauso wie Sie die Unterstützung von Freunden und anderen Personen benötigen, brauchen Sie eine innere Hilfe. Wird diese Ihnen verwehrt, wird es Ihnen sehr schwerfallen, Aufgaben zu bewältigen, die noch vor Ihnen liegen.

Den inneren Freund wahrzunehmen ist aber gar nicht so einfach, wie Sie vielleicht annehmen würden. Es gibt sicherlich einige Stimmen, die Ihnen Mut zusprechen möchten und Sie vor negativen Erfahrungen bewahren.

So gibt es schützende Stimmen, die Ihnen sagen werden, dass eine Aufgabe gar nicht so wichtig gewesen sei, wenn Sie diese nicht bewältigen konnten. Damit wird das Ausmaß eines Fehler kleingeredet.

Solche Stimmen des Selbstschutzes kennen Sie wahrscheinlich. Dabei handelt es sich aber nicht um den inneren Freund, der Sie mit voller Sympathie betrachtet. Die innere Stimme, die für Sie wirklich von Bedeutung ist, erkennen Sie daran, dass diese Ihnen ein Lächeln ins Gesicht zaubert. Sie werden die Stimme sowohl in Glücksmomenten wahrnehmen, als auch in kritischen Situationen. So besteht eine ganz besondere Verbindung.

Durchleben Sie gerade eine Phase, die von sehr negativen Erfahrungen geprägt ist, ist es wichtig, dass Sie mit sich selber im Reinen sind und den inneren Freund wahrnehmen. Dieser wird seine Unterstützung anbieten und Ihnen durch diese schwere Zeit helfen.

Indem Sie einen inneren Dialog führen, können Sie sich selber besser kennenlernen. Bei der Kommunikation mit sich selber sollten Sie die Kommunikationsregeln befolgen. Dies bedeutet, dass Sie lernen sich selber zuzuhören und nicht, dass Sie bestimmte Bedürfnisse Ihrer Persönlichkeit unterdrücken. Indem Sie lernen sich selber besser zu verstehen und wertzuschätzen, werden Sie eine positivere Ausstrahlung auf andere Menschen haben. Damit gelingt es Ihnen leichter neue Kontakte zu knüpfen und Freundschaften zu schließen.

Nun haben Sie gelernt, wie wichtig die Kommunikation ist und welch eine hohe Bedeutung Freundschaften haben. Sie erkennen, dass in jeder Kommunikationsform unterschiedliche Botschaften versteckt sind. Werden diese vom Gegenüber nicht so aufgenommen, wie Sie diese eigentlich vermitteln wollten, können Sie korrigierend eingreifen.

Eine wichtige Grundlage der Kommunikation ist das Zuhören und Verstehen des Gesprächspartners. Indem Sie die Körpersprache und die Sprechweise spiegeln, können Sie schneller eine Vertrauensbasis schaffen.

Freundschaften können Sie nur schließen, wenn Sie mit sich selber zufrieden sind und eine positive Ausstrahlung haben. Auf diese Weise können innerhalb der Freundschaft beide Parteien voneinander profitieren. Wahren Freunden können Sie Ihre tiefgründigsten Geheimnisse anvertrauen und diese werden Sie unterstützen, damit Sie Ihre Ziele erreichen.

Die Kommunikation gilt hierfür als Schlüssel, um Freundschaften aufzubauen und zu pflegen. Lernen Sie also mit sich selber und anderen Menschen besser zu kommunizieren und Sie werden sowohl zufriedener im Leben sein, als auch Ihre Ziele einfacher verwirklichen können.

MUTIGER AUFTRETEN

NACH DEN ERFAHRUNGEN DER bisherigen Kapitel sind Sie in der Lage, Ziele zu setzen. Sie wissen, wohin Sie im Leben gehen möchten. Ihnen sind Ihre Werte bekannt und daraus lässt sich Ihr Lebensziel ableiten. Nachdem Sie die Ziele in Angriff genommen haben und die notwendige Motivation aus den vorherigen Übungen geschöpft haben, sind Sie auf einem guten Weg. Sie kommen Ihren Zielen Schritt für Schritt ein Stück näher.

Dennoch gibt es weiterhin Hürden auf diesem Weg. Diese können Sie nicht immer nur mit einer ausreichenden Motivation meistern. Manche Hindernisse erfordern eine andere Herangehensweise und eine Grundvoraussetzung dafür ist, dass Sie sich den Herausforderungen mutig stellen.

Möchten Sie mit diesem Buch Veränderungen in Ihrem Leben erreichen, haben Sie sich in der Vergangenheit vielleicht davor gescheut, diese bedeutenden Schritte vorzunehmen. Anstatt den Weg einzuschlagen, der am ehesten mit Ihren Werten übereinstimmt und Sie zufriedener machen würde, haben Sie das Risiko lieber gemieden. Stattdessen haben Sie sich für die einfache Variante entschieden und sind diesen leichten Wegen gefolgt.

Nun merken Sie aber, dass diese Wege in eine Sackgasse führen und Sie nicht zufriedener werden lassen. Jetzt ist es an der Zeit, etwas Neues zu wagen und dafür müssen Sie mit mehr Mut an die Aufgaben herantreten. Veränderungen sind mit großen Anstrengungen verbunden und daher müssen Sie nun mit vollem Selbstbewusstsein die Herausforderungen angehen.

Haben Sie Angst vor den Veränderungen und es bisher vermieden, sich Ihren Ängsten zu stellen? Angst ist ein Gefühl, das jeder Mensch kennt. Selbst die mutigsten Menschen und Abenteurer werden gewisse Ängste haben. Sie teilen diese vielleicht nicht so offen mit, dennoch wird jeder Mensch mit seinen Ängsten im Leben konfrontiert.

Sie müssen die Angst nicht als etwas Negatives empfinden. Schließlich ist die Angst ein wichtiger Überlebensinstinkt. Leiden Sie unter Höhenangst, ist dies nur eine wichtige Warnung, dass die Höhe eine Gefahr für Sie darstellt. Möchten Sie Ihr Leben verändern, dann geht es jetzt darum, wie Sie mit der Angst umgehen.

Wenn Sie den Ängsten im Leben begegnen, welches Gefühl nehmen Sie wahr? Möchten Sie Ihre Angst konfrontieren und zeigen, dass Sie die Angst überwinden können oder werden Sie von den Gefühlen geradezu blockiert. Ängste können nämlich auch dazu führen, dass Sie gelähmt werden. Anstatt sich den Herausforderungen zu stellen, bleiben Sie wie angewurzelt stehen und wissen nicht, wie Sie mit der Situation umgehen sollen. Um Ihr Leben zu verändern und Ihr gesamtes Potenzial auszunutzen, müssen Sie Ihre Angst besiegen.

Ängste sind etwas ganz natürliches. Dennoch ist es ein Unterschied, wie stark Sie die Angst wahrnehmen und ob die Angst logisch erscheint. Die Höhenangst, die Sie verspüren, wenn Sie auf einer hohen Brücke stehen und hinabschauen ist nachvollziehbar. Genauso, wenn Sie aus dem Flugzeug auf den Boden blicken. Diese Situationen stellen eine hohe Gefahrensituation dar und etwas Angst ist in diesen Fällen vollkommen nachvollziehbar. Ist Ihre Höhenangst aber so schlimm, dass Sie schon auf den ersten beiden Sprossen der Leiter von dieser gelähmt werden, ist dies ein ernsthaftes Problem.

Die Angst agiert dabei nicht immer logisch nachvollziehbar. Häufig kommt die Angst von Innen und aus dem Bauch heraus. Sie wissen vielleicht, wie „unlogisch" Ihre Angst ist und versuchen diese mit Argumenten auszutreiben. Diese Taktik ist allerdings wenig erfolgversprechend, sondern Sie müssen zu anderen Mitteln greifen.

Wenn Sie unter Flugangst leiden, dann werden Ihnen die Statistiken auch nicht weiterhelfen, die Ihnen sagen, dass das Flugzeug das sicherste Verkehrsmittel sei. Leiden Sie unter einer starken Angst, die das Leben beeinträchtigt, werden Sie wahrscheinlich schon selber realisiert haben, dass Sie diese Ängste behandeln sollten.

Genauso einschränkend können aber auch die zahlreichen anderen kleineren Ängste sein, die sich fest in Ihrer Persönlichkeit manifestiert haben. Haben Sie zum Beispiel Angst auf neue Leute zuzugehen, wird dies im Allgemeinen als Schüchternheit bewertet. Schüchternheit mag nicht negativ klingen und Sie können behaupten, dass es sich dabei um eine Charaktereigenschaft handelt. Ursache der Schüchternheit ist aber Angst und diese kann es Ihnen erschweren, Ihre Ziele zu erreichen. Möchten Sie neue Freunde oder den Partner für Leben finden, müssen Sie lernen, wie Sie diese Angst überwinden können.

Eine weitere Angst, die einen großen Einfluss auf Ihr Leben haben kann, ist zum Beispiel die Angst vor Kritik. Wenn Sie am Arbeitsplatz als Perfektionist gelten, kann dies auf den ersten Blick als Lob gewertet werden. Es könnte aber auch bedeuten, dass Sie Aufgaben nicht fristgerecht erledigen und jeder kleinste Fehler einen so hohen Stress auslöst, dass dieser Sie mental belasten kann.

Es gibt also viel mehr Ängste, die Sie im Alltag wahrscheinlich gar nicht mehr wahrnehmen, die eine Belastung für Sie darstellen. Möchten Sie Veränderungen in Ihrem Leben erreichen, geht es nicht nur darum, die großen Ängste zu behandeln, sondern auch die kleinen negativen Angewohnheiten zu besiegen.

Um die Ängste zu überwinden, sollten Sie sich klarmachen, dass diese eigentlich eine positive Absicht haben. Hinter den Ängsten stecken Teile Ihrer Subpersönlichkeiten, die Sie vor Gefahren schützen möchten.

Es liegt nun also an Ihnen, diese Ängste anzuerkennen und Ihr Unterbewusstsein davon zu überzeugen, dass eigentlich keine Gefahr besteht. Mithilfe der Neuro-Linguistischen Programmierung erhalten Sie die passenden Werkzeuge, mit denen Sie Ihre Ängste überwinden können.

Mit dem „Reframing" und „Ressourcen sammeln" die Ängste überwinden

Es gibt wahrscheinlich einige kleinere Ängste, die Sie im Alltag wahrnehmen und lästig finden, aber mit etwas Willenskraft überwinden können. Schließlich ist nicht jede Angst eine ausgewachsene Phobie, die dazu führt, dass Sie Ihr Leben einschränken und nach der Phobie ausrichten.

Diese kleinen Ängste des Alltags haben sich bereits in Ihren Gewohnheiten eingefunden. Sie finden sich mit diesen Ängsten ab und können diese mit kleineren Anstrengungen überwinden. Dennoch kostet das Überwinden dieser Angst immer wieder Energie und diese fehlt Ihnen vielleicht, wenn Sie ein Ziel erreichen möchten.

Sie sollten diese kleinen Ängste nicht einfach so hinnehmen, sondern dahingehend an sich arbeiten, dass Sie auch die Ängste des Alltags ablegen. So werden Sie erfolgreicher, zufriedener und entspannter sein. Die frei gewordene Energie können Sie nun nutzen, um Ihre Ziele zu erreichen.

Um die Angst zu besiegen, können Sie die Technik des Reframings anwenden. Wenn Sie sich in eine Situation begeben vor der Sie Angst haben, können Sie diese nach Ihren eigenen Vorstellungen verändern. Denn die Angst kommt aus Ihrem Inneren und dies bedeutet, dass Sie selber Maßnahmen ergreifen können, um sich davon zu überzeugen, dass die Situation keine Gefahr darstellt.

Haben Sie Angst davor eine Rede zu halten? Dies ist eine der häufigsten Ängste, die gleichzeitig auch einen großen Einfluss auf Ihre Karriere haben kann. Das plötzlich Ihnen die gesamte Aufmerksamkeit zuteil wird, ist Ihnen unangenehm und Sie möchten am liebsten die Bühne verlassen.

Bevor Sie die Rede halten, malen Sie sich alle möglichen peinlichen Situationen aus, die eintreten können. Sie könnten so nervös sein, dass Sie rot anlaufen. Eventuell haben Sie auch Angst davor, dass Sie nicht frei reden, sondern häufiger stottern. Eine der größten Befürchtungen ist, dass Sie von anderen ausgelacht oder kritisiert werden für Ihre Rede. Natürlich sind diese Szenarien nicht besonders angenehm und es ist völlig verständlich, dass Sie vermeiden möchten, dass diese eintreten.

Doch wie realistisch sind diese Szenarien und ist dieser Rahmen, den Sie sich setzen hilfreich? Anstatt immer nur die negativen Seiten zu sehen, versuchen Sie sich doch mal in die Lage der Rede zu versetzen und beschwören Sie positive Szenarien herauf.

Wenn Sie das nächste Mal eine Rede halten müssen, können Sie mit Begeisterung diesem Moment entgegenfiebern. Sie könnten sich vorstellen, dass Sie jetzt Ihre Kenntnisse aus der NLP anwenden und damit sich selber beweisen, dass Sie sich zum Positiven verändert haben. Eine Herausforderung, wie das Halten einer Rede, ist nun kein Problem mehr für Sie.

Sie können sich auch die Situationen vorstellen, die vorher noch zu einer

Angst geführt haben und diese zum Positiven wenden. Werden Sie beim Halten der Rede rot, ist dies nichts Negatives. Es zeigt nur, dass Sie leicht nervös sind und das lässt Sie beim Zuhörer sympathisch wirken.

Fangen Zuhörer an zu lachen, liegt dies daran, dass Ihre Rede so humorvoll ist und das Lachen sorgt für eine bessere Atmosphäre im Raum. Sollten Sie Kritik empfangen, ist dies nur eine weitere Möglichkeit zu lernen. Kritik bedeutet zudem, dass Ihnen zugehört wurde und das Ihre Rede offensichtlich einen gewissen Nerv getroffen hat.

Das Reframing können Sie auch im Nachgang an eine ängstliche Situation anwenden. Haben Sie gerade solch eine Situation durchlebt und ist etwas nicht nach Ihren Vorstellungen abgelaufen, können Sie die negativen Erfahrungen positiver darstellen. So werden Sie merken, dass jede Erfahrung auch etwas Gutes hat und dass Sie daraus lernen können. Mit der Technik des Reframings können Sie Ihre Geisteshaltung so beeinflussen, dass Sie deutlich positiver an die Herausforderungen herantreten und Ängste auf natürliche Weise überwunden werden.

Den Begriff der Ressourcen haben Sie bereits kennengelernt. In der Neuro-Linguistischen Programmierung wird grundsätzlich davon ausgegangen, dass Sie über alle Ressourcen verfügen, um Probleme zu bewältigen. Haben Sie das Gefühl, dass Sie dennoch ein Defizit in einem Bereich haben, können Sie dieses beseitigen. Sind Sie zum Beispiel zu schüchtern, um neue Leute anzusprechen, können Sie trainieren etwas offener zu sein. Sie können mit etwas Arbeit also jede Ressource erhalten, wenn diese für Sie erforderlich ist.

Bei dem Beispiel der Rede bedeutet dies, dass Sie vor dem Spiegel das Reden üben können. Oder Sie nehmen sich vielleicht mit einer Kamera auf und spielen das Video später ab, um sich selber zu analysieren. Sehen Sie sich bisher als kein guter Redner, dann gibt es keinen Grund, weshalb Sie dies nicht ändern können. Jede Ressource ist für Sie erreichbar und so können Sie jedes Problem bewältigen.

Nutzen Sie diese beiden Techniken, um Ihre Ängste im Alltag zu bewältigen, können Sie sich viel freier bewegen und Ihr Leben führen. Ihnen steht mehr Energie zur Verfügung und Sie werden merken, wie leicht das Erreichen der Ziele ist.

Weshalb verspüren Sie Ängste?

Geht es um die kleineren oder größeren Ängste des Alltags, sind das Reframing und das Verbessern der inneren Ressourcen hervorragende Techniken, um die Ängste zu überwinden. Sind die Ängste aber so groß, dass die Techniken keine Verbesserung darstellen und Sie unter einer extremen Angst leiden, wird dies als Phobie bezeichnet.

Menschen können grundsätzlich unter sehr vielfältigen Phobien leiden. Bekannt ist vor allem die Spinnenphobie. Phobien können sich auch als Angst vor der Höhe, der Dunkelheit oder dem Autofahren äußern. Bei der Phobie handelt es sich um eine extreme Angst, die Einschränkungen für das Leben darstellen.

Haben Sie Angst vor engen Räumen, werden Sie Fahrstühle meiden und lieber die Treppe nehmen. Bei der Angst vor dem Fliegen können Sie mitunter bestimmte Orte nicht erreichen und Ihrer Welt sind natürliche Grenzen gesetzt.

Phobien können unter Umständen aber auch lebensgefährlich sein. Leiden Sie unter einer Spinnenphobie und Sie sehen eines dieser Tiere während Sie mit dem Auto fahren, kann die Phobie Sie in eine Panik versetzen, sodass Sie einen Unfall bauen.

Die Phobie wird als Angststörung bezeichnet. Wo manche Ängste noch begründet sind, wird bei der Phobie die Bedrohung deutlich überschätzt. Manche Spinnen sind tatsächlich giftig, dies trifft aber nur auf sehr wenige Arten zu und die wenigsten davon leben in Deutschland. Eine Spinnenphobie ist rational nicht zu begründen.

Die Reaktion, wenn die Bedrohung der Phobie wahrgenommen wird, ist zudem nicht verhältnismäßig. Spinnen stellen in der Regel keine Bedrohung dar und greifen nur an, wenn Sie sich selber in einer Gefahrenlage sehen. Verhalten Sie sich ruhig und entspannt, wird Ihnen mit Sicherheit nichts widerfahren. Dadurch, dass Sie aber in eine Panik verfallen, fühlt die Spinne sich bedroht und die Wahrscheinlichkeit, dass diese zum Angriff übergeht, ist höher. Durch die Phobie wird also genau das Gegenteil erreicht und die reale Bedrohung wird verstärkt.

Weiterhin charakteristisch ist, dass die Symptome Ihr Leben stark beeinflussen. Sie vermeiden bewusst bestimmte Situationen und können sich nicht frei entfalten. Im Sinne der Persönlichkeitsentwicklung stellt dies eine große Einschränkung dar.

Phobien sind mit üblichen Ängsten nicht zu vergleichen. Sie können die Phobien nicht selber lösen, sondern müssen dazu die Hilfe eines Psychotherapeuten nutzen. Die hier vorgestellten Techniken können Sie ausprobieren, sie werden aber selten zum Erfolg führen.

Das Gefährliche an Phobien ist, dass diese sich selbst verstärken können. Leiden Sie unter der Höhenangst, werden Sie vielleicht bestimmte Situationen vermeiden, in denen Sie dieser Angst ausgesetzt wären. Dadurch senden Sie aber das falsche Signal und in Ihrem Unterbewusstsein ist nun stark verankert, dass Höhe zu Angst führt. Das Vermeiden der Höhe wird nun zu einer Gewohnheit. Sie können womöglich nicht mehr aus dem Fenster im ersten Stock blicken, ohne die Höhenangst sehr intensiv wahrzunehmen.

Bei anderen Ängsten ist die Beeinträchtigung des Lebens noch viel intensiver. Die Angst vor Menschen oder offenen Plätzen kann so weit gehen, dass Sie gar nicht mehr das Haus verlassen, sondern sich lieber in der vermeintlich sicheren Umgebung aufhalten. Dies hat einen offensichtlich negativen Einfluss auf Ihre Lebensqualität.
Woher die Angst kommt

Oftmals wird behauptet, dass die Angst durch ein vergangenes Ereignis ausgelöst wurde. Die Angst vor bestimmten Tieren kann daher stammen, dass Sie eine negative Erfahrung während der Kindheit hatten. In der Regel sind solche Ereignisse aber nicht als Auslöser für Phobien und Ängste zu sehen.

Die Höhenangst betrifft sehr viele Menschen. Nur die wenigsten davon werden tatsächlich von einer größeren Höhe abgestürzt sein. Es gibt also andere Gründe, weshalb die Angst auftritt und diese können Sie ergründen, indem Sie in einen inneren Dialog treten.

Ängste werden häufig auf emotionaler Ebene geformt und sind rational nicht zu erklären. Dahinter steckt meiste eine positive Absicht und diese können Sie kennenlernen, indem Sie in einen Dialog mit sich selber treten. Das Gespräch mit Ihren verschiedenen Subpersönlichkeiten sollten Sie schon kennen und auf ähnliche Weise können Sie auch mit Ihren Ängsten umgehen.

Sie selber nehmen hierbei eine neutrale Position ein. Aus der neutralen Position sprechen Sie mit Ihren Subpersönlichkeiten. Dabei gibt es eine Sichtweise, die die Angst repräsentiert. Dieser gegenüber steht eine Figur, die diese Angst nicht verspürt und als innerer Held agiert.

Nun stellen Sie die positiven Absichten beider Seiten heraus. Diese erfahren Sie im inneren Dialog und Sie sollten dem Dialog freien Lauf lassen, um die Absichten beider Seiten herauszufinden. Aus der neutralen Position greifen Sie nur ein, wenn eine Seite Überhand gewinnt und kein Dialog entsteht, sondern eher ein Monolog.

Dies stellt den ersten Schritt dar, damit Sie ein Verständnis für Ihre Ängste und Phobien entwickeln. Sie erkennen nun an, dass jede Seite eine positive Absicht hat und im Grunde nur Bedürfnisse äußert. Indem Sie dieses tiefere Verständnis entwickeln, können Sie besser mit der Angst umgehen.
Wie Sie Phobien heilen können

Um ein selbstbestimmtes Leben führen zu können, ist es notwendig, dass Sie lernen die Phobien zu lösen. Phobien sind allerdings keine kleinen Ängste, sondern haben sich über mehrere Jahre entwickelt und sich im Unterbewusstsein tief gefestigt. Am wirkungsvollsten ist es, wenn Sie Ihre Phobien mit professioneller Hilfe behandeln. Sie können aber auch Techniken der NLP anwenden.

Hierfür gibt es eine spezielle Technik, die über das Reframing und Ressourcen sammeln hinausgeht. Mit dieser können Sie gezielt die Ängste bearbeiten und ablegen. Obwohl es Jahre gebraucht hat, bis sich die Phobie in Ihrem Charakter gefestigt hat, können Sie diese innerhalb kurzer Zeit ablegen. Voraussetzung dafür ist, dass Sie stetig daran arbeiten und die neuen Glaubenssätze übernehmen.

Zum Besiegen der Phobien, können Sie folgende Übung durchführen.

Zunächst müssen Sie sich vorstellen, welches Ziel Sie erreichen möchten. Hierbei vergewissern Sie sich, dass Sie sich an die Regeln der Zielerstellung halten. Dies bedeutet, dass das Ziel positiv formuliert wird. Es geht also nicht mehr darum „keine Angst“ vor etwas zu haben. Sondern Sie möchten positiv auf bestimmte Situationen und die Angstauslöser reagieren.

Nachdem Sie das Ziel festgelegt haben, müssen Sie bestimmte Anker setzen. Die Technik des Ankerns wurde bereits mehrfach durchgeführt und auch bei dem Bekämpfen von Phobien können Sie Ihre Gefühle dadurch stark beeinflussen. Bisher haben Sie vor allem negative Assoziationen mit bestimmten Situationen. So können hohe Gebäude für Angst stehen oder die Spinne als Auslöser der Angst gelten. Jetzt müssen Sie positive Anker setzen, um Ihre Ängste zu besiegen. Hierzu versetzen Sie sich zunächst in eine Situation des Wohlbefindens. Diese ist völlig losgelöst von der Angstsituation und versetzt Sie in eine entspannte und starke Haltung. Nun führen Sie eine beliebige Bewegung mit Ihrem Arm oder Finger durch. Welche Bewegung Sie nutzen, bleibt Ihnen überlassen. Danach wiederholen Sie diese Übung und die gleichzeitige Bewegung. Dadurch haben Sie sich einen Anker gesetzt, der Ihnen in den jeweiligen Angstsituationen helfen kann.

Danach gehen Sie näher auf Ihre Angstsituation zu. Versetzen Sie sich in die letzte Situation, bei denen die Angst auftrat. Konfrontieren Sie sich aber nicht direkt mit der Angst, sondern versuchen Sie den Moment zu finden, bei dem die Angst noch nicht vorhanden war. Wenn Sie über Höhenangst verfügen, werden Sie sehr genau wissen, bis zu welchem Abstand Sie sich einer Klippe nähern können, ohne die Höhenangst zu spüren. Danach stellen Sie sich den Moment vor, der zeitlich hinter der Angst liegt.

Nun liegt die Angstsituation zwischen den beiden Zeitpunkten, die Sie gerade definiert haben. Sie wissen genau, wann die Angst auftritt und können sich diese sehr gut vorstellen. Anstatt sich die Situation selber anzuschauen, sollten Sie sich davon distanzieren. Dies bedeutet, dass Sie die Situation als Film vorliegen haben. Dieser wird in einem Kino abgespielt und Sie beobachten nicht den Film, sondern den einzigen Zuschauer des Kinos. Sie befinden sich selber also komplett in Sicherheit und sind der Angstsituation nicht ausgeliefert.

Sehen Sie den Zuschauer im Kinosaal klar vor sich, können Sie den Film abspielen. Dieser gibt die Angstsituation wieder, wobei er etwas verzerrt wird. Er könnte zum Beispiel in Schwarz-Weiß laufen oder mit einer komischen Musik unterlegt sein.

Nachdem der Film abgelaufen und die Angstsituation überwunden ist, rufen Sie den Wohlfühlanker auf. Danach nehmen Sie die Position des Zuschauers ein und nehmen die Schlussszene des Films wahr. Lassen Sie den Film rückwärts laufen, bis Sie die Anfangsposition erreichen, wo Sie noch keine Angst verspürt haben.

Fühlen Sie sich in der Lage den Film anzuschauen, ohne eine Angst zu verspüren, dann nehmen Sie jetzt die aktive Rolle des Zuschauers ein. Ist dies nicht möglich, müssen Sie die vorherigen Schritte wiederholen, bis Sie sich selber in die Lage des Zuschauers versetzen können. Schauen Sie sich den Film an und vernehmen Sie ein positives Gefühl, dann haben Sie die Angst verloren.

Um die Wirkung dieser Übung zu testen, können Sie sich eine zukünftige Situation vorstellen. Wie würden Sie diesmal damit umgehen, wenn Sie eine Spinne in Ihrem Zimmer entdecken oder eine hohe Brücke überqueren? Stellt sich die Angst wieder ein oder fühlen Sie sich unbeschwert?

Sind die Angstgefühle verschwunden, war die Übung erfolgreich und Sie sollten die realen Situationen meistern. Haben Sie weiterhin Probleme sich von der Phobie zu lösen, können Sie die Übung wiederholen. In vielen Fällen ist jedoch professionelle Hilfe ratsam.

Der Einfluss des Körpers auf die Angst

Körper und Geist stellen eine Einheit dar, die sich auch in den Ängsten widerspiegelt. Bestimmte Körperhaltungen werden mit Selbstvertrauen und Stärke verbunden. Wenn Sie unsicher sind, werden Sie eine defensive Haltung einnehmen und sich förmlich kleiner machen, als Sie eigentlich sind.

Dieses Wissen können Sie nutzen, um nicht nur den Geist die Körperhaltung beeinflussen zu lassen, sondern umgekehrt. Indem Sie eine bestimmte Körperhaltung einnehmen, können Sie zum Beispiel an Selbstsicherheit gewinnen.

Die Körperhaltung wirkt hierbei als Anker. Es können sowohl positive, als auch negative Gefühle durch die Körperhaltung hervorgerufen werden. Mit der folgenden Technik können Sie sich einen positiven Anker setzen. Diesen können Sie anwenden, wenn Sie eine Stresssituation erwarten.

Müssen Sie etwa eine Rede halten oder steht ein Bewerbungsgespräch bevor, können Sie die positiv verknüpfte Körperhaltung einnehmen und mit einem größeren Selbstvertrauen auftreten.

Als Ausgangsposition nehmen Sie die Sonnenhaltung ein. Sie stehen aufrecht, die Schultern etwas nach hinten gezogen, das Kinn ist leicht angehoben. Der Mund ist ein wenig geöffnet und die Mundwinkel werden ganz leicht nach oben gezogen. In dieser Position atmen Sie tief ein und aus.

Danach klatschen Sie in die Hände, um diesen Zustand zu verlassen. Jetzt stellen Sie sich eine Situation vor, die Sie mit einer großen Unsicherheit verbinden. Sie stehen gerade auf der Bühne und müssen die Rede halten. Versuchen Sie Ihre Körperhaltung nicht zu beeinflussen, sondern lassen Sie dieser einen freien Lauf. Ist Ihnen die Situation unangenehm, werden Sie sich wahrscheinlich kleiner machen.

Nachdem Sie sich in dieser Körperhaltung befinden, können Sie diese ganz langsam zu der selbstbewussten Haltung verändern. Sie vergrößern Ihre Körperfläche, stehen aufrecht und nehmen das Kinn leicht nach oben. Merken Sie, wie sich Ihre Gefühle verändern und Sie alleine durch die Körperhaltung an Selbstvertrauen gewinnen?

Um den Effekt besser wahrzunehmen, können Sie die Körperhaltungen mehrmals abwechseln und die Auswirkungen beobachten. Die Körperhaltung prägt sich tief in das Bewusstsein ein und die Gefühle, die mit einer bestimmten Haltung verbunden werden, sind schwer zugänglich. Mit dieser Übung können Sie Ihr tiefes Bewusstsein erreichen und allein durch die Haltung mehr Selbstvertrauen gewinnen.

Gewohnheiten verändern

Ängste sind tief in Ihrem Bewusstsein verankert und können Ihre alltäglichen Entscheidungen beeinflussen. Gewohnheiten sind tief verwurzelte Vorgänge, die Sie in regelmäßigen Abständen durchführen. Es handelt sich hierbei um einen Automatismus, welcher von einem Auslöser angetrieben wird.

Wenn Sie Raucher sind, werden Sie bestimmte Rituale haben, die Sie mit dem Rauchen einer Zigarette verbinden. Kommen Sie morgens ohne Kaffee und Zigarette gar nicht in Fahrt, ist die Gewohnheit sehr tief verwurzelt.

Gewohnheiten helfen uns im Alltag, nicht allzu viel Energie aufzuwenden. So müssen Sie nicht immer über jede Entscheidung grübeln, ob diese positiv oder negativ ist. Durch den Auslöser werden bestimmte Handlungen durchgeführt.

Obwohl Gewohnheiten etwas Nützliches sein können, gibt es einige negative Gewohnheiten. Diese haben Sie am Beispiel des Rauchens schon vernehmen können. Mit der folgenden Technik und Übung können Sie die negativen Gewohnheiten ablegen. Viele der Elemente der Übungen, die Sie in diesem Buch kennenlernen wiederholen sich. Daher ist es vorteilhaft, wenn Sie sich mit diesen Techniken vertraut machen und anwenden.

Im ersten Schritt beschreiben Sie Ihr Problem und welches Ziel Sie erreichen möchten. Wie Sie das Ziel am besten beschreiben, sollten Sie mittlerweile für sich herausgefunden haben.

Danach beginnen Sie mit der Visualisierung der Zielhandlung. Möchten Sie den Morgen ohne Zigarette verbringen und nicht mehr so abhängig vom Glimmstängel sein, müssen Sie sich Ihre Zielhandlung klar vorstellen. Ein häufiger Fehler ist hierbei, dass Menschen einfach denken, Sie könnten sich eine Morgenroutine ohne Zigarette vorstellen und schon wäre die Zielhandlung verwirklicht. Stellen Sie sich einfach nur vor, dass Sie nicht rauchen, wird Ihr Bewusstsein dennoch mit dieser Handlung beschäftigt sein. Unterbewusst wird weiter nach der Zigarette verlangt. Besser ist es, wenn Sie sich eine Ersatzhandlung vorstellen. Dadurch wird Ihr Unterbewusstsein mit etwas anderem beschäftigt und Sie denken nicht mehr an das Rauchen. Die Ersatzhandlung sollte etwas Positives sein und sich in einem angenehmen Gefühlszustand äußern.

Nachdem Sie die Zielhandlung ausreichend visualisiert haben, nehmen Sie diese sprichwörtlich in die Hand. Sie lassen diese vor Ihrem Auge in der Hand zu einer kleinen Kugel zusammenschrumpfen. Dadurch setzen Sie mit der Hand einen Anker. Wiederholen Sie diesen Vorgang, damit der Anker sich weiter verfestigt.

Sie haben die Energiekugel in der Hand, wie gehen Sie jetzt weiter vor? Die Kugel ist in Ihrer Hand zu einem winzigen Punkt zusammengeschrumpft. Jetzt lassen Sie die Energiekugel in der Hand förmlich explodieren. Unter hoher Geschwindigkeit dehnt sich die kleine Kugel wieder aus und nimmt eine größere Ausdehnung an. Diese Explosion begleiten Sie mit einem hörbarem Zischen, in etwa so, als würden Sie eine Explosion nachahmen. Auf diese Weise setzen Sie durch das Geräusch einen Anker.

Nachdem Sie diese Übung mit Ihrer Zielhandlung durchgeführt haben, rufen Sie nun Ihre Problemhandlung in Ihr Bewusstsein. Vor dem inneren Auge sitzen Sie am Morgen wieder bei der Zigarette. Haben Sie das Problembild vor Augen, überlagern Sie dieses mit dem neuen Zielbild. Dabei schließen Sie Ihre Augen und aktivieren den positiven Anker, den Sie zuvor gesetzt haben. Sie öffnen Ihre Hand und geben dabei den Zisch-Laut von sich. Gleichzeitig explodiert das positive Bild und überlagert das Problembild. Mit dieser Methode können Sie Ihre Gewohnheiten verändern und eine positive Handlung als Gewohnheit einführen.

Gewohnheiten strategisch bekämpfen

Jedes Verhalten erfüllt einen bestimmten Zweck. Dieser Zweck findet sich in der Strategie wieder, die dafür sorgt, dass Sie die Gewohnheit überhaupt übernommen haben. Wenn Sie das nächste Mal zur Zigarette greifen, versuchen Sie die Strategie bewusst wahrzunehmen und weshalb die Zigarette gerade so wichtig für Sie ist.

Dazu können Sie schrittweise Ihre Gedankengänge verfolgen, die zum Rauchen führen. Im ersten Schritt werden Sie wahrscheinlich an das Rauchen der Zigarette erinnert. Sie stellen sich den Geschmack der Zigarette vor, falls Sie diesen denn mögen und auch, welch beruhigende Wirkung das Rauchen auf Sie hat. Darauf folgen negative Gedanken, die Sie vor dem Rauchen noch erfolgreich abwimmeln.

Indem Sie die Strategie hinter der Gewohnheit aufdecken, können Sie einfacher nachvollziehen, weshalb es zu diesem Verhalten kommt. Damit können Sie leichter das Laster abstellen und Ihre Gewohnheiten ändern. Gerade wenn Sie die Auslöser Ihrer Gewohnheiten kennen, können Sie versuchen diese so zu manipulieren, dass diese nicht mehr mit dem Verhalten verbunden werden.

Dies geht am besten, indem Sie eine neue Strategie konstruieren, bei der Sie das alte Verhaltensmuster durchbrechen. Dafür legen Sie als Erstes das Ziel der neuen Strategie fest. Dieses muss klar und deutlich sein, damit Sie die neue Strategie entwickeln können. Sie sollten zudem in der Lage sein, feststellen zu können, ob die neue Strategie erfolgreich ist. Dafür sollten Sie sich klare Merkmale definieren, die Sie zum Erreichen des Ziels benötigen. Die neue Strategie ist dann am wirkungsvollsten, wenn Sie Ihre Sinne umfassend anspricht. Je mehr Sinne angesprochen werden, desto stärker wird das neue Verhalten verankert.

Indem Sie den Auslöser für die Gewohnheit finden und die Strategie dahinter verändern, können Sie Ihre Gewohnheiten zum Positiven verändern. Anstatt also die Zigarette zu rauchen, können Sie ein paar Schritte in der Wohnung gehen oder eine Atemübung durchführen. Durch solches Ersatzverhalten können Sie die Gewohnheit loswerden. Negative Gewohnheiten können Sie Schrittweise ablegen und durch positive Verhaltensweisen ersetzen.

Vergangene Ereignisse bewältigen

Phobien, Ängste und Gewohnheiten können aus einem Ereignis entstanden sein, welches Sie bis heute prägt. Das Ereignis war so einschneidend, dass es Sie nachhaltig verändert hat. Obwohl die Vergangenheit eigentlich nicht mehr veränderbar und schon geschehen ist, können Sie diese trotzdem anders wahrnehmen.

Im Laufe der Zeit haben Sie einige Dinge gelernt und Ihre Fähigkeiten ausgebaut. Ihre neuen Erfahrungen können Sie nutzen, um die Vergangenheit zu verändern und die Erlebnisse in ein positives Licht zu rücken. Dies ist eine weitere Methode, um Ursachen für Ängste und Gewohnheiten in der Gegenwart zu verändern.

Zunächst stellen Sie sich einen Zeitstrahl vor. Diesen sollten Sie, wenn möglich physisch nachbilden und ein Klebeband in Ihrem Raum auslegen oder einen Zollstock nutzen. Haben Sie die Mittel nicht zur Verfügung, können Sie den Zeitstrahl mit Ihren Fingern bilden. Am Ende des Zeitstrahls sind Sie in der Gegenwart. Diesen Punkt verbinden Sie mit einem körperlichen Anker. Sie können also beim Berühren des Endes des Zeitstrahls eine Bewegung ausführen oder eine bestimmte Gestik zeigen.

Danach bestimmen Sie, welches Ereignis in der Vergangenheit Sie modifizieren möchten. Dabei ist es hilfreich, wenn Sie das Ereignis so genau und intensiv wie möglich beschreiben und wahrnehmen. Diesen Zustand verbinden Sie nun mit einem anderen Anker.

Mit Ihren Fingern folgen Sie dem Zeitstrahl, bis Sie an dem Punkt des Erlebnisses angekommen sind. Spüren Sie diese Belastung, markieren Sie den Punkt auf Ihrem Zeitstrahl.

Sind Sie an diesem Punkt angelangt, nehmen Sie etwas Abstand von Ihren Erinnerungen und rufen Sie den Anker der Gegenwart auf. Damit wird das Ereignis aus der Vergangenheit in die Gegenwart geholt. Das Ereignis können Sie nochmals durchleben. Dabei sollten Sie die Situation von Außen betrachten. Sehen Sie sich selber, wie Sie das Ereignis neu durchleben? Zu dem damaligen Zeitpunkt haben Sie nicht über die gleichen Ressourcen verfügt, wie dies heute der Fall ist. Nutzen Sie die neuen Ressourcen und veranschaulichen Sie sich, wie sich Ihre Situation zum Positiven ändert. Haben Sie die Ressourcen visualisiert, können Sie diese mit einem dritten Anker festigen.

Bis jetzt haben Sie sich eher aus der Ferne beobachtet. Nun treten Sie wieder in den Zeitstrahl ein und assoziieren Sie sich wieder mit dem Ereignis. Dabei rufen Sie sowohl den Anker für den Problemzustand, als auch den Anker mit den Ressourcen auf. Durch das Aufrufen beider Anker wird der Problemzustand geschwächt und durch die Ressourcen überlagert. Um diesen Effekt zu verstärken, lösen Sie sich vom Anker des Problemzustandes nun vollkommen. Auf dem Zeitstrahl gehen Sie wieder zur Gegenwart und wenn Sie an Punkte gelangen, die Sie mit negativen Erinnerungen verbinden, rufen Sie den Anker der Ressourcen auf.

Sind Sie den gesamten Zeitstrahl abgelaufen, rufen Sie sich den Anker auf, den Sie für die Gegenwart gesetzt hatten. Dadurch kehren Sie wieder vollständig in die Gegenwart zurück und können auf Ihre Vergangenheit zurückblicken. Wenn Sie jetzt auf Ihren Zeitstrahl blicken, wie nehmen Sie die negativen Ereignisse nun wahr? Haben sich Ihre Gefühle verändert und Sie nehmen die Erlebnisse nicht mehr als bedrohlich wahr? Dann werden auch die damit verbundenen Ängste sich verändert und abgeschwächt haben.

Wenn Sie viele Problemstellen auf Ihrem Zeitstrahl finden, können Sie verschiedene Techniken kombinieren, um die Erlebnisse besser zu verarbeiten. So können Sie die Reframing Technik verwenden, um das Erlebte in eine positive Erfahrung zu ändern. Sie können die Problemstellen aber auch so angreifen, wie Sie Phobien bekämpfen würden. Hier müssen Sie selber herausfinden, auf welche Weise Sie Ihre Vergangenheit am besten aufarbeiten können.

In diesem Kapitel haben Sie gelernt, wie Sie mit Ihren Ängsten umgehen und sich diesen stellen können. Denn all die Motivation und der Ehrgeiz, den Sie aus den vorherigen Kapiteln ziehen, wird Ihnen nicht weiterhelfen, wenn Sie vor Herausforderungen treten, denen Sie sich nicht stellen können. Dazu gehören schwerwiegende Phobien genau so, wie alltägliche kleinere Ängste.

Indem Sie Ihre Ängste, Phobien und negativen Erlebnisse verarbeiten, können Sie viel selbstbewusster in der Gegenwart leben. Herausforderungen die nun vor Ihnen liegen, können Sie mit den Ihnen zur Verfügung stehenden Ressourcen bewältigen.

Haben Sie Gewohnheiten, die Ihnen Energie rauben und verhindern, dass Sie sich voll und ganz auf Ihre Ziele konzentrieren können, haben Sie hier Mittel gefunden, diese abzulegen. Im Mittelpunkt der Bewältigung dieser Ängste und Phobien stehen die Anker, die Sie setzen. In der Gegenwart gibt es bestimmte Assoziationen für Ängste. Indem Sie positive Anker setzen, können Sie die negativen Assoziationen überlagern und Ihr Unterbewusstsein beeinflussen.

Die hier vorgestellten Techniken sind sehr umfangreich und nicht immer gelingt das Ändern des Unterbewusstseins nach der ersten Übung. Hier gilt es nun, die Techniken zu verfeinern und so anzuwenden, dass Sie den größten Nutzen daraus ziehen.

Indem Sie Ängste bewältigen, gibt es keine Herausforderungen mehr, denen Sie nicht selbstbewusst gegenübertreten können.

BERUFLICHE ZIELE

IHR BERUF UND DIE Karriere nehmen einen großen Stellenplatz in Ihrem Leben ein. Sie verbringen einen Großteil des Tages in Ihrem Job und Ihr Leben wird von der Wahl der Karriere geprägt. Für manche ist die eigene Arbeit eine Erfüllung und mehr als nur der Monatslohn, der wichtig für die Gestaltung des eigenen Lebens ist.

Für andere ist der Beruf aber auch eine Herausforderung und die Karriereleiter soll so schnell wie möglich erklommen werden. Mithilfe der Neuro-Linguistischen Programmierung haben Sie bereits einige wichtigen Techniken kennengelernt, mit denen Sie Ihr Leben umgestalten können. Sie können Ziele setzen und diese verwirklichen.

In Ihrem Beruf werden Sie wahrscheinlich auch einige Ziele haben, die Sie verwirklichen möchten. Dies kann eine Gehaltserhöhung, die Beförderung oder einfach eine bessere Work-Life-Balance sein. Vielleicht ist es für Sie aber auch wichtig, dass eine gute Atmosphäre unter den Kollegen herrscht und die Arbeit Spaß bereitet.

Egal ob Sie selber in einer Führungsposition sind oder noch am Anfang Ihrer Karriere stehen. Mithilfe der NLP können Sie im Beruf zufriedener werden und Ihre Ziele verwirklichen.

Zunächst sollten Sie sich vor Augen führen, welche Ziele Sie eigentlich in Ihrem Beruf verfolgen. Hierbei sollten Sie vor allem das Gleichgewicht aus dem Beruf und Ihrem Leben beachten. Oftmals wird der Beruf als Gegensatz zum Leben wahrgenommen und eher als Belastung empfunden. Während der Freizeit wird dann die Energie getankt, um im Berufsalltag bestehen zu können. Diese Herangehensweise ist zwar verbreitet, kann auf Dauer aber zu einem zu großem Stress führen und Ihr Leben nachhaltig negativ beeinflussen.

Sie sollten zunächst darüber nachdenken, was Sie von Ihrem Beruf erwarten. Nehmen Sie diesen tatsächlich als große Belastung wahr und würden Sie lieber viel mehr Freizeit haben? Das sind sicherlich wünschenswerte Faktoren, aber diese würden Sie nicht unbedingt zufriedener werden lassen.

Besser ist es, wenn Sie mit Ihrer beruflichen Situation zufriedener werden. Dafür können Sie sich die folgenden Faktoren anschauen, die zu mehr Zufriedenheit im Beruf führen.

Ein wichtiger Faktor ist die Anerkennung. Sie leisten während Ihrer Arbeitszeit einen wichtigen Beitrag zum Erfolg des Unternehmens. Aufgaben werden von Ihnen zuverlässig erledigt und es ist nur fair, wenn Sie für Ihre Arbeit von Ihrem Vorgesetzten entsprechend gewürdigt werden. Nicht nur der Monatslohn ist wichtig, sondern das Ihr positiver Beitrag anerkannt wird.

Freiheit ist für Menschen eines der höchsten Güter. Sind Sie im Beruf aber vollkommen fremdbestimmt und haben Sie keine Autonomie, werden Sie sich wie ein Roboter vorkommen. Besser ist es, wenn Sie einen gewissen Freiraum erhalten, indem Sie selbst bestimmen können, wie die anfallenden Aufgaben bewältigt werden können. Auch das Einbringen und Umsetzen eigener Ideen kann den Wunsch nach mehr Selbstbestimmung erfüllen. So merken Sie, dass Sie einen höheren Einfluss auf den Unternehmenserfolg haben und als wichtiger Teil gebraucht werden.

Das Erledigen der Aufgaben sollte idealerweise ein Gefühl der Befriedigung oder des Wachstums liefern. Werden Sie mit herausfordernden Aufgaben konfrontiert, die Sie dann zuverlässig erledigen, stärkt das Ihre Persönlichkeit und Ihre Fähigkeiten. Werden Sie nicht herausgefordert und können Ihr Potenzial gar nicht einsetzen, tritt schnell eine Langeweile ein und Sie fühlen sich unterfordert.

Zudem sollte das Unternehmen und Ihre Aufgaben mit Ihren Werten übereinstimmen. Als Vegetarier werden Sie nur ungern in einer Metzgerei arbeiten und wenn die Unternehmensausrichtung mit Ihren persönlichen Werten übereinstimmt, werden Sie viel motivierter an die Aufgaben herantreten.

Der Beruf den Sie ausüben und Ihr derzeitiger Job sollte mit diesen vier Merkmalen im Einklang stehen. Oftmals ist dies aber nicht der Fall und einer der Punkte wird nicht angemessen erfüllt. Sie könnten jetzt auf die Idee kommen, dass es für Sie gar keine Möglichkeit gibt, einen Job zu finden, bei dem alle Punkte erfüllt sein könnten.

Sie sollten sich allerdings nicht davon abschrecken lassen, nach einem Beruf zu suchen, bei dem alle Punkte erfüllt werden. Allein schon der Glaube daran, dass Sie sowieso keinen Beruf finden, der Sie erfüllt und der mit Ihren Werten übereinstimmt ist ein „Limiting Belief". Es findet nur eine unnötige Einschränkung Ihrer eigenen Fähigkeiten statt und Sie müssen sich mit Sicherheit nicht mit einem Beruf für den Rest Ihres Lebens abfinden, mit dem Sie nicht zufrieden sind.

Anstatt sich nun mit den Problemen der derzeitigen Situation zu beschäftigen, wenden Sie sich der Zukunft zu. Sie sollten zu diesem Zeitpunkt bereits ein Lebensleitziel definiert haben. Jetzt können Sie darüber nachdenken, wie Sie das Lebensleitziel mit dem Beruf verbinden können.

Welcher Beruf wäre am besten geeignet, um das Lebensleitziel zu verwirklichen und welche Veränderungen müssen Sie dafür durchführen?

Natürlich wäre es einfacher, wenn Sie einfach alles beim Alten belassen würden. Sie haben unter Umständen einen sicheren Job und das Geld ist wichtig, um Ihre Familie zu ernähren. Dennoch sollten Sie erwägen, ob es nicht besser ist einen anderen Karriereweg einzuschlagen, mit dem Sie am Ende glücklicher und zufriedener werden. Die Neuro-Linguistische Programmierung ermöglicht Ihnen einen tieferen Einblick und stellt Ihnen die Werkzeuge zur Verfügung, um diese berufliche Entscheidung zu treffen.

Jegliches Handeln ist von Motiven geprägt. Welches ist Ihre Hauptmotivation für das Ausüben des Berufes? Geht es Ihnen nur darum den Lebensunterhalt zu bestreiten und die ausreichenden finanziellen Mittel dafür aufzutreiben, dann ist dies keine Motivation, mit der Sie glücklich werden.

Schließlich nimmt die Arbeitszeit einen gewaltigen Raum in Ihrem Leben ein und wenn Sie diese Zeit nur fremdbestimmt verbringen, werden Sie langfristig unzufrieden in Ihrem Job werden. Es ist aber nicht gleich an der Zeit, den Job zu kündigen und sich nach einer Alternative umzusehen. Vielleicht sehen Sie ja auch die Möglichkeit, das Sie andere Arbeitsmotivationen finden außer des Geldes?

Das Geld als Ziel nicht wirklich zu mehr Zufriedenheit sorgt, wurde in vorherigen Kapiteln ausführlich erläutert. Geld kann zwar für Sicherheit sorgen und ist wichtig, um in Ihrem Leben die Grundbedürfnisse zu sichern, doch wirklich glücklich werden Sie mit Geld allein nicht werden.

Meistens dient das Geld nur einem anderem Ziel, das Sie eigentlich erreichen wollen. Geld ist also das Mittel zum Zweck und auch wenn dies wichtig für Sie sein könnte, sollten Sie lieber darauf hinarbeiten das eigentliche bedeutsame Ziel zu erreichen.

Um eine bessere Motivation zu finden, können Sie zum Beispiel die Reframing Technik verwenden. Nehmen Sie Ihre aktuelle Tätigkeit als relativ langweilig wahr, dann sollten Sie gründlich darüber nachdenken. Vielleicht gibt es ja doch interessante Aspekte, für die Sie sich begeistern können. Mithilfe der Reframing Technik können Sie diese Aspekte verstärken und Ihre Perspektive für den Beruf ändern. So erhalten Sie eine neue Motivation und können etwas mehr Zufriedenheit im Beruf erlangen.

Egal ob Sie selber als Arbeitgeber Verantwortung für Ihre Mitarbeiter haben oder als Angestellter arbeiten. Wichtig ist, dass Sie aus der Tätigkeit, die Sie durchführen einen Sinn für sich sehen. Am besten ist es natürlich, wenn Sie Ihre Arbeit lieben und diese gerne ausführen.

Nicht nur die Liebe zum Beruf und der Tätigkeit ist wichtig, sondern die Arbeitsmotivation. Aus der Arbeitsmotivation können Sie die Kraft schöpfen, um Tage zu bewältigen, an denen es gerade etwas größere Probleme gibt. Denn selbst im besten Job den Sie haben können, wird es immer Tage geben, an denen Sie gerade nicht sehr zufrieden und glücklich sind.

Zwei Faktoren, die als wesentlich für die Arbeitsmotivation gelten sind die Kommunikation und der „Flow". Zu der Kommunikation gehört vor allem der Umgang mit Ihren Kollegen und wie gut Sie sich in das soziale Gefüge integrieren. Schließlich verbringen Sie die Zeit auf der Arbeit nicht nur mit dem Ausüben Ihrer Tätigkeit, sondern soziale Interaktionen sind ein wichtiger Bestandteil.

Fühlen Sie sich von Ihren Kollegen nicht akzeptiert oder werden Sie sogar gemobbt, hat dies gravierende Auswirkungen auf Ihre Motivation und Zufriedenheit. Erfahren Sie hingegen Unterstützung und wird Ihnen bei Problemen von Ihren Kollegen geholfen, wird der Job als viel angenehmer empfunden. Schließlich sind Menschen soziale Wesen und die Akzeptanz des eigenen Umfeldes ist ein wichtiger Faktor.

Als „Flow“ wird ein besonderer Zustand beschrieben, bei dem Sie Ihre beste Arbeitsleistung abrufen können. Was es genau mit diesem Begriff auf sich hat, erfahren Sie im folgenden Kapitel.

Ihr volles Potenzial ausschöpfen

In Ihrem Beruf werden Sie sicherlich Tage erleben, wo Sie das Gefühl haben, das einfach alles schiefläuft. Jede Aufgabe, die Sie anpacken ist direkt zum Scheitern verurteilt und Sie haben absolut kein Erfolgserlebnis.

Dann gibt es aber Tage, wo alles rund läuft. Vom ersten Moment an haben Sie das Gefühl, das alles was Sie heute beginnen ein Erfolg sein wird und Sie alles richtig machen werden. Sie treten mit vollem Selbstbewusstsein auf und der Tag vergeht wie im Fluge.

Der „Flow“ ist eine Erklärung für dieses Phänomen und beschreibt einen Zustand, wo Sie vollkommen in Ihrer Tätigkeit aufgehen. Sie sind weder über- noch unterfordert und können Ihre Aufgaben ohne Schwierigkeiten und in einem hohen Tempo erfüllen.

Dieser Zustand kann praktisch bei jeder Tätigkeit auftreten. Sportler werden dies merken, wenn plötzlich alles gelingt und Sie die Konkurrenz abhängen können. Handwerker werden die Situation wahrscheinlich auch kennen, wenn alles Hand in Hand läuft und die Arbeit sehr viel schneller und sauberer erledigt wird, als eigentlich anvisiert war. Selbst beim Autofahren können Sie in einen „Flow“ geraten. Doch was genau wird eigentlich mit diesem Zustand verbunden und wie erkennen Sie diesen?

Dass Sie sich gerade im „Flow“ befinden ist für Sie in diesem Moment gar nicht so leicht wahrzunehmen. Denn Sie denken nicht darüber nach, wie Sie sich gerade fühlen, sondern Ihr Fokus gilt zu 100 Prozent der Tätigkeit. Sie leben gerade nur in diesem Moment und alles was außerhalb Ihrer Tätigkeit stattfindet, nehmen Sie gar nicht wahr. Ob Sie gerade Probleme in der Familie haben oder noch ein stressiger Tag bevorsteht, spielt in diesem Moment keine Rolle. Sie sind voll und ganz in der Aufgabe vertieft und jegliche Ablenkung wird ausgeblendet.

Dieser Zustand führt zu einem wahren Glücksgefühl. Dieses nehmen Sie während der Ausübung aber gar nicht wahr, sondern erst hinterher, wenn Sie auf die erfüllte Aufgabe zurückblicken. Im Nachhinein werden Sie vielleicht realisieren, dass Sie gerade im „Flow“ waren und das Glücksgefühl erleben.

Offensichtlich ist dieser Zustand erstrebenswert. Er lässt Sie fokussiert arbeiten und Sie scheinen Ihr größtes Potenzial zu entfalten. Sie können eine hohe Arbeitsleistung abrufen und am Ende fühlen Sie sich nicht ein Mal besonders müde, sondern können noch andere Aufgaben bewältigen.

Doch wie können Sie diesen Zustand herbeiführen und welche Voraussetzungen sind dafür notwendig?

Damit Sie in diesen perfekten Arbeitsrhythmus gelangen, müssen verschiedene Bedingungen erfüllt sein.

Als Erstes müssen die Anforderungen klar definiert sein. Die Anforderungen an Ihre Tätigkeit dürfen weder zu hoch, noch zu niedrig sein. Stress sollte nach Möglichkeit nicht vorkommen, da dieses Sie aus dem „Flow“ herausreißen kann. Sind Sie unterfordert, führt dies zu einer Langeweile. Hierbei werden Sie sich nicht vollständig auf die Aufgabe konzentrieren können, sondern sich nach einer Ablenkung sehnen. Die Langeweile gilt zudem als eine Form des Stresses. Sie sollten auf der Arbeit also nicht unbedingt nur die einfachsten Aufgaben wählen, weil diese leicht zu bewältigen sind, sondern nach Möglichkeit Tätigkeiten ausführen, die Ihren Anforderungen entsprechen.

Neben den Anforderungen muss auch das Ziel klar definiert sein. Sie sollten wissen, wofür Sie gerade eigentlich arbeiten und weshalb das Erfüllen dieser Tätigkeit in diesem Moment so wichtig ist. Wichtige Indikatoren sind weitere Rückmeldungen, die Sie in der Aufgabe bestätigen. Dadurch erhalten Sie das Gefühl der Erfüllung und Sie sind viel motivierter, die Aufgabe zu erledigen.

Um die Aufgabe zügig und zuverlässig zu erledigen müssen Sie sich konzentrieren können. Es dauert eine gewisse Zeit, bis die Konzentration Ihren Höhepunkt erreicht. Werden Sie ständig von anderen Aufgaben, Kollegen oder Telefonanrufen abgelenkt, müssen Sie sich wieder neu in die Aufgabe hineinarbeiten. Ihr Fokus wurde gestört und dies verhindert, dass Sie in den „Flow“ geraten. Wenn Sie unbedingt in diesen Zustand geraten möchten, versuchen Sie Ablenkungen zu vermeiden. Finden Sie dazu geeignete Maßnahmen, um Ihren Arbeitsalltag so zu strukturieren, dass Sie sich voll und ganz auf eine Arbeit konzentrieren können.

Welche Tätigkeit Sie dabei ausführen ist unwesentlich. Sie können sowohl einfache Büroarbeiten erledigen und Akten sortieren oder eine aufwendige Software programmieren. Wichtig hierbei ist nur, dass die Tätigkeit Ihren Leistungsfähigkeiten entspricht.

Mit den folgenden Tipps können Sie öfter in diesen optimalen Zustand gebracht werden. Dies hilft Ihnen nicht nur im Berufsleben, sondern im Leben allgemein. So können Sie schneller die Hausarbeit erledigen oder andere Ziele erreichen, die Sie sich gesetzt haben.

Um den optimalen Arbeitsrhythmus zu erreichen, sollten Sie sich klare Ziele setzen. Dieses Ziel sollten Sie noch an diesem Arbeitstag erreichen können. Durch das Stecken dieser kleinen Ziele erhalten Sie viel öfter Belohnungen und die Technik sollte Ihnen bereits als „Chunking“ vertraut sein. Dadurch halten Sie die Motivation aufrecht und können sich viel besser auf eine Aufgabe konzentrieren.

Während Sie die Aufgabe erledigen, sollten Sie überprüfen, ob Sie dem Ziel näherkommen und Ihre Tätigkeit den Zielanforderungen entspricht. So schweifen Sie nicht von Ihrem eigentlichen Ziel ab, sondern erreichen dies auf geradem Wege.

Bevor Sie die Aufgabe angehen, sollten Sie abklären, ob Ihre Fähigkeiten zum Bewältigen der Tätigkeiten ausreichen und Sie optimal herausgefordert werden.

Zu guter Letzt müssen Sie sicherstellen, dass Sie aus dem Zustand der vollen Konzentration nicht herausgerissen werden. In der Regel dauert es etwa eine halbe Stunde, bis Sie sich so eingearbeitet haben, dass Sie den „Flow“ erreichen. Erst dann kann sich Ihr Bewusstsein voll und ganz der Aufgabe widmen und schaltet alles Nebensächliche aus.

In der Realität werden Sie in Ihrem Arbeitsalltag aber wahrscheinlich gar nicht die Möglichkeit erhalten, diese Regeln umzusetzen. Sie können sich die Aufgaben nicht immer aussuchen und wenn plötzlich etwas Wichtiges dazwischenkommt, muss dies vielleicht zuerst erledigt werden.

Solche Arbeitsweisen, bei denen Sie ständig überfordert sind oder mehrere

Aufgaben gleichzeitig absolvieren müssen, sind wenig effizient. Sie können insgesamt nur eine kleinere Leistung vollbringen und dies wirkt sich negativ auf die Leistung des Unternehmens aus.

Viel schlimmer ist allerdings, dass Sie auch einem höherem Stress ausgesetzt sind, wenn Sie ständig unter- oder überfordert werden. Müssen Sie dann noch mehrere Aufgaben gleichzeitig erledigen und werden Sie von Ihrem Vorgesetzten für Ihre Leistung nicht wertgeschätzt, sondern unter Druck gesetzt, ist die Gefahr eines Burn-outs hoch.

Sie sollten diese Situation aber nicht nur einfach nicht nur über sich ergehen lassen. Schließen Sie innerlich schon mit Ihrer Arbeit ab und verweigern Sie vielleicht die Leistung, ist dies sicherlich kein professionelles Auftreten.

Im Folgenden erfahren Sie, wie Sie besser mit diesen Situationen umgehen können. Perfektionismus vermeiden

In Ihrem Job werden Sie wahrscheinlich hohe Ansprüche an sich selber und Ihre Leistung stellen. Sie wollen selber Ihr Bestes geben und Ihre Aufgaben so gut es geht erledigen. Wenn Sie aber ständig überfordert sind und Ihr Vorgesetzter immer neue Tätigkeiten verlangt, die Sie nicht leisten können, kann dies zu einem enormen Stress führen.

Sie haben jetzt zwei Möglichkeiten mit dieser Überforderung umzugehen.

Angesichts der vielen Aufgaben blicken Sie ständig auf die Uhr und haben irgendwie die Hoffnung, dass Sie alle Aufgaben doch noch rechtzeitig erledigen können. Dabei steht Ihnen der Schweiß praktisch auf der Stirn geschrieben und der Stresspegel steigt spürbar an. Erleben Sie diese Situation zu oft, werden Sie langfristig krank und nicht mehr lange durchhalten.

Die andere Möglichkeit mit diesen Anforderungen umzugehen ist, dass Sie sich auf eine Aufgabe konzentrieren und diese in Ihrem eigenen Tempo absolvieren. Sie gehen so vor, dass Sie weder eine Über- noch Unterforderung empfinden und erledigen die Aufgaben so gut es geht. Das Positive an dieser Haltung ist, dass der Stress sich in Grenzen hält und Sie gleichzeitig noch Ihre Fähigkeiten verbessern. Denn durch die volle Konzentration können Sie gleichzeitig noch etwas lernen.

Am Ende des Tages werden Sie mit keiner dieser beiden Strategien, die an Ihnen gestellten Aufgaben komplett erledigen können. Doch die unterschiedliche Herangehensweise kann schon positive Auswirkungen haben. Während Sie bei der ersten Möglichkeit unter Versagensängsten, Selbstzweifeln und dem Stress leiden, wird Ihre Energie nicht voll und ganz den Aufgaben gewidmet. Sie sind also nicht so produktiv, wie Sie es eigentlich sein könnten und sind mit Ihren Ängsten beschäftigt. Dies führt zu einer geringeren Lebenszufriedenheit.

Die zweite Strategie mag auf den ersten Blick so klingen, als wäre sie deutlich langsamer. Wenn Sie sich aber vor Augen führen, dass Sie sich auf eine Aufgabe konzentrieren und diese Schritt für Schritt absolvieren, werden Sie am Ende des Tages wahrscheinlich insgesamt eine höhere Leistung vollbracht haben. Ihre Produktivität ist höher, obwohl Sie sich den ganzen Stress nicht aussetzen.

Sie merken also, dass es nichts bringt, wenn Sie sich so sehr von Ihrem Vorgesetzten beeinflussen lassen und Ihre Ängste einbringen. Es bringt nichts, wenn Sie versuchen all diese Aufgaben zu erledigen, obwohl Sie dazu gar nicht in der Lage sind. Im Rahmen Ihrer Möglichkeiten können Sie nur Ihr Bestes geben und Ihre höchste Produktivität erreichen.

Die Überforderung im Job ist wahrscheinlich häufiger anzutreffen. Vorgesetzte verlangen immer mehr von Ihnen und diese wissen mitunter nicht, wie viel Zeit Sie zum Erledigen der Tätigkeiten wirklich benötigen und welchen Aufwand dies darstellt.

Sind Sie schon lange in einem Unternehmen und so routiniert bei der Arbeit, dass diese sehr leicht von der Hand geht und keine Herausforderung mehr darstellt, kann auch der andere Fall eintreten, dass Sie unterfordert sind. Die Langeweile kann ebenfalls zu einer hohen Belastung führen, da Sie nicht mehr das Gefühl haben, Ihre Fähigkeiten zu verbessern oder sich persönlich zu entwickeln.

Hier haben Sie die Möglichkeit, Ihre Langeweile durch verschiedene Techniken zu vertreiben und die Arbeit als herausfordernder zu gestalten.

Wenn die Arbeit für Sie eine zu niedrige Anforderung darstellt, können Sie die Arbeitszeit auch als eine Art Meditation nutzen. Schweifen Ihre Gedanken häufig von der eigentlichen Aufgabe ab und bemerken Sie, wie Sie gar nicht so richtig bei der Sache sind? Dann können Sie bei der Achtsamkeitsmeditation sich genauer darauf konzentrieren, welche Tätigkeit Sie in diesem Moment ausführen. Versuchen Sie die kleinen Details der Aufgabe zu erkennen und verweilen Sie mit den Gedanken in diesem Moment.

Führen Sie eine einfache Tätigkeit aus, dann können Sie versuchen diese so perfekt wie möglich zu beenden. Auch wenn Sie denken, dass die Qualität kaum einen Einfluss haben wird, wird es für Sie viel zufriedenstellender sein, wenn Sie sich ein höheres Ziel bei der Qualität setzen. Das Streben nach Perfektion sollte allerdings nicht Ihre Arbeit so stark beeinflussen, dass Sie diese zeitlich nicht mehr absolvieren können.

Wenn Ihnen die Tätigkeit zu einfach vorkommt, können Sie mit einer besonderen Neugier sich nähern. Sie können versuchen die detaillierten Abläufe und Zusammenhänge zu erkennen. Dabei können Sie sich vorstellen, wie genau Ihre Tätigkeit den Unternehmenserfolg beeinflusst und welchen Anteil Sie daran haben.

Indem Sie den geistigen Zustand des „Flows“ erreichen können Sie Aufgaben am schnellsten ableisten. Sie werden dem Stress nicht zu sehr ausgesetzt, sondern die Tätigkeiten entsprechen Ihren Fähigkeiten. Vollkommen konzentriert auf die Aufgabe können Sie einen besonderen Zustand wahrnehmen und am produktivsten sein.

Der Umgang mit Kollegen und Mobbing

Der Arbeitsplatz ist kein isolierter Ort, an dem Sie einfach erscheinen und Ihre Aufgaben erledigen können. In jedem Unternehmen werden Sie auch in Kontakt mit anderen Menschen treten. Das soziale Gefüge und das Sie sich akzeptiert fühlen ist wichtig für Ihre Zufriedenheit.

Mobbing ist eine häufige Ursache für die Unzufriedenheit am Arbeitsplatz geworden. Diese Unzufriedenheit kann so stark ausgeprägt sein, dass diese in eine Arbeitsunfähigkeit mündet. Betroffene können sich dann nicht mehr überwinden, den Arbeitsplatz aufzusuchen. Die Lebensqualität leidet darunter und dies stellt eine große Beeinträchtigung dar. Dabei besteht auch die Gefahr, dass der Arbeitsplatz verloren geht.

Der Begriff des Mobbings wurde ursprünglich in den 1960er Jahren definiert. Mit dem Mobbing wurde ein Tierverhalten beschrieben, bei dem eine Gruppe von Angreifern ein eigentlich überlegenes Tier angreift. Dieses

Verhalten der Tiere kann auch auf den Menschen und soziale Situationen übertragen werden. Mobbing steht im Bezug auf den Menschen für ein regelmäßiges Schikanieren. Das Verhalten kann in praktisch allen sozialen Gebilden auftreten. Unter Kindern in der Schule tritt dieses häufig auf, aber auch am Arbeitsplatz ist das Mobbing keine Seltenheit mehr.

Unter den Begriff des Mobbings fallen zum Beispiel sich wiederholende sexistische Äußerungen, das Verbreiten von Gerüchten oder eine ungerechtfertigte Kritik. Mobbing muss aber nicht immer nur ein aktives Handeln sein. Auch der Ausschluss aus der Gruppe kann als Mobbing angesehen werden. Werden Betroffene zu sämtlichen Gruppenaktivitäten ungerechtfertigterweise ausgeschlossen, kann dies als sehr verletzend wahrgenommen werden.

Mobbing ist eine ernstzunehmende Gefahr am Arbeitsplatz. Dabei steht nicht nur die Gesundheit des Mobbingopfers auf dem Spiel. Der volkswirtschaftliche Schaden geht in die Milliardenhöhe und etwa die Hälfte der Mobbingopfer werden krank oder arbeitsunfähig.

Die Gründe für das Mobbing können vielfältig sein.

Einer der Hauptgründe ist die eigene Unzufriedenheit. Die meisten Kollegen, die eine andere Person mobben sind selber unzufrieden mit Ihrer aktuellen Situation. Entweder liegt die Unzufriedenheit in der aktuellen Arbeitssituation oder das Privatleben ist für die Unzufriedenheit verantwortlich. Um diese Unzufriedenheit loszuwerden, werden andere Kollegen als Ventil missbraucht. Der eigene Spannungszustand entlädt sich also in den Mobbingattacken gegen einen Kollegen.

Das Mobbing kann aber auch durch das Unternehmen und dem Betriebsklima gefördert werden. Wird kein hoher Wert auf Teamarbeit gelegt, sondern jeder Mitarbeiter muss praktisch für sich selber kämpfen, führt dies zu höherem Leistungsdruck. Dabei kann eine Ellbogenmentalität auftreten, die sich durch das Mobbing äußert. Der Stress, der durch die Arbeit verursacht wird, entlädt sich dann bei den Mobbingattacken.

Die wenigsten Angreifer der Mobbingattacken treten alleine auf. Die Gruppendynamik kann so gefestigt sein, dass Personen sich der Gruppe anschließen möchten und selber mit dem mobben anfangen.
Als Mobbingopfer werden häufig Menschen ausgewählt, die unter einem

niedrigem Selbstbewusstsein leiden und nicht in der Lage sind, sich gegen die Attacken zu wehren. Dennoch sind die Mobbingopfer nicht Schuld an diesen Attacken, sondern Sie stellen das einfachste Ziel dar.

In der Neuro-Linguistischen Programmierung wird der Grundsatz angenommen, dass hinter jedem Verhalten eine positive Absicht steckt. Wie könnte diese also beim Mobbing aussehen und wie kann das Verständnis über dieses Verhalten helfen, das Mobbing zu vermeiden?

Eine grundlegende Maßnahme, um gegen das Mobbing vorzugehen ist die Kommunikation. Sind Sie selber in einer verantwortungsvollen Position, können Sie mit der richtigen Kommunikation das Mobbing unterbinden. Auch als eher unbeteiligter Kollege, können Sie eingreifen, um das Mobbing zu verhindern. Das Mobbingopfer hat hierbei die schlechteste Position und kann sich nur sehr schwer aus dieser misslichen Lage befreien.

Erkennen Sie das Mobbingverhalten an Ihrem Arbeitsplatz und möchten dagegen vorgehen, können Sie folgende Verhaltensweisen und Techniken der NLP nutzen.

Möchten Sie die Kommunikation nutzen, um die Mobbingattacken zu verhindern, sollten Sie den Mobber zur Rede stellen. Dies sollte in einem vertraulichem Einzelgespräch stattfinden. Dort können Sie Ihre Meinung darlegen und Ihren Gesprächspartner davon überzeugen, dass Mobbing keine Lösung ist.

Um im Gespräch überzeugend zu sein, sollten Sie den Rapport herstellen. Hierzu können Sie die Techniken des Spiegelns und Pacings nutzen. Sie passen sich also zunächst dem Gesprächspartner etwas an, um ein Vertrauensverhältnis herzustellen.

Im Gespräch sollten Sie im Hinterkopf behalten, dass den Handlungen eine positive Absicht zugrunde liegt. Um tiefer in das Gespräch einzusteigen, können Sie die Kompetenz des Mobbers betonen. Sie können zum Beispiel um einen Rat für die aktuelle soziale Situation fragen. Dadurch entsteht das Bewusstsein, dass ein Problem vorliegt.

Zuletzt sollten Sie darauf achten, dass Sie angesprochene Probleme mithilfe des Reframings modellieren. So werden stark negativ wahrgenommene Probleme etwas positiver dargestellt.

Sind Sie selber Opfer des Mobbings, sollten Sie die Situation nicht einfach aussitzen oder abwartend reagieren. Durch das Zurückziehen zeigen Sie Schwäche und der Mobber fühlt sich in seinem Handeln bestätigt. Stehen Sie gerade am Anfang der Attacken, haben Sie noch gute Chancen, mit den passenden Instrumenten der NLP diese abzuwehren.

So können Sie mit der Methode des Reframings, die Attacken so deuten, dass diese eine Herausforderung darstellen. Sie können dies als Test dafür verwenden, wie gut Ihre Fähigkeiten in der Kommunikation sind. So können Sie das Spiegeln oder den Aufbau des Rapports testen und herausfinden, wie gut Sie mit diesen Techniken schon umgehen können.

Vielleicht wurden durch das Mobbing alte Glaubenssätze wieder bestätigt. Wird Ihre Kompetenz angegriffen, kann sich dies als Limiting Belief bei Ihnen äußern. Es können aber auch andere Limiting Beliefs wieder auftreten, die Sie schon vorher in Ihrem Leben belastet haben. Mit der richtigen Methode können Sie die Limiting Beliefs lösen.

Generell ist es wichtig, dass Sie an Ihrem Selbstbewusstsein arbeiten. Als Mobbingopfer wurden Sie wahrscheinlich gewählt, weil Sie ein einfaches Ziel darstellen und nicht genügend durchsetzungsfähig sind. Mithilfe der Technik des Zeitstrahls können Sie in einen inneren Dialog treten und Probleme in der Vergangenheit lösen. Diese können als Ursache für das geringe Selbstbewusstsein gelten. Haben Sie in der Vergangenheit Probleme mit Konflikten gehabt und sind Sie diesen vorwiegend aus dem Weg gegangen, sollten Sie lernen, dass Konflikte zum sozialen Leben dazugehören. Mit genügend Selbstbewusstsein und etwas mehr Durchsetzungsfähigkeit, können Sie die Konflikte zufriedenstellend lösen.

Diese Techniken können Sie vor allem anwenden, wenn Sie gerade merken, dass das Mobbing gegen Sie anfängt. Ist die Situation aber schon so festgefahren und das Mobbing etabliert, können die Techniken nur bedingt weiterhelfen. Sehen Sie selber keinen Ausweg, sollten Sie sich an den Betriebsrat oder einen Psychologen wenden. Auch Ihr Vorgesetzter kann als Ansprechpartner hilfreich sein, um das Mobbing zu verhindern.

Verharren Sie weiter in einer Starre und wissen nicht, wie Sie auf das Mobbing reagieren können, werden Sie langfristig unter dem Stress zusammenbrechen. Als Folge werden Sie unter Burn-out oder einer ähnlichen Erkrankung leiden. Daher sollten Sie in jedem Fall selber aktiv werden, bevor es zu spät ist.

Die Gefahren des Burn-outs

Mobbing kann lang anhaltend zu Burn-out führen. Für diese Erkrankung gibt es aber noch weitere Gründe. Das Burn-out betrifft nicht nur die Angestellten und Arbeitnehmer, sondern auch immer mehr Menschen, die in verantwortungsvollen Führungspositionen sitzen. Ein Problem bei dem Burn-out ist, dass dieses oft zu spät erkannt wird. Die Symptome werden gar nicht wahrgenommen und das Burn-out nur als Scheinerkrankung bezeichnet.

Das Burn-out ist international tatsächlich nicht als Krankheit anerkannt und definiert. Dennoch ist die Häufigkeit des Auftretens des Syndroms in den vergangenen Jahren stark angestiegen. Dabei ist nicht nur das Syndrom des Burn-outs an sich gefährlich, sondern das es mit anderen Begleiterkrankungen einhergeht.

So sind Betroffene des Burn-outs einer höheren Suchtgefahr ausgesetzt. Der Alkoholismus oder die Sucht nach Drogen können in der Folge vermehrt auftreten. Auch Depressionen können auf das Burn-out zurückgeführt werden. Der volkswirtschaftliche Schaden durch das Burn-out wird in der gesamten EU auf etwa 20 Milliarden Euro geschätzt.

Leiden Sie unter Burn-out ist definitiv eine professionelle Hilfe notwendig, um mit dieser Krankheit umzugehen. Unbehandelt können die Begleiterkrankungen noch stärker auftreten und die Lebensqualität stark belasten.

Als Burn-out wird ein ausgebrannter mentaler oder körperlicher Erschöpfungszustand bezeichnet. Betroffene sind kaum noch in der Lage Aufgaben zu erledigen und kaum mehr leistungsfähig. Als Ursache für das Burn-out können das Mobbing, ein zu hoher Leistungsdruck, eine chronische Überforderung oder eine fehlende Unterstützung gelten. Die Krankheit wird den Stresserkrankungen zugeschrieben.

Erkennen Sie die ersten Anzeichen eines Burn-outs, fühlen Sie sich etwa schwach und ausgebrannt, können Sie versuchen mit eigenen Mitteln das Burn-out zu vermeiden.

Eine wichtige Maßnahme, um den Stress zu besiegen ist die Entspannung.

Mit dem Burn-out wird häufig ein mentaler Erschöpfungszustand beschrieben, aber Körper und Geist bilden eine Einheit. Dies bedeutet, dass Sie die körperliche Entspannung suchen sollten, um die mentale Anspannung zu verlieren. Hierfür können Sie Tätigkeiten wählen, bei denen das Zusammenspiel aus Körper und Geist sehr wichtig ist. Dazu gehört das Yoga, Taiji, Qigong oder das autogene Training.

Die Achtsamkeitsmeditation wurde schon angesprochen, wenn Sie Langeweile im Job verspüren. Liegt der gegenteilige Fall vor und Sie leiden unter zu viel Stress, können Sie die Achtsamkeitsmeditation ebenfalls durchführen. Dabei sollten Sie Ihren Körper und die Seele im Hier und Jetzt beobachten. Eine wertende Haltung sollte unbedingt vermieden werden. Bezeichnen Sie sich also nicht selber als erschöpft oder schwach, sondern verzichten Sie auf jegliche Bewertungen. Dadurch erhalten Sie mehr Gelassenheit und Ihr Geist kann sich etwas entspannen.

Die mentale Anspannung können Sie auch lösen, indem Sie als Ausgleich sich sportlich betätigen. Leichte Ausdauersportarten, die keine allzu große Belastung oder Verletzungsrisiko darstellen, können Sie nutzen, um das Gleichgewicht in Ihrem Organismus wiederherzustellen. Denn der Körper gerät aus der Balance und mit dem geeigneten Sport, können Sie die Balance wieder herstellen und Freude verspüren. Führen Sie den Sport im Freien durch, dann stellen sich gleich noch mehrere positive Wirkweisen dar.

Burn-out ist eine ernstzunehmende Krankheit. Es handelt sich nicht nur um eine kurzzeitige Überlastung bei der Arbeit und Sie kommen einen Tag etwas erschöpft nach Hause. Die Erschöpfung tritt dauerhaft auf und Sie sind in einer seelischen Krise, die Sie selber nur sehr schwer bewältigen können. Unter Anwendung einiger Techniken der NLP, können Sie versuchen diese Krise zu überwinden.

Sie können zum Beispiel versuchen die Kommunikation zu verbessern. Dadurch haben Sie die Möglichkeit mit Ihren Vorgesetzten über den aktuellen Erschöpfungszustand zu reden. Oder Sie können versuchen während der Arbeit den „Flow“ anzustreben. Dadurch vermeiden Sie eine Überforderung durch die an Ihnen gestellten Aufgaben und können sich besser auf eine Tätigkeit konzentrieren.

Das Gefühl der Erschöpfung tritt nicht plötzlich auf, sondern ist ein langer

Prozess. Erste Anzeichen werden zunächst noch durch die Motivation und den Spaß am Job überstrahlt. Mit der Zeit werden Sie jedoch merken, wie Sie die Lust am Job verlieren und immer weniger leistungsfähig werden.

Um dem Burn-out zu begegnen, können Sie auch den Weg zu sich selber finden. Sie können in einen inneren Dialog treten und herausfinden, wo Ihre Ziele im Leben gelagert sind. Können Sie Ihren derzeitigen Job mit Ihren eigentlichen Werten nicht verbinden und nehmen deshalb den hohen Stress wahr? Dann ist es Zeit, dass Sie sich überlegen, wie Sie auf andere Weise Ihre Ziele verwirklichen können.

In jedem Fall sollten Sie professionelle Hilfe in Anspruch nehmen. Aus dem Burn-out werden Sie alleine nur sehr schwer wieder herauskommen und je länger die Erschöpfung anhält, desto größer werden die Einbußen der Lebensqualität.

Jetzt haben Sie kennengelernt, wie Sie die Neuro-Linguistische Programmierung im Beruf anwenden können. Es gibt zwar keine magischen Techniken, die Sie nutzen können, um Ihren Chef von einer Gehaltserhöhung zu überzeugen, aber Sie wissen nun, wie Sie Ihre höchste Produktivität erreichen. Indem Sie sich auf eine Aufgabe konzentrieren und sich nicht durch die Außenwelt ablenken lassen, erreichen Sie den Zustand des „Flows“.

Sie erledigen Aufgaben, die weder zu leicht, noch zu schwer sind und Sie können jeder Tätigkeit etwas Positives abgewinnen. Kommt es zu Problemen, können Sie diese mit der Kommunikation lösen und für eine positive Arbeitsatmosphäre sorgen.

Tritt Mobbing an Ihrem Arbeitsplatz auf, wissen Sie wie wichtig die direkte Kommunikation ist. Sind Sie selber Opfer von Mobbing, können Sie an Ihrem Selbstbewusstsein arbeiten und deutlich besser mit Konfliktsituationen umgehen.

Die Gefahren des Burn-outs sind Ihnen bewusst und wie Sie mit den richtigen Entspannungstechniken den ersten Anzeichen begegnen können.

Mithilfe dieses Wissens, können Sie nicht nur zufriedener im Beruf werden, sondern Sie haben auch eine bessere Chance erfolgreicher zu sein und Ihre Ziele zu erreichen.

COACHING UND NLP

WENN SIE ALLEINE VERSUCHEN die NLP-Techniken zu verinnerlichen, ist dies ein Weg, der zum Erfolg führen kann. Sie können im eigenen Tempo lernen und sich selber die Techniken aneignen. Möchten Sie möglichst effizient, die hier vorgestellten Techniken lernen, ist die Zuhilfenahme eines Coaches vorteilhaft. Mithilfe des Coaches stehen Ihnen viel mehr Ressourcen zur Verfügung und Sie werden Ihre Ziele schneller erreichen können.

Sie können einen Coach nutzen, um sich in einem ganz speziellen Bereich weiterzubilden. Nicht immer geht es bei der Neuro-Linguistischen Programmierung darum, das gesamte Leben neu auszurichten. Möchten Sie bestimmte Fähigkeiten trainieren oder mehr Erfolg im Sport haben, kann der Einsatz eines Coaches hilfreich sein.

Im Rahmen dieses Coachings können Sie die psychologischen Blockaden überwinden und Ihre gesteckten Ziele erreichen. So können Sie Ihr Potenzial in diesem Bereich besser verwirklichen.

Arbeiten Sie als Coach und möchten bestimmte Techniken der NLP integrieren oder sind Sie auf der Suche nach einem geeigneten Coach, dann werden Sie jetzt einige Tipps erhalten, wie Sie zu zweit von der NLP profitieren können.

Die Neuro-Linguistische Programmierung erfordert es, dass Sie sich öffnen und schmerzhafte Gedanken zulassen. Daher ist es wichtig, wenn Sie auf der Suche nach einem Coach sind, dass dieser schon auf den ersten Blick vertrauenswürdig erscheint. Sie sollten einen guten Eindruck gewinnen und sofort auf einer Wellenlänge liegen. So wurde die Vertrauensbasis geschaffen, auf der Sie im späteren Verlauf des Coachings zurückgreifen können.

Arbeiten Sie als Coach, ist die Kontaktaufnahme für Sie genauso wichtig. Sie sollten Ihren Kunden so gut es geht versuchen kennenzulernen. Welche Vorgeschichte hat dieser und welche Besonderheiten müssen Sie beachten.

Was ist das Ziel Ihres Kunden und wie können Sie Ihn am besten dort hinführen?

Jeder Mensch und somit auch jeder Kunde ist anders. Wenn Sie als Coach auftreten, können Sie nicht alle Ihre Kunden nach dem gleichen Konzept behandeln. Sie müssen auf die Menschen individuell eingehen, um den optimalen Weg zum Ziel zu finden. Ein gutes Einfühlungsvermögen ist eine Grundvoraussetzung, damit Sie als Coach die NLP anwenden können.

Um die Historie und Persönlichkeit eines Kunden kennenzulernen, können Sie das folgende Schema verwenden. Dieses gibt einen groben Ablauf vor. Sie sollten diesen aber nach Bedarf anpassen.

Im ersten Schritt sollten Sie als Coach sich über Ihren Kunden informieren. Über die Informationen können Sie das Vertrauen aufbauen. Zudem ist es wichtig, dass Sie verständlich erklären, wie die Neuro-Linguistische Programmierung wirkt und welche Erwartungshaltung realistisch ist. Oftmals gibt es eine falsche Vorstellung von der NLP und Kunden erwarten sprunghafte Verbesserungen, indem Sie wenige Techniken erfolgreich anwenden. Mittlerweile sollten Sie aber verstanden haben, dass die NLP ein lebenslanger Prozess ist und Hilfestellungen gibt, wenn Sie auf Hindernisse stoßen. Es ist aber keinesfalls eine magische Technik, mit der Sie innerhalb kürzester Zeit Ihr Leben und Ihren Charakter komplett ändern können. Beim Erklären der NLP sollten Sie noch nicht mit den Fachbegriffen auftreten, sondern die Sprache relativ simpel halten. Erklären Sie die Grundannahmen der NLP und welche Absichten dem Verhalten zugrunde liegen.

Dadurch erhält Ihr Kunde eine realistische Vorstellung davon, worum es sich bei der NLP handelt und er kann selber entscheiden, ob dies der richtige Weg für Ihn ist. Manchmal kann es auch besser sein, wenn er sich für die Psychotherapie entscheidet und auf diesem Wege versucht die Probleme zu lösen.

Dennoch sollten Sie Ihrem Kunden Zuversicht vermitteln und herausstellen, dass die NLP Ihm helfen kann. Als Sie selber mit der NLP angefangen haben, waren Sie wahrscheinlich von den schnellen Fortschritten begeistert. Sie haben gemerkt, wie sehr Sie Ihr Leben verbessern können und dies hat Ihnen eine Motivation gegeben, diesen Weg weiterzuverfolgen. Diese Begeisterung sollte sich in dem ersten Treffen widerspiegeln. Beobachten Sie auch, wie sich Ihr Kunde verhält und mit welcher Einstellung er die

Neuro-Linguistische Programmierung betrachtet. Sind Zweifel und Skepsis vorhanden, sollten Sie Ihre eigene Begeisterung etwas zurückfahren und eher sachlich darüber aufklären, was im Rahmen der NLP alles möglich ist. Vermitteln Sie Zuversicht, aber gehen Sie auch auf die Zweifel des Kunden ein.

Im weiteren Verlauf der Zusammenarbeit ist das Vertrauen die wichtigste Basis. Ist kein Vertrauen vorhanden, werden die meisten NLP-Techniken keine Wirkung zeigen und kaum aufgenommen werden. Gerade wenn es darum geht schwere Traumata aus der Vergangenheit zu bewältigen, sollte Ihr Kunde sich Ihnen gegenüber öffnen können. Wie Sie Vertrauen aufbauen sollten Sie mittels des Rapports wissen. Das Spiegeln und Pacing wird Ihnen als Coach hierbei helfen.

Nachdem Sie etwas Vertrauen aufgebaut haben, können Sie tiefer in die Historie des Kunden blicken. Jetzt geht es darum, dass Sie einen möglichst umfassenden Blick auf das Leben des Kunden werfen. Jede Geschichte ist unterschiedlich und Sie müssen Ihre Vorgehensweise und die Methoden, die Sie anwenden dem Menschen anpassen. Die Lebensumstände sind ein wichtiger Indikator dafür, wie Sie am besten Hindernisse bewältigen und Ziele erreichen können. Um ein möglichst umfassendes Bild zu erhalten, sollten Sie sich vor allem auf die folgenden Punkte konzentrieren.

Die Familie und das soziale Umfeld prägen jeden Menschen. Ein Sprichwort besagt, dass eine Person der Durchschnitt seiner 10 engsten Freunde sei. Dass die Eltern und die Familie sehr prägend für den Charakter und das weitere Leben sind, sollte naheliegen. Hier sollten Sie Informationen zum sozialen Umfeld sammeln und erörtern, inwiefern dieses mit den aktuellen Zielen und Wünschen verbunden ist.

Prägend ist zudem die Ausbildung und der Beruf. Der Beruf nimmt einen sehr großen Anteil am Leben ein. Karrieren stehen für viele Menschen im Mittelpunkt und danach wird die gesamte Lebensplanung ausgerichtet. Der Beruf kann durch seine Ziele, die verfolgt werden einen hohen Stellenwert haben. Auch das soziale Umfeld in der Ausbildung oder im Job sind wichtig, um eine Person besser zu verstehen.

Um die Probleme mithilfe der NLP lösen zu können, sollten Sie die Fähigkeiten und Interessen des Kunden näher kennenlernen. Wie hoch ist die soziale Kompetenz und wurden in der Vergangenheit schon Versuche unternommen, um bestimmte Probleme zu bewältigen? Gerade die Kommunikation und die Selbstreflexion sind wichtig, um Fortschritte zu erzielen.

Ängste und Phobien können ebenfalls eine große Auswirkung auf die Lebensqualität haben. Hier sollten Sie herausfinden, inwiefern diese Ängste als Ursache für mögliche Probleme gelten und verantwortlich dafür sind, dass Ihr Kunde nicht sein volles Potenzial entfalten kann.

Nachdem Sie diese Analyse durchgeführt haben, gilt es die Ziele zu setzen. Was möchte Ihr Kunde erreichen und wobei soll die Neuro-Linguistische Programmierung konkret eine Hilfestellung bieten?

Probleme können erörtert und in das Bewusstsein geholt werden. Aus diesem Problembewusstsein sollte sich aber schnell ein Zielbewusstsein entwickeln. Die Probleme stehen jetzt nicht mehr im Mittelpunkt und die Ziele, die verwirklicht werden sollen, rücken in den Fokus. In der zukünftigen Arbeit geht es darum, die wohlgeformten Ziele zu erreichen und auf diese Weise die Probleme zu lösen.

Ihre Fähigkeiten als Berater

Möchten Sie einem Freund helfen und diesen dabei unterstützen, mit der NLP sein volles Potenzial zu entfalten, sollten Sie selber über einige Fähigkeiten verfügen. Eine der Grundfähigkeiten, die Sie besitzen sollten ist das Zuhören und Verstehen. Innerhalb der Kommunikation wurde bereits angesprochen, welche hohe Bedeutung das Zuhören hat und was Sie darunter verstehen können. Neben dem Zuhören und Verstehen, gilt der Aufbau von Rapport als eine der grundlegenden Fähigkeiten.

Diese Fähigkeiten sind nicht nur in der Rolle als Coach oder Berater für Sie wichtig. Sie werden merken, dass Sie mit dem Zuhören und Aufbau von Vertrauen in praktisch allen sozialen Interaktionen Vorteile erfahren werden. Zuhören bedeutet aber nicht, dass Sie die andere Person einfach nur aussprechen lassen und ein offenes Ohr haben. Aktives zuhören bedeutet, dass Sie Ihrem Gegenüber auch vermitteln, dass Sie den Worten folgen und diese verstehen. Oder zumindest versuchen das Gesprochene zu verstehen.

Innerhalb der Kommunikation sollten Sie darauf hinarbeiten, dass Ihr

Kunde oder Gesprächspartner versucht sich selber zu erforschen. Dies bedeutet, dass er selber über sein Gespräch nachdenkt und versucht herauszufinden, was eigentlich dahintersteckt. Als Coach ist es nicht Ihre Aufgabe, Lösungen und Anweisungen zu liefern. Vielmehr sollten Sie darauf hinarbeiten, dass Ihr Kunde in der Lage ist, seine Probleme selber zu lösen. Dies geht vor allem, indem er auf sich selber hört.

Viele Kunden könnten mit dieser Herangehensweise überfordert sein. Schließlich erwarten diese durch die Zusammenarbeit, dass Sie als Coach die passende Lösung liefern können. Merken Sie, dass Ihr Gesprächspartner Ihren Hinweisen nicht folgt und eher Widerstand zeigt, hat dies mehrere Gründe. Es kann sein, dass dieser noch nicht genügend Vertrauen aufgebaut hat, um sich völlig zu öffnen und seine Probleme zu analysieren. Ein weiterer Grund für den Widerstand kann eine Überforderung sein. Ihr Kunde weiß nicht so recht, wie er mit Ihren Hilfestellungen umgehen soll und ist überfordert. Gehen Sie lieber langsam und behutsam vor und versuchen Sie sich in die Lage Ihres Gesprächspartners zu versetzen.

Nutzen Sie die Technik des Spiegelns, um Einfühlungsvermögen zu zeigen. Mithilfe der Körpersprache können Sie vermitteln, dass Sie Ihrem Kunden zuhören und Verständnis aufbringen. Sie sollten auch immer vor Augen haben, dass jedem Verhalten eine positive Absicht zugrunde liegt. Dadurch können Sie eher nachvollziehen, weshalb Ihr Kunde bestimmte Verhaltensweisen zeigt.

Das höchste Streben des Menschen liegt in der Selbstverwirklichung. Um glücklich und zufrieden zu sein, möchte jeder Mensch seine eigenen Ziele verwirklichen. Damit Ihre Beratung erfolgreich ist, müssen Sie diesen Grundsatz immer im Hinterkopf behalten. Darüber hinaus gibt es einige Merkmale, die für eine erfolgreiche Beratung sprechen und auf welche Sie ebenfalls Acht geben sollten.

In Ihrer Rolle als Coach müssen Sie zu jedem Zeitpunkt echt sein und sich nicht verstellen. Um Vertrauen aufzubauen und Ihrem Kunden zu helfen sich zu öffnen, müssen Sie selber mit gutem Beispiel vorangehen.

Ihr Gesprächspartner wird wahrscheinlich auf Sie zukommen, weil dieser sich von der Unterstützung eine Problembewältigung erhofft. Er befindet sich möglicherweise in einer schwierigen Situation und verfügt nur über wenig Selbstbewusstsein. Wichtig ist, dass Sie Ihren Gesprächspartner wertschätzen und die Probleme ernst nehmen.

Das Einfühlungsvermögen ist für eine erfolgreiche Beratung ebenfalls grundlegend. Als Coach sind Sie in der Lage, die Gefühle Ihres Kunden zu verstehen und aufzunehmen. Indem Sie die Gefühle wahrnehmen, können Sie diese sowohl verbal, als auch körperlich spiegeln. Dadurch beweisen Sie ein echtes Verständnis und die Beratung kann erfolgreicher verlaufen. Erinnern Sie sich noch an die verschiedenen Ebenen der Kommunikation?

Häufig wird Ihr Gesprächspartner sich im Rahmen der Beratung nur unklar ausdrücken. Er wird vielleicht einen Sachverhalt darlegen und Sie müssen mit Ihren empathischen Fähigkeiten herausfinden, was eigentlich gemeint wurde. Um Ihre Empathie zu beweisen, können Sie versuchen zu verbalisieren, wie sich Ihr Gesprächspartner in dieser Situation gefühlt hat. Hat dieser beschrieben, dass er auf der Arbeit wieder von einem Kollegen nicht wertgeschätzt wurde, können Sie damit reagieren, dass Ihr Gesprächspartner sich in der Situation nicht wohlgefühlt hat. Eventuell können Sie auch so weit gehen und beschreiben, dass Ihr Gesprächspartner darunter leidet, auf der Arbeit des Öfteren von den Kollegen nicht wertgeschätzt zu werden.

Um die Beratung erfolgreich durchzuführen, müssen Sie also selber authentisch sein, Ihren Gesprächspartner wertschätzen und Ihm eine Empathie entgegenbringen. Wird ein Teil davon vernachlässigt, kann die Beratung nicht erfolgreich stattfinden, sondern wird im Widerstand enden.

Um Vertrauen aufzubauen ist das Spiegeln und Führen essenziell. So erhalten Sie einen besseren Zugang zu Ihrem Kunden und können die innere Einstellung verändern. Unter dem empathischen Spiegeln wird das Anpassen der eigenen Kommunikation verstanden. Die Kommunikation wird nicht nur als das gesprochene Wort aufgefasst, sondern umfasst auch alle nonverbalen Signale. Dies bedeutet, dass Sie neben der eigenen Sprechweise, auch die Körpersprache und sogar den Atemrhythmus anpassen sollten. In kurzen Abständen können Sie bestätigen, dass Sie verstanden haben, was Ihr Gesprächspartner gerade ausgedrückt hat.

Haben Sie genügend Vertrauen aufgebaut, können Sie selber das Gespräch führen. Anstatt das Sie nun dem Kunden folgen, versuchen Sie selber Ihre Körperhaltung etwas zu verändern und zu hoffen, dass Ihr Kunde Ihnen nun unbewusst folgt. Durch die Körpersprache können Sie auch die Geisteshaltung beeinflussen. So können Sie eine entspannte Körperhaltung einnehmen und wenn Ihr Kunde Ihnen folgt, wird dieser ebenfalls diese Entspannung wahrnehmen.

Haben Sie selber gerade die Neuro-Linguistische Programmierung für sich entdeckt, ist die Zusammenarbeit mit einem Coach deshalb so effektiv, weil dieser Sie führen kann. Indem Sie sich Ihrem Coach anpassen, werden Sie schnellere Erfolge sehen und die NLP-Techniken viel besser anwenden können. Kennen Sie jemanden, der bereits über mehr Erfahrung innerhalb der NLP verfügt, dann sollten Sie nicht zögern und die Zusammenarbeit suchen.

Arbeiten Sie alleine, haben Sie nicht die Möglichkeit, dass Sie entweder selber führen können oder geführt werden. Bei einigen Techniken sind Sie zudem gezwungen, sich von sich selber zu lösen und wenn Sie dies alleine durchführen, ist dieser Schritt schwieriger zu bewältigen. Mithilfe eines Coaches erhalten Sie einige Vorteile, die Sie nutzen können.

Als Coach sollten Sie sich vor allem Ihrer Verantwortung bewusst sein. Sie führen Ihren Kunden regelrecht in eine Richtung und Sie müssen sich sicher sein, dass dies den Wünschen des Kunden entspricht. Vor allem dürfen Sie nicht den Fehler begehen, dass Sie eine Richtung vorgeben, die eher Ihren eigenen Werten entspricht und nicht denen des Kunden. Sie müssen also Ihre eigenen Ziele außer Acht lassen und sich nur auf den Kunden fokussieren.

Emotionen deuten

Was den Menschen ausmacht, sind vor allem seine Emotionen. Der Mensch ist kein Roboter oder Computer, der immer nur den gleichen rationalen Verhaltensweisen folgt. Er unterliegt seinen Emotionen, die ebenfalls die Handlungen beeinflussen und Aufschluss darüber geben, in welcher Gefühlslage er sich gerade befindet. Über die Emotionen können Sie herausfinden, ob Ihr Gesprächspartner gerade etwa ängstlich oder zuversichtlich ist. Je nach emotionaler Lage können Sie das Gespräch anpassen und einen höheren Erfolg erreichen.

Die Körpersprache ist ein wichtiges Signal und Sie können lernen, diese zu deuten. Am deutlichsten ist die Körpersprache im Gesicht ablesbar. Dort spiegeln sich die Emotionen wider und es ist nur sehr schwer möglich, die eigenen Emotionen im Gesichtsausdruck zu verstecken.

Im Gesicht können die verschiedenen körperlich-seelischen Zustände wahrgenommen werden. Diese unterschiedlichen „Physiologien“ können Sie nutzen, um geeignete NLP-Techniken anzuwenden. Erkennen Sie zum Beispiel, dass Ihr Gegenüber sich in einer entspannten Haltung befindet, können Sie einen Anker setzen. Über diesen Anker kann der entspannte Zustand gefestigt und in geeigneten Moment wieder aufgerufen werden.

Innerhalb der Neuro-Linguistischen Programmierung hat die Physiologie eine eigene Bedeutung. Diese stimmt nicht mit der wissenschaftlichen Definition überein, bei der es vor allem um physikalische und biochemische Vorgänge geht. Bei der NLP bedeutet die Physiologie vor allem, dass Sie anhand äußerlicher Kennzeichen die inneren Zustände erkennen können. Als Merkmale, die Sie für die Interpretation nutzen können, zählt die Hautfarbe, die Atemfrequenz und der Gesichtsausdruck. Dies sind Merkmale, die durch den Gesprächspartner kaum bewusst beeinflusst werden können. Der innere Zustand wird also nach Außen getragen und dieses Wissen kann von Ihnen genutzt werden.

Vor allem die Veränderungen der Physiologie können Sie als Anhaltspunkte dafür nutzen, ob Sie sich auf dem richtigen Weg befinden. Bemerken Sie zu Beginn des Gespräches noch, dass Ihr Gesprächspartner sich in einer angespannten oder verzweifelten Lage befindet, werden Sie versuchen diese Situation zu ändern. Im Verlaufe des Gespräches merken Sie vielleicht, dass sich die Körperhaltung ändert. Ihr Gesprächspartner wird offener, entspannter und die angespannte Haltung beginnt sich zu lösen. Sie haben offensichtlich die richtigen Techniken und Methoden genutzt, die zu einer Verbesserung der emotionalen Lage geführt haben. Über die Physiologie können Sie also klar erkennen, ob Ihre Beratung erfolgreich ist, oder ob Sie diese noch etwas verändern sollten.

Zu Beginn des Gespräches wird Ihr Gesprächspartner sich oftmals in einer Problemphysiologie wiederfinden. Er ist mit der aktuellen Situation unzufrieden oder hat Probleme in der Vergangenheit wahrgenommen, die nun gelöst werden sollen. Je intensiver die negativen Gedanken sind, desto größer werden die Gefühle sein und desto mehr wird sich dies in der Physiologie widerspiegeln. Aber auch während des Gesprächs, kann diese Physiologie darauf hindeuten, dass gerade ein Problem in das Bewusstsein geraten ist.

Das Problembewusstsein zeigt sich sehr deutlich in der Muskelspannung.

Eine hohe Muskelspannung kann auftreten, wenn starke Emotionen wie Zorn oder Angst mit der Situation verbunden sind. Die Muskeln können aber auch komplett schlaff sein, wenn schon die Resignation eingetreten ist und nur noch wenig Hoffnung besteht.

Die Atmung wird etwas schneller und flacher. Durch die veränderte Atmung wird weniger Sauerstoff im Blut transportiert. Dadurch ergibt sich die charakteristische Blässe, wenn Sie an ein Problem denken. Die Mundwinkel sind leicht nach unten gezogen. Dieses Zeichen kann stärker oder nur sehr subtil zum Vorschein kommen. Die Augen blicken nach unten und meistens etwas zur rechten Seite.

Bieten Sie als Coach eine gute Hilfestellung, sollten Sie diese Veränderungen in der Physiologie ablesen können. Nun verändert sich die Problemhaltung und Ihr Gesprächspartner ist offen für die Veränderungen, die Sie anbieten.

Dies äußert sich in der Körpersprache, indem die Augen etwas angehoben werden. Der Blick wandert jetzt nach oben und leicht nach links. Die Mundwinkel hängen nicht mehr nach unten, sondern werden etwas angehoben. Am deutlichsten ist die Veränderung an der Muskelspannung zu bemerken. Der Zustand der Anspannung ändert sich nun zu einer Normalspannung.

Wird eine Hoffnung in Ihrem Gesprächspartner geweckt und dieser hat das Gefühl, ein positives Ziel gefunden zu haben, verändert sich die Physiologie sehr deutlich. Jetzt wird der Zielzustand erreicht und eine euphorische Stimmung wahrgenommen.

Die Augen öffnen sich und blicken zielgerichtet nach vorne. Es ist, als könnte Ihr Gesprächspartner nun das Ziel klar vor Augen haben. Die Körperhaltung wird selbstbewusster. Wo vorher noch die Körperfläche verkleinert wurde, folgt nun ein sehr aufrechter Gang. Die Haut wird wieder normal durchblutet und nimmt eine gesündere Farbe an.

Diese allgemeingültigen Signale der Physiologie müssen aber nicht bei jedem Menschen auf diese Weise auftreten. Es kann sein, dass sich bestimmte Gefühle anders äußern und zum Vorschein gebracht werden. Schließlich ist jeder Mensch individuell und die Erfahrungen, die Ihn geprägt haben können dazu führen, dass sich die Körpersprache etwas verändert.

Um diesem Umstand gerecht zu werden, müssen Sie lernen, wie Sie die Signale besser interpretieren können. Dies wird als Kalibrieren bezeichnet und innerhalb dieser Vorgänge, versuchen Sie die Reaktionen und emotionalen Zustände abzulesen.

Mit gezielten Fragen können Sie die gewünschten physiologischen Zustände hervorrufen. So können Sie zum Beispiel nach dem unangenehmsten Erlebnis in der Schulzeit fragen. Durch diese Frage wird die Problemphysiologie aufgerufen. Jetzt können Sie beobachten, wie sich die Körpersprache verändert und dies als Referenz nehmen. Werden bestimmte Gesten ausgeführt oder ist eine bestimmte Haltung ganz charakteristisch? Mit gezielten Fragen können Sie nun die Zustände der Veränderungsphysiologie und der Zielphysiologie herbeiführen.

Die Körpersprache und das Kalibrieren beziehen sich nicht nur auf das Visuelle. Die Art zu sprechen ist ein wichtiger Gradmesser zur Interpretation der Emotionen. Eine schwache hohe Stimme zeugt eher von Unsicherheit. Wird hingegen langsam und tief gesprochen, deutet dies auf Zuversicht und Selbstbewusstsein hin.

Versuchen Sie am besten alle Signale, die Sie von Ihrem Gesprächspartner erhalten zu nutzen, um dessen emotionalen Zustand zu erfahren. Die emotionalen Zustände lesen zu können, kann im Leben für Sie noch ein wichtiges Instrument werden. Dadurch müssen Sie sich nicht auf die Inhalte verlassen, sondern können die nonverbale Kommunikation sehr viel direkter für sich nutzen.

Das Ankern

In vielen Übungen und NLP-Techniken werden Sie das Ankern anwenden. Es gehört zu den wichtigsten Werkzeugen, die Sie innerhalb der Neuro-Linguistischen Programmierung anwenden können. Wenn Sie zusammen mit einem Kunden arbeiten, ist das Ankern weiterhin ein sehr wichtiges Instrument, das Sie anwenden sollten, um bestimmte emotionale Zustände zu speichern und abzurufen.

Erkennen Sie zum Beispiel, dass Ihr Gesprächspartner sich in der Zielphysiologie befindet, ist es hilfreich, wenn Sie diese Situation mittels eines

Ankers festigen. Bemerken Sie, dass Ihr Gesprächspartner sehr zuversichtlich ist und jede Menge Selbstbewusstsein ausstrahlt, sollten Sie diesen Moment festhalten. Indem Sie diese Momente mit einem Anker belegen, können Sie diesen Zustand zu einem späteren Zeitpunkt wieder aufrufen.

Hierbei ist es jedoch wichtig, dass Sie sehr genau den passenden emotionalen Zustand treffen. Sie müssen sehr vertraut in der Körpersprache des Gegenübers sein und zweifelsfrei erkennen können, wie er sich gerade fühlt. Haben Sie Probleme dabei, den emotionalen Zustand zu erkennen, können Sie mit einem falsch gesetzten Anker mehr Schaden anrichten, als einen Nutzen hervorzurufen. So könnten Sie einen negativen Gefühlszustand auslösen, wenn Sie eigentlich positive Emotionen erwartet hätten. Dies würde Sie in der Arbeit sehr weit zurückwerfen und Ihren Kunden sogar von seinem Ziel distanzieren.

Bevor Sie einen Anker setzen, müssen Sie also sehr überzeugt davon sein, dass Sie den physiologischen Zustand korrekt identifiziert haben. Dafür ist vor allem die Kalibrierung eine wichtige Voraussetzung und wenn Sie die Kalibrierung gewissenhaft durchgeführt haben, können Sie die emotionalen Zustände besser erkennen.

Das Setzen von Ankern werden Sie bisher selber an sich durchgeführt haben. Sie haben bereits gelesen, wie hilfreich die Anker sein können und wie verschiedene positive Emotionen und Zustände mit Ankern gefestigt werden. Wenn Sie selber die Anker bei sich setzen, bedeutet dies allerdings, dass Sie sich etwas von sich selber distanzieren müssen. Anstatt voll und ganz Ihre Gefühle wahrzunehmen, müssen Sie diese interpretieren. Dies bedeutet, dass Sie sich von sich selber distanzieren müssen. Dieser Vorgang ist für das Setzen von Ankern unvorteilhaft.

Daher ist es hilfreich, wenn Sie einen Coach bemühen, welcher Ihre Physiologie interpretieren kann. Er kann Ihren Gefühlszustand neutral beobachten und Sie haben die Möglichkeit, sich nur auf Ihre Emotionen zu konzentrieren. Der Coach kann Ihnen an den passende Punkten die Anweisung geben, einen Anker zu setzen. Diese Anker sind kraftvoller und stärker vorhanden, da Sie sich voll und ganz auf Ihre Gefühle konzentrieren konnten. Die Anker an den richtigen Momenten zu setzen, gehört zu den wichtigsten Aufgaben eines NLP-Coaches. Möchten Sie selber anderen Menschen die NLP beibringen, gehört das Identifizieren des physiologischen Zustands und das Ankern zu den bedeutsamsten Merkmalen, für eine erfolgreiche Zusammenarbeit.

Wenn Sie einen bestimmten emotionalen Zustand erkennen und diesen bei Ihrem Kunden mit einem Anker festigen möchten, können Sie dies mit einem kinästhetischen Anker selber durchführen. Dies bedeutet, dass Sie Ihren Kunden am Arm oder an der Schulter berühren. Die Berührung wird deutlich wahrgenommen und mit dem emotionalen Zustand in Verbindung gebracht.

In der menschlichen Kommunikation spielen Berührungen eine wichtige Rolle. Beim Ankern machen Sie sich durch die Berührung nicht nur diese Verbindung zwischen der Berührung und der Emotion zunutze. Die Berührung ist überdies ein Symbol für Unterstützung und es wird ein positives Gefühl vermittelt.

Gerade positive Anker sollten mit einer Berührung durchgeführt werden. Der Vorteil ist hierbei, dass die Berührung über einen längeren Zeitraum anhalten kann und dadurch noch viel intensiver verankert wird. Sie können auch mehrere Anker verbinden, wenn Sie verschiedene Zustände aufrufen möchten. Dies ist vor allem bei der Bewältigung von vergangenen Erlebnissen wichtig. Dort können Sie auf dem Zeitstrahl entlanggehen und die negativen Gefühle, welche durch den Anker ausgelöst werden, mit positiven Zuständen überlagern.

Berührungen werden aber nicht immer positiv aufgenommen. Gerade wenn Sie mit dem anderen Geschlecht arbeiten, müssen Sie vorsichtig mit Berührungen umgehen. Diese können als sehr intim empfunden werden, selbst wenn Sie nur den Arm oder die Schulter berühren. Als seriöser Coach müssen Sie selber abschätzen können, inwiefern die Berührungen als unangenehm empfunden werden können.

Neben den Berührungen können Sie auch Geräusche nutzen, um Anker zu setzen. Diese haben den Vorteil, dass Sie eher unbewusst wahrgenommen werden und nicht direkt offensichtlich sind. Als Coach können Sie zum Beispiel ein Räuspern oder ein ähnliches Geräusch nutzen und dieses im natürlichen Gespräch einsetzen. Wiederholen Sie diesen Anker mehrmals, wird sich dies im Unterbewusstsein einprägen.

Anker sind sehr mächtige Möglichkeiten, um bestimmte Zustände hervorzurufen. Dabei sind nicht nur positive, sondern auch negative Zustände in bestimmten Momenten nützlich. Die Anker sollten so gewählt werden, dass diese nicht aus Versehen im Alltag aktiviert werden können. Verankern Sie einen negativen emotionalen Zustand mit einer Körperberührung, die auch im Alltag vorkommen kann, kann dies zu unerwünschten Gefühlsänderungen führen. Das Räuspern ist daher nur sehr bedingt als Anker nützlich.

Während Sie mit Ihrem Gesprächspartner daran arbeiten die Ziele zu erreichen, ist das Setzen von Ankern eine der wichtigsten therapeutischen Mittel. Sie können positive Gefühle verstärken und daran arbeiten, dass negative Gefühlszustände beendet werden. Damit die Anker eine feste Verbindung aufweisen, müssen Sie diese wiederholt durchführen.

Der Anker kann entweder ganz bewusst gesetzt werden, sodass dies von Ihrem Gesprächspartner wahrgenommen wird oder Sie können den Anker nebenher setzen. Nehmen Sie etwa eine spontane positive Emotion wahr, können Sie diese mit einer kurzen Berührung ebenfalls verankern. Solche Anker werden von Ihrem Gesprächspartner in diesem Moment gar nicht wahrgenommen, können im Nachhinein aber eine große Wirkung entfalten.

Das Ankern gehört also innerhalb der Neuro-Linguistischen Programmierung zu einer der bedeutsamsten Techniken und Sie sollten diese unbedingt einstudieren, um gewünschte emotionale Zustände herbeiführen zu können.

Die Strukturen der Sprache

Neben den Ankern ist die Sprache eines der wichtigsten Mittel, um die Gefühle und Emotionen zu beeinflussen. Die Sprache ist komplizierter, als oftmals angenommen wird und verfügt über mehr Elemente, als nur die gesprochenen Worte. Im Kommunikationsmodell wurde diese Tatsache bereits über die sechs unterschiedlichen Ebenen aufgezeigt. So ist die Sprache sehr viel komplexer, als nur die reine Wahrnehmung des Wortes.

Alle sechs Ebenen in einem Gespräch bewusst wahrzunehmen und diese zu analysieren ist in diesem Moment weder umsetzbar, noch zielführend. Der Aufwand wäre viel zu hoch, wenn Sie probieren würden diese zu analysieren und Sie könnten dem Gespräch nicht mehr folgen. Daher eignet sich die Analyse der sechs Ebenen eher im Nachhinein, wenn Sie bestimmte Aussagen tiefgründiger bewerten möchten.

Eine andere Herangehensweise, die in der Praxis besser umsetzbar ist, ist das Modell zweier Ebenen. Hierbei werden die Oberflächen- und die Tiefenstruktur unterschieden. Die Oberflächenstruktur bezieht sich auf das gesagte Wort und nimmt nur den Inhalt auf, der ausgesprochen wurde. Im Gespräch ist die Oberflächenstruktur stark verzerrt. Die Äußerungen werden verkürzt und unterliegen Veränderungen.

Wenn Sie mit Ihrem Kunden arbeiten, sollten Sie vor allem auf die Tiefenstruktur achten. In dieser finden sich alle Informationen wieder, die Sie nutzen sollten, um das gesprochene Wort zu verstehen. In der Tiefenstruktur finden sich die Erfahrungen des Gesprächspartners wieder und Sie erhalten die Möglichkeit, die Realität des Gegenübers besser zu verstehen.

Im Gespräch wird Ihrem Gesprächspartner gar nicht bewusst sein, dass dieser sich über mehrere Ebenen äußert. Im Bewusstsein ist vor allem das gesprochene Wort vorhanden und die Tiefenstruktur wird gar nicht wahrgenommen. Dies kann ein Problem darstellen denn die Tiefenstruktur kann Hinweise darauf liefern, wie das gesprochene Wort zu verstehen ist. Alleine ist dieses Verständnis aber nur schwer aufzubringen und als Coach sind Sie jetzt in der Position, die Tiefenstruktur hervorzuholen.

Durch gezielte Fragen können Sie Ihren Gesprächspartner dazu anregen, über seine Aussage nachzudenken. Dadurch wird Ihm die Tiefenstruktur bewusst und es besteht die Möglichkeit, diese als Hilfe heranzuziehen, wenn Probleme gelöst werden sollen.

Bei der Oberflächenstruktur gibt es verschiedene Kategorien, welche Sie mit gezielten Fragen erörtern können. Gerade bei Beziehungsproblemen können durch die Tiefenstruktur die eigentlichen Probleme aufgedeckt werden. Denn oftmals werden an der Oberfläche andere Argumente aufgegriffen, die nur als Vorwand dienen. In der Tiefe kommen die eigentlichen Probleme zum Vorschein, die zu den negativen Gedanken führen.

Eine Kategorie ist zum Beispiel, dass Handlungen verallgemeinert werden. Darunter gehören Aussagen, dass der Mann immer nur vor dem Fernseher sitze. Mit der Nachfrage, ob er denn wirklich immer vor dem Fernseher sitzen würde, können Sie dem eigentlichen Problem auf die Spur gelangen. So könnte herauskommen, dass der Mann vielleicht wirklich häufig vor dem

Fernseher sitze und dabei das Bedürfnis der Kommunikation vernachlässigt. Während die Frau lieber ein Gespräch führen würde, scheint er sich mit anderen Dingen abzulenken und dies kann zu Kommunikationsschwierigkeiten führen.

Eine andere Kategorie kann in den Kausalzuschreibungen gesehen werden. Hierbei geht es darum, dass Ereignisse und Vorgänge eine bestimmte Assoziation besitzen. Im Winter kann dies zum Beispiel die Aussage sein, dass das Wetter depressiv mache. Hier können Sie mit der Frage, wie das Wetter dafür verantwortlich sei, den wahren Grund für die schlechte Stimmung herausfinden. Denn nicht das Wetter ist möglicherweise als Ursache für die schlechte Stimmung zu bestimmen, sondern dass es kaum Möglichkeiten gibt, etwas im Freien zu unternehmen. Ständig in den eigenen vier Wänden zu bleiben kann das Gefühl des Eingesperrtsein vermitteln und für die Depressionen verantwortlich sein.

Limiting Beliefs zählen ebenfalls zu einer dieser Kategorien. Raucher behaupten häufig, dass Sie nicht in der Lage seien, mit dem Rauchen aufzuhören. Fragen Sie genauer nach, was passieren würde, falls dennoch der Versuch unternommen würde mit dem Rauchen aufzuhören. Hier kommt der Limiting Belief zum Vorschein, der einfach nur die Angst vor dem Versagen ausdrückt. Beim Gedanken mit dem Rauchen aufzuhören kann schon eine Nervosität und vermehrter Stress auftreten.

Im Gespräch sollten Sie aber nicht anfangen, jeden Satz infrage zu stellen. Dies führt eher zu der unangenehmen Situation, dass sich das Gespräch zu einem Verhör entwickelt und für den Befragten unangenehm sein kann. Übertreiben Sie es mit den Fragen, rufen Sie negative Gefühle hervor und das Vertrauen, das Sie vorher aufgebaut haben könnte dadurch wieder verloren gehen.

Daher sollten Sie nur vorsichtig anfangen, das Gespräch zu leiten und mit den Fragen die eigentliche Meinung unter der Oberfläche herauszufinden. Indem Sie sehr bedacht die Fragen einstreuen, können Sie Ihrem Gegenüber die Tiefenstrukturen in das Bewusstsein rücken und die wahre Aussage hinter den Worten verdeutlichen.

Dies stellt eine sehr wertvolle Erfahrung dar, die Sie nur erleben können, wenn Sie das Gespräch suchen. Alleine können Sie sich zwar auch in der Selbstreflexion üben und versuchen Ihre Gedankengänge tiefer zu ergründen, Sie werden dabei aber nicht immer den gleichen Erfolg haben. So kommt es vor, dass Sie vielleicht nicht ehrlich genug zu sich sind und sich der Wahrheit verschließen. Erst durch das gemeinsame Gespräch und wenn Sie gezwungen werden, über die Fragen nachzudenken, können Sie sich öffnen und Ihre Gedankengänge besser verstehen.

Die Neuro-Linguistische Programmierung wird in den meisten Fällen per Selbststudium angefangen. Über das Internet oder anderen Quellen entstehen die ersten Berührungspunkte und nach der erste Recherche beginnen Sie vielleicht schon mit manchen Übungen.

Wenn Sie Ihr volles Potenzial ausschöpfen möchten, können Sie diesem Ziel effektiver näherkommen, indem Sie die NLP gemeinsam durchführen. Sie können sich einen erfahrenen Coach suchen, der Sie unterstützt und mit den geeigneten Techniken Probleme lösen kann.
Oder Sie haben selber bereits lange Erfahrungen im Umgang mit der NLP und möchten dieses Wissen an andere Personen weitergeben. Dies stellt eine gute Möglichkeit dar, um Menschen zu helfen, Ihre Ziele zu erreichen. Möchten Sie ein Coach sein, sollten Sie vor allem das aktive Zuhören beherrschen. Im gemeinsamen Gespräch ist es wichtig, dass Sie eine Vertrauensbasis schaffen und mit den richtig gesetzten Ankern die Emotionen verändern können.

Als Coach sollten Sie sich aber vor allem Ihrer Verantwortung bewusst sein. Setzen Sie die Anker an ungünstigen emotionalen Zuständen oder interpretieren Sie die Physiologie ungenau, können Sie mehr Schaden anrichten, als eine Hilfestellung zu leisten. Daher sollten Sie erst entsprechende NLP-Techniken an anderen Personen anwenden, wenn Sie zweifellos über die Erfahrung verfügen und dies von objektiven Stellen bescheinigt bekommen.

HÄUFIGE KRITIK AN DER NLP

DIE NEURO-LINGUISTISCHE PROGRAMMIERUNG WURDE mit dem Ziel entwickelt, dass Menschen lernen Ihr volles Potenzial auszuschöpfen. Auf Basis dieser Idee haben Psychologen und Wissenschaftler das System der NLP begründet.

Ein wichtiger Grundsatz, der für eine Weiterentwicklung der NLP steht, ist die Forderung, dass etwas anderes ausprobiert werden sollte, wenn es nicht funktioniere. Dabei geht es um Methoden und Techniken, die innerhalb der NLP angewandt werden. Scheinen diese nicht zu funktionieren und der gewünschte Effekt stellt sich nicht ein, sollen andere Wege beschritten werden.

Dies schließt ein, dass die Neuro-Linguistische Programmierung weder perfekt, noch abgeschlossen ist. Sie unterliegt einem ständigen Wandel, der der Selbstkritik geschuldet ist. Nur indem die Kritik geäußert und umgesetzt wird, findet eine Weiterentwicklung statt.

Allerdings wird dies nicht von allen Personen so gesehen, die sich eng mit der Neuro-Linguistischen Programmierung auseinandersetzen. Diese sehen die Techniken als Allheilmittel an, die bei jedem Problem eine Wirkung zeigen sollen. Diese Personen verletzen allerdings die Grundsätze der NLP.

Neben dem Grundsatz, dass etwas anderes ausprobiert werden sollte, gibt es auch die Aussage, dass ein kein Scheitern gebe, sondern nur Feedback. Dies bedeutet, dass selbst aus Fehlern und Rückschlägen, Erkenntnisse gewonnen werden können, die bei der Weiterentwicklung der NLP helfen.

Die Kritik von außerhalb, die auf die Neuro-Linguistische Programmierung trifft, ist seit Beginn der Begründung dieser psychologischen Richtung zu beobachten. Um zu wachsen, ist die Kritik wichtig und sollte ernsthaft betrachtet werden. So können Erkenntnisse aus der Kritik gewonnen werden und in die zukünftige Entwicklung der NLP einfließen.

Die Kritik bezieht sich auf einige verschiedene Punkte. Dies beginnt schon beim Namen. Denn in der Neuro-Linguistischen Programmierung gehe es weder um die Neurologie, der Linguistik oder der Programmierung. Damit sei der Name irreführend und dürfe gar nicht verwendet werden.

Andere Kritiker beziehen sich darauf, dass die wissenschaftliche Basis und Theorie fehle. Nach Ihrer Ansicht fehlt die Forschung auf diesem Gebiet und damit auch wissenschaftliche Belege dafür, ob die Methoden tatsächlich funktionieren. Dies kann noch einen Schritt weitergeführt werden, da es keine empirischen Studien gibt.

Im Zuge der gestiegenen Popularität und der Verbreitung der NLP, wird die zunehmende Kommerzialisierung kritisiert. So würden zu viele Coaches und Angebote bestehen, an deren Seriosität gezweifelt werden kann. Dies untergrabe die Autorität der wissenschaftlichen Basis und werfe ein schlechtes Licht auf diejenigen, die tatsächlich über die Fachkenntnisse verfügen, die Techniken korrekt anzuwenden.

Viele Personen kommen mit der NLP zum ersten Mal im Rahmen von Verhandlungsgesprächen oder ähnlichen „Tricks“ in Berührung. So wird oftmals versprochen, dass man mit den richtigen Techniken viel höhere Verkaufserfolge erzielen könne. Dies wird allerdings als Manipulation und Beeinflussung von anderen Menschen empfunden. Durch das Anwenden der Techniken können diese gegen Ihren Willen manipuliert werden. Daher wird das Praktizieren der NLP als unmoralisch angesehen.

Wie vorher schon beschrieben, kann die Neuro-Linguistische Programmierung nur wachsen, wenn Sie sich der Kritik stellt und diese annimmt. Einige der Punkte sind sicherlich mehr oder weniger stark zutreffend. Daher ist es wichtig, dass diese Kritik ernst genommen und in die Entwicklung der NLP aufgenommen wird.

Äußern Sie diese Kritik, werden Sie auf das Problem stoßen, dass die Empfänger der Kritik versuchen würden diese abzublocken. Treffen Sie auf Vertreter der NLP, sind diese natürlich mit diesen Techniken vertraut und können daher sehr effektiv auf Ihre Kritik reagieren. So können Aussagen folgen, die Ihnen den Hinweis gäben, dass Sie doch etwas positiver denken sollten. Oder Sie könnten mit der Aussage kontern, dass es Ihnen nichts bringe zu denken, dass die NLP oder die damit verbundene Technik nutzlos wäre.

Mit diesen Aussagen und Fragen könnte Ihre Kritik an die NLP von dessen Vertretern abgeblockt werden. Das Weltbild der Anhänger der NLP wird auf diese Weise aufrechterhalten.

Sie sollten sich von diesen Fragen aber nicht einschüchtern lassen. Ihre Kritik kann berechtigt sein und die Vertreter der NLP fühlen sich dadurch angegriffen. Dennoch steckt in den Aussagen auch etwas Wahrheit. So könnte es für Sie in der Tat besser sein, wenn Sie sich mehr auf die positiven Aspekte der NLP konzentrieren könnten. Denn nicht alle Techniken und Methoden werden erfolgreich sein. Das heißt aber nicht, dass die NLP als Ganzes abzulehnen ist, sondern das bestimmte Aspekte aus Ihrer Sicht verbesserungswürdig wären.

Genauso kann es sinnvoll für Sie sein, wenn Sie Ihre Kritik hinterfragen. Leiden Sie unter einschränkenden Glaubensgrundsätzen, die vor allem Sie betreffen und mit der Realität nur wenig zu tun haben? Sie sollten also genau analysieren, ob die Kritik an der NLP berechtigt ist oder eher von Ihnen abgeleitet wird.

Die Kunst ist es, dass Sie erkennen, welche Techniken und Verhaltensweisen nutzlos sind. Hier müssen Sie die Fähigkeit mitbringen, selber zu erkennen, was für Sie wichtig und nützlich sein könnte. Es gibt so viele Methoden und Techniken, die von verschiedenen Personen als Bestandteile der NLP betrachtet werden, dass es kaum möglich ist, all diese anzuwenden. Daher müssen Sie schon im Vorfeld für sich die Entscheidung treffen, welche Methoden und Techniken für Sie überhaupt sinnvoll erscheinen.

Sind Sie selber der Kritik ausgesetzt und hören Sie von Außenstehenden häufig, dass die NLP keinen Nutzen bringe und nicht sinnvoll sei? Dann sollten Sie nicht mit einfachen Gegenfragen antworten, sondern etwas Selbstreflexion betreiben. Bei der Annahme der Kritik geht es nicht darum Ihr Weltbild zu verteidigen. Dadurch nehmen Sie eine ablehnende Haltung gegen jegliche Kritik ein. Diese Haltung ist nicht sinnvoll, da Kritik auch immer die Möglichkeit zum Wachsen bringt und für die weitere Entwicklung von großer Wichtigkeit ist.

Begegnen Sie Kritikern, sollten Sie reflektieren, ob in der Kritik auch etwas Wahrheit versteckt ist. So können Sie daraus lernen und diese Kritik für sich nutzen, um sich selber weiterzuentwickeln.

Methoden die nicht funktionieren

Die Neuro-Linguistische Programmierung sieht sich selber als Teilgebiet der Psychologie. Innerhalb der Wissenschaften herrschen strenge Regeln und Grundsätze. Mit diesen können Behauptungen bewiesen werden und die Wissenschaft wird vorangetrieben.

Dies sieht in der Regel so aus, dass eine Behauptung aufgestellt wird. Eine Hypothese wird formuliert und anhand dieser Formulierung wird der Gegenbeweis angetreten. Danach können weitreichende Untersuchen und Studien durchgeführt werden, um die Aussagekraft der Hypothese zu belegen.

Bei der NLP könnte dies so aussehen, dass Sie eine Technik anwenden und sich davon versprechen, dass Traumata oder Phobien gelöst werden. Möchten Sie jemandem die Phobie vor Spinnen nehmen, können Sie praktische Ergebnisse und Versuche durchführen, die beweisen, dass die Vorgehensweise bei der NLP wirksam ist.

In der Psychologie sind diese Untersuchungen aber nicht ganz so einfach. Sie könnten jetzt 100 Probanden nehmen, die unter einer Spinnenphobie leiden und die NLP-Technik anwenden, um die Phobie zu lösen.

Menschen sind individuell und dies bedeutet, dass nicht jeder Mensch auf diese Technik positiv reagiert. Bei manchen bleibt sie wirkungslos und die Phobie bleibt weiterhin bestehen. Tritt etwa bei 70 Probanden eine Verbesserung ein und bei 30 passiert kaum etwas, dann gibt es starke Gründe dafür zu behaupten, dass die Technik bei dem überwiegendem Teil der Menschen funktionieren würde.

Solche Versuche stellen aber erst den Anfang von weiteren wissenschaftlichen Studien dar. Jetzt geht es darum, die Methodik und die Technik tiefer zu ergründen. Wenn 70 Probanden Ihre Phobie erfolgreich ablegen konnten, ist es interessant zu erfahren, weshalb dies geschehen ist. Weshalb sind die Techniken erfolgreich und können zu einem spürbaren Erfolg führen?

In der nächsten Phase geht es darum, die Theorie etwas zu präzisieren. So können Sie genauer beschreiben, weshalb Augenbewegungen mit bestimmten mentalen Vorgängen verbunden sind. Oder Sie könnten genauer erörtern, wie die Sprache des Menschen seine Geisteshaltung beeinflusst.

Die Aussagen sollten so formuliert werden, dass Sie überprüfbar sind. Im Rahmen der wissenschaftlichen Überprüfbarkeit, unterliegen die Ergebnisse keinem Zufall, sondern können reproduziert werden. Es liegen hierbei keine subjektive Fälle vor, sondern die Wissenschaft beruht auf objektiven Erkenntnissen. Damit ist sie zum Beispiel von der Kunst abgrenzbar. Bei dieser gibt es einige subjektive Einflüsse und die Ergebnisse sind nicht so eindeutig reproduzierbar.

Die Neuro-Linguistische Programmierung hat sich den Grundsätzen der Wissenschaft unterworfen. Dies bedeutet, dass die Methoden untersucht und nach anerkannter wissenschaftlicher Vorgehensweise erforscht wurden. Dabei gab es die Erkenntnis, dass nicht alle Ergebnisse positiv waren.

Da die Neuro-Linguistische Programmierung sich aber darauf beruht, nach strengen wissenschaftlichen Grundsätzen zu handeln, müssten daraus bestimmte Schlüsse gezogen werden. Methoden und Techniken, die als wissenschaftlich unwirksam eingestuft wurden, dürften eigentlich nicht mehr durchgeführt werden. Oder Sie müssten so angepasst werden, dass Sie nach wissenschaftlichem Erkenntnisstand eine Wirkung aufzeigen.

In der Realität wird dies allerdings nicht konsequent umgesetzt. Techniken, die von der Wissenschaft als nicht wirkungsvoll anerkannt wurden, werden weiterhin angewandt. Dies ist nicht auf die Hartnäckigkeit der Anwender der NLP zurückzuführen, sondern kann in den meisten Wissenschaften beobachtet werden. Bis die wissenschaftlichen Erkenntnisse eine spürbare Wirkung in der Praxis zeigen, können Jahre oder Jahrzehnte vergehen. Dies zeigt sich in der Medizin genauso, wie in anderen Wissenschaften, bei denen es einige Zeit dauert, bis alte Vorgehensweisen und Gewohnheiten geändert werden.

Zu Ihrer Beruhigung können Sie sich sicher sein, dass alle Techniken, die in diesem Buch angewandt und beschrieben wurden, von der Wissenschaft als wirksam anerkannt wurden. Sie müssen also nicht die Angst haben, dass Sie Techniken erlernt haben, die vielleicht morgen schon als wirkungslos eingestuft würden.
Zweifelhafte Methoden

In den heutigen Lehren der NLP gibt es dennoch Methoden, die von der wissenschaftlichen Seite stark angezweifelt werden. Dies muss nicht heißen, dass diese Methoden komplett unbrauchbar wären, sondern dass diese innerhalb der Wissenschaft umstritten sind.

Eines dieser Konzepte ist die Interpretation von Augenstellungen. Durch die Position der Blickrichtung wird ein bestimmter innerer Vorgang beschrieben. Vielleicht kennen Sie selber die Aussage, dass Menschen, die gerade lügen in eine bestimmte Richtung schauen. In der NLP wird praktisch jeder Blickrichtung eine andere Funktion zugeordnet. Durch die Blickrichtung werden zum Beispiel bestimmte Erinnerungen hervorgerufen, die einen Rückschluss auf das Verhalten zulassen.

Die Augenmuster werden in der Therapie, innerhalb der NLP gerne verwendet, um besser zu verstehen, welche Gedanken gerade im Inneren ablaufen. Viele Anwender begehen hierbei den Fehler, dass Sie den Augen fast schon blind vertrauen. Es können zwar sehr allgemeine Aussagen getroffen werden, die einen Rückschluss der Augen auf die Gedankengänge zulassen, allerdings können diese individuell verschieden sein.

Ein Unterschied liegt schon bei Links- und Rechtshändern vor. Um die individuelle Komponente besser zu verstehen, muss vor der Interpretation eine Kalibrierung durchgeführt werden. Durch die Kalibrierung können die Augenmuster sehr viel genauer interpretiert werden. Die mentalen Vorgänge lassen sich nun einfacher ablesen.

In der Realität wird diese Kalibrierung aber gerade von unerfahrenen Anwendern der NLP unterlassen oder nur unzureichend vorgenommen. Dies führt dazu, dass die Augenmuster nicht korrekt verstanden werden und der Therapieerfolg ausbleibt. Es muss hier also berechtigterweise kritisiert werden, dass die Interpretation der Augenmuster nicht allgemeingültig ist.

Passen Sie sich aber Ihrem Therapiepartner an und lernen Sie, wie seine Augen sich in bestimmten Situationen verhalten, können Sie mit dieser Technik weiterhin sehr gut arbeiten. Gehen Sie dabei nicht nur auf die Augen ein, sondern nehmen Sie die kompletten Sinne wahr. Generell geht es bei der NLP nicht darum, dass Sie eine Technik starr anwenden. Dies wird nur selten zum Erfolg führen. Sie müssen lernen, sich dem Partner anzupassen und die Techniken individuell abzustimmen.

Dadurch kann erklärt werden, dass diese Interpretation der Augen in wissenschaftlichen Untersuchen wenig überzeugend war. Die Wissenschaft kann auf die individuelle Komponente nur wenig Rücksicht nehmen. Sie versucht in einem standardisierten Verfahren die Wirksamkeit zu beweisen oder zu widerlegen.

Ein weiteres Konzept, dass gerne innerhalb der NLP angewandt wird, das ist das Hauptrepräsentationssystem. Hierbei geht es darum, dass anhand der Sprache herausgefunden werden soll, ob es sich um einen visuellen, auditiven oder kinästhetischen Wahrnehmungstypen handelt.

Menschen können die Welt auf verschiedenen Wegen wahrnehmen. Dieses könnten Sie in der Therapie nutzen, um sehr stark mit Bildern, Geräuschen oder Berührungen zu arbeiten. Beim Ankern könnten Sie auf den entsprechenden Typ eingehen und indem Sie das bevorzugte Repräsentationssystem nutzen, können Sie die Anker sehr viel intensiver setzen.

Aus der Theorie der Hauptrepräsentationssysteme geht hervor, dass die Einschätzung des Typus aus der Sprache abgelesen werden kann. Negative Gefühle können je nach Typ unterschiedlich ausgesprochen werden. Der visuelle Typ würde etwas in die Richtung sagen, dass er schwarz sehe. Ein auditiver Typ hingegen beschreibt eher, dass sich eine Idee nicht gut anhöre.

In der Kommunikation können Sie auf solche Hinweise achten. Vielleicht stellen Sie fest, dass Ihr Gegenüber eine Sprache verwendet, die darauf hindeutet, dass er einem bestimmten Typus zugeordnet werden kann?

Diese Theorie ist allerdings mit Vorsicht zu genießen. In der Neuro-Linguistischen Programmierung wird sie zwar häufig angewandt. Es gibt aber keine wissenschaftlichen Beweise dafür, dass durch Sprachmuster diese Typen zugeordnet werden können. Die psychologische Forschung bestätigt diese Hypothese nicht.

Daher ist dies eine Methode, die Sie kritisch betrachten und nicht einfach blind anwenden sollten. Achten Sie im Gespräch auf besondere Äußerungen, versuchen Sie aber nicht zwingend, Ihr Gegenüber aufgrund des Sprachgebrauchs einem bestimmten Typus zuzuordnen.

Die Kommerzialisierung in der NLP

Die Versprechen der Neuro-Linguistischen Programmierung sind sehr hoch gegriffen. Es wird nicht weniger versprochen, als ein erfolgreicheres und glücklicheres Leben zu führen. Wer würde denn nicht über mehr Erfolg im Leben verfügen und glücklicher werden wollen? Die Aussichten nach einem größerem finanziellen Vermögen und das Leben so zu gestalten wie es einem beliebt, zieht viele Menschen an. Schließlich sind dies Grundziele, die wohl jeder Mensch auf einer gewissen Weise verfolgt. Oder würden Sie sich dagegen wehren, dass Ihr Vorgesetzter Ihnen ein höheres Gehalt auszahlt und gleichzeitig mehr Urlaubstage einräumt?

Diese Versprechen nach einem besseren Leben ziehen ein großes Publikum an. Es gibt eine Vielzahl von Menschen, die diesen Versprechen glauben schenken und durch die Anwendung der Neuro-Linguistischen Programmierung diese Ziele erreichen möchten.

Vielen gelingt es aber nicht, diese Ziele im Selbststudium zu verwirklichen. Sie können sich nicht an die Konzepte heranwagen und haben Probleme damit, diese tatsächlich umzusetzen. Der natürliche Weg ist nun durch die Hilfe eines Coaches die Neuro-Linguistische Programmierung zu erlernen. Dabei werden die Kosten für die Coachings nicht wirklich als ausgegebenes Geld betrachtet, sondern eher als Investition. Viele Coaches versprechen, dass durch die Teilnahme der berufliche Erfolg steigen wird und sich die Investition innerhalb kürzester Zeit auszahlen würden.

Wenn Sie daran interessiert sind, Coachings im Bereich der Neuro-Linguistischen Programmierung zu besuchen, ist dies sicherlich nachvollziehbar und kann für Sie sinnvoll sein. Sie sollten aber darauf achten, welcher Art von Coach Sie begegnen. Steht bei den Coaches die Wirtschaftlichkeit im Vordergrund und diese möchten durch das Vermitteln der NLP, selber nur so viel Geld wie möglich erwirtschaften, sollten Sie dies kritisch betrachten. Wenn die Wirtschaftlichkeit in den Vordergrund rückt, kann gerne vernachlässigt werden, dass es eigentlich darum geht Menschen zu helfen.

Die Kommerzialisierung der NLP stellt also ein Problem dar. Die marktwirtschaftlichen Aspekte spiegeln leider nicht wider, dass sich die besten Coaches durchsetzen und am erfolgreichsten werden. Ein häufiger Widerspruch ist hierbei der Grundsatz der NLP, dass ein hohes Maß an Selbstkritik vorherrschen muss. Um sehr erfolgreich als Coach zu werden, ist die Selbstkritik aber nicht immer förderlich. Kann die Selbstkritik von außen doch auch als Zweifel anerkannt werden. Von dem Coach wird aber erwartet, dass er in jedem Moment selbstsicher auftritt und weiß, was zu tun ist. Dies steht im Widerspruch dazu, dass bestimmte Techniken bei manchen Personen nicht funktionieren.

Die Kommerzialisierung kann also durchaus als Kritik an der gesamten Umwelt der Neuro-Linguistischen Programmierung ernst genommen werden. So gab es mit der steigenden Popularität einen hohen Zuwachs an Coaches, die vor allem die monetäre Seite im Blick haben.

Über die Effektivität der Neuro-Linguistischen Programmierung sagt dies aber nichts aus. Wählen Sie Ihren Coach gründlich aus und treffen Sie auf jemanden, der ehrlich daran interessiert ist, Ihnen auf Ihrem Weg zu helfen, dann ist NLP weiterhin eine sehr geeignete Methode.

Die fehlende Theorie

Als die Neuro-Linguistische Programmierung in den 1960er Jahren entwickelt wurde, stand vor allem der Praxisbezug im Fokus. Damit sollten die damaligen vorherrschenden Zustände geändert werden, dass die Psychologie sich hauptsächlich mit krankhaftem Verhalten beschäftigte. Während diese krankhaften psychologischen Merkmale im Fokus der Wissenschaft stand, wurde kaum Forschung über die positiven Eigenschaften der Psychologie angestrebt und welche Kräfte die Menschen ungenutzt lassen.

Dies wird nun als Kritik angenommen und gesagt, dass es kaum eine theoretische Basis für die Erkenntnisse der NLP gebe. So würden die Methoden in der Praxis angewandt werden, ohne dass diese jemals in der Theorie begründet würden.

Für Außenstehende mag dieser Einwand nicht unbedingt nachvollziehbar sein. Schließlich gilt auch in der Medizin oft der Grundsatz, dass genutzt wird, was wirkt. Ob die Wirkung nun in der Theorie bestätigt wurde, scheint für die Menschen unwesentlich zu sein. Wenn diese sich besser fühlen und tatsächlich von der Neuro-Linguistischen Programmierung profitieren, dann sei dies doch schon Beweis genug für die positive Wirkung.

Tatsächlich wäre das Fehlen einer theoretischen Basis ein berechtigter Kritikpunkt. Denn auch wenn die Praxis die Wirksamkeit der Techniken und Methoden untermauern würde, wäre dies im wissenschaftlichen Zusammenhang nicht Beweis genug. In der Wissenschaft gilt der Grundsatz, dass die Praxis von der Theorie begründet wird. Es wird also zunächst die theoretische Grundlage gelegt, welche danach in der Praxis angewandt wird.

In der wissenschaftlichen Definition gibt es einige Voraussetzungen, die eine Theorie erfüllen muss. Sie muss in sich widerspruchsfrei und überprüfbar sein. Dies ist bei der Neuro-Linguistischen Programmierung durchaus ein Problem, da die Überprüfbarkeit von den Probanden abhängt und diese auf die Methoden und Techniken individuell reagieren könnten. Eine Theorie muss zudem unnötige Annahmen vermeiden und Voraussagen ermöglichen.

Diese Voraussetzungen sind in anderen wissenschaftlichen Disziplinen einfacher zu erfüllen, als in der Psychologie. In der Physik oder Chemie werden bei gleichen Voraussetzungen und Versuchsdurchführungen immer gleiche Ergebnisse erwartet. In der Psychologie ist dies durch den Faktor Mensch nicht unbedingt der Fall.

Damit lässt sich auch begründen, dass die Theorie in der Neuro-Linguistischen Programmierung nicht so ausgeprägt ist und eher auf die Praxis Wert gelegt wird. Coaches, die Ihnen zudem eine Erfolgsgarantie bescheinigen und versprechen, jedes Ihrer Leiden lösen zu können, sollten Sie von vornherein als unseriös betrachten.

Die Neuro-Linguistische Programmierung und die damit verbundenen Techniken und Methoden sind nicht als vollständige Theorie zu verstehen. Vielmehr wird hier ein Werkzeugkasten angeboten, aus denen sich die Probanden und Therapeuten bedienen können. Diese Werkzeuge müssen zum Lösen des Problems geeignet sein und an den Probanden angepasst werden.

Die NLP hat also nicht den Anspruch eine wissenschaftliche Theorie zu begründen, sondern setzt auf den Praxisbezug. Die Erfolge bestätigen insofern, als die NLP über mächtige Instrumente verfügt, die Sie anwenden können. Sie sollten aber nicht davon ausgehen, dass alle Techniken bei Ihnen zu einem Erfolg führen. Hier gilt der Grundsatz, dass Sie nur die Techniken nutzen sollten, die bei Ihnen eine Wirkung zeigen.

Der Verdacht der Manipulation

In den Medien wird oftmals die Angst beschrieben, dass die Neuro-Linguistische Programmierung vor allem ein Werkzeug sei, um andere Menschen zu beeinflussen. Mit bestimmten Techniken könnten diese dazu gebracht werden Handlungen durchzuführen, die eigentlich gegen Ihren Willen seien.

Verkäufer könnten mittels bestimmter psychologischer Tricks Käufer dazu bringen, die Produkte oder Dienstleistungen zu kaufen. Im Berufsleben könnten Sie Ihre sozialen Beziehungen so beeinflussen, dass Sie schneller die Karriereleiter erklimmen und dies ethisch nicht vertretbar sei.

Hierbei steht der Vorwurf im Raum, dass durch die Manipulation Menschen einen Schaden zugefügt wird. Gerade in Verbindung der Kommunikation mit anderen Personen steht der Vorwurf der Manipulation im Raum. Insbesondere die NLP-Techniken des Spiegelns und Führens gelten als gebräuchliche Techniken, um die Gesprächspartner zu manipulieren.

Die Kritik ist insofern berechtigt, als verantwortungslose Personen tatsächlich die Techniken gebrauchen können, um Menschen damit zu beeinflussen. Dies entspricht zwar nicht den ethischen Vorstellungen der Neuro-Linguistischen Programmierung, letztlich bleibt es den Anwendern aber selbst überlassen, in welchen Situationen Sie die Techniken nutzen.

Das Vermitteln und ein breiteres Wissen über die Techniken der NLP sind in diesem Zusammenhang aber umso wichtiger. Diese Beeinflussungen des Gesprächspartners sind weniger effektiv, wenn dieser über diese Methoden aufgeklärt ist. Besteht ein Grundwissen über die NLP, können die Versuche der Manipulation eher aufgedeckt werden. Das Wissen kann also als Selbstschutz genutzt werden.

Des Weiteren zielt die Technik des Spiegelns nicht darauf ab, das Menschen beeinflusst werden. Es geht vielmehr darum, dass Sie sich in die andere Person besser hineinversetzen können. Indem Sie die gleiche Körpersprache annehmen, können Sie eher die Gefühle wahrnehmen und nachvollziehen, in welcher Situation sich Ihr Gesprächspartner gerade befindet. Indem Sie sich in die Person hineinversetzen und die Gleichen Gefühle wahrnehmen, werden Sie weniger dazu neigen diese zu Ihrem Schaden zu manipulieren.

Zudem muss angemerkt werden, dass diese Techniken nur ein Teilgebiet der Neuro-Linguistischen Programmierung darstellen. Im Kern geht es darum, die eigenen Fähigkeiten zu verbessern und in gewisser Weise, sich selbst so zu manipulieren, dass das volle Potenzial ausgeschöpft wird. Es ist also keinesfalls die Idee hinter der NLP, andere Menschen zu seinen eigenen Gunsten zu beeinflussen. Es wird vor allem zur Selbsttherapie genutzt und stellt wichtige Werkzeuge zur Verfügung, um sich selber zu helfen.

Zudem muss anerkannt werden, dass Menschen auch ohne die NLP über verschiedene soziale Fähigkeiten verfügen. Gerade wenn Sie über ein niedriges Selbstbewusstsein verfügen, sind Sie der Gefahr ausgesetzt, dass Sie von anderen Menschen gegen Ihren Willen manipuliert werden. Durch das Wissen in der Neuro-Linguistischen Programmierung erhalten Sie nicht nur ein größeres Selbstvertrauen, sondern können besser erkennen, wenn Sie gerade von der Gegenseite beeinflusst werden.

Daher ist das Wissen über die NLP und die verschiedenen Weisen der Beeinflussung als defensives Werkzeug zu verstehen. Sie können sich besser zur Wehr setzen und sind den Angriffen anderer Menschen nicht mehr schutzlos ausgeliefert. Dies ist ein wichtiger Bestandteil der Lehre der Neuro-Linguistischen Programmierung.

Offene Fragen

Die Psychologie ist ein sehr komplexes Gebiet. Wenn Sie sich tiefgründig mit diesem Buch befasst haben, werden Sie die meisten Antworten auf Ihre Fragen schon erhalten haben. Dennoch tauchen im Zusammenhang mit der NLP wahrscheinlich einige Fragen auf. In diesem Abschnitt finden Sie die häufigsten Fragen und Antworten.

Kann die NLP als Ersatz für eine Psychotherapie genutzt werden?

Wenn Sie psychologische Probleme haben, könnten Sie auf die Idee kommen, diese mit der NLP selber behandeln zu können. So könnten Sie versuchen vergangene Traumata eigenständig zu bewältigen. Leiden Sie unter klinisch relevanten psychologischen Problemen, ist immer die professionelle Hilfe eines Therapeuten notwendig. Die NLP und auch kein Coach, kann Ihnen bei schwerwiegenden Erkrankungen helfen. Zu den Erkrankungen gehören zum Beispiel Depressionen, Psychosen oder Phobien. Gerade bei der Depression ist es wichtig, dass Sie sich in Behandlung begeben. Sie können durch die NLP zwar Ihr Leben ein Stück weit verbessern, damit lösen Sie aber nicht die zugrundeliegenden Probleme. Für solche klinischen Gebiete ist die NLP nicht geeignet und Sie sollten einer herkömmlichen Therapie eher vertrauen.

Die Versprechen der NLP kommen sehr übertrieben vor. Ist es wirklich möglich innerhalb weniger Minuten die Geisteshaltung nachhaltig zu beeinflussen?

Normalerweise benötigen Veränderungen eine lange Zeit und viel Arbeit. Gerade wenn es um Gewohnheiten geht, die sich seit vielen Jahren bei Ihnen eingeprägt haben, kann es unvorstellbar klingen, wenn diese Gewohnheiten innerhalb weniger Minuten in Angriff genommen werden.

Die Versprechen, dass innerhalb weniger Minuten Veränderungen garantiert werden, sind allerdings nicht seriös. Bei der Neuro-Linguistischen Programmierung werden keine wundersamen Heilungen durchgeführt. Es handelt sich immer noch um eine komplexe Herangehensweise, um mentale Blockaden zu lösen oder Ziele zu erreichen. Um diese nachhaltigen Veränderungen zu erreichen, sind in der Regel mehrere Interventionen notwendig. Gerade wenn eine langfristige Veränderung herausbilden soll, ist die langfristige Zusammenarbeit zwingend.

Dennoch kann schon eine einzige Sitzung und Intervention zu einem herausragendem Ergebnis führen. Jeder Mensch nimmt diese Erfahrungen unterschiedlich wahr. Für manche, kann schon die Durchführung einer einzigen Sitzung eine große Veränderung des Lebensgefühls bedeuten. Damit sich dieses aber dauerhaft einprägt, muss nachhaltig daran gearbeitet werden.

Grundlegend für den Erfolg ist auch die Zusammenarbeit zwischen den Gesprächspartnern. Liegen diese nicht auf einer Wellenlänge und ist hier jede Menge Arbeit notwendig, damit diese harmonisch zusammenarbeiten, sind mehrere Sitzungen anzusetzen.

Wie vorher angesprochen, sind Veränderungen bei schwerwiegenden Krankheiten ohnehin nicht zu erwarten. Hier sollten Sie niemanden Vertrauen, der Ihnen verspricht durch die NLP die Depression heilen zu können.

Werden die Probleme überhaupt nachhaltig gelöst?

Eine Frage, die häufig gestellt wird, ist die der Problembewältigung. Ein häufiges Ziel bei der Anwendung der NLP ist das Bewältigen von vergangenen negativen Erfahrungen. Dabei werden Anker genutzt, um die negativen Gefühle zu überlagern und durch neue positive zu ersetzen.

Dies kann zu dem Verdacht führen, dass die Probleme gar nicht grundlegend gelöst, sondern lediglich verdrängt werden. Liegen seelische Probleme vor, kann es aber kaum eine richtige Antwort darauf geben, wie mit diesen umgegangen werden soll.

Das Bewusstsein ist zu komplex, als dass das es hierfür eine „richtige" Herangehensweise gibt. Bei der NLP werden diese Probleme zudem nicht verdrängt. Ganz im Gegenteil, sie werden durch die Techniken aufgedeckt und durch den Probanden nochmals erlebt. Die Konfrontation mit der Angst oder den vergangenen Erlebnissen ist eine zentrale Komponente der NLP.

Diese Erfahrungen nochmals zu durchleben, ist ein wichtiger Bestandteil, um diese lösen zu können. Mithilfe der verschiedenen NLP-Techniken wird der Zugang zu diesen Erfahrungen erleichtert. So wird zunächst eine Dissoziation vorgenommen, damit sich der Proband den Ängsten besser stellen kann. Danach wird er immer stärker mit den Problemen konfrontiert.

Erst nach der Konfrontation findet eine Manipulation der Gefühle und der Erfahrungen statt. Es werden also keine einfachen Erlebnisse und Probleme überlagert, sondern diese werden aufgearbeitet und mit anderen Emotionen verknüpft. Ohne die Probleme in das Bewusstsein zu holen, wäre eine Veränderung gar nicht möglich. Die Kritik, dass Probleme lediglich überlagert würden, ist also unberechtigt.

Modelle wie die der „Subpersönlichkeiten" sind zu abstrakt und wie solle man sich das überhaupt vorstellen?

Einige der hier vorgestellten Methoden und Techniken scheinen auf den ersten Blick sehr abstrakt zu klingen. Wenn Sie davon hören, dass Sie Ihren verschiedenen Subpersönlichkeiten zuhören sollen, werden Sie damit wahrscheinlich gar nichts anzufangen wissen. Genauso könnte es Ihnen schwerfallen, in den inneren Dialog zu treten und als Moderator den verschiedenen Stimmen zuzuhören.

Es sollte Ihnen bewusst sein, dass die Neuro-Linguistische Programmierung keine Realität beschreibt. Es geht hier nicht darum, dass Sie den Anweisungen streng folgen und darauf hoffen, dass diese Sie zum Erfolg führen.

Vielmehr sollen mit den abstrakten Modellen der Subpersönlichkeiten, komplexe Vorgänge erleichtert werden. Rational könnten Sie sich ansonsten wahrscheinlich gar nicht erklären, was es mit dem inneren Dialog auf sich hat.

Es gibt allerdings einige komplexe Vorgänge, die bei näherer Betrachtung ähnlich abstrakt sind. Möchten Sie Ihren Arm bewegen, werden eine Vielzahl von Muskeln aktiviert. Das Aktivieren der Muskeln geschieht in Ihrem Unterbewusstsein und allein durch die Kraft Ihrer Gedanken.

Indem Sie sich also in das Bewusstsein rufen, dass Sie eine komplexe Persönlichkeit sind, die über verschiedene Bedürfnisse verfügt, können Sie diese abstrakte Modelle überhaupt erst verstehen. Sie sollten sich darauf einlassen und mit der Zeit werden Sie merken, wie hilfreich diese Vorstellungen überhaupt sind.

Ist jeder Mensch für die Anwendung der NLP geeignet?

Die Anwendung einiger Techniken ist mit einer hohen Vorstellungskraft verbunden. Sie müssen sich in vergangene Erfahrungen wieder hineinversetzen können oder Sie müssen Ihre Gefühle in der Gegenwart mit einer hohen Vorstellungskraft visualisieren.

Gehören Sie zu den Menschen, die Schwierigkeiten haben, sich solche Situationen wieder vor dem inneren Auge vorzustellen? Tatsächlich ist es so, dass die Neuro-Linguistische Programmierung nicht für jeden Menschen geeignet ist.

Eine Grundvoraussetzung ist, dass Sie sich gut konzentrieren können. Leiden Sie unter Konzentrationsstörungen und können sich nicht so gut auf die Situation fokussieren, wird es Ihnen schwerfallen die Übungen erfolgreich zu absolvieren.

Genauso werden Sie nur wenig Erfolg verspüren, wenn Sie Probleme haben, Bilder im Kopf entstehen zu lassen. Fehlt Ihnen die Vorstellungskraft und die Möglichkeit, Bilder vor Ihrem inneren Auge entstehen zu lassen, werden die Übungen kaum von Erfolg gekrönt sein.

Dies muss aber nicht heißen, dass Sie die NLP direkt vergessen sollten. Mit gezielten Übungen können Sie zunächst Ihre Vorstellungskraft verbessern. Sie können zum Beispiel versuchen, Ihre Umgebung ganz intensiv wahrzunehmen. Danach schließen Sie die Augen und rufen sich die Umgebung wieder auf. Mit der Zeit werden Sie merken, dass Ihre Fähigkeiten zur Visualisierung besser werden. Sind Sie mit den Ergebnissen zufrieden, können Sie mit den Techniken der NLP beginnen.

Besteht die Gefahr, dass die NLP von Menschen missbräuchlich genutzt wird?

Wie bereits in der Kritik deutlich wurde, besteht durchaus die Gefahr, dass die Techniken und Anwendungen der NLP von Menschen missbraucht werden, die eigentlich nicht im Sinne dieser Lehre sind. Die Werbung ist ein beliebtes Beispiel, bei welcher durch die NLP immer mehr Leute zum Kauf angeregt werden sollen. Verkäufer können bestimmte Techniken ebenfalls anwenden, um die Verkaufszahlen zu steigern. Dennoch gibt es wichtige Punkte, die gegen die missbräuchliche Anwendung sprechen und zeigen, weshalb die Lehre der NLP so wichtig ist.

Für die Lehre der NLP spricht, dass es sich dabei um Wissen handelt. Wissen ist zunächst immer positiv zu betrachten und es ist durchaus zutreffend, wenn behauptet wird, dass Wissen auch Macht sei. Dabei besteht die Gefahr, dass Wissen in jeglicher Form missbraucht wird. Physikalisches und chemisches Wissen kann genutzt werden, um Waffen herzustellen. Dennoch ist dieses Wissen positiv zu bewerten und es sollte angestrebt werden, das Verständnis für die Psychologie zu erweitern.

Das Wissen über die NLP kann zudem helfen, die Manipulation zu durchschauen. Wenn die Werbung demnächst wieder das Belohnungszentrum anspricht und Sie vom Kauf überzeugen soll, können Sie diese Verkaufstricks durchschauen. Damit bekommt dieses Wissen nicht nur ein Angriffspotential, sondern auch eine defensive Bedeutung, damit Sie sich schützen können.

Zudem ist der Missbrauch nicht so einfach, wie oftmas angenommen wird. Sie können nicht mit ein paar Körperbewegungen oder Techniken jemanden gegen seinen Willen beeinflussen. Damit Techniken wie das Spiegeln einen Erfolg haben, ist ein hohes Einfühlungsvermögen notwendig. Eine Voraussetzung dafür ist, dass Sie mit dem Gesprächspartner auf einer Wellenlänge liegen. Damit solche Kommunikationstechniken einen Effekt haben, muss also einige Zeit investiert werden. Einfach jemanden praktisch auf Knopfdruck so zu programmieren, dass dieser dem eigenen Willen folgt, ist also unmöglich. Dennoch besteht natürlich die Möglichkeit, dass dieses Wissen missbräuchlich eingesetzt wird.

Dies waren einige wichtigen Fragen, die bei vielen Personen auftauchen, die beginnen sich mit der Neuro-Linguistischen Programmierung auseinanderzusetzen. Damit verfügen Sie nun über die notwendigen Werkzeuge und Instrumente, um Ihr Leben so zu verändern, dass es Ihren Zielen entspricht.

Dabei ist es wichtig, dass Sie langfristig planen und nicht direkt entmutigt sind, wenn es nicht nach Ihren Vorstellungen verläuft. Der Prozess der Verbesserung, damit Sie Ihr volles Potenzial ausschöpfen wird Sie Ihr gesamtes Leben begleiten und ständig vor neue Herausforderungen stellen.

Mit den hier vorgestellten Methoden können Sie Ihre Potenziale selber verwirklichen und den Zielen näherkommen.

SCHLUSSWORT

DIE NEURO-LINGUISTISCHE PROGRAMMIERUNG WURDE mit dem Ziel gegründet, einen Gegenpol zur herkömmlichen psychologischen Wissenschaft in den 1960er Jahren zu bilden. Wurden vor allem Krankheiten und Auffälligkeiten in der Psychologie untersucht, gab es keine Richtung, die sich mit der höheren Leistungsfähigkeit des menschlichen Geistes beschäftigte. Dabei liegt schon lange die Erkenntnis vor, dass Menschen nur einen geringen Teil der zur Verfügung stehen Leistung tatsächlich abrufen.

Mit der Neuro-Linguistischen Programmierung sollten diese Potenziale nun abgerufen werden. Dem Geist sollten seine Ängste und Grenzen genommen werden. Dazu haben sich verschiedene renommierte Wissenschaftler und Forscher in Kalifornien zusammengefunden.

Aus dieser nun fast 60-jährigen Geschichte sind einige Erkenntnisse und Techniken hervorgegangen, die Ihnen helfen sollen, Ihre Fähigkeiten besser einzusetzen. Dabei geht es nicht darum, Menschen mit bestimmten Techniken zu manipulieren oder von der eigenen Meinung zu überzeugen. Es geht vielmehr darum, seinen eigenen Geist so zu verändern, dass Sie in der Lage sind Ihre Ziele zu erreichen und glücklicher im Leben zu werden.

Grundlagen dieser Erkenntnisse wurden schon lange vor der Einführung der Neuro-Linguistischen Programmierung erlangt. Dabei ist vor allem die Konditionierung von Hunden ein wichtiger Hinweis darauf, wie das Gehirn beeinflusst werden kann. Eine objektive Realität, scheint es nicht zu geben, sondern diese ist immer von den eigenen Wertvorstellungen abhängig.

Mit diesem E-Book wird Ihnen ein umfassender Überblick über die Neuro-Linguistische Programmierung geliefert. Sie haben Techniken kennengelernt, mit denen Sie Ihre Ängste besiegen können und zuversichtlicher in die Zukunft schauen können. Sie wissen nun, dass der Geist wirklich Berge versetzen kann und das bestimmte Grenzen nur in Ihrem Bewusstsein vorhanden sind.

Eine der wichtigsten Techniken, die Sie verinnerlichen sollten ist das Ankern. Bei dem Ankern können Sie bestimmte emotionale Zustände praktisch abspeichern und zu einem beliebigen Zeitpunkt wieder abrufen. Diese Übungen können Sie im Alltag durchführen und dabei immer darauf hinarbeiten, dass Sie selbstbewusster werden und sich allen Situationen stellen.

Haben Sie gerade ein Erfolgserlebnis gehabt oder sind besonders motiviert, können Sie diese Zustände einspeichern. Dazu führen Sie bestimmte Gesten oder Berührungen durch. Durch das Wiederholen dieser Anker prägt sich das Bewusstsein diese emotionalen Zustände ein. Dies mag auf den ersten Blick ziemlich abstrakt wirken und Sie werden daran vielleicht gar nicht glauben. Das Experiment mit den Hunden zeigt aber schon sehr deutlich, dass das Bewusstsein auf diese Weise beeinflusst werden kann.

Sie werden wahrscheinlich auch über bestimmte Kindheitserinnerungen verfügen, die mit einem Gefühl verbunden sind. Waren Sie im Urlaub am Meer, werden Sie mit dem Geruch des Meerwassers bestimmt eine besondere Erinnerung assoziieren. Diese Erinnerung versetzt Sie unter Umständen in eine Urlaubsstimmung und Sie entspannen sich. Diesen Zustand können Sie auch Zuhause aufrufen. Deshalb sind Souvenirs und Andenken so beliebt. Sie ermöglichen es, die Erinnerungen und emotionalen Zustände des Urlaubs direkt wieder in das Gedächtnis zu holen.

Zu Beginn des E-Books ging es hauptsächlich darum, dass Sie Ihre Ziele finden. Dabei geht es darum, dass Sie wissen, was Sie wirklich im Leben möchten. Für viele Menschen scheint Geld im Mittelpunkt zu stehen. Sie streben nach einer perfekten Karriere und möchten in vielerlei Hinsicht das Geld vermehren.

Geld ist sicherlich ein wichtiges Mittel in der heutigen Gesellschaft. Kann es Ihnen doch einige Möglichkeiten eröffnen und Freiheiten bieten. Studien zeigen allerdings, dass Geld alleine nicht glücklich macht. Gerade wenn Sie bereits über ein sehr solides Einkommen verfügen und sich keine Sorgen mehr über Ihre Grundbedürfnisse machen müssen, ist es an der Zeit andere Ziele zu verfolgen. Der persönliche Nutzen des Geldes nimmt ab, je mehr Sie bereits besitzen.

Bei der kurz- und mittelfristigen Zielsetzung kommt es also darauf an, wo Sie gerade stehen. Sind Sie jung und noch in einer Findungsphase, dann wird es vernünftig sein, wenn Sie sich für einen Weg entscheiden, bei dem Sie eine finanzielle Sicherheit erreichen. Dabei sollten Sie immer Ihre eigenen Werte betrachten und hinterfragen, ob Ihre Ziele mit diesen Werten übereinstimmen.

Entstehen Konflikte und Sie merken, dass Ihre Karriere oder Ihre eigentlichen Zukunftspläne nicht mit Ihren Werten übereinstimmen, werden Sie es schwer haben ein glückliches Leben zu führen. Selbst wenn Sie sehr viel Geld verdienen würden, wären Sie nicht glücklicher.

Wenn Sie sich die Maslow'sche Bedürfnispyramide vor Augen halten, dann wird wahre Zufriedenheit nur über die Selbstverwirklichung erreicht. Haben Sie Ihr ganzes Leben so verbracht, dass dies im Widerspruch zu Ihren Werten steht, werden Sie die Selbstverwirklichung nur noch schwer erreichen können.

Es mag zwar sehr kompliziert klingen, aber Sie sollten sich in jedem Moment im Klaren darüber sein, dass Sie ein großes Lebensziel haben, dessen Sie alle anderen Ziele unterordnen. Egal welches „Lebenswerk" Sie vollbringen möchten, jede Tätigkeit von Ihnen sollte Sie in irgendeiner Weise diesem Ziel näherbringen.

Die Neuro-Linguistische Programmierung ist also nichts weniger als die Bereitstellung von Werkzeugen, damit Sie sich Ihrem Ziel bewusst werden und diesem näherkommen.

Um die Ziele zu erreichen, benötigen Sie vielmals die Unterstützung von anderen Personen. Das Leben als Einzelkämpfer zu verbringen mündet nicht nur in einer Einsamkeit, sondern ist in vielen Bereichen mit zusätzlichen Schwierigkeiten verbunden. Menschen sind soziale Wesen und die Interaktion ist notwendig, um ein erfülltes Leben zu verbringen.

Dabei gehört die Beziehung mit dem Partner genauso dazu, wie enge Freundschaften und entfernte Bekannte. Haben Sie sich mit den Theorien und Techniken der Neuro-Linguistischen Programmierung auseinandergesetzt, sollten Sie zwar Ihre Energie dafür einsetzen, Ihre Ziele zu erreichen, aber die zwischenmenschlichen Kontakte dürfen nicht vernachlässigt werden.
Nicht jedem Menschen fällt es jedoch leicht, Kontakte und Freundschaften zu knüpfen. Während manche Personen anscheinend spielend leicht mit neuen Bekanntschaften umgehen, haben andere Menschen es deutlich

schwerer, aus sich herauszugehen. Sie können sich nicht so stark öffnen und werden als schüchtern bezeichnet.

Soziale Fähigkeiten sind aber weiterhin sehr stark gefragt. Gerade im Berufsleben sind diese Fähigkeiten teilweise mehr Wert, als das eigentliche Fachwissen. Lernen Sie nicht, sich gegen die Kollegen zu behaupten oder schaffen Sie es nicht, einen positiven Eindruck zu vermitteln, werden Sie schnell übergangen, wenn es um die nächste Beförderung geht. Nicht jeder Mensch wird mit den gleichen Fähigkeiten geboren und wenn Sie es in jungen Jahren noch nicht gelernt haben, mit diesen sozialen Situationen zurechtzukommen, dann können Sie die Techniken der Neuro-Linguistischen Programmierung nutzen.

Personen, denen nachgesagt wird gut im Umgang mit anderen Menschen zu sein, wenden diese Techniken vielleicht unbewusst an. Sie können diese nach dem Lesen dieses E-Books ebenfalls nutzen.

Für jede Form der Kommunikation ist das Vertrauen die Basis. Ist kein Vertrauen vorhanden, können sich Freundschaften nicht formen und Sie werden sich nicht öffnen. Sie oder Ihr Gegenüber haben die Angst, dass die Kommunikationsinhalte zum Nachteil genutzt werden, wenn kein Vertrauen vorhanden ist. Schließlich zeigen Sie auch Schwächen und Sie möchten nicht jeder Person eine Angriffsfläche bieten.

Um Vertrauen aufzubauen, hilft die Technik des Spiegelns. Hierbei nehmen Sie eine ähnliche Grundhaltung wie Ihr Gesprächspartner an. Sie schauen, ob dieser zum Beispiel eher aufgeschlossen ist und eine Nähe aufbaut oder ob zunächst noch eine Distanz vorhanden ist. Indem Sie eine ähnliche Körperhaltung und Sprechweise übernehmen, vermitteln Sie das Gefühl, dass Sie sich ähnlich sind.

Durch das Anwenden dieser Technik werden Sie aber nicht direkt zu besten Freunden. Ein weit verbreiter Irrglaube ist, dass die Neuro-Linguistische Programmierung zur Manipulation genutzt werden kann und dies der Hauptzweck dieser psychologischen Richtung sei. Allerdings sind diese Kommunikationsregeln nur ein sehr kleines Teilgebiet.

Zudem benötigen Sie weiterhin sehr viel Zeit, um das Vertrauen aufzubauen. Es bringt auch nichts, wenn Sie sich zu stark verstellen. Dies wirkt unnatürlich und kann von Ihrem Gegenüber sehr schnell durchschaut werden. Bei beliebten Techniken wie dem Spiegeln geht es also eher darum, dass Sie wissen, wie Sie sich in solchen sozialen Situationen am besten verhalten können.

Ihre eigene Persönlichkeit und Ihre Werte sollten zu jedem Zeitpunkt, weiterhin eine wichtige Rolle spielen. Am Beispiel der Kommunikationsregeln zeigt sich, dass es bei der Neuro-Linguistischen Programmierung darum geht, die eigenen Potenziale so gut es geht zu nutzen. So lernen Sie, was im Rahmen der Kommunikation von Ihnen erwartet wird, um eine Freundschaft aufzubauen.

Es ist also nicht möglich, dass Sie praktisch wie in Hypnose bestimmte Techniken oder Handgriffe anwenden und Ihr Gesprächspartner gegen seinen Willen handelt. Indem Sie mehr Selbstbewusstsein aufbauen, lernen Sie sich besser durchzusetzen und können Ihre Qualitäten viel besser im Berufsleben beweisen.

Menschen werden durch Erfahrungen geformt. Aus den Erfahrungen resultiert die Erkenntnis, dass jede Person individuell ist und einen anderen Charakter hat. Die Vergangenheit kann Sie zu einem optimistischen und frohen Menschen geformt haben oder Sie haben unter Ängsten zu leiden.

Ängste und Phobien hindern Sie daran, Ihre volles Potenzial nutzen zu können. Sie verschwenden Energie in Ihrem Alltag, um die Konfrontation mit der Angst zu vermeiden. Dies bedeutet, dass diese Energie nicht mehr zur Verfügung steht, um Ihren eigentlichen Zielen näherzukommen.

Die Neuro-Linguistische Programmierung bietet Ihnen die Möglichkeit, solche Ängste und Phobien aufzuarbeiten. Sie können sich mittels der vorgestellten Techniken, behutsam der Angst nähern und diese durch positive Emotionen anders wahrnehmen. Das Reframing gehört mit dem Ankern und Spiegeln zu den Grundtechniken, die Sie beherrschen sollten.

Denn die Wahrnehmung ist immer subjektiv und wenn Sie eine Situation mit einer negativen Erfahrung verbinden, können Sie diese im Nachhinein ändern. Dies ist zugleich eine weitere Erkenntnis, die die Neuro-Linguistische Programmierung liefert. Die Vergangenheit ist kein abgeschlossener und unveränderlicher Zeitraum. Obwohl Sie das Ereignis und die Geschehnisse an sich nicht mehr ändern können, haben Sie immer noch einen Einfluss auf die Wahrnehmung.

Mit der Technik des Reframings können Sie Ihre Wahrnehmung so ändern, dass diese keine Belastung mehr für Sie darstellt. Dennoch ist diese Selbsttherapie mittels der Neuro-Linguistischen Programmierung mit Vorsicht zu genießen. Kleine Ängste und Gewohnheiten können Sie versuchen zu verändern. Möchten Sie mit dem Rauchen aufhören, können Sie die Ansätze der Neuro-Linguistischen Programmierung ebenfalls nutzen, um eine andere Wahrnehmung zu erhalten.

Leiden Sie allerdings unter sehr starken Angstzuständen, sollten Sie sich in eine professionelle Therapie begeben. Durch die falsche Anwendung der NLP-Techniken, setzen Sie fehlerhafte Anker, die unerwartete Auswirkungen haben können.

Generell gilt der Grundsatz, dass die Neuro-Linguistische Programmierung mächtige Werkzeuge bietet. Dies bedeutet, dass Sie sehr verantwortungsvoll damit umgehen sollten. Sowohl bei der Anwendung an sich selber, als auch bei der Unterstützung anderer Personen. Sie sollten sich mit den Grundlagen und Hintergründen gründlich befassen, bevor Sie die Techniken anwenden.

So mächtig diese Werkzeuge sind, so sehr kann das Wissen darüber nützlich sein, wenn Sie selber der Gefahr ausgesetzt sind beeinflusst zu werden. Befinden Sie sich in einer Karriere, bei der die Kommunikation eine hohe Bedeutung hat, dann werden Sie schnell merken, welche Personen Sie versuchen in eine Richtung zu beeinflussen. Indem Sie die Werkzeuge kennen, können Sie sich der Beeinflussung entziehen und sich ein eigenes Urteil bilden.

Dennoch ist die Neuro-Linguistische Programmierung nicht für jede Person geeignet. Haben Sie dieses Buch gelesen und können Sie mit den vorgestellten Übungen nicht viel anfangen, dann kann dies daran liegen, dass es Ihnen an bestimmten Fähigkeiten mangelt. Damit die Techniken zur Selbsttherapie erfolgreich sind, benötigen Sie eine hohe Vorstellungsgabe. Sie müssen sich Bilder ausmalen und diese mit Emotionen verbinden.

Fällt es Ihnen schwer, sich diese Bilder vorzustellen oder können Sie sich nicht richtig öffnen, um die Emotionen zuzulassen, sollten Sie zunächst daran arbeiten. Erst wenn Sie sich wohlfühlen und öffnen können, ist es Ihnen möglich die Emotionen tatsächlich zu spüren. Sie sollten zudem die Übungen vorurteilsfrei angehen. Auf den ersten Blick mag es für jeden

Außenstehenden befremdlich wirken, wenn Sie erfahren, dass Sie über verschiedene Persönlichkeiten verfügen. Dann noch mit diesen Persönlichkeiten zu kommunizieren wirkt erst recht merkwürdig.

Genauso merkwürdig würden Sie aber auch das Verhalten der Hunde betrachten, denen beim Läuten der Glocke das Wasser im Munde zusammenläuft. Psychologie ist ein sehr komplexes Gebiet und deshalb dauert das Studium einige Jahre. Therapeuten benötigen zusätzliche Jahre und Praxiserfahrung, um mit Patienten arbeiten zu können.

Damit sollte Ihnen klar sein, dass auch bei der Neuro-Linguistischen Programmierung nicht immer Erfolge in kürzester Zeit eintreten werden. Sie müssen zunächst einige Zeit investieren, um die Grundlagen zu verstehen und später anwenden zu können.

Wenden Sie sich an Coaches, die Ihnen Erfolge innerhalb weniger Sitzungen versprechen, sollten Sie sehr vorsichtig sein. Mit der steigenden Popularität dieses Teilgebietes gibt es immer mehr Menschen, die vor allem die kommerzielle Seite ausnutzen möchten. Vertrauen Sie Ihrem eigenem Instinkt und wenn ein Angebot schon zu gut klingt, sollten Sie davon wahrscheinlich Abstand nehmen.

In diesem Sinne bietet die Neuro-Linguistische Programmierung eine sehr gute Grundlage und einige wichtige Werkzeuge, mit denen Sie ein erfülltes und glückliches Leben führen können. Sie haben sich wichtige Ziele im Leben gesetzt und das notwendige Wissen, um diese zu erreichen.

Einschränkungen des Geistes sind Illusionen, die Sie zu Ihren Gunsten verändern können. Die Neuro-Linguistische Programmierung hilft Ihnen, Ihr volles Potenzial zu entfalten und dieses Angebot sollten Sie annehmen und lebenslang nutzen. So können Sie sich selbst verwirklichen und eine tiefgründige Zufriedenheit empfinden.

Zugangscode - Kostenfreies e-Book

Gehen Sie auf **https://link.cherrymedia.de/EPUB** und geben Sie Ihren Zugangscode ein um Ihr kostenfreies e-Book herunterzuladen.

QV13-18BC-OP11

ERFOLGSMAGNET

Durch Visualisierung schneller Ziele erreichen! Wie Sie Ihr Unterbewusstsein auf Erfolg programmieren und dauerhaft Motivation aufbauen

CHERRY MEDIA

Ein Buch von: Monique Claire Hiltenbach

Originale Erstauflage

Druck/Auslieferung:
Amazon oder eine Tochtergesellschaft

978-3-96583-145-2	POD Taschenbuch
978-3-96583-146-9	Kindle eBook
978-3-96583-147-6	Taschenbuch
978-3-96583-148-3	Hardcover
978-3-96583-149-0	CD

Impressum:
Cherry Media GmbH
Bräugasse 9
94469 Deggendorf
Deutschland

info@cherrymedia.de
monique.claire.hiltenbach@cherrymedia.de

INHALTSVERZEICHNIS

Kostenfreies e-Book & Hörbuch inklusive

Beim Kauf jedes Taschenbuches von Cherry Media ist das **e-Book, spannende Bonusinhalte** sowie das **Hörbuch kostenfrei** für Sie **inkludiert**. Gehen Sie dazu einfach auf

https://link.cherrymedia.de/EPUB

oder scannen Sie den abgebildeten QR Code. Auf der Website können Sie dann Ihren einmalig gültigen Zugangscode eingeben.

Den **Zugangscode** zu Ihrem kostenfreie eBook, Hörbuch und zu den Bonusinhalten finden Sie auf der Seite: **304.**

Wir wünschen **viel Freude** mit Ihren **kostenfreien** Inhalten!

Haben Sie Fragen zu Ihrem e-Book? Wir sind gerne für Sie da!

Sie erreichen Sie uns unter info@cherrymedia.de

TEIL - THEORIE

Vorwort - Einleitung

WIE DU MIT EINEM Blick auf das Inhaltsverzeichnis bereits erkennen konntest, haben wir dieses Buch in zwei Teile unterteilt. Im ersten Teil befassen wir uns mit der Theorie, die hier jedoch alles andere als trocken ist. Visualisierung ist ein spannendes Thema und wir laden Dich ein, mit uns tief in diese Materie einzutauchen. Im zweiten Teil geht es danach ans Eingemachte. Um den zweiten Teil und die Übungen perfekt abarbeiten zu können, benötigst Du ein Heft, einen Notizblock oder ein eigenes Tagebuch für Visualisierung. Du musst nicht zwingend zuerst den ersten Teil von vorne bis hinten gelesen haben, um mit dem zweiten Teil zu beginnen. Natürlich ist es besser, wenn Du den Sinn der Visualisierung zuvor etwas erkennst. Es kann aber auch durchaus interessant sein, wie sich Deine Übungen mit der Zeit verändern. Du wirst überrascht sein, wenn Du die Unterschiede in Deinen Formulierungen erkennen kannst.

Wir wollen uns jetzt jedoch nicht mehr lange mit vielen Worten aufhalten, denn das wichtigste folgt in den einzelnen Kapiteln. Wir wünschen Dir viel Spaß und gutes Gelingen bei Deinen Visualisierungen und vergiss nie: Alles, was Du Dir vorstellen kannst, kann auch tatsächlich wahr werden. Man muss nur ganz fest und mit Überzeugung daran glauben.

Was ist Visualisierung überhaupt und warum ist Visualisierung so wichtig?

Visualisieren bedeutet, etwas sichtbar machen. Es dreht sich hier alles um Bilder, die von Deinem Inneren heraus sichtbar werden. Sie entstehen in Deinem Gehirn, werden über Deine Gedanken transportiert, Du siehst sie danach klar vor Deinen Augen und kannst diese Bilder dadurch auch verwirklichen.

Visualisierung ist deshalb so wichtig, weil Du dadurch Deine wichtigen

Ziele und Wünsche viel einfacher erreichen kannst. Ein kleines Beispiel dafür: Du wirst Deine Diät nicht durchhalten, wenn Du die ganze Zeit nur denkst, dass Du es ohnehin nicht schaffst, wenn Du Dir nicht vorstellen kannst, dass Du eines Tages schlank und rank durch die Gegend laufen wirst, dann wird das Unternehmen richtig hart. Ebenso wirst Du Dein Laufpensum nie erreichen, wenn Du immer nur denkst: “Ich schaffe das nicht”.

Manche werden schier sagen, dass dies alles Träumerei oder sogar Spinnerei ist. Jedoch ist Visualisierung alles andere als irrational. Der Schweizer Psychiater Carl Gustav Jung konnte bedeutende Forschungen auf diesem Gebiet unternehmen. Es war ihm möglich durch seine Studien positive Auswirkungen auf Körper, Geist und Seele im Bereich Selbsterkenntnis und Selbstverwirklichung nachzuweisen.

Ein großer Beweis, dass alles einer Vorstellungskraft entspringen muss, ist jener, dass alles, das sich rund um uns befindet, von irgendjemanden zuerst erfunden werden musste. Es gäbe keinen Fernseher, wenn nicht jemand eine Idee dazu gehabt hätte und diese deutlich vor Augen hatte. Dasselbe ist mit Telefon, Computer, mit der neuesten Mode, den Autos, Motorrädern, Flugzeugen und mehr.

Am Anfang steht immer eine Idee. Diese Idee muss wie von einem Architekten skizziert werden. Hier kommt die Visualisierung ins Spiel. Du bist nun der Architekt Deiner Wünsche und Träume und bringst diese in Gedanken quasi aufs Papier. Du zeichnest den Grundriss für Deine Träume und Wünsche. Ganz klar kannst Du diese vor Deinem inneren Auge erkennen, ganz so, als würdest Du einen Bauplan lesen.

Visualisierung hat auch sehr viel mit Optimismus zu tun. Es ist mittlerweile erwiesen, dass Optimisten nicht nur sympathischer wirken und besser ankommen, sondern auch tatsächlich erfolgreicher sind. Wenn das nicht Grund genug ist, dass Du Dich näher mit dem Thema befassen solltest? Du kannst Prüfungsängste damit abbauen, Dein Selbstbewusstsein stärken, Blockaden lösen, persönliche Ziele erreichen, Stress abbauen und sportliche Leistungen absolvieren. Es liegt an Dir alleine.

Das Gute beim Visualisieren ist, es liegt tatsächlich alles in Deiner Hand. Du alleine bist Deines Glückes Schmied und Du kannst Deine Zukunft von nun an ganz alleine gestalten.

Meditative Visualisierung

Wenn Du Deine Vorstellungskraft für die Meditation nutzen kannst, dann hast Du das Prinzip der Visualisierung bereits verstanden. Vielleicht hast Du, wenn Du regelmäßig meditierst die Visualisierung bereits häufig erfolgreich angewendet. Denk daran, wie beginnst Du eine Meditation?

Nachdem Du Dir einen guten Platz gesucht hast, beginnst Du doch meist, Dir einen schönen Ort vorzustellen, an den Du Dich begibst. Bei diesem Traumort handelt es sich um einen Platz, der nur in Deiner Vorstellung existiert. Und doch ist dieser Ort in diesem Moment Realität, denn Du begibst Dich während Deiner meditativen Reise dorthin.

Wenn Du noch nie auf diese Art und Weise meditiert hast, hier eine kurze Anleitung. Du machst es Dir bequem, schließt die Augen und stellst Dir ganz fest einen schönen Ort vor, an dem Du gerade sein möchtest. Dabei kann es sich um einen traumhaften Strand am Meer handeln, um eine Berghütte in absoluter Abgeschiedenheit oder um das Haus am See. Stell Dir nun vor, wie Du dorthin gehst. Fühle wie Du ankommst und einfach glücklich bist. Du hörst das Rauschen des Meeres, riechst den Waldboden, spürst die Sonne auf der Haut und spürst den erfrischenden Regen.

An diesem Ort kannst Du Dich bewegen und alles kann passieren. Wenn Du an Deinem Ort Deiner Träume fliegen möchtest, dann kannst Du hier fliegen. Dir ist es möglich auf Einhörnern zu reiten, Riesen zu bekämpfen, aber auch einfach in der Hängematte zu liegen und zu entspannen. Du kannst Dich hier leicht und glücklich fühlen. An diesem Ort bist Du gesund und hast keine Sorgen. Du bist frei und leicht und alles ist so, wie es sein sollte.

Durch die Visualisierung kannst Du auch immer wieder und auch schneller an diesen Ort der Entspannung gelangen. Während es am Anfang sicher etwas dauert, bis Du diesen Ort erschaffen hast, und Dich hier auch frei bewegen kannst, so musst Du später vielleicht nur mehr durch eine Türe treten und erreichst diesen Ort. Vielleicht gelingt es Dir besser, wenn Du die Vögel des Walds singen hörst, oder das Meer rauscht. Ganz egal welche Impulse Dir dabei helfen - wichtig ist, dass Du diesen Ort auch wirklich bunt und in allen Farben, mit allen Gerüchen und Geräuschen vor Dir siehst.

Wenn es Dir schwer fällt, diesen Ort vor Deinen Augen zu sehen, liegt es vielleicht daran, dass Du zu wenig entspannt bist, oder von etwas abgelenkt wirst. Suche Dir für Deine Meditation unbedingt einen ruhigen Raum. Auf keinen Fall sollte Dich Dein Mobiltelefon ablenken, und auch die Familie sollte Dir für die Zeit der Meditation eine Ruhepause gönnen. Auch ist es wichtig, dass Du etwas bequemes trägst. Es soll Dich nichts einengen und am Atmen hindern. Zudem sollte die Temperatur angenehm sein. Du sollst weder frieren noch schwitzen und auch ist es wichtig, dass der Raum gut gelüftet ist. Öffne im Vorfeld das Fenster und lass frische Luft hinein. Du kannst Dir auch zusätzlich eine nette Atmosphäre schaffen. Egal ob Räucherstäbchen, Weihrauch, Kerzen oder Duftlampen - erlaubt ist, was Dir angenehm ist.

Wenn diese äußeren Umstände passen, dann wird es Dir auch immer leichter fallen, dass Du Dich auf eine Traumreise an einen schönen Ort begibst. Visualisierung und Meditation sind wie Du siehst sehr eng miteinander verbunden. Im Laufe des Buches wirst Du noch viele Situationen kennenlernen, in welchen Visualisierung und Meditation eine große Rolle spielen. Bereits im nächsten Kapitel werden wir sehr intensiv darauf eingehen, wenn es darum geht, wie Du mit Visualisierung Deinen Stress abbauen kannst.

Abbauen von Stress und relaxen mit Visualisierung

Im letzten Kapitel haben wir über Meditation gesprochen. Doch es ist nicht immer Zeit für eine Meditation. Dennoch kann Dir Visualisierung auch im stressigsten Moment helfen, die Anspannung abzubauen. Wichtig kann dies zum Beispiel sein, wenn Dein Chef explodiert und im Büro Bombenstimmung herrscht. Es kann nützlich sein, wenn Du gerade in Gefahr läufst, einen Streit anzufangen oder wenn Dir die Arbeit einfach über den Kopf zu wachsen droht. Egal ob am Arbeitsplatz oder im Haushalt. Mit diesen kleinen Tricks verschwindet der Stress im Nu.

Durch Visualisierung kannst Du viele dieser Situationen gelassener meistern. Es ist wichtig, dass Du die stressigen Situationen auch erkennst. Wie oft kommst Du abends nach Hause und bist einfach kaputt. Dies ist der Moment, an dem Du zum ersten Mal zu Deinem Notizbuch greifen kannst. Nimm Dir abends die Zeit und schreib auf, was Dich an diesem Tag so erledigt hat. Dies können oft wenig offensichtliche Punkte sein. Eventuell ist es die Kollegin, die eine absolute Energieräuberin ist, möglicherweise ist es der Chef, der stets missgelaunt und laut ist, oder vielleicht bist es Du selbst, weil Du Dir viel zu viel aufbürdest. Es kann der ständige Streit Deiner Kinder sein, es können die vielen unwichtigen Anrufe der Auslöser sein, oder auch Dein schlechter Schlaf.

Oft können auch Gerüche, Geräusche oder Temperaturen Stress auslösen. Wenn es an Deinem Arbeitsplatz für Dich ständig zu warm oder zu kalt ist, so kann dies nerven und ab einem gewissen Grad unerträglich sein. Der Kollege mit seinem aufdringlichen Eau de Cologne kann Kopfschmerzen bei Dir hervorrufen und ein immens hoher Lärmpegel kann ebenso schnell auf die Nerven gehen. Doch wie sollst Du nun durch Visualisierung diese Situationen ändern? Wie sollen Kinder plötzlich zu streiten aufhören, oder der Boss zu einem frommen Lämmchen werden?

Bei der Visualisierung steht an erster Stelle nicht, dass Du andere und das Umfeld veränderst, sondern Dich selbst. Nur wenn Du bei Dir selbst beginnst, kannst Du auf Dauer auch alles rundherum verändern. Der erste Schritt dazu ist, dass Du absolut ruhig bleibst. Wenn Dich die Situationen sofort in Rage versetzen oder Dich nervös machen, so fühlst Du Dich dadurch schnell abgekämpft. Somit beginnen wir damit, dass Dir diese Situationen nichts mehr anhaben können.

Nimm nun Deine Notizen zur Hand. Hier hast Du vermerkt, welche Situationen Dich besonders ermüden, stressen oder nerven. Jetzt stellst Du Dir genau diese Situation wieder vor. Vor Deinem geistigen Auge durchläufst Du die Szene wieder, in welcher Dein Boss Dich angepflaumt hat, warum der Drucker immer noch nicht funktioniert, oder warum die Ablage so unordentlich ist. Spürst Du, wie Dich diese Situation gestresst hat? Vielleicht wird Dir alleine bei dem Gedanken daran schon wieder heiß und Du möchtest zurück brüllen, weil Du Dich ungerecht behandelt fühlst.

Nun aber stell Dir exakt diese Situation wieder vor. Nur dieses Mal lässt Du das Gefühl von Angst, Ärger, Wut, Enttäuschung oder Stress gar nicht zu. Du siehst Dich vor Deinem geistigen Auge, wie Du tief durchatmest, freundlich lächelst und Dir die Worte nicht zu Herzen nimmst. Spürst Du, wie sofort alles einfacher und erträglicher wird? Dasselbe machst Du in einer Situation, wenn Dir die Kollegin wieder ein Ohr abkauen möchte und Dich mit sinnlosem Gejammer belastet. Atme tief durch und stell Dir vor, wie die Worte einfach an Dir abprallen. Du sollst es tatsächlich genau so sehen. Die Worte kommen aus ihrem Mund, können jedoch nicht in Dein Herz eindringen. Stell Dir vor, Du trägst eine Rüstung oder hältst ein Schild vor Deiner Brust. Daran prallen alle Worte einfach ab.

Wenn Du bis jetzt alles geduldig ertragen hast, einfach weil Du zu schüchtern warst, Dich über die kalt eingestellte Klimaanlage zu beschweren, so stell Dir nun vor, wie Du mutig aber freundlich vor die Belegschaft trittst und um eine faire und für alle akzeptable Lösung bittest. Stell Dir vor, wie Du diese Situation souverän meisterst. Spiel diese immer wieder vor Deinem geistigen Auge durch. Du musst diese Situation visualisieren, bis Du Dir ganz sicher bist, dass Du es auch wirklich genauso hinbekommst.

Wenn Du abends schlecht einschlafen kannst, so hilft Dir eine kleine Meditation. Du kannst Dir auch einfach vorstellen, wie Dein Körper müde und schwer wird. Stell Dir vor, wie jeder einzelne Körperteil müde und schwer wird und einschläft. Verbanne alle Gedanken an Schlaflosigkeit. Stell Dir vor, wie Du sofort in schöne Träume eintauchst. Du kannst Dich zum Einschlafen ebenfalls an Deinen persönlichen Ort der Träume beamen.

Morgens stellst Du Dir vor, dass Du ausgeschlafen, fit und taufrisch wie eine Rose bist. Du musst Dir stets vor Augen halten, dass ein wunderbarer Tag auf Dich wartet. Stell Dir vor, wie Du mit jedem Atemzug Energie pur einatmest und fülle Deinen Körper damit auf. Verbanne Deine Gedanken an Müdigkeit, lass sie einfach nicht zu. Sieh Dich, wie Du vor Lebenslust durch den Tag tanzt und schon wirst Du spüren, wie der Tag besser beginnt.

Du kannst mit der Visualisierung auch eine tägliche Energiedusche genießen. Stell Dir einfach vor, wie Du Dich unter eine Regendusche stellst und die Energie nur so auf Dich herunter prasselt. Dies kannst Du auch immer und jederzeit wiederholen. Visualisiere dies immer dann, wenn Du einen extra Energiekick benötigst. Das Spiel kannst Du auch mit Kraft, Ruhe, Gelassenheit, Liebe, Zuversicht, Mut und vielem mehr spielen. Sämtliche Emotionen und Gemütszustände können so visualisiert werden und prasseln auf Dich herab, wie ein warmer Sommerregen.

Visualisieren von Wünschen

Jeder Mensch hat Wünsche. Jeden Tag, große Wünsche, kleine Wünsche und alle Wünsche können mehr oder weniger, früher oder später in Erfüllung gehen. Natürlich nur, wenn Du auch wirklich etwas dafür tust und vor allem daran glaubst, dass alles zu erreichen ist. Natürlich ist es Utopie, wenn Du Dir für morgen drei Millionen Euro auf dem Konto wünschst, dies hat mit Visualisierung nicht viel zu tun. Nichts geht von heute auf morgen, doch alleine, dass Du Deine finanzielle Unabhängigkeit visualisierst, bringt Dich ein Stück näher erfolgreich zu sein.

Nimm nun wieder Dein Notizheft zur Hand und notiere die Wünsche, welche Dir spontan einfallen. Das können die unterschiedlichsten Wünsche wie Gesundheit, einen neuen Partner, Freundschaft, Wunschgewicht, Schulabschluss oder vieles mehr sein. Schreib einfach auf, was Dir auf dem Herzen liegt und wonach Du Dich so sehr sehnst. Nun schreib daneben auf, woran es bisher gescheitert ist. Hast Du die Diät bis jetzt nie durchgehalten, gehst Du nie raus und kannst somit niemanden kennen lernen, ernährst Du Dich ungesund, rauchst und trinkst und machst durch viel Stress Deine Gesundheit kaputt, lernst Du nicht für Deine Prüfungen oder scheitern Deine Freundschaften, weil Du gerne über andere lästerst?

Nachdem Du Deine Wünsche notiert hast und auch weißt, warum es bislang nichts damit geworden ist, kannst Du beginnen, Deine Wünsche zu visualisieren. Stell Dir vor, wie Du gesund bist. Deine Schmerzen sind weg, Dein Gewicht hat sich reduziert und Du kannst Dich stolz im Spiegel betrachten. Du siehst Dich Hand in Hand mit Deinem neuen Partner durch den Wald gehen oder mit Deinen Freunden im Park beim Picknick lachen. Du siehst Dich erfolgreich die Prüfungen absolvieren, einen tollen Job ausführen oder ähnliches. Du musst Dir nur ganz konkret vorstellen, wie Du in den einzelnen Situationen handeln würdest.

Das Visualisieren Deiner Wünsche bedeutet, dass Du diese ganz deutlich vor Dir siehst. Male Dir jeden einzelnen Moment intensiv und konkret aus. Du musst es fühlen, riechen und schmecken können. Alleine bei der Vorstellung solltest Du ein Glücksgefühl verspüren. Du kannst hier absolut kreativ sein. Wichtig ist, dass Du dies nicht nur einmal machst, sondern immer wieder, am besten mehrmals täglich wiederholst.

Durch das konkrete Visualisieren steuerst Du Deine Gedanken. Wie oft passiert es, dass wir uns im Geheimen negative Gedanken machen. Wir zweifeln an uns selbst und schüren somit die Angst. Wenn es im Hals kratzt und Du pausenlos daran denkst schwer krank zu sein, wirst Du Dich über kurz oder lang auch richtig krank fühlen. Wenn Du Dich stets versagen siehst, dann wirst Du vor Angst auch wirklich versagen.

Durch das Visualisieren Deiner Wünsche gibst Du diesen negativen Gedanken jedoch keine Chance mehr. Sobald Du bemerkst, dass sich wieder diese negativen Gedanken einschleichen möchten, aktivierst Du nun Deine Wünsche und Träume und beginnst diese zu visualisieren. Durch das Visualisieren vertreibst Du Deine Zweifel und es wird Dir sonnenklar, dass all Deine Wünsche auch tatsächlich zu erreichen sind. Du überzeugst Dich dadurch selbst von Deinem Erfolg. Und bekanntlich kann ja der Glaube Berge versetzen.

Du kannst in Form von einzelnen Bildern visualisieren, oder vor Deinem geistigen Auge einen richtigen, kleinen Film ablaufen lassen. Gerade in stressigen Momenten hilft es oft, wenn Du nur an ein bestimmtes Bild denkst und dieses für einige Sekunden vor Deinem geistigen Auge aufleuchten lässt.

Tapping - die Macht der Gedanken

Tapping ist ein Instrument aus der Energetik, welche auf Visualisierung basiert. Durch Tapping kannst Du erfolgreich, glücklich und auch reich werden. Reich ist hier nicht immer mit finanziellem Reichtum gleichzusetzen, doch schwören auch viele darauf, durch Tapping immer wieder aus finanziellen Nöten gerettet worden zu sein. Doch auch hier ist es wichtig, dass Du den positiven Ausgang deutlich vor Deinem inneren Auge siehst und auch wirklich davon überzeugt bist.

Das Tapping beginnt damit, dass Du einen großen oder kleinen Wunsch festlegst. Überlege, welcher Deiner Wünsche Dir am wichtigsten ist, oder welches Problem Dich gerade am meisten quält. Wir wollen das Tapping jetzt anhand einiger kleinen Beispiele veranschaulichen, damit Du es Dir auch wirklich gut vorstellen kannst. Für das erste Beispiel nehmen wir am besten einen finanziellen Engpass vor. Das kennt garantiert jeder. Vom Monat ist noch so viel übrig, doch das Geld ist bereits alle.

Du setzt Dich nun gemütlich auf einen Stuhl, das Sofa oder Dein Bett.

Wichtig ist, dass Du absolut entspannt bist. Nun willst Du für Geld tappen. Dabei bedankst Du Dich jedoch für einen gewissen Betrag. Du nimmst Deine rechte Hand und klopfst Dir einige Male leicht auf den Kopf. Dabei wiederholst Du immer wieder die Worte: "Danke für die 10.000 Euro auf meinem Konto". Danach klopfst Du einige Male sanft auf Deine Stirn und wiederholst die Worte wiederum. Danach klopfst Du Dir auf Dein Kinn, danach auf die Wange, danach folgt Dein Unterkiefer - hier klopfst Du von unten nach oben. Danach klopfst Du einige Male auf Deine Brust, Dein Herz und Deine linke Hand. Immer wieder wiederholst Du wie ein Mantra dieselben Worte. Dabei solltest Du keine anderen Gedanken zulassen.

Du schließt dabei am besten Deine Augen. Sobald Du fertig bist öffnest Du die Augen, stehst auf und streckst Dich ordentlich durch. Du streckst Dich zum Himmel und bedankst Dich ein weiteres Mal. Danach schüttelst Du Dich kräftig durch und solltest ein absolutes Glücksgefühl verspüren. Das Tapping solltest Du regelmäßig durchführen, am besten mindestens zweimal am Tag. Nach einigen Tagen wirst Du eine positive Wende Deines Problems bemerken. Das klingt zwar mysteriös, wurde jedoch von vielen Leuten bereits bestätigt und viele Menschen schwören auf das Tapping.

Du kannst durch Tapping sämtliche Deiner Probleme los werden und Dich für all Deine Wünsche bedanken. Wenn Du auf der Suche nach einem neuen Job bist, bislang jedoch nichts gefunden hast, dann bedankst Du Dich für den tollen neuen Job. Wenn Du krank bist, bedankst Du Dich für die Heilung und wenn Du mehr Selbstbewusstsein erlangen möchtest, bedankst Du Dich eben genau dafür.

Tapping kann als eine Art Wunderwaffe auf Basis der Visualisierung gesehen werden. Auch hier hast Du den positiven Ausgang Deines Problems fest vor Augen. Mit dieser Technik befreist Du Dich vom ersten Moment von Deinen negativen Emotionen, da Du diese vom ersten Moment an umkehrst. Du bittest nicht verzweifelt nach Geld, weil Du knapp bei Kasse bist, sondern bedankst Dich für die finanzielle Spritze. Du jammerst nicht wie schlecht es Dir geht, sondern bedankst Dich für Deine Gesundheit, Deine Stärke, Dein Selbstbewusstsein und vieles mehr.

Konzentriere Dich jedoch immer nur auf einen Wunsch und tappe so lange, bis er sich erfüllt hat. Glaube fest daran und schiebe alle komischen Gefühle von Dir fort. Du wirst Dich jetzt fragen, warum es dann noch Armut und Leid auf dieser Welt gibt, wenn es doch so einfach ist, diese aus der

Welt zu schaffen. Da hast Du recht, doch die wenigsten Menschen glauben an die Macht der Gedanken. Viele Menschen vertrauen nicht darauf, mit Visualisierung glücklicher zu werden. Sie kanzeln dies als Spinnerei ab und laufen lieber missmutig, traurig und unzufrieden durchs Leben.

Viele haben auch noch nie von der Macht der positiven Gedanken und von der Kraft der Visualisierung gehört. Viele aber praktizieren es zwar zu Hause, würden jedoch nie davon erzählen, da sie sich schämen oder Angst davor haben, als esoterische Spinner bezeichnet zu werden.

Durch das Tapping stimulierst Du, neben Deinen positiven Gedanken, auch das Meridiansystem des Körpers. Dadurch kannst Du Blockaden lösen, Energie tanken und stark belastende Emotionen neutralisieren. Tapping bietet Dir die Möglichkeit, eine gewisse Art von Freiheit zu erlangen. Du verspürst mehr Freude, Glück und Zuversicht. Du musst Dir auch nicht zwingend materielle Dinge wünschen. Du kannst Dich so auch von Ängsten oder sogar Phobien befreien. Wichtig ist stets, dass Du Dich beim Tapping bedankst und Deine Wünsche dementsprechend in einen Dank umwandelst.Schon nach wenigen Tagen wirst Du bemerken, wie Deine Probleme kleiner und kleiner werden, alleine dadurch, da sie immer mehr aus Deinen Gedanken verschwinden. Je weniger Du Dich auf Deine Probleme konzentrierst, um so kleiner sind diese auch. Dies schafft alleine die Macht unserer Gedanken.

Was sind Wünsche ans Universum?

Auch das klingt für viele auf den ersten, und auch auf den zweiten Blick sehr esoterisch, doch auch die Wünsche ans Universum haben ihre Daseinsberechtigung. Zudem sollte man die Wirkung und die Macht des Universums nicht unterschätzen. Wie oft haben wir uns heimlich schon ewig etwas gewünscht, das eigentlich unerreichbar schien, und plötzlich ist es in Erfüllung gegangen. Einfach daher, weil wir es uns immer und immer wieder klar und deutlich gewünscht haben.

Das Universum ist unser Wunschzentrum. Hier können wir unsere Wünsche abgeben, sei es durch stumme Wünsche, offen ausgesprochene Wünsche oder auch Wünsche in Papierform. Viele schreiben Wünsche gerne auf einen Zettel, verbrennen ihn anschließend, oder lassen den Wunsch mit einem Luftballon in den Himmel steigen. Auch in anderen Kulturen gibt es diese Art von Wünschen ans Universum. Dabei kommt es nicht darauf an, welcher Religion wir angehören.

In Asien zum Beispiel werden Wünsche mit Kerzen, Blumen und Geld bestückten Booten einmal pro Jahr aufs Wasser gelassen. Hier sollen die Wünsche die Geister erreichen. Mit den kleinen Geschenken werden die Geister quasi bestochen, um die Wünsche auch wirklich zu erfüllen. Auch gibt es den Brauch Wünsche mit Lampions in den Himmel zu schicken, ebenso, wie sich Wünsche erfüllen sollen, welche man ausspricht sobald man einen Vogel oder eine Schildkröte in die Freiheit entlässt.

Es gibt viele Möglichkeiten, die Wünsche darzubringen. Wichtig ist jedoch immer, dass diese klar und deutlich formuliert werden. Es dürfen dabei keinerlei Hintergedanken bestehen und jeder, der seinen Wunsch äußert, sollte davon überzeugt sein. Der Wunsch muss von Herzen kommen, ebenso, wie der Wunsch niemand anderem schaden darf. Wer sich permanent Schlechtes für andere wünscht, für den wird sich die Wunschkiste umkehren und das Gewünschte wird sich gegen sich selbst richten.

Auch das klingt nun wieder mystisch, doch musst Du es nur versuchen, es klappt. Es ist in erster Linie nur wichtig, die Wünsche ans Universum richtig zu deponieren. Hüte Dich vor negativen Formulierungen, doppelten Verneinungen und komplizierten Satzkonstruktionen. Das Universum ist in dieser Beziehung sehr einfach und simpel gestrickt und genau so sollten auch Deine Wünsche formuliert werden.

Du wünschst Dir nun diesen Wunsch täglich. Dadurch wirst Du eins mit dem Wunsch und der Wunsch verankert sich fest in Deinem Unterbewusstsein. Jeden Tag wird nun das Universum daran arbeiten, den Wunsch zu erfüllen. Meist geht dies in kleinen Schritten, manchmal jedoch geht es auch sehr rasch und direkt. Wichtig ist nur, dass auch Du immer fokussiert bleibst. Das Universum arbeitet nicht auf jene Art, dass Du den Wunsch einmal deponierst und danach nie wieder daran denkst.

Ebenso wichtig ist auch, dass Du es ernst meinst, und Dein Wunsch eine positive Energie hat. Daher hat Dein Wunsch nach einer Million Euro und dem Ferrari in der Garage schlechte Karten. Natürlich können sich aus diese Wünsche auf die ein oder andere wundersame Weise verwirklichen, in der Regel aber sollte man das Glück und auch das Universum nicht überstrapazieren, sondern im normalen Rahmen bleiben. Kleinen Kindern würde man sagen, dass sie sich nichts Unverschämtes wünschen dürfen.

Das Universum erkennt natürlich, wenn wir uns etwas mit absolutem Herzblut wünschen. Dennoch musst Du darauf achten, wie Du Deine Wünsche formulierst. Neben dem positiven Aspekt ist es meist am besten, wenn Du den Wunsch spontan formulierst, ohne großartig daran herumzubasteln. Du musst Dir das Universum als sehr freundlich vorstellen, welches Dich bei allen positiven Dingen des Lebens gerne unterstützen will.

Der Wunsch, der Dir auf dem Herzen liegt, der löst eine gewisse Energie aus. Diese Energie ist es, welche das Universum erreicht. Danach musst Du nur aufpassen, damit Du nicht ungeduldig wirst. Das Universum ist kein Zauberkasten. Das bedeutet, die Wünsche werden nicht auf der Stelle erfüllt, sondern es kann dauern. Werde nicht ungeduldig oder gar böse auf das Universum, weil es Dich vermeintlich vergessen hat. Glaube weiter daran, nur so kann sich Dein Wunsch auch erfüllen.

Dein oberstes Gebot also ist nun Geduld. Genauso wichtig ist auch, auf das Universum zu vertrauen. Vielleicht wünschst Du Dir gerade in dem Moment einen neuen Job. Das Universum aber hat für Dich erkannt, dass dieser Job nicht das Richtige für Dich ist. Es hält für Dich in 4 Monaten vielleicht einen viel besseren Job bereit. Vertraue darauf, und verzweifle nicht.

Warum müssen diese Wünsche ans Universum visualisiert werden?

Durch die Visualisierung Deiner Wünsche identifizierst Du Dich mit Deinen Wünschen und erzeugst dadurch auch diese besondere Energie, die zur Umsetzung und zur Erfüllung durch das Universum benötigt wird. Du kannst Dir das Ergebnis genau vorstellen - auch wenn das tatsächliche Endergebnis, welches das Universum für Dich vorgesehen hat ganz anders aussehen kann.

Das Visualisieren der Wünsche ist auch so wichtig, damit Du die Wünsche auch richtig formulierst. Denn genau hier passieren immer noch die meisten Fehler. Menschen formulieren ihre Wünsche falsch, das Universum erfüllt die Wünsche, doch das Ergebnis enttäuscht die Empfänger nur. Doch wie kann das passieren?

Zum Beispiel kannst Du Dir ganz fest wünschen, dass Du endlich dünn wirst. Vielleicht leidest Du schon Dein Leben lang unter Übergewicht und willst endlich abspecken. Nun sollst Du Dir dies ganz intensiv vorstellen. Vielleicht, wie Du durch Sport, gesunder Ernährung und einem gut funktionierenden Stoffwechsel rank und schlank wirst. Auf keinen Fall darfst Du Dir hier schlank sein um jeden Preis wünschen.

Das Universum kann hier nicht unterschieden, wie gut oder schlecht die verschiedenen Wege zur Erfüllung der Wünsche ist. Das heißt, es kann das Endergebnis auch durch eine schwere Krankheit erreicht werden. Wir wollen Dir damit keine Angst machen, Dich lediglich davor warnen, damit Du genau aufpasst, wie und was Du Dir wünschst.

Du kannst Dir zum Beispiel eine neue Wohnung wünschen. Dabei sollst Du darauf achten, dass Du genau visualisierst, wie Du Dir Deine neue Wohnung vorstellst. Visualisiere, wie Du zusammen mit Deinem Partner dort einziehst und glücklich bist. Du sollst Dich sehen, wie Du ebenda in der Küche stehst, die Blumen gießt, und durch die Zimmer schlenderst. Eine nicht erwünschte Erfüllung dieses Wunsches könnte sein, dass Du Dich von Deinem Partner trennst und daher eine neue Wohnung benötigst.

Verstehst Du, was wir Dir damit sagen wollen? Sei vorsichtig was Du Dir wünschst, Deine Wünsche können schneller als Du denkst wahr werden. Wenn Du Deine Wünsche jedoch ordentlich visualisierst, und bis ins Detail durchlebst, dann besteht diese Gefahr nicht. Das Universum kann dann anhand der Energie ganz genau erkennen, wie Dein Wunsch aussehen soll.

Visualisieren bedeutet, den Wunsch in allen Farben und Facetten bereits zu durchleben. Natürlich darfst Du dabei nicht übersehen, dass das Universum dennoch manchmal andere Wege für uns vorgesehen hat. Diese Wege können uns auf das selbe Ziel hinführen oder es erwartet uns ein noch besseres oder schöneres Ergebnis. Du musst jedoch auf die kleinen Zeichen des Universums achten. Erwarte nicht einen komplett erfüllten Wunsch, der wie ein Sommerregen vom Himmel fällt. Oft benötigt es viele kleine Schritte auf dem Weg dahin.

Es können zum Beispiel Menschen sein, die Dir das Universum unterwegs schickt. Diese Menschen können Dir bei der Verwirklichung und der Umsetzung dieser Wünsche helfen. Es kann auch die Zeitung sein, die Du zufällig auf der Straße findest. Vielleicht ist hier die Anzeige für die Traumwohnung versteckt.

Das bedeutet nun, dass Du Deine Wünsche zwar zu hundert Prozent präzise formulieren sollst und diese auch genauso visualisieren musst. Bei der Umsetzung und der Erfüllung jedoch sollst Du genauso in hohem Maße flexibel sein. Das Universum ist kreativ und hält die spannendsten Dinge für uns bereit. Meist will Dich das Universum auch herausfordern, bekannte und ungefährliche Wege zu verlassen. Nur wenn Du Dich auf Neues einlässt, kannst Du auch Wunderbares erfahren.

Der wichtigste Grundsatz aber ist, dass nichts negativ formuliert werden darf. Das haben wir zwar zu Beginn schon erwähnt, doch weil genau dies so extrem wichtig ist, wollen wir noch einmal intensiv darauf eingehen. Das Universum kann mit dem Wort „nicht“ nichts anfangen. Das bedeutet, es darf in keinem Deiner Wünsche eine Verneinung vorkommen. Das Universum erkennt die Verneinung nicht und daher kann es passieren, dass genau das Gegenteil Deines Wunsches erfüllt wird. Das ist enttäuschend und Du würdest mit Deinem Schicksal und dem Universum hadern - bist aber im Endeffekt selbst schuld.

Eine schlechte Formulierung wäre zum Beispiel: “Ich will nicht krank werden”. Da das Universum das Wort „nicht” nicht erkennen kann, denkt es, Du wünschst Dir eine Krankheit, aus welchem Grund auch immer. Das Universum hinterfragt nicht. Es erfüllt die Wünsche. Daher ist es in diesem Fall wichtig, dass Du diesen Wunsch positiv umformulierst. “Ich will gesund sein” wäre die richtige Formulierung. Zusätzlich sollst Du diesen Wunsch auch visualisieren, damit Du dem Ganzen noch mehr Kraft verleihst. Stell Dir Dich gesund und kräftig vor, wie Du vor Lebenslust strotzend durch das Leben gehst. Zusammen mit der Visualisierung und einer ordentlichen Formulierung kann mit Deinen Wünschen ans Universum eigentlich nichts mehr schief gehen.

Das kann am Anfang etwas schwierig sein. Daher ist es am besten, dass Du Deine Wünsche zuerst in Dein Buch oder Notizblock schreibst. Hier kannst Du die Wünsche noch einmal überprüfen und kontrollieren, ob diese von der Formulierung her passen. Sobald Du den Wunsch nun liest, solltest Du auch schon das passende Bild dazu im Kopf haben.

Der Unterschied zwischen Visualisierung und Vorstellungskraft

Nachdem Du bereits so weit gelesen hast, solltest Du schon eine ungefähre Ahnung davon haben, was Visualisierung ist. Es ist das Entstehen der Bilder im Kopf. Du stellst Dir vor, wie die unterschiedlichsten Situationen sein könnten und hast diese Bilder direkt vor Deinem geistigen Auge.

Vorstellungskraft spielt dabei eine große Rolle. Denn ohne Phantasie und ohne Imagination wäre es nicht möglich, diese Bilder im Kopf entstehen zu lassen. Dennoch besteht ein kleiner und feiner Unterschied zwischen Visualisierung und Vorstellungskraft. Die Vorstellungskraft geht etwas weiter als die Visualisierung. Während es bei der Visualisierung stets um reale Dinge geht, können in Deiner Vorstellung die wunderbarsten Dinge entstehen. Diese müssen mit der Realität nichts gemeinsam haben.

Wenn Du zum Beispiel von Feen und Einhörnern träumst, dann entspringen diese Phantasien Deiner Vorstellungskraft. Die Vorstellungskraft zeigt, wie kreativ Du bist. Es geht hier darum, wie gut Du Dir auch abstrakte Dinge vorstellen kannst. Dies ist zum Beispiel für Künstler extrem wichtig, dass Sie diese Fantasien auch visualisieren können. Nur so können abstrakte Gemälde, Comics oder Zeichnungen von Fabelwesen entstehen.

Vorstellungskraft oder Fantasie kann häufig auch mit Fiktion gleichgesetzt werden. In Deiner Fantasiewelt ist alles möglich und natürlich kannst Du sämtliche Szenen Deiner Traumwelt auch visualisieren. Das passiert täglich in unseren Träumen. Doch wenn Du Dinge, Wünsche, Emotionen und Erlebnisse des täglichen Lebens visualisierst, dann bleibt es hier immer im Bereich der Realität.

Während einer Meditation begibst Du Dich auf sogenannte Phantasiereisen. Bei diesen bedienst Du Dich Deiner Vorstellungskraft und lernst danach, diese fiktiven Erlebnisse zu visualisieren. In Deiner Vorstellung erlebst Du alles sehr intensiv. Du nimmst den Duft der Blumen wahr und erlebst sämtliche Geräusche sehr intensiv. Beim Visualisieren stehen die Bilder im Vordergrund.

Wenn Du einen Wunsch visualisierst, dann erlebst Du die Situation an sich. Du stellst Dir Dich am neuen Arbeitsplatz vor, oder wie Du mutig und selbstbewusst einen Vortrag vor einer riesigen Menschenmenge hältst.

Um sämtliche Emotionen, Gerüche, Geräusche und Geschmäcker in diese Phantasie mit einzubringen, kommt die Vorstellungskraft zum Einsatz. Du hörst zum Beispiel wie die Menge applaudiert, riechst wie die Blumen duften, die man Dir zum Einstand überreicht und schmeckst vielleicht das Aroma der Häppchen, die nach dem Vortrag serviert werden.

Du siehst nun, Visualisierung und Vorstellungskraft gehen eigentlich Hand in Hand und das eine kann ohne dem anderen nicht existieren. Während die Visualisierung hauptsächlich für die Bilder und für die Realität verantwortlich ist, so entführt Dich die Vorstellungskraft häufig auch in eine Fantasiewelt. Die Vorstellungskraft ist für Gerüche, Geschmäcker und Geräusche verantwortlich, die Visualisierung rein für die Bilder.

Der große Unterschied liegt also darin, dass sich Visualisierung auf jene Eindrücke beschränkt, die Du sehen kannst. Die Vorstellungskraft oder Imagination schließt sämtliche Sinneseindrücke mit ein. Alles, das Du visualisierst wird durch Deine Vorstellungskraft plastisch und erhält eine Form. Zu den Elementen, die Du bildlich vor Dir siehst kommen durch Deine Vorstellungskraft Empfindungen. Du spürst die Kälte der Nacht, schmeckst das Salz auf der Haut und riechst den Duft, wenn Du über ein Lavendelfeld läufst.

Durch das Zusammenspiel von Visualisierung und Imagination wird alles mehrdimensional. Deine Bilder erhalten einen Körper und werden komplex. Sobald sich Visualisierung und Vorstellungskraft vereinen, arbeitet auch unser Gehirn auf Hochtouren. Es wurden zahlreiche Versuche durchgeführt. Sobald beides verbunden wird, werden weitaus mehr Gehirnbereiche aktiviert und stimuliert als wenn Du nur bildlich denkst. Auch bei Nachgesprächen erklärten die Probanden, dass bei einer Kombination, die Bilder und Geschichten im Kopf lebhafter gesehen und gefühlt wurden.

Kreativität ist immens wichtig, denn nur so wird das Leben bunt. Gehörst Du zu den Menschen, denen es an Kreativität fehlt? Sei ehrlich zu Dir selbst - denkst Du, dass Du Fantasie hast? Auch wenn es nicht so ist, es ist absolut nicht schlimm, denn es lässt sich wunderbar lernen. Nimm dazu am besten wieder Dein Heft oder Dein Notizbuch zur Hand und versuche, eine fantasievolle Geschichte zu schreiben. Damit Du einen einfacheren Anfang hast, schreibe zum Thema, "Der Ritt durch den Zauberwald auf einem magischen Einhorn". Du musst jetzt keinen mehrseitigen Aufsatz schreiben und es reicht auch, wenn Du Stichwörter notierst. In Gedanken aber sollst Du eine komplexe Geschichte dazu entstehen lassen. Das muss auch nicht sofort passieren. Arbeite immer wieder daran und versuche die Geschichte immer wieder mit noch mehr Details auszuschmücken.

Visualisierung für mehr Motivation

Visualisieren ist eine tolle Motivationstechnik, zu welcher heute auch immer mehr Motivationstrainer greifen. Doch auch im täglichen Leben gibt es Punkte, die, sobald wir sie visualisieren extrem motivierend sein können.

Nichts kann im Berufsleben so motivierend sein wie die Aussicht auf eine Gehaltserhöhung. Sobald Dir diese in Aussicht gestellt wird, wirst Du selbstverständlich mit noch mehr Fleiß und Eifer bei der Sache sein. Du kannst Dir schon genau vorstellen, was Du mit dem monatlichen Mehrbetrag alles anstellen kannst. Du siehst Dich schon im neuen Auto fahren, freust Dich darauf, dass Du dieses Jahr einen tollen Urlaub buchen oder endlich den neuen Computer kaufen kannst. Diese Visualisierung ist motivierend.

Der Hintergrund dafür ist, dass wir gerne auf Ziele hinarbeiten und Belohnungen lieben. Sobald uns diese in Aussicht gestellt werden, können wir die neuen Situationen schon perfekt vor Augen sehen und geben dafür alles. Diese Motivation durch Belohnung kann in allen Bereichen des Lebens angewendet werden.

Wenn Du Deine Diät durchhältst, kannst Du Dir ein neues Kleid kaufen, oder machst eben eine gute Figur in der neuen Bademode. Dieses Bild von Dir, rank und schlank in neuen Klamotten, sollst Du immer wieder visualisieren. Dies ist die beste Motivation, die es nur geben kann.

Wenn Du täglich Deine gewisse Zeit lernst, kannst Du Deine Noten verbessern und musst nicht während der Sommerferien schwitzen und zu Beginn des neuen Schuljahrs eine weitere Prüfung absolvieren. Wenn Du fleißig Gitarre übst, dann kannst Du beim nächsten Konzert der Star sein, und die Lorbeeren ernten. Wenn Du täglich einige Vokabeln einer bestimmten Fremdsprache lernst, kannst Du Dich bald für das Austauschjahr im Ausland bewerben.

Sämtliche dieser Ergebnisse musst Du nun visualisieren. Stell Dir vor, wie Du entspannt Deine Ferien genießt, wie Du auf der Bühne stehst und mit jeder Faser Deines Körpers das Adrenalin spürst. Stell Dir vor, wie Du an einem aufregenden neuen Arbeitsplatz die Welt eroberst und alle Anstrengungen werden Dir viel einfacher von der Hand gehen.

Du kannst die Visualisierung somit für sämtliche Bereiche für Dich nutzen und Dich selbst oder auch andere damit motivieren. Nimm nun wieder Dein Heft zur Hand und schreib ganz ehrlich hinein, in welchen Bereichen es Dir gerade an etwas Motivation fehlt. Das können ganz banale Dinge wie das Arbeiten im Haushalt sein, aber auch Dinge wie Auto putzen, die Großmutter besuchen, den Steuerbescheid ausfüllen oder viel mehr.

Nun stell Dir genau vor, was passiert, wenn Du Deine Wohnung putzt. Denk daran, dass Du dann endlich Deine Freunde einladen kannst und ihr zusammen viel Spaß haben werdet. Das ist doch motivierend. Lass das Bild vor Deinen Augen erscheinen, wie Du mit dem frisch geputzten Auto durch die Stadt fährst und zur Belohnung am neuen Eissalon Halt machst. Denk daran, wie gemütlich es bei der Großmutter ist, wenn Sie frischen Kuchen auf den Tisch stellt und spannende Geschichten von früher erzählt. Auch das wird Dich motivieren, und Du fährst gleich mit viel mehr Freude den langen Weg zu der alten, lieben Dame. Male Dir aus, was Du von Deiner Steuerrückzahlung alles kaufen kannst. Vielleicht geht sich sogar der langersehnte Kurzurlaub in Venedig aus? Stell Dir vor, wie Du mit Deinem Partner Hand in Hand über den Markusplatz schlenderst und schon wird sich der Steuerbescheid beinahe von selbst erledigen.

u kannst alles visualisieren, was Du nur möchtest. Überlege, wo Du etwas mehr Motivation, quasi den kleinen Tritt in den Allerwertesten benötigst. Warum kannst Du Dich nicht dazu aufraffen? Was müsste denn passieren, dass Dir die Arbeit leichter von der Hand geht? Sobald Du dies eruiert hast, kannst Du Dir auch vorstellen, wie es ist, wenn Du die lästigen Arbeiten erledigt hast.

Du darfst nur nicht an die Mühe denken, sondern sollst Dir immer nur das Danach vor Augen halten. Natürlich steht vor jedem Ziel auch der Weg am Programm und natürlich kann mancher Weg anstrengend sein und Aufwand bedeuten. Doch im Nachhinein lohnt sich jeder Aufwand. Male Dir das Ziel in den schönsten Farben aus.

Auf diese Art und Weise kannst Du auch andere motivieren. Wenn zum Beispiel die Freundin jammert, dass sie sich nicht aufraffen kann, den Rasen zu mähen, male ihr in den schönsten Bildern aus, wie ihr beide einige

Tage später gemütlich ein Picknick auf ihrem Rasen veranstalten werdet. Wenn sich Mitarbeiter beschweren, dass die Inventur so anstrengend ist, stell Ihnen doch ein gemütliches Beisammensein im Anschluss in Aussicht. Es ist so einfach mit schönen Bildern etwas Motivation in alle Situationen des Lebens zu zaubern. Du musst diese Bilder nur malen, und dies ist dank der Visualisierung und Deiner Vorstellungskraft absolut einfach.

Wie prägt Visualisierung unser Verhalten?

Visualisierung kann den entscheidenden Unterschied zwischen Mauerblümchen und Rampensau ausmachen. Es kann verantwortlich dafür sein, ob Du Dich gut fühlst oder traurig bist. Mit Hilfe der Visualisierung kannst Du im Prinzip alles werden, was Du sein möchtest. Visualisierung kann Dir helfen, Deine Persönlichkeit zu entwickeln.

In unserem zweiten Teil, dem Praxisteil dieses Buches, kommen wir explizit zu einigen Übungen, wie Du mit Deinem neuen Ich mit Hilfe der Visualisierung arbeiten kannst. Hier wollen wir nun eher auf den theoretischen Teil dieses Kapitels eingehen.

Mit Hilfe von Visualisierung kannst Du Dich von einer schüchternen Person zu einem mutigen Menschen entwickeln. Du kannst sämtliche Eigenschaften, welche Dich stören, umkehren und auch negative Emotionen oder Handlungsweisen umkehren. Wichtig ist nur, dass Du Dich ganz genau einschätzt und auch explizit weißt, wie Du sein möchtest.

Als Vorarbeit kannst Du bereits heute Deine Eigenschaften, die für Dich prägnant und beschreibend sind, aufschreiben. Notiere aber unbedingt das Datum Deiner Notizen dazu - dies ist wichtig für den späteren Vergleich. Wahrscheinlich wird sich im Laufe des Lesens bereits einiges verändert haben. Interessant wäre auch, wenn Du einen engen Freund oder Vertrauten bitten könntest, Dich ebenfalls offen und ehrlich mit je 5 positiven und 5 negativen Eigenschaften zu beschreiben. Hier ist absolute Offenheit jedoch ein Muss. Bitte jemanden, der keine Scheu davor hat, auch unangenehme Eigenschaften von Dir aufzuzählen. Im Gegenzug solltest Du auch ganz neutral und wertfrei damit umgehen.

Häufig unterscheidet sich die eigene Wahrnehmung etwas von der Fremdwahrnehmung. Dies zeigt sich nicht unbedingt nur bei den negativen Eigenschaften. Häufig unterschätzt man sich selbst auch. Gerade, wenn man eher zu den bescheidenen oder ruhigeren Personen zählt.

Unser Verhalten wird zu einem hohen Prozentsatz von unserem Unterbewusstsein geprägt. Das Unterbewusstsein ist meist dafür verantwortlich, ob Dir etwas gelingt oder misslingt. Es kommt stets darauf an, wie Du zu jener Sache stehst. Wenn Du selbst nicht wirklich an Deinen Erfolg glaubst, dann wird es auch nichts. Meist aber steuern wir unser Unterbewusstsein nicht selbst, da wir einfach nicht wissen, wie es geht, oder uns noch nie damit befasst haben, dass wir dies machen könnten. Diese Zeiten sind nun vorbei, denn spätestens im zweiten Teil des Buches lernst Du, wie Du Dein Unterbewusstsein und somit Dein Verhalten beeinflussen und steuern kannst.

Vergiss nie, dass alles so abläuft, wie Du es für richtig hältst. Alles geht den Weg, den Du als den richtigen ausgewählt hast. Bereits Walt Disney hat einst gesagt: "Wenn Du es träumen kannst, dann kannst Du es auch erreichen". Dieser Satz sollte extrem wichtig für Dich sein - vergiss ihn daher nie. Auch in vielen Religionen, egal ob im Christentum, dem Judentum, dem Buddhismus oder dem Hinduismus existieren zahlreiche Sprichwörter, die uns stets daran erinnern, dass unsere Worte und Gedanken zu unseren Taten werden und diese für unseren Charakter verantwortlich sind.

Vielleicht sollten wir uns einen kleinen Einblick in unser Gehirn genehmigen. Keine Angst jetzt folgt keine trockene Materie - wir wollen Dir nur kurz erklären, wie faszinierend das Gehirn ist. Das Gehirn besteht aus etwa 86 Milliarden Nervenzellen, den Neuronen. Diese sind untereinander mit etwa 100 Billionen Synapsen verbunden. Jede einzelne Gehirnzelle ist somit mit mindestens 1.000 anderen Gehirnzellen gekoppelt und es herrscht ein reger und ständiger Austausch. Informationen werden gesendet und empfangen und es herrscht Hochbetrieb an 365 Tagen des Jahres, rund um die Uhr.

Laut vielen Studien nutzt der durchschnittliche Mensch nur 10 bis 20 Prozent des Potentials. Dies ist erschreckend, denn was könnten wir alles erreichen, wenn wir nur wüssten, wie wir das gesamte Potential unseres Gehirns nutzen könnten. Doch es ist nie zu spät. Wir haben die Möglichkeit, ständig zu lernen, das Gehirn zu trainieren und somit auch besser zu nutzen. Dabei macht es keinen Unterschied, ob Du 15 Jahre, 50 Jahre oder 85 Jahre alt bist.

In unserem Unterbewusstsein nehmen wir etwa 80.000 Informationen pro

Sekunde auf. Das Unterbewusstsein ist somit etwa 10.000 Mal schneller im Verarbeiten von Informationen als unser Bewusstsein. Unser Unterbewusstsein handelt eigenständig nach antrainierten Mustern, welche sich hauptsächlich, aber nicht ausschließlich bis zum 6. Lebensjahr bilden. Hierbei spricht man von der sogenannten Prägungsphase. Das retikuläre Aktivierungssystem ist verantwortlich dafür, dass Daten, Fakten und Informationen rund um die Uhr aufgenommen, verarbeitet und gespeichert werden. Dieses System ist auch dafür zuständig, dass unsere Wünsche und Ziele umgesetzt werden.

Ebenfalls interessant ist, dass wir pro Tag etwa 60.000 bis 80.000 Gedanken denken. Das ist doch sagenhaft, oder? Meist wiederholen sich jedoch die Gedanken Tag für Tag und auch unsere Entscheidungen werden nach diesen Mustern getroffen. Wenn wir nun allerdings an unserem Verhalten, dem Unterbewusstsein und unseren Mustern arbeiten, so können wir auch dies verändern und Neues und Individuelles erlernen. Es ist immer der richtige Zeitpunkt, neue Verhaltensmuster zu erlernen. Dies kann uns in unserer Persönlichkeitsentwicklung einen enormen Schritt nach vorne bringen.

Visualisieren - Mentaltraining gegen Gedächtnisblockaden

Es gibt viele Gründe für Blockaden. Schlimme Erlebnisse, negative Erfahrungen, aber vor allem Stress sind die häufigsten Ursachen für Blockaden. Hier kann es zum absoluten Blackout kommen. Du versuchst Dich an etwas zu erinnern, doch in Deinem Gehirn herrscht absolute Leere.

Erinnere Dich zurück an die Schulzeit. Bei schwierigen Tests oder Prüfungen kam es immer wieder dazu, dass plötzlich alles Gelernte wie ausgelöscht war. Du hast nächtelang gelernt und plötzlich fiel Dir absolut nichts mehr davon ein, egal wie sehr Du Dir Dein Hirn zermartert hast. Wie vorteilhaft wäre es gewesen zu jenem Zeitpunkt schon etwas über Visualisierung und Mentaltraining gewusst zu haben.

Doch was genau sind Gedächtnisblockaden? Immer, wenn Du durch anhaltenden und negativ empfundenen Stress dauerhaft belastet wirst, kann es dazu kommen, dass Dein Gedächtnis einfach abschaltet. Du kannst Dir das Ganze vorstellen, wie eine Kreuzung, die heillos überfüllt ist, bei welcher alle Ampeln ausgefallen sind und sich hinter Unfällen die Autos stauen. Genau hier geht gar nichts mehr. Und auch das Gehirn ist manches Mal einfach überfordert und schaltet ab.

Diese Blockaden lassen sich häufig sehr schnell lösen. Manches Mal benötigt man dafür jedoch etwas mehr Zeit, je nachdem, welche Auslöser hinter der Blockade stecken und wie weit fortgeschritten die Beeinträchtigung bereits ist. Handelt es sich um ein Blackout in der Schule, bei Tests, Prüfungen oder während eines Vortrags so ist dies meist kurzfristig gut lösbar.

Mit Mentaltraining kann hier sogar im Vorfeld soweit gearbeitet werden, dass es erst gar nicht zu diesen unangenehmen Situationen kommt. Wenn Du gestresst bist und viel Information in den Kopf bekommen musst, wenn ein wichtiger Termin ansteht, Du eine Prüfung absolvieren musst oder vor der Belegschaft ein Referat abhalten sollst - greif zu diesem kleinen Trick.

Stell Dir die Prüfungssituation genau vor oder mache Dir von Dir selbst ein klares Bild, wie Du souverän vor versammelter Mannschaft Deinen Vortrag hältst. Du musst Dich in absolut positiver Verfassung sehen. Sieh Dir zu, wie Du sämtliche Fragen der Prüfung beantwortest und Dir alles ohne groß nachzudenken einfällt. Spüre, wie Du Dich gut fühlst dabei und erlebe Dich in Deiner Visualisierung absolut entspannt und locker. Stell Dir vor wie Du den Vortrag hältst und alles ohne Stocken und Ausfälle über die Bühne geht. Du fühlst Dich sehr wohl vor der Menge und schaffst es, jeden einzelnen zu fesseln und in den Bann zu ziehen. Stell Dir dieses Bild immer wieder vor. Es darf keine Zweifel geben, dass es auch wirklich so ablaufen wird.

Durch diese Visualisierung nimmst Du Dir sowohl die Angst, als auch den Stressfaktor. Doch es gibt noch viele andere Situationen, in welchen es zu Blockaden kommen kann. Meist werden sie durch Ängste ausgelöst, die tief in uns verwurzelt sind. Viele werden steif und starr, sobald sie im Dunkeln gehen müssen und sind nicht mehr fähig, nur einen klaren Gedanken zu fassen. Andere erstarren bei bestimmten Tieren und das Gehirn schaltet aus. Andere wiederum reagieren bei enormen Menschenmassen, Nähe oder Gewitter mit einer Blockade. Ob Höhenangst oder Panik vor Aufzügen, all diese Situationen verursachen enormen Stress. Und genau diesen Stress gilt es zu bekämpfen.

Zuerst solltest Du natürlich erkennen, wann und wodurch die Blockaden und der Stress ausgelöst werden. Leidest Du unter keinen Ängsten? Dann ist dies gut. Leidest Du unter einer dieser Ängste, so solltest Du diese nun aufschreiben. Weißt Du wodurch diese ausgelöst wurde? Wann ist diese Panik, mit dazugehöriger Blockade, das erste Mal aufgetreten? All dies solltest Du dazu notieren.

Danach können wir beginnen, diese Blockaden mit Hilfe von Visualisierung aufzulösen. Versetze Dich nun genau in eine Situation, in der normalerweise Panik entsteht. Stell Dir vor, Du stehst vor eine langen Hängebrücke oder betrittst gerade den gläsernen Aufzug zum höchsten Gebäude der Welt. Stell Dir vor, wie Du gerade davor stehst und in Begriff bist, hinüberzugehen oder loszufahren. Sieh Dich selbst, aber ohne Panik und ohne Angst. Du musst immer wieder versuchen ein positives Bild von Dir zu erzeugen. Gerade wenn die Ängste sehr groß sind, funktioniert dies natürlich nicht beim ersten Versuch. Bleib aber hartnäckig dran, denn es lohnt sich. Alleine mit positiven Bildern alter Situationen kannst Du viele Blockaden selbst unkompliziert lösen und Dich von einer großen Belastung befreien.

Visualisierung gegen Burnout

Burnout wird immer häufiger und auch wenn diese Krankheit von vielen belächelt wird, so handelt es sich um eine schwere Krankheit und ein großes Problem unter welchem die Betroffenen leiden. Es kann jeden erwischen, der sich großen Belastungen aussetzt und die Warnzeichen des Körpers und der Seele ständig ignoriert. Permanenter Stress, Mobbing und Ärger am Arbeitsplatz können schneller zum Burnout führen als man denken mag.

Bist Du in Deiner Arbeit häufig extremem Stress ausgesetzt oder gibt es in Deinem Leben andere Situationen, welche Dir alle Lebensfreuden rauben und Dir die Luft zum Atmen schier abbinden? Notiere nun diese Situationen. Das kann das morgendliche Meeting mit dem Vorgesetzten sein, der Klatsch der Mitarbeiter, der unerträglich geworden ist, aber auch der Streit mit dem Partner um leidige Themen wie Geld, Treue oder Erziehung. Alles, das Dir Stress bereitet und sich stärker als normaler Stress zeigt, kann eine Vorstufe zum Burnout sein. Möglicherweise sind es die Kinder, die nie hören wollen, vielleicht auch nur der permanente Baulärm der Dauerbaustelle vor Deinem Haus oder die Nachbarn von oberhalb, welche die ganze Nacht Radau machen. Es gibt so viele Auslöser für extremen Stress, der zu Burnout führen kann.

Ein gewisser Stress ist sicher nicht schlecht und viele werden behaupten, dass Sie erst unter Druck so richtig gut arbeiten können. Dies ist wohl wahr und Stress legt auch Energie und Adrenalin frei, doch eben nicht bei jedem und auch nur bis zu einem gewissen Maße.

Es ist daher so wichtig, dass Du Dich auf Dich selbst fokussierst. Wie gefährdet siehst Du Dich selbst? Macht Dich der Stress so fertig, dass Du oft denkst, vor Erschöpfung umzufallen und nie wieder aufzustehen? Wenn ja, dann solltest Du dies auch als Problem erkennen, welches Du unbedingt lösen musst. Es bringt nichts, Dich immer noch weiter abzustressen. Gerade im Beruf solltest Du Dir bewusst sein, dass jeder ersetzlich ist, und das Hamsterrad wegen Dir niemals stehen bleibt.

Sobald Du erkannt hast, dass Du ein ernsthaftes Problem hast, kannst Du mit Mentaltraining und Visualisierung dagegen arbeiten. Werde Dir über Deine Stärken bewusst, vor allem in den Situationen, in welchen Dir alles zu viel wird. Visualisiere Deine Stärken, wenn Dein Boss Dich gerade wieder klein macht. Häufig liegt es nicht wirklich an Dir, dass sich der Ärger der Vorgesetzten gerade über Dir entlädt.

Sieh zu, dass Du Dein Selbstvertrauen und Dein Selbstbewusstsein aufbaust. Das funktioniert ebenfalls durch Visualisierung besonders gut. Stell Dir vor, wie Du stark und gestärkt vor Deinem Chef stehst und sämtliche Gemeinheiten an Dir abprallen. Höre Dich, wie Du ruhig und vernünftig argumentierst und ihm so den Wind aus den Segeln nimmst. Selbstvertrauen und Selbstbewusstsein sind auch Dein Schutzschild gegen Mobbing am Arbeitsplatz.

Visualisiere, wie Du den Klatschschwestern im Betrieb mit erhobenem Haupt gegenüber stehst. Verstecke Dich nicht länger vor den Gemeinheiten, sondern tritt ihnen entgegen. Diese Situationen kannst Du im Vorfeld immer wieder durchspielen. Du musst es sehen, wie stark Du bist. Stell Dir vor, wie Du lachend vor Deinen Kollegen stehst, die Dich wieder fertig machen möchten.

Auf diese Art kannst Du alle beliebigen Situationen entschärfen. Stell Dir vor, wie Du üblicherweise reagierst und Dir alles zu Herzen nimmst. Nun stellst Du Dir vor, wie Du in diesen Situationen anders reagieren und handeln würdest. Sei mutig und denk groß. Beim Streit mit Deinem Partner musst Du nicht immer einstecken. Es muss auch kein Gebrüll geben und auch wüste Beschimpfungen sind nicht produktiv. Stell Dir vor, wie Du vernünftig argumentierst, bestimmt, selbstbewusst und überzeugend. Spiele die Situationen immer wieder durch und gehe aus jeder gestärkt und mit hoch erhobenem Haupt heraus. Durch diese ständigen und konkreten Visualisierungen wird diese Fiktion zur Realität und Du kannst genauso handeln wie in Deinen Vorstellungen. Es ist wichtig, dass Du in Deiner Vorstellung bereits alle Hindernisse aus dem Weg räumst. Dadurch siehst Du, wie einfach es sein kann.

Es ist wichtig, dass Du, nachdem Du den Stressfaktor erkannt hast, diesen eliminierst. Dies funktioniert durch Visualisierung, da das Gehirn nicht zwischen Vorstellung und Wirklichkeit unterscheiden kann. Für Dein Gehirn sind Deine Vorstellungen genauso Realität. Daher sind diese Episoden, die Du nur im Gedächtnis durchspielst enorm wichtig, damit sich auch im wirklichen Leben etwas ändern kann. Du programmierst praktisch Dein Gehirn selbst um. Auch wirst Du durch die positiven Episoden Deiner Fantasie bereits enorme Glücksgefühle verspüren. Und genau diese Glücksgefühle sind so wichtig, gerade wenn ein Burnout oder Depressionen drohen.

Visualisierung gegen Blockaden im Zwischenmenschlichen

Was sind zwischenmenschliche Beziehungen und was bedeuten Blockaden im Zwischenmenschlichen? Zwischenmenschliche Beziehungen sind alle Freundschaften und alle Bekanntschaften, die wir im Laufe unseres Lebens führen. Hier gibt es die unterschiedlichsten Typen von Menschen. Solche, die sich gut und gerne sozialisieren und andere, die lieber zurückgezogen und eigenbrötlerisch leben. Es gibt Personen, welchen die Herzen im Nu zufliegen und andere, die kaum Freundschaften finden. Es gibt Zeitgenossen, die lieben es, selbst Fremden die intimsten Geheimnisse zu erzählen und andere, die schweigen wie ein Grab und meist weiß nicht einmal der Partner über aller Geheimnisse der Vergangenheit Bescheid.

Unser soziales Verhalten prägt sich meist bereits in der frühen Kindheit. Doch auch während der Schulzeit und der Pubertät entstehen Eigenschaften, die für unsere soziales Verhalten verantwortlich sind. Welcher Typ Mensch bist Du? Bist Du sehr gesellig und hast eine Menge Freunde? Gehörst Du eher zu jenen Menschen, welche die Wochenenden lieber daheim vor dem Fernseher oder mit einem guten Buch in der Badewanne verbringen? Fliegen Dir die Herzen zu oder fällt es Dir schwer, neue Bekanntschaften oder Freunde zu finden? Wie viele gute Freunde hast Du?

Wenn Du zur aufgeschlossenen Kategorie gehörst, dann wirst Du wahrscheinlich seltener bis nie unter zwischenmenschlichen Blockaden leiden. Auch wenn Du ein sehr selbstbewusster Typ bist, wird es weniger häufig zu dieser Art von Blockaden kommen. Doch auch hier ist es nicht ausgeschlossen, dass durch einen Verrat, einer Trennung oder Enttäuschung Blockaden hervorgerufen werden. Diese werden meist durch ein schlimmes Erlebnis ausgelöst, welches unsere Psyche durcheinander bringt und uns an allem und jedem zweifeln lässt.

Blockaden im Zwischenmenschlichen können sich durch Abschottung, Ausgrenzung und Distanzierung äußern. Wenn Du Probleme damit hast, auf andere zuzugehen oder anderen zu vertrauen, dann hat dies häufig zwar einen Hintergrund, meist aber entstehen diese Blockaden im Kopf. Nur weil Du von jemandem enttäuscht worden bist bedeutet das nicht, dass Dich automatisch jeder andere Mensch auch enttäuschen und hintergehen möchte.

Häufig veranlassen uns diese Blockaden auch, dass wir falsch reagieren und Menschen in unserer unmittelbaren Umgebung von uns wegstoßen. Auch wenn diese es gut mit uns meinen, durch die fest eingravierten Muster in unserem Gehirn können wir dieses Verhalten einfach nicht ändern. Können wir dieses Verhalten tatsächlich nicht ändern? Wahrscheinlich kennst Du die Antwort bereits, denn mit Visualisierung lassen sich auch Blockaden im zwischenmenschlichen Bereich lösen.

Um diese Blockaden zu lösen musst Du zuerst wieder herausfinden, wo diese genau sitzen und wodurch diese ausgelöst werden. Notiere nun in Deinem Heft, wo Probleme im Zwischenmenschlichen bei Dir auftreten. Kannst Du nicht vertrauen, lässt Du keine Nähe zu oder hast Du Angst neue Menschen kennenzulernen? Kannst Du keine Gespräche führen, weil Du Angst hast, Deine eigene Meinung zu vertreten oder gibst Du Dich gerne arrogant und unnahbar, damit die anderen nicht bemerken, wie verletzlich Du bist?

Notiere das Problem und auch den vermeintlichen Auslöser. Das kann der Verrat einer Freundin sein, der Seitensprung Deines letzten Partners, der Missbrauch Deiner Gutgläubigkeit und vieles mehr. Doch von diesen Dingen der Vergangenheit musst Du Dich lösen und befreien. Diese sind vergangen und dürfen Deine Zukunft nicht mehr länger belasten. Doch wie hilft Dir das Visualisieren dabei?

Stell Dir vor, wie Du all die Probleme der Vergangenheit in einen Sack packst und diesen von Bord eines Schiffes wirfst. Du kannst die Probleme der Vergangenheit auch auf ein Blatt Papier schreiben und diese verbrennen. So verschwinden diese aus Deinem Leben. Wiederhole dies immer wieder sobald Du bemerkst, dass Dich die Schatten der Vergangenheit wieder einholen.

Im zweiten Schritt malst Du Dir nun aus, wie Du zu einem beliebten und offenen Menschen wirst. Du kannst dies anhand einer kleinen Geschichte gedanklich durchleben. Nimm dazu den Phoenix aus der Asche her oder denk an die Geschichte von der Verwandlung vom Aschenputtel zur strahlenden Prinzessin. Stell Dir vor, wie Du mit Freunden unterwegs bist, stundenlang Gespräche führen kannst und immer das passende Argument auf Lager hast. Du kannst Dir auch vorstellen, wie angenehm liebevolle, freundschaftliche Umarmungen sind, wenn Du Probleme mit körperlicher Nähe hast.

Jede Blockade die Du im Bereich Freundschaft und dem Miteinander hast, musst Du Dir bildlich vorstellen. Der Weg raus aus der Blockade wird zuerst in Gedanken durchgespielt. Stell Dir diesen Weg sehr einfach vor. Hab keine Angst, jedes Problem lässt sich lösen und für alles gibt es einen Weg. Wichtig ist, dass Du die Lösungen im Vorfeld schon fest im Kopf hast und diese auch einige Male gedanklich durchgespielt hast. Jeder Zwist und jeder Konflikt ließe sich auf diese Art so einfach lösen. Lass Dich nicht länger von Deinen Blockaden behindern, nimm Dir die Zeit, finde heraus, wo und warum die Blockaden begonnen haben und übe mit Hilfe der Visualisierung, diese aufzulösen. Alles, was Du Dir gedanklich vorstellen kannst, kannst Du auch in der Realität umsetzen.

Vergiss nie, dass Blockaden immer in Deinem Unterbewusstsein entstehen. Dort verankerte Gedanken hindern Dich daran vernünftig oder konstruktiv zu handeln. Daher ist es nur logisch, dass Du mit einem Umprogrammieren Deiner Gedanken diese Blockaden auch wieder auflösen kannst.

Visualisierung - der Weg für Optimisten

Häufig werden Optimisten als Spinner und realitätsfremd bezeichnet. Doch was soll an Optimismus negativ sein? Es ist doch absolut erstrebenswert ein positives Leben zu führen. Jammerer, Sauertöpfe und Pessimisten gibt es doch bereits genug auf dieser Welt. Daher ist es eine gute und auch gesunde Lebenseinstellung, wenn Du Dich für einen optimistischen Lebensweg entschließt. Und ja, jeder hat es selbst in der Hand und entscheidet, ob er das Leben positiv oder negativ sieht und erlebt.

Doch was genau ist Optimismus? Ist es ein Verdrängen der Realität oder ist es die Entscheidung, das eigene Leben lieber von der sonnigen Seite zu sehen? Optimismus ist die eigene Entscheidung, das Leben mit all den Aufgaben und Ereignissen von der besten Seite zu sehen. Optimum, das Wort, von welchem sich Optimismus ableitet, bedeutet schlicht und weg "das Beste".

In unserem gesamten Leben wollen wie immer nur das Beste. Alles muss die beste Qualität und Verarbeitung aufweisen, unsere Lebensmittel sollen nur vom Feinsten sein und egal ob Elektronik, Autos, Mode oder Einrichtung, das Beste ist uns gerade gut genug. Warum sollten wir dann, wenn es um unser eigenes Leben, die Gefühle, die Stimmung und die Empfindungen geht weniger wählerisch sein und uns freiwillig gegen das Beste entscheiden? Hast Du darüber schon einmal nachgedacht?

ürdest Du Dich als optimistischen Menschen bezeichnen? Falls nicht, woran liegt es? Bist Du schon so oft enttäuscht worden? In welchen Situationen bist Du nicht optimistisch? Gehörst Du zu jenen Menschen, die sich immer sehr stark auf etwas freuen und gleichzeitig aber damit rechnen, dass es gar nicht so toll wird? Ist der Satz: "Nächste Woche habe ich Urlaub, da regnet es garantiert" ein Standard Satz aus Deinem Repertoire? Wenn ja, dann halte jetzt einmal kurz inne. Worum geht es in diesem Buch. Genau, um Visualisierung. Mit Deinen Aussagen und Befürchtungen setzt Du die Visualisierung ja bereits perfekt um, nur eben in die falsche Richtung.

Es ist ja durchaus in Ordnung, wenn Du lieber im Regen wandern gehst, nur darfst Du Dich dann nicht beschweren. Denn mit genau diesen Aussagen und Prophezeiungen bestellst Du quasi vom Universum das Regenwetter. Wenn Du also unzufrieden bist, dann musst Du wieder genau hier ansetzen und Deine Gedanken von Grund auf umprogrammieren. Negative

Gedanken ziehen Negatives wie ein Magnet an, während positive Gedanken das Positive auf genau dieselbe Art anziehen.

Natürlich kann auch hin und wieder etwas schief gehen, und das darf es ja auch. Es muss nicht immer alles nur perfekt und glatt laufen - das wäre doch langweilig. Vielleicht kennst Du sogar eine Person, die leidenschaftlich gerne kocht und bäckt, die jedoch immer jammert, dass etwas schief läuft. Schon bevor sie den Kuchen aus dem Ofen nimmt, ist sie sich sicher, dass er entweder zu wenig durchgebacken ist oder an der Form kleben bleibt. Und natürlich, oh Wunder, meist ist dies dann auch der Fall. Die Person ist dann traurig, obwohl sich eigentlich ihre negative Vorhersage bewahrheitet hat. Diese Menschen geben dann auf, werfen den Kuchen weg und halten sich für absolut unfähig. Wenn jedoch einem Optimisten ein Missgeschick wie dieses passiert, so werden sofort alle kreativen Gehirnzellen aktiviert. Aus dem Kuchen werden Schichtdesserts oder Punschkugeln gezaubert, die doppelt so gut und saftig schmecken als der Kuchen ursprünglich geschmeckt hätte. Na, erkennst Du nun den Unterschied? Du alleine bist dafür verantwortlich, ob die Sonne scheint oder nicht.

Auch wenn sich etwas anders entwickelt hat als erwartet, bedeutet dies nicht das Ende der Welt. Es lässt sich immer noch alles zum Guten wenden, wenn Du offen dafür bist. Steck den Kopf nicht in den Sand. Auch wenn dies jetzt wie eine platte und ausgeleierte Redensart klingt, es steckt soviel Wahrheit darin.

Natürlich ist es doof, wenn Du in Deiner neuen Jeans gestürzt bist und ein fettes Loch in der Hose entstanden ist. Doch Du musst die Jeans jetzt nicht wegwerfen. Sei kreativ. Entweder Du peppst Sie stylisch auf, fügst einige trendige Löcher mehr hinzu, nähst coole Flicken auf oder Du nähst aus der Hose eine Tasche. Die kannst Du dann jeden Tag tragen. Es gibt nichts, das nicht irgendwo einen positiven Hintergrund hat. Manches Mal ist das Positive nicht so offensichtlich erkennbar, da bist Du nun gefragt, es zu erforschen. Es heißt doch, wo Licht ist , ist auch Schatten. Doch es ist auch umgekehrt der Fall, wo Schatten ist, muss auch irgendwo eine Lichtquelle existieren, und genau diese musst Du nur suchen.

Think Pink oder die rosarote Brille

Mit der sogenannten rosaroten Brille lebt es sich einfach leichter. Die Tage sind heller, die Menschen freundlicher und die Blumen blühen bunter.

Wenn Du Schwierigkeiten damit hast, versuche es doch einmal damit, Dir wirklich eine rosarote Brille aufzusetzen. Stell Dir nun vor, wie diese Brille wie eine Zauberbrille fungiert. Sobald Du diese Brille auf der Nase trägst, verwandelt sich alles auf wundersame Weise.

Wenn Du zum Beispiel auf eine Party eingeladen bist und denkst, dass dort die Menschen ohnehin alle doof sind und Dich nicht mögen, dann vergiss nicht, dass Du diese rosarote Brille einpackst. Bevor Du den Raum betrittst, setzt Du diese Brille auf und schon verwandeln sich alle Besucher in zauberhafte und nette Menschen. Du musst natürlich keine echte Brille aufsetzen, die Brille kann auch eine imaginäre Brille sein.

Du betrittst den Raum, lächelst alle freundlich an, und Du wirst bemerken, alle werden zurück lächeln. Durch die rosarote Brille erkennst Du, dass die junge Frau am Ecktisch nicht arrogant, sondern einfach nur einsam ist. Lächle sie an, stell eine Frage und komm mit ihr ins Gespräch. Mit der pinken Brille auf der Nase erkennst Du auch, dass die Gruppe an der Seite nicht über Dich tuschelt und lacht. Es befindet sich nur ein Meister des Witze-Erzählens in der Runde und die kleine Gruppe lacht sich über diese kaputt.

Think Pink, das bedeutet auch, dass Du Deinen Gefühlen etwas mehr vertrauen solltest und nicht immer alles bis ins Detail zerpflücken und überdenken musst. Jede Krise bedeutet auch eine Chance. Alles, das misslungen ist gibt Dir die Möglichkeit, es noch einmal und besser zu versuchen. Think Pink steht dafür, Dir selbst immer wieder die Chance auf einen Neustart zu geben. Es ist nie zu spät, dass Du es noch einmal versuchst und besser machst.

Und genau hier liegt der Unterschied zwischen Optimismus und dem Verdrängen. Während der Optimist eine Krise oder ein Missgeschick als Chance für einen Neustart sieht und diese auch so wahrnimmt, gibt es andere, die sich sozusagen pseudo optimistisch verhalten und einfach alles verdrängen.

Wenn Du ein Problem nur verdrängst, ohne nach einer Lösung oder einer Verbesserung zu suchen, dann bist Du nicht optimistisch. Dann steckst Du genauso wie ein Pessimist, der alles Schlechte als gegeben sieht, den Kopf in den Sand. Hast Du Lust einen kleinen Selbsttest zu machen, wie viel Optimismus in Dir steckt? Dann nimm Dein Büchlein zur Hand und schreib die Antworten auf nachfolgende Fragen auf.

Denk an das letzte Jahr zurück. War es ein positives Jahr? Fallen Dir mehr positive oder negative Ereignisse ein? Wenn Du eine neue Aufgabe übertragen bekommst, denkst Du dann im ersten Moment: "Das kann ich nicht" - oder freust Du Dich auf die Herausforderung? Wenn Du Deine Eigenschaften betrachtest, sind es mehr Stärken oder mehr Schwächen, welche Dich ausmachen? Wenn Dir ein Fehler unterlaufen ist, machst Du Dir Vorwürfe? Suchst Du bei allem nach einem Haken? Denkst Du, dass immer irgendwo ein Nachteil versteckt sein muss, weil es einfach zu schön wäre um wahr zu sein? Denkst Du oft schon vor dem Start eines Vorhabens, dass es sicher schief gehen wird? Gehörst Du zu den Menschen, die immer eine Ausrede auf Lager haben, um etwas nicht zu machen? Wenn Du an Deine Zukunft denkst, siehst Du die positiv oder hast Du Angst davor, was die Zukunft für Dich bringt? Würdest Du Dich selbst als Glückskind oder als Pechvogel bezeichnen? Wenn Dir etwas außergewöhnlich gut gelungen ist, denkst Du, dass dies ein reiner Glückstreffer war? Denkst Du häufig über Probleme nach und grübelst viel? Erinnerst Du Dich auch nach Jahren noch an jedes kleine Fettnäpfchen, in welches Du jemals getreten bist? Gibst Du schnell auf?

Deine Antworten sind bereits die Antwort darauf, wie positiv oder wie negativ Du eingestellt bist. Bei allen Punkten, die Du pessimistisch beantwortet hast, denkst Du nun genau an die Situation zurück, an der diese passiert ist. Nun versuche diese genau zu visualisieren, jedoch mit einem positiven Ausgang. Erinnere Dich an die vielen schönen Dinge des letzten Jahres und lass diese noch einmal in Gedanken Revue passieren. Denk an all die tollen Eigenschaften, welche Dich ausmachen, sieh Dich als strahlendes Sonntagskind, welches von einer strahlenden Zukunft erwartet wird. Visualisiere alles, stell es Dir vor Deinem geistigen Auge vor, so als würde es tatsächlich so passiert sein.

Visualisierung und Erziehung

Visualisierung, positive Bestärkung, NLP, das sogenannte neurolinguistische Programmieren und Kindererziehung haben sehr viel gemeinsam. Durch sämtliche dieser Praktiken wird die positive Kommunikation zwischen Eltern und Kind gefördert. Damit kannst Du auch nicht früh genug anfangen. Sobald Du mit Deinem Baby sprichst, quasi von Tag null an, solltest Du darauf achten, immer nur positiv formulierte Sätze zu verwenden.

Auch hier ist es wichtig, wie bei einer Unterhaltung mit dem Universum, doppelte Verneinungen und negative Sätze zu vermeiden. So kann das Kind am besten verstehen und auch alles optimal umsetzen.

Vielleicht fragst Du Dich jetzt wie das funktionieren soll, denn gerade Kinder während der Erziehung benötigen Schranken und Verbote. Und das ist auch richtig und besonders wichtig, denn kein Kind sollte vogelfrei und ohne Grenzen aufwachsen. Für Kinder ist es besonders wichtig, dass sie sich an jemandem orientieren können. Und doch ist es bedeutsam, hier die richtige Formulierung zu finden. Damit Du das auch richtig verstehst, greifen wir nun zu kleinen Beispielen.

Du hast zum Beispiel Dein Kind gerade hübsch angezogen, da es in Kürze zu den Großeltern gehen soll. Mahnend sagst Du zu Deinem kleinen Schatz noch: "Mach Dich jetzt nicht mehr schmutzig!" Doch keine fünf Minuten nachdem dieser Satz ausgesprochen ist, hat Dein Kind auch schon den Filzstift in der Hand, öffnet ihn, nuckelt daran und das Gesicht und auch das hübsche Kleidchen sind von farbigen Flecken überzogen. Bei der Ermahnung "Kleckere nicht beim Essen" passiert es statistisch häufiger, dass sich Kinder schon während der ersten paar Sekunden von oben bis unten mit Brei bekleckern. Doch woher kommt das?

Das Gehirn des Kindes nimmt den Satz wahr. Doch im Vordergrund steht nicht das "Nicht", sondern die Aussage des Satzes. Somit werden kleckern und schmutzig machen zu den Kernaussagen. Der warnende Satz wird somit zwar verarbeitet, doch bis das Kind auch die Verneinung im Satz verarbeitet hat, ist es meist schon zu spät, da sofort mit der befohlenen Handlung begonnen wird. Zudem kommt meist noch der Schreck, denn warnende Sätze werden meist in einem strengen, harschen Tonfall kommuniziert. Durch den Schreck werden Kinder zusätzlich schusselig und Missgeschicke geschehen beinahe unvermeidlich.

Doch wie kannst Du diese Warnungen dennoch aussprechen und dabei richtig formulieren? "Bleib sauber", "Halte Deine Hände und Kleidung sauber" - dies sind Sätze, die in diesem Zusammenhang garantiert wirkungsvoller sind. Probier es ruhig aus, es wird Dich überraschen.

Kinder sind meist sorgenfrei und unbedarft. Dass sich Kinder sorgen machen, liegt meist ebenfalls an unserer Erziehung und nicht selten an der falschen Kommunikation. Wie oft sagen Mütter zu ihren Kindern: "Mach

Dir keine Sorgen". Das Kind würde sich auch keine Sorgen machen, doch durch diese Aussage kommen Kinder erst darauf, dass es vielleicht einen Grund geben könnte, sich Sorgen zu machen. Es ist erschrecken, wie Eltern oder Erwachsene generell mit einem so kleinen Satz das Kind vielleicht für ewig prägen können. Dabei wäre es ein Leichtes, auch diesen lieb gemeinten Satz positiv umzuformulieren. "Alles ist in Ordnung", "Pass auf Dich auf", "Alles ist perfekt wie es ist" - dies sind Sätze, die wirkungsvoll dasselbe aussagen, ohne dem Kind einen Ansatz für Sorge zu bieten.

Alle Sätze, alle Worte, welche Erwachsene zu Kindern sprechen, erzeugen Bilder im Kopf der Kleinen. Kinder sind viel besser darin, Situationen zu visualisieren. Doch als Basis für diese Bilder dienen meist nur Subjekt, Prädikat und Objekt. Nebenworte, Adjektive und Attribute werden einfach nicht wahrgenommen oder umgesetzt. Übrig bleiben von den oben genannten Beispielen eben „mach Dir Sorgen", „mach Dich schmutzig und kleckere". Wenn Du dies jetzt liest, wird es Dir wie Schuppen von den Augen fallen, denn wir alle kennen diese Situationen, entweder aus eigener Erfahrung oder aus Erzählungen.

Auch später in der Erziehung spielt Visualisierung eine wichtige Rolle. Erinnere Dich an das frühere Kapitel, in welchem wir über Ziele und Belohnungen gesprochen haben. Gerade Kinder sprechen sehr gut auf Ziele und Belohnungen an. Wenn etwas gut läuft, dann können schöne Dinge, eine tolle gemeinsame Zeit oder eben eine simple Belohnung in Aussicht gestellt werden. Auch Kinder lassen sich dadurch wunderbar motivieren. Es muss jedoch nichts großartiges sein. Es kann eine gemeinsame Märchenstunde nach ordentlich ausgeführten Hausarbeiten sein, oder der Eisbecher der wartet, wenn das Kind die übertragenen Aufgaben ordentlich erledigt.

Diese positive Verstärkung ist nicht nur eine sehr wirkungsvolle Erziehungsmethode. Auch das Selbstbewusstsein der Kinder wird dadurch von klein an gestärkt. Doch nicht nur in der Kindererziehung, auch beim Training von Tieren kann positive Verstärkung sehr gut eingesetzt werden. Heutige Hundetrainer arbeiten großteils nur mehr auf dieser Basis. Der Rohrstock und Drill haben ausgesorgt, da man mittlerweile dahinter gekommen ist, dass der positive Weg der einfachere und bessere für alle Beteiligten ist.

Visualisierung für Sexualität und Partnerschaft

Eines der häufigsten Probleme in vielen Partnerschaften ist das Thema Sexualität. Natürlich meist nicht in den ersten Tagen und Wochen, doch nach einiger Zeit kommt es hier zu Flauten. Dies liegt meist auch daran, dass Partner nicht von Anfang an ehrlich mit diesem Thema umgegangen sind. Beide Partner wollen dem anderen gefallen und stellen ihre eigenen Bedürfnisse zurück. Doch irgendwann möchte jeder seine Bedürfnisse befriedigt haben. Kommt es an diesem Punkt nicht zu einem offen und ehrlichen Gespräch, dann stellen sich die Probleme im Schlafzimmer ein.

Wichtig ist, dass sich beide Partner offen eingestehen, was sie möchten und dies später auch kommunizieren. Setzt euch zusammen und schreibt eure sexuellen Wünsche auf ein Blatt Papier. Nun stellt euch beide genau diese Situation bildlich vor. Visualisiert eure sexuellen Wünsche. Ihr sollt ganz aufgehen in diesen Wünschen und hautnah die Emotionen verspüren.

Erst jetzt könnt und sollt ihr darüber sprechen. Klärt den Partner über die sexuellen Wünsche auf und lasst ihn an den Visionen davon teilhaben. Auch nun müsst ihr absolut ehrlich zueinander sein, und den anderen sagen inwieweit ihr mit diesen sexuellen Vorlieben etwas anfangen könnt.

Ein weiteres Problem in der Sexualität und Beziehungen ist, dass sich ein Partner plötzlich nicht mehr attraktiv genug findet. Gerade nach etwa 15 Jahren Beziehung, oder nach Kindern hat sich der Körper natürlich verändert. Dem Partner fällt dies meist gar nicht so stark auf, oder zumindest empfindet er dies nicht als störend. Frauen, meist sind es die Frauen, ziehen sich jedoch gerade sexuell zurück. Aus dem dünnen Negligee wird der Pyjama und statt Löffelchen liegen hüllen sich die Partner einzeln in die warmen Decken. Auf Fragen was denn los sein, reagieren Frauen meist mit Schweigen.

Natürlich sollten beide Partner offen mit der Situation umgehen und darüber reden. Noch wichtiger aber ist, dass sich Frauen, oder auch Männer, die mit ihrem Körper unzufrieden geworden sind, mit sich selbst befassen und sich selbst wieder lieben lernen, genau so wie sie jetzt sind. Dabei hilft Visualisierung.

Stell Dich vor den Spiegel und betrachte Dich. Fass Dich an und fühle, wie angenehm sich Deine Arme, Deine Beine und Deine Schenkel anfühlen.

Leg Dich ins Bett und stell Dir vor, wie schön auch mit einigen Kilos mehr jede einzelne Berührung des Partners sein kann. Lass in Gedanken die Hände des Partners über Deine Rundungen gleiten und spüre, wie gut sich das anfühlt. Du musst Dir jede einzelne Situation genau vorstellen und dabei die positiven Gefühle intensiv spüren.

Durch diese Visualisierung und das bildliche Erleben Deiner Sexualität beginnst Du Dich wieder selbst zu akzeptieren und zu lieben. Du siehst, dass sich Dein Körper wunderbar anfühlt und auch immer noch heiß aussieht. So verlierst Du die Angst davor, Dein Partner könnte Dich nicht mehr attraktiv finden.

Auch bei der Partnersuche kann Dir die Kunst des Visualisierens helfen. Stell Dir genau vor, wonach Du suchst. Du kannst Dir auf diese Weise quasi Deinen Traumpartner selbst backen. Dabei solltest Du Dich jedoch nicht auf Äußerlichkeiten beschränken. Notiere Dir genau, wie Dein neuer, zukünftiger Partner sein soll. Schreib alle Eigenschaften auf, die Dir wichtig sind und stell Dir diesen perfekten Partner vor.

Freu Dich darauf, dass dieser Partner bald an Deiner Seite ist. Stell Dir all die schönen Dinge vor, die Du gemeinsam mit dem neuen Partner erleben möchtest. Denke jeden Tag daran, dass dieser Partner gleich ums Eck auf Dich wartet. Das Visualisieren verändert Deine Persönlichkeit. Du bist nicht mehr verbissen auf der Suche, weil Du in Gedanken den richtigen Partner bereits gefunden hast. Dadurch verändert sich Deine Ausstrahlung und Du wirkst auf das andere Geschlecht attraktiver.

Wichtig dabei ist, dass Du, egal was Du vorher in anderen Partnerschaften erlebt hast, Dich wieder auf die Liebe einlassen lernst. Durch das Visualisieren erlebst Du die Liebe neu und verlierst alle Hemmungen, die Du vielleicht mit den Jahren aufgebaut hast. Blockaden werden gelöst und Ängste verschwinden. Du erkennst, dass Du Dir Liebe verdient hast, und dass Du Liebe auch annehmen und weitergeben kannst. Gerade wenn Du schon einige Zeit alleine warst, ist dies das häufigste Problem. Vielleicht ist die letzte Beziehung unschön zu Ende gegangen und Du hast nun Angst, dass jede Beziehung wieder in einem Fiasko enden könnte. Durch das Visualisieren aber siehst Du eine Partnerschaft, wie sie sein sollte und verlierst dadurch die Angst davor.

Visualisierung und Psychologie

Gerade in der Psychotherapie spielt Visualisierung eine sehr wichtige Rolle. Viele Probleme, die ihre Wurzel in der Vergangenheit haben können, können mit Hilfe von Visualisierung gelöste werden. Durch das gedankliche Zurückkehren an einen bestimmten Ort oder eine bestimmte Zeit in der Vergangenheit können Emotionen, aber auch Verletzungen wieder erlebt werden. Häufig handelt es sich hierbei um verdrängte Probleme, die man komplett aus dem Gedächtnis gelöscht hat. Dieses Verdrängen kann gravierende Probleme und Blockaden auslösen und ausschlaggebend für psychische Belastungen und Störungen werden.

Hier werden Übungen zur Visualisierung gegen Belastungsstörungen durchgeführt. Diese Übungen dienen jedoch auch dazu, alte Muster und altes Verhalten abzulegen und neue Muster und Verhalten anzutrainieren. Warum diese Art der Therapie in der Regel besser wirkt als eine reine Gesprächstherapie, ist ebenso schnell erklärt. Für viele bleibt etwas schneller und besser haften, wenn es direkt gesehen, als nur gehört wird. Bei einer Gesprächstherapie kann der Therapeut immer und immer wieder dasselbe wiederholen, wenn Du es Dir jedoch einmal bildlich vorstellst, die Szene vor Dir siehst, dann wird es Dir garantiert sofort in Fleisch und Blut übergehen.

Gesehene Informationen, auch die man selbst visualisiert, lassen sich besser aufnehmen und verarbeiten. Auch können diese Informationen, die Du visualisiert hast, besser im Gedächtnis behalten werden.

Psychische Erkrankungen werden auf alternativem Weg gerne mittels Visualisierung behandelt und sogar geheilt. Diese Art der Therapie und Behandlung bietet häufig die einzige Möglichkeit, psychische Erkrankungen auch ohne Medikamente in den Griff zu bekommen. Natürlich dürfen diese Art der Therapien stets nur mit einem erfahrenen Therapeuten durchgeführt werden. Gerade wenn es um die Absetzung wichtiger Medikamente geht, solltest Du immer mit einem Arzt Deines Vertrauens sprechen.

Gerade bei Psychosen und Angststörungen können diese Übungen zum Visualisieren sehr hilfreich sein. Patienten leiden hier meist jahrelang unter speziellen Zwängen. Diese alten Muster müssen nun abgelegt und durch neue Muster ersetzt werden. Stück für Stück stellt sich der Patient nun vor, wie die alten Ängste abblättern und immer weniger werden. Ob es der böse Geist ist, der den Körper in Besitz genommen hat, oder die Fremden, welche den Patienten ständig verfolgen, durch Visualisieren können diese auf immer verschwinden - doch wie soll das gehen?

Natürlich muss sich der Betroffene auf diese Art der Therapie einlassen. Der Dämon oder die dunkle Macht, welche vom Körper des Patienten Besitz ergriffen hat, muss zuerst lokalisiert werden. Der Patient muss genau erkennen, wo sich der Feind im eigenen Körper befindet. Nun kann er durch Visualisierung bekämpft und vertrieben werden. Die Patienten müssen hier genau sehen, wie der Dämon aus dem Körper verschwindet und weit, weit weg läuft oder sich in Luft auflöst. Dies kann für manche ein Kampf sein, doch durch immer wiederkehrendes Visualisieren können diese Arten von Besessenheit geheilt werden.

Auch Zwangsstörungen werden nach diesem Prinzip sehr erfolgreich behandelt. Eine der häufigsten Zwangsstörungen sind Kontrollstörungen. Der Betroffene steht unter einem permanenten Zwang, ständig alles kontrollieren zu müssen. Diese Kontrolle wird jedoch zwanghaft, wenn der Betroffene 10 Mal in die Wohnung zurückkehren muss um zu überprüfen, ob das Licht auch wirklich ausgeschaltet wurde.

Auch hier muss der Betroffene das Problem als solches erkennen. Zwänge müssen ausgesprochen und beim Namen genannt werden. Während der Sitzungen werden nun genau diese Abläufe immer wieder visualisiert. Nur muss sich der Patient hier bemühen, auf die zwanghaften Handlungen Schritt für Schritt immer mehr zu verzichten. Der Betroffene sieht, dass das Licht einmal ausgeschaltet wurde und verlässt ohne schlechtem Gewissen das Haus. Durch das Visualisieren erkennt der Betroffene, dass keine zwanghaften Handlungen notwendig sind. Doch auch hier kann es ein etwas längerer Weg sein, da diese Muster meist sehr tief verankert sind.

Auch helfen Übungen mit Visualisierungen gegen Depressionen. Wer unter Depressionen leidet ist nicht nur permanent traurig oder befindet sich in einem schwarzen Loch. Es handelt sich hier auch um eine immense psychische Anspannung. Durch Visualisierungsübungen können diese Anspannungen gelockert werden. Der Betroffene träumt sich mehrmals am Tag an den Ort der Träume. Wie dies funktioniert haben wir in einem vorigen Kapitel bereits intensiv besprochen. Wichtig ist, dass immer, sobald wieder ein Schub trüber Stimmung aufkommt, dieser Ort in Gedanken aufgesucht wird. Dort kann sich der Betroffene frei und glücklich fühlen.

Patienten, die unter Depressionen leiden, müssen sich das eigene Ich stets als lachende und fröhliche Persönlichkeit visualisieren. Falls Du immer wieder unter Traurigkeitsschüben leidest und Dir die Last der Welt einfach zu schwer wird, dann flüchte Dich in Deine Traumwelt. Hier kannst Du lachen und glücklich sein. Hier hast Du keine Schmerzen und nichts drückt auf Dein Gemüt. Diese positiven Stimmungen kannst Du dann bequem von der Traumwelt mit in die Realität transportieren.

Spiele diesen Film ab: Du sitzt in einem dunklen Loch. Plötzlich spürst Du, wie sich die Erde über Dir auftut und immer mehr und mehr Sonnenstrahlen zu Dir durchdringen. Du spürst, wie die Sonnenstrahlen Deinen Körper treffen. Mit jedem Sonnenstrahl werden Glück und Freude in Deinen Körper implementiert. Du spürst, wie Dein Herz warm wird und beginnst aus vollem Herzen zu laschen. Du streckst Dich den Sonnenstrahlen entgegen und steigst aus dem dunklen Loch. Du reckst und streckst Dich und wirst Eins mit der Sonne, dem Licht, der Freude und dem Glück.

Visualisierung im Berufsalltag - Kreativität

Egal in welchem Beruf Du arbeitest, ein gewisses Maß an Kreativität wird in allen Branchen erfordert. Natürlich sind manche Berufe kreativer als andere und vielleicht würdest Du gerne in eine andere Branche wechseln, hältst Dich jedoch für zu wenig kreativ. Vielleicht würdest Du gerne bloggen oder für ein Magazin schreiben? Reizt Dich die Stellenausschreibung der Werbeagentur oder möchtest Du als Erzieher, Betreuer, Lehrer oder Koch arbeiten? In all diesen Bereichen wird Kreativität vorausgesetzt und genau daran denkst Du, fehlt es bei Dir.

Doch Kreativität lässt sich erlernen und trainieren - und genau, Du hast es erraten, mit Visualisierung. Eigentlich ist Kreativität an sich schon die Fähigkeit alles und jeden visualisieren zu können. Kreativität bedeutet nichts anderes, als Ideen im Kopf zu haben und diese auch visuell umsetzen zu können. Ein Koch oder Konditor weiß bereits vor dem Zubereiten, wie die neueste Kreation aussehen und auch schmecken wird. Der Erzieher spielt diverse Spiele im Vorfeld in Gedanken durch und findet so heraus, wie diese wohl bei den Kindern ankommen werden.

Für neue Werbeslogans, spannende Romane oder Kurzgeschichten müssen ebenfalls zuerst Ideen gefunden werden. Damit Du siehst, dass Du das auch alles kannst, mach einfach folgende Übungen. Lass Deinen Blick durch den

Raum gleiten und such Dir einen beliebigen Gegenstand aus, den Du im Blickfeld hast. Dies ist nun Dein Trainingsobjekt. Zu diesem lässt Du Dir jetzt einen kleinen Werbefilm einfallen, den Du gedanklich durchspielst. Du kannst auch in Gedanken einen Brief an Deine Freundin oder einen Freund verfassen, in welchem Du genau dieses Produkt besonders lobst oder erwähnst. Dies sind kleine Übungen, die Du immer wieder zwischendurch machen kannst, und die Deine Kreativität enorm fördern.

Doch auch Aufgaben, die nahezu unlösbar scheinen, können mit Hilfe der Visualisierung geschafft werden. Verzweifle nicht, wenn Du unter einem Packen Arbeit versinkst. Stell Dir vor, wie schnell Du diese Arbeiten erledigt hast und spüre, wie gut Du Dich dabei fühlst. Auch beim erarbeiten von neuen Projekten kommen Dir Kreativität und Visualisierung idealerweise zur Hilfe. Du kannst Dir bereits im Vorfeld genau ausmalen, wie das Projekt ablaufen soll. So kannst Du auch die unterschiedlichsten Szenarien durchspielen und bereits im Vorfeld die ein oder andere Fehlerquelle eliminieren.

Du kannst Dir auch Deinen Traumberuf immer wieder visualisieren. Als Kinder hatten wir dies absolut perfekt drauf. Wir wussten genau, welchen Beruf wir einmal ausüben würden. Wir stellten uns vor, wie wir als Piloten durch die Lüfte segelten, in Tierkliniken kuschelige Vierbeiner versorgten oder als Model über den Laufsteg stolzierten. Doch irgendwann haben wir diese Fähigkeit verlernt, uns alle Situationen so lebhaft ausmalen zu können. Damit sind auch Teile unserer Träume gestorben.

Lass das nicht mehr länger zu. Aktiviere wieder Deine Träume, Deine Wünsche und beginn damit diese zu visualisieren. Erinnere Dich zurück, welchen Beruf wolltest Du als Kind ausüben. Warum ist aus dem Traum nichts geworden? Würde Dich heute dieser Beruf immer noch reizen? Wenn ja, warum ergreifst Du die Chance nicht? Fehlt Dir die passende Schulbildung dazu? Auch die lässt sich problemlos nachholen. Alles ist möglich, solange Du es Dir selbst vorstellen kannst. Sobald Du sagst: "Das kann ich mir nicht vorstellen", hast Du kapituliert. Du hast aufgegeben an Deine Träume zu glauben.

Überlege, wie es mit der Karriereleiter in Deinem jetzigen Job aussieht. Git es noch Möglichkeiten ganz nach oben zu gelangen, oder bist Du bereits ganz an der Spitze angelangt? Möchtest Du beruflich nicht aufsteigen, mehr Ansehen gewinnen, mehr Geld verdienen und vielleicht körperlich etwas weniger Arbeiten, dafür bessere Gleitzeiten haben? Dann sieh zu, dass Du diese Szenarien in Deinem Gehirn entstehen lässt. Stell Dir vor, wie es ist, befördert zu werden. Male Dir Deine neuen Aufgaben aus, spüre, wie Dich die Energie und der Ehrgeiz packen und treibe Dich selbst zu immer neuen Höhen hin. Visualisiere, wie Du mit Deinen Kollegen, dem Chef und den Untergebenen bestens auskommst, wie das Betriebsklima perfekt ist und ihr ein herrliches Miteinander habt.

Du siehst, die Visualisierung deckt auch sämtliche Arbeitsbereiche ab. Egal ob Du auf Jobsuche bist, Du Dich beruflich Verändern möchtest, Du das Arbeitsklima verbessern willst oder einfach dafür bist, dass Du Dir mehr verdient hast - jede Situation lässt sich in Gedanken so lange durchspielen, bis sie sich bewahrheitet. If you can dream it - you can be it.

Mit Visualisierung zum sportlichen Erfolg

Seit einigen Jahren ist Visualisierung ein fester Bestandteil im Profisport. Nicht nur Mentaltrainer und Motivationstrainer greifen zu dieser Technik, auch Trainer und Sportler selbst sind davon begeistert. Unter berühmten Spitzensportlern der ganzen Welt gibt es zahlreiche, die sich der Visualisierung bedienen, um damit noch größere, schnellere und effektivere Trainingserfolge zu erzielen.

Visualisierung ist ein wichtiger Bestandteil in der Vorbereitung für Wettkämpfe aller Art geworden. Das Interessante ist, dass in diesem Bereich nicht nur der Sport an sich visualisiert wird, sondern auch Abläufe, Techniken, Strecken und vieles mehr in Gedanken durchgespielt und dadurch verinnerlicht werden.

Ein gutes, prominentes Beispiel ist der Schwimmer Michael Phelps. Er arbeitete bei seinen Wettkämpfen stets mit der Visualisierung. Während der Wettkämpfe hatte er stets das Bild von sich selbst vor Augen, wie er mindestens einen Meter vor allen anderen schwamm. Und genau dies hat diesem Schwimmer seine Flügel verliehen und ihn zu Höchstleistungen angespornt.

Auch der Läufer Roger Bannister motivierte sich mit Hilfe der Visualisierung und wurde dadurch zum schnellsten Läufer seiner Zeit. Er war der erste, der eine Meile unter 4 Minuten lief, obwohl alle, sowohl Trainer, als auch Mediziner stets sagten, dass dies ein Ding der Unmöglichkeit wäre.

Doch Bannister ließ sich davon nicht beirren - denn was er sich vorstellen konnte, das musste doch auch umzusetzen sein. Und er behielt recht. Lange vor seinem tatsächlichen Erfolg lief er in Gedanken die Meile unter vier Minuten, so lange, bis er das bis dahin Unmögliche in die Tat umsetzen konnte.

In Asien, genau in Nordkorea, wurden bei einer Studie die Küren der Turner nur in der Theorie, quasi nur im Kopf geübt. Die Turner und Turnerinnen lernten die schwierigsten Übungen nur durch visualisieren und hatten die Kür danach perfekt im Kopf, dass sie sich gegen harte asiatische Konkurrenz durchsetzen konnten.

Visualisieren im sportlichen Bereich verleiht den Athleten Impulse, die sich auf Knopfdruck abrufen lassen. Ob Formel 1 Fahrer, welche die Strecke in Gedanken abfahren, Läufer, Schwimmer, Schifahrer oder Turner, alle können vom Visualisieren nur profitieren. Wichtig ist, dass jede einzelne Szene im Gedächtnis manifestiert wird. Ein zusätzlicher Bonus ist, dass beim Visualisieren auch nichts schief gehen kann. Es gibt keine Unfälle, keine Pannen oder Ausfälle. Dadurch wird das Vertrauen und somit auch das Selbstbewusstsein zusätzlich gestärkt. Ängste können dadurch abgebaut werden und die Sportler gehen voller Energie, aber mental absolut gelassen, in den Wettkampf.

Visualisieren läuft hier mit allen Sinnen ab. Das Ziel direkt vor Augen, den Sieg fest in der Tasche stürzen sich die Sportler ins Geschehen. Diese Technik kannst Du selbst auch ganz einfach auf Deine Bedürfnisse umwandeln. Lass das Bild in Deinem Inneren entstehen und sieh Dir den Film vor Deinem geistigen Auge an. Gleichzeitig solltest Du auf Deine innere Stimme hören und auch die Geräusche von außen wahrnehmen. Die innere Stimme motiviert Dich zum Durchhalten. Du spürst, wie Dir der Schweiß von der Stirn läuft und Du bist berauscht vom tosenden Applaus der Menschenmenge. Zum Schluss solltest Du auch den Zieleinlauf genau vor Augen haben. Spüre, wie gut sich die kalte, glatte Goldmedaille an Deinem Hals anfühlt. Genieße den Handschlag Deiner Konkurrenten und nimm die Gratulationen in Empfang.

Nimm Dir täglich mindestens 15 Minuten Zeit, um Deine Ziele und Wünsche zu visualisieren. Das bedeutet für Dich keinen Stress, denn das Visualisieren hat einen sehr meditativen Charakter und Du wirst Dich nach dieser Zeit frisch und erholt fühlen. Wichtig ist, dass Du Dir dafür immer einen ruhigen Ort auswählst, an dem Du ungestört Deine Ziele verfolgen kannst.

Wenn Du sportliche Ziele verfolgst und die täglich visualisierst, vergiss nicht, auch die Entspannungsphase zu visualisieren. Dazu kannst Du Dir ein heißes Bad mit Kräuterölen oder auch eine Massage gönnen. Das visuelle Training in Gedanken ist genauso echt wie ein Training in der realen Umgebung. Nimm Dir Zeit für Dich selbst, gönne Dir auch unbedingt Pausen. Denn auch beim visuellen Training solltest Du nicht übertrainieren.

Zum visuellen Training gehört auch, dass Du nebenbei auf eine gesunde Ernährung und ausreichend Schlaf achtest. Nutze fünf Minuten vor dem Einschlafen dazu, dass Du Dich für Deine Erfolge bedankst, noch einmal freudestrahlend in Deinem Erfolg badest, danach kurz einige Minuten meditierst und anschließend stressfrei einschlafen kannst. Vertraue auf die Kraft Deiner Gedanken. Sie können Dich auch auf sportlicher Ebene zu Höchstleistungen antreiben.

Warum funktioniert das Gesetz der Anziehung bei einigen Menschen nicht

Falls das Prinzip der Visualisierung und das Gesetz der Anziehung des Positiven bei Dir nicht auf Anhieb funktioniert, dann liegt es nicht daran, dass es bei Dir generell nicht klappt, sondern, es sind noch Fehler im System.

Meist ist es so, dass Du selbst nicht wirklich davon überzeugt bist, dass es wirklich klappen kann. Du musst dafür sämtliche Zweifel ablegen. Nur wenn Du dies schaffst, kann es vorwärts gehen. Häufig liegt es auch an der Formulierung. Auch wenn Du vielleicht die Sätze selbst perfekt ausformuliert hast, oft spielen sich in Gedanken andere Formulierungen und andere Worte ab. Höre ganz genau und tief in Dich hinein. Ist da irgendwo eine kleine, leise Stimme, die flüstert: “Das kann doch gar nicht funktionieren”. Diese Stimme musst Du vertreiben. Du musst mit der inneren, zweifelnden Stimme sprechen und sie vom Gegenteil überzeugen.

Auch kann es sein, dass Du nicht entspannt genug bist. Vielleicht versuchst Du es, Dir für Deine Visualisierungen wirklich eine Auszeit zu nehmen. Verlasse dazu das laute Wohnzimmer und schließe Dich alleine im Schlafzimmer ein. Bitte Deine Familie darum, Dir diese Auszeit in Stille zu gönnen.

Vielleicht hilft es Dir besser und schneller zur Ruhe zu kommen, wenn Du, bevor Du mit dem Prozess des Visualisierens beginnst, täglich kurze Meditationen in Deinen Tagesablauf einbaust. Dadurch entspannst Du so richtig und lernst auch gleich, den Gedanken freien Lauf zu lassen. Das A und O bei der Meditation ist, nichts zu denken und Körper, Geist und Seele frei laufen zu lassen. Dies ist heutzutage die vielleicht schwierigste Übung, in einer Zeit, in der alles unter Kontrolle sein muss.

Visualisierung für das eigene Glückspotential

Was hat Visualisierung mit dem eigenen Glückspotential zu tun? Die einfach Antwort darauf: Einfach alles. Was bedeutet für Dich Glück? Nimm Dir die nächsten zehn Minuten Zeit und notiere in Dein Büchlein, was für Dich absolutes Glück bedeutet. Hier haben wir alle andere Prioritäten, doch die Posten, die beinahe jeder angeführt hat sind wohl Gesundheit, Liebe, finanzielle Sorglosigkeit und Freude bei der Arbeit. Bei vielen steht die Familie an erster Stelle, wieder andere können sich ein Leben ohne spontanen Reisen und absoluter Unabhängigkeit nicht vorstellen. Wie dem auch sei, wichtig ist, was für Dich absolutes Glück bedeutet.

Sobald Du diese Dinge, die Dich absolut glücklich machen visualisierst, wirst Du auch ein angenehmes, warmes Glücksgefühl verspüren. Du kannst sämtliche Dinge die Dich glücklich machen in Gedanken durchleben und somit auch erleben. Zuerst in Gedanken und mit der Zeit auch in der Realität. Sobald Du weißt, was Dich wirklich glücklich macht, kannst Du dieses Glück auch erleben. Hier ist nämlich das Problem der meisten Menschen begraben. Viele wissen nicht, was sie glücklich macht. Sie sind gefangen in ihrer Unzufriedenheit und finden es nicht heraus. Nimm Dir die Zeit und überlege, was Dich glücklich macht.

Im selben Zug kannst Du auch überlegen, welche Dinge Dich unglücklich machen. Du kannst nun auch die Kraft und Macht der Gedanken und die Power des Visualisierens nutzen, um die Dinge, die Dich unglücklich machen, in der Versenkung verschwinden zu lassen. Schreibe diese Dinge, die Dich unglücklich machen, auf einen virtuellen Zettel und verbrenne diese. Du kannst diese Dinge auch auf einen wirklichen Zettel schreiben und den Zettel anschließend verbrennen. Wenn Du Symbolik liebst, kannst Du die Asche Deines Unglückszettels auch im Garten vergraben. Manches

Mal schadet ein bisschen Symbolik nicht, auch wenn dies esoterisch klingen mag, doch auch in der Esoterik befasst man sich mit dem Einklang von Körper, Geist und Seele - somit ist absolut nichts Negatives an etwas Esoterik zu finden.

Du hast mittlerweile bereits gelernt, wie Du Deine Wünsche visualisieren kannst. Das machst Du nun auch mit allen Dingen, die Dich glücklich machen. Stell Dir alles ganz genau vor. Sei der Regisseur Deines eigenen Films und glaube an den Erfolg - an Deinen Erfolg. Du darfst nie vergessen, dass Du der Pilot Deines eigenen Lebens bist - und nicht nur ein willenloser Passagier. Du bist der Maler, der Komponist, der Dichter und der Architekt, Du musst nur Deine Möglichkeiten und Dein Potential erkennen und nutzen.

Damit Du Dein eigenes Glückspotential aktivieren kannst, musst Du erst genau wissen, wie sich Glück anfühlt. Für manche fühlt es sich warm an wie ein Sonnenstrahl. Für andere fühlt sich Glück wie das Fell eines Welpen an und für andere wie eine innige Umarmung eines echten Freunds. Finde heraus, wie sich für Dich Glück anfühlen muss und visualisiere dieses Gefühl. Konserviere dieses Empfinden und übe es immer wieder. Bald kannst Du dieses Gefühl innerhalb von Sekunden abrufen. Gerade in Situationen, die stressig sind oder in welchen Du Dich unwohl fühlst, kann das Abrufen dieser Glücksgefühle die Situation retten. Immer wenn Du Dich alleine fühlst, traurig bist oder eine kleine Aufmunterung benötigen könntest, kannst Du nun dieses Glücksgefühl abrufen und innerhalb von Sekunden wird es Dir besser gehen.

Warum funktionieren Placebos?

Wir alle wissen, was Placebos sind. Dabei handelt es sich um Medizin, die keinerlei medizinische Wirkung aufweist. In zahlreichen Studien wird stets mit pharmazeutischen Medikamenten und Placebos gearbeitet. Während eine Gruppe der Probanden immer das wirkliche Medikament erhält, so erhält die zweite Gruppe nur ein Bonbon, welches wie ein Arzneimittel aussieht. Keiner der beiden Gruppen weiß natürlich, wer ein wirkliches Pharmakon und wer ein Placebo erhalten hat. Allein diese Studien sind interessant, doch viel spannender wird es, wenn man etwas tiefer in die Materie eintaucht.

Zum Beispiel sollte man die Gruppe der Probanden betrachten, welche die tatsächliche und echte Medizin erhalten hatten. Hier kann die Gruppe grob in zwei Teile geteilt werden. Eine Hälfte glaubt daran, Medizin zu erhalten haben und vertraut auch auf Heilung, die andere Gruppe dachte der Placebo-Gruppe anzugehören und vertrauten somit nicht auf die Wirksamkeit der verabreichten Medizin. Es ist nicht überraschend, dass genau diese Gruppe, die zwar die echte Medizin erhielt, jedoch nicht daran glaubte, auch keinerlei Wirkung verspürte.

Auch in der Placebo-Gruppe gibt es Vertreter, die darauf vertrauen das richtige Medikament verabreicht bekommen zu haben und andere, die nicht wirklich daran glauben. Auch hier kann wieder dasselbe Phänomen erkannt werden. Die Gruppe, die auf Heilung vertraute, verspürte eine deutliche Verbesserung der Symptome, und dies auch trotz Placebos. In anderen Studien wurden Patienten rein mit Placebos behandelt und auch geheilt. Ein klares Zeichen dafür, dass alleine der Glaube an die Wirksamkeit die Selbstheilkräfte des Körpers aktivieren können.

Wunder basieren auf demselben Schema. Wunder haben nichts mit Glück zu tun, verantwortlich für Wunder sind in erster Linie ein starker Glauben und die Macht von Suggestion und Visualisierung. In der Medizin werden solche Spontanheilungen, Selbstheilungen und Wunderheilungen zwar anerkannt, man steht diesen jedoch skeptisch gegenüber. Positives Denken und die eigene Überzeugung können tatsächlich für diese Phänomene verantwortlich sein, die auch als Placebo Effekt bezeichnet werden.

Wichtig ist im Nachhinein jedoch, dass Betroffene auch an die dauerhafte Heilung glauben. Wer nun beginnt an Ängsten vor einem Rückfall zu leiden, der wird auch zu hohem Prozentsatz mit einem tatsächlichen Rückfall rechnen müssen.

Der Placebo Effekt kann jedoch auch in anderen Bereichen des Lebens bemerkt werden. Häufig tritt dies bei sogenannten Motivations-Trainings oder Seminaren zu diversen Themen auf. Warst Du bereits einmal auf einem Seminar zu einem Thema wie Selbstvertrauen, Teambuilding oder ähnlichem? Hier sind die Redner und Vortragenden stets extrem gut geschult und perfekt im NLP. Diese Vortragenden können perfekt inspirieren, und lösen bei den Besuchern eine prickelnde Art von Euphorie auslösen. Diese Euphorie hält meist für einige Tage an, wird das Thema jedoch nicht weiter verfolgt, so klingt diese auch genauso rasch wieder ab.

Ein gutes Beispiel für den Placebo Effekt im täglichen Leben sind Mitarbeiter diverser MLM Firmen oder auch Verkäufer, vor allem auf Teleshopping Kanälen. Diese Menschen verstehen es perfekt, Bilder in den Köpfen der potentiellen Kunden zu erzeugen. Schon sind wir wieder bei der Visualisierung. Wenn es jemandem gelingt, Dir ein perfektes Idealbild von einem bestimmten Produkt einzupflanzen, dann wirst Du gar nicht anders können, Du musst dieses Produkt einfach haben.

Wenn Du nun für einen Monat tagtäglich im TV siehst, wie toll und einmalig der Allzweckschneider oder Dampfreiniger ist, so wirst Du denken, ohne diesem nicht mehr leben zu können. Wenn Du jedoch nur einmal diese Kaufvorführung siehst, wirst Du dasselbe Produkt genauso schnell wieder vergessen haben. Die Bilder im Kopf verblassen. Das bedeutet und beweist, dass Visualisierung keine einmalige Geschichte sein darf. Wenn Du damit etwas erreichen willst, dann müssen diese Bilder im Kopf immer wieder erzeugt werden. Der Placebo Effekt lebt alleine durch permanente Wiederholung.

Doch auch bei Partnerschaften kann dieser Placebo Effekt auftreten. Jeder, der einen neuen potentiellen Partner kennenlernt, präsentiert sich natürlich von der besten Seite und betont die eigenen Vorzüge und guten Eigenschaften, während die negativen Eigenschaften beiseite gelassen werden. Der andere Partner glaubt auch felsenfest daran, den idealen Partner gefunden zu haben. Solange Du denkst, den richtigen Partner an der Seite zu haben, wird er auch der Idealpartner für Dich sein. Sobald jedoch erste Zweifel aufkommen, beginnt die Beziehung zu bröckeln.

Wünsche und Wunder werden wahr

Wir sind zu Beginn schon auf dieses Thema eingegangen und wollen es hier noch einmal vertiefen. In diesem Kapitel geht es mehr um das Warum, natürlich auch um das Wie, aber hauptsächlich versuchen wir einen Weg zu finden, um auch den größten Zweifler zum Nachdenken zu bringen.

Dass Du im Stande bist kleine Wunder zu erzeugen, das macht Dich noch zu keinem Zauberer und Du kannst dadurch auch nicht beliebig die Ereignisse auf der Welt beeinflussen. Es gibt Dinge, die unterliegen den Naturgesetzen und lassen sich nicht vollständig beseitigen. Denk einfach an eine klaffende Wunde, die kann nicht von einem Tag auf den anderen versorgt werden. Es kann jedoch gut sein, dass die Wunde mit der Kraft der Selbstheilung in der halben Zeit abheilt, sich nicht entzündet und auch nicht genäht werden muss.

Deine Selbstheilungskräfte aktivierst Du ebenfalls durch Visualisierung. Betrachte Deine Wunde und stell Dir vor, wie diese im Zeitraffer verheilt, immer und immer wieder. Spüre, wie Deine eigenen Zellen stark werden und keinerlei Eindringlinge in die Wunde lassen. So wird auch die Chance gemindert, dass sich die Wunde entzündet.

Die Kraft und Macht der Gedanken ist jedoch immer von Dir selbst abhängig. Du musst mit ganzem Herzen dabei sein, um die Wunder auch tatsächlich wahr werden zu lassen. Hier gibt es keine halben Sachen. Du musst auch Deine eigene Lebensweise an Deine Wünsche anpassen. Du kannst nicht von der perfekten und harmonischen Beziehung träumen, und gleichzeitig Deinem Partner täglich unfaire Gemeinheiten an den Kopf werfen. Auch Du selbst musst Dich bemühen.

Du kannst Dir wochenlang Deine Idealfigur vorstellen, wenn Du aber auf der anderen Seite so überhaupt nicht aufhören möchtest, Zucker, Schokolade und Fast Food in Dich hineinzustopfen, dann hilft das beste Visualisieren nichts. Es kann Dich unterstützen, auf einen besseren Weg zu gelangen, Du musst jedoch ebenfalls mitarbeiten. Wenn Du täglich Deine Traumfigur visualisierst, wirst Du automatisch Deine Heißhunger Attacken verlieren und mehr Lust auf gesunde Ernährung bekommen. Es ist jedoch wichtig, dass hier alles zusammen passt. Körper, Geist und Seele müssen eine Symbiose ergeben und Hand in Hand funktionieren. Du musst absolut hinter Deinen Wünschen stehen und diese nicht nur halbherzig visualisieren.

Beim Visualisieren geht es vor allem darum, dass Du Dein Leben positiv veränderst und negative Lebensgewohnheiten in gesunde Gewohnheiten umwandelst. Es unterliegt jedoch alles einem Lernprozess und erst, wenn Du Dich voll auf Dein eigenes Potential einlassen kannst, wird Dir das Visualisieren und das Erleben der großen und kleinen Wunder absolut leicht fallen. Es ist nämlich auch nicht so einfach, immer die kleinen Wunder des Lebens zu erkennen.

Das Universum schickt uns des öfteren Hilfe in einer Art und Weise, mit der wir niemals gerechnet hätten. Es kann in Form einer Person sein oder sich in einer anderen Form zeigen. Der Besuch einer engen Freundin, die Du schon ewig nicht mehr gesehen hast kann Dich aus einer Phase der Einsamkeit holen. Das sonnige Wetter kann Dich ebenfalls aufmuntern oder das Lächeln der Nachbarin am Morgen Sonnenstrahlen in Dein Herz zaubern. Du musst nur ganz genau hinsehen - und nicht nur mit den Augen, sondern auch mit dem Herzen sehen.

Es ist ein kleines Wunder, wenn es während einer andauernden Regenphase genau dann nicht regnet, wenn Du zu Fuß zur Arbeit gehen musst, weil Dein Auto gerade den Geist aufgegeben hat. Es ist genauso Dein kleines, eigenes Wunder, wenn im Supermarkt genau jene Artikel reduziert wurden, die Du gerade benötigst - besonders wenn Du Dich gerade in einem finanziellen Engpass befindest. Der 10 Euro Schein in einer alten Manteltasche ist ebenfalls ein kleiner Wink des Universums, genauso wie der Anruf einer Firma, bei der Du Dich vor ewiger Zeit beworben hast.

Du darfst nur niemals aufhören, an die kleinen Wunder zu glauben. Für Kinder ist jeder neue Tag ein Wunder und Kinder erleben täglich die spannendsten Abenteuer, einfach, weil sie es noch nicht verlernt haben an Wunder zu glauben und zu träumen. Oft nehmen diese Wunder auch einen kleinen Umweg und Du musst den Sinn dahinter erst erkennen. Natürlich ist es nicht schön, wenn Du in Deiner Wohnung ständig Probleme mit dem Vermieter hast und dieser Dir die Kündigung präsentiert. Aber nur dadurch hast Du später die Chance erhalten, in Dein absolutes Traumhaus zu ziehen. Alles geschieht zur rechten Zeit, höre nur nicht auf, daran zu glauben.

Die kleinen Zufälle des Lebens, die sich im Nachhinein als absoluter Glücksfall entpuppen, dies sind die kleinen Wunder des Lebens. Das sind die Zeichen des Universums, dass Deine Wünsche erhört werden.

Das eigene Potential erkennen

In jedem Menschen steckt so viel mehr Potential als wir denken, auch in Dir. Du musst beginnen, an Dich zu glauben und zu sehen, wie wunderbar Du bist. “ Ich kann das nicht, ich bin hässlich, ich bin ungeschickt, ich bin dumm...” - Sätze wie diese dürfen von nun an in Deinem Wortschatz nicht mehr existieren. Bevor Du Dein eigenes Potential erkennen kannst, musst Du beginnen Dich selbst wertzuschätzen.

Was bedeutet Potential? Potential beschreibt einfach Deine eigenen Möglichkeiten, wozu Du fähig bist. Wenn wir uns an die Schulzeit zurück erinnern, war ein beliebter Ausspruch der Lehrer oft: "Du hättest so viel Potential, bist jedoch leider viel zu faul." Damals konnten wir damit vielleicht zu wenig anfangen, denn wäre es nicht gerade die Aufgabe der Lehrer gewesen, uns dieses Potential aufzuzeigen, herauszukitzeln und zu fördern? Denn wer noch nie vom eigenen Potential gehört hat, wie soll er es dann erkennen?

Das Potential beinhaltet alle Deine Talente, vor allem die versteckten. Das Potential ist ein verborgener Schatz, der in uns schlummert. Auch wenn dies nun wieder esoterisch klingt oder an eine Sekte, oder an Mentaltraining auf Basis der Tschacka-Methode erinnert, es ist eine Tatsache, dass in jedem von uns ein enormes Potential steckt - auf den unterschiedlichsten Ebenen.

Nun ist es vor allem wichtig, dass Du daran glaubst, dass in Dir viel mehr steckt, als man bisher sieht. Schreibe nun in Dein Notizbuch sämtliche Deiner Talente auf. Nun überlege, was Du zusätzlich gerne können möchtest, aber bis jetzt noch nie versucht hast. Gerade unsere geheimen Vorlieben und Interessen weisen uns oft den Weg dahin, welches Potential in uns schlummert. Hab keine Angst davor irgend etwas aufzuschreiben, das Dich überfordert. Notiere alles, was Dir durch den Kopf geht.

Das kann von Altenpflege, Tierpflege, das Spielen eines Instruments, singen, Tanzen, malen, forschen einfach alles beinhalten. Hast Du schon jemals Deine künstlerische Ader entdeckt? Faszinieren Dich Bastelarbeiten oder hast Du viele Ideen, wie man selbst Kleider entwerfen und nähen könnte, es jedoch noch nie selbst versucht?

In der heutigen Zeit ist es einfach, die eigenen Fehler und Unsicherheiten zu erkennen, da wir jeden Tag damit konfrontiert werden. Um jedoch dem Potential Freiraum zu geben, dazu gehört auch eine Menge Mut, denn Du musst es wagen. Ohne Angst davor zu haben, zu versagen. Wer es versucht, der hat bereits gewonnen.

Stell Dir nun vor, welche Dinge, die Dir Spaß machen, auch wirklich Dein Potential widerspiegeln. Visualisiere und anschließend versuche es. Du darfst nicht nur davon sprechen, sondern musst es auch tatsächlich tun. Wie viele Menschen reden ihr ganzes Leben lang davon, wie gerne sie Gitarre spielen würden. Wenn Du dann jedoch nicht zur Gitarre greifst und ausprobierst, ob Du es auch wirklich kannst, dann machst Du Dich nicht nur vor Dir selbst lächerlich. Die einfachste Methode das Potential zu erkennen ist somit, es einfach zu versuchen. Besorg Dir einen Online Kurs für eine Fremdsprache - nach kurzer Zeit wirst Du bemerken, wie talentiert Du auf diesem Gebiet bist. Vergiss dabei nie, Dein Ziel auch zu visualisieren. Dann gelingt alles viel einfacher.

Du kannst Dein Potential auch entdecken, indem Du Dich auf Deine vermeintlichen Schwächen konzentrierst. Gibst Du in der Arbeit die Buchhaltung immer gerne ab, da Du denkst, andere können es besser als Du? Wirfst Du kaputte Textilien lieber weg, als sie zu reparieren, weil Du denkst, Du kannst nicht nähen oder handarbeiten? Überlege, vor welchen Aufgaben Du Dich gerne drückst, weil Du denkst Du kannst sie nicht. Genau auf diese Dinge sollst Du Dich nun konzentrieren und herausfinden, ob hier nicht ein verstecktes Talent schlummert.

Warum hast Du Dich noch nie für eine höhere Position in Deinem Betrieb beworben? Einfach weil Du denkst, Du bist den neuen Aufgaben und Anforderungen nicht gewachsen? Nimm Deinen Mut zusammen und bewirb Dich. Du kannst auch im Vorfeld daran arbeiten, genau diese neuen Aufgaben zu erlernen.

Dein Potential kann aber auch darin liegen, dass Du ein faszinierendes Allgemeinwissen hast. Daran kannst Du wunderbar jeden Tag arbeiten. Sei neugierig und interessiere Dich für alles. Lies viel, sieh Dir die Nachrichten an und stecke Deine Nase auch ab und zu in Klatschmagazine. Informiere Dich über verschiedenste Gebiete und sprich auch mit vielen Leuten über Deine breit gefächerten Interessen. Auch hier hilft es Dir, wenn Du die Kunst des Visualisierens zu Hilfe nimmst. Stell Dir vor, wie Du in Deinem Freundeskreis stets die Menschen um Dich scharrst, einfach, weil es spannend ist, mit Dir eine Unterhaltung zu führen.

Hab keine Angst davor, dass Du Dich blamieren könntest. Du beweist extrem viel Mut, indem Du neue Wege beschreitest. Hab auch keine Angst vor Neidern. Es wird immer Menschen geben, welche Dir den Erfolg nicht gönnen. Lass Dich davon jedoch nicht runterziehen und Dir Deine Träume schlecht reden. Gerade im Bezug auf Neider und Menschen, die Dir den Erfolg nicht gönnen, hilft ebenfalls das Visualisieren sehr gut. Denk Dir immer wieder, wie Du die anderen von Deinen Talenten überzeugst, ohne sie neidisch zu machen.

Visualisierung und Spiritualität

Was ist denn nun Spiritualität? Ist es reiner Hokuspokus, sind spirituelle Menschen solche, die sich nur nach dem Lesen des Horoskops außer Haus trauen und täglich ihre Räucherstäbchen und Kräuter verbrennen? Und was hat Spiritualität mit Visualisierung gemeinsam? Wie soll das eine das andere unterstützen?

Unter Spiritualität versteht man ein tiefes Verständnis für die Welt im Allgemeinen auf geistiger Ebene. Spirituelle Menschen stecken voll Liebe und haben es gelernt, Körper, Geist und Seele in Einklang zu bringen. Spirituelle Menschen lassen sich nicht von Oberflächlichkeiten täuschen und haben auch gelernt, mit dem Herz zu sehen.

Das Eintauchen in die Welt der Spiritualität bedeutet, eine Reise ins eigene Ich zu unternehmen. Du wirst eins mit dem Universum und lernst, mit dem Universum zu kommunizieren. Dazu ist es natürlich wichtig, dass Du das Visualisieren bereits beherrschst. Spiritualität bedeutet jedoch auch, dass Du fähig bist Dich selbst und auch alle anderen bedingungslos zu lieben. Hier ist kein Platz für negative Gedanken, für Hass oder Neid.

Doch wie kann man das Gute in anderen Menschen erkennen? Dazu musst Du natürlich absolut in Dir selbst ruhen. Danach kannst Du das Gute in Deinen Mitmenschen visualisieren. Erkenne, dass die grantige Nachbarin nicht abgrundtief böse ist, sondern nur einsam und verhärmt wurde. Geh auf diese Menschen zu. Ein Lächeln verbindet und wenn Du anderen etwas Liebe, Wärme oder Zuspruch schenkst, so wirst Du dies garantiert wieder zurückbekommen.

Spiritualität bedeutet auch, dass Du es genießt, während einer ausgiebigen Meditation zu entspannen. Auch kannst Du auf Deiner spirituellen Reise viele kleine Hilfsmittel in Anspruch nehmen. Vielleicht hast Du bereits von Deinem persönlichen Krafttier gehört oder Du vertraust auf die Kraft der Runen. Spiritualität funktioniert jedoch nie, wenn Du diese verschiedenen Komponenten nicht visualisieren kannst.

Im Zentrum der Spiritualität stehen die essentiellen Fragen woher wir kommen, wer wir sind und wohin wir gehen. Stell Dir diese Fragen und beantworte sie auch. Ebenfalls eine wichtige spirituelle Frage ist jene, wie Du selbst über Dich hinaus wachsen kannst. Dies musst Du Dir einfach bildlich vorstellen. Deine Spiritualität zu entdecken bedeutet auch, Deine eigene Kreativität, Deinen Mut, Dein Potential und Deine Seele zu erforschen.

Doch wozu ist Spiritualität gut? Wie und wo kann sie uns in unserem Leben helfen? Spiritualität unterstützt uns dabei, Aufgaben und Ziele besser zu verstehen und diese dadurch auch unkomplizierter zu meistern. Spiritualität ist jedoch auch eine Lebenseinstellung. Du kannst nicht eine Stunde pro Tag spirituell sein und den Rest des Tages davon nichts wissen wollen. Es ist eine Entscheidung für ein sanftes, sensibles und einfühlsames Leben.

Um Deine eigene Spiritualität zu entdecken ist es hilfreich, in Dein Innerstes zu sehen. Das ist auch besonders wichtig, wenn Du auf der Suche nach Deinem persönlichen Glück bist. Viele Menschen in der heutigen Zeit suchen Ihr Glück in materiellen und oberflächlichen Werten. Das neue Auto, die teuerste Mode der angesagtesten Labels und kein Geld der Welt können Dir eine riefe Zufriedenheit garantieren. Natürlich ist es beruhigend, ausreichend Geld zu besitzen, doch Geld alleine macht nicht glücklich, wenn Du dabei mit Dir selbst nicht im Einklang bist.

Auf der Suche nach Spiritualität in Deinem Inneren wirst Du viel Liebe entdecken. Diese Liebe zu Dir selbst und die Fähigkeit auch die Welt zu lieben. Spiritualität bedeutet innerer Frieden und Gelassenheit. Du findest den Absprung aus einer rastlosen Welt, die Dich auf Dauer nicht befriedigen kann. Oberflächlichkeiten machen unglücklich. Wer permanent auf der Suche nach Glück ist und dabei vergisst dieses im Inneren zu suchen, der wird haltlos und rastlos durchs Leben gehen.

Visualisiere die Liebe und das Glück in Dir selbst. Du kannst Dir diese abstrakten Empfindungen als strahlende Sonne oder leuchtend rotes Herz vorstellen. Schließe die Augen und beginne eine Reise ins Ich. Hast Du Deine innere Sonne gefunden? Spürst Du, wie sie Dich wärmt und Deine Tage etwas heller macht? Fühlst Du die Liebe, die von Deinem Herz in Dein Innerstes ausstrahlt. Du kannst Dir nun auch jedesmal vorstellen, dass diese Wärme und diese Liebe in Dir auf Deine Mitmenschen ausstrahlt. Spüre, wie die Sonnenstrahlen die Menschen berühren. Deine Sonne und Deine Liebe werden dadurch nicht weniger. Ganz im Gegenteil - sie wachsen, je mehr Du davon verschenkst.

Karma

Bis vor einigen Jahren konnten mit dem Begriff Karma nur jene Menschen etwas anfangen, die sich mit Buddhismus und Hinduismus beschäftigt haben. Durch die immer häufiger werdenden Reisen nach Asien aber kommen immer mehr Menschen mit dem Begriff in Kontakt. Und natürlich vermittelte der Bestseller "Mieses Karma" den Begriff auf sehr spielerische Art und Weise. In diesem Buch wird eine lustige Geschichte rund um dieses Thema gesponnen, so dass auch wirklich jeder Karma visualisieren kann.

Karma ist enorm wichtig in der fernöstlichen Kultur und hängt stark mit der Wiedergeburt zusammen. In jedem Leben sammelt man gutes Karma, quasi Pluspunkte, damit man im nächsten Leben auf einem höheren und besseren Leben zur Welt kommt. Gutes Karma wird durch gute Taten, durch gute Gedanken, durch Spenden im Tempel und durch ein freundliches und ruhiges Miteinander gesammelt. Minuspunkte kann man natürlich ebenfalls sammeln. Was wir in unserem Glauben als Sünden verstehen, sind in den asiatischen Religionen Minuspunkte auf dem Karma Konto.

Sowohl der Buddhismus, als auch der Hinduismus sind sehr visuelle Religionen, die sich eigentlich mehr als Lebenseinstellung verstehen, denn als Religion. Geister leben mit den Menschen auf der Erde und werden auch absolut irdisch behandelt. Ein gutes Beispiel dafür sind die Geisterhäuschen in Thailand. Wer bereits einmal in Thailand auf Urlaub war, hat sicher diese kleinen Häuschen bewundern können, die in beinahe jedem Garten und vor jedem Gebäude zu finden sind. Vor öffentlichen Gebäuden und auch Hotels haben diese Geisterhäuschen die Ausmaße eines Schreins.

Wird in Thailand ein Haus gebaut, so muss auch ein Geisterhaus aufgestellt werden. Das hat einen triftigen Grund. An dem Ort, an dem das Haus errichtet wird, werden ja die Geister vertrieben, die bisher hier gehaust hatten. Um sich nicht den Ärger der Geister zuzuziehen, wird den Geistern nun ein schönes Alternativhaus aufgestellt, in welches die Geister dann gerne umziehen. Die Einweihung dieser Geisterhäuser erfolgt mit einer Zeremonie, bei welcher auch immer buddhistische Mönche anwesend sein müssen. Und natürlich kann es nicht ein x-beliebiges Geisterhaus sein, und auch der Ort an dem das Geisterhaus aufgestellt wird, muss ein besonderer sein. Es darf zum Beispiel niemals der Schatten des neu erbauten Hauses darauf fallen - doch dies ausführlich zu erklären würde ein komplettes, neues Buch füllen.

Nun reicht es jedoch nicht, den Geistern ein schönes Haus zu bieten, die Geister wollen auch versorgt werden. Geister lieben rote oder grüne Limonaden, sie mögen selbst gebrannten Schnaps und rauchen gerne sogenannte Burma Zigarren. Kleine Süßigkeiten, Reis und scharfe Speisen dürfen ebenfalls nicht fehlen, ganz zu schweigen von den obligatorischen Räucherstäbchen und den duftenden Blumenketten.

Indem man die Geister versorgt sammelt man hier auch Pluspunkte fürs Karma. Auch ist es gut für das eigene Wohlbefinden, denn sind die Geister hungrig, durstig oder unzufrieden, dann stiften sie Unsinn. Ein unzufriedener Geist ist häufig dafür verantwortlich, dass es in der Familie zu Streit oder Unglücksfällen kommt. Auch wenn ständig Haushaltsgeräte kaputt werden oder Geld verschwindet kann dies daran liegen, dass man sich zu wenig um die Geister gekümmert hat.

In Thailand zweifelt auch niemand an der Existenz der Geister. Sie sind absolut real und schon von Kindesbeinen an lernt man, die Geister zu visualisieren. Das gehört hier ganz normal zum Alltag dazu. Niemand findet dies befremdlich oder eigenartig und die Menschen sind vereint mit der realen Welt und einer zauberhaften Fantasiewelt.

Wie oft haben wir schon gehört, dass sich das Karma garantiert rächen wird. Dies mag vielleicht für unser westliches Verständnis zutreffend sein, in der asiatischen Kultur ist Karma kein Racheengel. Es ist eine Reaktion auf eine Aktion - nicht mehr und nicht weniger. In Asien sieht jedoch auch jeder, wie das Karma arbeitet. Hier visualisiert man sowohl das Vorleben und auch das Leben danach und es gibt für alle Lebenslagen eine Erklärung, warum man gerade gelandet ist, wo man gelandet ist.

Eine spannende Geschichte dazu ist jene der Ladyboys. Viele kennen die sogenannten Katoys, das dritte Geschlecht in Asien. Hier werden Jungs im falschen Körper geboren und verkleiden sich schon in der Grundschule lieber als Mädchen. Touristen denken häufig, dass Ladyboys rein aus beruflichen Gründen existieren, da eben viele dieser Transvestiten oder Transgender Menschen im Rotlicht Milieu arbeiten. Das mag schon zutreffen, doch ursprünglich kommt dies aus einer anderen Richtung und hat mit Karma zu tun. Auch dies wird von klein auf schon so visualisiert, ein Grund dafür, dass das dritte Geschlecht tadellos akzeptiert wird.

Ist man im Vorleben ein Ehebrecher oder sehr schlecht zu seinem Ehepartner, so wirkt sich dies natürlich negativ aufs Karmakonto aus. Als "Strafe" wird man im nächsten Leben im falschen Körper geboren. Wenn heute also ein Junge lieber mit Puppen spielt, den Lippenstift der Mama ausprobiert und in die Kleider und Schuhe der Schwester schlüpft, so ist niemand peinlich berührt. Jeder visualisiert diese Karma Geschichte und weiß genau, dass dies ein ganz normaler Verlauf des Lebens ist. Auch hier sind die phantastischen Geschichten Teil der Realität und niemand zweifelt an der Echtheit.

Visualisierung für unsere Grundbedürfnisse

Wir alle haben Grundbedürfnisse und wenn diese nicht gegeben sind, läuft unser Leben aus dem Ruder. Eines unserer wichtigsten Grundbedürfnisse ist ein erholsamer Schlaf. Und bereits hier beginnt das Problem für viele. Es gehört heute beinahe zum guten Ton unter Schlafproblemen zu leiden. Viele können nicht einschlafen, kommen nicht zur Ruhe oder wachen im Rhythmus von 2 Stunden auf und wälzen sich dann wieder stundenlang von einer Seite auf die andere.

Um gegen Schlafprobleme anzukämpfen gehen viele in die Apotheke oder zum Arzt und lassen sich Schlaftabletten verschreiben. Das Tückische daran ist, dass Du nicht nur schnell abhängig von Schlaftabletten werden kannst, sondern dadurch auch morgens oft schwer in die Gänge kommst. Der Teufelskreis beginnt dann, wenn Du morgens Aufputschmittel einnehmen musst um überhaupt in den Tag starten zu können.

Dabei könnte es viel einfacher gehen und es ist absolut kein Geheimnis, wie Du mit Hilfe von Visualisierung wie ein Baby schlafen kannst. Woher kommt überhaupt der Begriff schlafen wie ein Baby? Babies und Kleinkinder haben in den meisten Fällen einen gesunden und tiefen Schlaf, einfach, weil sie sich noch keine Sorgen über Gott und die Welt machen müssen. Die meisten Schlafprobleme beginnen mit Mobbing in der Schule, Stress im Alltag und Überbelastung am Arbeitsplatz.

Wenn Du Probleme mit Deiner nächtlichen Ruhe hast, dann achte auch darauf, dass das Schlafzimmer stets gut gelüftet ist, die Fenster sich verdunkeln lassen und die Matratzen, Kopfkissen und Decken eine gute Qualität aufweisen. Damit hast Du schon fast gewonnen. Nun geht es nur mehr darum, dass Du abends zur Ruhe kommst und auch richtig abschalten kannst. Dafür kannst Du ebenfalls wieder die Technik des Visualisierens anwenden.

Es beginnt damit, dass Du einen positiven Bezug zur Nacht und zu Deinem Schlaf aufbaust. Gerade wer schlecht schläft, denkt immer mit Grauen an die Nacht. Diese Gedanken musst Du so schnell als möglich aus Deinem Kopf und Deinen Gedanken verbannen. Wenn Du an die nächtliche Ruhe denkst, so sollst Du Dir ein kuschelig, warmes Nest vorstellen. Sieh Dich vor Deinem inneren Auge, wie Du Dich in Deine Decken hüllst, in der weichen Matratze versinkst, Dich warm und geborgen fühlst und sofort in einen tiefen und ruhigen Schlaf fällst. Dies ist das einzige Bild, das in Deinem Kopf existieren darf.

Ein häufiger Grund für Schlaflosigkeit ist das Kreisdenken. Das bedeutet, Deine Gedanken drehen sich unablässig um irgendwelche Probleme, die häufig nicht einmal in diesem Ausmaß vorhanden sind. Du machst Dir Sorgen um die Zukunft, um Deine finanzielle Lage, denkst, was Du in der Arbeit besser hättest machen können, oder denkst generell über die Probleme der Welt nach. Dies ist natürlich zum Einschlafen absolut kontraproduktiv.

Eine kleine Meditation lässt Dich da wunderbar runterkommen. Auch wenn Du kein Fan von Meditation bist, wenn Du Deinen Lieblingsort visualisierst und Dich in Gedanken dorthin beamst, so ist dies ebenfalls eine große Einschlafhilfe - besser und auf jeden Fall effektiver und gesünder als jede Schlaftablette. Garantiert auch ohne Nebenwirkungen.

Ein weiteres Grundbedürfnis ist das Essen und auch hier treten bei vielen Menschen Probleme auf. Kaum in einem anderen Gebiet gibt es so viele psychische Störungen, die absolut belastend und sogar gesundheitsbedrohlich sein können. Essstörungen treten häufig bereits bei Jugendlichen ab dem 12. Lebensjahr auf und ziehen sich durch alle Generationen.

Auch hier hilft es, mit Visualisierung dagegen zu wirken. Bei Essstörungen wie Bulimie oder Magersucht wird meist ein falsches eigenes Körperbild gesehen. Daher ist es wichtig, dass Du wieder ein besseres Verhältnis zu Dir und Deinem Körper erhältst. Wenn Du unter einer Essstörung leidest, so belügt Dich das Spiegelbild. Auch wenn Du bereits gefährlich dürr bist, siehst Du Dich im Spiegel immer noch fett und kannst nichts dagegen machen. Es zwingt Dich einfach zu hungern.

Natürlich musst Du das Problem zuerst erkennen und akzeptieren, dann jedoch kannst Du mit der Visualisierung los starten. Schließe Deine Augen und sieh Dich so, wie Du sein möchtest. Du musst nicht in den Spiegel blicken, Dein inneres Auge sagt Dir genau, dass Du wunderschön und perfekt bist. Zudem stell Dir vor, wie Du das Essen wieder genießen kannst. Du musst nicht drei Tage lang an einem Apfel knabbern oder Tausende von Kalorien in Dich reinstopfen um Dich anschließend wieder zu übergeben. Sieh Dich, wie Du am Tisch sitzt und zivilisiert ein schönes Essen genießt. Lass Dir in Deinem Film das Essen schmecken und jeden einzelnen Bissen so richtig auf der Zunge zergehen.

Du kannst sämtliche Bedürfnisse, alles, wonach Du Dich sehnst visualisieren und somit Deine privaten und persönlichen Signale ins Universum senden. Vergiss dabei nicht auf knackig kurze und positive Formulierungen und bleib immer fest davon überzeugt, dass Du es auch wirklich möchtest.

Visualisierung und Heilung

In einem vorherigen Artikel haben wir dieses Thema bereits kurz angeschnitten und über Selbstheilungskräfte und auch die Wirkung von Placebos besprochen. Doch was genau nun sind Selbstheilungskräfte und wie funktioniert das, dass wir uns selbst heilen können?

Das Gegenteil von Selbstheilungskräfte sind die Gedanken, die uns selbst krank machen. Vielleicht hast Du es selbst schon einmal erlebt. Du hast Angst, von dem Lärm, der Hitze oder der Luftverschmutzung Kopfschmerzen zu bekommen, und prompt fängt Dein Kopf auch zu hämmern an. Meist sind nicht die äußeren Einflüsse, sondern tatsächlich Deine Gedanken daran schuld. Wenn Du nicht mehr daran denkst, oder Dir vorstellst, dass die Kopfschmerzen verschwinden, werden sie meist auch wieder erträglicher oder gänzlich aufhören.

Dasselbe ist im Winter, wenn wir panisch darauf warten krank zu werden. Wenn Du in der U-Bahn sitzt und denkst, die Viren und Bakterien der Mitfahrenden springen Dich regelrecht an, dann wirst Du Dich auch garantiert anstecken. Du kannst hier aber wunderbar Deine Macht der Gedanken und das Visualisieren einsetzen. Stell Dir einfach vor, Du hältst ein imaginäres Schild, welches Dich vor allen ansteckenden Keimen abschirmt. Egal wo und wann Du Dich irgendwo befindest, Dein eigenes Schutzschild kann Dich vor allem bewahren, wenn Du es Dir auch immer ganz intensiv vorstellst. Du kannst dabei auch soweit gehen, dass Du die Viren siehst, wie sie auf Dich zukommen und am Schild abprallen und zerschellen. Zeig hier ruhig Schadenfreude und sei stolz darauf, wie gut geschützt Du bist.

Doch immer und überall kann man sich auch mit den besten Vorsätzen nicht schützen und irgendwann passiert es und wir werden krank. Doch auch hier ist es noch nicht zu spät, und Du kannst jede Erkrankung, mit Hilfe der Visualisierung, erträglicher machen oder sogar heilen. Dies funktioniert bei allen Krankheiten. Natürlich ist es schwer, einen Knochenbruch ungeschehen zu machen, mit der richtigen Visualisierungstechnik unterstützt Du Deinen Organismus jedoch dabei, dass sogar Brüche bedeutend besser und schneller heilen.

Auch kannst Du von vorne herein Deinen Körper stärken, damit er erst gar nicht krank wird oder weniger anfällig für Infektionen ist. Stell Dir einfach täglich vor, dass Dein Körper gesund und fit ist. Lass das Bild von einem starken Immunsystem vor Dir aufblinken. Streck die Arme in die Höhe und wiederhole eventuell Dein Mantra: "Ich bin gesund, kräftig und stark". Du kannst dies zu Deinem täglichen Ritual nach dem Erwachen machen und somit maßgeblich zu Deiner körperlichen und auch geistigen Gesundheit beitragen.

Wenn Du aber krank bist, dann konzentriere Dich auf die Körperregion, die befallen ist. Wenn Du Halsschmerzen hast dann stell Dir vor, wie sich ein samtiger Balsam über das Kratzen im Hals legt. Bei Husten stell Dir vor wie Du mit jedem Huster die gemeinen Bakterien aushustest und bald komplett davon befreit bist. Egal wo die Krankheit sitzt, stell Dir vor, wie Dein Körper die eigenen Abwehrkräfte mobilisiert und diese wie Soldaten ausschickt.

Du musst auch stets davon überzeugt sein, dass Du wieder gesund wirst. Du darfst Dich nie krank oder schwach sehen. Sieh Dich vor Deinem inneren Auge stark und kräftig. Natürlich solltest Du bei schweren Krankheiten dennoch immer einen Arzt aufsuchen, doch das Visualisieren unterstützt Dich auf jeden Fall sehr stark bei der Genesung. Mach Dir auch nicht andauernd Sorgen, dass Du irgendwann an einer schweren Krankheit leiden könntest. Durch diese Gedanken sendest Du Signale ans Universum, die dort falsch gedeutet werden könnten. Vergiss nie, das Universum erhört nur Deine Signale und Sätze, kann jedoch nicht zwischen positiv und negativ unterscheiden. Darum ist es besonders wichtig, dass Du stets Deine

Gedanken unter Kontrolle hast.

Du kannst auch Freunden, die erkrankt sind, positive Energie schicken. Stell Dir dazu diese Person ebenfalls gesund und stark vor. Hier ist es auch nicht wichtig, dass diese Person daran glaubt oder davon weiß. Positive Energie kannst Du jedem schenken. Dadurch schenkst Du nicht nur jemandem etwas Besonderes, es stärkt gleichzeitig auch Deine Energie. Alles Gute, das Du für andere tust, wenn auch nur gedanklich, erhältst Du doppelt und dreifach zurück.

Die richtigen Techniken finden

Jeder hat eine andere Art zu lernen und Dinge anzupacken. So unterscheidet sich auch die Technik des Visualisierens von Mensch zu Mensch. Hier gibt es kein richtig oder falsch. Wichtig ist nur, dass Du Deine für Dich ideale Technik findest. Dafür solltest Du am besten zuerst alle Varianten ausprobieren und Dich anschließend für die beste Möglichkeit entscheiden.

Du kannst Dir alles in Bildern vorstellen, oder in Form eines Films. Dies ist für viele sehr einfach, denn gerade diese Art der Filme kennen wir aus unseren Träumen. Versuche Dich einfach im Tagträumen und wiege ab, wie einfach und angenehm es für Dich ist. Denn, das Visualisieren sollte für Dich weder anstrengend, noch unangenehm sein.

Vielleicht aber benötigst Du auch etwas greifbares, das Du selbst auch betrachten kannst. Du kannst Dir dafür zum Beispiel Kärtchen mit Bildern zurechtlegen. Suche zum Beispiel für Deinen Lieblingsort ein Bild von einer Waldlichtung, einem Traumstrand oder einer einsamen Berghütte, je nachdem wo sich Dein persönlicher Ort Deiner Wünsche befindet. Wenn Du auf dieses Bild blickst, kannst Du vielleicht einfach eintauchen und Deine Wünsche visualisieren.

Es kann Dir auch helfen, wenn Du alles, das Du visualisieren möchtest aufschreibst. Dazu kannst Du ebenfalls kleine Kärtchen oder auch sogenannte Post-its verwenden. Die kannst Du an allen Orten anbringen, an welchen Du die Hilfe der Visualisierung benötigst. Am Kühlschrank eine kleine Notiz mit "Ich ernähre mich gesund", am Spiegel im Badezimmer ein Zettel mit der Aufschrift "Ich bin schön und glücklich" und an der Schlafzimmertüre eine Notiz mit "Heute ist ein schöner Tag" oder "Ich schlafe tief und fest und absolut entspannt ein". Diese Mantras können Dir immer wieder dabei helfen, dass Du die richtigen Bilder dazu in Deinem Kopf erzeugen kannst.

Vielleicht hilft es Dir auch, die Bilder sprachlich zu formulieren. Du kannst dafür ebenfalls die unterschiedlichsten Mantras verwenden. Zusätzlich kannst Du für die richtige Atmosphäre und für die passende Kulisse sorgen. Vielleicht benötigst Du für Deine virtuelle Traumreise einen absolut ruhigen Ort, an dem nichts stört und nichts zu hören ist. Vielleicht möchtest Du angenehme Musik hören, die Dich begleitet. Viele greifen hier zu Klangschalen, Vogelgezwitscher, Meeresrauschen oder ähnlichem zurück. Du kannst Salzlampen anzünden, Duftkerzen aufstellen, Räucherstäbchen oder Kegel abbrennen oder richtiges Rauchwerk mit Weihrauch und Kräutern entzünden. Wichtig ist, dass Du Dich dabei absolut wohl fühlst und richtig loslassen kannst.

Du kannst immer nur an einzelne Bilder denken, oder auch ganze Filme im Geiste drehen. Gerade für den sportlichen Bereich sind diese Filme absolut wichtig. Auf diese Art und Weise kannst Du Spielzüge, Trainingsstrecken und vieles mehr immer wieder in Gedanken durchleben.

Du kannst das Visualisieren auch immer mit einer kleinen Meditation beginnen. Dazu schließt Du die Augen und konzentrierst Dich auf nichts anderes als auf Deine Atmung. Atme durch die Nase ein und durch den Mund aus. Versuche richtig tief zu atmen und verfolge den Weg des Atems durch Deinen Körper. Spüre, wie der Sauerstoff Deine Lungen füllt und wie Du mit jedem Atemzug mehr Energie in Dich hinein beförderst. Nach einigem Üben wird das Atmen absolut automatisch gehen und Du kannst Dich auf Deine Bilder und Filme im Kopf konzentrieren.

Die Meditationen kannst Du im Sitzen, im Stehen oder auch im Liegen durchführen. Besonders bei Schlafproblemen ist es sehr empfehlenswert, die Übungen zum Visualisieren mit einer kleinen Meditation zu verbinden. Hier legst Du Dich wie gewohnt in Dein Bett, deckst Dich zu, machst es Dir bequem und schließt die Augen. Nun stellst Du Dir vor wie Dein ganzer Körper müde und schwer wird. Stell Dir vor, wie jede einzelne Deiner Zehen einschläft. Die Müdigkeit und angenehme Schwere wandern über die Waden und die Knie hinauf bis zu den Oberschenkel. Die Müdigkeit dehnt sich über den Oberkörper aus und geht weiter bis zu den Fingerspitzen. Zuletzt wird auch Dein Kopf müde und Du spürst, wie alles, bis zu deinen Haarspitzen, schwer wird. Dabei versuche so ruhig als möglich zu atmen und alle anderen Gedanken auszusperren. Dies ist eine perfekt kombinierte Technik von Meditation und Visualisierung.

Du kannst Deine Visualisierung auch durch bestimmte Bewegungen und Gesten unterstreichen, falls es Dir dadurch leichter fällt. Wenn Du Dir vorstellst, wie Du selbstbewusster wirst, kannst Du dabei ruhig mit den Füßen aufstampfen. Wenn Du mehr Liebe visualisieren möchtest kannst Du Deine Hände von Deinem Herzen ausgehend in weiten Kreisen vom Körper wegbewegen. Du kannst auch die Arme im rechten Winkel vom Körper strecken und die Handflächen nach oben drehen. Dies ist eine Pose für das Empfangen. So kannst Du Dir immer vorstellen, dass Du vom Universum all die Dinge empfängst, die Du Dir gerade so fest gewünscht hast.

Vielleicht hilft es Dir auch zu tanzen, während Du Deine eigenen Bilder im Kopf erzeugst. Es bleibt einzig und alleine Dir überlassen. Wichtig ist nur, dass Du Dich davon nicht ablenken lässt. Die Technik und Dein Visualisieren sollen harmonisch miteinander harmonieren und nicht das eine das andere ausstechen.

Es steckt alles in Dir

Du hast bis jetzt gelernt, dass Du alles visualisieren kannst. Doch im Endeffekt steckt bereits alles in Dir. Auch wenn Deine Fähigkeiten und Dein Potential häufig noch gut versteckt sind, beides ist bereits vorhanden - Du musst es nur noch freilegen. Es ist ein großer Schatz, der in Dir verborgen ist und Dein ganz persönlicher Schlüssel zum Glück.

Jeder Mensch hätte eigentlich die Möglichkeit, diesen zu nutzen, doch nur die wenigsten ergreifen diese Chance auch. Aber es ist wie bei allem im Leben. Jeder Mensch hat die Chance ein freundlicher, höflicher und liebenswerter Mensch zu sein, und viele nehmen diese Möglichkeit nicht wahr, sondern lassen nur ihre negativen Eigenschaften an die Oberfläche. Doch das ist auch in Ordnung, denn jeder muss nach seinem eigenen Schema leben und das Leben führen, welches er für richtig erachtet.

Es ist dasselbe wie bei der Ernährung. Alle Personen haben dieselben Möglichkeiten in den Supermarkt oder auf den Markt zu gehen und frisches Gemüse zu kaufen. Und dennoch gehen viele lieber in den Fast Food Laden oder besorgen sich fettige und ungesunde Tiefkühlpizza und Burger. Dies ist mittlerweile auch keine Preisfrage mehr, denn sowohl Obst und Gemüse, als auch Convenience Produkte befinden sich in etwa in einer Preisklasse. Es ist rein eine Lebenseinstellung. Sei Du Dir jedoch mehr wert. Lege Dein Potential frei und achte auch rundherum auf Deine Gesundheit und Dein Wohlbefinden.

Es spielen so viele Faktoren zusammen, um ein glückliches, zufriedenes und erfülltes Leben zu führen. Achte auf Dich selbst. Geh mit Deinem Ich behutsam um und behüte Deine Seele genauso wie Du Deinen Körper behütest und pflegst. So wie Du täglich Dein Gesicht reinigst und Deine Finger schrubbst, genau so solltest Du auch Deine Seele und Deinen Geist immer wieder reinigen.

Es ist einfach, auf Äußerlichkeiten zu achten. Du trägst gepflegte Kleidung, bist stets ordentlich gekämmt und legst gerne Deinen Lieblingsduft auf. Die Zähne werden drei Mal täglich geputzt und Maniküre und Pediküre sind keine Fremdwörter. Deinen Körper entgiftest Du mehrmals pro Jahr mittels einer Tee- oder Saftkur und Du achtest auf Deine Ernährung. Doch wie kannst Du Geist und Seele reinigen? Auch das liegt alleine an Dir und in Dir.

Unter Seele reinigen versteht man, dass Du Dich von unnötigem Ballast befreien solltest. Genauso wie Du Dich nach den Feiertagen von unnötigen Pfunden befreist, so benötigen auch Deine Seele und Dein Gemüt ab und zu eine Diät. Doch wie funktioniert eine Diät für die Seele? Setz Dich hin und notiere alle Dinge die Dich belasten. Gibt es Menschen in Deiner Umgebung, welche Dir die Energie rauben? Bekannte oder Freunde, die immer nur nehmen und fordern, jedoch nie geben. Arbeitskollegen, die Dich ausnutzen, Dinge um welche Du Dich immer sorgen musst und Aufgaben, wie Du übernommen hast, obwohl sie Dir von Anfang an keinen Spaß machten und Dir auch alles abverlangen?

Notiere all diese Punkte und überleg, wie Du Dich davon befreien kannst. Visualisiere, wie Du alle Menschen, die Dir nicht gut tun, aus Deinem Leben verbannst. Du kannst daran denken, wie Du diese Leute buchstäblich aus Deinem Herzen verjagst, ohne dass diese eine Narbe hinterlassen. Denk daran, wie Du künftig ungeliebte Aufgaben zurückweist, ohne ein schlechtes Gewissen zu haben und spüre, wie Du Dir keine unnötigen Sorgen mehr machst. Stell Dir vor, die sogenannten Energieräuber stehen vor Dir und Du hältst wieder Dein imaginäres Schutzschild vor Deine Brust. Hier prallt alles ab und diese Mitmenschen haben keine Chance, Dir die

Energie zu stibitzen.

Auf diese Art und Weise reinigst Du auch Deinen Geist und Deine Seele. Du hast wieder Platz für die schönen Dinge im Leben und nichts belastet Dich oder liegt Dir schwer auf der Brust. Es liegt alleine an Dir, wie sehr Du Dich auch um Dein psychisches Wohlbefinden kümmerst. Und es ist wichtig, dass Dir dies auch bewusst wird. Denn viele beklagen sich nur, und unternehmen nichts dagegen. Doch wenn Du Dich ständig nur beklagst, wird die Sachlage nicht besser. Ganz im Gegenteil, durch das ständige Beklagen sammelst Du ein Depot an Negativität an. Und diese Negativität wiederum sendet Negatives ans Universum aus. Du bist somit in einem Teufelskreis und einer Spirale gefangen - aus der Du Dich jedoch, alleine mit der Macht Deiner Gedanken, schnell selbst wieder befreien kannst.

Visualisierung und unsere Sinne

Die bekanntesten Sinne sind die sechs Sinne: Sehen, Hören, Riechen, Schmecken, Fühlen und der Gleichgewichtssinn. Mit diesen Sinnen können wir unsere Umgebung wahrnehmen und auch für unsere Fantasie sind diese absolut wichtig. Denn in unseren Gedanken können wir uns die einzelnen Empfindungen vorstellen, welche die unterschiedlichsten Dinge erzeugen. Denke doch jetzt zum Beispiel an eine Zitrone. Du schneidest die Zitrone in zwei Hälften und leckst ganz intensiv an der einen Hälfte. Spürst Du, wie sich das Wasser in Deinem Mund sammelt und Du die extreme Säure fast körperlich erkennen kannst?

Denk an den herrlichen Duft eines Kuchens. Rieche den Zimt und die karamellisierten Äpfel. Sofort wird Dir warm werden und vielleicht fühlst Du Dich in einer Zeit zurück versetzt, als Du bei der Großmutter in der Küche gesessen bist und auf das erste Stück des warmen Apfelstrudels gewartet hast. Du kannst Dir genau ins Gedächtnis rufen, wie eine Güllegrube oder ein Silo riecht und versinkst bei den Gedanken an Lavendel und Rosen in süßen Träumen. Jeder Geruch erzeugt in uns auch Reaktionen und Emotionen. Häufig verbinden wir bestimmte Gerüche mit spezifischen Situationen. Zum Beispiel werden wir nie vergessen, wie die Sporthalle in der Grundschule gerochen hat, und wie wir uns dort gefühlt haben.

Zum Visualisieren können Dir eben diese vielen Sinne helfen, mit welchen wir gesegnet sind. Geräusche oder auch bestimmte Geschmäcker können Dir dabei helfen, die gewünschten Bilder im Kopf zu erzeugen. Unsere

Sinne leiten das Erlebte sofort an unser Gehirn weiter. Dort werden die jeweiligen Informationen unmittelbar verarbeitet. Du kannst zum Beispiel ein ganz besonders intensives Gefühl verspüren, wenn Du über das Fell Deines Haustiers streichelst, oder die Wange an ein Stück Samt schmiegst.

Die Sinne benötigen wir auch für unser Körperbewusstsein. Du merkst es sofort, wenn einer der Sinne beeinträchtigt ist, wie schwierig es ist, die Welt "normal" zu erkennen. Denk nur an Deinen letzten Schnupfen. Du konntest absolut nichts riechen und plötzlich wurden auch alle Speisen total geschmacklos. Wenn Du Dir die Zunge schlimm verbrannt hast, auch dann schmecken alle Speisen und Getränken absolut fade.

Wie beeinträchtigt sind wir, wenn unsere Ohren zugeschlagen sind und wir nichts hören können. Noch mehr beeinträchtigt aber sind wir, wenn die Augen entzündet sind und wir nichts sehen können. Wenn der Gleichgewichtssinn im Eimer ist, dann wanken wir unsicher durch die Gegend und fallen hin. Somit sind unsere Sinne enorm wichtig, um die Welt in ihrem Facettenreichtum zu erleben.

Und genauso wichtig wie für unser tägliches Leben, sind die Sinne auch beim Visualisieren auch enorm bedeutsam. Ohne unsere Sinne wären unsere Imaginationen sehr eindimensional, grau und trostlos. Die Phantasien werden so richtig plastisch, wenn Du alle Sinne dafür einsetzt. Daher ist es nicht nur wichtig, dass Du Deine Gedanken auf Reisen schickst, sondern auch die Sinne so trainierst, dass Du alleine durch gedankliche Reize riechen, schmecken und hören kannst. Dazu solltest Du folgende kleine Übung machen.

Wenn Du Dir vorstellst, dass Du am Strand liegst, so spürst Du den feinen Sand unter Deiner Haut. Laufe nun in Gedanken die Meereslinie entlang. Das Wasser umspielt immer wieder Deine Füße, der Sand wird etwas weggeschwemmt und Du bemühst Dich, nicht den Halt zu verlieren. Es kommt mit tosendem Lärm eine Welle herangebraust. Du hörst noch das tiefe Rauschen, willst zur Seite springen, doch es ist zu spät, das Wasser spritzt Dich bereits von oben bis unten an. Du spürst, dass das Wasser etwas kühl ist und beginnst leicht zu frösteln. Das Salz ist stark und brennt leicht auf Deinem Sonnenbrand. Es brennt auch etwas in Deinen Augen und läuft in Deinen Mund. Du schüttelst Dich etwas, denn es schmeckt sehr salzig. Doch gleichzeitig lachst Du, denn Du bist frei und sorglos. Du riechst die typische Mischung aus Fisch, Algen und Wasser und fühlst Dich einfach wohl.

Hast Du diese Geschichte richtig visualisieren können? Hast Du dabei all Deine Sinne eingesetzt? Was ist Dir dabei besonders leicht gefallen und wo hattest Du etwas mehr Schwierigkeiten? Konntest Du alles fühlen und umsetzen? Je nachdem wo nun eventuelle Schwierigkeiten aufgetreten sind, solltest Du Deine visuellen Sinne schärfen und üben. Stell Dir Gerüche vor, bis Du denkst, die Wurst wird tatsächlich gerade vor Deiner Nase gebraten oder stell Dir vor, wie Salz, Chili und Zucker schmecken. Spüre Hitze, Kälte und Wind auf Deiner Haut und laufe in Gedanken über verschiedenst beschaffene Böden. Spüre die spitzen Steine, die weiche, matschige Erde oder das feuchte Gras, welches Deine Fußsohlen kitzelt. Danach bist Du richtig fit, die unterschiedlichsten Dinge und Situationen zu visualisieren.

Körper, Geist und Seele

Immer hören und lesen wir davon, dass wir Körper, Geist und Seele in Einklang bringen sollen. Doch was ist damit gemeint? Wie wir unseren Körper kräftigen und auf uns achten, lernen wir schon von Kindesbeinen an. Die wichtigsten Punkte im Erwachsenenleben sind die gesunde Ernährung und darauf zu achten, sich psychisch nicht zu sehr zu stressen. Stress wirkt sich negativ auf unseren Geist aus und äußert sich in Schlaflosigkeit, Übergewicht, Untergewicht und physischen oder psychischen Erkrankungen. Auch die Seele leidet darunter. Wie Du Deine Seele von Zeit zu Zeit reinigst, haben wir im vorherigen Kapitel ausführlich beschrieben.

Doch was ist jetzt so wichtig an der Harmonie von Körper, Geist und Seele? Der Mensch besteht aus dem Zusammenspiel dieser drei Komponenten und sobald einer dieser Elemente beeinträchtigt ist, kommt es auch bei den anderen zu Problemen. Sie machen den Menschen als Ganzes aus. Der Körper besteht aus unseren Organen, den Gliedmaßen und natürlich dem Gehirn. Das Gehirn ist jenes faszinierende Gebilde, welches unser gesamtes Tun und Sein steuert. Hier werden Informationen verarbeitet und Gedanken und Gefühle gespeichert. Ebenso ist hier unser gesamtes Wissen verankert.

Beim Geist handelt es sich um einen sogenannten immateriellen Teil des Körpers. Es ist als solches überliefert, dass der Geist für unser Empfinden von Wollen verantwortlich ist. Unsere Gedanken werden von unserem Geist gesteuert. Somit hängen Körper und Geist eng zusammen, da Gehirn und Geist miteinander kommunizieren müssen und sich gegenseitig Impulse übermitteln.

Der Geist ist für unsere Kreativität verantwortlich und macht uns zu einzigartigen Geschöpfen. Alles was wir schaffen, sprechen, jede Idee, jedes Gedicht das wir schreiben oder jedes Bild das wir malen, wurde von unserem Geist geschaffen.

Die Seele ist für unsere Empfindungen, die Gefühle und unser emotionales Handeln verantwortlich. Die Seele ist besonders zart und kostbar und kann sehr leicht verletzt werden. Die Seele ist nicht direkt mit unserem Körper verbunden und in vielen Religionen lebt die Seele auch nach unserem Tod weiter oder wird in einer neuen Hülle in einem neuen Körper wiedergeboren. Wenn die Seele leidet werden wir traurig oder schwermütig. Visualisieren von kleinen Traumreisen, Meditation und gute Menschen in unserer Umgebung hingegen sind Balsam für unsere Seele.

Wenn Körper, Geist und Seele nicht mehr zusammenarbeiten, können wir krank werden. Nicht nur psychisch, sondern auch körperlich. Viele der heutigen Krankheiten haben ihren Ursprung im seelischen Umfeld. Gerade wenn Geist und Seele krank sind, machen sie auch den Körper krank. Daher ist es immer besonders wichtig, dass Du in Dich hinein hörst und auf Deine Seele und Dein emotionales Gleichgewicht Acht gibst.

Unter Lebensbalance versteht man, wenn Körper, Geist und Seele perfekt im Einklang sind. Vor allem in der buddhistischen Religion wird dies noch effizient gelehrt. Hier heißt es, dass es wirksam und notwendig ist, ohne Extreme zu leben. Es ist wichtig sowohl exzessiven Genuss als auch endlose Qualen zu vermeiden. Nur durch einen ausbalancierten Mittelweg und einem kühlen Herzen kann Ruhe und Ausgeglichenheit erreicht werden.

Es ist wichtig, dem Körper einen Ausgleich zwischen Arbeit und Freizeit zu bieten. Daher solltest Du Dir täglich nach Deinem Arbeitspensum, Zeit für Bewegung in der freien Natur nehmen. Sport sollte in Deinem Leben ebenfalls eine Rolle spielen, denn beim Sport erzeugst Du Serotonin, ein natürliches Glückshormon. Es ist somit sehr einfach, Dich selbst glücklich zu machen. Du musst Dich dazu in keinem Fitness Studio anmelden, es reicht, wenn Du zu Hause Seil springst, laufen gehst, den Hula Hoop Reifen auspackst oder mit dem Rad fährst. Überlege einfach was Dir Spaß machen könnte und nimm Dir vor, in Zukunft etwas mehr Bewegung in Dein tägliches Leben einzubauen.

Zu einer gesunden Ernährung für einen gesunden Körper gehört auch das Trinken. Sieh zu, dass Du täglich mindestens 2 Liter hochwertiges Wasser trinkst und vermehrt auf Limonaden und Alkohol verzichtest. Du kannst Dich auch mit interessanten, gesunden Küchen wie der asiatischen Küche, der Ayurveda Küche oder der basischen Küche befassen. Diese haben den Ruf, eine tolle Auswirkung auf unsere Gesundheit zu haben.

Für Körper, Geist und Seele ist es auch wichtig, dass Du die Medien kontrollierst, die Dich vielleicht bis jetzt kontrolliert haben. Dazu zählt natürlich das Fernsehen, aber in der heutigen Zeit ist das Internet das wohl größere Problem. Wann hast Du das letzte Mal mit einer Freundin telefoniert oder persönlich gesprochen? Meist schreiben wir nur mehr in diversen Messengern und posten über unsere Erlebnisse, anstatt diese mit geliebten Menschen zu besprechen. Dadurch vereinsamen wir immer mehr, ohne es zu bemerken.

Visualisierung und unser Gehirn

Gerade wenn Du Dich viel mit den Themen Esoterik, Gehirnforschung, Selbstfindung und Arbeiten mit der Macht der Gedanken befasst, wirst Du immer wieder auf kontroverse Thesen stoßen. Auf der einen Seite heißt es immer, dass wir alle unseres Glückes Schmied sind. Auf der anderen Seite wird jedoch propagiert, dass wir alle ein Schicksal haben, und diesem nicht entrinnen können. Was soll von dem nun stimmen? Sind wir selbstbestimmt oder ausgeliefert? Und auch wir, die wir uns Jahrzehnte lang mit diesen Themen befassen müssen, zugeben, dass genau hier eine feine Gratwanderung absolviert wird.

Für die einfachste Erklärung musst Du Dich nur an den Beginn dieses Buches erinnern. Hier haben wir Dir erzählt, dass der durchschnittliche Mensch nur 10 bis 20 Prozent seines geistigen Potential nutzt. Alle, die zu diesem Durchschnitt zählen sind somit mehr oder weniger fremdbestimmt und fallen unter die Kategorie Menschen, die sich ihrem Schicksal ergeben. Der Rest der Menschheit, Menschen wie Du zum Beispiel, die sich für Visualisierung, Gehirnforschung, Mentaltraining und mehr interessieren, gehören zu dem kleineren Prozentsatz, welche die Chance nutzen und ihr Leben selbst in die Hand nehmen und dieses gestalten und steuern.
Für sämtliche mentale Arbeiten und das Visualisieren ist das Gehirn abso-

lut wichtig. Daher ist es bedeutsam, dass wir auch gut darauf Acht geben. Selbstverständlich ist natürlich, dass wir es beim Sport und auf der Straße dementsprechend schützen, nicht durch Alkohol und Drogen zerstören und immer wieder sogenanntes Gehirnjogging machen. Auch solltest Du immer auf Deinen Blutdruck achten. Denn auch ein zu hoher oder zu niedriger Blutdruck wirken sich negativ auf das Gehirn aus.

Zudem möchte Dein Gehirn nicht nur geistig, sondern auch tatsächlich gefüttert werden. Ja, Du hast richtig gehört, denn das Gehirn ist eigentlich ein sehr gefräßiges Organ. Wenn Du bedenkst, dass Dein Gehirn etwa nur zwei Prozent Deines Körpergewichts ausmacht, aber etwas die Hälfte Deines täglichen Kalorienumsatzes beansprucht, so ist dies doch sehr beeindruckend. Doch dies ist sogar sehr wichtig und eine Art Selbsterhaltungstrieb. Das Gehirn schickt und verteilt die Kalorien erst dann, wenn es selbst ausreichend versorgt ist. Das ist auch gut so. Stell Dir vor, das Gehirn würde zwar Deinen Energiespeicher füllen, aber selbst nicht über genügend Energie verfügen um klar denken zu können. Darum ist es auch wichtig, dass Du Dein Gehirn in stressigen Situationen zusätzlich mit Obst, Gemüse, Nüsse und Samen fütterst. Nicht umsonst wurde das beliebte Studentenfutter erfunden, welches aus Nüssen, Kernen und Trockenfrüchten besteht.

Ebenfalls sehr spannend ist, dass die Gehirne von Männern und Frauen tatsächlich unterschiedlich funktionieren. Häufig haben wir den Spruch gehört, dass Frauen nicht Auto fahren können und Männer ihre Gefühle verleugnen. Doch was ist an diesen Behauptungen dran? Natürlich hat dies zu einem großen Tel auch eine erzieherische Ursache, doch es ist erwiesen, dass die Neuronen bei Frauen besser vernetzt und Nervenzellen ebenfalls enger verbunden sind. Das ist auch die Ursache dafür, dass Frauen in der Regel Multi-Tasking fähig sind. Auch die weiblichen Hormone helfen mit, dass Frauen auf dem Gebiet der Sprachkompetenz besser sind. Bei Männern wird in der Regel nur eine Gehirnhälfte stark verwendet. Dies macht Männer effizienter und zielstrebiger. Auch ist dies verantwortlich dafür, dass das starke Geschlecht besser im räumlichen Denken ist, als das schöne Geschlecht.

Um Dein Gehirn nun ordentlich und permanent zu trainieren, egal ob Du männlich oder weiblich bist, reicht es nicht aus, täglich viel zu denken. Viele sagen: “Ich muss in der Arbeit ständig am Computer schreiben, Schularbeiten verbessern, Artikel korrigieren, das trainiert mein Gehirn ausreichend." - doch so ist das leider nicht. Diese einseitige Arbeit führt zu einem Gewöhnungseffekt und das Gehirn benötigt einen sogenannten Ausgleichssport.

Das Gehirn braucht natürlich Wasser, Kohlenhydrate und Sauerstoff. Wenn Du Dein Gehirn fit machen willst, dann solltest Du nach einem anstrengenden Tag einen Spaziergang an der frischen Luft unternehmen und ein Vollkornbrötchen mit Käse und Tomaten essen. Zum Ausgleich musst Du Deinem Gehirn andere Impulse bieten, als es den ganzen Tag erhalten hat. Sitzt Du zum Beispiel den ganzen Tag vor dem Computer, so solltest Du daheim zu einem guten Buch greifen und lesen. Auch Puzzle spiele, Denkspiele, Kreuzworträtsel, Kartenspiele oder ähnliches eignen sich toll um das Gehirn abwechslungsreich fit zu halten.

Wenn Dein Gehirn nicht eingerostet ist, dann fällt Dir auch das Visualisieren bedeutend leichter. Diese Behauptung kannst Du anhand eines Selbstversuchs ganz einfach kontrollieren. Zuerst versuchst Du, sofort nach einem anstrengenden Arbeitstag zu Hause Deine Wünsche zu visualisieren, oder Dich an Deinen Traumort zu begeben. Am nächsten Tag unternimmst Du zuvor einen kleinen Spaziergang, richtest Dir danach ein großes Glas Wasser mit einem Spritzer Zitrone her und naschst dazu vielleicht ein paar Nüsse und löst ein kleines Kreuzworträtsel. Danach begibst Du Dich ins Schlafzimmer und trittst Deine Traumreise an. Nun kannst Du absolut ehrlich beantworten, an welchem Tag Dir das Visualisieren leichter gefallen ist.

Mit Visualisierung wachsen

An einer Sache wachsen, dies ist wieder so ein Sprichwort, welches häufig bedient wird, doch was soll es genau bedeuten? Wir hören nach der Pubertät auf zu wachsen, und gewinnen maximal an Gewicht und Umfang dazu, was jedoch von den meisten nicht sonderlich positiv aufgenommen wird. Beim Wachsen durch Visualisierung ist sowohl ein geistiges Wachstum als auch ein Wachstum an innerer Stärke, Selbstbewusstsein, innerer Größe, Liebe und mehr zu verstehen. Deine inneren Kräfte werden dadurch gestärkt und Du selbst wirst Dich schnell größer, bedeutender und auch attraktiver oder besser fühlen. Doch auf keinen Fall auf negative oder egoistische Weise. Durch das Visualisieren erfüllst Du nicht nur Deine Wünsche und unterstützt Dich selbst dabei, glücklich zu werden, Du baust Dich auch mental auf und wächst somit daran - mit jeder Übung ein kleines Stück mehr.

Wie bei allem kommt es auch hier auf die Übung an. Du kannst nach drei Jahren fleißigem Gitarre üben besser spielen, als nach der dritten Unterrichtseinheit. Nach jahrelangem Handarbeiten gehen Dir diese Arbeiten leichter von der Hand, als sie dies während der Schulzeit taten und egal was Du auch neu erlernst, je mehr Du übst, um so besser wirst Du. Auch beim Visualisieren sieht das nicht anders aus.

Bevor wir zum zweiten Teil des Buches, zum Praxisteil kommen, wollen wir noch etwas auf die Wichtigkeit eingehen und Dir einiges über die Vorteile des regelmäßigen Visualisierens aufklären. Wie bei allem wird auch das Visualisieren erst durch die Regelmäßigkeit wirksam. Zwar schadet es nicht ab und zu etwas zu Visualisieren um zwischenzeitlich Stress abzubauen. Dauerhaft entspannt und eins mit Deinem Geist wirst Du jedoch erst, wenn Du es regelmäßig praktizierst. Du würdest auch nicht nur einmal in der Woche die Zähne putzen oder die Haare kämmen. Wenn Du jetzt behauptest, dass dieser Vergleich etwas hinkt, dann wirst Du uns spätestens dann recht geben, wenn Du einige Male unsere Praktiken versucht hast, und danach die Wirkung erleben konntest.

Deine Tage können mit dem Visualisieren viel strukturierter verlaufen. Dazu musst Du Dir nur morgens im Bett fünf Minuten Zeit nehmen. Während dieser Minuten visualisierst Du den gesamten Tag und machst im Geist einen Plan und konkretisierst den gesamten Tagesablauf. Du beginnst damit, Dir das Frühstück und den Arbeitsweg vorzustellen, arbeitest in Gedanken die Aufgaben des Tages durch und stellst Dir genau vor, wie Du Deinen Feierabend gestalten möchtest. Dadurch vermeidest Du, dass der Tag chaotisch wird. Falls es zeitliche Probleme im Tagesablauf geben sollte, tauchen die nun bereits während des Visualisierens auf. So kommt es in Zukunft immer seltener vor, dass Termine miteinander kollidieren oder Du Dich heillos verzettelst.

Durch das Visualisieren wächst auch Dein Verständnis für Deine Mitmenschen. Dadurch gehst Du in Zukunft achtsamer mit anderen und auch mit Dir selbst um. Es wachsen Deine Selbstkontrolle und Dein Selbstbewusstsein. Wenn Du Deine Wünsche ins Universum schickst und diese in die Realität umgesetzt werden, wächst Dein persönliches Glück. Wenn Du Deine persönlichen Ziele regelmäßig visualisierst, erreichst Du auch diese schnell und auch hier erlebst Du bisher ungeahnte Glücksmomente. Wenn Dein Ziel ist, vor Menschenmassen zu sprechen, kannst Du dies durch Visualisierung erreichen. Dadurch wächst Dein Selbstvertrauen und Du fühlst

Dich akzeptiert und respektiert.

Wenn Du Deine bestehende Beziehung visualisierst und so lang vorhandene Probleme beseitigen kannst, wächst die Liebe und das Vertrauen zwischen Dir und Deinem Partner wieder. Damit wächst auch Du. Du bist wieder fähig Liebe zu geben und Liebe zu empfangen. Das wirkt sich nicht nur auf die Beziehung zu Deinem Partner, sondern auch auf alles Zwischenmenschliche aus.

Wenn Du Visualisierung gegen Schlafprobleme einsetzt, dann kannst Du dadurch nicht nur psychische Belastungen vermeiden und für ein besseres Wohlbefinden sorgen, Du verminderst damit auch die Unfallgefahr und wirst Dich im Allgemeinen besser fühlen. Bei Visualisierung gegen Stress beugst Du nicht nur einem Burn-out und anderen psychischen Belastungsstörungen vor, Du verbesserst damit auch das Miteinander mit Deinen Freunden, der Familie und Deinen Arbeitskollegen.

Diese Liste lässt sich beliebig lange fortsetzen. Egal wo Du die Macht Deiner Gedanken einsetzt, immer wirst Du positive Resultate erleben, an denen Du wachsen kannst. Nimm nun Dein Büchlein zur Hand und notiere zehn Punkte und Bereiche in welchen Du beginnen willst, Visualisierung einzusetzen. Nun überlegst Du zu jedem einzelnen Punkt, inwiefern dies Dein Leben verändern wird. Lies nun auch sämtliche Punkte durch, die Du bis jetzt notiert hast. Auch hier überlegst Du, ob die Macht der Gedanken zum jetzigen Zeitpunkt schon eine positive Auswirkung auf Dich gehabt hat. Falls es bis jetzt noch nicht so geklappt hat, wie Du Dir gewünscht hast, verzweifle nicht, denn erst jetzt kommen wir im zweiten Teil des Buches zur Praxis. Hier werden wir noch einmal ausführlich üben und Dir viele Tipps und Tricks verraten.

Ihre kostenfreies Hörbuch

Dieses Buch können Sie als neuer Audible Nutzer kostenlos als Hörbuch genießen. Folgen Sie dem Link um sich dieses Hörbuch jetzt kostenfrei zu sichern:

http://link.cherrymedia.de/CM06CD

TEIL - PRAXIS

NUN IM ZWEITEN TEIL des Buches geht es quasi ans Eingemachte. Hier findest Du viele Übungen zum Thema Visualisieren und wichtige Anweisungen, wie Du Deine Ziele genau definieren und auch umsetzen kannst. Wir verraten Dir, wie positive Affirmationen funktionieren und was diese für Dich tun können. Wir helfen Dir, Dich objektiv zu beschreiben und machen Dir Vorschläge für eine Tagesroutine, in der Du Affirmationen und Visualisierungen perfekt und unkompliziert einbauen kannst. Wenn Du bis jetzt nur gelesen hast - jetzt ist es wirklich an der Zeit, dass Du Dir ein Büchlein anlegst und dort Deine Notizen aufschreibst. Dies gehört einfach dazu und hilft Dir, das Erlernte schneller umzusetzen. Zudem ist es in einigen Monaten garantiert interessant wenn Du nachlesen kannst, welche Fortschritte Du mit der Zeit gemacht hast. In diesem Sinne, viel Spaß beim Lesen und Üben und vergiss nie: Du hast Dein Leben in der Hand und es gibt keinen Grund, dass Du Dein Leben nicht selbst bestimmst. Einfach, weil Du es Dir wert sein musst.

Visualisieren lernen - Übungen

Im ersten Teil des Buches haben wir schon einige Methoden und Praktiken kurz angeschnitten und Dich auch mit kleinen Übungen darauf vorbereitet, wie Du ganz einfach Deine Wünsche und Ziele visualisieren kannst.

Eine der einfachsten Übungen ist, Dein Gedächtnis zu trainieren. Dazu benötigst Du nichts Spezielles und kannst diese Übung immer und überall durchführen. Blick zum Beispiel auf ein Bild, oder in die Umgebung und präge Dir alles ganz genau ein. Dafür kannst Du Dir eine Minute Zeit geben. Danach schließt Du die Augen und rekapitulierst alles. Was genau hast Du gesehen? Wie haben die Details ausgesehen, die Farben, die Formen, wie viele Tiere, Menschen oder Blumen hast Du gesehen? Dies ist auch ein tolles Spiel, welches Du zu zweit spielen kannst. Dein "Gegner" legt 10 verschiedene Dinge vor Dich hin, Du prägst Dir diese einige Sekunden ein, dann werden die Gegenstände abgedeckt und Du musst sie aufzählen und so präzise wie möglich beschreiben.

Für die nächste Übung suchst Du Dir einen beliebigen Gegenstand aus. Das kann das Buch im Bücherregal, die Blumenvase am Tisch oder der Standmixer in der Küche sein. Auch diesen betrachtest Du intensiv und prägst Dir jede Kleinigkeit ein. Danach schließt Du die Augen und visualisierst Ihn vor Deinem geistigen Auge. Nun versuchst Du, den Gegenstand aus einer anderen Perspektive zu betrachten - natürlich nur in Gedanken. Wie sieht es aus der Vogelperspektive oder von der Rückseite aus? Wie sieht der Gegenstand in einer anderen Farbe aus? Versuche auch den Gegenstand in Gedanken wachsen oder schrumpfen zu lassen.

In der nächsten Übung visualisierst Du eine bestimmte Person. Denk an jemanden, den Du sehr gerne hast. Lass diesen Menschen in all seiner Pracht vor Deinem geistigen Auge erscheinen. Nun verleih ihm einen strahlenden Schein, geh in Gedanken auf ihn zu und umarme ihn herzlich.

Danach denkst Du an jemanden, der ein unangenehmes Gefühl in Dir auslöst. Auch diese Person stellst Du Dir in allen Einzelheiten vor. Nun lässt Du ihn in ein Schwarz-Weiß-Bild verwandeln. Gehe gedanklich auf ihn zu, Blicke ihm in die Augen und schiebe diese Person strikt von Dir weg.

In der nächsten Übung wird es bereits ein bisschen schwieriger. Du sollst Dich nun an eine bestimmte Szene erinnern, welche Dir in der letzten Zeit besonders viel Freude bereitet hat. War es ein lustiger Abend mit Freunden, das Lob der Vorgesetzten, ein Abendessen mit der Familie oder ein Treffen mit den Eltern - egal was es ist, bring diese Szene noch einmal gedanklich zurück und durchlebe sie ein weiteres Mal.

Danach erinnere Dich an eine unangenehme Situation und durchlebe diese auch noch einmal. Nun aber solltest Du versuchen, den Ausgang dahingehend zu manipulieren, dass er für Dich nicht mehr unangenehm ist. Das bedeutet, Du entschärfst die Situation. Lass es in Gedanken nicht zum Streit kommen, ändere die Szenerie so, dass Dein Mobiltelefon nicht zu Boden fällt und zu Bruch geht und mach in Gedanken, dass Du den letzten Bus nach Hause nicht verpasst.

Eine weitere Übung ist eine Übung mit Geräuschen. Bringe Dir verschiedenste typische Geräusche ins Gedächtnis. Das Bellen der Hunde, das Miauen der Katzen, erinnere Dich an das Geräusch, wenn die Kreide an der Schultafel kratzte oder denk an rhythmische Trommelschläge. Hier kannst Du sämtliche Geräusche der Welt durchspielen. Auch diese Übung kannst Du immer und überall durchführen, anfangs wirst Du Dir leichter tun, wenn Du diese in einem stillen Raum beginnst.

Für die nächste Übung nimmst Du ein Blatt Papier zur Hand und schreibst spontan 10 Emotionen auf. Ob Liebe, Trauer, Hass, Wut - alles ist erlaubt. Nun spiele Dich in einer Szene, wo Du all diese Gefühle abwechselnd durchlebst.

Die nächste Übung betrifft Deine Sensorik. Nun stellst Du Dir vor, wie sich die unterschiedlichsten Materialien auf der Haut anfühlen. Wie stark kitzelt es, wenn man mit einer Feder über Deine Haut streicht, wie fühlt es sich an, wenn der Sommerregen auf Deinen Kopf prasselt und was ist es für ein Gefühl, wenn dicke Schneeflocken auf Deiner Jacke schmelzen?

Danach trainierst Du Deinen visuellen Geschmackssinn. Iss in Gedanken ein Stück Schokolade und lass diese genüsslich auf der Zunge zergehen. Beiße auf eine Chili und spüre, wie Dein Gaumen vor Feuer brennt und freu Dich, wenn Du das Brennen mit einem kalten Glas Milch kühlst. Erinnere Dich ganz genau an den Geschmack der einzelnen Früchte in einem tropischen Obstkorb und denke daran, wie lecker es ist, einen saftigen, selbst gemachten Burger zu verspeisen.

Für die nächste Übung benötigst Du eine schöne Tasse Tee, die Du Dir frisch aufbrühst. Nimm die Tasse in die Hand und präge Dir die Wärme der Tasse ein. Beobachte die Farbe des Tees mit allen schillernden Facetten und schnuppere daran. Nun nimm einen Schluck und spiele Verkostung. Schlürfe und gurgle und finde heraus, aus welchen Nuancen sich der Tee zusammensetzt. Sind es Blüten, herbe oder süße Aromen, ist in Deinem Tee Milch, Honig oder Zitrone? Danach erinnerst Du Dich noch einmal daran und trinkst dieselbe Tasse Tee in Gedanken.

Wiederhole die Übungen immer wieder, gönne Dir jedoch dazwischen Pausen. Wenn Du alle Übungen immer auf einmal durchführst, so kann es passieren, dass Deine Sinne überreizt werden und überfordert schlapp machen.

Definiere Deine genauen Ziele - Langzeit und Kurzzeit

Zu Beginn haben wir bereits über Deine Ziele gesprochen und vielleicht hast Du auch schon welche notiert. Nun aber beginnst Du ein neues Kapitel und notierst sowohl Deine kurzfristigen, als auch langfristigen Ziele. Überlege gut, welche Dinge Du in der nächsten Zeit verwirklichen willst und was Du auf lange Sicht erreichen möchtest. Es ist jedoch nicht genug, diese Ziele nur zu notieren, nun wollen wir auch beginnen diese zu definieren.

Nimm Dir zuerst die Rubrik kurzfristige Ziele vor. Warum willst Du genau diese Dinge erreichen? Was ist Dir daran so besonders wichtig? Was hast Du bis jetzt schon dafür getan und warum hat es dennoch nicht geklappt? Dasselbe machst Du nun mit der Rubrik der langfristigen Ziele. Danach liest Du Dir alles noch einmal durch und überlegst, ob dies auch tatsächlich Deine Ziele sind, ob damit wirklich Deine Wünsche erfüllt werden.

Häufig haben wir Ziele, oder benennen diese als Ziel, einfach, weil es so üblich ist. Das ist genau wie mit den guten Vorsätzen zum neuen Jahr. Hier sagen wir schnell, dass wir im nächsten Jahr aufhören möchten zu rauchen, einige Kilos verlieren wollen oder neue Projekte in Angriff nehmen. Doch meist sind diese Vorsätze beinahe herzlos ausgesprochen und sind mehr Klischee als wirklicher Wunsch.

Hier soll es sich jedoch tatsächlich um Ziele handeln, die Du verwirklichen möchtest. Für die Umsetzung musst Du brennen und mit Leib und Seele dahinter stehen. Ein einfaches “Ich will mich ändern” reicht hier absolut nicht aus. Wie oft haben wir dies vielleicht dem Partner schon versprochen oder ebenso halbherzig vom Partner gehört. Damit es mit dem Visualisieren und vor allem mit dem Verwirklichen dieser Ziele ein für allemal klappt, musst Du alles dafür geben und vor allem Deine Ziele auch ernst nehmen.

Es kann natürlich durchaus sein, dass Du Dich ernsthaft ändern willst. Nur, was ist Veränderung? Diese Floskel alleine ist hier zu wenig. Du musst es klar definieren. Willst Du in Zukunft mehr Zeit mit Deinem Partner verbringen? Willst Du den Haushalt gewissenhafter führen und auch regelmäßig den Abwasch übernehmen? Ist es Dein innigster Wunsch, nicht mehr so aufbrausend zu sein und wünscht Du Dir, dass ihr nicht mehr so laut streitet? Was möchtest Du konkret bei der Erziehung und im Umgang mit den Kindern ändern?

Nimm Dir zum Definieren richtig viel Zeit, denn dies ist nichts, was man zwischen Tür und Angel beschließen sollte. Es handelt sich hier um Lebensziele und Lebensaufgaben, welche Dich, Dein Umfeld und Dein weiteres Leben massiv verändern können.

Nun geh noch ein weiters Mal die vielleicht ohnehin schon überarbeiteten Fragen durch. Frag Dich bei jedem Deiner Ziele, was genau Du erreichen willst. Hast Du zum Beispiel notiert, dass Du beruflich erfolgreicher werden möchtest, dann solltest Du hier definieren, wie Du Dir die ganze Sache vorstellst. Möchtest Du Dich selbständig machen? Wenn ja, mit welcher Idee? Möchtest Du in Deinem Job eine höhere Position einnehmen? Wenn ja, wie ist das möglich? Welche Kurse oder Qualifikationen müsstest Du dafür aufbringen?

Danach geht es weiter zur nächsten Frage. Wieviel willst Du erreichen? Möchtest Du nur mehr Geld verdienen? Wenn ja, wie viel in etwa? Möchtest Du dadurch mehr Ansehen erlangen und mehr Respekt von anderen Mitarbeitern erhalten? Willst Du in eine Führungsposition aufsteigen?

Danach gilt es die Frage nach dem Warum zu beantworten. Willst Du es, damit man Dich besser sieht? Machst Du diesen Karrieresprung für Dich, oder steckt das Drängen Deiner Familie dahinter? Ist es der innere Ehrgeiz der Dich treibt oder einfach das Ego, weil Du den Ruhm erleben möchtest? Es ist egal, welche Beweggründe auch immer dahinter stecken - wichtig ist nur, dass Du diese beantwortest, damit Du sie auch selbst erkennst. Oft denken wir nur, wir haben diese Wünsche und Ziele, dabei sind es eigentlich die Wünsche unseres Partners, der Eltern oder der Gesellschaft. Wenn Du nun dahinter kommst, dass es eigentlich gar nicht Dein eigener Wunsch ist, habe auch keine Hemmungen, diesen Wunsch auch wieder von Deiner Liste zu streichen.

Danach solltest Du Dir Gedanken machen, wie der zeitliche Ablauf sein könnte. Diese Zeitspanne kann sich von wenigen Wochen bis hin zu zwei Jahren oder mehr ausdehnen. Gib Dir aber einen realen Zeitrahmen. Du kannst nicht einen Gewichtsverlust von 10 kg in 2 Wochen erreichen oder vorhaben, den Chefposten in drei Tagen übernehmen. Wenn Du zum Rauchen aufhören möchtest, kann dies durchaus bereits ab sofort sein, rechne jedoch auch immer wieder mit Rückschlägen und lass Dich von diesen nicht entmutigen.

Danach definiere noch einmal den Lösungsweg, wie Du Deine Ziele erreichen willst. Das kann eine spezielle Diät sein wie Keto oder Low Carb, ein Kurs den Du besuchst, ein Rauchentwöhnungskurs oder vieles mehr. Auch hier nimm Dir die Zeit, wirklich intensiv über einen schlüssigen Lösungsweg nachzudenken. Lösungsorientiert heißt hier das Zauberwort.

Nun nimmst Du am besten einen Leuchtstift, besser gesagt drei verschieden farbige Stifte und markierst jeweils die unterschiedlichen Bereiche, welche Deine Wünsche betreffen. Markiere alle privaten Wünsche, alle beruflichen Wünsche und alle Ziele, welche Deine Freizeit betreffen.

Wenn Du Dir zum Beispiel schwer tust, irgendwelche Ziele zu finden, dann kannst Du Dein gesamtes Leben beleuchten. Wie steht es um Deine sportliche Fitness, die Ernährung und Deinen Schlaf? Wie zufrieden bist Du mit Deinem Job, mit dem Arbeitsumfeld, mit dem Arbeitsweg, Deinem Verdienst und der Tätigkeit selbst, die Du ausführst? Danach geh weiter zu Deinen sozialen Beziehungen zum Partner, zu den Kindern, den Eltern und den Freunden. Wie sieht Deine finanzielle Lage aus? Achte hier nicht nur auf Dein Konto und Deinen Verdienst, sondern auch auf Deine Altersvorsorge und eventuelle Möglichkeiten, das Geld anzulegen. Anhand dieser Punkte kannst Du vielleicht das ein oder andere Ziel für Dich selbst definieren.

Nun mach auch eine Liste mit allen Dingen, die zur Zeit in Deinem Leben weniger positiv verlaufen. Gleiche diese mit Deinen Zielen ab. Eigentlich sollten Deine Ziele diese negativen Aspekte in Deinem Leben auflösen. Falls nicht, dann kannst Du gleich ein weiteres Ziel definieren. Sprichst Du zum Beispiel zu wenig mit Deinem Partner oder ist die Beziehung zu Deinem pubertierenden Nachwuchs im Moment etwas eisig? Stört es Dich, dass Du schon außer Atem gelangst, wenn Du ins obere Geschoss des Hauses läufst oder nervt es Dich, dass Deine Mutter immer Deinen Lebensstil kritisiert? Dann denke auch über diese Punkte nach und versuche hier, ein positives Ziel zu definieren.

Erstelle Deine individuellen Affirmationen laut dieser Ziele

Affirmationen sind positiv formulierte Sätze - Du kannst diese auch Mantras nennen. Diese sollen Dir helfen, Deine Ziele umzusetzen und nie darauf zu vergessen. Positive Affirmationen helfen Dir auch dabei, Deine Ziele zu visualisieren. Diese Affirmationen sollten immer kurz und möglichst knapp und einfach gehalten sein. Du kannst diese Sätze oder Mantras laut oder leise vor Dich hersagen oder diese auch auf einen Zettel schreiben und immer wieder ablesen. Du kannst die Mantras auch aufschreiben und verbrennen oder in den Himmel schicken, jedoch solltest Du sie auch dann immer wiederholen.

Nun nimmst Du die Liste Deiner Ziele und suchst zu jedem Ziel mindestens drei positiv formulierte Affirmationen. Warum drei? Dann hast Du eine Auswahl und merkst schnell, mit welchem Mantra Du Dich wirklich wohlfühlst. Ein Mantra sollte auch unbedingt zu Dir passen. Es sollte angenehm tragbar sein, wie ein Schuh, und eben Dich und Deinen Charakter widerspiegeln. Alles andere würde sich komisch anfühlen, wie eine schlechte Verkleidung.

Wir wollen Dir nun einige Beispiele geben, wie Du Affirmationen richtig formulierst, obwohl es hier kein richtig oder falsch gibt, solange die Sätze kurz und positiv gestaltet werden. Du kannst die Mantras oder Affirmationen eins zu eins übernehmen und verwenden, oder sie nach Deinen eigenen Wünschen abwandeln. Vergiss dabei nicht, dass Du auf Verneinungen verzichten musst, nur positiv formulierte Affirmationen können hier funktionieren.

Wenn Du zu rauchen aufhören willst verwendest Du das Mantra: Ich bin rauchfrei, ich bin Nichtraucher, ich lebe rauchfrei.
Wenn Du abnehmen möchtest wären Sätze wie diese vorteilhaft: Ich verzichte auf ungesundes Essen, ich werde schlank und fit, ich halte die Diät durch, ich werde immer leichter oder ich werde immer schlanker.

Ich werde erfolgreich, ich bin erfolgreich, ich bin selbstbewusst, ich bin stark, ich bin zielstrebig, ich schaffe den Aufstieg, ich schaffe den Kurs, ich lerne schnell - all diese Mantras kannst Du für Deine beruflichen Erfolge verwenden, je nachdem wie und wo Du Deine Ziele gesetzt hast.

Ich bin voll Liebe, ich bin voll Verständnis, ich verstehe meinen Partner, ich verstehe mein Kind, ich unterstütze meinen Lebensgefährten, ich vergebe meinem Partner, ich verzeihe, ich liebe, ich vertraue, ich bin stark, ich bin glücklich, sind Mantras, die Du im zwischenmenschlichen und partnerschaftlichen Bereich anwenden kannst.

Natürlich sind das nur kleine Anregungen und nur dazu da, dass Du eine ungefähre Vorstellung hast, wie die Affirmationen aufgebaut sein können. Am besten ist es, wenn Du die Affirmation vor der Verwendung noch einmal aufschreibst. Dann kannst Du noch einmal kontrollieren, ob auch keine negative Formulierungen, also kein nein und kein nicht vorkommen.

Wie schon erwähnt, kannst Du diese Affirmationen beliebig oft wiederholen. Perfekt ist es natürlich, wenn Du den Tag mit einem positiven Mantra beginnst. Du solltest aus Deinen Affirmationen ein Ritual machen, auch vor dem Einschlafen ist es sinnvoll, die Mantras noch einmal zu sprechen oder zu denken. Auch kannst Du die Mantras in Deine Meditationen einbauen. Ebenso während Deinen Yoga Übungen kommen Mantras besonders gut. Egal wann und wo, wichtig ist, dass Du sie regelmäßig immer wieder vorsagst oder denkst.

Du kannst die Affirmationen auch mit anderen kleinen Ritualen verbinden. Du könntest zum Beispiel drei Räucherstäbchen oder einen Räucherkegel anzünden und die Mantras wiederholen. Du kannst auch eine Räucherschale mit Weihrauch und weißem Salbei füllen, diese entzünden, damit durch das Haus gehen und dabei Dein Mantra aufsagen. Weihrauch und weißer Salbei haben eine verstärkende und reinigende Wirkung. Auch kannst Du die Mantras mit Trommelschlägen, Glockenschlägen, Klangschalen oder dem Klang einer Triangel begleiten. Wichtig ist, dass es ganz Deinem Charakter entspricht und Du Dich rundum wohl dabei fühlst. Am besten Du probierst am Anfang die verschiedenen Möglichkeiten aus. Auch musst Du es nicht immer gleich ablaufen lassen. Lass Dich hier von Deiner Stimmung leiten - oft verrät Dir Dein Unterbewusstsein, was für den Moment gerade passend ist.

Mit den Affirmationen kannst Du auch Blockaden auflösen, die vielleicht bereits seit Deiner Kindheit tief in Dir verwurzelt sind. Hältst Du Dich für tollpatschig oder dumm, weil es Dir als Kind immer gesagt wurde? Hältst Du Dich für langsam, unordentlich oder unfähig Beziehungen zu führen, weil es Dir einfach immer wieder so eingetrichtert wurde? Dann ist es nun die Chance, damit ein für allemal aufzuräumen. Formuliere diese negativen Dinge um und mach eine schöne Affirmation daraus. Ich bin geschickt und kann alles schaffen, ich bin intelligent, ich bin schnell und habe eine gute Auffassungsgabe, ich bin fähig Beziehungen zu führen sind zum Beispiel Möglichkeiten, diese tief verwurzelten Blockaden aufzulösen.

Ist dies nicht eine enorme Erleichterung endlich zu wissen, dass Du mit nur so wenig Aufwand ganz Großes erreichen kannst? Ist es nicht wunderbar, dass Du so tief verankerte Verletzungen endlich selbst loswerden und heilen kannst? Freu Dich darauf und spüre, wie die Ketten endlich von Dir abfallen. Stell Dir bildlich vor, wie Du diese Ketten sprengst, die sich mit den Jahren um Dein Herz und Deine Seele gebildet haben.

Beschreibe Dein zukünftiges Ich

Auch dafür nimmst Du zuerst wieder Dein Heft zur Hand und schreibst Deine Notizen ein. Das hilft Dir, Deine Gedanken besser zu sortieren und den Überblick zu behalten. Dein zukünftiges Ich sollte jedoch nicht nur Deine äußerlichen, sondern auch Deine inneren Qualitäten widerspiegeln. Schreib vielleicht als Überschrift "Mein zukünftiges Ich" und unterteile es, wenn nötig in die Rubriken Optik und innere Werte. Wenn Du Dich äußerlich nicht verändern möchtest, kannst Du Dir die Optik natürlich sparen.

Nun notierst Du alles, was Dir in den Sinn kommt. Wie möchtest Du aussehen? Nimm dazu auch Deine Ziele zur Hand. Hast Du als Ziel mehr Sport und eine durchtrainierte und definierte Figur? Dann notier dies. Schreib auf: "Ich wiege XX Kilogramm und mein Körper ist trainiert". Auch kann es sein, dass es Dein Ziel war, generell eine Typveränderung durchzuführen. Ob Kontaktlinsen anstatt Brille, eine flotte neue Frisur und eine modische Haarfarbe, stylische Kleidung oder ähnliche sollen hier Deine Optik beschreiben. Nun sollst Du anhand dieser Beschreibung Dein neues Ich wie ein Foto vor Dir sehen. Dreh Dich in Gedanken wie vor einem Spiegel und betrachte Dich stolz von allen Seiten.

Nun geht es weiter zur Rubrik innere Werte. Hier kannst Du sämtliche Eigenschaften vermerken, welche Dich in Zukunft beschreiben sollen. Ob geduldig, liebevoll, durchsetzungsstark, leiser, lauter, nett, bestimmt, ruhig, verständnisvoll und vieles mehr - hier beschreibst Du Dich mit all jenen Eigenschaften, welche Dein Zukünftiges Ich ausmachen. Auch hier visualisierst Du nun wieder Dein neues Ich. Spiele sämtliche Situationen durch, in welchen die neu erlernten Eigenschaften zum Einsatz kommen. Sieh Dich zum Beispiel, wie Du in einer Konfrontation ruhig und gelassen reagierst oder in der Arbeit selbstbewusst auftrittst. Sieh Dich im Kreise Deiner Freunde spannende Geschichten erzählen und beobachte Dich dabei wie Du aus vollem Herzen lachst oder Hand in Hand mit Deinem Liebsten die Promenade entlang spazierst.

Du bist der Künstler, der Dein neues Leben und Dein neues Ich gestaltet. Niemand anderer hat hier das Recht einzugreifen und Dich zu beeinflussen. Du kannst sein, wie und was Du immer sein möchtest. Lass Dich niemals beirren oder verunsichern, denn genau so wie Du bist, bist Du perfekt, wenn es für Dich passt. Du alleine kannst fühlen, ob Du Dich wohl in Deiner Haut fühlst und Du alleine musst in Deinen Schuhen gehen. Niemand anderer kann dies für Dich übernehmen, daher ist es auch Deine Entscheidung, Dich und Dein Leben nach Deinen Wünschen zu gestalten.

Doch warum ist es so wichtig, dass Du Dein Ich und auch Dein Leben so gestaltest, wie Du es für richtig hältst? Vielleicht ist es bereits geschehen, oder wenn nicht, dann würde es sicher dazu kommen, dass Du eines Tages erwachst und Dich fragst, wer Du eigentlich bist und welches Leben Du führst. Du würdest Dich müde und ausgebrannt fühlen und zudem immer unzufriedener werden. Des Weiteren ist es so, dass das Leben kurz ist, und Du es daher so gestalten solltest, wie Du es möchtest. Du sollst jede Sekunde nutzen und jede Minute glücklich sein.

Wenn Du nun sagst, das absolute Glück gibt es nicht, so liegst Du falsch. Wenn Du zufrieden bist mit Dir selbst und in Dir selbst ruhst, wenn Du achtsam und Dir auch selbst genug bist, dann gibt es keine Momente des Unglücks. Natürlich passieren Schicksalsschläge, welche Dich zwischendurch traurig stimmen. Ob der Tod eines geliebten Menschen oder eine Trennung, doch in beiden Fällen solltest Du es als großes Ganzes sehen. Und Trauer und Tränen sind durchaus erlaubt. Doch Tränen bedeutet nicht, dass das Leben nur aus Unglück besteht.

Der Tod bedeutet zwar Abschied und Schmerz für die Hinterbliebenen, der Verstorbene aber hat nun weder Schmerzen noch Sorgen und macht sich auf in ein neues Leben. Zudem solltest Du es immer so sehen, dass sich Seelen, die zueinander gehören auch in den nächsten Leben wieder treffen. Auch wird Dich das Andenken an eine geliebte Person und der Geist dieses Menschen Dein gesamtes restliches Leben begleiten. Doch es soll Dich nicht traurig stimmen, sondern mit Glück erfüllen.

Eine Trennung von einem geliebten Menschen kann ebenfalls schmerzhaft sein, aber eben auch eine Chance für einen Neubeginn bedeuten. Wenn ihr alles versucht hat und die Beziehung dennoch keine Chance hat, dann ist es besser loszulassen, als dauerhaft an etwas festzuhalten, das nicht sein sollte. Auch hier darfst Du ruhig traurig sein und den Tränen freien Lauf lassen. Doch Du sollst auch das Glück sehen, dass Du nun die Möglichkeit hast, einen Partner zu finden, der Dich absolut erfüllt. In jedem Ende steckt auch ein Neubeginn und gerade dies ist das Schöne an unserem Leben. Kein Unglück der Welt dauert ewig. Du musst es nur schaffen loszulassen. Dabei kann Dir auch die Macht des Visualisierens helfen. Stell Dir die Trennung oder den Verlust als Vogel vor. Lass ihn fliegen und in den Himmel empor steigen. Stell Dir dabei vor, dass Du zwar melancholisch, aber auch erleichtert und glücklich bist.

Neue Glaubenssätze definieren

Glaubenssätze haben nicht wirklich etwas mit Religion zu tun. Es sind Richtlinien, Überzeugungen, Einstellungen und Meinungen, nach welchen das Leben geführt wird. Unsere ersten Glaubenssätze erhalten wir während der Kindheit von unseren Eltern. Diese prägen uns massiv. Viele übernehmen die Glaubenssätze der Eltern automatisch, wieder andere machen später genau das Gegenteil, meist um gegen die strengen Glaubenssätze der Eltern zu rebellieren.

Glaubenssätze können ebenfalls wie Gewohnheiten positiv oder negativ sein, doch jeder der seine Glaubenssätze verfolgt denkt, seine eigenen wären die Richtigen. Nun gilt es herauszufinden, inwieweit die Glaubenssätze tatsächlich positiv sind und das Leben auf positive Weise beeinflussen und Dich unterstützten. Fest steht auf jeden Fall, dass Glaubenssätze wichtig für uns sind, denn der Glaube kann Berge versetzen und ohne Glauben wären wir absolut orientierungslos. Denk aber daran, dass es dabei nicht darauf ankommt, an welchen Gott oder welche Götter Du glaubst und ob Du einer bestimmten Religion angehörst.

Glaubenssätze entstehen nicht nur durch Erziehung, sondern auch durch sämtliche Erlebnisse in der Vergangenheit. Es sind unsere unterbewussten Regeln für unser Leben, die uns und unser Verhalten steuern. Die Glaubenssätze sind jedoch nicht in Stein gemeißelt. Du kannst jederzeit daran arbeiten, sie ändern oder eben auch verstärken.

Doch was genau sind jetzt diese Glaubenssätze, wenn sie doch mit Religion so gar nichts zu tun haben. Hier nun einige Beispiele. Wenn Du Dich zum Beispiel erkältest, suchst Du einen Grund für diese Erkältung. Die einen sagen, es war, weil sie einfach zu dünn angezogen waren, andere, weil sie zu kalte Getränke oder zu viel Eis konsumiert haben, wieder andere denken es liegt daran, dass sie im Windzug gesessen hatten oder mit nassen Haaren beim offenen Fenster sitzen mussten. Für einige liegt es an der Klimaanlage oder am Kontakt mit zu vielen erkrankten Menschen. Für wieder andere sind einfach Stress oder eine körperliche Belastung die Auslöser für diverse Erkrankungen. Je nachdem welche Glaubenssätze man hat, so wird die Antwort ausfallen. meist ähneln diese Glaubenssätze die der Eltern.

Wenn Du erkrankst, kann es sein, dass Du sofort die Schuld bei Dir suchst. Andere aber sehen eine Krankheit als Strafe für irgendetwas. Wieder andere erkennen in Krankheiten eine Warnung des Körpers, der möchte, dass man mehr auf sich aufpasst oder seine Art zu leben ändert. Diese Glaubenssätze werden meist von dem sozialen Umfeld oder durch bisherige Erlebnisse geprägt. Auch hier können alle Möglichkeiten zutreffen und sind von Person zu Person verschieden.

Viele leiden unter negativen Glaubenssätze. Diese Menschen neigen auch vermehrt zu Depressionen, sind häufig unzufrieden und treten privat und auch beruflich auf der Stelle. Wenn Du auch zu dieser Gruppe gehörst, wenn Du oft grundlos traurig oder wütend bist, dann solltest Du Deine Glaubenssätze überprüfen. Falls negative Glaubenssätze an Deinem pessimistischen Verhalten Schuld tragen, so kannst Du noch heute damit beginnen, diese zu ändern.

Denkst Du oft, dass jeder gegen Dich ist und dass generell alle Menschen gegen Dich arbeiten? Hast Du das Gefühl, dass jeder es schlecht mit Dir meint? Fühlst Du Dich von Gott und der Welt verlassen und haderst Du mit Deinem Schicksal, das anscheinend nur das Negative für Dich vorgesehen hat? Behauptest Du ständig, dass die Welt immer schlechter wird? Dass früher alles besser war und jetzt nur mehr Leid, Kriminalität und Verderben die Welt regieren? Fühlst Du Dich häufig klein und wertlos und denkst Du gleichzeitig, dass Du Dir auch nichts besseres verdient hast? Hast Du Angst, wenn Dir etwas Gutes widerfährt, dass Du es sofort wieder verlierst, einfach, weil das Glück nicht für Dich gemacht ist? Denkst Du, dass immer nur andere glücklich sein dürfen? Fühlst Du Dich, als würdest Du im Keller wohnen, während alle anderen an der Sonne spazieren?

Wenn Du Dich so oder ähnlich fühlst, dann dominieren bei Dir negative Glaubenssätze. Wichtig ist nun, dass Du Dir bewusst machst, dass dieses Leben nicht so sein muss, sondern dass Du durch das Ändern der Glaubenssätze alles umkehren kannst. Deine negativen Glaubenssätze schränken Dich ein. Sobald Du Deine negativen Glaubenssätze erkannt hast, kannst Du Dich fragen inwiefern sie Dich einschränken. Du musst Dich auch fragen, ob Du diese Glaubenssätze ändern willst. Du musst für Dich selbst entscheiden, ob die Glaubenssätze für Dich fix sind, oder ob Du diese auch ablegen würdest. Nun beginnst Du diese umzuformulieren und in positive Glaubenssätze umzuwandeln.

Beginnen wir anhand des Beispielsatzes: "Die ganze Welt und alle Menschen sind gegen mich". Nun formuliere den Satz um in: "Die Welt und alle Menschen lieben mich". Stell Dir diesen Satz auch bildlich vor und fühle, wie Dich die Wärme ummantelt. So wandelst Du sämtliche negativen Glaubenssätze in Deinem Leben um und stellst Dir die positiven Glaubenssätze auch bildlich vor.

Eine neue Tagesroutine finden - Affirmationen und Ziele visualisieren

Nun weißt Du über das Visualisieren Deiner Ziele, den Wünschen ans Universum, positive Affirmationen und Mantras und Glaubenssätze Bescheid. Du hast gelernt, wie Du Deine Ziele visualisierst und herausfindest, wie und wo Du im Leben stehst. Du weißt nun, wie Du negative Aspekte in Deinem Leben detektierst und umformulieren kannst. Nun geht es darum dies auch alles umzusetzen. In der Theorie bist Du mittlerweile perfekt, nun musst Du alles in die Praxis umzusetzen. Hier ist es wichtig, dass Du alles in Deinen normalen Tagesablauf integrieren kannst.

Du kannst Dir morgens angewöhnen, mit positiven Affirmationen zu beginnen. Starte mit einem schönen Mantra in den Tag und mach Dir dies zur Gewohnheit. Sei dankbar, dass Du wieder einen wunderschönen Tag erleben darfst und beginne den Morgen mit einem Lächeln, welches aus tiefstem Herzen kommt. Versuche bereits morgens, Dich gesund zu ernähren und achte darauf, dass Du auch Deinen Lunch gesund gestaltest. Nimm Deinen neuen Lebensweg als Startschuss dafür, zum Beispiel selbst einen gesunden Lunch vorzubereiten, den Du dann in der Mittagspause auf der sonnigen Parkbank genießen kannst. Nutze Deine Pausen dafür Sonne und frische Luft zu tanken. Ebenfalls kannst Du damit beginnen, vielleicht Deinen Arbeitsweg nicht mehr mit dem Auto, sondern eventuell zu Fuß oder mit dem Fahrrad zurückzulegen. Dadurch stärkst Du bereits Deinen Körper und unterstützt Deine Gesundheit.

Während der Arbeit solltest Du ebenfalls darauf achten, dass Du stressige Situationen vermeidest oder diese entschärfst. Wenn es zu einer brenzligen Situation kommt, nimm Dir schnell einige Minuten Auszeit. Nutze diese für eine kurze Meditation und atme tief ein und aus. So beruhigt sich Dein Puls wieder und Du kannst klar denken und überlegter handeln. Sobald Du negative Gedanken hast, versuche diese positiv umzuwandeln und visualisiere diese.

Zu Hause solltest Du Dir auch wieder Zeit für Dich nehmen und den Arbeitsalltag bei einer Meditation ausklingen lassen. Bedanke Dich beim Universum für die positiven Dinge, die Du an diesem Tag erleben durftest. Dazu kann es sehr hilfreich sein, wenn Du dafür ein sogenanntes Dankbarkeits Tagebuch führst. Hier kannst Du stichwortartig mit Datum versehen die positiven Dinge jeden Tages notieren. Es muss natürlich nicht jeden Tag etwas großartiges passieren. Doch es ist bereits positiv, wenn Dir im Laufe des Tages eine freundliche, herzliche oder lächelnde Person begegnet.

Genieße den Abend und mache es Dir so richtig gemütlich. Nutze Deine Freizeit eventuell für eine Sporteinheit oder für Dinge, welche Dich Deinen Zielen ein bisschen näher bringen. Wenn Du zu Bett gehst beendest Du den Tag am besten mit einem schönen Mantra, positiven Wünschen ans Universum und einer kleinen Meditation. Du kannst auch einen Yoga Kurs in Deiner Nähe besuchen oder Dir ein entspannendes neues Hobby wie malen zulegen. Alles künstlerische, alles was Deine Kreativität fördert, wirkt sich positiv auf Deine Fähigkeiten im Visualisieren aus.

Tägliche Übungen

Wir haben schon etliche Übungen erklärt, in diesem Kapitel wollen wir Dir einige Übungen vorstellen, die Du bequem in Deinen täglichen Alltag einbauen kannst. Wir wollen Dir hier eine bunte Mischung aus Visualisierung, Meditation und Mantras anbieten. Natürlich kannst Du diese auch nach Deinen eigenen Bedürfnissen individuell abwandeln. Es sind Übungen, die Du zum Beispiel am Arbeitsweg in der Bahn durchführen oder Entspannungs-Trainings, für die Du Deine 5-Minuten Pause während der Arbeit verwenden kannst. Sinn und Zweck dieser Übungen ist, dass es Dir immer einfacher fällt zu visualisieren, Du zwischendurch entspannen kannst und negative Stimmungen vermeidest.

Steh morgens nach dem Aufstehen kurz neben dem offenen Fenster, strecke Dich durch und begrüße den Tag. Schicke Deine Wünsche ans Universum und stell Dir vor, wie Dich die Sonne küsst. Mach Dir eine schöne Tasse Kaffee und genieße die einzelnen Aromen. Stell Dir vor, wie das Koffein durch Deinen Körper fließt und sämtliche Zellen mit Energie versorgt. Dabei übst Du Visualisieren. Indem Du Dein Frühstück, das Brot, das Joghurt oder den Smoothie so richtig intensiv genießt, schärfst Du Deine

Sinne. Schließe die Augen und sieh Dein Frühstück vor Deinen geistigen Augen exakt in allen Farben und Formen und stell dir auch Konsistenz und Geschmack vor.

Wenn Du am Morgen aufwachst und Dich krank fühlst, dann darfst Du auf keinen Fall denken: "Ich bin nicht krank" - dies wäre eine negativ formulierte Affirmation. Erinnere Dich, das Universum kann diese kleinen Worte nicht erkennen. Der richtige Weg wäre hier: "Ich bin gesund, ich bin stark, ich bin fit, mein Körper steckt voll Energie, meine Abwehrkräfte kämpfen gegen die Krankheit"

Weiter geht es mit dem Bus oder der Bahn zur Arbeit. Beobachte die Menschenmasse und stell Dir zu jedem einzelnen kleine Geschichten vor - auch das fördert die Kreativität. Wie viele Kinder haben sie zu Hause, was arbeiten sie, was sind deren Hobbies und so weiter. Danach fasst Du eine Person ins Auge, prägst sie Dir ein und schließt die Augen. Nun versuchst Du diese Person zu visualisieren. Die Kleidung, den Gesichtsausdruck, die Haltung, die Accessoires, versuche so nahe wie möglich an die Realität heranzukommen. So vergeht die Fahrt im Nu und Du hast gleichzeitig geübt.

Während der Mittagspause oder einer kurzen Verschnaufpause, kannst Du auch in der Arbeit schnell eine Meditation einbauen, die Dir so viel Kraft schenkt wie ein ausgiebiges Power Napping. Dazu setzt Du Dich aufrecht hin, stellst die Beine nebeneinander fest auf den Boden, damit Du geerdet bist. Besser wäre, wenn Du dazu die Schuhe kurz abstreifen könntest. Schließe die Augen und atme durch die Nase ein und durch den Mund aus. Konzentriere Dich hier ausschließlich auf Deine Atmung. Lasse keine anderen Gedanken zu. Du könntest bei der Meditation auch eines Deiner wichtigsten Mantras wiederholen. Es reichen fünf Minuten und Du fühlst Dich wieder frisch.

Wenn Du zwischendurch einen kleinen Energieschub benötigst, setz Dich ebenfalls gerade hin, stell die Füße am besten barfuß nebeneinander auf den Boden und halte die Arme im rechten Winkel abgewinkelt von Dir weg. Die Handflächen werden nach oben gedreht. Nun schließt Du die Augen und denkst daran, dass Du nun Energie vom Universum erhältst, das Du mit Deinen Händen auffängst. Spüre, wie die Energie Deinen Körper augenblicklich durchfährt. Du kannst dies ebenfalls immer und überall machen, auch im Stehen und so lange Du möchtest. Ob Du dafür eine Minute oder eine halbe Stunde Zeit hast, das spielt keine Rolle.

Informationsdiät - Anleitung

Unser Leben besteht aus Informationen. Morgens ist es absolut normal, dass wir das Radio aufdrehen und zum Smartphone greifen. Wir checken unsere sozialen Netzwerke und lesen die Nachrichten am Tablet oder Mobiltelefon. Wir bilden uns ein, dass dies absolut wichtig ist und jeder würde nervös werden, müsste er nur einen Tag ohne das geliebte Handy leben. Wir lesen zusätzlich noch Fachzeitschriften, die den Beruf oder das Hobby betreffen und schalten den Fernseher ein, sobald wir nach Hause kommen. Dort wird ebenfalls rund um die Uhr Programm geboten.

Wir müssen immer informiert sein und hätten ohne die neuen Medien das Gefühl etwas zu verpassen. Doch dieses immer informiert sein müssen, das verlangt uns auch einiges an Energie und Konzentration ab. Es ist natürlich ein absoluter Fortschritt, dass wir über alle Kriege, Massaker, Schreckenstaten und sonstige Geschehnisse beinahe unmittelbar erfahren. Doch ist dies auch notwendig?

Wenn wir nun überlegen, welche Art von Nachrichten wir täglich lesen. Sind es mehr positive oder negative Meldungen? Richtig, meist werden wir von negativen und teils auch grausamen Neuigkeiten unterhalten. Das bedeutet, das Negative beeinflusst auch unser Unterbewusstsein, unser Denken und uns selbst. Wir lesen oder hören es und nehmen es somit auf. Das Negative, mit all den schlechten Schwingungen, wird unvermittelt ein Teil von uns selbst.

Doch Du kannst dagegen etwas unternehmen, denn es ist nirgends bestimmt, dass Du Dich von den Medien diktieren lassen musst. Im Moment wird die nackte Panik in Dir aufsteigen und Du klammerst Dich verzweifelt an Deinem Smartphone fest. Du kannst es Dir nicht vorstellen, auch nur einen Tag ohne Facebook, Instagram und Co zu überleben? Glaub uns, es klappt ganz wunderbar, aber es muss nicht so radikal gemacht werden. Für den Anfang wäre es absolut ausreichend, wenn Du gewisse Zeiten festlegst, an welchen Du Deine sozialen Netzwerke besuchst. Lass den Morgen ohne digitalen Stress von außen vergehen. Nimm Dir zum Beispiel vor, das erste Mal erst gegen 10 Uhr in Deiner ersten Pause auf das Telefon zu blicken. Auch dafür solltest Du Dir einen Zeitrahmen von etwa 10 Minuten geben. Dies muss reichen, um alle wichtigen Dinge zu überfliegen. Der nächste Schritt wäre, einen Tag pro Woche ohne Social Media einzulegen. Das wird Dir am Anfang schwer fallen, mit der Zeit aber wirst Du eine enorme Erleichterung spüren. Es belastet Dich bedeutend weniger und Du hast mehr Zeit für die wirklich wichtigen Dinge im Leben.

Ganz schlimm im TV ist auch die Fernsehwerbung. Auch im Radio wirst Du immer wieder von Werbung bombardiert. Diese manipuliert uns ganz hervorragend und auch wenn Du denkst, Du sprichst darauf nicht an, blick Dich um, welche Produkte Du zu Hause hast. Wenn Du keine Werbung mehr siehst, hörst oder liest, dann bist Du in Zukunft auch beim Einkaufen viel freier. Du bist nicht mehr auf der Suche nach dem einen Produkt, welches alle Deine Probleme im Haushalt und der Küche lösen sollen. Alleine durch den Verzicht auf diese Manipulation kannst Du übers Jahr gesehen eine Menge Geld sparen.

Dasselbe gilt für Zeitungen. Kündige Dein Zeitungs-Abo. Du musst nicht täglich alles Schreckliche der Welt lesen. Dies verschmutzt und belastet nur Dich und Deinen Geist. Zudem kannst Du das Geld dafür sparen und Dir vielleicht im nächsten Jahr einen kleinen entspannten Wellness Urlaub gönnen. Das ist doch auch eine sehr erfreuliche und positive Aussicht. Und sei beruhigt, wenn es etwas gibt, dass Du unbedingt wissen solltest, dann wirst Du es auf jeden Fall erfahren.

Dasselbe machst Du auch mit den Nachrichtendiensten im Internet. Besuche diese Seiten einfach nicht und schalte auch im TV keine Nachrichten mehr ein. Die Welt wird sich weiter drehen und nichts Schreckliches wird passieren. Im Gegenteil, Du wirst schnell bemerken, wie befreit Du Dich fühlst. Lies stattdessen ein gutes Buch. Lies etwas, dass Dich vielleicht beruflich oder auch mental weiterbringt. Greif zu eine Buch, dass Dich zum Lachen oder Träumen bringt. Nutze die gewonnenen Zeit um mit Deinem Hund spazieren zu gehen, mit den Kindern Memory zu spielen, geh mit einer Freundin in eine Smoothie Bar oder tu was immer Dir Spaß macht. Es ist erschreckend, wieviel Zeit wir täglich vor und mit den Medien verschwenden. Dies ist Lebenszeit, die wir nie wieder zurückbekommen. Abgesehen davon, dass das Negative der Welt Körper, Geist und Seele verpesten.

Du alleine hast es in der Hand, Deinen Medienkonsum zu kontrollieren und zu minimieren. Du kannst es auch ruhig in kleinen Schritten vollziehen. Reduziere jeden Tag ein bisschen mehr. Und hab keine Angst, dass Du dumm und uninformiert bleibst. Alles was wirklich wichtig ist, wirst Du während eines Gesprächs erfahren. Soziale Kontakte und persönliche

Gespräche sind tausend Mal besser als Unterhaltungen via Facebook, Chat, Twitter und Co.

Ganz schlimm ist es jedoch, wenn sich Familien oder Freunde beim Essen nicht mehr miteinander unterhalten, weil jeder nur mit seinem Handy beschäftigt ist. Führe doch zu Hause das Handyverbot am Esstisch ein und schlage auch Deinen Freunden vor, beim nächsten Besuch beim Italiener auf die Mobiltelefone zu verzichten. Jedem kannst Du ein obligatorisches Foto gestatten, welches jedoch erst nach eurem Treffen hochgeladen werden darf. Ihr werdet erstaunt sein, wie viel lockerer die Runde wird und wie viel Spaß ihr haben werdet, weil ihr auch tatsächlich wieder miteinander sprecht.

Natürlich ist ein Tablet ein bequemes Utensil um Kinder zu beschäftigen und auch der Fernseher ersetzt günstig eine Nanny. Doch das ist nicht der Sinn und Zweck von Elternschaft und auch garantiert nicht das Gelbe vom Ei im Bezug auf Kindererziehung. Wir alle sollten wieder lernen, uns miteinander zu beschäftigen. Kinder können heutzutage zum Beispiel nicht mehr stundenlang mit Bauklötzen spielen, einfach weil sie durch Medien verdorben wurden. Häufig ist dieses Verhalten auch der Auslöser für ADHS und mehr. Lass dies sinken und verarbeite diese Information und überlege gut, ob Du lieber mit Deinem Kind auf den Spielplatz gehst, ihm Märchen vorliest oder Bilder mit Fingerfarben malst, anstatt es einfach vor dem Computer oder dem TV zu parken.

Zu Beginn wirst Du direkt Entzugserscheinungen verspüren. Das alleine sollte uns erschrecken, zeigt es doch, wie abhängig wir uns von der digitalen Welt gemacht haben. Du wirst Dich immer wieder ertappen, wie Du zum Mobiltelefon greifen möchtest. Sag bewusst "Nein" dazu, klopf Dir gedanklich auf die Finger und sei stolz über jedes Mal, wenn Du der Versuchung widerstanden hast.

Dein tägliches Mentaltraining für eine gestärkte Persönlichkeit

Wenn Du Mentaltraining hörst, denkst Du vielleicht an Seminare, wo alle Teilnehmer begeistert Chacka rufen und dann gemeinsam über glühende Kohlen laufen. Und ja, auch das ist ein Teil des Mentaltrainings, doch dieses faszinierende Thema umfasst noch viel mehr. Mentaltraining kann uns von der Zeit noch vor unserer Geburt bis hin zum Tod begleiten. Vielleicht hast Du schon öfter davon gehört, dass Babies im Mutterleib sehr positiv auf Stimmen und auf bestimmte Musik reagieren. Diese Stimulation ist bereits eine Art von Mentaltraining. Das Baby fühlt sich wohl, entwickelt sich besser und kommt bereits mit gestärkten Eigenschaften zur Welt.

Mentaltraining wirkt sich positiv auf den Stresslevel aus. Es kann Dir helfen, selbstbewusster zu sein und Deine Ängste zu überwinden. Deine Persönlichkeit wird gestärkt und Mentaltraining unterstützt Dich dabei, Deine Ziele einfacher zu erreichen. Mentaltraining kann Dich zu besseren Leistungen, egal ob Arbeit, Sport, Freizeit oder Familie anspornen und Deine Disziplin verstärken. Du kannst Dich besser konzentrieren, besser entspannen und bist im Gesamten ausgeglichener und zufriedener.

Doch wie funktioniert Mentaltraining und wie kannst Du es selbst, auch ohne Trainer und ohne Seminar in Deinen Alltag einbauen und anwenden? Auch hier geht es wieder darum, dass Du Deine Ziele definierst. Dieses Thema haben wir schon ausführlich behandelt. Hier gehst Du jedoch noch ein Stück weiter und erinnerst Dich an Deine Wünsche und Ziele, die Du als Kind oder Jugendlicher hattest. Welche dieser Ziele hast Du verfolgt? Welche hast Du verwirklicht? Welche hast Du aufgegeben und warum? Hinterfrage Deinen privaten und beruflichen Status. Wie zufrieden bist Du mit der jetzigen Situation und was hast Du bis jetzt dafür getan, um es zu ändern?

Nun erkennst Du auch Deine Fehler und Schwächen. Diese musst Du annehmen und akzeptieren, doch Du musst diese nicht wiederholen und in Zukunft nicht damit leben. Du alleine bist verantwortlich dafür, diese Fehler wieder auszubügeln. Hast Du Deinen Traumberuf nicht ergriffen, weil Du zu faul warst, zu studieren? Hast Du lieber Party gemacht und bereust es jetzt? Es gibt genügend Möglichkeiten, auch später noch zu studieren. Du kannst auch neben Deinem Berufsleben studieren und sogar das Abitur auf dualem Weg neben Deinem Arbeitsleben nachholen. Du musst es nur wollen. Niemand anderes ist dafür verantwortlich. Erkundige Dich nach Deinen Möglichkeiten und wenn Du es wirklich willst, dann zieh Dich selbst da durch. Es ist auch hier immer hilfreich, wenn Du das Ziel visualisierst und schon jetzt fest daran glaubst, dass Du es schaffst.

Das A und O für mentale Stärke ist, dass Du immer konzentriert bist und Dich von nichts ablenken lässt. Wenn Du arbeitest, dann sollst Du nicht nebenbei träumen, im Internet surfen oder am Mobiltelefon spielen. Das erfordert eine gewisse Disziplin, doch da musst Du durch. Arbeit ist Arbeit und Freizeit ist Freizeit. Hier musst Du bewusst etwas strenger mit Dir sein. In den Pausen kannst Du Dich wieder entspannen und den Feierabend nach Lust und Laune gestalten.

Lass Dich nicht stressen und nicht in Rage bringen. Suche Dir im Supermarkt das nächste Mal bewusst die längste Schlange aus. Normalerweise würdest Du ungeduldig von einem Fuß auf den anderen trippeln, nervös werden und vielleicht sogar Ärger verspüren. Versuche, Dich ruhig zu halten und nutze die wenigen Minuten, die Du nun hast, um an etwas Schönes zu denken. Du kannst nichts anderes machen, als zu warten. Warum sollst Du Dich ärgern, das ändert an der Situation nichts. Denk an Deinen Lieblingsort, mach eine kleine visuelle und virtuelle Reise, das entspannt und die Zeit wird wie im Flug vergehen.

Beginne solche Zwangspausen wie Stau, extrem lange, rote Ampelphasen, Stromausfall oder Computer-Absturz nicht als Ärgernis, sondern als kleine geschenkte Zeit zum Verschnaufen zu sehen. Du kannst während dieser wenigen Minuten wunderbar entspannen und dies wiederum führt dazu, dass Du mental gestärkt bist.

Mentaltraining ist nichts anderes, als all die Punkte, die wir bereits in diesem Buch behandelt haben. Es ist ein Zusammenspiel aus Wünsche und Ziele zu visualisieren und diese auch konsequent zu verfolgen. Auf gut Deutsch ist es auch nichts anderes, als den inneren Schweinehund zu überlisten und zu besiegen. Wenn Du das geschafft hast, wirst Du stolz auf Dich sein und darfst dies auch zu Recht. Egal ob es die extra Einheit Sport war, zu der Du Dich aufraffen konntest, der Verzicht auf Medien, das gute Gespräch mit Deinem Partner oder die entspannte Meditation - alles führt dazu, dass Du Dich besser fühlst und Deine Persönlichkeit gestärkt wird.

Fazit

Alles, was Du Dir vorstellen, und wovon Du träumen kannst, kannst Du in gewisser Weise auch erreichen. Es gehört natürlich auch viel Fleiß und Disziplin dazu, doch Du kannst anschließend stolz auf Dich sein, für alles was Du erreicht hast.

Nutze die Visualisierung um Dich zu entspannen, um Deine Wünsche und

Träume zu sehen und um Ängste und Blockaden zu lösen.

Vergiss nicht, dass Du Deine Glaubenssätze, Mantras und positiven Affirmationen täglich und konsequent wiederholst. Nur so können Sie auch Wirkung zeigen. Ebenso wichtig ist es, dass Du diese Sätze immer positiv formulierst. Sei überzeugt von dem was Du tust und glaube an Deine eigene Kraft und an das Universum. Es ist kein esoterischer Hokuspokus, wenn uns das Universum mit positiven Schwingungen beschenkt.
Verabschiede Dich von negativen Gedanken und mach in Deinem Herzen Platz für Liebe, Güte, Verständnis und Achtsamkeit. Lerne zu verzeihen und nimm andere Menschen so an wie sie sind. Trenne Dich von allem, das Dir nicht gut tut und umgib Dich mit Menschen und Dingen, die Dir Freude bereiten und Dich auf dem Weg des positiven Denkens begleiten.

Anleitung QR Code

Kann mein Handy oder Tablet QR Codes scannen?

Um herauszufinden, ob dein Gerät QR Codes lesen kann, öffne die Kamerafunktion und halte sie ein paar Sekunden in Richtung des zu scannenden Codes. Wenn das funktioniert hat, dann erhält du eine Benachrichtigung. Falls nicht, musst du in „Einstellungen" das Scannen von QR Codes erlauben. Wenn du hier nichts auswählen kannst, dann kann dein Handy oder Tablet nicht standardmäßig QR Codes scannen. Das bedeutet, dass du eine Applikation (App) herunterladen musst, welche QR Codes lesen kann.

Gehe dazu einfach in Ihren AppStore und suche nach "QR Code Scanner". Jeder QR Code Scanner, den du dort findest, ist geeignet um unsere Codes zu scannen.

Installiere einen QR Code Scanner nach Wunsch, öffne die App und scanne den im Buch abgebildeten Code um zur Website zu gelangen.

Zugangscode - Kostenfreies e-Book

Gehen Sie auf **https://link.cherrymedia.de/EPUB** und geben Sie Ihren Zugangscode ein um Ihr kostenfreies e-Book herunterzuladen.

KL24-2T5R-NA25

SELBSTBEWUSSTSEIN STÄRKEN

Wie Sie durch die richtige Körpersprache und Rhetorik mehr Selbstvertrauen aufbauen und zu einer charismatischen Persönlichkeit werden

CHERRY Finance

Ein Buch von: Justus Van Homm

Originale Erstauflage

978-3-96583-015-8 KDP TB
978-3-96583-048-6 KDP eBook
978-3-96583-063-9 TB
978-3-96583-175-9 Hardcover
978-3-96583-179-7 CD

Druck/Auslieferung:
Amazon.com oder eine Tochtergesellschaft

Impressum:
Cherry Media GmbH
Bräugasse 9
94469 Deggendorf
Deutschland

Für weitere Informationen: **info@cherrymedia.de**

INHALTSVERZEICHNIS

Kostenfreies e-Book & Hörbuch inklusive

Beim Kauf jedes Taschenbuches von Cherry Media ist das **e-Book**, **spannende Bonusinhalte** sowie das **Hörbuch kostenfrei** für Sie **inkludiert**. Gehen Sie dazu einfach auf

https://link.cherrymedia.de/EPUB

oder scannen Sie den abgebildeten QR Code. Auf der Website können Sie dann Ihren einmalig gültigen Zugangscode eingeben.

Den **Zugangscode** zu Ihrem kostenfreie eBook, Hörbuch und zu den Bonusinhalten finden Sie auf der Seite: **420.**

Wir wünschen **viel Freude** mit Ihren **kostenfreien** Inhalten!

Haben Sie Fragen zu Ihrem e-Book? Wir sind gerne für Sie da!

Sie erreichen Sie uns unter info@cherrymedia.de

VORWORT UND ERKLÄRUNG DER DREI RUBRIKEN

Dieser Ratgeber ist in drei Rubriken mit vielen Unterkapiteln eingeteilt. Mit jedem einzelnen Kapitel kommen Sie Ihrem Ziel etwas näher. Wichtig ist, dass Sie das Pferd nicht von hinten aufzäumen, sondern jedes einzelne Kapitel der Reihe nach abarbeiten. Dies ist besonders wichtig, da Sie zuerst verstehen sollten, was Selbstbewusstsein überhaupt ist und wie Selbstvertrauen wirkt.

In der ersten Rubrik, dem Einstieg, behandeln wir die einzelnen Begriffe ausführlich. Wir erarbeiten gemeinsam, welche Wege Sie einschlagen können. Sie erfahren hier nicht nur, dass Sie etwas ändern müssen, sondern wie Sie dies auch gut durchziehen können. Sie lernen, sich Ziele zu setzen und dafür auch den bequemen Weg verlassen müssen. Sie erfahren, dass selbstbewusstes Auftreten auch ein kleines Stück Arbeit bedeutet und nicht einfach vom Himmel fällt. Zudem haben wir viele Übungen für Sie vorbereitet, wie Sie durch Meditation, Autosuggestion und Entspannungsübungen Ihr Selbstvertrauen stärken können. Auch erklären wir Ihnen, warum es häufig so wichtig ist, sich von Gewohntem zu trennen.

Weiter geht es anschließend mit dem Training. Hier haben wir für Sie zahlreiche Methoden zusammengestellt, wie Sie einfach und doch sehr effektiv üben können, um mehr Selbstvertrauen und Selbstbewusstsein zu erhalten. Diese Übungen können Sie alleine und immer wieder absolvieren. Hier führen wir Sie durch Lesetrainings, Sprachtrainings und Rhetorik-Trainings. Eines ist sicher. Wir präsentieren uns über unsere Worte. Daher ist es wichtig, auch sprachlich sattelfest zu sein. Mit unseren simplen Übungen wird Rhetorik zum Kinderspiel.

Im dritten Kapitel, der Verwirklichung geht es darum, die Stärken und Vorzüge zu erkennen und zu zeigen und die eigenen Erfolge auch durchaus zu feiern. Sie können stolz darauf sein, wie weit Sie in der Zwischenzeit gekommen sind, und was Sie bereits alles geschafft haben. In einem Kapitel dieser Rubrik befassen wir und mit dem Thema vom Idol zum Ebenbürtigen. Garantiert werden Sie sich zu diesem Zeitpunkt in einigen Beispielen wieder erkennen. Verblüfft werden Sie auch sein, dass sich Menschen, die Sie vor einigen Wochen noch ehrfurchtsvoll bewundert haben, plötzlich auf gleicher Wellenlänge befinden. Alles in allem befinden Sie sich auf einem guten Weg, alleine schon deshalb: Sie haben erkannt, wie wichtig es ist, das eigene Selbstbewusstsein zu stärken. Nicht für andere, sondern für sich selbst.

In diesem Sinne wünschen wir Ihnen viel Freude mit diesem Ratgeber und guten Erfolg. Vergessen Sie eines nicht: Blicken Sie immer positiv nach vorne und lassen Sie sich auch durch kleine Rückschläge nicht unterkriegen. Vor allem, bleiben Sie sich selbst treu. Denn nur wer sich selbst treu bleibt, kann selbstbewusst Stärke zeigen.

Was ist Selbstbewusstsein?

Blickt man in den Duden oder informiert man sich bei Wikipedia und Co, so sieht man, Selbstbewusstsein ist ein breit gefächerter Begriff. Laut Duden handelt es sich um das Bewusstsein, sich selbst als frei denkenden Menschen zu sehen. Dies geht einher mit der festen Überzeugung, an sich selbst, die eigene Persönlichkeit und die eigenen Fähigkeiten zu glauben.

Dies bedeutet nichts anderes als zu wissen, wer man ist. Sie sollen sich selbst als den Menschen akzeptieren, der Sie sind. Dazu gehören alle Fehler und Schwächen. Denn auch Menschen mit dem größten Selbstbewusstsein haben natürlich Schwächen. Vergessen Sie jedoch nie, dass Sie ein Unikat sind. Sie sind einzigartig und individuell. Nur wenn Sie Ihre Fehler, Ihre Schwächen und auch Ihre Stärken kennen, können Sie daran arbeiten. Fehler und Schwächen können ausgeglichen werden, und positive Eigenschaften verstärkt werden.

Selbstbewusstsein hat sehr viel mit Selbstliebe und Akzeptanz zu tun. Glauben Sie an sich selbst und daran, dass Sie alles schaffen können. Selbstbewusstsein hat jedoch nichts mit Ihrem Status zu tun. Egal ob Sie arm oder reich sind, ob Sie in einem Büro, an der Kasse im Supermarkt oder als Manager in einem großen Konzern arbeiten - alle Menschen haben die gleichen Voraussetzungen, sich selbstbewusst zu präsentieren.

Selbstbewusstsein definiert sich nicht in materiellen Werten. Sie können genauso gut jeden Tag stolz mit dem Fahrrad zur Arbeit fahren und sind deswegen nicht weniger wert als der Nachbar, der mit seinem Porsche in die Firma düst. Selbstbewusstsein ist nämlich genau das Gegenteil. Wer selbstbewusst ist, benötigt keine Statussymbole um sich besser zu fühlen. Sie müssen sich nicht hinter Masken verstecken und sich täglich ein lachendes Gesicht aufmalen.

Wenn Sie selbstbewusst sind, tragen Sie mit stolz die Jeans, die vielleicht schon 10 Jahre alt ist. Es muss nicht die neueste Kollektion des angesagten Designers sein, die Ihr Selbstbewusstsein steigert. Sie selbst sind es. Sie machen die Person aus, die mit Charme, Charakter und Charisma überzeugt.

Lassen Sie uns doch gemeinsam hinter die Kulissen blicken. Meist sind genau diese Menschen, die mit materiellen Dingen auftrumpfen jene, die eigentlich zu wenig Selbstbewusstsein besitzen. Häufig wird genau dies mit Geld und Werten kompensiert. Nicht umsonst legen sich viele Männer, oder auch Frauen, in der Midlife Crisis einen teuren Sportwagen zu. Dadurch wollen sie davon ablenken, dass vielleicht die Schönheit der Jugend etwas nachgelassen hat. Attraktivität, Jugend und Elan werden durch andere Werte ersetzt. Wer jedoch selbstbewusst ist, kann auf diese Dinge getrost verzichten. Humor, Intelligenz, Ehrlichkeit, Lebensfreude und Esprit sind bei weitem anziehender, als ein roter Flitzer mit 300 PS, ein Penthaus oder eine Jacht.

Der erste Weg zu mehr Selbstbewusstsein ist nun, dies zu erkennen. Weder Ihr Bankkonto, noch Ihr Freundeskreis bestimmen, wie selbstbewusst Sie in Wirklichkeit sind. Natürlich, all diese Dinge können über Mankos hinwegtäuschen. Wer jedoch genau hinsieht der erkennt rasch, dass diese Dinge in Wirklichkeit nichts mit Selbstbewusstsein zu tun haben. Sie können Selbstbewusstsein genauso wenig kaufen, wie echte Liebe, Treue und Freundschaft erkauft werden können.

Selbstbewusstsein ist nicht angeboten. Es liegt nicht in den Genen, obwohl bereits in der frühen Erziehung die Wege in die richtige Richtung gelenkt werden können. Dazu kommen wir jedoch später im Kapitel Selbstvertrauen. Dass Training und Übung viel zu einem besseren Selbstbewusstsein beitragen kann, können wir auch in der Tierwelt beobachten. Sehr gut zeigt sich das zum Beispiel bei Hunden. Nicht nur, dass die Vierbeiner ihr Selbstbewusstsein häufig mit einem stolz erhobenen Schwanz zeigen, auch in der Hackordnung macht sich das Selbstvertrauen der Vierbeiner bemerkbar. Tiere mit wenig Selbstvertrauen stehen am unteren Ende der Nahrungskette und werden häufig zu Opfern. Sie sind die letzten am Futternapf und müssen bei Revier-Kämpfen gehörig einstecken. Sie können schlechter eine Bindung zu Herrchen und Frauchen aufbauen und haben auch beim Sozialisieren gehörig Schwierigkeiten. In der Tierwelt kann es sogar soweit kommen, dass Geschöpfe mit wenig Selbstbewusstsein unberechenbar werden. Sie schnappen aus Angst zu und trainieren sich ein Verhalten an, welches diesen Mangel kompensieren soll. Dies zeigt, dass Training für mehr Selbstbewusstsein sowohl für Mensch, als auch für Tiere absolut wichtig ist.

Selbstbewusstsein bedeutet, dass Sie sich von Ängsten befreien. Ängste sind die größten Hemmer für unser Selbstbewusstsein. Wie oft sind Sie vielleicht an einer Situation gescheitert, die rein von Ängsten Bestimmt war. Egal ob Sie vor einer Gruppe einen Vortrag halten sollten, öffentlich Ihre Meinung sagen wollten, oder an einem Ausflug nicht teilnehmen konnten, nur weil die Angst als Hindernis im Weg stand. Damit gilt es aufzuräumen.

Ängste entstehen in unseren Köpfen. Sobald Sie eine Angst überwunden haben, werden Sie feststellen, dass alles nur halb so schlimm war. Egal ob es die Wanderung über eine große Hängebrücke ist, die Rede vor den Mitarbeitern oder eine Situation, in der Sie jemanden verteidigen mussten. Im Nachhinein werden Sie feststellen, dass alles nur halb so schlimm war. Sobald Sie eine Angst überwunden haben, zerplatzt diese wie die sprichwörtliche Seifenblase und verschwindet in der Unendlichkeit. Stattdessen macht sich ein dicker fetter Pluspunkt auf Ihrem Konto für Selbstbewusstsein breit.

Um eine Angst überwinden zu können, müssen Sie der Sache jedoch erst auf den Grund gehen. Woher kommen die Ängste? Niemand wird als Angsthase geboren. Ängste entstehen im Kopf. Sie sind somit reine Einbildung. Wenn Sie dagegen jedoch nichts unternehmen, können sich die Ängste immer fester in Ihr Gehirn manifestieren.

Eruieren Sie, wovor Sie Angst haben. Machen Sie sich dazu ruhig eine Liste. Diese ist wichtig auf dem Weg zu mehr Selbstbewusstsein. Seien Sie hier jedoch absolut ehrlich und schonungslos zu sich selbst. Führen Sie all Ihre Ängste auf und genieren Sie sich nicht. Niemand außer Ihnen kann diese Liste sehen.

Diese Liste kann die Angst vor Spinnen oder Hunde beinhalten, oder Sie listen Ihre Angst vor Kritik oder Zurückweisung auf. Haben Sie Angst im Dunkeln, Angst vor dem Alleinesein, oder Angst davor, anderen nicht zu gefallen? All diese Punkte werden nun auf die Liste gesetzt. Nun beginnen Sie zu überlegen, woher diese Ängste kommen. Denn auch Ängste fallen nicht vom Himmel. Überlegen Sie, wie Sie diese Ängste nun überwinden können.

Fangen Sie das nächste Mal einfach die Spinne, die in der Badewanne sitzt. Sie müssen jetzt nicht zum Spinnen-Liebhaber mutieren, es reicht, wenn Sie diese fangen und entsorgen. Sie können dabei auch ruhig laut schreien. Brüllen Sie Ihre Ängste heraus. Streicheln Sie den Hund der Nachbarin, gehen Sie nachts im Dunkeln auf die Toilette oder gerne auch einmal ungeschminkt zum Einkaufen. Sie werden sehen, die Welt bleibt deshalb nicht stehen. Es passiert nichts. Sie werden weder an Herzinfarkt sterben, noch werden Sie von irgendjemandem ausgelacht - und wenn, dann sollten Sie es auch einfach hinnehmen - das mit dem Auslachen.

Haben Sie erst eine Angst überwunden, so wird es Ihnen immer leichter fallen, auch die anderen Ängste in Angriff zu nehmen. Beginnen Sie ruhig mit der kleinsten Angst. Jedes überwundene Hindernis ist ein kleiner Erfolg und Sie werden sehen, wie gut Sie sich danach fühlen. Wichtig ist, dass Sie die Ängste offensiv in Angriff nehmen. keine Angst verschindet einfach so. Verlassen Sie Ihre passive Haltung und werden Sie aktiv. Natürlich ist das nicht einfach, doch wie bei allem im Leben - es gibt nichts umsonst.

Wenn Sie bis jetzt durchgelesen haben, sollten Sie genau jetzt Papier und Bleistift zur Hand nehmen und damit beginnen, Ihre Ängste zu notieren. Überspringen Sie bitte diesen wichtigen Schritt nicht, denn auf dem Weg zu mehr Selbstbewusstsein müssen Sie Step by Step viele Sprossen einer Leiter empor klettern.

Was ist Selbstvertrauen?

Beim Selbstvertrauen handelt es sich zu 80% um die Eigenschaft, die während der sogenannten Prägungsphase zwischen dem ersten und fünften Lebensjahr antrainiert wird. Wie der Wortstamm verrät steht hier das Vertrauen in sich selbst, aber auch in die Umwelt im Vordergrund. Das Selbstvertrauen wird in den ersten Jahren anhand der Erlebnisse und auch der Erziehung gespeichert. Religion und Glaubenssätze spielen hierbei neben der Erziehung durch die Eltern und das soziale Umfeld eine große Rolle. An Selbstvertrauen gewinnen Kinder auch, wenn Sie im Kindergarten, in Spielgruppen und in der Familie akzeptiert und gut behandelt werden. Eine negative Entwicklung stellt sich hier sehr früh bei Kindern ein, die von Klein an gemobbt werden.

Eltern tragen nicht die gesamte Schuld auf sich, wie sich Menschen entwickeln. Auch wenn es ein gern vorgeschobenes Argument ist, sich auf eine schlechte Kindheit zu berufen. Bezüglich Selbstvertrauen sind die Eltern und Erziehungsberechtigte jedoch maßgeblich beteiligt. Während der ersten Lebensjahre übernehmen Sie sehr stark, wenn auch unterbewusst, die Verhaltensmuster der Eltern.

Eltern mit wenige Selbstvertrauen und Selbstbewusstsein übertragen dies automatisch auf die Kinder. Auch übermäßige Strenge und viele Zurechtweisungen wirken sich in dieser Phase negativ auf das Selbstvertrauen aus. Ewiges schlecht machen, a la böses und schlechtes Kind, verankern sich für lange Zeit in unseren Köpfen. Jedes Mal, wenn ein Kind beschimpft und beschämt wird, bröckelt ein Teil des erst dünnen Selbstvertrauens ab. In diesem Alter verwurzeln sich Schuldgefühle, die häufig bis ins Alter nicht mehr loszuwerden sind.

Selbstvertrauen bei Kindern stärken

Für unsere kommenden Generationen ist es wichtig, dass Sie auch lernen, Selbstvertrauen und Selbstbewusstsein bereits in Kindern aufzubauen und zu stärken. Dabei ist dies keine schwierige Aufgabe und keine Hexerei. Im Gegenteil, wenn Sie in Kindern Selbstvertrauen stärken, vergrößern Sie gleichzeitig auch das eigene.

Selbstbewusste kleine Menschen wachsen zu glücklichen Erwachsenen heran. Mit einem gesunden Selbstbewusstsein lässt sich das Leben einfach besser gestalten. Diese Menschen sind erwiesenermaßen erfolgreicher, da sie sich nicht von den eigenen Schwächen ausbremsen lassen, sondern diese als Teil des eigenen Charakters akzeptieren.

Wer selbstbewusst erzogen wird, hat später keine Hemmungen, die eigene Meinung zu sagen und auch dahinter zu stehen. Selbstbewusste Kinder sind offen für Neues, gehen ohne Vorurteile auf andere zu und schließen schneller Freundschaften. Ein gesundes Selbstbewusstsein und Selbstvertrauen wirkt sich auch auf die Gesundheit aus. Viele der heutigen Krankheiten wie Burnout und Depressionen lassen sich durch den Aufbau von Selbstvertrauen vermeiden. Auch Angststörungen haben bei selbstbewussten Menschen keine Chance.

Kinder mit Selbstvertrauen geraten auch weniger häufig auf die schiefe Bahn.

Sie müssen sich nicht durch Mutproben profilieren und greifen weniger häufig zu Alkohol und Drogen. Selbstvertrauen schützt zudem vor Mobbing, Missbrauch und Gewalt, da diese Menschen gelernt haben, „nein" zu sagen.

Wenn Sie Ihre Kinder selbstbewusst erziehen, helfen Sie ihnen dabei, zu glücklichen Menschen heranzuwachsen, die ihre eigenen Ideen und die eigene Kreativität nutzen können. Sie helfen Kindern, zu harmonischen Erwachsenen heranzuwachsen, die generell weniger Probleme, vor allem im sozialen Bereich, haben.

Die wichtigsten Punkte für einen gemeinsamen selbstbewussten Weg von Eltern und Kindern ist, gemeinsam zu lachen, jedoch die Kinder niemals auszulachen. Wer von Klein an immer ausgelacht wird, traut sich später nicht mehr, seine Ideen oder Gedanken zu verraten.

Versuchen Sie bitte stets, sich auf das Positive zu fokussieren. Natürlich machen Kinder Fehler. Erwachsene sind jedoch dazu da, die Kinder an der Hand zu nehmen und ihnen zu zeigen, wie diese Fehler vermieden werden können. Einer der häufigsten Fehler ist, immer wieder auf den negativen Dingen herumzureiten. Schwächen und Fehler sollten niemals vor anderen ins Lächerliche gezogen werden.

Bedingungslose Liebe ist natürlich auch hier das A und O. Zeigen Sie Ihrem Kind täglich, dass Sie stolz sind, ein so tolles Kind zu haben. Dadurch stärken Sie gleichzeitig Ihr eigenes Selbstvertrauen, denn Sie haben es geschafft, ein starkes Kind großzuziehen.

Sowohl Kinder, als auch Erwachsene benötigen Aufmerksamkeit und Achtsamkeit. Gerade in der heutigen Zeit der Digitalisierung ist es wichtig, dass Mitmenschen und vor allem Kinder nicht nur nebenher laufen. Das bedeutet, bei einem Gespräch, beim gemeinsamen Mittagessen oder anderen Aktivitäten sind Mobiltelefon, Internet und TV absolut Tabu.

Lehren Sie den Kindern, dass es durchaus in Ordnung ist, auch einmal schwach zu sein. Tränen und Kummer gehören zum Leben dazu. Es ist wichtig, dass auch kleine Menschen lernen, dass alle Gefühle zum Leben gehören. Niemand muss sich seiner Tränen schämen, oder diese gar verstecken. So wird das Vertrauen, und auch das Selbstvertrauen gestärkt. Dies gilt auch für schlechte Laune. Niemand muss den ganzen Tag hindurch lachen. Es ist wichtig, dass sämtliche Gefühle der Palette zugelassen werden dürfen.

Lassen Sie Kinder mithelfen. Übertragen Sie kleine Aufgaben und akzeptieren Sie, dass nicht immer alles glatt gehen kann. Missgeschicke passieren. Diese gehören zum Leben. Machen Sie Kinder nicht klein, nur weil der Teller zerbrochen ist, oder eine Aufgabe nicht auf Anhieb klappt. Vergessen Sie nicht auf Lob. Jeder benötigt Lob und Anerkennung, egal in welchem Alter.

Lernen Sie den Kindern, eigene Grenzen zu setzen. Kinder sollen von Klein an lernen, dass es in Ordnung ist, sich aus Situationen zurückzuziehen, in welchen sie sich nicht wohl fühlen. Sei es im Umgang mit speziellen Mitmenschen oder beim Teilen von Spielzeug. Sprechen Sie mit Ihrem Kind darüber, warum es vielleicht das ein oder andere Spielzeug nicht mit der Freundin teilen möchte. Kinder die früh lernen Grenzen zu setzen, lassen sich auch später nicht so einfach unterdrücken und trauen sich zu „nein" zu sagen. So vermeiden Sie, dass Ihr Kind später das beliebte Opfer wird, das von allen ausgenutzt wird.

Lügen Sie Ihr Kind nicht an. Es gibt Situationen im leben, die unangenehm sind. Natürlich wird es beim Zahnarzt weh tun und auch eine Spritze wird als unangenehm empfunden werden. Wenn Sie vor dem Arztbesuch behaupten, es würde nichts geschehen, dann verlieren Sie so schnell das Vertrauen. Ihr Kind wird später auch in anderen Situationen an Ihrer Ehrlichkeit zweifeln.

Seien Sie dem Kind, und auch anderen Mitmenschen immer ein Vorbild. Versuchen Sie, niemanden zu kommandieren, zu bevormunden, zu bestrafen oder auszulachen. Dadurch haben Kinder und auch Ihre Mitmenschen keine Angst, in Ihrer Gegenwart Fehler zu machen. Gehen Sie mit anderen Mitmenschen immer so um, wie Sie selbst behandelt werden möchten. Das macht Sie zu einem sympatischen Menschen. Sympatische Menschen werden geschätzt und geliebt. Dadurch wird nicht nur Ihr eigenes Selbstvertrauen, sondern auch das der Mitmenschen gestärkt.

Warum Ängste der größte Feind des Selbstvertrauens sind

Wenn Sie vor etwas Angst haben, so steht Ihnen diese Angst im Weg. Ängste hemmen uns und halten uns auf, Dinge zu tun, die wir eigentlich möchten. Wenn Sie Ihren Ängsten ständig nachgeben, nehmen Sie sich selbst die Chance, neue Erfahrungen zu machen. Natürlich erscheint manches unüberwindbar. Doch nur wenn Sie es versuchen, dann finden Sie heraus, ob die Situation nicht doch zu meistern wäre. Meist entpuppen sich diese Ängste später nur als harmloser Schatten, über den Sie vielleicht sogar lachen können.

Stellen Sie sich die Angst bildlich vor. Lassen Sie in Ihren Gedanken die Angst wie ein großer Stein an einer Kette an Ihrem Bein hängen. Nun greifen Sie aktiv ins Geschehen ein. Befreien Sie sich von der Kette, werfen Sie den Stein über Bord und schreiten Sie befreit voran. Alleine durch dieses bildliche Training werden Sie sich besser fühlen und wachsen. Dieses Training können Sie mit sämtlichen Ängsten absolvieren. Stellen Sie sich die Ängste als Ballast vor, den Sie abwerfen. Gehen Sie dabei tief in sich. Fühlen Sie, wie Sie sich befreit und leicht fühlen, sobald dieser Ballast abgeworfen wurde. Vergessen Sie nie sich selbst zu ermutigen. Sie können alles schaffen.

Was ist überzogenes Selbstbewusstsein?

Das überzogene Selbstbewusstsein ist das genaue Gegenteil von mangelndem Selbstbewusstsein. Während sich schüchterne Menschen mit wenig Selbstvertrauen klein und schwach fühlen, halten sich Menschen mit überzogenem Selbstbewusstsein für unbesiegbar und denken, sie sind besser als alle anderen.

Sie steigern Ihr Selbstbewusstsein nicht dadurch, dass Sie die negativen Erfahrungen auf andere umwälzen. Das bedeutet, wenn Sie sich unterdrückt fühlen, beginnen Sie nicht, plötzlich andere zu unterdrücken. Selbstbewusstsein hat nichts mit Überlegenheit zu tun. Niemand muss sich vor anderen profilieren um selbst besser zu wirken. Machen Sie andere nicht klein, nur um selbst größer zu erscheinen. Wachsen Sie an den Stärken der anderen.

Auch eine große Klappe und ein großkotziges Auftreten haben so gar nichts mit Selbstbewusstsein zu tun. Angeber und Egoisten sind in den wenigsten Fällen wirklich selbstbewusst. Meist versteckt sich eine sehr verletzliche Seele hinter dieser Fassade. Zu lautes Auftreten soll nur über gewisse Defizite hinwegtäuschen. Machen Sie nicht den Fehler und verwechseln Sie dies mit echtem Selbstbewusstsein. Wer sich auf Biegen und Brechen ständig in den Vordergrund drängen muss, der ist schlicht und einfach oberflächlich.

Schwätzer, Unterdrücker, Tyrannen und Diktatoren leiden unter einem überzogenen Selbstbewusstsein. Diese Menschen haben es meist nicht gelernt, ein echtes Selbstvertrauen aufzubauen und versuchen, die Welt und die Mitmenschen mit lauten Tönen und aggressiven Taten zu beherrschen. Diese Menschen haben meist eine enorm große Angst davor, andere hinter die Fassade blicken zu lassen. Dahinter verbergen sich Ängste und Sorgen.

Lassen Sie sich von diesen Menschen nicht einschüchtern und nehmen Sie diese auch nicht als Vorbild. Generell sollten Sie lernen, sich niemals mit anderen zu vergleichen. Sie sind einzigartig mit all Ihren Fehlern, Schwächen und Stärken. Nur weil andere Menschen in gewissen Situationen anders, vielleicht stärker auftreten, bedeutet dies noch lange nicht, dass dieser Weg auch für Sie der richtige ist.

Stehen Sie aufrecht und sagen Sie Ihre Meinung, ohne diese jedoch mit einem Megaphon in die Welt zu brüllen. Glänzen Sie mit Ihren Erfolgen, ohne dabei jedoch andere klein zu machen. Anstatt andere zu unterdrücken, strecken Sie die Hand aus und helfen Sie strauchelnden Mitmenschen auf. Dies ist wahre Größe und zeugt von einem gesunden Selbstbewusstsein.

Vergessen Sie Oberflächlichkeit. Nicht die äußere Schönheit, sondern die inneren Werte sind es, worauf es ankommt. Das perfekt geschminkte Gesicht, die ideale Figur und die gestylte Frisur sind nur Äußerlichkeiten. Sie sollten lernen, auch ohne diesem Rahmen selbstbewusst auftreten zu können. Nur durch oberflächliche Veränderungen, ändern Sie Ihr Leben nicht. Natürlich werden Sie von der Umwelt erst positiv wahrgenommen. Doch denken Sie immer daran, dass jeder hinter die Fassade blicken kann. Sind erst die Masken gefallen, so bleibt nichts anderes übrig als Sie selbst. Dadurch können Sie schnell als Betrüger entlarvt werden. Dies führt wieder zu einem Rückschlag, denn Sie fühlen sich ertappt und schlecht. Daher ist es wichtig, keine Rolle zu spielen, sondern Ihr gesamtes Leben und Ihren Mindset von Grund auf zu ändern. Es spricht natürlich nichts gegen ein gepflegtes Äußeres, Sie sollten jedoch stets daran denken, dass Optik nicht alles ist. Ganz wichtig ist zudem, dass Sie sich in Ihrer haut wohl fühlen und mit all Ihren Ecken und Kanten akzeptieren. Wer immer nur eine Rolle spielt, kann sich bald mit sich selbst nicht mehr identifizieren.

WAS IST MINDSET?

Mindset ist ein Trendbegriff, der in letzter Zeit immer häufiger als der einzig wahre Schlüssel zum Erfolg angepriesen wird. Doch was steckt dahinter?

Mindset bedeutet übersetzt Denkweise und bezeichnet die Art, wie wir unser Denken steuern und auslegen. Im Großen und Ganzen dreht sich hier alles um die Macht der positiven Gedanken. Doch so einfach ist es nicht, denn die rosarote Brille alleine hilft in vielen Situationen auch nicht.

Mindset beschreibt unsere innere Einstellung und die Haltung verschiedenster Dinge gegenüber. Unser Denken ist dafür verantwortlich wie wir und fühlen und wie wir im Zuge daraus handeln. Somit ist es also wichtig, den Mindset positiv auszurichten. Um damit beginnen zu können, sollten Sie sich zuerst bewusst werden, welche alten Denkmuster Sie verändern möchten oder sollten.

Wenn Sie stets im Vorfeld denken: „Das geht nicht gut aus" oder „Das wird nichts" - dann setzen Sie bereits die denkbar schlechtesten Voraussetzungen. Positives zieht Positives an und Negatives ist ein Magnet für Negatives. Hier können Sie den Blick ruhig etwas über den Tellerrand in Richtung Universum schweifen lassen. Hier gilt die Regel, alles im Leben positiv zu formulieren.

Doch wie können Sie sich von negativen Gedanken lösen? Zuerst gilt es, die negativen Gedanken herauszufiltern. Sind sie erst entdeckt ist der nächste Schritt, herauszufinden, woher sie kommen und warum. Häufig sind diese mit negativen Erfahrungen aus der Vergangenheit verbunden. Doch nur, weil Jahre zuvor eine ähnliche Situation schlecht ausgegangen ist, bedeutet dies nicht, dass dies nun für immer und ewig so sein muss. Diese Niederlagen waren eine Prüfung, eine Phase und eine Stufe, haben jedoch nichts mit der Zukunft zu tun. Sie müssen lernen an den Niederlagen zu wachsen.

Ein Beispiel dafür ist vielleicht ein Vortrag oder ein Referat in der Schule, welches ordentlich in die Hose gegangen ist. Nur weil Sie einmal schlecht vorbereitet oder zu aufgeregt waren bedeutet dies nicht, dass Sie nie wieder in Ihrem Leben eine gute Rede vor Publikum halten können. Ganz im Gegenteil. Bereiten Sie sich vor, eruieren Sie, warum es damals nicht geklappt hat und sagen Sie sich: „Mit dieser tollen Vorbereitung kann es nur ein Erfolg werden".

Programmieren Sie Ihr Mindset dahingehend, dass Sie alles schaffen können. Vergessen Sie jedoch nie, dass Sie es sich auch verdienen müssen. Vorbereitung, Einsatz und Training gehören da unbedingt dazu. Es reicht nicht, dieses Kapitel zu lesen und schon werden Sie unbesiegbar. Auch sollten Sie nicht vor immer wieder neuen Herausforderungen zurückschrecken. Seien Sie mutig und stellen Sie sich neuen Aufgaben. Auch wenn es bedeutet, dass ein ordentliches Stück Arbeit dahinter steckt.

Lernen Sie, mit Ihren Niederlagen umzugehen. Sie müssen die Niederlagen nicht verbergen oder leugnen. Stehen Sie dazu, jedoch mit dem Beisatz, daraus gelernt zu haben. Sehen Sie jeden Fehler als Chance sich zu verbessern. Bleiben Sie wissbegierig und neugierig. Sehen Sie Training und Übung nicht als Anstrengung an. Freuen Sie sich darauf, Neues lernen zu können. Der richtige Mindset macht Sie nicht nur selbstbewusst, sondern auch erfolgreich. Selbstbewusstsein und Erfolg gehen Hand in Hand. Definieren Sie Ihren Mindset für sämtliche Sparten des Lebens neu. Sehen Sie Ihre Erfolge im Beruf, in der Liebe und im zwischenmenschlichen Bereich deutlich vor sich. Trennen Sie sich von allen alten Denkmustern und schlagen Sie neue Wege ein. Wichtig ist, dass Sie auch hier ständig am Ball bleiben. Das Leben ist Veränderung und so gilt es auch den Mindset immer weiter zu entwickeln.

Gehen Sie aktiv auf Neues zu und freuen Sie sich auf Herausforderungen. Dabei sollten Sie jedoch nichts übereilen und auf keinen Fall ungeduldig mit sich selbst werden. Anstatt sich von Rückschlägen verunsichern zu lassen sollten Sie sich stets vorsagen, dass es von Tag zu Tag besser wird. Motivieren Sie sich selbst und seien Sie ruhig stolz, wenn kleine Etappen geschafft sind.

Laufen Sie nicht davon, wenn etwas unmöglich erscheint. Stellen Sie sich der Herausforderung und treten Sie ihr mit erhobenem Haupt entgegen. Bleiben Sie jedoch immer ehrlich zu sich selbst. Sie können nicht von heute auf morgen einen Marathon laufen, nur weil Sie Ihren Mindset auf sportlichen Erfolg programmiert haben. Der Erfolg kommt in kleinen Schritten.

Die drei Wege zum glücklichen Leben

Jeder Mensch hat Erwartungen. Nicht nur in sich selbst, sondern auch in seine Mitmenschen. Werden Ihre Erwartungen ständig enttäuscht? Dann sollten Sie überlegen, woran es liegt. Vielleicht sind Ihre Erwartungen einfach zu hoch. Sie können nicht erwarten, dass ein Blumentopf aus Keramik plötzlich aus Gold besteht. Genauso wenig dürfen Sie erwarten, dass der Job im Lager sich plötzlich zur Anstellung im gehobenen Management entwickelt. Erwarten Sie nicht, bereits morgen eine Fremdsprache perfekt zu beherrschen, obwohl Sie heute erst damit begonnen haben, diese zu lernen.

Überlegen Sie genau, inwiefern Sie Ihre Erwartungen verändern sollten. Dabei dürfen Sie diese auf keinen Fall auf ein tiefes Niveau herunterschrauben. Es gilt lediglich diese Erwartungen neu zu formulieren und zu adaptieren. Durch Engagement und fleißiges Arbeiten haben Sie die Chance zu beruflichem Aufstieg. Ergreifen Sie die Möglichkeiten an Fortbildungen teilzunehmen und verbessern Sie so Ihre derzeitige Arbeitssituation Step by Step. Setzen Sie sich stets realistische Ziele. Definieren Sie diese konsequent und halten Sie diese ebenso ein. Sie können natürlich nach den Sternen greifen, die Treppe hinauf müssen Sie jedoch selbst bauen.

Wenn Sie jedoch durch veränderte Erwartungen keine deutliche Verbesserung erkennen können, wird es vielleicht Zeit, die Umgebung zu ändern. Sobald Sie erkennen, dass auch mit viel Fleiß und Anstrengung keine berufliche Verbesserung möglich ist, sollten Sie sich nach einem neuen Betätigungsfeld umsehen. Es macht keinen Sinn, sich täglich darüber zu ärgern, dass Sie nicht voran kommen.

Wenn Sie sich jahrelang über den schlecht bezahlten Job beschweren, jedoch nichts dagegen unternehmen, machen Sie sich lächerlich. Wenn Sie unglücklich in Ihrer Beziehung sind, ohne Erfolg alles versucht haben, um diese besser zu machen, hilft oft nur ein klarer Schnitt. Brechen Sie aus. Verändern Sie Ihre Umgebung und Ihr Umfeld. Haben Sie keine Angst davor, denn es kann nur besser werden. Jetzt sind Sie unzufrieden. Wenn Sie etwas ändern, kann dies nur ein Schritt in eine bessere Zukunft sein.

Vielleicht liegt es aber nicht an Ihren Erwartungen oder an Ihrem Umfeld. Vielleicht liegt es auch an Ihnen selbst. An diesem Punkt angelangt ist es wichtig, dass Sie absolut ehrlich zu sich selbst sind. Liegt der mangelnde Erfolg vielleicht daran, dass Sie im Beruf zu wenig Engagement zeigen? Gehören

Sie eher zu den Mitläufern, die sich nie durch eigene Ideen profilieren? Kommt es in der Beziehung häufig zum Streit, weil Sie einfach zu keinen Kompromissen bereit sind, oder zu wenig Nähe zulassen?

Auch hier ist es sehr hilfreich, wenn Sie sich eine Liste anlegen und Punkt für Punkt abarbeiten und notieren. So gehen Sie der Sache auf den Grund und können einen Ansatz für eine Veränderung finden. Wenn Sie wirklich ehrlich zu sich selbst sind, werden Sie erkennen, dass häufig die Ursache in Ihnen selbst zu finden ist. Dies zu erkennen ist der beste Weg, um sich zu ändern.

Wenn Sie sich nun fragen, was Mindset mit Selbstbewusstsein zu tun hat, dies ist ganz einfach zu erklären. Positives Denken macht glücklich und glückliche und zufriedene Menschen können mit mehr Selbstvertrauen durchs Leben gehen.

Die Geschichte vom Charisma

Garantiert kennen Sie einige dieser Menschen, sobald diese einen Raum betreten, scheint die Sonne aufzugehen. Diese Menschen ziehen andere in ihren Bann und üben eine fast magische Faszination aus. Diese Menschen scheinen auch in allen Bereichen des Lebens absolut erfolgreich zu sein. Sie wirken rundum glücklich und zufrieden und alles scheint zu klappen. Beruflich erfolgreich, in einer glücklichen Beziehung und im Freundeskreis stets der Mittelpunkt zu sein - dies hat viel mit Charisma zu tun.

Auch Charisma ist nicht unbedingt angeboren. Charisma beschreibt die Ausstrahlung und Wirkung, die Sie auf andere Menschen haben, und auch dies lässt sich trainieren. Denn eigentlich geht es beim Charisma nur darum, wie Ihre Mitmenschen Sie wahrnehmen. Merkmale eines charismatischen Menschen sind Lachen, Inspiration, Individualität, Intellekt und Motivation. Wenn Sie an Ihrem Selbstwertgefühl und an Ihrer Liebe zu sich selbst arbeiten, steigt auch die charismatische Ausstrahlung.

Charisma setzt sich jedoch aus einigen zusätzlichen Eigenschaften zusammen. Neben dem selbstbewussten Auftreten sollten Sie auch an Ihrer Präsenz arbeiten. Auch Körpersprache, Mut und Empathie spielen hier eine wichtige Rolle. Versuchen Sie hilfsbereit zu sein und zeigen Sie Einfühlungsvermögen. Seien Sie gerecht und ehrlich und bleiben Sie bescheiden. Zielstrebigkeit und Verantwortungsbewusstsein sind ebenfalls Merkmale, die eine charismatische Person ausmachen. Versuchen Sie andere Menschen zu motivieren und ihnen als Inspiration zu dienen. Ein fester, offener Blick, ein charakterstarker Händedruck und eine offene Haltung anderen gegenüber wirken hier wahre Wunder.

Werden Sie zu einem guten Zuhörer. Dadurch zeigen Sie Präsenz. Nichts ist schlimmer als ein Gesprächspartner, der einem Dialog meilenweit entfernt zu sein scheint. Halten Sie sich unter Kontrolle. Eine feste Stimme und innere Ruhe haben stets eine große Wirkung auf andere. Arbeiten Sie an Ihrer Rhetorik. Dieses wichtige Kapitel behandeln wir in einem späteren Abschnitt besonders intensiv.

Ein großer Fehler, den viele begehen ist, sich zu verstellen. Selbstbewusstsein und Charisma haben nichts mit Schauspielerei zu tun. Versuchen Sie nicht auf Biegen und Brechen anderen zu gefallen. Bleiben Sie authentisch. Sie müssen nicht jedem gefallen, um ein sympatischer Mensch mit enormer Ausstrahlung zu sein. Haben Sie den Mut dazu, zu polarisieren und eben nicht Jedermanns Liebling zu sein. Lassen Sie sich jedoch nicht davon beirren, wenn Sie jemand nicht mag. In den meisten Fällen liegt es nicht an Ihnen persönlich. Oft steckt einfach Neid dahinter. Charismatische Menschen wirken jedoch in den meisten Fällen auf andere so anziehend, da sie diese glücklich machen.

Was bedeutet mentale Stärke?

Mentale Stärke ist mit Ausgeglichenheit gleichzusetzen. Ob Stress, Probleme, Sorgen oder Krisen, wenn Sie mental stark sind, stecken Sie diese locker weg. Körper, Geist, Seele und Emotionen werden in Einklang gebracht und wirken wie ein Schutzschild an dem Negatives abprallt.

Sie können mentale Stärke trainieren, indem Sie auch in schwierigen Situationen fokussiert bleiben und das Ziel niemals aus den Augen lassen. Lernen Sie aus Rückschlägen und lassen Sie sich davon nicht frustrieren. Üben Sie sich in Geduld und Disziplin. Verbunden mit dem neu erworbenen Selbstvertrauen erreichen Sie eine enorme mentale Stärke.

Versuchen Sie, niemals emotional überzureagieren. Je rationaler Sie eine Situation bewerten, desto eher können Sie sich auf die Wahrheit konzentrieren. Brechen Sie nicht bei einer schlechten Nachricht sofort in Tränen aus, sondern reagieren Sie gefasst. Zeigen Sie nicht zu viel Euphorie, wenn jemand eine atemberaubende Geschichte erzählt. Hysterisches Lachen oder

Weinen hindert Sie hier. Versuchen Sie stets, Ihre Impulse zu kontrollieren.

Versuchen Sie, sich von unbegründeten Sorgen zu verabschieden. Denken Sie nicht, was wäre wenn, sondern freuen Sie sich, dass im Moment alles perfekt läuft. Verlaufen Sie sich nicht in Kreisdenken und lassen Sie sich nicht von Ängsten blockieren.

Mentale Stärke bedeutet auch, nein sagen zu können. Natürlich sollten Sie den Freunden, der Familie, den Bekannten oder Arbeitskollegen nicht vor den Kopf stoßen, Sie müssen es jedoch niemandem immer recht machen. Bleiben Sie höflich und freundlich, zeigen Sie Respekt, aber bleiben Sie standhaft hinter Ihrer Meinung.

Ihre mentale Stärke bauen Sie zudem auf, wenn Sie lernen, mit sich selbst zufrieden zu sein, und sich auch selbst genug zu sein. Lernen Sie auch einmal alleine zu sein, und sich dabei wohl zu fühlen. Seien Sie sich selbst genug und nutzen Sie die Zeit alleine, sich mit den eigenen Emotionen und Gedanken zu beschäftigen. Nur wenn Sie alleine glücklich sein können, ist Ihre Selbstliebe ausgeprägt und das Selbstbewusstsein wächst.

Treffen Sie Ihre Entscheidungen ohne Zweifel. Vertreten Sie Ihre eigenen Werte und seien Sie stolz darauf. Lassen Sie sich nicht vom Weg abbringen und auch nicht verunsichern. Vertreten Sie Ihre Meinung mit allen Konsequenzen und bleiben Sie authentisch. Dies sind Merkmale für wirkliche mentale Stärke.

Nehmen Sie das Leben nicht als selbstverständlich hin. Vergessen Sie nie, dankbar zu sein. Dankbarkeit und eine gewisse Portion an Demut sind nicht nur sympatisch, sondern zeugen auch von Selbstwertgefühl und mentaler Stärke. Zudem sollten Sie lernen, gönnen zu können. Freuen Sie sich über die Erfolge anderer, sparen Sie nicht mit Lob und Anerkennung und lassen Sie keinen Neid aufkommen. Eifersucht, Neid und Bitterkeit sind Eigenschaften, die Sie bekämpfen sollten. Diese negativen Gefühle behindern Sie nur auf Ihrem Weg.

Auch sollten Sie sich selbst nicht zu ernst nehmen. Lernen Sie auch über sich selbst lachen zu können. Dadurch sehen Sie viele Situationen weniger verbissen und Sie fühlen sich frei und leicht.

Mentale Stärke zeichnet sich somit durch Willensstärke, Unabhängigkeit, wenig Frust, hohes Verantwortungsbewusstsein, rationales Denken, Dankbarkeit, Zuversicht, Selbstvertrauen und die Freude mit den Erfolgen anderen aus. Schreiben Sie sich eine Liste und bewerten Sie ehrlich, wie weit diese bereits auf Sie zutreffen. Überlegen Sie, wie Sie daran arbeiten können. Nehmen Sie sich zum beispiel vor, am nächsten Tag mit einem dankbaren Lächeln aufzuwachen, die Kollegin zu loben und vor neuen Aufgaben nicht zurückzuscheuen.

Sagen Sie Good bye zu Selbstzweifel

Wenn Sie ein schwaches Selbstvertrauen und wenig Selbstwertgefühl besitzen, kennen Sie den Zustand garantiert, es scheint, als würden Körper, Geist und Seele komplett von Selbstzweifel aufgefressen. Dieses Zweifel arbeiten wie eine innere Stimme, die Ihnen immer wieder ins Ohr flüstern, dass Sie nicht gut genug sind. Sagen Sie dem Selbstzweifel den Kampf an, indem Sie folgende Schritte konsequent durchführen.

Suchen Sie nicht permanent nach eigenen Schwächen und Fehlern. Akzeptieren Sie Lob und Anerkennung, ohne einen negativen Punkt zu finden. Ist Ihnen etwas besonders gut gelungen und werden Sie dafür gelobt, so bedanken Sie sich, lachen Sie und lassen Sie die Sache auch genau so gut sein. Man muss nicht alles überdenken und sezieren. Natürlich kann man in jeder Situation auch einen Schatten finden, wenn man lange genug sucht. Machen Sie das nicht.

Genießen Sie die Momente, in welchen Sie Komplimente bekommen. Hinterfragen Sie diese nicht. Es ist nicht wichtig, aus welchem Grund, oder mit welchem Hintergedanken jemand Ihnen dieses Komplimente gemacht hat. Die Kollegin findet Ihre Bluse toll. Schön, bedanken Sie sich, ohne zu betonen, dass diese schon ein bisschen eng an den Hüften anliegt. Seien Sie glücklich und lassen Sie diese positiven Momente ohne bitterem Beigeschmack zu.

Lernen Sie, im Mittelpunkt zu stehen und dies auch zu genießen. Verstecken Sie sich nicht hinter anderen. Richten Sie sich auf, achten Sie auf Körperspannung und erheben Sie den Kopf. Blicken Sie den anderen fest in die Augen und schenken Sie den Mitmenschen ein umwerfendes Lächeln.

Suchen Sie nicht nur die Schuld bei sich selbst. An einem Streit oder Misserfolg sind meist mehrere Parteien schuld. Manövrieren Sie sich nicht automatisch in die Opferrolle. Nehmen Sie Zurückweisungen nicht persönlich. Eine

Absage zu einem Rendezvous muss nicht daran liegen, dass man nicht mit Ihnen zusammen sein will. Machen Sie sich nicht zu viele Gedanken darum, erinnern Sie sich daran, dass Sie sich auch alleine glücklich fühlen können, wenn Sie sich selbst gut genug sind.

Verabschieden Sie sich von Gedanken oder Aussagen, dass Sie nicht schön genug, klug genug oder gut genug sind. Denken Sie nicht von vorne herein ans Scheitern. Glauben Sie daran, dass Sie sich den Erfolg verdient haben und überlegen Sie nicht ständig, was andere über Sie denken könnten.

Nur so können Sie Ihre Möglichkeiten ausschöpfen und sich aus dem Teufelskreis befreien. Nur so können Sie neue Ziele erreichen und Erfolge feiern. Sie alleine sind Ihre Maßstab. Sie alleine bestimmen, wie gut, schön, klug und erfolgreich Sie sind. Vergessen Sie nie, dass Sie alles schaffen können und hören Sie endlich auf an Ihren Fähigkeiten zu zweifeln.

Verlassen Sie Ihre Komfortzone

Dies hört sich eigentlich sehr einfach an. Doch um die Komfortzone auch wirklich verlassen zu können, müssen Sie zuerst herausfinden, was Ihre Komfortzone genau ist. Finden Sie heraus, welcher eingefahrenen Muster Sie sch vielleicht schon jahrelang bedienen. Die Komfortzone ist nicht nur ortsbezogen, sondern auch personell, tätigkeitsbezogen und geistig. Es ist dieser Handlungsspielraum, der bei Ihnen immer wieder gleich abläuft. Mit einigen Beispielen möchten wir Ihnen nun eine Idee geben, worum es sich bei dieser Komfortzone handelt.

Sie führen zwar immer wieder Beziehungen, doch diese laufen stets gleich ab. Das kommt daher, da Sie sich immer wieder denselben Typus als Partner auswählen. Sie wechseln häufig den Job, sind jedoch in jedem Bereich nach kurzer Zeit bereits wieder unglücklich und unzufrieden. In beiden Situationen wählen Sie stets altbewährtes aus. Es ist doch logisch, dass gleiches sich gleich entwickelt. Dominante Partner werden Sie über kurz oder lange wieder unterdrücken und Arbeitsstellen unter Ihrem Niveau werden Sie über kurz oder lange ebenfalls wieder nerven und langweilen.

Warum ändern Sie dieses Muster nicht? Einfach, weil es so bequem ist, auf das altbekannte zurückzugreifen? Dann dürfen Sie sich jedoch auch nicht wundern, wenn unterm Strich auch immer wieder das selbe Ergebnis erscheint. Ein Verlassen der Komfortzone bedeutet, dass Sie nun einschneidende

Veränderungen vornehmen müssen, die vor allem mit Ihrer Persönlichkeit zu tun haben.

Beginnen Sie mit kleinen Übungen. Unternehmen Sie Spaziergänge oder Reisen an Orte an denen Sie noch nie gewesen sind. Wenn Sie jeden Abend zu Hause alleine Ihr Abendessen verspeisen, raffen Sie sich auf und besuchen Sie stattdessen ein Restaurant, in welchem Sie noch nie waren. melden Sie sich zu einem Kurs an und verbringen Sie die Zeit mit neuen Menschen. Kaufen Sie sich ein Buch zu eine Thema, mit welchem Sie sich noch nie befasst haben, versuchen Sie eine neue Sportart oder suchen Sie nach einem Hobby, das bisher so gar nichts mit Ihren Interessen zu tun hatte.

Nun seien Sie ehrlich mit sich selbst. Wie haben Sie sich in den einzelnen Situationen gefühlt? Haben Sie das Prickeln des Neuen verspürt und hatten Sie vor positiver Aufregung ein klopfendes Herz? Waren Sie glücklich, hatten Sie Spaß, konnten Sie lachen? Seien Sie auf jeden Fall stolz auf sich, denn Sie haben den ersten Schritt gewagt, der Sie aus Ihrer Komfortzone und Ihrem Trott führt.

Doch warum sollten Sie die Komfortzone verlassen. Diese ist doch so bequem und vermittelt eine gewisse Sicherheit. Natürlich ist das Leben in der Komfortzone in gewisser Weise berechenbar. Jedoch, Sie fühlen sich doch nicht mehr glücklich. Sie dürfen nicht erwarten, dass sich Ihr Leben innerhalb der Komfortzone verändert. Hier wird das Leben auch in 30 Jahren noch nach dem selben Muster ablaufen. Eine Veränderung können Sie nur herbeiführen, wenn Sie daran etwas ändern. Wenn etwas immer so bleibt wie es ist, berauben Sie sich selbst der Chance zur persönlichen Entwicklung.

Wichtig ist, dass Sie sich hier Zeit geben. Sie müssen nicht Ihr ganzes Leben von heute auf morgen umkrempeln und sich selbst neu erfinden. Verlassen Sie den alten Trott gemütlich und in kleinen Schritten. Sie müssen nicht heute Arbeit, Job und Wohnung kündigen und morgen schon mit einem Rucksack um die Welt reisen. Es reicht, wenn Sie jeden Tag kleine Veränderungen vornehmen. Machen Sie sich hierfür eine Liste mit Dingen, die Sie schon seit Ewigkeiten gleich machen und suchen Sie für jeden einzelnen Bereich nach einer Alternative. Dabei ist es wichtig, dass Sie immer nur eine Veränderung zur selben Zeit vornehmen. Alles andere würde Sie überfordern oder sogar abschrecken.

Melden Sie sich mit der besten Freundin im Sportclub an. Schalten Sie zu

Hause nicht sofort den Fernseher an, sondern nehmen Sie ein Buch zur Hand. Beginnen Sie den Tag anders als bisher. Das kann ein Joghurt statt der Scheibe Brot mit Marmelade sein, oder ein kleines Workout bevor Sie unter die Dusche hüpfen. Sie können es ruhig glauben, wenn Sie diese kleinen Veränderungen konsequent durchziehen, führt Ihr Leben in Zukunft in eine absolut neuen Richtung.

Dabei muss sich auch nicht jede neue Erfahrung als Knaller entpuppen. Es kommt nur auf den Versuch an. Sie können jederzeit und immer wieder neue Varianten ausprobieren. Es kann sogar vorkommen, dass sich mancher Versuch falsch oder sogar unangenehm anfühlt. Lassen Sie sich davon nicht abschrecken. Haken Sie dies als Erfahrung ab. Bleiben Sie dennoch motiviert und geben Sie der Frustration keine Chance. Doch kanzeln Sie auch nicht sofort alles als schlecht ab. Geben Sie dem neuen Weg eine Chance. Denken Sie immer daran, es ist ein neuer Weg, der nicht von Anfang an perfekt sein muss. Geben Sie nicht nach der ersten Joggingrunde im Park auf oder schmeißen Sie nicht den neuen Sprachkurs sofort wieder, nur weil die Vokabeln nach einem Kursabend so gar nicht in Ihrem Kopf bleiben wollen.

Dadurch, dass Sie täglich kleine Schritte unternehmen, vergrößern Sie Ihren Radius, Ihre Komfortzone und erweitern Ihren Horizont. Dies trägt maßgeblich dazu bei, dass Sie auch mehr Selbstvertrauen gewinnen und selbstbewusster werden. Denn, Sie haben es gewagt und sich auf Neues eingelassen. Fallen Sie jedoch nie wieder in den alten Trott zurück. Dies müssten Sie als Rückschritt verbuchen, der Sie wieder verunsichert.

Handeln statt hoffen

Garantiert kennen Sie diese Situation. Sie sind an einem Tiefpunkt angelangt. Nun haben Sie zwei Möglichkeiten. Sie können auf ein Wunder hoffen, oder aktiv etwas gegen die unliebsame Situation unternehmen. Wahrscheinlich können Sie sich schon denken, was hier die einzig richtige Lösung ist. Es ist unwahrscheinlich, dass ein Zauberer mit seinem magischen Stab kommt, und die Situation mit einem kurzen Wedeln verbessert. Somit gibt es nur eine Möglichkeit, um sich aus der Misere zu befreien. Sie müssen die Ärmel hochkrempeln und handeln. Niemand außer Sie selbst kann die Situation verbessern.

Dabei ist es wichtig, dass Sie auch mit Ihrem gesamten Willen dahinter stehen. Hier ist es wie mit Alkoholkranken oder Drogensüchtigen. Es hilft die beste Therapie nichts, wenn der Wille fehlt. Auf dem Weg zu mehr Selbstbewusstsein reicht es nicht, die teuersten Ratgeber zu kaufen und die besten Mental-Coachs zu engagieren, wenn der eigene Antrieb fehlt.

„Warum passieren mit immer so viele schreckliche Dinge?“ Haben Sie sich das auch schon häufig gefragt? „Ich mache doch gar nichts, und trotzdem schein es als würde mich das Pech verfolgen“ Wenn auch diese Aussage von Ihnen stammen könnte, dann sollten Sie wirklich rasch handeln. In der zweiten Aussage haben Sie sich quasi die Antwort bereits selbst gegeben. Sie machen nichts, das bedeutet, Sie bemühen sich auch um keine Veränderung. Sie können nicht warten und auch nicht erwarten, dass jemand anders Ihre Probleme löst.

Auch Ihre Erwartungshaltung spielt hier eine große Rolle. Wir haben schon einige Male die Kraft der Gedanken und die Macht des Universums angesprochen. Negative Gedanken ziehen negative Handlungen magnetisch an. Dies ist so fix wie das Amen im Gebet. Sie können täglich über die Massen an Plastikmüll klagen, die unseren Planeten verschmutzen. So lange Sie selbst doppelt und dreifach eingeschweißte Lebensmittel einkaufen und aus jedem Supermarkt fünf Plastiktüten mitnehmen, tragen auch Sie nicht zur Verbesserung bei. Da hilft es nicht zu weinen, wenn Sie auf den sozialen Netzwerken Bilder von Meerestieren sehen, die sich jahrelang nur von Kunststoff ernährt haben. Tragen Sie selbst aktiv zum Schicksal der Welt bei und werden Sie verantwortungsbewusst.

Wenn Sie sich nun fragen, was dies zu mehr Selbstbewusstsein beitragen soll, lässt sich das ganz einfach erklären. Sie können stolz darauf sein, einen wichtigen Beitrag zum Umweltschutz beigetragen zu haben. In Diskussionen können Sie nun Ihre Meinung vertreten und mit reinem Gewissen behaupten, das best Mögliche zu tun. Zudem ziehen positive Taten positive Dinge nach sich.

Auch ist es wenig sinnvoll, jeden Tag frustriert vor dem Spiegel zu stehen und über die Pfunde zuviel an den Hüften zu jammern. Auch hier haben Sie es selbst in der Hand. In den meisten Fällen werden Sie das Gewicht nicht wie durch Zauberhand verlieren. Sie müssen Ihre Ernährung überdenken und vielleicht etwas aktiver werden. Tauschen Sie Chips-Tüten, Schokolade und Fast-Food gegen Obst und Gemüse ein und fahren Sie öfter mit dem Fahrrad anstatt mit dem Auto.

Hoffen Sie nicht darauf, dass Ihr Partner sich ändert. Ändern Sie etwas in Ihrer Beziehung. Wenn Sie angeregte Dialoge vermissen, starten Sie spannende Unterhaltungen. Sehnen Sie sich nach mehr Zärtlichkeit, sprechen Sie dies an. Vielleicht denk Ihr Partner genau gleich und Sie leben mit Ihrem Hoffen nebeneinander und werden dabei immer unglücklicher. Es kann sein, dass Ihr Partner denkt, Sie seine genau mit dieser Situation absolut glücklich. Wenn Sie weder den Mund aufbringen, noch Taten sprechen lassen, werden Sie es nie herausfinden.

Durch Handeln statt Hoffen können Sie jeden Aspekt Ihres Lebens positiv verändern. Auch dies in kleinen Schritten, ohne sich dabei zu überfordern. Dadurch, dass Ihr Leben dadurch schöner, angenehmer und positiver wird, wächst auch Ihr Selbstvertrauen. Denn Sie erkennen, Sie selbst waren der Regisseur Ihrer Lebensgeschichte.

Sich selbst lieben lernen

Selbstliebe ist viel mehr, als nur den eigenen Körper, den eigenen Geist und die eigenen Seele zu akzeptieren. Wer sich selbst mit jeder Faser seines Körpers lieben kann, ist auch nicht mehr abhängig davon, von anderen Bestätigung und Liebe zu erbetteln. Dies ist ein wichtiger Schritt in Sachen Selbstbewusstsein, denn nur wer nicht mehr von der Meinung anderer Abhängig ist, kann glücklich durchs Leben gehen.

Verwechseln Sie jedoch niemals Selbstliebe mit Egoismus oder gar Narzissmus. Letztere Begriffe beschreiben rücksichtsloses Verhalten und kaltes Handeln. Wer sich jedoch selbst liebt, der ist mit sich und er Welt im Einklang. Nur wenn Sie sich selbst lieben, sind Sie auch fähig andere zu lieben. Denken Sie nur daran, wie könnte ein Englischlehrer seinen Schülern die Sprache beibringen, wenn er sie selbst nicht beherrscht? Ohne Selbstliebe lässt sich auch keine Nächstenliebe praktizieren. Wenn Sie nicht gut zu sich selbst sind, können Sie auch nicht gut zu anderen sein. Sie können nur Liebe austeilen, wenn Sie genügend Liebe in sich selbst haben. Denken Sie immer daran, um ein guter Mensch zu sein und Gutes zu tun, muss es Ihnen selbst auch gut gehen.

Wenn Sie sich selbst nicht lieben, werden Sie stets auf der Suche nach Anerkennung durch andere sein. Jede Zurückweisung wirft Sie in ein schwarzes Loch und erschüttert Ihr vielleicht ohnehin angeknackstes Selbstvertrauen. Daher ist es wichtig zu lernen, sich selbst bedingungslos uns aus vollem

Herzen zu lieben.

Sie haben stets ein offenes Ohr für die Probleme Ihrer Freunde, hören jedoch nie darauf, wenn Ihre Seele mit Ihnen spricht? Sie würden niemals die Meinung Ihrer besten Freundin kritisieren, zweifeln jedoch ständig an Ihrer eigenen Urteilskraft? Denken Sie darüber nach und notieren Sie sich, in welchen Situationen Sie in Zukunft mehr auf sich selbst hören wollen.

Schreiben Sie mindestens fünf Dinge auf, auf die Sie stolz sind, dass Sie sie erreicht haben. Notieren Sie fünft Charaktereigenschaften, die Sie besonders an sich schätzen und schreiben Sie auf, was Sie von anderen Mitmenschen abhebt und unterscheidet. Nehmen Sie sich für sich selbst Zeit. Planen Sie täglich etwa eine halbe Stunde ein, die nur Ihnen gehört. Sie können in dieser Zeit Yoga machen, meditieren, sich ein heißes Schaumbad einlassen oder einfach nur ruhig auf Ihrem Bett oder dem Sofa liegen, und die Stille genießen.

Stellen Sie sich jeden Tag vor den Spiegel und machen Sie sich selbst ein schönes Kompliment, das von Herzen kommt. Sprechen Sie es ruhig laut aus, dass Sie heute Ihre Haare besonders toll finden, Ihre Figur in diesem Outfit extrem gut zur Geltung kommt, oder Sie von Ihrem eigenen Lächeln begeistert sind. Zu Beginn werden Sie sich noch etwas unsicher, vielleicht sogar unwohl dabei fühlen. Bleiben Sie jedoch am Ball.

Verbannen Sie den kleinen Teufel auf Ihrer linken Schulter, der ständig Ihre Kompetenz anzweifelt. Verjagen Sie die Stimmen aus Ihrem Kopf, die Sie nu kritisieren und sämtliche Ihrer Aktionen anzweifeln. Anfangs werden sich diese Stimmen garantiert noch häufiger melden. Setzen Sie dann einfach ein Lächeln auf und sagen Sie laut oder leise „husch, husch". Genieren Sie sich dafür nicht, Sie werden rasch merken, wie effektiv dies ist.

Doch welchen Sinn hat diese Selbstliebe? Zuerst steigt Ihre Selbstachtung, da Sie jeden Tag mehr und mehr bemerken, welch toller Mensch Sie sind. Dadurch wird es auch immer unwichtiger, sich mit anderen zu vergleichen und sich nach den Kirschen in Nachbars Garten zu sehnen. Zudem lernen Sie nein zu sagen, sobald Sie merken, dass es Ihnen selbst nicht gut tut. Sie lernen Grenzen zu setzen, egal ob im Beruf oder bei Freunden und Bekannten. Dadurch sinkt der eigene Stress-Level. Wer sich selbst liebt, achtet viel mehr auf die eigene Gesundheit und das seelische Wohlbefinden.

Die wichtigsten Grundsätze für gelebte Selbstliebe sind: Sie helfen anderen nur, weil Sie es wollen und auch dazu fähig fühlen, nicht weil Sie sich dazu verpflichtet oder gedrängt fühlen. Sie können keine Energie oder Liebe schenken, wenn Sie selbst keine besitzen. Sie könnten auch kein Geld verborgen, wenn Sie selbst pleite sind - das leuchtet doch ein? Sehen Sie die Selbstliebe somit als eine Art Konto der Liebe an, das Sie immer in sich tragen.

Vom Lernen und Leisten

Bis jetzt haben Sie eine Menge Tipps erhalten, die Sie nun auch verinnerlichen müssen. Es reicht nicht, diese nur zu lesen und auf eine spontane Erleuchtung zu hoffen. Vielleicht mussten Sie über den ein oder anderen Tipp schmunzeln oder hielten manche Ratschläge für etwas abstrus - auf jeden Fall ungewohnt. Doch genau darum geht es doch. Sie wollen raus aus Ihrem bisherigen Leben und möchten sich verändern. Dies schaffen Sie nur, wenn Sie auch neue Wege einschlagen.

Wenn Sie bis jetzt nur mitgelesen haben, wird es Zeit, dass Sie sich Papier und Bleistift zur Hand nehmen und Notizen machen. In vielen Kapiteln haben wir Ihnen kleine Aufgaben gestellt. Jetzt liegt es an Ihnen, dies umzusetzen. Es beginnt der Lernprozess. Sobald Sie das gelesene gelernt und verinnerlicht haben, können Taten folgen. Dies ist der Leistungsprozess.

Natürlich ist es ein Stück harte Arbeit. Doch mehr Selbstwertgefühl, ein starkes Selbstbewusstsein, mentale Stärke und Selbstliebe sind starke Argumente, für die es sich auf jeden Fall zu kämpfen lohnt.

Ziele setzen und Wege festlegen

Haben Sie sich schon überlegt, was Sie erreichen möchten? Sind diese Ziele fest definiert? Falls nicht, dann wird es nun Zeit dazu. Auf dem Weg zum Ziel müssen Sie natürlich eine Strecke zurücklegen. Damit dies leichter fällt, sollte der Weg von Etappen und Meilensteinen unterbrochen werden. Halten Sie jedoch immer das Ziel fest im Auge. Denn dieses Ziel ist der Leuchtturm, der Ihnen Orientierung schenkt.

Notieren Sie sich Ihre Ziele und lesen Sie diese immer wieder. dadurch motivieren Sie sich selbst. Zeichnen Sie sich dafür ruhig eine Strecke auf und markieren Sie Ihre Etappen. Freuen Sie sich darüber, wenn Sie wieder einen neuen Meilenstein erreicht haben. Stellen Sie sich dies vor, als würden Sie für den Marathon trainieren. Auch hier müssen Sie sich zu Beginn mit nur wenigen zurückgelegten Kilometern begnügen. Doch jeder erreichte und getane Schritt ist ein kleiner Erfolg, den Sie schätzen sollten.

Haben Sie keine Angst davor, dass das Ziel zu hoch gesteckt sein könnt. Fokussieren Sie sich darauf, und Schritt für Schritt bewegen Sie sich auf das Ziel hin. Notieren Sie sich zuerst alle Ziele, die Sie erreichen möchten und suchen Sie sich danach jenes mit der höchsten Priorität heraus. Das kann zum Beispiel mehr Zeit mit der Familie sein. Überlegen Sie nun, was dafür notwendig ist. Wo stiehlt Ihnen der Alltag kostbare Stunden, die Sie dadurch nicht mit Ihren Liebsten zusammen sein können?

Wenn Sie ganz ehrlich zu sich selbst sind, werden Sie garantiert überrascht sein. Häufig liegt es nicht nur an den Arbeitszeiten und den Überstunden. Überlegen Sie, wie viel Zeit Sie in sozialen Netzwerken, auf Youtube und Co verbringen und sich so von der Welt abschotten. Wie oft läuft der TV mit einer bedeutungslosen Sendung, obwohl die Sonne scheint und Sie die Zeit besser für einen Spaziergang mit Ihrem Partner nutzen könnten.

Teilen Sie Ihre Ziele in langfristige und kurzfristige Ziele ein. Ob es sich hier um einen Jobwechsel, den Aufbau eines eigenen Businesses, Gewichtsverlust, Muskelaufbau, gesünder leben, mit dem Rauchen aufhören oder ähnliches handelt, oder Sie Ziele wie mehr lachen, weniger streiten oder mehr lesen haben ist zweitrangig. Nun teilen Sie jedes Ziel in einzelne Etappen ein, wie Sie denken, am besten voran zu kommen. Überlegen Sie, welche Etappen Sie in einem Monat erreichen könnten, und welche Meilensteine Sie auf dem Weg dahin begleiten sollten.

Formulieren Sie das Ziel klar und deutlich und verlieren Sie es nie aus den Augen. Setzen Sie sich auch eine konkrete Deadline. Es reicht nicht, wenn Sie sich vornehmen, irgendwann 10 Kilogramm abzunehmen. Das Ziel muss konkretisiert werden. Sagen Sie: „Bis zum Urlaub im August, in 4 Monaten, habe ich X Kilogramm abgenommen“. Achten Sie nicht nur auf eine zeitliche Deadline, sondern auch auf eine klare Formulierung. Die Ziele müssen positiv sein und dürfen nicht im Konjunktiv formuliert sein. Das bedeutet hätte, würde und wäre können Sie für die Formulierung Ihrer Ziele aus dem Repertoire streichen.

Genauso wichtig wie die Zielsetzung und die Formulierung ist auch die Motivation, die dahinter steckt. Sie dürfen sich nicht wünschen abzunehmen, nur damit Ihr Partner Sie nicht verlässt. Machen Sie es nur rein für sich selbst. Dafür, dass Sie sich jünger und attraktiver fühlen, und dafür, dass es Ihnen gesundheitlich besser geht. Auch viel Geld zu verdienen, um über den anderen zu stehen ist vielleicht nicht die beste Motivation.

Im letzten Schritt bevor Sie loslegen, sollten Sie sich das Ziel bildlich vor Augen führen. Schließen Sie die Augen und sehen Sie sich in der knappen Jeans oder dem hübschen Ballkleid. Haben Sie das Bild vor Augen, wie Sie mit Ihrer Familie endlich aus der 1-Zimmer-Wohnung ausziehen können, weil es finanziell möglich ist oder sehen Sie sich in der neuen und erfolgreichen Position am Arbeitsplatz. Verinnerlichen Sie dieses Bild intensiv. Es soll Sie von nun an jeden Tag begleiten, bis Sie das Ziel erreicht haben. Sie sollen diese Szenen jedoch nicht nur sehen, sondern auch fühlen. Spüren Sie, wie Sie dabei glücklich werden? Dieses tägliche kleine Glück sollte Ihr täglicher Antriebsmotor sein.

Trotz allem sollten Sie flexibel bleiben. Wenn sich zum Beispiel in wenigen Wochen eine Option auf einen anderen Job ergibt, greifen Sie zu. Oft gibt es viele Wege die zum großen Ziel führen. Manches Mal dauert es auch etwas länger als Sie gedacht oder geplant hatten. Familiäre Umstände können den Weg verändern. Solange jedoch das Ziel stets in Sichtweite ist, ist alles gut. Das Wichtigste ist, dass Sie sich aufraffen und auf den Weg machen. Unterwegs müssen Sie darauf achten, dass Sie niemals die Motivation verlieren. Dazu kann es hilfreich sein, wenn Sie sich Gleichgesinnte suchen. Das können ein Sportverein, eine Diätgruppe, ein Kurs für gehobenes Management, ein Rhetorik-Kurs und vieles mehr sein. Sie werden rasch merken, gemeinsam lassen sich Ziele um ein Vielfaches schneller erreichen. Zudem ist es nicht nur interessant, sondern auch hilfreich, sich mit Menschen auszutauschen, die ähnliche Ziele haben. Gemeinsam können Sie so aus den Erfolgen und Fehlern der anderen lernen.

Meditation

Vielleicht haben Sie sich noch nie darüber Gedanken gemacht, zu meditieren. Dabei ist dies ein sehr effektiver Weg um Konzentration und Achtsamkeit zu lernen und zu üben. Beides sind wichtige Begleiter auf dem Weg zu mehr Selbstvertrauen. Meditation ist mehr als nur eine spirituelle Praxis. Mit diesen Übungen finden Sie zu sich selbst und können an einem Ort in Ihren Gedanken Kraft und Energie tanken. In den nächsten Kapiteln werden wir uns mit den unterschiedlichsten Arten der Meditation befassen und Ihnen einfache Übungen mit auf den Weg geben. Wir zeigen Ihnen, dass Meditation ganz einfach zu erlernen ist und ein enorm hilfreiches Werkzeug auf dem Weg zu mehr Selbstvertrauen und Selbstbewusstsein sein kann.

Was ist Meditation eigentlich?

Meditation kann mit nachdenken, nachsinnen und überlegen übersetzt werden. Doch dahinter versteckt sich noch viel mehr. Im östlichen Kulturkreis wurden diese Übungen schon seit ewiger Zeit verwendet, um den Geist zu beruhigen, sich zu konzentrieren und mehr Achtsamkeit zu erlernen. Angestrebt wird ein Zustand, der den Kopf absolut frei macht. Die Gedanken sollen praktisch verschwinden und nichts die Seele belasten. Wenn Sie jetzt Angst haben, dass Meditationen langweilig sind, können Sie diese Befürchtung getrost über Bord werfen. Zusätzlich zu den gebetsähnlichen Meditationen, die wir aus vielen Religionen wie Buddhismus und Hinduismus kennen, gibt es auch Meditationen, die beim Tanzen und Singen durchgeführt werden können. Auch Trommeln, Klangschalen, Geschichten und andere Untermalungen können zum Einsatz kommen. Wir wollen Ihnen nachfolgend nicht nur die einzelnen Arten der Meditation vorstellen, sondern erklären auch ausführlich, wie Sie damit starten. Setzen Sie sich doch das Ziel, sich in den nächsten Tagen und Wochen mit dieser Materie vertraut zu machen. Sie werden rasch erkennen, welchen enormen Wohlfühl-Faktor Meditation auch für Sie haben kann.

Wie kann ich Meditation lernen?

Aller Anfang ist schwer und auch beim Meditieren ist es nicht anders. Vielleicht fühlen Sie sich zu Beginn eigenartig oder kommen mit der ungewohnten Stille oder Ruhe nicht zurecht. Vielleicht schaffen Sie es nicht sofort, Ihre Gedanken abzuschalten, oder langweilen sich. Bleiben Sie dennoch am Ball, bald wird sich der erste Erfolg einstellen. Natürlich dürfen Sie nicht erwarten, dass Sie bereits nach der ersten Meditation eine enorme Veränderung spüren. Alles braucht seine Zeit und hier ist es an der Zeit, sich auch in Geduld zu üben. Mit jedem Tag und jeder Übung jedoch werden Sie mehr zur Ruhe kommen und sich freier und leichter fühlen.

Das A und O ist, den richtigen Ort zum Meditieren zu finden. Dieser Platz soll Ruhe bieten und Sie nicht ablenken. Das bedeutet, TV, Radio und Mobiltelefon werden aus dem Meditationsraum verbannt. Sie können eine Kerze, ein Räucherstäbchen oder eine Duftlampe entzünden, um für die perfekte Atmosphäre zu sorgen. Zudem sollte der Raum gut belüftet sein. Achten Sie darauf, dass Sie genügend Platz haben. Sie sollten am Fußboden eine Matte und ein Kissen ausbreiten können. Für manche Arten der Meditation genügt jedoch auch ein Stuhl. Dieser sollte jedoch auch an einem ruhigen Ort stehen. Sorgen Sie dafür, dass Sie für diese Zeit wirklich ungestört sind. Anfangs reicht es, etwa 15 Minuten einzuplanen.

Tragen Sie zum Meditieren bequeme Kleidung. Es soll Sie nichts einengen und Sie sollen sich wohl fühlen. Sie können Sportbekleidung oder ein leichtes Kleid tragen, das ist ganz Ihnen selbst überlassen. Wichtig ist, dass nichts zwickt und zwackt und Sie dadurch ablenkt. Außerdem sollte die Kleidung der Temperatur im Raum angepasst sein. Sie dürfen weder schwitzen noch frieren. Denken Sie daran, dass Sie während der Meditation eine gewisse Periode reglos daliegen werden.

Bevor Sie den Ort der Meditation betreten schalten Sie das Telefon ab und bitten Sie die restliche Familie, Sie während der kurzen Zeit bitte nicht zu stören. Dann kann es auch schon losgehen. Breiten Sie die Matte aus und legen Sie sich darauf. Sie können sich auch im Schneidersitz niederlassen. Wichtig ist, dass Sie es bequem haben. Wenn Sie einen schmerzenden Rücken haben, sorgen Sie mit einem Kissen für Unterstützung. Es ist nicht wichtig, welche Position Sie einnehmen, einzig und alleine zählt, dass Sie sich wohl fühlen. Nur so können Sie ohne Störfaktoren Körper, Geist und Seele in Einklang bringen.

Sie können sich nun einen Wecker stellen. Dadurch müssen Sie keinen Gedanken daran verschwenden, wie lange Sie bereits meditieren. Für den Anfang reichen etwa 10 Minuten völlig aus. Bitte überfordern Sie sich auch hier nicht. Wenn Sie es zu Beginn übertreiben, können Sie bald die Lust daran verlieren.

Nun haben Sie die optimale Kulisse geschaffen, Ihre Position eingenommen und es kann los gehen. Die ersten Male dreht sich alles darum, die Gedanken abzuschalten. Ganz ehrlich, dies ist der schwierigste Teil für alle, die neu mit dem Meditieren beginnen. Kommen Sie einfach zur Ruhe und versuchen Sie an nichts zu denken. Es soll eine absolute Leere entstehen und Körper, Geist und Seele müssen eins werden mit dem Universum. Ärgern Sie sich nicht, wenn die Gedanken zu Beginn immer wieder abschweifen. Versuchen Sie diese von Mal zu Mal einfach abzuschalten wie einen Lichtschalter. Stellen

Sie sich vor, dass Sie die Gedanken einfach wie Regenwolken wegschieben. Mit ein bisschen Übung klappt dies bald garantiert hervorragend.

Wenn Sie sich Meditation als Ziel gesetzt haben, lassen Sie diese doch auch zu einem Fixpunkt in Ihrem Leben und meditieren Sie nicht nur sporadisch. Vergessen Sie nicht, Übung macht den Meister. Auch wenn es natürlich optimal wäre, jeden Tag zu meditieren, so sollten Sie es zumindest 2 bis 3 Mal pro Woche schaffen. Versuchen Sie hier einen Plan einzuhalten. Schnell werden Sie herausfinden, ob Sie lieber morgens, mittags oder abends meditieren. Viele meditieren auch gerne einige Minuten im Bett um anschließend besser einschlafen zu können.

Gewöhnen Sie sich an den neuen Umstand. Bei der Meditation geht es darum, absolut nichts zu tun. Das bedeutet, auch wenn eine Fliege auf Ihrer Nase tanzt, sollten Sie diese nicht bemerken. Versuchen Sie nicht mit den Füßen zu hampeln oder sich von einer Seite auf die andere zu drehen. Es ist wichtig, dass Sie komplett abschalten und sich quasi von allem irdischen lösen. Mit der Zeit werden Sie bemerken, dass es automatisch geht, auch wenn es anfangs mehr als mühsam wirkt.

Planen Sie nach der Meditation noch einige Minuten ein, die Sie mit Muße genießen können. Strecken Sie sich, machen Sie Dehnungsübungen, genießen Sie ein Glas Wasser, Saft oder Tee und kommen Sie sanft in die Realität zurück. Sie springen morgens auch nicht eine Sekunde nach dem Erwachen aus dem Bett und laufen los. Wenn Sie zu abrupt in den Alltag zurückkehren geht ein Stück der beruhigenden Wirkung der Meditation verloren.

Die unterschiedlichen Meditations-Übungen

Die Atemmeditation ist perfekt für alle Anfänger. Hier nehmen Sie einfach eine bequeme Meditations-Haltung ein und konzentrieren sich ausschließlich auf Ihre Atmung. Dazu schließen Sie die Augen und verfolgen einfach Ihren Atem. Sie müssen dabei nicht extra tief oder schnell atmen. Atmen Sie einfach normal weiter. Verfolgen Sie den Atem, wie er durch Ihren Mund oder Ihre Nase in den Körper einströmt, sich dort ausdehnt und anschließend den Körper wieder verlässt. Werden Sie eins mit diesem Kreislauf. Das Wichtigste bei dieser Meditation ist, dass Sie sich wirklich ausschließlich auf den Atem konzentrieren dürfen. Alle anderen Gedanken müssen rigoros ausgeblendet und zur Seite geschoben werden. Diese Atem-Meditation eignet sich auch hervorragend für die Mittagspause, da Sie diese auch im Sitzen, sogar in der

U-Bahn durchführen können.

Die Visualisierungs-Meditation regt Ihre Vorstellungskraft an. Auch hier nehmen Sie wieder Ihre bevorzugte Haltung ein und schließen die Augen. In Gedanken begeben Sie sich nun an den Ort Ihrer Wünsche. Dies kann ein realer Ort sein, wie eine Berghütte oder der Strand aus dem letzten Urlaub. Sie können sich aber auch an einen reinen Fantasie-Ort beamen. Dies ist von nun an Ihre Quelle der Kraft. Spüren Sie, wie Sie hier leicht werden und sich der ganze Körper mit Energie füllt. Alle Sorgen fallen ab und Probleme existieren nicht mehr. Hier können Sie sämtliche Details intensiv aufnehmen. Das Rauschen des Meeres, das Rascheln der Blätter oder das Gackern der Hühner. Riechen Sie den Duft des Walds und schmecken Sie das Salz in der Luft. Dieser geheime Zufluchtsort ist auch ideal, wenn mal wieder alles zu viel wird. Ein paar Minuten an diesem schönen Ort helfen enorm, wieder Kraft zu tanken und weiter zu machen.

Meditation mit Affirmation

Sie können bei Ihrer Meditation auch mit sogenannten Affirmationen arbeiten. Dabei handelt es sich um prägnante Wörter oder kurze Sätze, die als Mantra fungieren. Bei diesen Worten und Sätzen ist es wichtig, dass sie positiv formuliert wurden und eine klare Aussage haben. Verneinungen sind hier ein absolutes No-go und Sie sollten positive Emotionen erzeugen. In einem nachfolgenden Kapitel geben wir Ihnen eine schöne Übersicht an Mantras, die Sie verwenden können. Ein guter Satze für den Einstieg ist: „Ich bin wunderbar entspannt".

Die Achtsamkeits-Meditation

Bei dieser Meditation lenken Sie Ihre Achtsamkeit auf die verschiedenen, einzelnen Körperteile. Hierfür nehmen Sie am besten eine liegende Position ein. Sie schließen die Augen und konzentrieren sich zuerst auf die Zehen. Arbeiten Sie sich den gesamten Körper hoch, bis Sie am Kopf angekommen sind. Dabei denken Sie daran, wie leicht die einzelnen Körperteile sind, und wie diese sich entspannen. Hier können Sie auch auf die einzelnen Bedürfnisse eingehen. Nach einem langen Arbeitstag schmerzen vielleicht die Beine, oder der Rücken ist nach langen Stunden am Schreibtisch verspannt. Beachten Sie jeden einzelnen Körperteil, schenken Sie ihm Zuwendung und Liebe. Dadurch können Sie nicht nur entspannen, sondern auch Kraft sammeln.

Meditation zur Erdung

Diese Meditation können Sie stehend, liegend oder sitzend durchführen. Wichtig hierbei ist, dass zumindest die Füße fest am Boden stehen. Schließen Sie die Augen und stellen Sie sich vor, wie jeder einzelne Körperteil der den Boden berührt, mit diesem verwurzelt. Spüren Sie wie die Wurzeln wachsen, stark werden und Energie tanken. Nehmen Sie die Kraft der Erde auf und lassen Sie die Energie durch Ihren Körper fließen. Um diese Meditation zu beenden, müssen Sie zuvor die Wurzeln wieder zurück in Ihren Körper verschwinden lassen. Dies ist besonders wichtig, da sonst die Meditation zu abrupt beendet wäre und die Energie ins Leere fließen würde.

Nach der dynamischen Methode von Osho meditieren

Diese Meditation ist perfekt, wenn Sie es aktiv lieben. Mit dieser Methode können Sie zum Beispiel wunderbar in den Tag starten. Sie wird am besten im Stehen oder in Bewegung durchgeführt. Schließen Sie die Augen und beginnen Sie, schnell und tief zu atmen. Danach folgt eine Phase, in der Sie Ihren Emotionen freien Lauf lassen können. Dies kann laues Schreien, Lachen, Weinen oder Kreischen sein. Lassen Sie einfach alles aus sich raus. Danach folgt eine Phase der Bewegung. Sie können hüpfen, tanzen und springen. Diese Phase sollte etwa 15 Minuten lang andauern. Danach stehen Sie einige Minuten still und versuchen eine Erdung aufzubauen. Diese Meditation ist nicht nur gut für die Durchblutung und schenkt Energie, sie eignet sich auch hervorragend, um aufgestaute Aggressionen, Wut und andere Emotionen abzubauen.

Konzentration auf ein Objekt

Diese Meditation eignet sich ebenfalls hervorragend für Beginner. Vielleicht finden Sie es anfangs schwierig, die Augen zu schließen und die Gedanken abzustellen. Einfacher ist es, wenn Sie sich beim Meditieren auf etwas konzentrieren können. Dazu setzen Sie sich auf den Boden oder einen Stuhl. Vor Ihren Augen haben Sie ein Objekt Ihrer Wahl platziert. Hierbei kann es sich um eine Kerze handeln, aber auch Räucherstäbchen, eine Blume oder ein Bild eignen sich gut. Achten Sie darauf, dass Sie Ihre Augen nicht überanstrengen und zwischendurch immer wieder entspannen. Sie können nach einer Weile auch die Augen schließen und das Objekt nur vor Ihrem geistigen Auge betrachten.

Meditation mit Herzatmung

Begeben Sie sich in eine komfortable Meditations-Haltung. Starten Sie diese Übung mit einigen tiefen Atemzügen. Danach lenken Sie Ihre Gedanken auf Ihr Herz. Spüren Sie, wie Sie einatmen und ausatmen und das Herz arbeitet. Dabei sollten Sie Gefühle von Dankbarkeit und Glück verspüren und Liebe durch Ihren Körper strömen lassen. Beenden Sie diese Meditation indem Sie einige Minuten lang Ihre flachen Hände auf Ihr Herz legen und erst danach die Augen öffnen. Diese Übung ist toll, wenn Sie sehr gestresst sind, oder sich in einer Phase der Angst oder Beklemmung befinden.

Wenn Sie regelmäßig meditieren werden Sie nicht nur ruhiger oder verlieren Ängste, Sie steigern dadurch auch Schritt für Schritt Ihr Selbstbewusstsein. Das resultiert daraus, dass Sie beim meditieren lernen, weniger nachzudenken und zu grübeln. Meditation kann in vielen Fällen helfen und Auslöser für Selbstzweifel beseitigen. Egal ob es sich um Stottern handelt, um Phobien oder Schlafstörungen, in allen dieser Fällen können Sie die Probleme mit regelmäßigen Übungen in den Griff bekommen.

Wenn Sie es alleine so gar nicht schaffen, sehen Sie doch in Ihrem Gemeindeblatt, der Stadtzeitung oder den gelben Seiten nach. In vielen Städten werden inzwischen Kurse für Meditation angeboten.

Auch wenn Sie bereits nach einigen Meditationen eine Verbesserung verspüren werden, sollten Sie am Ball bleiben. Die erwünschte Wirkung stellt sich meist erst nach wenigen Wochen ein. Dies ist auch die Phase die Sie normalerweise benötigen, um Meditation zu automatisieren. Das bedeutet, nach einem gewissen Zeitraum müssen Sie nicht mehr verkrampft darauf achten, die Gedanken auszuschalten. Sie nehmen Ihre Position ein, schließen die Augen und schon haben sich Körper, Geist und Seele absolut beruhigt.

Was sind Mantras?

Ein Mantra ist ein erzeugtes Geräusch, ein Wort oder ein Satz, dem eine gewisse spirituelle Wirkung zugewiesen wird. Mantras sind daher tolle Werkzeuge, um die Meditation zu unterstützen. Mantras sind zudem Kraftworte, die Sie sich zwischendurch zur Ermunterung aufsagen können. Ein Mantra hat in etwa dieselbe Wirkung, wie ein unsichtbarer Talisman.

Mit dem richtigen Mantra können Sie Ihre Gedanken reinigen, die Gedanken fokussieren und die Seele beruhigen. In asiatischen Religionen werden Mantras zudem eine heilende Wirkung zugeschrieben. Sie können Blockaden lösen und negative Muster auflösen. In anderen Kulturen werden Mantras auch als Schutz der Geister vor bösen Mächten gesehen.

Sie können Mantras still in Gedanken wiederholen, flüstern, singen, sprechen oder laut ausrufen. Wichtig ist der gleichbleibende, monotone Rhythmus, der eine zusätzliche beruhigende Wirkung hat. Die berühmtesten Mantras stammen aus dem Sanskrit und sind mittlerweile mehr als 4.000 Jahre alt. Sie wurden meist von Jogis und Mönchen von einer Generation an die nächste weitergegeben. Mantras sind somit magische Wörter, die beschützen und erhalten. Zudem helfen Mantras beim Meditieren, die Gedanken zu kanalisieren. Gerade wenn Sie es schwer finden, die Gedanken abzustellen, ist das ständige Wiederholen der Mantras eine große Hilfe.

Garantiert haben Sie schon das Mantra Om gehört. Es gilt als das vielleicht wichtigste Mantra. Es ist das Symbol der Göttlichkeit und wird als die Vereinigung von Vergangenheit, Gegenwart und Zukunft gesehen. Auch ist das Om den bedeutendsten Göttern Vishnu, Shiva und Brahma zugeschrieben. Das Om ist ein harmonischer Ton, der das Universum erfüllt und es mit Körper, geist und Seele verbindet. Dieses Mantra verwenden Sie am besten zum Starten und Beenden Ihrer Meditation.

Ebenfalls sehr wichtig ist das Mantra Lokah Samastah Sukhino Bhavantu. Es symbolisiert Friede, Glück und Harmonie. Dieses Mantra hilft Ihnen, das Herz gegenüber anderen zu öffnen und selbst offen für die Liebe zu sein. Dieses Mantra steht für die Verbindung aller Energien des Universums und schenkt mit den positiven Schwingungen harmonische Energie und Frieden. Sie können den Tag mit diesem Mantra beginnen und beenden.

Ein sehr berühmtes Mantra in englischer Sprache ist das Mantra, mit welchem jede Kundalini Meditation beendet wird. Der Yogi Bhajan adaptierte ein Lied einer schottischen Hippie Band. Es lautet:

May The Long Time Sun Shine Upon You
And All Love Surround You
And The Pure Light Within You
Guide Your Way On

Übersetzt bedeutet das:

Lass die ewige Sonne auf dich scheinen
Liebe dich umhüllen
und das reine Licht in deinem Innern
dir den Weg weisen.

Natürlich können Sie jedes beliebige Wort verwenden. Wichtig ist, dass es in Ihnen positive Energien auslöst und Sie sich damit wohl fühlen. Es bringt wenig, wenn Sie lange Mantras aus dem Sanskrit auswendig lernen und aufsagen, wenn diese so gar nichts in Ihnen auslösen. Vielleicht fühlen Sie sich mit dem Satz: „Ich bin voll Liebe" oder mit „Ich fühle mich stark und eins mit dem Universum" einfach wohler. Sie können hier der Fantasie freien Lauf lassen, experimentieren, oder auch im Internet nach unterschiedlichen Mantras suchen. Um das Selbstbewusstsein zu stärken ist das Mantra: „Ich bin genug" absolut zu empfehlen. Wichtig ist, dass Sie Ihr ganz persönliches Mantra finden, das Sie von nun an auf Ihrem Weg begleitet und auch im Alltag immer wieder erden kann.

Was ist Achtsamkeit?

Achtsamkeit bezeichnet die Art und Weise der Wahrnehmung. Diese sollte offen und neugierig sein und voller Akzeptanz stecken. Achtsamkeit zu lernen ist wichtig, um sich mit allen Sinne auf das Leben einlassen zu können. Genießen Sie jeden Augenblick mit absoluter Hingabe. Lassen Sie sich von den prächtigen Farben des Sonnenaufgangs verzaubern, freuen Sie sich wie die Schmetterlinge tanzen, oder wie intensiv die frisch gemähte Wiese duftet.

Auf dem Weg zu mehr Selbstvertrauen und Selbstbewusstsein ist Achtsamkeit so wichtig, da sie uns aus der Routine befördert. Wer Achtsamkeit pflegt ist zufrieden und langweilt sich nicht. Durch mehr Achtsamkeit im Leben können Sie jeden Augenblick intensiv aufnehmen und sich an allem freuen, was das Leben zu bieten hat.

Achtsamkeit hilft Ihnen dabei, das Grübeln abzustellen. Sie denken nicht mehr an gestern und machen sich auch keine Sorgen um morgen, denn einzig und alleine zählt der Augenblick, den Sie gerade erleben. Sie können durch mehr Achtsamkeit Stress abbauen, Ängste verlieren und sogar den Weg zurück aus einer Depression finden. Sie erfahren mehr Freude im Leben, da Sie die Welt neu für sich entdecken und mit allen Facetten hautnah spüren.

Auch lernen Sie Ihren eigenen Körper besser kennen. Sie achten auf Signale die der Körper aussendet und können frühzeitig eingreifen. So können zum Beispiel eine Erkältung, Erschöpfungszustände und Schlimmeres vermieden werden. Auch im zwischenmenschlichen Bereich ist Achtsamkeit wichtig. Sie macht Sie zu einem besseren Menschen.

Achtsamkeit lernen bedeutet, die Aufmerksamkeit bewusst auf den Ist-Zustand zu lenken, ohne diesen zu bewerten. Sie werden gelassen und lassen sich nicht von Situationen stressen. Achtsamkeit bedeutet, lästige Gedanken weder zu verdrängen, noch zu analysieren. Dadurch verschwinden auch Ängste, etwas nicht zu schaffen, und das eigene Selbstvertrauen steigt.

Sie lernen Achtsamkeit indem Sie Ihre eigenen Schritte beobachten. Bemerken Sie, wie Sie sich abrollen, wie das Gras unter den Zehen kitzelt oder wie Ihr Atem geht. Schmecken Sie jeden Bissen intensiv und achten Sie auf die Gefühle die sich ausbreiten, wenn Sie das Essen schlucken. Wichtige Fragen, die Sie sich stellen sollten sind: Was sehe, höre und rieche ich gerade? Was passiert im Moment mit mir und meinem Körper? Wie empfinde ich?

Achtsamkeit ist auch ein wichtiges Thema in Partnerschaften. Intensive Blicke, herzliche Umarmungen, warme Küsse und sanfte Berührungen die durch das Achtsamkeits-Training entstanden sind, haben schon manch angegriffene Partnerschaft wieder neu aktiviert. Hinterfragen Sie nicht, ob der Partner Sie noch liebt wie am ersten Tag. Genießen Sie den Augenblick, schenken Sie Aufmerksamkeit und erleben Sie Hingabe pur.

Was ist Gelassenheit?

Garantiert haben Sie schon oft gehört: „Du musst einfach gelassener werden." Doch was steckt genau dahinter? Gelassenheit ist die Kunst, auch bei größtem Sturm die innere Ruhe zu bewahren. Wenn Sie immer und überall eine gelassene Haltung einnehmen, müssen Sie sich keine Sorgen um Nervosität oder Stress machen. Gelassenheit ist ein wichtiger Nährboden für ein zufriedenes und glückliches Leben - und für Ihr Selbstbewusstsein.

Erinnern Sie sich an Situationen, in welchen Sie komplett ausrasteten, weil eine Kleinigkeit Sie aus der Bahn geworfen hatte. In diesem Moment haben Sie die Fassung und somit die Kontrolle über sich selbst verloren. In asiatischen Kulturen spricht man hier vom Gesichtsverlust. Doch nicht nur dort ist es ein riesen Thema. Auch in unseren Kulturkreisen verliert man schnell an Ansehen, wenn Wut, Aggression und unbeherrschte Dialoge das Handeln prägen. Wer von anderen nicht für voll genommen wird, hat auch keine Möglichkeit, ein stabiles Selbstbewusstsein aufzubauen. Daher ist es für den Weg zu mehr Selbstvertrauen und Selbstbewusstsein ebenso wichtig, Gelassenheit zu üben.

Der erste Schritt ist, Gefühle und Gefühlsausbrüche zuerst mit Achtsamkeit zu observieren. So kommt es nicht zu Überreaktionen. Das klingt doch relativ einfach, oder? Sobald Sie bemerken, dass eine Situation zu stressig wird, und es in Ihrem Bauch zu brodeln beginnt, schließen Sie einfach für einige Sekunden die Augen. Versuchen Sie tief in den Bauch zu atmen und konzentrieren Sie sich auf jeden einzelnen Atemzug.

Versuchen Sie, alle Muskeln zu entspannen. Meist spannen sich in stressigen Situationen vor allem die Gesichtsmuskeln enorm an. Sie können die Hände zu Fäusten ballen, diese für 10 Sekunden angespannt halten und anschließend lockern. Schütteln Sie danach Hände und Arme ruhig kräftig aus, so als würden Sie den Stress und die Wut abschütteln. Oft hilft es auch innerlich von 10 retour zu 1 zu zählen, damit sich das Gemüt beruhigt. Auch eine räumliche Trennung von der Situation ist eine gute Idee. Verlassen Sie für einige Minuten den Raum, atmen Sie tief durch, schütteln Sie sich und kehren Sie frisch zurück.

Es gibt auch eine kleine Kurz-Meditation um in stressigen Situationen gelassen zu bleiben. Diese können Sie bequem im Sitzen oder Stehen durchführen. Sie beginnen damit, dass Sie die Füße fest in den Boden pressen und eine Erdung spüren. Nun spannen Sie kurz sämtliche Körperpartien an und lassen Sie diese wieder locker. Meist breitet sich der Stress rein vom Kopf aus. Achten Sie, dass der Körper aufrecht steht und drücken Sie die Schultern leicht nach unten. Stellen Sie sich nun vor, dass der Ärger direkt von Ihrem Kopf über den Nacken durch den Körper fährt und über die Füße im Erdboden verschwindet. Sobald der Ärger im Boden verschwunden ist heben Sie den Kopf an, richten das Kinn aufwärts, strecken sich kurz durch und schon dürften Sie sich besser fühlen.

Manchmal reicht es jedoch auch, einfach den Blickwinkel zu ändern. Versuchen Sie bewusst, die Situation aus einem anderen Sichtfeld zu betrachten. Versuchen Sie eine andere Facette des Gesprächs zu erkennen, das Sie gerade zur Weißglut gebracht hat. Sehen Sie den zerbrochenen Teller nicht als Verlust, sondern als Chance dafür, endlich neues Geschirr zu kaufen und natürlich ist ein gebrochener Fuß unangenehm, sollte Ihnen jedoch die Möglichkeit geben, endlich die drei Bücher zu lesen, die schon mehr als ein Jahr zu Hause warten. Sie sehen, hier kommt es rein auf die Perspektive an. Wenn es Ihnen anfangs schwer fällt, stellen Sie sich einfach vor, wie Sie eine Brille aufsetzen, durch die Sie jede Situation anders betrachten können. Machen Sie ein kleines Rollenspiel daraus und finden Sie für jedes Ärgernis drei Alternativen.

Für ein Leben mit mehr Gelassenheit ist es auch wichtig, sich an Routinen und Rituale zu halten. Erwachen Sie morgens mit Dankbarkeit. Sie können den Tag mit einer kurzen Meditation oder 5 Minuten Yoga beginnen. Manifestieren Sie mit diesen kurzen Übungen den Gedanken, dass Sie am heutigen Tag nichts und niemand aus der Ruhe bringen kann. Stellen Sie sich vor dem Verlassen des Hauses vor, wie Sie einen unsichtbaren Regenmantel anziehen, der jeglichen Stress abprasseln lässt.

Sie können auch mit kleinen Hilfsmitteln arbeiten. Wunderbar eigenen sich dafür Düfte. Aromen können unsere Stimmung extrem beeinflussen. Oft genügt es, nur kurz einen dieser Gerüche zu vernehmen und schon ist jeglicher Stress wie weggepustet. Kamille, Orange und Lavendel haben eine stark beruhigende Wirkung. Sie könnten zum Beispiel eine Duftlampe an Ihrem Arbeitsplatz stehen haben. Für stressige Situationen ist es auch sehr hilfreich, wenn Sie sich zwei Tropfen der Öle auf Ihr Handgelenk träufeln und bei Bedarf kurz daran schnuppern. Orangen-Duft ist zudem der Duft, der mehr Selbstvertrauen schenkt. Steht eine wichtige rede vor der Belegschaft an, haben Sie eine schwere Prüfung vor sich oder bereiten Sie sich auf ein Treffen vor, das Ihnen Angst macht, greifen Sie am besten zu diesem Öl.

Auch ein kleiner Talisman kann in schwierigen Situationen die Rettung sein. Es muss nichts aufwändiges sein, Hauptsache Sie verbinden damit etwas Positives. Es kann der Stein sein, den Sie beim letzten Spaziergang am Ufer gefunden haben, oder ein Stoff-Taschentuch, das Sie von Ihrer Großmutter erhalten haben. Tragen Sie diesen Talisman am besten in der Hosentasche, so dass Sie ihn spüren können. In besonders ärgerlichen Momenten greifen Sie in die Tasche und berühren Sie das gute Teil. Sofort können Sie spüren, wie es besser wird und Sie sich wieder entspannen können.

Um dauerhaft gelassener zu werden, sollten Sie sich auch an folgende Punkte halten: Grenzen Sie sich von Menschen ab, die Sie nachweislich immer wieder in Situationen bringen, in welchen Sie die Fassung verlieren. Jeder hat diese

Menschen im eigenen Umfeld. Man mag sie eigentlich ganz gerne, nur endet beinahe jede Unterhaltung im Streit. Entweder Sie sprechen das Problem konkret an und versuchen gemeinsam etwas daran zu ändern, oder Sie vermeiden diese Personen in Zukunft komplett.

Wenn Sie für weniger Ärger und mehr Gelassenheit in Ihrem Leben sorgen wollen, sollten Sie sich auch von den Medien abgrenzen. Wenn Sie täglich schreckliche Nachrichten sehen, hören und lesen, regt dies natürlich auf. Das bedeutet natürlich nicht, dass Sie ab jetzt absolut uninformiert durchs Leben gehen sollen. Wichtig ist jedoch, dass Sie die nachrichten filtern. Beginnen Sie damit, dass Sie auf keine Sensationsmeldungen mehr reagieren. Lesen Sie die Schlagzeile, aber googeln Sie nicht noch extra nach, wo und warum gerade wieder diese schrecklichen Taten passiert sind.

Bewegung, frische Luft und positive Menschen helfen ebenfalls dabei, gelassen zu werden. Sie werden überrascht sein, wie viel Energie Sie tanken können, wenn Sie täglich nur 10 Minuten durch den Wald laufen. Treffen Sie sich mit Menschen die gerne lachen und sich gerne unterhalten. Gespräche sind enorm wichtig und helfen Stress abzubauen und das Selbstbewusstsein zu stärken.

Achten Sie auf ausreichend Schlaf und eine gute Schlafqualität. Gehen Sie nicht verärgert ins Bett. Schalten Sie negative Gedanken ab und beenden Sie jeden Tag voll Dankbarkeit. Nehmen Sie keine Probleme mit dem Partner oder berufliche Schwierigkeiten mit ins Schlafzimmer. Nur so können Sie nachts auch wirklich die Energie tanken, die Sie am nächsten Tag wieder benötigen.

Ein Argument um gelassen durchs Leben zu gehen ist natürlich, dass Sie viele selbstbewusster wirken und sind. Gelassenheit hat jedoch auch gesundheitliche Vorteile. Sie schonen nicht nur Ihre Nerven und haben seltener Kopfschmerzen, auch Herzerkrankungen, Bluthochdruck und Kreislaufbeschwerden können alleine durch mehr Gelassenheit deutlich vermindert werden.

Steine und Düfte für mehr Selbstbewusstsein

Lapislazuli ist ein Stein, der seit Jahrhunderten als Stein für mehr Selbstvertrauen und Selbstbewusstsein gilt. Sie können diesen Stein als Handschmeichler in der Hosentasche tragen, oder ihn als Anhänger an einer Kette verwenden. Wie bei allen Heilsteinen gilt auch hier, je mehr Hautkontakt vorhanden ist, desto größer ist auch die Wirkung und die Kraft, die vom Stein ausgeht.

Auch der Diopsid ist ein Stein, dem eine enorme Wirkung nachgesagt wird. Er stärkt ebenso wie der Granat das Selbstvertrauen, schenkt Mut, Energie und Willenskraft. Der Moosachat ist ein Stein, der besonders gerne bei Ängsten eingesetzt wird. Er soll Sicherheit und Selbstvertrauen schenken. Der Rubin bewahrt vor Orientierungslosigkeit, und hilft dabei, die Stabilität im Leben zu finden. Der Rubin schenkt nicht nur Selbstvertrauen sondern sorgt auch für Gelassenheit und einen mentalen Ausgleich.

Parfum stärkt generell das Selbstbewusstsein. Die Riechzellen der Nase sind direkt mit dem limbischen System verbunden und gerade in stressigen Situationen arbeiten unsere Sinne verschärft. Das bedeutet, Gerüche werden auch intensiver aufgenommen und verarbeitet. Zudem verleihen uns Parfums und Düfte eine bestimmte Eigenschaft. Sie können sexy, sinnlich, erfolgreich und eben auch nach Selbstbewusstsein riechen.

Wenn Sie schnell nervös werden, sollten Sie zu Parfums auf der Basis von Lavendel, Rosen, Jasmin oder Vanille greifen. Selbstbewusst und energetisch wirken Parfums, die auf der Basis von Rosmarin, Orangenblüte, Minze, Zitrone, Grapefruit oder Basilikum hergestellt wurden. Bergamotte ist ein Duft, der als Stimmungsaufheller gilt. Muskateller-Salbei hat eine euphorisierende Wirkung und wirkt gleichzeitig harmonisierend und ausgleichend. Der Duft nach Nelken hebt die Stimmung und Patchouli ist ein sehr anregender und beliebter Duft gegen Stress. Sie sollten am Duft von Zedernholz riechen, wenn Sie sich von Angst und Ärger befreien möchten. Zimt ist ein Geruch, der Geborgenheit verströmt und für Stärke und Ausgeglichenheit steht.

Nutzen Sie die Macht der Gerüche und lassen Sie Düfte sprechen. Diese fungieren als schützender Wall, als Hilfe für einen besseren ersten Eindruck und sind gleichzeitig Stimmungsaufheller. Natürlich ist es wichtig, dass Sie sich selbst mit dem jeweiligen Duft wohl fühlen. Es macht keinen Sinn, wenn Sie nach Rosmarin und Orange duften, den Duft selbst aber als unangenehm empfinden. Zudem ist es wichtig: Übertreiben Sie nicht mit dem Parfum. Auch hier gilt weniger ist mehr. Dürfte sollten stets dezent im Hintergrund stehen und dürfen sich nicht penetrant aufdrängen.

Sie können sich die Parfums und Duftöle für die Duftlampe bequem mischen.

Achten Sie hier jedoch darauf, dass Sie zu einer guten Qualität greifen. Synthetische Öle sind zwar billig, haben jedoch meist auch nicht dieselbe Wirkung, die Sie von 100% pflanzlichen Ölen erwarten dürfen. Für ein entspannendes Bad können Sie diese hochwertigen Öle auch tröpfchenweise als Badezusatz verwenden.

Wellness und Massage für mehr Selbstbewusstsein

Die Haut ist unser größtes Sinnesorgan. Sie dient natürlich als Schutz und wir nehmen über sie Wärme, Kälte und Berührungen wahr. Über die Haut nehmen Sie Empfindungen wie Schmerz, aber auch andere Reize wahr. In der Kombination mit hochwertigen Ölen haben Massagen eine enorme Wirkung und können unter anderem auch das Selbstbewusstsein und Selbstvertrauen stärken.

Vielleicht waren Sie noch nie bei einer Massage, da es Sie einfach zu viel Überwindung kostet, sich vor einem fremden Menschen auszuziehen und von diesem berühren zu lassen. Genau mit diesem Schritt aber verlassen Sie gewohnte Wege. Überwinden Sie Ihre Zurückhaltung und lassen Sie sich fallen. Genießen Sie das Verwöhnprogramm und spüren Sie die Wohltat der Berührungen - einfach weil Sie es sich wert sind.

Ebenso wirkungsvoll wie selbst eine Massage zu genießen ist, die Kunst der Massage-Technik zu erlernen. Auch dadurch kann das Selbstbewusstsein aufblühen. Sie können zum Beispiel mit dem Partner oder einer Freundin einen Kurs für sogenannte Rebalancing-Massagen besuchen. Hier wird das Selbstvertrauen insofern gestärkt, als dass Sie erkennen, wie positiv Sie andere Menschen beeinflussen können und Gutes schenken.

So sieht es mit sämtlichen Wellness-Anwendungen aus. Maniküre und Pediküre oder ein Besuch in der Sauna tragen ebenfalls viel zu mehr Selbstwertgefühl bei. Selbst ein Besuch beim Friseur oder im Kosmetik-Studio heben das Selbstwertgefühl. Alles, das Sie glücklich macht trägt im Grunde genommen dazu bei.

Autosuggestion

Mit Autosuggestion lernen Sie, Ihr Unterbewusstsein zu trainieren und zu programmieren. Diese Methode hat im weitesten Sinn mit Selbsthypnose und Selbst-Affirmation zu tun. Im Grunde genommen handelt es sich bei Affirmationen um etwas ähnliches wie Mantras. Auch hier werden Sätze oder Worte immer wieder laut oder gedanklich aufgesagt. Die berühmteste Persönlichkeit, die sich erstmals mit Autosuggestionen befasst hatte war der Apotheker Apotheker Emile Couè. Er wurde mit seinem Satz: „Es geht mir von Tag zu Tag in jeglicher Hinsicht besser und besser." berühmt. Dieser wird auch heute noch von vielen Coachs erfolgreich und natürlich in zahlreichen Abwandlungen verwendet.

Dieser Satz hat daher eine so enorme Wirkung, da er absolut zukunftsorientiert aufgebaut ist und den Weg in ein besseres Leben vorgibt. Dieser Satz hat so viel Positives und ist zugleich auch in jeder Hinsicht ehrlich. Natürlich helfen Sätze wie: „Ich bin schön oder ich bin erfolgreich." vielen Menschen, doch lassen gerade diese Art von Autosuggestionen auch immer wieder Zweifel aufkommen.

Wenn Sie Affirmationen verwenden sollten Sie jedoch aufpassen, dass diese richtig formuliert sind. Nachdem diese Sätze eine positive Wirkung haben sollten, müssen sie auch immer positiv formuliert sein. Zudem ist es auch bei diesen Sätzen wichtig, dass Sie sich und das Universum nicht überfordern. Es reicht absolut, wenn Sie sich zu Beginn auf einen oder zwei starke Sätze konzentrieren.

Sie verfolgen immer ein Ziel nach dem anderen und genau so sollten Sie auch die Affirmationen und Autosuggestionen wählen. Zum Stärken des Selbstbewusstseins beginnen Sie jeden Tag mit dem Satz: „Mein Selbstbewusstsein wird von Tag zu Tag stärker und stärker." Diesen können Sie einige Male wiederholen und sich dazu ausgiebig strecken oder ihn in einer Meditationspose aufsagen. Sie können den Satz auch während Ihrer Jogging-Runde vor sich hersagen oder Sie stellen sich vor den Spiegel und bestärken sich selbst damit.

Auf keinen Fall dürfen Affirmationen mit einer Verneinung versehen sein. Das kann sich anfangs etwas tricky gestalten. Daher ist es wichtig, dass Sie sich die einzelnen Sätze gut überlegen, aufschreiben, analysieren und erst dann verwenden. Ein Satz wie: „Ich bin nicht schüchtern." ist somit ein absolutes No-go. Das kann damit begründet werden, dass das Unterbewusstsein genau diese wichtigen Worte wie nicht überhört und sich in Ihren Gedanken einbrennt, dass Sie schüchtern sind. Daher lassen Sie sämtliche Verneinungen bitte weg.

Zudem ist es wichtig, dass Sie realistisch bleiben. Sie können sich natürlich jeden Tag vorsagen, dass Sie ein Millionär sind. Begnügen Sie sich jedoch mit dem jetzt Erreichbaren. Ich habe ein gutes Leben und ein gutes Auskommen, oder ich verdiene genügend um ein tolles Leben zu führen sind Sätze, die realistisch und zu verwirklichen sind. Wichtig ist, dass Sie sich mit jedem einzelnen Satz identifizieren können und auch daran glauben.

Weiter ist es wichtig, dass Sie auch persönliche Affirmationen finden. Natürlich können Sie anfangs Beispiele verwenden. Wichtig ist jedoch, dass Sie diese individuell auf Ihr Leben zuschneiden. Wenn Sie einen starken Leitsatz gefunden haben, der Ihnen gefällt, gehen Sie in sich und überlegen Sie, ob der auch tatsächlich zu Ihnen, Ihren Wünschen und Ihrem Leben passt. Sobald sich jedoch ein eigenartiges Gefühl einschleicht, sollten Sie nach einer anderen Affirmation suchen, oder den Satz etwas umformulieren.

Auch bei dieser Methode um mehr Selbstvertrauen zu erreichen ist es wichtig, dass Sie konsequent bleiben. Starten Sie mit einer Überzeugung und versuchen Sie, dass diese nicht abklingt. Die besten und stärksten Sätze erweisen sich als wertlos, wenn Sie diese nur drei Tage lang mit Euphorie verwenden, bevor diese wieder in der Versenkung verschwinden. Lassen Sie die Autosuggestionen zur täglichen Routine werden. Sie müssen dafür jeweils nur wenige Minuten aufwenden. Zudem lassen sich diese Sätze auch bequem in den Alltag einbauen und Sie können Sie sogar beim Autofahren aufsagen.

Sie können sich Ihren starken Leitsatz auch auf ein kleines Kärtchen schreiben, das Sie immer in der Hosentasche mit sich tragen. Sie können die Autosuggestion auch auf ein beliebtes Post-it schreiben und zum Beispiel an den Spiegel im Badezimmer kleben. Eine weitere Möglichkeit ist, den Satz auf Band aufzunehmen und immer wieder anzuhören. Dies klappt mit den heutigen Smartphones ganz ausgezeichnet. Zudem können Sie einen Bildschirmschoner mit Ihrer wichtigsten Autosuggestion kreieren. Werden Sie aktiv und kreativ - alleine des bringt Sie schon wieder einen Schritt weiter in Richtung mehr Selbstbewusstsein und Selbstvertrauen.

Außerdem sollten Sie sich und auch die Sätze nicht unter Druck setzen. Lauern Sie nicht darauf, dass sich etwas verbessert. Verbannen Sie jegliche Skepsis und üben Sie sich in Geduld. Bleiben Sie entspannt und freuen Sie sich, wenn es jeden Tag in kleinen Schritten besser und besser wird.

Umgeben Sie sich mit den richtigen Menschen

Dieser Punkt ist vielleicht der wichtigste, wenn Sie damit beginnen wollen, etwas für mehr Selbstbewusstsein zu tun. Starten Sie damit, Ihr gesamtes Umfeld zu durchleuchten. Mit welchen Menschen umgeben Sie sich privat und während der Arbeit? Wie läuft hier das soziale Miteinander ab? Fühlen Sie sich wohl, unterstützt, oder sind hier Menschen dabei, in deren Umgebung Sie sich schlecht, klein und unsicher fühlen?

Finden Sie heraus, warum Sie bei manchen Menschen so empfinden. Gerade am Arbeitsplatz kommt es häufig vor, dass Kollegen sich selbst profilieren, indem Sie andere klein machen. Häufig wird das nicht so schnell bemerkt, oder man traut sich einfach nicht, daran etwas zu ändern. Vergessen Sie jedoch nicht, Menschen die Ihnen nicht gut tun rauben nicht nur Ihre Energie, Sie unterdrücken auch Ihr Selbstvertrauen. Daher ist es ganz wichtig, mit solchen Energiefressern aufzuräumen.

Es ist tatsächlich so, dass die Menschen, mit welchen wir die meiste Zeit unseres Lebens verbringen, dieses auch bestimmen. Auch wenn Sie in allen anderen bereichen auf dem besten Weg sind, fleißig Ihre Autosuggestionen aufsagen, meditieren und viel für sich selbst tun, diese Menschen werden Sie immer wieder hinunterziehen und Ihre gesamten Bemühungen zunichte machen.

Doch auch Mitmenschen die selbst zögerlich, unsicher und schüchtern sind, bringen Sie auf Ihrem Weg nicht nach vorne. Sie benötigen Freunde und Bekannte, die Sie antreiben und mit etwas Elan mitreißen. Solange der beste Freund seine eigene Komfort-Zone nicht verlässt, kann er Sie auch nicht auf dem Weg raus aus Ihrer begleiten. Auch wenn es sich hier um einen Seelenverwandten handelt, auf dem Weg zu mehr Selbstbewusstsein ist dieser vielleicht nicht der beste Begleiter.

Das bedeutet jetzt nicht, dass Sie sich von geliebten Menschen trennen müssen, nur weil diese etwas schwächer sind. Sie sollten sich der Situation jedoch bewusst werden. Solange Freunde und Bekannte ebenfalls in einem seichten Trott dahin leben, fällt es Ihnen weniger auf, dass auch in Ihrem Leben nichts vorangeht. Versuchen Sie sich gegenseitig zu motivieren.Denken Sie daran, Ratschläge von Menschen, die nichts verändern möchten, gehen nicht mit Ihrem Wunsch nach mehr Selbstvertrauen konform.

Denken Sie immer gut nach, wen Sie um Rat fragen und welchen Menschen Sie vertrauen. Freunde, de nicht möchten, dass sich irgendetwas in Ihrem leben ändert, werden Sie stets bremsen. Kollegen, die sich nur gut fühlen, wenn Sie größer sind als Sie selbst, werden Sie auch immer klein halten. Darum ist es wichtig, auch wenn Sie tolle Freunde haben, dass Se sich nach einem starken Verbündeten umsehen, der ähnliche Ziele hat. Dadurch kommen Sie auch nicht in die Zwickmühle, sich zwischen Freunden und dem persönlichen Glück entscheiden zu müssen. Und nur weil Freunde in der einen Beziehung nicht auf Ihrer Wellenlänge schwimmen, so sind sie doch für viele andere Bereiche dringend nötig.

Vielleicht aber möchte auch Ihr Freund oder Ihre Freundin tief im Innersten etwas verändern. Sprechen Sie offen und ehrlich über Ihre Pläne. Vielleicht haben Sie die Möglichkeit gemeinsam Visionen zu verwirklichen. Wichtig ist, dass die Menschen in Ihrer Umgebung ein guter Mix aus Personen ist. Diese sollen Sie mit alles Liebe unterstützen, zu Ihnen stehen, aber auch an der richtigen Stelle für den ein oder anderen Tritt in den Hintern sorgen. Nur in solch einem Umfeld kann sich Ihre Persönlichkeit frei entfalten und Sie können all Ihre Wünsche und Ziele erreichen.

Ziehen Sie einen Fazit. Befreien Sie sich von Menschen, die sich offensichtlich damit wohl fühlen, wenn Sie klein und unscheinbar im Hintergrund bleiben. Bleiben Sie Ihren Freunden treu, die Sie mit Liebe und Zuneigung versorgen und suchen Sie nach Verbündeten, welche die gleichen Ziele verfolgen. Seien Sie auch hier konsequent und lassen Sie sich nicht einschüchtern. Hören Sie auf Ihr Herz, aber auch auf Ihren Verstand.

Work-Life-Balance für mehr Zufriedenheit

Um selbstbewusst durchs Leben zu gehen, sollten Sie mit sich und Ihrem Leben rundum zufrieden sein. Einen großen Beitrag dazu trägt die sogenannte Work-Life-Balance. Damit ist die Ausgewogenheit zwischen Arbeit und Freizeit gemeint. Menschen die unter einem Burn-out leiden, oder als Workaholics gelten, haben es meist übersehen, diese Balance zu finden. Doch wie findet man diese goldene Mitte?

Die Work-Life-Balance kann eigentlich nur stimmen, wenn Sie mit Ihrem Job zufrieden sind. Dies ist die wichtigste Voraussetzung. Ist der Arbeitsplatz angenehm, sind die Aufgaben fair verteilt und die Arbeitskollegen sympatisch und werden Sie wertgeschätzt, so gehen Sie gerne zur Arbeit, nehmen jedoch keinen Ballast mit nach Hause. Somit kommen Sie zu Hause an und können sofort Ihre Freizeit genießen. Sie benötigen nicht erst Stunden, um den anstrengenden Arbeitstag hinter sich zu lassen, sondern können sich der Familie, den Freunden und den Hobbies widmen.

Andauernde Überstunden, arbeiten an Samstagen und Arbeit, die mit nach Hause genommen werden muss tragen ebenfalls nicht viel zu einer harmonischen Work-Life-Balance bei. Treten Sie hier selbstbewusst auf und fordern Sie Ihre Rechte ein. Denken Sie hier nicht nur an geregelte Arbeitszeiten, sondern auch an faire Bezahlung. Für die optimalen Verhandlungen mit Vorgesetzten wird Ihnen garantiert das Training im nächsten großen Kapitel helfen.

Ihre kostenfreies Hörbuch

Dieses Buch können Sie als neuer Audible Nutzer kostenlos als Hörbuch genießen. Folgen Sie dem Link um sich dieses Hörbuch jetzt kostenfrei zu sichern:

http://link.cherrymedia.de/CF12CD

DAS TRAINING FÜR MEHR SELBSTVERTRAUEN UND SELBSTBEWUSSTSEIN

IN DIESEM KAPITEL STELLEN wir Ihnen zahlreiche Techniken und Trainings vor, die Ihnen dabei helfen, mehr Selbstvertrauen zu gewinnen. Arbeiten Sie alles in Ihrem eigenen Tempo durch und finden Sie die Methode, die Ihnen am angenehmsten ist. Diese Übungen erweisen sich in allen Bereichen des Lebens als sehr nützlich. Egal ob am Arbeitsplatz, im sozialen Umfeld und in der Partnerschaft, immer und überall ist es wichtig, selbstbewusst aufzutreten, um die eigenen Wünsche und Ziele zu erreichen. Stellen Sie sich nicht mehr länger in den Schatten anderer und greifen Sie endlich an.

Mehr Selbstvertrauen durch lesen

Lesen bildet und Bücher zu lesen bedeutet, viele Abenteuer im Kopf zu erleben. Doch inwieweit hat dies mit unserem Selbstvertrauen und Selbstbewusstsein zu tun? Vielleicht zählen Sie auch zu den Menschen, die zwar gut lesen können, jedoch Schwierigkeiten haben, das Gelesene auch laut vorzutragen. Vielleicht haben Sie eine Leseschwäche und Buchstaben purzeln während des Lesens durcheinander, oder Sie zählen zu den Menschen, die Schwierigkeiten damit haben, den gelesenen Text aufzunehmen und zu verarbeiten. In allen Fällen werden Sie sich immer unwohl fühlen, sobald das Thema auf das Lesen kommt. Egal ob im Beruf oder in der Freizeit, es ist einfach unangenehm, wenn anderen Menschen die eigenen Schwächen so deutlich auffallen.

Der einzige Weg um besser lesen zu lernen, ist zu Büchern, Zeitschriften und Magazinen zu greifen und einfach alles zu lesen, das sich anbietet. Versuchen Sie wirklich, sich dabei zu konzentrieren und lesen Sie täglich mindestens eine halbe Stunde. Nehmen Sie sich dafür auch Zeit und Ruhe. Lassen Sie sich von nichts ablenken. Nachdem Sie einen Text gelesen haben, lassen Sie diesen Revue passieren. Haben Sie alles verstanden? Falls nicht, lesen Sie den Text ein weiteres Mal, und resümieren Sie nach jedem einzelnen Abschnitt. Wenn es an Fremdwörtern liegt, die Sie nicht sofort verstanden haben, nutzen Sie den Duden und recherchieren Sie. Ziehen Sie das Lesetraining konsequent durch, denn nur so können Sie diese Schwäche ablegen.

Es ist wichtig, dass Sie zu dieser Schwäche stehen, sich davon jedoch nicht unterkriegen lassen. Sie haben Ihr Leben selbst in der Hand und auch hier können Sie mit nur etwas Übung alles von Grund auf ändern.

Nehmen Sie sich eine Passage aus der Zeitung oder aus einem Buch vor. Lesen Sie diese zuerst leise durch. Gerne auch mehrmals bis Sie sich sicher fühlen. Nun lesen Sie den Text laut. Versuchen Sie diesen nun mit unterschiedlichen Emotionen wiederzugeben. Lesen Sie den Text neutral im Stil eines Nachrichtensprechers und wiederholen Sie diesen anschließend mit sehr viel Gefühl. Achten Sie auf die richtige Betonung und auf eine klare Aussprache. Nun geht das Lesetraining auch schon nahtlos in unsere nächste Übung über.

Mehr Selbstbewusstsein durch Sprachtraining

Wenn Sie Probleme haben, vor anderen zu sprechen, dann ist es wichtig, dass Sie dies konsequent trainieren. Hier müssen Sie einfach über Ihren eigenen Schatten springen und allen Mut zusammennehmen. Sie müssen jedoch nicht von einem Tag auf den anderen ins kalte Wasser springen, sondern sollten sich Zeit geben, in Ruhe zu Hause zu üben und sich darauf vorbereiten.

Ein Anfang ist es auf jeden Fall, wenn Sie sich bemühen, im Freundeskreis etwas gesprächiger zu sein. Bringen Sie sich vermehrt in Gespräche ein und versuchen Sie auch von sich aus, eine Unterhaltung zu starten. Sie können sich zu Hause in aller Ruhe einige Themen überlegen, die interessant wären. Bereiten Sie sich ruhig vor und übern Sie diese Unterhaltung vor dem Spiegel.

Versuchen Sie immer mit kräftiger Stimme zu sprechen. Sie unterstreichen Ihr Selbstbewusstsein, wenn Sie laut und deutlich sprechen. Wichtig ist dabei, dass Sie auch die Zähne auseinander bewegen und den Mund beim Sprechen öffnen. Zudem sollten Sie während der Dialoge stets Blickkontakt mit Ihrem Gesprächspartner halten. Auch das lässt sich alles wunderbar zu Hause vor dem Spiegel proben. Verzweifeln Sie nicht, wenn es nicht auf Anhieb klappt und lassen Sie sich nicht entmutigen.

Nehmen Sie die Gespräche, die Sie zu Hause vor dem Spiegel führen auf und hören Sie sich diese später an. Gehen Sie nun kritisch an die Sache heran. Wie finden Sie das Aufgenommene? Lassen Sie sich nur nicht vom Ton Ihrer Sprachstimme irritieren. Aufgenommen hören wir uns alle anders an, als wir uns mit unseren eigenen Ohren während einer Unterhaltung hören. Wenn Sie Ihren gesprochenen Text aufarbeiten gilt es, folgende Kriterien zu beachten:

Passt die Lautstärke, mit der Sie gesprochen haben? Es soll weder zu leise, aber auch nicht aufdringlich laut sein. Wie sieht es mit der Sprachgeschwindigkeit aus? Sie sollten den Text nicht zu schnell herunter ratter, die Zuhörer dürfen jedoch auch nicht einschlafen. Achten Sie auf Fremdwörter. Diese sollten unbedingt korrekt ausgesprochen werden. Hören Sie kritisch hin. Haben Sie alle Satzenden optimal betont und auch keine Wörter verschluckt? Versuchen Sie wirklich Spannung in Ihren Dialog zu bringen. Nichts ist schlimmer, als einem monotonen Vortrag zu lauschen.

Wiederholen Sie diese Übungen immer und immer wieder und bereits nach wenigen Wochen werden Sie eine große Verbesserung in Ihrem täglichen Sprachgebrauch bemerken. Bei aller Kritik mit welcher Sie Ihre Dialoge betrachten, seinen Sie kritisch, aber nicht zu streng. Sie sind hier, um Ihre Sprache zu trainieren, nicht, weil Sie bereits der perfekte Redner sind. Seien Sie stolz auf jeden kleinen Fortschritt den Sie gemacht haben. Alleine der Versuch ist bereits Gold wert.

Einen eigenen You-tube Channel erstellen

Wenn Sie diese Überschrift gelesen haben, wird wahrscheinlich Ihr Herz schneller schlagen und Sie werden sich denken: No Way. Aber, schalten Sie die Ängste und Vorurteile gleich aus. Videos hochzuladen ist eine sehr effektive Übung. Natürlich sollten Sie im Vorfeld alle Punkte konsequent abgearbeitet haben. Erst dann ist es soweit, den nächsten Schritt zu unternehmen. Zudem sollten Sie gleich wissen, Sie müssen Ihre Videos ja nicht öffentlich schalten. Das bedeutet, niemand außer Sie selbst kann diese sehen, wenn Sie dies nicht möchten.

Suchen Sie sich ein spannendes Thema aus, zu dem Sie ein kleines Referat verfassen möchten. Das kann Ihr Hobby sein, ein Kochrezept, ein Thema rund um Haustiere und Handarbeiten, eine Buchvorstellung oder ein Beitrag rund um das Thema Kosmetik. Hier sind der Fantasie keine Grenzen gesetzt. Bereiten Sie das Referat schriftlich vor. Danach lesen Sie es still einige Male durch und nehmen die letzten Verbesserungen vor. Danach lesen Sie den

Text laut vor dem Spiegel vor und versuchen im Anschluss, den Text frei zu sprechen. Lassen Sie sich Zeit. Um ein Referat vorzubereiten können Sie sich bedenkenlos einige Tage geben.

Nun nehmen Sie sich selbst mit der Kamera auf. Achten Sie auf eine ordentliche Körperhaltung, halten Sie mit der Kamera Blickkontakt und sprechen Sie laut und deutlich. Danach sehen Sie sich das Video an. Falls Sie keine weitere Korrektur vornehmen möchten, können Sie es nun hochladen. Seien Sie ruhig mutig und stellen Sie das Video vielleicht doch auf öffentlich. Sie werden überrascht sein, wie stolz Sie sind, wenn die ersten Likes für Ihren Beitrag kommen. Ein Kanal oder ein einzelnes Video auf den sozialen Netzwerken kann enorm viel zur Selbstbestätigung und auch zum Selbstvertrauen beitragen. Je öfter Sie einen Beitrag erarbeiten und aufnehmen, um so besser werden auch Ihre Fähigkeiten. Schauen Sie sich von Zeit zu Zeit die älteren Videos und Beiträge an und seien Sie stolz auf die enorme Verbesserung, die Sie durchlebt haben.

Im nächsten Kapitel befassen wir uns ganz intensiv mit der Rhetorik. Hier lernen Sie, wie Sie andere Menschen durch Ihre Fertigkeit zu reden mitreißen und begeistern können. Inzwischen sind Sie auf diesem Gebiet etwas sicherer geworden und haben mehr Vertrauen zu sich selbst gefasst. Nun geht es darum, die Reden auch spannend zu gestalten.

Rhetorik üben

Unser Ziel ist es, dass Sie kein Herzklopfen mehr verspüren, wenn Sie vor fremden Menschen sprechen müssen. Dies erreichen wir dadurch, indem wir Sie auf diesem Gebiet wirklich satttelfest machen. So werden Sie bald mit viel Selbstbewusstsein vor anderen Menschen sprechen und können stolz darauf sein, was Sie alles durch eigene Kraft erreicht haben.

Zuerst sollten wir uns überlegen, wie eine Unterhaltung sein sollte. Auf jeden Fall muss sie informativ, spannend, unterhaltsam, gefühlvoll und aussagekräftig sein. Informativ bedeutet, Sie sollen nicht um den heißen Brei herumreden, sondern beim Thema auf den Punkt kommen. Auch sollten Sie auf den Spannungsbogen achten. Betonen Sie verschiedene Wörter und lassen Sie Emotionen in die Unterhaltung einfließen. Auch sollten Sie stets auf die eigene Körpersprache achten. Dadurch zeigen Sie, dass Sie hinter Ihren Worten stehen. Wenn Sie jede Unterhaltung, jede rede und jeden Vortrag nach diesen wenigen Punkten aufbauen, so kann nicht mehr viel schief gehen. Wie Sie aber mit etwas Übung zum wahren Meister auf dem Gebiet der Rhetorik werden, darum wollen wir uns nun kümmern.

Wie Sie Menschen mit Ihrer Sprache faszinieren

Wenn Sie vor Publikum eine Rede halten müssen, ist es natürlich wichtig, dass Sie diese vorbereiten und auch zumindest in Stichwörtern festhalten. Bedenken Sie jedoch, dass jede Rede, die sich auf dem Papier gut liest eine schlechte Rede sein kann. Geschriebenes Material ist meist viel neutraler und frei von Emotionen. Generell sind geschriebene Sätze auch um ein Vielfaches länger. Wenn Sie eine packende Rede vorbereiten, sollten Sie auf kurz, prägnante Sätze achten. Versuchen Sie Ihre Rede mit vielen gewichtigen Verben vorzubereiten. Diese haben einen weitaus höheren Emotionsgehalt als zum Beispiel Hauptwörter. Versuchen Sie mit Ihren Worten Bilder zu malen. Dafür benötigen Sie nur drastisch kurze Sätze. Bei einer Rede und einem Vortrag müssen Sie sich auch nicht um einen über korrekten Satzbau bemühen. Auch sollten Sie auf zu viele Fremdwörter und Fachbegriffe verzichten. In der Kürze der Sätze und deren Einfachheit liegt die Würze. Wichtig ist, dass Sie Ihr Publikum abholen und diese anhand Ihren Wörtern eine Geschichte vor Augen haben.

Verzichten Sie zudem auf Konjunktive. Sie würden nicht etwas erklären, sondern erklären es einfach. Sie hoffen in Ihrer Rede nicht auf Verbesserung, sondern gehen fix davon aus. Wichtig ist auch, dass Sie Ihrer Rede in Bildsprache nur die Gegenwartsform verleihen. Trennen Sie Nebensätze ab und formulieren Sie daraus einen neuen Satz.

Das wichtigste an einer packenden Rede ist, dass diese auch einen energetischen Abschluss benötigt. So sehr Sie vielleicht mit Ihrer Ansprache die Menschen begeistert haben, ohne Aufforderung zu einer Handlung verläuft diese im Nichts. Fordern Sie Ihr Publikum nun auf, mit dem Gehörten aktiv umzugehen. Setzen Sie hier auf interaktives Handeln. Sie müssen sich vergewissern, dass Ihre Zuhörer Ihre Worte auch aufgenommen haben und verarbeiten konnten.

Dies ist nicht nur bei Reden vor großem oder kleinem Publikum wichtig. Dieser energetische und interaktive Abschluss wirkt sich auch positiv auf jede Unterhaltung aus, mit der Sie etwas bewirken wollten. Denken Sie nach, wem im Freundeskreis jeder gerne zuhört. Analysieren Sie, wie diese Person spricht und achten Sie nächstes Mal konkret auf den Satzbau - Sie werden überrascht sein.

Selbstbewusst wirken und das Unterbewusstsein der Zuhörer beeinflussen

Die beste Rede wirkt schlecht, wenn Sie nicht selbst authentisch rüberkommen. Zeigen Sie sich stark und selbstbewusst. Dazu müssen Sie sich nur vorstellen, dass Sie vor der Ansprache in ein Kostüm steigen. Dieses Kostüm ist nun Ihre Ritterrüstung und schenkt Ihnen Selbstbewusstsein. Dieses Kostüm soll jedoch nur Stärke verleihen, jedoch nicht Ihre eigene Persönlichkeit beeinflussen.

Ein absolutes No-go ist es aber, sich zu verkleiden. Bleiben Sie sich selbst treu, achten Sie jedoch auf ein gepflegtes Erscheinungsbild. Saubere Schuhe, gebügelte Kleidung, sauber manikürte Fingernägel, eine Frisur die Sitzt und ein angenehmer Körperduft machen das perfekte Kostüm aus. Wenn Sie optisch so selbstbewusst erscheinen, entsteht kein Zweifel, dass Sie auch tatsächlich selbstbewusst sind. Es ist leider so, dass unsere Welt eine oberflächliche ist und viel durch die Optik beeinflusst wird. Vergessen Sie also nie, wie wichtig der viel zitierte erste Eindruck ist, für den es keine zweite Chance gibt.

Sprechen Sie immer positiv über sich selbst. Machen Sie sich in keiner Unterhaltung klein. Lassen Sie keine Zweifel aufkommen, dass Sie ein absoluter Erfolgstyp sind. Sie können Ihre Fähigkeiten, Erfolge und Leistungen einfließen lassen, ohne jedoch prahlerisch zu wirken. Lassen Sie persönliche Erfahrungen einfließen. Diese wirken immer glaubhaft und werden gerne angenommen. Natürlich können Sie von eigenen Missgeschicken erzählen, ohne jedoch zu vergessen, dass Sie erwähnen, wie Sie diese später perfekt ausgebügelt haben.

Würzen Sie die Unterhaltung oder den Vortrag mit einer Prise Humor. Hier ist es wichtig, dass Sie die perfekte Balance finden. Sind Ihre Worte langweilig, so wird Ihnen niemand folgen. Doch dürfen Sie sich auch nicht zum Clown machen, es sei denn, Sie übern für eine Kabarett-Aufführung.

Vergessen Sie nie, den Monolog zu unterbrechen. Es muss nicht immer eine Zwischenfrage gestellt werden. Oft reicht es, wenn Sie Ihren Gesprächspartner oder das Publikum nur intensiv ansehen. Ein Nicken oder ein Kopfschütteln, eine Geste oder ein Lächeln würzen ebenfalls jede Unterhaltung. Rhetorische Fragen sind ebenfalls ein gutes Mittel um die Zuhörer zu fesseln.

Sie sehen, es ist nicht schwierig vor Menschen zu sprechen. Das wichtigste ist, dass Sie sich selbst überwinden und wissen, dass Sie es ausgezeichnet schaffen werden.

Körpersprache für mehr Selbstbewusstsein

Ihre Körpersprache verrät so ziemlich alles über Ihren Gemütszustand. Anhand Ihrer Körperhaltung können andere sofort erkennen, ob Sie sich unwohl fühlen, nervös oder unsicher sind. Doch keine Angst, mit kleinen Tipps und Tricks können Sie sich etwas selbstbewusster präsentieren, als Sie in Wirklichkeit sind. Zu Beginn mag diese Körpersprache eine Fassade und ein Schutzschild sein. Bald aber wird sich Ihr Ich soweit angepasst haben, dass Sie automatisch selbstbewusster sind.

Auch wenn Sie viele dieser Richtlinien für Körpersprache vielleicht kennen, lesen Sie diese bitte aufmerksam durch. Danach beobachten Sie sich selbst, wie Sie sich in den verschiedensten Situationen präsentieren. Das schöne an der Körpersprache ist, sie lässt sich mühelos und in Sekunden in jeder Lage korrigieren und anpassen.

Das wichtigste in diesem Bereich ist, dass Sie stets mit erhobenem Kopf durchs Leben gehen. Dadurch signalisieren Sie, dass Sie an sich selbst glauben. Recken Sie das Kinn leicht vor, senken Sie die Schultern und blicken Sie geradeaus. Achten Sie darauf, dass Sie immer und überall den Kopf erhoben haben. Egal ob Sie auf den Bus warten, durch die Gänge im Supermarkt schlendern oder Freunden gegenüber sitzen.

Sie erwecken Zuversicht, indem Sie nach oben blicken. Richten Sie Ihre Aufmerksamkeit niemals auf den Boden, Ihre Füße oder den Tisch. Zu Beginn können Sie sich vorstellen, dass Sie eine Krone auf Ihrem Haupt tragen und diese mit Stolz zeigen. Wenn Ihr Blick ständig auf den Boden abschweift, so könnten die anderen denken, Sie suchen nach einem Loch in dem Sie verschwinden können.

Auch eine gerade Körperhaltung demonstriert Selbstbewusstsein und Autorität. Diese Haltung darf jedoch auf keinen Fall angespannt wirken. Achten Sie darauf, dass Sie kein Hohlkreuz und keinen Rundrücken machen. Ziehen Sie die Schultern ganz leicht und natürlich nach hinten. Zudem signalisieren Sie mit einer aufrechten Körperhaltung auch Respekt und Interesse. Auch im Sitzen sollten Sie immer auf eine aufrechte Haltung achten. Eine schlechte Körperhaltung wirkt immer schlampig.

Auch der Stand selbst ist wichtig. Sie müssen immer darauf achten, wie Sie Ihre Füße positionieren. Vergessen Sie nie, mit beiden Beinen am Boden zu stehen. Stellen Sie die Füße etwas breitbeinig auseinander. Sind die Füße zu eng nebeneinander gestellt, so wirkt dies unsicher und ängstlich. Auch sollten die Füße nicht gekreuzt sein. Vermeiden Sie es auch zu trippeln oder Schritte am Stand zu machen. Dies wirkt ebenfalls unsicher oder signalisiert, dass Sie auf die Toilette müssen. Im Sitzen ist es wichtig, dass die Fußspitzen immer in die Richtung des Gesprächpartners zeigen. So signalisieren Sie ebenfalls Interesse. Und vergessen Sie nicht, ein selbstbewusster Mensch ist immer auch an seinen Mitmenschen interessiert. Drehen Sie sich im Gespräch auch niemals weg. Auch dies kann Unsicherheit, Angst oder eben Desinteresse vermitteln.

Achten Sie auf Ihre Handflächen. Versuchen Sie stets mit den Handflächen nach oben zu gestikulieren. Dadurch erwecken Sie Vertrauen und wirken ehrlich. Auch sollten Sie auf ruhige und fließend Armbewegungen achten. Lassen Sie zu hektische Gestiken weg, es sei denn Sie sind Italiener.

Niemals aber dürfen Sie Ihre Hände in der Hosentasche oder der Jacke verstecken. Das würde bedeuten, Sie haben etwas zu verheimlichen. Auch wirkt es unsicher, wenn Sie in der Tasche herumnesteln. Egal ob im Sitzen oder Stehen, achten Sie auf eine offene Haltung und verschränken Sie niemals die Arme vor der Brust. Dies wirkt abweisend und wenig sympatisch.

Ein weiteres wichtiges Werkzeug Ihrer Körpersprache sind die Augen. Indem Sie anderen in die Augen blicken und den Blickkontakt auch halten, zeigen Sie, dass Sie selbstbewusst sind. Für viele ist dies sehr schwer, doch auch hier gibt es einen Trick. Sie können dem Gegenüber stets für zwei Sekunden in die Augen blicken und sich für jeweils weitere zwei Sekunden auf dessen Nase, Mund und Stirn konzentrieren. So rotieren Ihre Augen fast unmerklich und mit der Zeit haben Sie auch keine Probleme mehr mit direktem Blickkontakt.

Vermeiden Sie ein zu starkes Blinzeln und versuchen Sie im Gegenzug die Augen auch nicht zu sehr aufzureißen. Beides wirkt unnatürlich und häufig können Unwahrheiten durch zu starkes Zwinkern mit den Augen verraten werden. Üben Sie den direkten Blickkontakt unbedingt vor dem Spiegel. Achten Sie dabei auch darauf, dass Sie die Mundwinkel entspannen, ein Lächeln aufsetzen und die Stirn nicht angespannt runzeln.

Vielleicht gehören Sie auch zu den Menschen, die in einen Satz ständige „Ähhs“ einfließen lassen. Meist ist dies nur Gewohnheit, eine sehr schlechte Angewohnheit noch dazu, die Sie aber abtrainieren können. Um diese Lückenfüller, zu denen auch häufige also und und zählen weg zubekommen, müssen Sie sich erst bewusst werden, dass Sie diese verwenden. Danach schrauben Sie Ihre Geschwindigkeit während des Gesprächs etwas herab, so dass Sie sich darauf konzentrieren können. Formulieren Sie Ihre Sätze kurz und beenden Sie den Satz. Anstatt des gewohnten „Ähhs“ lassen Sie nun eine Pause von etwa einer Sekunde.

Ihre Körpersprache signalisiert auch Selbstvertrauen, wenn Sie interessiert wirken. Lassen Sie sich auf Ihre Gesprächspartner ein. Wenden Sie sich zu, verfolgen Sie die Unterhaltung aufmerksam und lassen Sie auch immer wieder einen Satz zwischendurch einfließen. Üben Sie Ihre Körpersprache bewusst. Sobald diese in Fleisch und Blut übergegangen ist, sind Sie selbst auch selbstbewusster geworden. Dies nennt sich Automatisierung.

Starke Haltungen für mehr Selbstbewusstsein

Wir alle kennen die Prominenten aus Film und Politik, die mit Ihrer Ausstrahlung faszinieren, mitreißen und nur so vor Selbstbewusstsein strotzen. Hinter all diesen Menschen stecken viele Trainer, die vorrangig an der Körpersprache dieser Menschen gearbeitet haben. Mit einigen dieser sogenannten Power Posen können Sie dies auch im Handumdrehen erreichen und erfolgreich und voll Selbstvertrauen rüberkommen.

Eine sehr energetische Pose ist es, die Hände in die Hüften zu stemmen. Dadurch verleihen Sie sich selbst nicht nur mehr Fläche, Sie erzeugen auch einen Energiefluss im eigenen Körper. Strecken Sie die Brust raus und achten Sie darauf, dass Sie etwa hüftbreit stehen. Natürlich dürfen Sie hier nicht vergessen, das Kinn etwas nach vorne zu strecken.

Bei Verhandlungen, die Sie abschließen möchten können Sie es ruhig wagen, etwas Stärke und Macht zu demonstrieren. Dazu stützen Sie sich einfach mit den Händen am Tisch ab. Die Handflächen sollen dabei eben aufliegen. Stehen Sie auf und beugen Sie sich leicht nach vorne. Dies wirkt auf andere vielleicht etwas einschüchternd, Sie beweisen jedoch, wie selbstbewusst Sie sind.

Im Sitzen können Sie sich zurücklehnen und die Beine gut öffnen. Es soll eine leichte Grätsche entstehen. Durch das Zurücklehnen fühlen Sie sich selbst nicht nur komfortabler, Sie vermitteln auch Wohlbehagen. Achten Sie darauf, dass auch die Arme eine offene Haltung einnehmen. Um diese Power Pose zu verstärken können Sie auch einen Arm hinter den Kopf halten.

Mit diesen kleinen Posen, die Sie sich simpel antrainieren können vermitteln Sie so viel Selbstbewusstsein, dass dieses bald auch tatsächlich in Ihnen wurzelt. Doch es ist nicht nur wichtig, auf die eigene Körpersprache zu achten, sondern auch in der der anderen lesen zu können. Im nächsten Kapitel möchten wir uns damit befassen, wie Sie in der Haltung Ihrer Gesprächspartner lesen können.

Körpersprache lesen lernen

Es ist tatsächlich so, der Körper verrät so ziemlich viel und nicht nur Emotionen, auch Lügen und Wahrheiten lassen sich durch das Beobachten der Körpersprache herausfinden. Wenn Sie die Körpersprache Ihrer Mitmenschen lesen können, ziehen Sie daraus viele Vorteile. Dadurch können Sie sich sicherer und selbstbewusster fühlen.

Erkennen Sie im Nu, wie Ihr Gegenüber gerade in diesem Moment wirklich denkt und empfindet. Mimik und Gestik verraten und perfekt, ob Ihr Gesprächspartner kurz davor ist, vor Wut zu zerspringen, verunsichert ist oder Sie sogar anlügt. Ja Sie haben richtig gelesen, sogar Lügen können Sie schnell entlarven, wenn Sie wissen, wie Sie in der Körpersprache anderer lesen müssen. Laut Studien der University of California in Los Angeles macht die Körpersprache mehr als die Hälfte der Wirkung einer Unterhaltung aus.

Generell ist ein Lächeln sympatisch und zeigt, dass der Gesprächspartner positiv eingestellt ist. Doch, auch das Lächeln kann sozusagen gefaked sein. Es ist jedoch relativ einfach, ein falsches Lächeln zu entlarven. Dazu müssen Sie nur ganz genau die Mundwinkel und die Augen betrachten. Sobald der Mundwinkel verkrampft ist, handelt es sich auch um ein nicht ganz zu aufrichtiges Lachen. Noch besser können Sie die Echtheit des Lachens an den sogenannten Lachfalten erkennen. Wenn die Augen mitlachen, dann ist das Lachen ehrlich und pur. Eine Begleiterscheinung dieses Lachens sind jedoch diese kleinen Fältchen rund um die Augen. Sind diese nicht sichtbar, ist es auch meist mit dem Lächeln nicht ernst gemeint. Lassen Sie sich nicht von vermeintlich freundlichen Menschen täuschen. Überlegen Sie, was diejenige Person hinter diesem falschen Lachen verbergen möchte.

Auch die Augenbrauen sind ein guter Indikator für die Ehrlichkeit des Gesprächpartners. Wenn sich die Augenbrauen Ihres Gegenübers stark nach oben ziehen, dann haben Sie diesen gerade überrascht. Hochgezogene Augenbrauen können auch Angst, Schrecken, Unehrlichkeit oder eine unangenehme Situation beschreiben. Lesen Sie in den Gesichtern Ihrer Mitmenschen. Erhalten Sie ein Kompliment und der Gesprächspartner zieht dabei die Augenbrauen stark hoch, können Sie am Wahrheitsgehalt der Aussage zweifeln. Dies ist nicht schön, jedoch besser, bereits im Vorfeld bescheid zu wissen.

Auch anhand der Sprache können Sie viel erkennen. Rutscht die Stimme Ihres männlichen Gegenübers eine Oktave tiefer, so ist das ein Zeichen für Begeisterung. Weibliche Gesprächspartner verfallen bei Begeisterung häufig in einen melodischen Singsang. Hier können Sie von ehrlichem Interesse ausgehen. Diese kleinen Signale können Ihnen in allen Situationen viel Selbstvertrauen schenken, denn es ist immer gut, dem anderen um einen Schritt voraus zu sein.

Wenn während einer Unterhaltung der Gesprächspartner beginnt, Ihre eigene Körperhaltung zu imitieren, dann ist dies ebenfalls ein positives Zeichen. Das Kopieren von Mimik und Gestik sind ein Indikator dafür, dass die Unterhaltung als angenehm empfunden wird. Achten Sie hier darauf, ob Ihr gegenüber ebenfalls die Beine übereinander schlägt, oder mit den Händen gestikuliert.

Legen Sie viel Wert auf den Blickkontakt. Wenn Ihr Gegenüber diesem nicht stand halten kann, ist meist etwas faul. Senkt der Gesprächspartner ständig den Blick, oder lässt diesen im Raum kreisen, so können Sie sich sicher sein, dass er sich unwohl fühlt, oder Angst hat, bei einer Lüge ertappt zu werden. Ein direkter Augenkontakt verlangt absolute Ehrlichkeit. Ist diese nicht vorhanden, so wirkt dieser bedrohlich und Ihr Gegenüber wird dem Blick ausweichen.

Wer Ihnen jedoch starr und ohne zu blinzeln in die Augen blickt, kann damit versuchen Sie einzuschüchtern, von etwas überzeugen zu wollen, oder einfach eine Unwahrheit verbreiten. Halten Sie dem Blick stand, und lockern Sie die Situation mit einem Lächeln auf - bleiben Sie jedoch auf der Hut. Wichtig ist jedoch, das gegenüber nie öffentlich auf eine Lüge anzusprechen. Machen Sie dies immer nur unter vier Augen.

Manche Menschen haben sich ausführlich mit der Körpersprache befasst und versuchen natürlich, diese zu ihrem Vorteil zu nutzen. Ein wichtiges Werkzeug um Selbstbewusstsein zu zeigen sind große Gesten. Ein breiter Stand, auffallende Posen und ein breites Lächeln signalisieren, dass Ihr Gegenüber durch nichts zu erschüttern ist. Bleiben Sie davon jedoch unbeeindruckt. Lehnen Sie sich entspannt zurück, machen Sie sich ebenfalls breit und schlagen Sie gemütlich die Beine übereinander. In harten Fällen können Sie in diesen Situationen auch die Beine auf den Tisch legen. Durch diese Reaktion können Sie Ihrem Gegenüber rasch den Wind aus den Segeln nehmen und beweisen, dass Sie mindestens genauso selbstbewusst sind.

Stress bei Ihrem Gesprächspartner erkennen Sie an einem starren Hals, einer gerunzelten Stirn, schmalen Lippen und zusammengebissenen Zähnen. Ärger und Wut drücken sich dadurch aus und es ist immer gut, diese Situation vorab zu erkennen, und diese eventuell zu entschärfen.

Beobachten Sie auch die Beine Ihres Gegenübers. Stehen diese breit am Boden, so ist die Person geerdet und alles in Ordnung. Unruhige Beine, wippende Knie und trippelnde Schritte sind ein Zeichen für Unwohlsein, Angst oder Sorgen. Hier können Sie ebenfalls während der Unterhaltung gekonnt auf den Gemütszustand Ihres Gegenübers eingehen.

Bei verschränkten Armen sollten die Alarmglocken läuten. Diese sprechen meist für eine abwehrende Haltung. Ihr Gegenüber will sich abgrenzen und lässt Sie nicht an sich heran. Hier sollten Sie jedoch sensibel vorgehen, und eruieren, warum die Arme verschränkt sind. Es kann auch daran liegen, dass es einfach fürchterlich kalt im Raum ist, oder der Stuhl keine passende Stütze für die Arme bietet. Meist gibt hier die Mimik schnell mehr Auskunft und verrät, wie Sie die Haltung der Arme zu deuten haben.

Kleine Manipulationen für mehr Selbstbewusstsein

Mit der Körpersprache können Sie bereits ziemlich viel beeinflussen und sich selbstbewusster präsentieren, als Sie vielleicht im Augenblick gerade sind. Dies verschafft in vielen Situationen einen enormen Vorteil und stärkt

Sie zugleich. Manches Mal jedoch müssen Sie etwas tiefer in die Trickkiste greifen und Ihr Selbstvertrauen, Ihre Macht und Ihre Stärke zu beweisen. Wir verraten Ihnen hier nun einige Tricks, wie Sie Menschen ein klein wenig manipulieren können.

Sorgen Sie bei wichtigen Gesprächen immer für eine angenehme Atmosphäre. Für Verhandlungen wählen Sie dazu ein Umfeld aus, das nicht zu neutral ist. Sie können die Situation jedoch auch durch ein paar Häppchen, kleine Snacks oder ein besonders aromatisches Teegetränk auflockern. Diese kleinen Abweichungen von einem strikten verlauf lockern die Situation auf und nehmen auch Aggressionen.

Zeigen Sie Größe und überlegen Sie immer, wie Sie Ihren Mitmenschen einen gefallen tun können. Beobachten Sie die verschiedensten Situationen und springen Sie unaufgefordert helfend ein. So haben Sie immer einen Trumpf in der Hand, wenn Sie selbst einen Gefallen einfordern möchten.

Wie schon bei der Körpersprache erwähnt, ist es ein gutes Zeichen, wenn Ihr Gegenüber Ihre eigenen Bewegungen und Haltungen kopiert. Dies können Sie sich jedoch auch auf etwas manipulative Art zu Nutzen machen. Indem Sie Mimik und Gestik des Gegenübers spiegeln, erzeugen Sie Sympathie.

Spielen Sie mit dem Tempo Ihrer Sprache. Bemerken Sie, dass das gegenüber von Ihrer Meinung nicht wirklich überzeugt ist, sollten Sie die Sprachgeschwindigkeit ankurbeln. Ist der Gesprächspartner auf Ihrer Seite und Sie teilen eine Meinung, ist es wichtig, langsam und mit Bedacht zu sprechen.

Verblüffen Sie Menschen und sorgen Sie für einen Aha-Moment. Wenn Sie mit etwas Wortwitz, kleinen Anekdoten oder schlauen Randbemerkungen arbeiten, verwirren und verblüffen Sie Ihren Gesprächspartner. In diesen Momenten ist es stets einfacher, eine Bitte erfüllt zu bekommen.

Möchten Sie von jemandem etwas Großes erbitten, so warten Sie den richtigen Augenblick ab. Dieser ist nicht morgens, wenn Ihr Verhandlungspartner fit und ausgeschlafen ist. Die beste Möglichkeit um Bitten durchzusetzen sind Phasen, in welchen das Gegenüber müde oder sogar ausgelaugt ist. Das kommt daher, da Ihr Verhandlungspartner nicht mehr alle Kräfte aufwenden kann, um Ihnen zu widersprechen. Im Gegenzug aber lassen Sie sich selbst auch niemals auf Verhandlungen ein, wenn Sie geistig nicht fit sind.

Wenn Sie vor einer Situation stehen, in der Sie vor einigen Menschen eine Rede halten sollten, gibt es auch einen guten Trick, damit Sie die Teilnehmer von vorne herein unter Kontrolle haben. Besorgen Sie sich Bilder von Augen und hängen Sie diese im Konferenzraum auf. Diese Augen wirken nicht nur einschüchternd, sondern signalisieren Ihren Gesprächspartnern, dass diese beobachtet werden. Dies wirkt auch, wenn Sie sich zum Beispiel zu Hause besser durchsetzen möchten. Mit einigen gut platzierten Augenpaaren können Sie sogar faule Teenager zum Aufräumen motivieren.

Kleine Hilfsmittel um eine selbstbewusste Körpersprache zu üben

Eine aufrechte und starke Körperhaltung ist wichtig und strahlt Kraft und Energie aus. Sie können zu Hause regelmäßig üben, wie Sie die optimale Haltung erreichen. Dies nimmt täglich nur wenig Zeit in Anspruch und schon nach einigen Tagen werden Sie bemerken, dass Sie nur an die Übung denken müssen, und Ihr Körper richtet sich automatisch auf.

Gehen Sie in die Hocke und stellen Sie sich vor, dass an Ihrem Scheitel ein Haken befestigt wird. Dieser ist mit einem Seilzug an der Decke befestigt. Ziehen Sie sich an diesem nun hoch. Gehen Sie immer höher und höher bis Sie ganz aufrecht und groß dastehen. Spüren Sie, wie Sie gänzlich erfüllt sind und den Raum erfüllen.

Wichtig ist auch ein aufrechter Gang. Diesen können Sie ganz einfach an jeder Hauswand üben. Pressen Sie sich mit dem ganzen Körper von hinten an die Wand. Der Rücken, der Kopf und auch die Beine und Füße müssen eine Linie bilden. Halten Sie diese Position kurz inne, spüren Sie die Körperspannung und gehen Sie in dieser Haltung nun von der Wand weg. Sie können sich auch jederzeit eine imaginäre Wand vorstellen, an der Sie Ihren Körper wieder ausrichten.

Eine aufrechte und selbstbewusste Körperhaltung können Sie auch trainieren, indem Sie Dinge auf Ihrem Kopf balancieren. Dafür eignen sich entweder ein Kissen oder ein Buch besonders gut. Stolzieren Sie durch die Wohnung als würden Sie für Heidi Klums Next Topmodel üben. Das ist nicht nur gut für Ihre Körperspannung, sondern kann auch durchaus Spaß machen.

Erzeugen Sie positive Bilder in Ihrem Kopf. Stellen Sie sich vor, Sie sind groß und mächtig wie ein Baum. Je größer, stärker und mächtiger Sie sich selbst vor Ihrem geistigen Auge sehen, um so besser können Sie dies auch nach außen transportieren. Kombiniert mit einer kräftigen Stimme und einem stabilen Blickkontakt sind dies wahre Wunderwaffen, die Ihnen im Nu mehr Selbstbewusstsein schenken. Sie sind ein Riese mit einem enormen Wissen und einem großen Geist. Mit diesem Bild vor Augen können Sie es mit allem und jedem aufnehmen.

Die Sache mit der Nervosität

Erfolgreiche und selbstbewusste Menschen scheinen nie nervös zu sein. Doch dies ist nur Schein, sie beherrschen es lediglich perfekt, diese zu überspielen und zum eigenen Nutzen zu verwenden. Selbst Stars, die schon Jahrzehnte lang auf der Bühne stehen, leiden immer noch unter Lampenfieber, und das ist auch richtig so. Ob Sie vor einem ersten Date stehen, ein Bewerbungsgespräch oder eine Prüfung absolvieren müssen oder in einer anderen Situation nervös sind, es steht Ihnen zu, solange Sie dieses Gefühl als Treibkraft ansehen.

Die Art von Nervosität, die Sie Bäche schwitzen lässt, zum Stottern bringt und die Beine lähmt aber, müssen Sie bekämpfen. Auch hier können Sie mit unseren Tipps und Tricks üben. Haben Sie die Nervosität erst bekämpft, ist Ihr Selbstbewusstsein wieder um ein großes Stück gewachsen.

Lassen Sie Situationen die Sie ängstigen zur Routine werden. Treibt es Ihnen ständig den Schweiß auf die Stirn, wenn Sie vor Menschen sprechen müssen, so machen Sie es sich zur Gewohnheit. Durch stetes Wiederholen erhalten Sie Routine und die Nervosität verfliegt im Nu. Nutzen Sie auch jede kleine Möglichkeit vor anderen zu sprechen. Halten Sie Monologe. Jede Unterhaltung in welcher Sie etwas vortragen bringt Ihnen mehr Sicherheit.

Denken Sie an die nächste Familienfeier. Freuen Sie sich darauf ein Gedicht oder eine Geschichte vorzutragen. Drücken Sie sich nicht davor. Hand aufs Herz, was soll denn passieren? Auch hier ist wieder ein wichtiger Punkt, dass Sie Ihre bisherige Komfortzone verlassen.

Machen Sie sich frei von negativen Gedanken. Nein, Sie werden nichts vergessen und Sie werden auch nicht ins Stottern geraten. Radieren Sie diese Ängste aus und gewinnen Sie Vertrauen zu sich selbst. Sie werden sich garantiert nicht blamieren. Denken Sie an eine positive Affirmation. Verinnerlichen

Sie, dass Sie den anderen etwas besonders Tolles, Wichtiges und Interessantes zu erzählen haben. Stellen Sie sich die Begeisterung der Zuhörer vor. Nur so können Sie die bisherige Negativ-Spirale durchbrechen.

Außerdem müssen Sie das Gefühl für das Publikum verändern. Spüren Sie positive Emotionen für Ihre Zuhörer. Sehen Sie den Vortrag nicht als lästige Pflicht für eine Horde Menschen, die es ohnehin nicht interessiert, sondern freuen Sie sich, dass Sie vielen tollen Menschen etwas Besonderes vermitteln dürfen. Sehen Sie diese Aufgabe als Geschenk und nicht als Bürde.

Akzeptieren Sie auch einen Ausrutscher. Es muss Ihnen nichts peinlich sein. Es macht nichts, wenn Sie rot werden, oder über den ein oder anderen Satz stolpern. Auch wird nicht immer alles begeistern oder andere erreichen. Lernen Sie, auch den einen oder anderen Lacher zu tolerieren. Auch wenn es schlimm kommt, die Welt geht davon nicht unter. Morgen wird trotzdem die Sonne wieder scheinen und ein neuer Tag mit neuen Chancen und Möglichkeiten beginnt. Außerdem erkennen sich andere darin wieder, denn niemand ist vollkommen.

Lenken Sie sich im Vorfeld ab. So nehmen Sie sich die Möglichkeit, dass sich alle Gedanken nur um den zu haltenden Vortrag oder die Ansprache dreht. Sie haben sich optimal vorbereitet, das muss genügen.Gönnen Sie sich Zeit zur Ruhe und entspannen Sie. Hier kann sehr gut eine Meditation oder eine Atemübung helfen.

Setzen Sie sich für eine spezielle Atemübung auf einen Stuhl. Beugen Sie den Oberkörper nach vorne und atmen Sie tief in den Bauch ein. Stellen Sie sich dabei vor, wie der Bauch wie ein Ballon aufgeblasen wird. Richten Sie sich wieder auf, atmen Sie aus un entleeren Sie den Ballon wieder.

Wenn Sie lieber im Stehen üben möchten, stellen Sie sich auf die Zehenspitzen. Auch hierbei bitte wieder tief in den Bauch einatmen. Stellen Sie sich vor, er bläht sich wie ein Ballon auf. Gehen Sie von den Zehenspitzen auf die Ballen zurück und atmen Sie dabei aus. Der Bauch soll sich dabei wieder entleeren. Wichtig ist, dass Sie diese Atemübungen langsam und mit Bedacht durchführen. Nach wenigen Atemzügen werden Sie bemerken, wie ruhig Sie werden.

Streiten Sie Ihre Nervosität nicht ab. Sie können im einleitenden Satz bedenkenlos sagen, dass Sie ordentlich schwitzen. Dies macht Sie nur authentisch, ehrlich und sympatisch. Dadurch schaffen Sie eine verbindliche Nähe und das Eis ist gebrochen.

Die Sache mit dem Wortschatz

Niemand wird als Sprachtalent und großer Redner geboren. Der Wortschatz ist sozusagen die Basis Ihrer Rhetorik-Fähigkeiten. Durchschnittlich liegt der verwendete Wortschatz eines Menschen zwischen 30.000 und 50.000 Wörtern. Dies wirkt wenig im Anbetracht, dass die deutsche Sprache etwa aus 400.000 Wörtern besteht, von welchen knapp 120.000 Wörter im Duden vermerkt sind. Aktiv verwenden Sie pro Jahr etwa 5.000 unterschiedliche Wörter. In Klatschzeitungen werden nur etwa 1000 verschiedene Wörter verwendet. Das bedeutet, wenn Sie Ihren Wortschatz erweitern möchten, sollten Sie in Zukunft zu einer etwas besseren Lektüre greifen.

Ein einfaches Training für die Erweiterung des Wortschatzes können Sie täglich zu Hause absolvieren. Schalten Sie das Radio oder den TV ein und warten Sie auf die Nachrichten. Sprechen Sie die Sätze der Journalisten nun unmittelbar nach. Stellen Sie sich dabei vor, Sie sind ein Simultan-Übersetzer. Das mag zuerst etwas witzig klingen und ist auch nicht sofort reibungslos zu bewerkstelligen. Mit dieser Übung trainieren Sie jedoch nicht nur Ihren Wortschatz sondern auch Ihr Gehirn und Ihre Reaktionsfähigkeit. Auch die Aussprache wird durch diese Übung trainiert. Wichtig ist, dass Sie dies alles laut nachsprechen. Haben Sie keine Scheu davor.

Wenn Sie sich nun fragen, was Rhetorik mit dem Selbstbewusstsein zu tun hat, ganz einfach: Wer wirkt selbstbewusster? Jemand der flüssig mit seinen Worten verzaubert, oder jemand, der einen Wortschatz auf Grundschul-Niveau hat? Genau und deshalb ist es wichtig, auch an Ihrem sprachlichen Talent zu arbeiten.

DIE VERWIRKLICHUNG

In diesem Kapitel geht es darum, alles, das Sie bis jetzt gelesen und trainiert haben, auch umzusetzen. Wenn Sie hier angekommen sind, verabschieden wir uns von der Theorie und greifen an. Nehmen Sie allen Mut zusammen und zeigen Sie nun der Öffentlichkeit, was in Ihnen steckt. Bezaubern und überraschen Sie andere und verblüffen Sie alle mit Ihrem neuen und selbstbewussten Auftreten. Wichtig ist nun, dass Sie wirklich den Schritt von der Theorie in die Praxis wagen. Der beste Ratgeber und die tollsten Übungen sind wertlos, wenn Sie sich nicht bemühen und anstrengen, diese auch umzusetzen. Das soll nun nicht als Mahnen mit dem erhobenen Zeigefinger wirken, Sie müssen sich jedoch bewusst sein, dass Sie alleine Ihr Glück in der Hand haben.

Zeigen Sie Ihre Stärken

In der Zwischenzeit sollten Sie sich Ihrer eigenen Stärken bereits bewusst sein. Falls Sie sich immer noch nicht sicher sind, sollten Sie sofort Papier und Bleistift zur Hand nehmen. Schreiben Sie nun alles auf, worin Sie besonders gut sind. Egal ob im beruflichen oder im privaten Bereich, es muss jede einzelne Stärke notiert werden. Denken Sie an die letzten Jahre zurück und notieren Sie, wo Sie besondere Erfolge verzeichnen konnten. Sie können auch Freunde und Bekannte fragen, worin Sie Ihre besonderen Stärken und Vorteile sehen. Schreiben Sie auf, wodurch Sie sich in der Arbeit sehr von anderen abheben. Es sollte eine ordentliche Liste entstehen. Sie müssen hier nicht zurückhaltend sein.

Gehen Sie hinaus und glänzen Sie wie ein Stück Gold an der Sonne. Präsentieren Sie sich von Ihrer besten Seite und freuen Sie sich darüber, wenn auch andere Ihre Stärken und Vorzüge bemerken und schätzen. Springen Sie über Ihren eigenen Schatten und machen Sie Dinge, die Sie bisher noch nie getan haben. Gehen Sie mit Freunden in eine Karaoke Bar und singen Sie vor dem Publikum. Reichen Sie Zeichnungen, Kurzgeschichten oder Gedichte bei einem Wettbewerb ein oder melden Sie sich zum Halb-Marathon an.

Das kostet Sie im ersten Moment einiges an Überwindung. Hinterher aber werden Sie von einem enormen Glücksgefühl belohnt, das Ihr Selbstbewusstsein nur so strahlen lässt.

Um erfolgreich zu sein ist es besonders wichtig, die Stärken und Schwächen zu kennen und einzusetzen. So können Sie sich wirklich auf alle Bereiche konzentrieren, in welchen Sie gut bis ausgezeichnet sind. Dinge die Ihnen einfach nicht liegen, können Sie beiseite lassen. Vergessen Sie nie: Man muss nicht alles können. Hier ist es auch wichtig, die eigenen Schwächen als solche zu akzeptieren. Schwächen sind kein Makel und gehören zum Leben dazu.

Ihre Stärken jedoch sind Ihr Kapital von welchem Sie tagtäglich profitieren können. Sie können auch an Ihren Schwächen arbeiten und diese zu Stärken umändern. Dies ist jedoch zweitrangig, solange Sie mit dem zufrieden sind, was Sie bereits erreicht haben und können. Dennoch ist es wichtig, auch die eigenen Schwächen zu analysieren und zu hinterfragen. Auch hier nehmen Sie am besten wieder ein Blatt Papier und einen Stift zur Hand und machen sich Notizen.

Fragen Sie sich, worin Ihre bisher größten Misserfolge lagen und warum diese passiert sind. Notieren Sie sich Dinge, zu welchen Sie sich einfach nicht überwinden können und fragen Sie sich auch warum. Suchen Sie nach dem Grund der Blockade. Wichtig sind hier auch die emotionalen Schwächen herauszufinden. Was macht Sie traurig, ängstlich, wütend oder ungeduldig? Warum kommen Sie mit manchen Menschen besser aus als mit anderen? Fragen Sie sich auch stets, welchen Aufwand Sie betreiben müssten, um dies zu ändern. Ebenfalls wichtig ist es nun, dass Sie herausfinden, wie wichtig es Ihnen ist, immer stark zu sein, und was es tatsächlich für Sie bedeutet. Schreiben Sie dazu all Ihre Gedanken nieder und lesen Sie es immer wieder durch. Mit der zeit werden Sie feststellen, dass Sie diese Notizen überarbeiten müssen, da sich einfach die Perspektive ändert und sich Prioritäten verlagern. Auch das ist normal im heutigen Leben. Das Leben ist Veränderung und nichts ist in Stein gemeißelt.

Unterteilen Sie die Liste Ihrer Schwächen nun in zwei Sparten. Auf der einen Seite schreiben Sie alle Schwächen auf, die Sie einfach akzeptieren, weil diese zu Ihnen gehören und auf der anderen Seite notieren Sie die Schwächen an welchen Sie arbeiten möchten. Anhand dieser Liste können Sie nun Ihre Konsequenzen ziehen. Das bedeutet, Sie müssen keine Energie für Dinge aufbringen, die Sie ohnehin nicht verändern möchten. Nun haben Sie Ihre wahre Identität gefunden, auf die Sie stolz sein können.

Kreieren Sie Ihr eigenes Markenzeichen

Werden Sie zu der Person, die für eine besondere Fertigkeit oder einen außergewöhnlichen Charakterzug bekannt ist. Überlegen Sie sich, welche der Stärken Sie dazu machen möchten und auch warum. Werden Sie zur Person mit dem schönsten Lächeln, die mit ihrer Fröhlichkeit alle ansteckt, oder der Mensch, der immer auf alles eine Antwort weiß. Vielleicht ist es auch Ihr Markenzeichen, dass man Sie in allen technischen Bereichen alles fragen kann, oder Sie sind genau die Person, die einen besonders grünen Daumen hat. Hier haben Sie wirklich allen Spielraum der Welt. Wichtig ist nur, dass Sie sich durch Ihr Markenzeichen tatsächlich von allen anderen abheben.

Sie müssen sich mit diesem Markenzeichen absolut wohl fühlen, denn so präsentieren Sie sich nach außen. Sie können auch optisch ein Statement setzen und zum Beispiel durch eine außergewöhnliche Haarfarbe, einen stylischen Schnitt oder ein typisches Kleidungsstück auffallen. Oft ist es einfacher, zuerst ein virtuelles Markenzeichen zu finden. Das können knallige Turnschuhe, ein violetter Schal oder eine bestimmte Art von Haarschmuck sein. Wichtig ist, dass Sie hier schon einmal ein Gespür dafür bekommen wie es ist, sich von anderen abzuheben.

Diese eigene Identität, die Sie so erschaffen, ist Grundstein für Ihre Persönlichkeit und auch Ihr Selbstbewusstsein. Denken Sie immer daran, Sie sind nur wenige Schritte davon entfernt die Person zu werden, die Sie schon immer sein wollten.

Vertrauen und Selbstvertrauen

Wenn Sie kein Vertrauen in sich selbst haben, können Sie auch niemals anderen Menschen das vollste Vertrauen entgegen bringen. Umgekehrt ist es auch so, dass wenn Sie niemandem vertrauen, das Problem meist beim eigenen Selbstvertrauen zu finden ist. Hinter jeder fehlenden Form von Vertrauen steckt eine gewisse Angst. Angst, etwas nicht zu schaffen, oder Angst, von anderen verletzt oder enttäuscht zu werden.
Jeder Mensch wird mit dem sogenannten Urvertrauen geboren. Je mehr dieses Vertrauen ab dem 2. Lebensjahr missbraucht wird, um so unsicherer wird der Mensch. Dies entwickelt sich in vielen Fällen zu einem psychischen

Problem und Depressionen, Burn-out und Phobien können daraus resultieren. Daher ist es nicht nur wichtig, eventuelle Probleme mit dem Vertrauen zeitnah aufzuarbeiten, sondern das Übel bereits an der Wurzel zu packen. Wir alle sollten uns mehr darum kümmern, andere und sich selbst nicht zu verletzen.

Mangelndes Selbstvertrauen macht sich häufig auch in übermäßiger Eifersucht bemerkbar. Eifersucht ist ein Gemütszustand der verrät, dass die Person selbst so unsicher ist, dass sie keinem vertrauen kann. Kontrollzwang und die Unfähigkeit etwas loszulassen gehen damit einher. Eifersucht belastet nicht nur eine Partnerschaft, sondern kann bereits während der Kindheit zu einer extremen Belastung werden. Es beginnt damit, die Mutter nicht teilen zu wollen, zieht sich durch Gemeinheiten während der Pubertät und endet damit, dass sämtliche Partnerschaften im Vorfeld zum Scheitern verurteilt sind.

Wenn Sie durch Ihre Erziehung zu einem eifersüchtigen Menschen herangewachsen sind, können Sie dennoch selbst daran arbeiten. Ja, es ist sogar wichtig, das Problem zu erkennen, die Schuld nicht auf andere abzuwälzen und der Eifersucht den Kampf anzusagen. Nur wenn Sie diesen Kampf gewinnen, erhalten Sie Stück für Stück Vertrauen und Selbstvertrauen zurück.

Nun gilt es, sich ehrlich selbst zu betrachten. In welchen Situationen reagieren Sie eifersüchtig? Ist es nur der kleine Neid der aufkeimt, wenn die Jeans der Kollegin wieder besonders knackig sitzt, während Ihre Hose kneift und zwickt? Spüren Sie einen giftigen Stachel, wenn andere gelobt werden und Sie selbst untergehen? Oder ist es so schlimm, dass Sie zu Hause alle Jacken, Taschen, Notizbücher und das Telefon des Partner durchforsten? Egal wie stark ausgeprägt Ihre Eifersucht ist, Sie müssen in allen Fällen sofort etwas dagegen unternehmen, um endlich wieder zur Ruhe zu kommen und glücklich zu sein.

Es ist wichtig die Vertrauensbasis zu sich und den anderen wieder aufzubauen. Das gelingt jedoch nur, wenn Sie mit sich selbst beginnen. Starten Sie damit, dass Sie selbst ein Mensch werden, dem man zu 100 Prozent vertrauen kann. Das beginnt damit, dass Sie sich nicht extra optisch hervorheben müssen, nur um Ihren Wert unter Beweis zu stellen. Sicher, ein Quantum an Eitelkeit schadet nicht, jedoch müssen nicht alle Vorzüge mit Nachdruck betont werden. Seien Sie stolz auf sich selbst, aber wiederholen Sie nicht 10 Mal am Tag vor Ihrer dickeren Arbeitskollegin, wie stolz Sie auf Ihre tolle Figur sind.

Hören Sie damit auf, sich beim Chef einzuschleimen und andere schlecht zu machen. Wenn Sie gut und gewissenhaft arbeiten, dann wird jeder im betrieb Ihre Fähigkeiten erkennen und auch schätzen lernen. Und hören Sie auf, Geheimnisse vor Ihrem Partner zu haben. Nur wer etwas zu verbergen hat, vermutet dies auch ständig bei anderen.

Erst wenn Sie es geschafft haben an sich zu arbeiten, können Sie mit den nächsten Schritten beginnen. Danach müssen Sie beginnen los zulassen. Und zwar von dem Gedanken, dass andere so sein müssen, wie Sie gerne hätten. Viele fühlen sich schlecht, wenn andere sich nicht nach den eigenen Wünschen verhalten. Sie erhalten zu wenig Aufmerksamkeit und schon melden sich die Verlustängste. Sobald Verlustängste und Eifersucht aufkeimen ist das ein Zeichen, dass Sie sich minderwertig fühlen. Lassen Sie los und befreien Sie sich vom Konkurrenz-Denken und der Angst vor Unterlegenheit.

Eifersucht lässt sich nur ablegen, wenn Sie es als Gefühl erkennen, das Freude, Wut, Lust, Angst und Liebe gleichgestellt ist. Von all diesen Emotionen zählt die Eifersucht jedoch zu den schlimmsten Gefühlen. Und doch ist es ein Gefühl, das rein im Kopf ausgelöst wird. Das Gute daran ist, dadurch lässt sie sich auch relativ einfach bekämpfen.

Lassen Sie auch von jeglichem Besitzdenken los. Weder der Partner, noch das Ansehen in der Clique oder am Arbeitsplatz gehören Ihnen. Alles ist ein Geschenk, das Sie haben, wenn Sie es jedoch krampfhaft zu halten versuchen, werden Sie es verlieren. Durch eifersüchtiges Verhalten schaden Sie nicht nur sich selbst, sondern verletzen auch Ihre Mitmenschen. Und schon sind Sie in einer Spirale gefangen. Vergessen Sie nie, dass Eifersucht kein Zeichen für Liebe ist, sondern Angst und Hilflosigkeit - und mangelndes Selbstwertgefühl bedeutet.

Nach dem Loslassen kommt der nächste Schritt. Machen Sie nicht andere zum Mittelpunkt Ihres Lebens. Ihr Glück ist nicht von einem Partner oder von Ihrem Ansehen abhängig. Solang Sie etwas oder jemand anderen für Ihr Glück verantwortlich machen, werden Sie daran festklammern. Sobald Sie dies verlieren, bricht Ihre Welt wie ein Scherbenhaufen zusammen. Sie alleine sind für Körper, Geist und Seele und Ihr Glück verantwortlich. Dies müssen Sie tief verinnerlichen. Nur so können andere Ihr Leben bereichern. Nur dann befreien Sie sich von Verlustängsten.

Hören Sie auf, ständig sich selbst und alles was Sie besitzen, mit anderen zu vergleichen. Zufriedenheit und gönnen können sollten sich in Ihren Gedanken einbrennen. Seien Sie zufrieden mit dem was Sie haben und lernen Sie dieses auch zu schätzen. Das Gras im anderen Garten ist nicht grüner und auch die Kirschen sind dort nicht süßer. Sie haben alles, was Sie benötigen um glücklich zu sein.

Sobald Sie nun ein Gefühl von Eifersucht übermannt, schließen Sie die Augen. Denken Sie dabei an einen Menschen, der Sie von ganzem Herzen liebt und Sie mit all Ihren Ecken und Kanten akzeptiert. Spüren Sie die bedingungslose Liebe, die dieser Mensch für Sie hat. Nun versuchen Sie, sich selbst mit den Augen dieses Menschen zu sehen. So erkennen Sie, wie toll, wertvoll, schön und einzigartig Sie sind. Saugen Sie all die positiven Gefühle auf. Sobald Sie nun die Augen wieder öffnen, fühlen Sie sich stark und geliebt und haben keinen Grund, auf etwas oder jemanden eifersüchtig zu sein.

Leiten Sie das Gefühl der Eifersucht um. Eifersucht ist ein starkes Gefühl, das viel Energie benötigt. Anstatt die Energie hier zu verschwenden sollten Sie beim Aufkeimen der Emotion etwas unternehmen. Suchen Sie sich einen Ausgleich. Gehen Sie laufen, üben Sie Gitarre, singen oder tanzen Sie oder beruhigen Sie sich mit einer Meditation. Verwenden Sie Ihre Leidenschaft für Hobbies. Beschäftigen Sie Ihren Geist. Häufig ist Eifersucht auch ein Zeichen für Langeweile und zu viel Zeit, den Geist mit sinnlosen Gedanken zu beschäftigen.

Liebe und Selbstliebe für mehr Selbstbewusstsein

Genau wie mit dem Vertrauen ist es auch mit der Liebe. Wer sich selbst nicht lieben kann, wird auch nie fähig sein andere zu lieben. Darum gehört die Selbstliebe unbedingt dazu auf dem Weg zu mehr Selbstbewusstsein, Glück und Erfolg. Denn wenn Sie sich selbst nicht aufrichtig und tief lieben, dann werden Sie ewig auf der verzweifelten Suche nach Anerkennung, Glück und Liebe durch andere sein. Wenn Sie sich selbst nicht lieben, versuchen Sie dieses Gefühl von anderen zu erhalten. Dieses Thema haben wir in einem früheren Kapitel bereits ausführlich besprochen. Nun wollen wir jedoch Tipps und Tricks verraten, wie Sie im Zuge der Verwirklichung das Thema Selbstliebe schnell und effizient umsetzen können.

Hören Sie auf sich selbst und andere zu kritisieren. Unterstützen Sie die Ideen Ihrer Freunde und verfolgen Sie auch Ihre eigenen Pläne genau so eifrig. Behandeln Sie sich so, wie Sie auch von Ihren besten Freunden behandelt werden möchten. Vergessen Sie nie die Dinge, die Sie bereits erreicht haben und seien Sie stolz darauf.

Um aber wirklich Selbstliebe zu finden, sollten Sie sich täglich dafür 10 Minuten Zeit nehmen. Während diese Periode überlegen Sie, was Sie so besonders liebenswert macht. Anfangs sollten Sie die einzelnen Punkte noch notieren. Machen Sie Ihre Spiegel-Übungen und richten Sie an Ihr Spiegelbild laut eine Liebeserklärung, die aus dem tiefsten Herzen kommt.

Die Glaubenssätze verändern

Durch das Ändern der eingefahrenen Glaubenssätze schlagen Sie gleich mehrere Fliegen mit einer Klappe. Zum einen bewegen Sie sich raus aus der Komfortzone und versuchen Dinge aus einer neuen Perspektive zu sehen. Zum anderen bleiben Sie aktiv, übernehmen die Macht Ihrer Gedanken und Sie brechen aus den vorgefahrenen Schienen der Gesellschaft aus.

Durch das Ausbrechen aus der Box und das Blicken über den Tellerrand stärken Sie Ihr Selbstbewusstsein. Sie erkennen die Lügen, die bis jetzt vielleicht verantwortlich dafür waren, dass Sie sich klein, schwach, hässlich oder zu wenig gefühlt hatten. Viele diese Glaubenssätze haben sich so in unseren Alltag manifestiert, dass sie als Fakten gesehen werden. Wir aber nennen sie Lügen der Gesellschaft.

Häufig lassen wir uns einreden, dass wir nur mit einem Partner an der Seite glücklich werden können. Vergessen Sie das. Jeder ist auch alleine perfekt und nicht alle müssen dem Muster von Vater, Mutter und zwei Kindern entsprechen.

Häufig werden wir von Kindesbeinen an ermutigt, etwas „Ordentliches" zu lernen. Kreativität und der Drang nach selbständigen Arbeiten wird unterbunden, da es zu gefährlich und unsicher ist, sich in eine finanzielle Unsicherheit zu begeben. Auch von diesem Glaubenssatz können Sie sich verabschieden. Verfolgen Sie Ihre Pläne und glauben Sie an Ihre Träume.

Verabschieden Sie sich von Vorurteilen, Klischees und Stereotypen. Nehmen Sie nichts als gegeben hin sondern bilden Sie sich überall eine eigenen Meinung. Dies ist ein wichtiger Schritt in Richtung mehr Selbstbewusstsein. Stehen Sie zu dieser Meinung und scheuen Sie sich auch nicht, diese zu begründen.

Um dies als Training zu absolvieren, schreiben Sie diese Vorurteile und eingefahrenen Muster auf kleine Zettel. Diese können Sie nun verbrennen. Sie können diese Phrasen auch auf virtuelle Zettel notieren und diese anschließend in Luft auflösen lassen. In allen Fällen ist es wichtig, dass Sie deutlich sehen, dass diese Vorurteile und Klischees nicht mehr für Sie gelten. Befreien Sie sich davon, sprengen Sie die Ketten und treten Sie stark, mit eigener Meinung und selbstbewusst hervor. Lassen Sie sich nicht länger von der Gesellschaft in einer Kiste gefangen halten. Lassen Sie Ihre Gedanken und Träume frei und leben Sie ein selbstbewusstes Leben nach Ihren Vorstellungen.

Sich von den Glaubenssätzen zu befreien bedeutet nicht nur selbstbewusster, sondern auch glücklicher und erfolgreicher zu werden. Dass liegt daran, dass wir alles an das wir glauben, mit einer brennenden Überzeugung machen. Wenn wir für etwas brennen, dann kann es nur gut werden. Unsere eigenen Glaubenssätze werden zu unserer persönlichen Realität. Sie beflügeln uns, lassen uns neue Ressourcen erkennen und Resultate erreichen. Sie sehen also wie wichtig positive Glaubenssätze sind. Negative Glaubenssätze würden Sie bremsen und behindern.

Es macht alleine einen Unterschied ob Sie davon überzeugt sind dumm oder intelligent zu sein. Haben sich diese Gedanken manifestiert, so beeinflussen diese den weiteren Weg. Stellen Sie sich Ihre Glaubenssätze bildlich vor. Der positive Gedanke bildet einen starken Pfeiler. Von ihm geht eine Brücke in die Zukunft aus, die Sie überall hinbringen kann, wo Sie nur hin möchten.

Das bedeutet jedoch nicht, dass sich diese nicht beliebig verändern lassen. Auch hier ist nichts für die Ewigkeit und Sie können Ihre Glaubenssätze jederzeit optimieren. Vergessen Sie nie, Sie alleine haben es in der Hand und Sie sind nicht dazu verpflichtet, morgen noch der selbe Mensch zu sein, der Sie heute sind. Lassen Sie sich auch von Veränderung nicht einschüchtern und schon gar nicht von anderen Menschen, die Ihre Veränderung skeptisch beäugen. Mit der Veränderung Ihrer Glaubenssätze entkommen Sie auch der ewigen Opferrolle und entwickeln das Selbstvertrauen, welches Sie stark macht.

Wie Sie die Gründe für Selbstzweifel eliminieren

Selbstzweifel können Sie rasch aus der Bahn werfen. Wenn Sie sich ständig sorgen machen, dann verfallen Sie in destruktive Emotionen, die Sie tatsächlich auffressen und zerstören können. Körper, Geist und Seele geraten aus der Balance und Sie fühlen sich unsicher und schwach. Sie bauen sich selbst Grenzen und Barrieren. Auch hier haben wir in diesem Kapitel wieder einige Tricks und Tipps vorbereitet, wie Sie sich von den Selbstzweifeln und Sorgen befreien können. Wenn Sie hier angelangt sind reicht es nicht mehr, nur zu lesen, Sie müssen auch aktiv daran arbeiten, mental frei zu werden. Natürlich wird es immer wieder vorkommen, dass Sie an einer Entscheidung zweifeln oder angestrengt überlegen, ob der eingeschlagene Weg der richtige war. Dies ist generell nicht schlecht, da diese Emotionen helfen, sich zu fokussieren. Doch sollten es stets nur Gedanken sein, die Sie verfolgen, analysieren und anschließend danach handeln. Treten Zweifel auf, fokussieren Sie sich neu, schlagen den neuen Weg ein und müssen die Zweifel hinter sich lassen. Ein ewiges Zaudern und „was wäre wenn" denken macht Sie auf Dauer nur krank. Konzentrieren Sie sich auf die Gegenwart. Vergangenes ist vorbei und die Zukunft steht in den Sternen. Das Heute ist wichtig. Lassen Sie los und konzentrieren Sie sich auf Ihre Mitte.

Nehmen Sie sich für diese Übungen etwa 30 Minuten Zeit und achten Sie darauf, dass Sie ungestört sind. Nur so können Sie auch wirklich entspannen und abschalten. Nehmen Sie eine komfortable Position ein. Am besten legen Sie sich auf den Boden, das Bett oder machen es sich auf der Couch bequem. Denken Sie daran, dass Sie sich akzeptieren, so wie Sie sind. Suchen Sie sich dazu einen schönen Satz wie: „Ich liebe und akzeptiere mich.", den Sie einige Male wiederholen. Zwischen den einzelnen Sätzen atmen Sie schnell und tief ein, und langsam wieder aus. Sie können nach einigen Sätzen auch eine neue Affirmation verwenden. Achten Sie unbedingt auf eine positive Formulierung, in der Sie betonen, dass Sie sich so akzeptieren, wie Sie sind. Vergessen Sie dazwischen das bedachte Atmen nicht.

Sie können sich auch selbst massieren, oder spezielle Akkupunktur-Punkte abklopfen. Die wichtigsten Punkte hierfür sind der Brustkorb-Rand, die Mulde in der Mitte des Hinterkopfs, die Außenseite des Schienbeins - 4 Finger unterhalb der Kniescheibe und die Mitte des Brustbeins.

Nehmen Sie eine bequeme Position ein. Entspannen Sie, schließen Sie die Augen und massieren Sie der Reihe nach die besagten Stellen. Sie können kreisende Bewegungen im Uhrzeigersinn durchführen, oder diese Stellen sanft abklopfen. Die Gedanken sollten Sie komplett abschalten, oder sich rein auf positive Affirmationen konzentrieren.

Stehen Sie danach auf, atmen Sie tief durch und sprechen Sie laut: „Es ist mir egal, was andere Menschen denken, ich bin perfekt so wie ich bin."

Sobald Sie während des Tages nagende Zweifel verspüren, halten Sie inne. Lokalisieren Sie, woher die Zweifel und Ängste kommen und versuchen Sie diese bewusst zu schlucken. Vertreiben Sie diese Gedanken wie dunkle Wolken.

Vergessen Sie nie die Weisheit aus dem Buddhismus die lautet: „Wir sind, was wir denken. Alles was wir sind, entsteht mit unseren Gedanken. Mit unseren Gedanken machen wir die Welt." - und handeln Sie danach. Nur so können Sie wachsen.

Hören Sie auf Ihre innere Stimme und das Bauchgefühl. Hören Sie tief in sich hinein, nicht nur im Augenblick, sondern bei jedem Spaziergang durch den Wald oder beim Yoga. Hören Sie in den Bauch hinein und fragen Sie sich, was Sie richtig glücklich macht. Notieren Sie sich diese Punkte und fragen Sie sich, was Ihnen hierfür im Weg steht.

Weihen Sie eine Freundin oder einen Freund ein und arbeiten Sie gemeinsam an diesem Problem. Schreiben Sie sich gegenseitig Dinge und Eigenschaften auf, die sie einzigartig machen.

Schreiben Sie auf einen Zettel sämtliche Fehler der Vergangenheit auf, die Sie belasten. Nun lassen Sie diese Zettel verschwinden. Sie können Sie verbrennen oder auch ganz banal die Toilette hinunter spülen. Zurück bleiben nur positive Gedanken.

Nutzen Sie Ihre Selbstzweifel aus, indem Sie Ihren inneren Kritiker umpolen. Wenn Ihnen das gelingt, kann er zu einem wertvollen Helfer werden. Achten Sie auf die Momente, in welchen sich dieser innere Nörgler meldet. Geben Sie diesem inneren Kritiker einen Namen. Sobald wir etwas beim Namen nennen können, verlieren wir den Schrecken davor. Nun können Sie den inneren Kritiker in seine Schranken weisen und gewinnen Oberhand.

Fragen Sie im Zwiegespräch den inneren Kritiker nach seiner Meinung, und warum er diese bestimmte Situation so negativ sieht. Führen Sie eine konstruktive Unterhaltung und diskutieren Sie die Situation aus. Der innere Kritiker ist in der Regel selbst nicht kritikfähig und es sollte einfach sein, ihn zu überzeugen. Anhand dieses Gesprächs können Sie nun eine Pro und

Contra Liste erstellen. Nun haben Sie alles schwarz auf weiß aufgeschrieben und können überlegen und abwägen.

Das persönliche Selbstvertrauen Tagebuch anlegen

Auf dem Weg bis hierher haben Sie bemerkt, dass Sie häufig Notizen aufschreiben sollten. Nun ist der Zeitpunkt gekommen, an dem Sie ein eigenes Selbstvertrauen Tagebuch anlegen. Die ersten Übungen haben Sie mit Papier und Bleistift absolviert und von nun an können Sie schöne Listen und Rubriken anlegen. Dazu besorgen Sie sich am besten ein schön gebundenes Notizbuch, das Sie gerne zur Hand nehmen. Natürlich können Sie auch ein beliebiges Heft nehmen und die Umschläge nach Lust und Laune gestalten. Wichtig ist, dass Sie sich mit Ihrem Selbstvertrauen Tagebuch identifizieren und es immer gerne zur Hand nehmen. Dieses Tagebuch soll positive Emotionen in Ihnen auslösen.

Unterteilen Sie das Tagebuch in die verschiedensten Rubriken und Übungen. Wiederholen und überarbeiten Sie jedes einzelne Kapitel immer wieder. Dadurch können Sie sehen, wie viele Fortschritte Sie bereits gemacht haben. Darauf können Sie auch unendlich stolz sein. Durch das Führen des Tagebuchs und das Aktualisieren der Statistiken, Listen und Pro und Contras schärfen und schulen Sie Ihre eigene Wahrnehmung und sehen vieles klarer.

Ändern Sie die Perspektive

Suchen Sie sich einen stillen Ort und überlegen Sie, wie Sie Ihr Leben gerade sehen. Dadurch finden Sie Ihre Perspektive. Um diese zu ändern stellen Sie sich vor, dass Sie nun einfach das Fenster wechseln, durch das Sie bis jetzt auf Ihr Leben gesehen haben. Das klingt einfach, ist es auch. Überlegen Sie nun, wie das Leben aus den unterschiedlichen Perspektiven gesehen verläuft und machen Sie sich dazu Notizen. Versuchen Sie eine bestimmte Situation aus mindestens vier unterschiedlichen Perspektiven zu betrachten.

Beurteilen Sie nun jede einzelne Perspektive. Achten Sie dabei auf negative Schwingungen, auf Realisierung und seien Sie ehrlich mit der Bewertung. Überlegen Sie nun, wie Sie von jeder einzelnen Perspektive aus persönlich beeinflusst werden. So finden Sie auch schnell heraus, welche Art des Lebens Ihnen mehr liegt. Sind Sie bereit für Risikos oder lieben Sie es doch eher sicher und geruhsam.

Negative Perspektiven und Vorurteile die diese beeinflussen sind hier ebenso wichtig. Diese müssen Sie hinterfragen und aufarbeiten. Stellen Sie sich dabei die berühmten Fragen: „Warum, was, wer und wie lange." Warum sehen Sie den Wechsel zu einer neuen Arbeitsstelle so risikoreich. Was könnte sich ändern? Wer wäre von diesem Weg betroffen und wie lange wären Sie damit glücklich.

Nun gilt es zu überlegen, woher diese Perspektive kommt. Jeder Blickwinkel wurde über lange Zeit quasi antrainiert. Erziehung, Religion, Politik, Medien, Lebenserfahrung, Reisen, das Umfeld und viele mehr beeinflussen unseren Blickwinkel. Sie werden bemerken, dass Sie in vielen Punkten festgefahren sind. Nun gilt es daran zu arbeiten und quasi den Horizont zu erweitern. Lesen Sie Bücher über fremde Kulturen, besuchen Sie Festivals, reisen Sie oder sehen Sie sich Dokumentationen zu verschiedensten Themen im Fernsehen an.

Perspektiven werden auch von Freunden, Bekannten und der Familie mit geprägt. Finden Sie heraus, wer welchen Blickwinkel mitbestimmt und umgeben Sie sich mit neuen Menschen, die die Welt etwas anders sehen. Durch Weiterbildung, Kurse oder auch neue Hobbies gewinnen Sie ebenfalls neue Perspektiven.

Nun gilt es kreativ zu werden und zu überlegen, wie das leben aus einem anderen Blickwinkel betrachtet aussehen würde. Stellen Sie sich die Situation vor und spielen Sie diese durch. Am einfachsten gelingt das, wenn Sie sich zum Beispiel ins Gras legen und den Himmel betrachten, oder einen Handstand machen. Blicken Sie durch Ihre Beine hindurch und schon sehen Sie, wie schnell es geht, die Welt aus einem anderen Blickwinkel zu sehen. Dadurch bekommen Sie ein Gespür für einen Perspektiven-Wechsel.

Versuchen Sie, sich für andere zu interessieren. Stellen Sie Fragen während einer Unterhaltung und lernen Sie von unterschiedlichen Meinungen. Hinterfragen Sie, ob Menschen in Ihrem Umfeld oft die Meinung und die Perspektive ändern und lernen Sie daraus. Bleiben Sie jedoch immer respektvoll und akzeptieren Sie, dass jeder, so wie Sie auch eine eigene Meinung haben können. Lassen Sie fremde Meinungen und Überzeugungen einfließen, sich jedoch niemals beeinflussen. Sie alleine entscheiden, wie Sie die Welt sehen.

Durch diese Übung erweitert sich Ihr Horizont. Sie lernen dazu und gewinnen an Selbstvertrauen. Diese Übung ist ein Training, das niemals endet. Das ganze Leben lang werden Sie neue Perspektiven kennen lernen und Ihren eigenen Blickwinkel immer wieder anpassen.

Vertrauen und Selbstvertrauen zurück gewinnen

Jedem von uns ist es garantiert schon einmal passiert, das Vertrauen eines geliebten Menschen verloren zu haben. Meist geschieht dies nicht aus purer List. Häufig stecken kleine Lügen dahinter, die man in der Annahme aufrechterhielt, um den Partner oder Freund nicht zu verlieren oder zu verletzen. Dahinter stecken meist pure Angst und Unsicherheit. Mit diesen Lügen und dem Vertrauensverlust geht auch unser Selbstvertrauen unter. Wer das Vertrauen in sich selbst oder das Vertrauen eines geliebten Menschen verloren hat, wird noch unsicherer und die Spirale droht sich bergab zu drehen. Daher ist es wichtig, dieses Problem so schnell als möglich in Angriff zu nehmen. Dazu gehören Mut und Courage, aber es lohnt sich ungemein.

Der erste Weg ist, in sich selbst zu gehen und das Vertrauen zu sich selbst wieder aufzubauen. Diesen Prozess nennt man Selbstheilung und ohne diesen Schritt geht es nicht weiter. Die nachfolgenden Steps sollten Sie auch verfolgen, wenn jemand Sie selbst enttäuscht und Ihr Vertrauen missbraucht hat. Kommen Sie zur Ruhe und überlegen Sie genau, wie es zu dieser Situation kommen konnte. Schreiben Sie hier alle Notizen auf ein Blatt Papier und erstellen Sie eine Timeline. Wann hat der Vertrauensmissbrauch begonnen und warum? Sobald Sie dies herausgefunden haben, sollten Sie sich etwas Ruhe gönnen und abschalten. Versuchen Sie nicht ständig daran zu denken, sondern lenken Sie sich ab. Am besten wäre nun natürlich ein Kurzurlaub, aber auch ein Tag im Wald oder am See sind hier sehr hilfreich. Wichtig ist, dass Sie nicht zu Hause in Ihren eigenen vier Wänden sitzen und grübeln.

Im nächsten Schritt analysieren Sie Ihre erstellte Timeline. Hier ist es wichtig, dass Sie sich absolut vor Schuldzuweisungen distanzieren. Es darf hier nicht zu einer Verteilung von Opferrolle und Täter kommen. Zudem sollten Sie klar die Situation abgrenzen, die vom Missbrauch betroffen war. Nu weil Sie Ihren Partner oder Ihr Partner Sie in einem Bereich enttäuscht hat, bedeutet dies nicht, dass Sie Ihre gesamte bisherige Beziehung in Frage stellen sollten. Häufig geht es um Geld, oder um eine Unehrlichkeit bezüglich der Kinder. Verzwickter wird es natürlich wenn ein Seitensprung die Ursache ist, doch auch das kann geheilt werden. Sie müssen sich nun klar werden, ob Sie überhaupt mit dem Vertrauensbruch leben können, oder einen klaren Schlussstrich ziehen möchten.

Alle betroffenen Parteien müssen sich bewusst werden, ob sie über den Vorfall hinwegkommen. Ist dies erst beschlossen, darf es auch kein Zurück mehr geben. Sie müssen sich selbst und dem Partner verzeihen können. Ist dies möglich, sind Sie auf der sogenannten Null-Linie angekommen. Von hier aus kann es nur mehr bergauf gehen. Ab diesem Zeitpunkt darf jedoch auch nicht mehr zurückgeblickt werden. Auch wenn vieles noch aufgearbeitet werden muss, ab jetzt geht der Blick nach vorne. Werfen Sie sich nichts mehr vor, weder dem anderen noch sich selbst. Wärmen Sie die Angelegenheit nicht mehr auf. Ewiges Sticheln und Diskutieren bringt Sie hier nicht weiter.

Nun ist der Vertrauensmissbrauch eliminiert, nicht vergessen, wenn es noch schmerzt, doch vom Tablett genommen. Nun fokussieren Sie sich auf all die positiven Dinge in der Beziehung. Hat der Missbrauch einen finanziellen Hintergrund, erinnern Sie sich daran, wie liebevoll Ihre Beziehung in all den anderen Bereichen ist. Ist es am Arbeitsplatz zu einem Verlust von Vertrauen gekommen, konzentrieren Sie sich auf die Bereiche, die Ihren Job so besonders machen. Denken Sie an die gute Bezahlung, das nette Arbeitsklima mit den Kollegen oder die interessanten Aufgaben. Hat eine Freundin Sie enttäuscht, dann erinnern Sie sich an all die guten Zeiten. Sprechen Sie auch darüber. Unterhalten Sie sich über sämtliche schöne Momente und spüren Sie, wie Stück für Stück auch das Glück zurückkehrt.

Fokussieren Sie sich auch auf andere Dinge in Ihrem Leben, die mit diesem Vorfall nichts zu tun haben. Gerne neigt man in diesen verbohrten Situationen alle Energie nur auf den negativen Vorfall zu produzieren. Vergessen Sie dabei jedoch nicht die tollen Dinge in Ihrem Leben. Familie, Gesundheit, Freunde, Hobbies, die Natur und vieles mehr haben es nicht verdient, dabei vernachlässigt zu werden.

Ziehen Sie aus dem Erlebten einen Fazit. Suchen Sie das Positive darin, denn nichts geschieht ohne Grund und auch hier passt das alte Sprichwort: „In allem Negativen ist auch immer etwas Positives zu finden." Wenn Sie diese einzelnen Phasen durchgearbeitet haben, werden Sie sich nicht nur wieder besser fühlen, sondern auch das Vertrauen zu sich selbst und anderen wieder aufgebaut haben. Dazu gehört natürlich auch eine ordentliche Portion Größe, die Sie aufbringen müssen. Darauf aber können Sie besonders stolz sein.

Wie scheinbar unmögliche Träume wahr werden können

Oft schmälern Wünsche und Träume, die sich nicht erreichen lassen, unser Selbstvertrauen. Daher ist besonders dieses Kapitel so wichtig, auch wenn es sich auf den ersten Blick utopisch anhört. Denn natürlich reicht es nicht, dass Sie sich etwas intensiv wünschen, damit es auch in Erfüllung geht. Manche Träume und Wünsche bleiben einfach unerreichbar. Mit der richtigen Technik und einer angepassten Perspektive aber gestalten Sie sich ein Umfeld, das diesen Wünschen sehr nahe kommt.

Wichtig ist, dass Sie sich immer auf die positiven Aspekte im Leben konzentrieren. Freuen Sie sich jeden Morgen darauf, was der Tag Schönes für Sie bereit hält. Alleine positive Gedanken vermögen es, dass Sie glücklicher und zufriedener sind. Positive Gedanken sind sogar dafür verantwortlich, dass sich Ihre Gesundheit merklich verbessert. Besonders psychische Erkrankungen können durch eine positive Lebensführung vermieden werden. Auch wenn Wünsche alleine das Leben nicht verändern, sie motivieren und treiben uns voran.

Glauben Sie an Ihre Wünsche und Träume, so wie Sie an sich selbst glauben. Durch die vielen Übungen mit Manntras und Affirmationen wird Ihnen das mittlerweile leicht fallen. Nur wenn Sie wirklich davon überzeugt sind, dass Sie alles schaffen können, dann können Sie dies auch bewerkstelligen. Durch positive Gedanken, Wünsche und Träume lassen sich Ziele einfacher erreichen.

Lassen Sie die Wünsche und Träume konkret werden. Es reicht nicht, wenn Sie sich wünschen reich und berühmt zu sein. Überlegen Sie, wofür Sie berühmt werden können und woher Ihre zukünftigen großen Einnahmen kommen könnten. Danach können Sie einen Plan fassen und das Ziel verfolgen. Egal ob Sie Schriftsteller, Sänger, Erfinder, Broker oder Sportler werden möchten, alles ist möglich. Sie dürfen nur nie vergessen, an sich selbst zu glauben und das Ziel deutlich vor Augen zu haben. Das Universum kann jedoch keine Wünsche erfüllen, wenn es an Substanz fehlt. Möchten Sie ein Rockstar werden, spielen jedoch weder Gitarre noch Schlagzeug, so wird auch das Universum machtlos sein. Hier müssen Sie selbst für eine Basis sorgen, denn von nichts kommt nichts.

Stellen Sie Ihre Träume und Ziele an erster Stelle und lassen Sie sich nicht davon abbringen. Auch wenn andere versuchen, Ihnen einen anderen Weg schmackhaft zu machen, bleiben Sie sich treu.

Überlegen Sie, welche Träume realistisch sind. Möchten Sie auf einem Einhorn reiten? Das wird natürlich nicht möglich sein. Statt dessen aber können Sie einen Reitstall besuchen, reiten lernen, oder vielleicht im Urlaub auf Elefanten oder Kamelen reiten. Träumen Sie davon ein Superheld zu sein? Dann warten Sie nicht darauf, dass Ihnen plötzlich Spinnennetze aus den Händen schießen. Überlegen Sie, wo Sie Gutes tun können. Helfen Sie freiwillig beim Roten Kreuz, unterstützen Sie Tierheime, Suppenküchen oder Obdachlosenheime und werden Sie so zu einem ganz besonderen Helden unserer Zeit. Sie werden sehen, wie enorm selbstbewusst und stolz Sie sich danach fühlen werden. Überlegen Sie auf diese Art bei jedem Wunsch, wie dieser sich auch realistisch verwirklichen lässt.

Diese Wünsche und Träume lassen sich natürlich nicht von heute auf morgen verwirklichen. Bleiben Sie geduldig und rechnen Sie auch immer mit Rückschlägen. Lassen Sie sich davon nicht unterkriegen. Sehen Sie die Steine, die in Ihrem Weg liegen als Baustoff für Brücken und Treppen. Betrachten Sie die Rückschläge kritisch und überlegen Sie, ob Sie vielleicht zu nachlässig waren, hinter Ihren Wünschen zu stehen und dafür zu arbeiten. Versuchen Sie es erneut und kommen Sie so dem Ziel immer ein Stück näher.

Zuletzt ist es auch wichtig, immer zeitnah die Initiative zu ergreifen. Heute ist der Tag, an dem Sie Ihre Ziele in Angriff nehmen müssen. Zögern Sie nicht, sondern handeln Sie. Warten Sie nicht auf den richtigen Moment, denn niemand weiß wann der wirklich ist. Um Ihre Träume und Ziele zu erreichen ist genau jetzt der richtige Moment. Bedenken Sie auch, wenn Sie sich jetzt an die Arbeit machen, werden Sie das Ziel auch bedeutend schneller erreichen.

Doch nicht nur wünschen und überlegen ist was zählt. Nun sollten Sie sich auch an die Recherche machen. Was benötigen Sie, um Ihren Traumberuf erlernen zu können? Wo können Sie die Sportart erlernen, von der Sie träumen? Möchten Sie neue Freunde mit ähnlichen Hobbies kennenlernen? Dann suchen Sie nach Kursen und Veranstaltungen, auf welchen Sie diese treffen könnten. Das Internet bietet Ihnen eine große Auswahl. Somit haben Sie keinen Grund mehr, auch nur einen Tag länger zu warten.

Zum Abschluss sollten Sie sich auch hier eine Deadline setzen. Legen Sie ein Datum fest, und verfolgen Sie den Progress konsequent. Tragen Sie diese

Fortschritte und sämtliche Stufen dazu in Ihrem Tagebuch für mehr Selbstvertrauen ein und markieren Sie kleine Zwischenerfolge bunt. So behalten Sie den Überblick.

Machen Sie aus Ihren Träumen kein Geheimnis. Erzählen Sie stolz von Ihrem Vorhaben und haben Sie keine Angst belächelt oder als Spinner abgekanzelt zu werden. Wahre Freunde werden Sie unterstützen und gegebenenfalls konstruktive Kritik beisteuern. Dies ist wichtig, um Sie auf der Spur zu halten. Nörgler und Zweifler sollten Sie ignorieren und meiden. Meist liegt es am mangelnden Selbstvertrauen und Mut dieser Personen, die es ihnen unmöglich machen, andere zu unterstützen und sich für andere zu freuen. Schnell kristallisiert sich heraus, wer in Ihrer Umgebung ein heilloser Pessimist ist, und wer einfach mit eigenen Ideen zur Verwirklichung Ihrer Träume beitragen möchte.

Greifen Sie ruhig nach den Sternen und vergessen Sie nie: Die ganze Welt steht Ihnen offen. Mit etwas Mut, Selbstvertrauen und Durchhaltevermögen lässt sich nahezu alles erreichen. Stellen Sie sich dazwischen immer wieder vor, wie schön es sein wird, wenn Sie am Ziel angelangt sind. Spüren Sie dieses Gefühl und lassen Sie sich davon tragen.

Mit Disziplin zu mehr Selbstbewusstsein

Disziplin ist ein wichtiger Bestandteil unseres Lebens. Es beginnt während der Schulzeit und setzt sich durch die gesamte Ausbildung oder das Studium fort. Am Arbeitsplatz ist Disziplin gefragt und auch in Bereichen wie Sport oder Ernährung geht es nicht ohne. Kinder müssen mit Disziplin erzogen werden und auch wenn Sie keine oder noch keine Kinder, dafür aber einen Hund haben, wissen Sie, dass auch hier Disziplin gefragt ist. Doch was ist Disziplin überhaupt und was hat sie mit Selbstvertrauen und Selbstbewusstsein zu tun?

Disziplin ist jenes Verhalten, das uns auf dem Weg zum Ziel begleitet und davon abhält, vom Weg abzukommen. Disziplin ist jene Eigenschaft, die erfolgreiche Menschen auszeichnet - und erfolgreiche Menschen sind nun einmal selbstbewusst. Dieses Verhalten bedeutet auch, dass Sie selbst enorm viel Energie aufbringen, um Ihre Ziele zu verfolgen. Disziplin ist eine eiserne Willenskraft, die nicht jedem angeboren ist, sich jedoch wunderbar trainieren und lernen lässt.

Durch viel Übung kommen Sie zum Ziel. Lernen und trainieren Sie jeden Tag kontinuierlich. Finden Sie Ihr eigenes System und Ihren Rhythmus. Wenn Sie eine neue Sprache lernen, wiederholen Sie die Vokabel jeden Tag. Wenn Sie kochen lernen möchten, so sollten Sie jeden Tag eine Kleinigkeit in der Küche zaubern und wenn Muskelaufbau Ihr Ziel ist, sollten Sie Ihren Körper jeden Tag bewegen. Es ist besser jeden Tag mit kurzen Einheiten zu beginnen, dafür dauerhaft durchzuhalten. Mit der Zeit erhalten Sie Routine und das tägliche Training verliert an Anstrengung.

Um diszipliniert arbeiten zu können ist es auch wichtig, dass Sie auf sich selbst gut achten. Da gehört ein gesunder und ausreichender Schlaf unbedingt dazu. Menschen die für Ihre enorme Disziplin berühmt sind, achten auf regelmäßigen Schlaf. Hier muss unbedingt die Balance zwischen Arbeit und Ruhephase stimmen. Es ist unmöglich ein Programm über einen längeren Zeitraum hinweg durchzuhalten, wenn Sie täglich nur 5 Stunden schlafen und den Rest des Tages hart arbeiten. Doch nicht nur der Körper wird sich bei zu wenig Schlaf nach kurzer Zeit verabschieden. Auch der Geist beginnt unkonzentriert zu sein. Zudem ist die Gefahr groß, dass Sie einfach die Lust am Projekt verlieren, weil es zu anstrengend ist. Daher planen Sie alles gut vorab und achten Sie darauf, dass neben Training oder diszipliniertem Arbeiten auch der Schlaf nicht zu kurz kommt.

Einen weiteren wichtigen Faktor beim Durchhalten spielt eine gesunde Ernährung. Achten Sie auf eine vitaminreiche Ernährung. Auch wenn Schokoriegel, Zucker und Co bekannt sind, kurzfristig einen Energieschub auszulösen, diese Energie sinkt nach einer hochschnellenden Kurve sofort wieder ab. Gewöhnen Sie sich an täglich Salat zu essen und stillen Sie Ihren Appetit auf Süßes durch Obst, Trockenfrüchte und Nüsse.

Nun wissen Sie, welche Grundvoraussetzungen optimal wären, um mehr Disziplin zu erreichen. Nun geht es daran sich selbst zu analysieren. Warum denken Sie, dass mehr Disziplin in Ihrem Leben nötig wäre? In welchen Punkten steht Ihnen der berühmte innere Schweinehund stets im Weg und in welchen Situationen lassen Sie sich von Ihren Plänen nur zu gerne ablenken? Seien Sie bei diesen Punkten ehrlich, denn es macht einen Unterschied, ob Sie aus Bequemlichkeit lieber aufgeben, oder im Endeffekt die Pläne anderer vor Ihre eigenen stellen. Ist es die sogenannte Faulheit, dann müssen Sie sich nur selbst einen kleinen Tritt in den Hintern geben. Wenn Sie jedoch anderen zuliebe immer wieder Ihre Spur wechseln so müssen Sie lernen standhaft zu bleiben. Erklären Sie den Freunden oder der Familie, warum es Ihnen wichtig ist durchzuhalten und scheuen Sie auch nicht davor „Nein" zu sagen.

Im nächsten Schritt müssen Sie sich selbst davon überzeugen, dass Sie durchaus diszipliniert sein können. Viele kokettieren mit der Eigenschaft einfach zu wenig Durchhaltevermögen zu haben. Zudem müssen Sie sich selbst davon überzeugen, dass es rein in Ihrer Hand liegt. Niemand hat das Recht Ihnen zu sagen, ob Sie auf dem richtigen Weg sind oder nicht. Ziehen Sie Grenzen und gehen Sie mit stolz erhobenem Haupt Ihren Weg. Wenn Sie selbst ein Bild von sich haben, das Sie als disziplinierten Menschen zeigt, dann ist es am Ende des Tages auch viel einfacher, die Pläne einzuhalten.

Verjagen Sie Selbstzweifel. Vertreiben Sie den kleinen Teufel auf der Schulter der flüstert: „Du schaffst es nicht". Lassen Sie an seiner Stelle den kleinen Engel sitzen, der Sie mit gutem Zureden und Motivation unterstützt. Sehen Sie sich nicht länger als Versager. Auch wenn Sie in der Vergangenheit schon häufig Projekte abgebrochen haben und andere denken, Sie würden es nie schaffen. Beweisen Sie sich und der Welt, dass es anders ist. Entscheiden Sie sich auch hier für eine positive Lebenseinstellung. Fokussieren Sie sich und konzentrieren Sie sich.

Machen Sie sich Pläne. Tragen Sie auch hier Ihre Fortschritte täglich in Ihr Tagebuch für mehr Selbstbewusstsein ein. So haben Sie auch jeden kleinen Rückschlag immer im Überblick und Sie können sich selbst fragen, warum diese entstanden sind. Notieren Sie auch täglich, was Sie gebremst hat. Faulheit, Bequemlichkeit, Müdigkeit, Stress oder Erschöpfung können schuld daran tragen, dass Sie am Weg etwas gestrauchelt sind. Wenn Sie diese Vorkommnisse ebenfalls täglich eintragen, so können Sie auch so daran arbeiten. Eben, indem Sie künftig mehr schlafen, besser essen, sich weniger ablenken lassen oder Zweifel vertreiben. Anhand Ihrer eigenen Statistik erkennen Sie auch wunderbar, an welchen Tagen Ihnen Ihr Vorhaben besonders gut gelungen ist. Orientieren Sie sich an diesen Tagen und versuchen Sie die Atmosphäre, Stimmung und Kulisse dieser Tage vermehrt zu erzeugen.

Auf dem Weg zu einem rundum disziplinierten Verhalten hilft es häufig, das gesamte Leben etwas genauer zu strukturieren. Versuchen Sie den Tag stets zur gleichen Uhrzeit zu beginnen. Auch wenn Sie vielleicht im Moment nicht arbeiten, sollten Sie nicht bis nachmittags schlafen. Stellen Sie den Wecker auf 9 Uhr, beginnen Sie den Tag mit Meditation, Frühsport und einem nahrhaften Frühstück. Im Gegenzug sollten Sie sich auch angewöhnen, täglich vor Mitternacht zu Bett zu gehen. Auf dem Weg für mehr Disziplin in Ihrem

Leben gehören auch Dinge wie regelmäßige Mahlzeiten und das Aufräumen der eigenen vier Wände dazu. Hören Sie auf, die Nachmittage gelangweilt auf dem Sofa zu verbringen und lesen Sie zum Beispiel ein gutes Buch, anstatt einer flachen Daily Soap zu folgen. Haben Sie so ein stabile Grundgerüst für Ihr Leben erschaffen, werden Sie sehen dass bereits alles viel einfacher geht, Sie mehr Zuversicht, Mut und auch Selbstbewusstsein erlangt haben. Machen Sie einen Haushaltsplan oder setzen Sie einen wöchentlichen oder monatlichen Speiseplan mit dazugehöriger Einkaufsliste auf. Ganz wichtig wäre auch, dass Sie einen Finanzplan erstellen. Hier können Sie mit einem simplen Haushaltsplan beginnen, den Sie händisch oder sogar im Internet oder am Handy auf einer App führen können.

Gönnen Sie sich Pausen. Niemand kann 24 Stunden am Tag nur diszipliniert sein. Lassen Sie sich ein Stück Schokolade schmecken, legen Sie sich in den Park und träumen Sie mit offenen Augen oder gehen Sie einfach mit Freunden schwimmen. Achten Sie darauf, dass Sie auch während Ihrer Arbeitsphasen immer Pausen einplanen. Nach einer Stunde vor dem Computer oder den Büchern sollten Sie aufstehen, sich strecken, dehnen und kurze Atemübungen machen.

Last but not least sollten Sie auch lernen, sich im Sprachgebrauch diszipliniert zu verhalten. Das bedeutet, Sie sollten sich angewöhnen nicht zu schreien oder zu streiten. Bemühen Sie sich um einem angemessene Wortwahl und vermeiden Sie jegliche Kraftausdrücke. Disziplin in der Kommunikation ist eine Kunst, für die Sie garantiert viele bewundern werden. Versuchen Sie auch mit allem Menschen gleich freundlich umzugehen. Haben Sie nette Worte für die Kellnerin, auch wenn Sie Ihr Getränk vergessen hat und vergessen Sie nicht, dass sich auch die Kassiererin im Supermarkt über ein „Bitte und Danke“ freut.

Verfolgen Sie Ihre Ziele. Machen Sie Ihre Pläne und ganz wichtig, setzen Sie sich durch, wenn andere versuchen Sie abzuhalten. Erkennen Sie, wenn jemand Sie ablenken oder verführen möchte. Bleiben Sie konsequent und weisen Sie freundlich aber bestimmt darauf hin, dass Sie stolz darauf sind, den eigenen Weg zu verfolgen. Sie sehen Disziplin und Selbstbewusstsein haben eine ganze Menge gemeinsam. Sie alleine wissen, wie wichtig diese Sache für Sie ist. Im Gegenzug aber sollten Sie auch andere respektieren, die vielleicht einen anderen Weg verfolgen.

Mit mehr Selbstbewusstsein ein erfülltes Leben führen

Auch diese zwei Akteure gehen Hand in Hand und einer ist ohne dem anderen nicht fähig zu existieren. Sie können kein Selbstbewusstsein entwickeln, wenn Ihr Leben nicht erfüllt ist und umgekehrt. Daher ist es wichtig herauszufinden, wie erfüllt Ihr Leben im Moment ist. Schreiben Sie in Ihr Tagebuch sämtliche Begriffe auf, die Ihnen zum Thema erfülltes Leben einfallen. Beurteilen Sie ehrlich, ob Sie bis jetzt denken, ein erfülltes Leben geführt zu haben, und wenn ja oder nein, warum.

Betrachten Sie dafür sämtliche Sparten Ihres Lebens. Unterteilen Sie das Thema erfülltes Leben in die einzelnen Sparten: Finanzen und Beruf, Beziehungen und Familie, Sexualleben, Freizeit, Gesundheit oder auch andere Bereiche. Beurteilen Sie nun Ihre Zufriedenheit der einzelnen Bereiche auf einer Skala von 1 bis 10. 1 bedeutet, Sie sind absolut unzufrieden und 10 bedeutet das Gegenteil. Nun überlegen Sie, warum manche Bereiche eher schlechter bewertet wurden als andere.

Sie müssen nicht alle Bereiche mit einer 10 bewerten, viel wichtiger ist, dass sich die Zufriedenheit konstant durch alle Lebensbereiche zieht. Das bedeutet es ist besser, wenn Sie alle Sparten mit 8 bewertet haben, als beinahe alle mit 10 und nur 2 Sparten mit 2 zu bewerten. Denn dieser gleichbleibende Faktor bedeutet, dass Ihr Leben zwar durchschnittlich, aber eben konstant zufrieden ist. Versuchen Sie nun die Bereiche, die schlechter abgeschnitten haben zu analysieren und überlegen Sie, warum Sie hier weniger zufrieden sind. Nun gilt es, diese Bereiche auf Vordermann zu bringen.

Liegt es an der finanziellen Lage, überlegen Sie, wie Sie diese verbessern können. Hier hilft der altbewährte Haushaltsplan. Sind Sie im zwischenmenschlichen Bereich unzufrieden, überlegen Sie, woran es liegt. Vielleicht gehen Sie einfach zu wenig an die Öffentlichkeit. Peppen Sie Ihre sozialen Kontakte auf, oder treffen Sie sich einfach öfter mit Freunden. Arbeiten Sie an Ihrer Beziehung, überlegen Sie, wie Sie mehr Schwung in den Alltag bringen können.

Arbeiten Sie daran, Ihr Leben glücklicher zu gestalten. Vergessen Sie dabei jedoch nie auf Ihr Umfeld und denken Sie daran, auch andere glücklich zu machen, macht glücklich. Durch eine ausgewogene Balance aus Geben und Nehmen sorgen Sie für Harmonie und Zufriedenheit in Ihrem Leben.

Dem Leben einen Sinn geben

Warum soll das Leben einen bestimmten Sinn haben und was bedeutet das überhaupt? Generell sagt dies nichts anderes aus, als dass unser Leben einen bestimmten Zweck erfüllen soll. Dadurch gewinnt es an Bedeutung, für Sie selbst und auch für andere. Es bedeutet, dass Sie gebraucht und geschätzt werden und nicht ins Blaue hinein leben.

Wenn Sie denken, Ihr Leben hat keinen Sinn, werden Sie schnell deprimiert werden und die Hoffnung verlieren. Erkennen Sie jedoch einen Sinn in Ihrem Leben, so stärkt dies Ihr Selbstbewusstsein und Sie schreiten mit erhobenem Kopf und breiter Brust voran. Schließlich und endlich sind Sie wichtig.

Doch der Sinn des Lebens kommt nicht einfach, auch er will erarbeitet werden. Nicht jedes Leben und jeder Mensch soll den selben Sinn erfüllen. Daher ist es wichtig, dass Sie Ihren persönlichen und individuellen Sinn des Lebens finden. Hinterfragen Sie, welchen Zweck Ihre Existenz gerade in diesem Augenblick erfüllen soll. Auf welche Art und Weise geben Sie anderen und der Welt so viel, dass Sie dies in doppeltem und dreifachem Maße wieder zurück bekommen? Was macht Sie so außergewöhnlich, dass andere daran profitieren können, oder ohne nicht leben wollen? Nun heißt es einfach wieder recherchieren, in sich gehen und ausprobieren.

Gerade wenn Sie eben in die erste eigene Wohnung gezogen, und dem behüteten Zuhause entflohen sind, kann sich die ein oder andere Krise zeigen und das Leben irgendwie sinnlos wirken. Zuvor lebten Sie in einem dichten familiären Geflecht und Sie hatten Ihre Pflichten und Aufgaben. Nun aber scheint es, als würden Sie nicht mehr wirklich gebraucht. Sie sind nur mehr für sich selbst verantwortlich. Doch genau dies ist bereits ein wichtiger Lebenszweck. Sie alleine tragen die Verantwortung dafür, dass es Ihnen gut geht. Sie alleine bewältigen nun alle Aufgaben, für die bislang eine gesamte Familie verantwortlich war. Arbeiten gehen und Geld verdienen, die Wohnung putzen, einkaufen, Tiere versorgen und mehr - und genau werden viele stutzig und fragen sich: „Soll das der ganze Sinn meines Lebens sein?“ Der Sinn kann doch nicht nur in arbeit und Verantwortung liegen.

Sie wollen nicht nur als fleißiger Arbeiter oder gute Hausfrau einen bleibenden Eindruck hinterlassen. Daher greifen Sie nun wieder zu Ihrem Tagebuch für Selbstbewusstsein und erstellen Sie eine Liste für den Sinn des Lebens. Notieren Sie hier alle Dinge, die Sie gut können, oder an welchen

Sie besonders interessiert sind. Das kann jedes x-beliebige Hobby wie Fotografie, Musik, schreiben, tanzen, Sport oder malen sein. Dann sollten Sie Kurse besuchen und herausfinden, ob diese Hobbies Ihrem Leben einen tieferen Sinn geben.

Stellen Sie sich nun vor, Sie sind am Ende Ihres Lebens angekommen und müssen auf Ihr Leben zurückblicken. Was würden Sie gerne sehen? Wollen Sie zurückblicken auf ein Leben inmitten einer großen Familie, oder auf ein Leben, das von reisen geprägt ist? Wollen Sie der Welt in Erinnerung bleiben als ein Mensch, der sich um andere gekümmert hat und erfolgreiche soziale Projekte initiieren durfte? Auch hier stehen der Fantasie keine Grenzen und Sie können sich das Leben in allen Farben und Facetten ausmalen.

Danach gehen Sie zum Angriff über, denn jedes dieser Projekte will verwirklicht werden. Am Anfang jeder großen Familie steht die Partnersuche. Werden Sie aktiv. Möchten Sie viel reisen und die Welt erkunden? Dann recherchieren Sie, vielleicht wäre ein Work and Travel oder eine Arbeit als Digitaler Nomade absolut passend für Sie. Möchten Sie sich sozial engagieren? Dann suchen Sie nach Projekten, die Sie unterstützen können. Helfen Sie im Pflegeheim aus oder bieten Sie im Tierheim Ihre Unterstützung an. Diese Liste lässt sich beliebig lange erweitern.

Eine weitere Liste sollte nun Ihre Stärken und Talente auflisten. Woraus können Sie Profit schlagen? Welches Können lässt sich beruflich ummünzen? Wie können Sie damit Geld oder Ansehen erlangen? Sie können Bücher schreiben und so Ihr Hobby zum Beruf machen, Malkurse oder Tanzkurse geben, oder Nachhilfe anbieten.

Um diese Listen zu vervollständigen sollten Sie sich etwa 2 Wochen Zeit geben. Jeden Abend setzen Sie sich hin, überlegen, welche Höhepunkte Sie erlebt haben und woran Sie an diesem Tag besonders viel Spaß hatten. Notieren Sie sämtliche Aktivitäten und bewerten Sie diese anhand eines Punktesystems.

Nun ist es wichtig, dass Sie sich nicht verzetteln. Zu Beginn werden Sie eine schier endlose Liste erstellt haben. Hier liegt jedoch eine Gefahr begraben. Fokussieren Sie sich auf etwa 5 Punkte. Suchen Sie aus all den Vorlieben und Aktivitäten Ihre Prioritäten heraus, auf die Sie sich konzentrieren können. Geben Sie diesen 5 Punkten eine Chance und prüfen Sie jede Aktivität auf Herz und Nieren. Es ist wichtig, dass diese voll und ganz Ihren Wünschen,

Träumen und Bedürfnissen entspricht.

Ebenfalls wichtig ist herauszufinden, warum Sie plötzlich nach einem neuen Sinn im leben suchen? Was langweilt Sie am jetzigen Zustand und warum sind Sie unzufrieden? Hat sich etwas an Ihrer Situation verändert oder scheinen Sie ewig still zu stehen? Trauern Sie etwas Vergangenem nach oder macht Sie der Alltag mürbe? Suchen Sie zu allen relevanten Themen Gründe, warum Sie diese ändern möchten und notieren Sie Gedankengänge, wie Sie sich dies vorstellen.

Machen Sie jedoch nicht alles vom Sinn des Lebens abhängig. Vielleicht sind Sie ja genau mit jener Situation so glücklich, auch wenn Sie den tieferen Sinn noch nicht entdeckt haben. Sie müssen nicht auf Biegen und Brechen eine Veränderung herbeiführen. Nicht alle Menschen müssen sich sozial engagieren, künstlerisch ambitioniert sein, oder durch sportliche Leistungen hervorstechen. Auch kann es umgekehrt sein, dass Sie Ihrem Leben einen tiefen Sinn geben, indem Sie sich für andere aufopfer - dies muss Sie jedoch nicht zwingend glücklich machen. Hier ist es wichtig, dass Sie tief in sich gehen und eine Balance finden.

Mitgefühl und Empathie

Mitfühlende Menschen werden in der Regel geliebt und geschätzt. Menschen die geschätzt werden tragen auch ein höheres Selbstbewusstsein mit sich. Daher liegt es auf der Hand, dass es wichtig ist, auch an Ihrer mitfühlenden Seite zu arbeiten.

Wie oft am Tag begegnen Sie Menschen, die Sie einfach nerven. Egal ob diese ständig nörgeln oder nur von Ihren Problemen erzählen. Hier sollten Sie ansetzen und versuchen, nicht sofort die Geduld zu verlieren. Probieren Sie stattdessen, dass Sie sich in diese Menschen hineinversetzen. Hinterfragen Sie, warum diese Menschen genau so sind, wie sie sind. Hören Sie zu. Nehmen Sie sich die zeit und überlegen Sie, wie Sie in genau dieser Situation denken, fühlen und handeln würden. Zeigen Sie Interesse. So können Sie anderen Menschen helfen und gleichzeitig auch viel über sich selbst erfahren.

Empathie und Mitgefühl bedeutet, dass Sie ein starkes Gefühl für Menschen entwickeln, denen es im Moment nicht so gut geht. Dies kann sich zu einem schmalen Gratgang entwickeln, denn Menschen, die zu viel Empathie verspüren, werden häufig auch ausgenutzt. Dadurch besteht die Gefahr, dass besonders mitfühlende Personen schneller unter Burn-Out und Depressionen leiden können, einfach, weil sie sich zu stark zurück nehmen. Hören Sie den Menschen zu und bieten Sie Unterstützung an, ohne jedoch den betroffenen Personen Ihre Sorgen nahtlos abzunehmen. Jeder muss sein Gepäck selbst tragen.

Doch wie kann man Mitgefühl und Empathie üben? Hier gibt es im Buddhismus einen schönen Meditations-Ansatz. Begeben Sie sich in eine beliebige Meditations-Position und stellen Sie sich vor Ihrem geistigen Auge eine Person vor, der Sie unbegrenztes Mitgefühl entgegen bringen möchten. Bauen Sie eine Herzenswärme auf und verinnerlichen Sie dieses Gefühl. Dieses sollten Sie nach einiger Zeit jederzeit abrufen können, wenn Sie nur daran denken. Dies ist hilfreich in Situationen, wenn Sie an Ihre Grenzen kommen und zwischen helfen, verstehen und verärgert sein hin und her gerissen sind.

Ebenfalls eine Möglichkeit ist es, sich Situationen vorzustellen, in welchen Empathie benötigt wird. Gehen Sie in Gedanken eine Straße entlang und stellen Sie sich vor, Sie würden am Wegesrand ein verletztes Tier entdecken. Spielen Sie nun im Geiste die Situation durch, wie Sie dem Tier helfen könnten. Oder stellen Sie sich vor, wie Sie ein weinendes Kind trösten, oder einen Bedürftigen helfen. Gehen Sie diese Situationen immer wieder durch und lassen Sie das Gefühl zu helfen tief wirken.

Spüren Sie, wie Ihr Körper von Licht, Sonne und Liebe eingenommen wird. Dadurch werden Sie auch mutiger, im realen Leben mehr für andere dazusein. Dies macht Sie nicht nur für andere sympatischer, sondern auch das Gefühl Gutes zu tun unterstützt Sie dabei selbstbewusst durchs Leben zu gehen, und zu Wissen, Ihr Leben hat einen Sinn.

Soziale Kompetenz

Bei der sozialen Kompetenz handelt es sich um jene Fähigkeit, durch die Sie mit anderen kommunizieren und interagieren können. Gerade in der heutigen Zeit kommt dieser Begriff vor allem bei Einstellungsgesprächen und Eignungstest immer wieder vor. Denn soziale Kompetenz verrät, wie teamfähig, belastbar, kommunikativ und motiviert Sie sind. Für ein glückliches und selbstbewusstes Leben ist es somit ebenfalls nicht irrelevant, an der eigenen Sozialkompetenz zu arbeiten.
Bereits im Kindesalter zeigt sich die Fähigkeit fürs Miteinander und die soziale Kompetenz entwickelt sich. Wer gerne lieber alleine in einer Ecke

sitzt, anstatt mit anderen Räuber und Gendarm zu spielen, oder wer ständig in Streitereien oder Handgreiflichkeiten verwickelt wird, dessen soziale Kompetenz ist von Haus aus schwach ausgebildet.

Die soziale Kompetenz setzt sich aus vielen Eigenschaften zusammen. Glaubwürdigkeit, Verlässlichkeit, Einfühlungsvermögen, Toleranz, Belastbarkeit, Kritikfähigkeit, Durchsetzungsvermögen und Lernbereitschaft sind die Grundpfeiler der Sozialkompetenz. Starten Sie nun auf ein Neues mit einer Liste, schreiben Sie die Eigenschaften auf und bewerten Sie sich selbst ehrlich. Beurteilen Sie, wie gut Sie im Umgang mit sich selbst, mit anderen und im Bereich Zusammenarbeit und Vorbildfunktion sind.

An diesen Punkten gilt es nun aktiv zu arbeiten. Seien Sie ehrlich und versuchen Sie, bisher verwendete kleine Notlügen zu unterlassen. Seien Sie für andere da und stehen Sie zu Ihrem Wort. Hier ist vor allem das Thema Pünktlichkeit ein Punkt, an dem Sie selbst gut arbeiten können. Denken Sie sich in andere hinein und überlegen Sie, wie Sie in speziellen Situationen reagieren würden. Üben Sie mehr Toleranz. Gerade in der heutigen Zeit ist es nicht schwierig, sich vermeintlichen Randgruppen offener zu zeigen. Arbeiten Sie an Ihrem Durchhaltevermögen und gehen Sie nicht sofort in die Luft, wenn jemand nicht Ihrer Meinung ist. Zeigen Sie Willensstärke und setzten Sie Ihr neues Selbstbewusstsein ein, genauso, wie Sie stets bemüht sein sollten, Neues kennenzulernen und zu lernen. Stehen Sie jeden Tag mit dem Gedanken und dem Voratz auf, ein rundum positiver Mensch zu sein.

Soziale Kompetenz bedeutet nicht, dass Sie Auseinandersetzungen und Konfrontationen aus dem Weg gehen sollen. Lassen Sie sich auf Diskussionen ein, bleiben Sie jedoch sachlich, nüchtern, freundlich und ruhig. Versuchen Sie Ihr Talent in Kooperation und Konfliktfähigkeit.

Gute Übungen um die Sozialkompetenz zu schulen und gleichzeitig das Selbstbewusstsein zu stärken sind: Gehen Sie hinaus und versuchen Sie neue Kontakte oder Freunde zu generieren. Versuchen Sie Arbeitskollegen zu motivieren oder zu verstehen, und fragen Sie Freunde nach ihren Problemen. Loben Sie jemanden auf ehrliche Art und versuchen Sie Kritik in einen freundliche Art zu verpacken - ohne die anderen zu verletzen. Suchen Sie nach Gemeinsamkeiten, die Sie mit Freunden haben und versuchen Sie Kompromisse einzugehen. Fragen Sie nach Interessen der anderer und beschäftigen Sie sich damit.

Gute soziale Kompetenz zeichnet sich auch dadurch aus, dass Sie ein guter Zuhörer sind. Dabei ist es wichtig, dass Sie nicht nur Anwesenheit heucheln, sondern auch verstehen, vermitteln und erklären können. Auch argumentieren und debattieren gehören zur Sozialkompetenz dazu. Gleichzeitig sollten Sie auch schweigen können.Setzen Sie sich mit Fragen und Antworten sachlich auseinander und kommen Sie auch anders Denkenden mit Respekt und Anstand entgegen.

Erfolge feiern

Nicht immer klappt alles sofort und reibungslos. Daher ist es wichtig, dass Sie auch die kleinen Teilerfolge schätzen lernen, und diese zu feiern wissen. Sie sollten diese Erfolge nicht nur anerkennen und stolz darauf sein, sondern Sie auch wirklich feiern. Dazu müssen Sie sich jeden Abend fragen, was Ihnen an diesem Tag zum Beispiel besonders gut gelungen ist und worin der heutige Erfolg liegt.

Machen Sie dazu ein neues Kapitel in Ihrem Tagebuch für mehr Selbstbewusstsein. Machen Sie es sich zur Routine jeden Abend mindestens einen Erfolg zu verzeichnen. Zu den Erfolgen können banale Dinge zählen, solange Sie für sich selbst wichtig sind. Ob Sie ein schwierige Gespräch mit Arbeitskollegen gut absolviert haben, die Geduld nicht verloren haben oder einen tollen Abschluss verzeichnen konnten - es sind Ihre persönlichen Erfolge. Ein Schnäppcheneinkauf, das Erreichen eines bestimmten Gewichts oder ein Telefonanruf, den Sie schon lange vor sich hergeschoben haben können ebenso auf der Liste stehen wie ein gelungenes Date oder ein Gewinn beim Rubbellos.

Es ist so wichtig, dass Sie sich für die kleinen Erfolge belohnen, da diese im Alltag einfach zu schnell untergehen. Gönnen Sie sich je nach Lust und Laune ein entspannendes Vollbad, eine Kugel Eis oder tanzen Sie einfach durch die Wohnung. Wichtig ist, dass Sie diese kleinen Belohnungen zu einem täglichen Ritual machen müssen. So sehen Sie anhand des Tagebuchs, dass Sie jeden Tag tolle Dinge erreichen und Sie können stolz auf sich sein. Zudem werden Sie ein enormes Glücksgefühl verspüren, das Sie auch zukünftig und jeden Tag motivieren wird, immer noch besser, noch glücklicher und noch selbstbewusster zu werden.

Ist ein Tag einmal ganz schlecht gelaufen, so heißt das nicht, dass Sie versagt haben. Seien Sie dankbar, dass der Tag vorbei ist, Sie heil in der Wohnung angekommen sind und belohnen Sie sich einfach fürs Durchhalten.

Vom Idol zum Ebenbürtigen

In jedem Umfeld, egal ob im Freundeskreis oder am Arbeitsplatz gibt es diese bestimmten Personen, die sich extrem von uns abheben. Vielleicht haben Sie diese Kollegin, die jeden in den Bann zieht, auf alles eine Antwort weiß, sich für alle einsetzt und dennoch nie ihr Lächeln verliert. Insgeheim oder auch ganz offen bewundern Sie diese Kollegin und wünschen sich, doch so wie sie zu sein.

Hier liegt der erste Fehler begraben. Indem Sie sich wünschen jemand anderer zu sein, machen Sie sich als Person klein und unsichtbar. So können Sie kein gesundes Selbstbewusstsein aufbauen. Auf der anderen Seite ist es natürlich gut, sich an anderen zu orientieren, ohne jedoch dabei die eigene Identität zu verlieren. Es ist toll und wünschenswert, wenn Sie gute Eigenschaften in anderen Erkennen. Hier ist es wichtig, dass Sie diese auch neidlos zulassen. Neid und Eifersucht oder gar Missgunst sind tabu und Sie sollten diese Art der Emotionen nicht akzeptieren.

Welche Charaktereigenschaften schätzen Sie an Ihrem Gegenüber? Was unterscheidet Sie von dieser Person? Ist es das herzliche Lachen? Dann beginnen Sie den Tag von nun an immer konsequent mit einem Lachen. Lachen Sie die Passanten auf dem Weg zur Arbeit an und sehen Sie zu, dass sich Ihre Mundwinkel nicht nach unten ziehen. Dadurch gewinnt das Lachen an Automatismus. Doch Vorsicht, es darf auf keinen Fall ein gezwungenes, falsches Lachen sein. Denken Sie an schöne Düfte, an Sonne, Sand und Meer sobald Sie lächeln, und schon wird das Lächeln herzlicher und ehrlicher.

Durch gut trainierte und gefühlte Sozialkompetenz sind Sie später auch in der Lage, die Mimik, Gestik und die Stimmfarbe Ihres Gegenübers besser einzuschätzen und konkret darauf einzugehen. Das hilft Ihnen dabei, den Charakter des Menschen einzuschätzen, zu analysieren und die besten Eigenschaften auch für sich zu nutzen.

Konstruktive Kritik

Kritik ist eine zweiseitige Angelegenheit. Natürlich ist es im ersten Moment verletzend, für etwas kritisiert zu werden. Doch richtig eingesetzte Kritik schenkt uns auch die Möglichkeit, und weiter zu entwickeln. Die Kritik sollte jedoch nie persönlich genommen werden. Um dies zu schaffen ist natürlich auch eine ordentliche Portion Selbstbewusstsein notwendig. Kritik ist jedoch wichtig für unsere Kommunikation. Sie können nicht immer allen alles recht machen und nicht jedem muss alles gefallen. Nur durch Kritik ist es möglich herauszufinden, wie man in der Meinung der anderen steht.

Eine Kritik ist nichts anderes als eine Beurteilung. Egal ob Sie eine Arbeit, ein Buch oder eine Farbe beurteilen, Sie haben sich dazu eine Meinung gebildet und wollen diese nun verkünden. Wohlwollen, Anerkennung oder schlichtweg Lob werden als positive Kritik bezeichnet. Neben konstruktiver Kritik existieren auch negative Kritik, Selbstkritik oder destruktive Kritik. Konstruktive Kritik unterscheidet sich von allen anderen Unterarten dadurch, dass eine Sache nicht nur bewertet wird, sondern analytisch betrachtet wird. Im besten Fall erhalten Sie im Zuge der konstruktiven Kritik auch einen Lösungsvorschlag. Es handelt sich hierbei somit um eine nützliche und hilfreiche Form der Kritik, die Sie auch gerne annehmen sollten.

Auch Sie selbst sollten sich angewöhnen, Kritik immer in dieser Form vorzubringen. Sprechen Sie jede Kritik präzise aus, und fangen Sie nicht an auszuschweifen. Knapp formuliert und mit einem höflichen und respektvollen Ton - so kann bei der Kritik beinahe nichts schief gehen. Zudem sollten Sie keine Kritik vortragen, ohne nicht selbst einen akzeptablen Vorschlag zur Lösung vorbringen zu können.

Dies ist natürlich nicht einfach, denn wie schnell kommt uns von den Lippen: „Das haben Sie schlecht formuliert". Besser wäre hier: „ Mir ist aufgefallen, dass Sie den Text auch .....formulieren könnten." Lassen Sie nun zur Übung einen Tag Revue passieren und notieren Sie sich, wie oft Sie heute jemanden kritisiert haben. Schreiben Sie die Kritik in Ihr Tagebuch. Nun überlegen Sie: Handelt es sich hierbei um konstruktive Kritik? Wenn nein, wie könnten Sie diese in Zukunft besser umformulieren?

Im Gegenzug können Sie auch von Ihren Kritikern konstruktive Formulierungen einfordern. Seien Sie nicht schüchtern. Sprechen Sie es aus, wenn eine Kritik Sie gekränkt hat. Sprechen Sie mit Ihrem Teampartner, Kollegen oder Freund darüber, wie Sie sich in Zukunft Kritik wünschen würden. Alleine dadurch trainieren Sie zusätzlich Ihr selbstbewusstes Auftreten.

Egoismus - Ja oder nein?

Generell sind uns egoistische Menschen unangenehm, und dennoch strahlen sie eine gewisse Faszination aus. Denn, egoistische Menschen strotzen nur so vor Selbstbewusstsein. Meist wird Egoismus jedoch nur falsch interpretiert. Menschen, die egoistisch wirken haben es einfach gelernt, für sich selbst zu sorgen und die eigenen Ansprüche an oberste Stelle zu platzieren. Natürlich ist es wichtig, dass Sie hier nicht über Leichen gehen. Andere sollten nicht verletzt werden, doch genau so wenig dürfen Sie sich selbst verletzen.

Positiver und gesunder Egoismus ist per se absolut gut. Vielleicht sollten Sie Egoismus durch das Wort Selbstliebe ersetzen und schon verliert dieser Charakterzug seinen Schrecken. Wenn Ihnen Freunde oder Bekannte vorwerfen, zu egoistisch zu sein, können Sie somit vehement widersprechen. „Ich liebe mich selbst und ich bin mir selbst nahe.“ So nehmen Sie den strengen und meist auch neidischen Kritikern den Wind aus den Segeln.

Egoismus ist kein Aufruf anderen nicht mehr zu helfen. Sie sollten jedoch immer überlegen, ob Sie sich selbst bei der Hilfeleistung wohl fühlen. Es kann nicht sein, dass Sie selbst leiden, sich abstrampeln oder kaputt machen, nur damit andere sich besser fühlen. Durch diese neue Einstellung zu gesundem Egoismus stärken Sie Ihr Selbstbewusstsein, da Sie sich einfach Ihre Rechte nehmen, die Sie sich auch verdient haben. Es ist Ihr gutes Recht glücklich zu sein.

Kleine Anleitung um Grenzen zu setzen

Es ist eines sich vorzunehmen Grenzen zu setzen und nein zu sagen, und ein anderes, dies auch durchzusetzen. Wenn Sie es wieder einmal nicht geschafft haben abzusagen, fühlen Sie sich sicher ausgenutzt und wenig respektiert. Sie fragen sich, warum will man Ihre Grenzen nicht sehen. Dies ist dem Selbstbewusstsein natürlich nicht zuträglich. Daher fangen Sie jetzt sofort an, diese Grenzen zu erkennen, zu stecken und einzufordern. Rufen Sie ganz laut Nein.

Verabschieden Sie sich von den Gedanken andere zu verletzen oder vor den Kopf zu stoßen. Nehmen Sie dieses kleine bisschen Egoismus als ein Teil von sich selbst an und lernen Sie, sich damit wohl zu fühlen. Wenn Sie daran denken Ihre Meinung durchzusetzen dürfen Sie sich absolut nicht schlecht fühlen.

Andere überschreiten Ihre Grenzen, weil Sie es einfach praktisch finden, alles mit Ihnen machen zu können. Sie zeigen die Grenzen einfach zu wenig deutlich auf und haben Angst, Türen zu schließen. Es liegt also nicht nur an den anderen, sondern auch an Ihnen selbst. Niemand kann Sie ausnutzen, wenn Sie es nicht mehr zulassen.

Haben Sie keine Angst vor Ablehnung und scheuen Sie auch keine Konfrontation. Sie müssen Ihre Meinung nicht verteidigen, es schadet jedoch nicht, den eigenen Standpunkt vehement zu vertreten. Achten Sie hierbei jedoch auf eine freundliche und respektvolle Unterhaltung. Generell sollte ein „Ich möchte das nicht." jedoch reichen.

Stecken Sie die Grenzen ab und sprechen Sie darüber. zeigen Sie die Grenzen auf, denn solange diese unsichtbar sind, werden Sie immer überschritten werden. Sagen Sie nie wieder ja, wenn Sie eigentlich nein meinen. Blicken Sie Ihrem Gegenüber dabei fest in die Augen. Er darf keinerlei Unsicherheit verspüren, denn dies wäre ein Zeichen, dass ein Schlupfloch zu finden ist.

Überschreiten Sie auch nie wieder die eigenen Grenzen. Sie haben Ihre Ziele und sich ein Pensum gesetzt. Dieses sollten Sie im normalen Tempo abarbeiten. Es nutzt nichts, wenn Sie sich zu viel aufhalsen und später unter der Last zusammenbrechen. Hören Sie auf Ihr Bauchgefühl. Es verrät Ihnen genau, wann es genug ist.

Übungen um nein zu sagen finden Sie ständig im Alltag und können so an belanglosen Dingen und in harmlosen Situationen üben. Fragt Sie auf der Straße jemand nach der Uhrzeit, sagen Sie nein, oder bleiben Sie einfach nicht stehen, wenn jemand Sie zu einer Umfrage einladen will. Antworten Sie auf die Frage im Supermarkt nach Kleingeld einfach mit nein. Nicht, weil Sie keines haben, sondern, weil Ihnen gerade danach ist. Sobald Sie bemerken, wie einfach es ist nein zu sagen, fällt es Ihnen auch leichter, eine unangenehme Einladung abzusagen, eine Erledigung für Freunde nicht anzunehmen oder nicht den Hund des Nachbarn Gassi zu führen. Seien Sie mutig, standhaft und haben Sie keine Angst.

Wie Sie lernen authentisch zu sein

Authentisch zu sein bedeutet echt zu sein. Sie müssen sich nicht mehr länger hinter einer Fassade oder Maske verstecken und auch keine Angst davor haben, Gefühle zu zeigen. Authentisch zu sein heißt, Sie zeigen Ihr wahres Ich mit Stolz und Selbstbewusstsein. Daher müssen Sie es nicht erst lernen, Sie sollten es lediglich zulassen.

Warum wir oft nicht authentisch sind hat viele Gründe. Auch hier steht die Angst wieder an oberster Stelle. Es ist die Angst, andere zu verletzen, anderen nicht zu gefallen oder sich lächerlich zu machen. Sie wollen unbedingt eine Erwartungshaltung erfüllen und verstecken sich dafür hinter eine Maske.

Vergessen Sie jedoch nie, dass Sie weder selbstbewusst, noch erfolgreich oder glücklich sein können, wenn Sie nicht Sie selbst sind. Und dies sind doch die wichtigsten Prioritäten im Leben. Darum - legen Sie die Maske ab und zeigen Sie Ihr wahres Gesicht. Nicht alle werden dieses mögen, doch auch nicht jeder muss Sie lieben.

Wenn Sie nicht authentisch sind belügen Sie sich nicht nur selbst, sondern auch andere. Sie enttäuschen sich selbst und früher oder später auch die Mitmenschen, denn keine Fassade lässt sich auf Dauer aufrecht erhalten. Bringen Sie Ihre eigene Persönlichkeit zum Blühen und verzaubern Sie damit sich und andere.

Nun kommt wieder unser Tagebuch für mehr Selbstvertrauen ins Spiel. Beurteilen Sie sich selbst und schreiben Sie auf, wann und in welchen Situationen Sie ganz selbst sind, und wann Sie eine Rolle spielen. Es ist wichtig zu wissen, wer Sie sind. Notieren Sie die wichtigsten Personen in Ihrem Umfeld. Können Sie in deren gegenwart Sie selbst sein? Warum ist das so und wie fühlen Sie sich dabei?

Nun analysieren Sie die Liste der Personen, in deren Gegenwart Sie nicht Sie selbst sein können. Warum müssen Sie sich verstellen? Welche Rolle spielen Sie dabei und warum? Entscheiden Sie sich nun ganz bewusst, auch vor diesen Menschen so aufzutreten wie Sie sind. Das wird anfangs schwer sein, denn meist spielen wir die Rolle bereits über Jahrzehnte und die Maske ist zur zweiten Haut geworden. Vielleicht fühlen Sie sich auch nackt dabei. Fangen Sie klein an und beginnen Sie Step by Step. Der beste Start um authentisch zu sein ist an Orten, an welchen Sie niemand kennt. Hier hat man keine Erwartungshaltung und Sie können sich frei entfalten. Besuchen Sie neue Lokale, verreisen Sie oder üben Sie auf den sozialen Netzwerken. Auch ist es wichtig, dass Sie, sobald Sie neue Leute kennen lernen, so auftreten wie Sie sind.

Langsam können Sie das Gefühl in die tägliche Routine einfließen lassen. Beginnen Sie mit einer „Ist mir egal Haltung" gegenüber Situationen in welchen Sie sich bislang immer verkleidet und angepasst haben. Sie müssen nicht sein wie andere. Zelebrieren Sie Ihren eigenen Modestil und tun Sie was Ihnen Spaß macht. Gönnen Sie sich anstatt des Lunch ein schönes Stück Kuchen, auch wenn die Kollegen an Ihrem Salat knabbern.

Vergleichen Sie sich niemals mehr mit anderen. Sie sind eine Persönlichkeit, die es gilt im vollen Glanz erstrahlen zu lassen. Kinder benehmen sich stets natürlich und sind pur und echt. Authentisch zu sein soll jetzt kein Aufruf dazu sein, verantwortungslos, sorglos und ohne Gedanken an morgen durch die Welt zu gehen. Verbinden Sie jedoch die Art der Kinder mit erwachsenen Charakterzügen, und schon sind Sie auf der richtigen Spur.

Auch die Sache mit den Gefühlen ist sehr wichtig, um authentisch zu bleiben. Sie müssen Gefühle zulassen und diese auch zeigen. Verwechseln Sie nie Gefühle zu kontrollieren mit Gefühle zu unterdrücken. Wenn Sie Ihre Gefühle unter Kontrolle haben, dann brechen Sie nicht in der Öffentlichkeit in hysterisches Geheule aus, oder wälzen sich vor Frust am Boden, wenn Sie eine Situation überfordert. Stattdessen erklären Sie, was Sie traurig oder wütend macht. Es ist wichtig über Gefühle zu sprechen, und Gefühle auch bildlich zu beschreiben.

Hören Sie auf andere unbedingt beeindrucken zu wollen, wenn Sie dafür eine Maske tragen müssen. Werden Sie in bestimmten Kreisen nur akzeptiert, wenn Sie die neuesten Designer-Klamotten tragen? Dann verzichten Sie auf dieses Umfeld oder lehren Sie den elitären Kreisen, dass Sie auch ohne Gucci und Co ein interessanter und vollwertiger Mensch sind.

Lernen Sie über sich und über Ihre Fehler zu lachen. Dadurch zeigen Sie nicht nur selbstbewusst, dass Fehler Sie nicht aus der Bahn werfen, sondern schenken auch anderen Mut. Es wirkt sympatisch, wenn Sie sich Missgeschicke eingestehen können und keinen Hehl daraus machen, dass auch Sie nicht fehlerfrei sind. Nehmen Sie es auch gelassen hin, wenn jemand lacht, weil Sie stolpern oder durch ein Missgeschick eine gewisse Komik in eine Situation bringen. Nehmen Sie einfach das Leben und auch sich selbst nicht zu ernst.

Hören Sie auf mit der Masse zu laufen. Sie müssen nicht jedem Trend folgen und auch nicht jede Meinung vertreten, nur weil diese gerade angesagt ist. Sie können auch auf einer Party zum Glas Wasser oder zur Limo greifen, wenn Sie einfach keinen Alkohol mögen. Es muss Sie niemand belächeln, wenn Sie kein Verfechter des Low-Carb-Kults sind und genauso wenig müssen Sie sich rechtfertigen, dass Sie noch nicht dem veganen Lebensstil verfallen sind oder immer noch keine Allergien gegen Gluten und Co entwickelt haben. Nur wenn Sie nicht mehr wie ein Lemming der Masse folgen können Sie authentisch sein. Die einzige Gefahr die sich hier birgt: Versuchen Sie nicht auf biegen und brechen stets das gegenteil zu tun. Hören Sie auf Ihr Herz und Ihr Bauchgefühl und machen Sie das, was Spaß macht. Wenn es nun gerade im Trend liegt, warum nicht.

Befreien Sie sich von emotionaler Abhängigkeit. Diese entwickelt sich aus der Angst, nicht geliebt und akzeptiert zu werden. Auch wenn Sie ohne Maske auftreten werden die Menschen Sie noch genauso sehen und vielleicht noch mehr akzeptieren und respektieren. Falls nicht sollten Sie darüber froh sein, denn Sie möchten garantiert nicht für etwas geliebt werden, das Sie gar nicht sind. Warten Sie nicht auf Bestätigung. Wenn Sie ein neues Kleid haben und sich darin wohl und schön fühlen, dann sollte dieses Gefühl nicht gemindert werden, nur weil Sie nicht sofort zahlreiche Komplimente dafür erhalten. Sie alleine können sich die nötige Anerkennung schenken, die Sie benötigen. Dadurch zeigen Sie nicht nur Selbstbewusstsein und Stärke sondern sind auch auf dem besten Weg absolut unabhängig zu werden. Dieses nicht von anderen abhängig sein schenkt Ihnen in kürzester Zeit eine enorme Freiheit, die Sie in vollen Zügen genießen sollten. Machen Sie Ihr Handeln nie wieder von anderen Menschen abhängig. Um dies zu üben lernen Sie, auch alleine sein zu können. Machen Sie einen erfolgreichen und ausgefüllten Tag nicht davon abhängig, ob Sie sich in Gesellschaft befinden, oder nicht.

Was erfolgreiche und selbstbewusste Menschen ausze-ichnet - Fazit

Menschen die erfolgreich und selbstbewusst sind haben eines gemeinsam, sie sind aktiv und zählen zu den Angreifern. Sie zögern nicht und warten auch nicht ab. Sie leben authentisch und schieben nichts auf irgendwann auf. Sie sind offen für Neues und lassen sich nicht durch Ängste bremsen. Nichts ist schlimmer als am Ende des Tages zu denken: „Das kann doch nicht alles gewesen sein!" Nicht um sonst besagt das Sprichwort, dass wir am Ende des Lebens nur jene Dinge bereuen, die wir nicht gemacht haben.

Bei erfolgreichen Menschen findet das Leben heute statt. Das bedeutet nicht, dass Sie sich nun keine Zeit zum Faulenzen gönnen dürfen. Ganz im Gegenteil - erfolgreiche Menschen haben die perfekte Work-Life Balance gefunden. So werden Dinge zeitnah erledigt, Körper, Geist und Seele jedoch haben ausreichend Zeit sich zu erholen. Erfolgreiche Menschen hören auf Ihren Körper und auf Ihre innere Stimme, ohne dabei auf die Mitmenschen zu vergessen.

Wenn Sie erfolgreich sein möchten, dürfen Sie keine Ausreden mehr suchen, sondern Wege finden. Sie können heute mit dem Training aussetzen, sollten jedoch morgen wieder fleißig sein. Sie wollen stärker und selbstbewusster werden, also tun Sie etwas dafür. Sie benötigen täglich nur wenige Minuten und Hand aufs Herz, die Ausrede, dass Sie diese nicht erübrigen können, zählt nicht. Ebenso dürfen Sie nie aufhören zu träumen. Lassen Sie sich nicht von Ihren Träumen einschüchtern. Kein Traum ist zu groß um nicht verwirklicht zu werden. Blicken Sie in den Spiegel - jetzt. Lachen Sie aus tiefen Herzen und sprechen Sie aus tiefster Brust der Überzeugung: „Ich kann alles schaffen."

Sämtliche Themen haben wir nun in unserem Buch behandelt. Sie haben zahlreiche Übungen gefunden, wie Sie Ihr Selbstwertgefühl steigern und festigen können, und dennoch sympatisch und mitfühlend zu bleiben. Nun liegt es an Ihnen. Sie müssen die Initiative ergreifen und unsere Übungen verinnerlichen. Wir hoffen, dass wir Sie auf dem Weg in ein neues, erfolgreiches Leben gut begleiten konnten und freuen und, wenn Sie immer wieder zu diesem kleinen Ratgeber greifen. Vergessen Sie nicht, Ihr Tagebuch für mehr Selbstbewusstsein zu führen. Damit halten Sie Ihr ganz persönliches und individuelles Werkzeug in den Händen. Und nicht vergessen - das Leben ist Fortschritt und Veränderung. Haben Sie Mut und nehmen Sie jeden Tag etwas Neues in Angriff. Nur so können Sie Ihr Leben grundlegend verändern und entspannt, glücklich und zufrieden in die Zukunft blicken.

Zugangscode - Kostenfreies e-Book

Gehen Sie auf **https://link.cherrymedia.de/EPUB** und geben Sie Ihren Zugangscode ein um Ihr kostenfreies e-Book herunterzuladen.

ZL29-AX31-C2P7

THE TRUE YOU - SELBSTDISZIPLIN LERNEN

Entfache Dein ganzes Potential! Disziplin lernen, Gewohnheiten ändern und erfolgreiche werden! + inklusive Praxis Guide für besseres Selbstmanagement

CHERRY Finance

Ein Buch von: Justus Van Homm

Originale Erstauflage

978-3-96583-040-0 Taschenbuch
978-3-96583-041-7 Kindle eBook
978-3-96583-190-2 Audio CD
978-3-96583-156-8 Hardcover

Druck/Auslieferung:
Amazon.com oder eine Tochtergesellschaft

Impressum:
Cherry Media GmbH
Bräugasse 9
94469 Deggendorf
Deutschland

Für weitere Informationen: **info@cherrymedia.de**

INHALTSVERZEICHNIS

Kostenfreies e-Book & Hörbuch inklusive

Beim Kauf jedes Taschenbuches von Cherry Media ist das **e-Book**, **spannende Bonusinhalte** sowie das **Hörbuch kostenfrei** für Sie **inkludiert**. Gehen Sie dazu einfach auf

https://link.cherrymedia.de/EPUB

oder scannen Sie den abgebildeten QR Code. Auf der Website können Sie dann Ihren einmalig gültigen Zugangscode eingeben.

Den **Zugangscode** zu Ihrem kostenfreie eBook, Hörbuch und zu den Bonusinhalten finden Sie auf der Seite: **592.**

Wir wünschen **viel Freude** mit Ihren **kostenfreien** Inhalten!

Haben Sie Fragen zu Ihrem e-Book? Wir sind gerne für Sie da!

Sie erreichen Sie uns unter info@cherrymedia.de

VORWORT

„WARUM HAB ICH NICHT genügend Disziplin" oder „Da muss mit viel Disziplin an die Sache rangegangen werden" sind Sätze, die wir in unserem Leben häufig hören, sagen oder denken. Doch was genau ist diese viel zitierte Selbstdisziplin? Wie zaubert man diese aus dem Händchen und ist es tatsächlich so, dass damit alles klappt? Woher kommt die treibende Kraft, die uns alles erreichen lässt? Muss man damit geboren sein? Sind die Eltern daran schuld, warum wir weicher, labiler und lascher sind als andere Mitmenschen oder liegt es nur an uns selbst?

In diesem Ratgeber geht es um das spannende Thema und wir begleiten Sie auf dem Weg langfristig Ziele zu erreichen. Wir behandeln Punkte wie Selbstmotivation und zeigen Ihnen wie wichtig es ist, sich auf eine Sache einzulassen und auch absolut darauf zu konzentrieren. So finden auch Sie die richtige Methode und lernen Ihr Leben, Ihre Gedanken und Ihr Handeln besser zu organisieren und zu ordnen.

Zunächst sollten Sie sich davon verabschieden, das Wort Selbstdisziplin als negatives Wort zu sehen. Disziplinierte Menschen sollten nicht belächelt, sondern bewundert werden. Selbstdisziplin bedeutet auch nicht Verbissenheit oder ewige Selbstkasteiung. Es ist vielmehr eine Strategie um an seine Ziele zu kommen. Sie müssen sich nur dafür entscheiden, die Strategie erlernen und am Ball bleiben.

Natürlich kann nicht jeder von Natur aus selbstdiszipliniert sein und dem einen fällte es leichter als dem anderen. Doch wir alle haben die Möglichkeit um Disziplin zu erlernen. Wir alle sind mit den selben Werkzeugen ausgestattet, unserem Mut, unseren Gedanken und unserem Willen. Bodybuilder wurden nicht mit einem tollen Körper und Muskeln geboren, sondern mussten hart daran arbeiten. Hinter jedem Top-Model steckt ein kleines Mädchen, doch mit viel Disziplin haben sie sich ihren Traumkörper angeeignet. Das bedeutet jetzt nicht, dass wir alle Models oder Spitzensportler werden sollten und ein perfekter Körper ist auch nicht das Non-Plus-Ultra. Dieses Beispiel soll nur aufzeigen, dass für jeden von uns alles möglich ist.

Wir müssen nur wollen.

Es geht darum, dass Sie endlich aufhören und die Schuld am Versagen dem mangelnden Talent oder der mangelnden Schulbildung geben. Auch Kinder aus armen und schlechten Verhältnissen, die keine teure Schulbildung und ein langes Studium vorweisen konnten haben es zu etwas gebracht. Nicht, weil sie Glück hatten, sondern weil sie einen Traum verfolgten und an diesem hart und akribisch gearbeitet haben. Der Schlüssel zum Erfolg ist in uns alleine zu finden, darüber sollten Sie sich ein für allemal klar werden.

In diesem Buch werden Sie viele Situationen und Geschichten lesen, die Sie vielleicht genau so aus Ihrem eigenen Leben kennen. Wir lassen Sie jedoch nicht nur mit diesen Geschichten stehen, sondern zeigen Ihnen zu jeder einzelnen auch Lösungen und Vorschläge. Alleine durch das Lesen sollte es ihnen wie Schuppen von den Augen fallen und Sie erkennen, wie einfach es eigentlich wäre.

Erwarten Sie jedoch nicht, dass die Disziplin von heute auf morgen da ist und Ihre Motivation wie von Zauberhand vorhanden ist. Es wird immer wieder Momente geben, in welchen Sie kämpfen müssen. Disziplin erlernen ist wie ein hartes Training selbst. Doch wie bei Muskeln auch steckt anfangs mehr Anstrengung dahinter. Ist erst ein ordentlicher Grundstock vorhanden, so wird auch das Training einfacher.

Nun wollen wir uns jedoch nicht mehr länger mit Spoilern und Teasern begnügen, sondern gleich mit der harten Materie beginnen. Wir wünschen Ihnen viel Spaß beim Lesen und noch mehr gutes Gelingen beim Umsetzen unserer Ratschläge, Tipps und Tricks. Werfen Sie die Bequemlichkeit über Bord, geben Sie der Faulheit einen Tritt in den Hintern und raffen Sie sich auf mit Power und Lebenslust voran zu schreiten. Ganz wichtig, machen Sie sich Notizen, schreiben Sie Übungen, Checklisten und Übungen für die Praxis in ein Notizbuch. So verinnerlichen Sie die einzelnen Übungen schneller und intensiver. Sie werden sehen, es ist keine Hexerei, ein bisschen mehr Disziplin aufzubringen und dadurch mehr Erfolge einzufahren.

WAS IST SELBSTDISZIPLIN?

SELBSTDISZIPLIN BEDEUTET, SIE HABEN eine absolute Kontrolle über Ihre Gedanken und Ihr Handeln. Sie lassen sich nicht von äußeren Umständen beeinflussen und ziehen Ihr Ding durch. Es gibt nichts, dass sich Ihnen in den Weg stellen kann. Über Steine marschieren Sie einfach hinweg und Felsen werden überklettert. Der Weg der vor Ihnen liegt wird gegangen, egal was kommt.

Häufig wird Selbstdisziplin als Tugend bezeichnet. Vielmehr ist es jedoch eine Entscheidung für Selbstbestimmtheit. Es ist die Entscheidung dafür, die eigenen Ziele zu verfolgen und nicht nach Plänen anderer zu gehen. Hier liegt ganz klar der Unterschied zwischen Disziplin und Selbstdisziplin. Bereits in der Schule wird dies deutlich. Entweder wir entscheiden uns dafür, still und aufmerksam in der ersten Reihe zu sitzen, Notizen zu machen und den Unterrichtsstoff aufzusaugen, oder wir werden vom Lehrer zur Disziplin gezwungen. In beiden Fällen ist Ruhe im Klassenzimmer. Im ersten Fall jedoch haben Sie sich selbst dafür entschieden, während Sie im zweiten Fall nur den Wünschen anderer entsprechen.

Um selbstdiszipliniert zu sein, müssen Sie eine eigene Bereitschaft und eine Motivation aufbringen. Entscheiden Sie sich bewusst dafür. Ist es nicht besser nach eigenem Willen zu handeln, als darauf zu warten, von oben Befehle zu erhalten?

Auf jeden Fall bedeutet es, dass Sie den Hintern in die Höhe bekommen und dies nicht, weil jemand mit der Peitsche hinter Ihnen steht. Selbstdisziplin bedeutet auch, sich nicht nur einmal zu dem Vorhaben zu überwinden, sondern konstant den Weg zu verfolgen.

Sie sind selbstdiszipiniert, wenn Sie den Versuchungen widerstehen, die sich den ganzen Tag anbieten. Ob der Eisverkäufer oder die Döner Bude, der Spielsalon, die Flasche Schnaps oder die Packung Zigaretten, das Auto, das gleich neben dem Fahrrad steht oder der Fernseher, all dies können Versuchungen sein, denen Sie mit gehöriger Selbstdisziplin aus dem Weg gehen können.

Wenn Sie Selbstdisziplin besitzen, so werden Sie auch niemals an sich selbst zweifeln. Sie nehmen sich etwas vor und wissen auch sofort, dass Sie dieses Vorhaben bis zum bitteren Ende durchziehen werden. Egal ob eine Diät, ein strikter Sportplan, Sprachen lernen, mit dem Rauchen aufhören oder sparsamer zu leben, ist erst der Vorsatz getroffen, so wird er mit Selbstdisziplin auch knallhart durchgezogen.

Selbstdisziplin setzt sich aus mehreren Komponenten zusammen, die miteinander wirken. Es spielen Akzeptanz, Willenskraft, harte Arbeit, Fleiß und Ausdauer zusammen. Ohne den einzelnen Komponenten funktioniert es nicht. Mit Akzeptanz meinen wir, dass Sie den Jetzt-Zustand oder den Ist-Zustand erkennen und eben akzeptieren müssen, bevor Sie der Sache an den Kragen gehen können. Denn nur, wenn Sie die Realität wahrnehmen, kann diese mit Selbstdisziplin auch verändert werden. Darum beginnen auch Treffen bei den anonymen Alkoholikern immer mit den Worten: „Guten Morgen, mein Name ist Bärbel und ich bin Alkoholiker". Auch wenn besagt Bärbel bereits seit 10 Jahren trocken ist, wird sie sich immer so vorstellen.

Was können spezielle Ist-Zustände sein? Zum Beispiel Übergewicht, eine ständig unordentliche Wohnung, Chaos am Schreibtisch, ständiges Zu-spät-kommen, Trägheit bei der Arbeitssuche oder schlechte Zensuren. Dies sind alles Beispiele für einen Ist-Zustand, der mit etwas Selbstdisziplin in den Griff zu bekommen ist. Hier haben wir einige Fragen, die Sie sich für die Bestandsaufnahme offen und ehrlich beantworten sollten:

- Wo befinde ich mich gerade?
- Wo liegen gerade meine Stärken und Schwächen?
- Habe ich bis jetzt selbstdiszipliniert gehandelt?
- Wo sind meine Ziele?
- Bin ich ehrlich zu mir selbst?
- Fühle ich mich wohl in meiner Haut?
- Was gäbe es zu ändern? Gewicht, Angewohnheiten usw.

Die nächste Komponente ist die Willenskraft. Ohne Willen ist nichts zu schaffen. Sie können sich noch so sehr wünschen zu rauchen aufzuhören, wenn der Wille dazu fehlt sieht es dennoch schlecht aus. Um den Willen durchzusetzen benötigen Sie ein klares Ziel, eine Vorstellung, wie Sie ans Ziel gelangen, und den Antrieb, diesen Weg auch zu gehen. Das Sprichwort „Wo ein Wille ist, ist auch ein Weg" kommt nicht von ungefähr und hat eine absolute Daseinsberechtigung. Nur wenn Sie etwas wirklich wollen, dann können Sie dies auch verwirklichen.

Danach kommt auch schon die nächste Komponente zum Einsatz, die harte Arbeit. Harte Arbeit bedeutet, die Ärmel hochzukrempeln und tatkräftig ans Werk zu gehen. Liiegt es als Ziel, dass Sie in Zukunft in einer sauberen Wohnung leben möchten, so müssen Sie nun beginnen. Telepathisch entleeren sich die Müllkübel nicht und auch der Kleiderkasten sortiert sich nicht von selbst aus. Der Schreibtisch wird nur durch körperlichen Einsatz geordnet und abnehmen werden Sie nicht, wenn Sie nicht zum markt gehen, gesunde Lebensmittel einkaufen, sich bewegen und für einen guten Kalorienumsatz sorgen.

Erfolgreiche Menschen sind erfolgreich, weil Sie mit Selbstdisziplin Ihre Pläne verfolgen und mit harter Arbeit jeden Tag aufs Neue kämpfen. Die nächste Komponente ist der Fleiß. Es reicht nicht, wenn Sie nur heute die Wohnung aufräumen und morgen landen die leeren Pizza-Kartons wieder achtlos in einer Ecke. Eine Sporteinheit pro Jahr lässt die Kilos nicht langfristig purzeln, ebenso wenig wie Sie abnehmen werden, wenn Sie nur an einem Tag pro Monat fasten. Bleiben Sie am Ball. Durch den Fleiß setzen Sie Ihre Pläne langfristig um und die ganze Sache geht nahtlos in die Komponente Ausdauer über.

Ausdauer bedeutet, die neuen Ziele und Pläne in den Alltag zu integrieren. Die Vorhaben werden zur Gewohnheit. Nach kurzer Zeit fallen die einzelnen Handgriffe so leicht und es kostet kaum mehr Energie. Automatisch wird morgens die Mülltüte mit in den Hof genommen und abends laufen Sie schnell mit dem Staubsauger durch die Wohnung, bevor Sie sich ein Nickerchen auf der Couch gönnen. Ausdauer bedeutet, auch im Sommer noch joggen zu gehen oder jeden Tag vor Dienstende die Akten am Schreibtisch abzuheften und zu sortieren.

Natürlich ist nicht jedes Ziel in Stein gemeißelt. Sie können sich immer wieder selbst hinterfragen. Es kann sein, dass dieser Weg plötzlich nicht mehr der richtige ist. Sie können immer wieder die Richtung neu auslegen. Wichtig ist nur, dass Sie nicht mehr in alte Muster zurückfallen. Ein beispiel dafür ist, Sie bemerken, dass Sie einfach keine Zeit haben, jeden Tag zwei Stunden die Wohnung in Schuss zu halten und stellen eine Haushaltshilfe ein. So haben Sie Zeit für Hobbies und Entspannung, können Freunde treffen, Erledigungen machen und laufen nicht in Gefahr, an Burn-out zu erkranken. Der Weg hat sich zwar verändert, das Ziel ist jedoch dasselbe. Die Wohnung ist immer noch sauber, die Arbeit wurde lediglich delegiert.

Selbstdisziplin ist auf jeden Fall die Kunst, ein Ziel zu verfolgen und das Leben selbst zu bestimmen und selbst zu prägen.

WARUM IST SELBSTDISZIPLIN SO WICHTIG?

SELBSTDISZIPLIN IST DESHALB SO wichtig, weil Sie dadurch die Möglichkeit haben, Ihr eigenes Leben auf lange Sicht zu verbessern. Ein besseres Leben ist doch kein unangenehmes Argument, oder? Selbstdisziplinierte Menschen fühlen sich sowohl körperlich, psychisch und auch auf geistiger Ebene wohler als Menschen, die ohne Ziele und Pläne durchs Leben gehen.

Sie wirken zufriedener, weil sie auch zufriedener sind und strahlen Selbstbewusstsein aus. Menschen mit Selbstdisziplin wirken stark und garantiert möchten auch Sie von Ihrer Umwelt als starke Persönlichkeit wahr genommen werden. Am Ende winkt mit Selbstdisziplin stets eine Belohnung. Bekannt für den Effekt der Belohnung in Bezug auf Selbstdisziplin wurde im Jahre 1960 ein Experte mit dem sogenannten Marshmallow Experiment. In diesem Experiment wurden Marshmallows an Kinder verteilt und in einem Raum alleine gelassen. Sie erhielten die Auskunft, dass sie die Süßigkeit sofort verspeisen könnten. Wer jedoch bis zur Rückkehr der Leiter warten würde, würde anschließend noch einen weiteren Marshmallow erhalten.

Das Spannende an diesem Experiment ist jetzt nicht, dass nur knapp über die Hälfte der Kinder der Versuchung widerstehen konnten. Der weitere Verlauf gibt viel Auskunft darüber, wie Selbstdisziplin unser Leben beeinflussen kann. Das Lebend der Kinder wurde verfolgt und etwa 20 Jahre später lagen interessante Resultate vor. Jene Kinder, die auf einen zweiten Marshmallow warten konnten und somit schon damals sehr diszipliniert waren, hatten später die besseren Schulnoten und befanden sich auf der Überholspur. In Bezug auf Schulabschluss, Studienabschluss und berufliche Erfolge hatten diese auch die Nase vorne. Die Kinder aus der selbstdisziplinierten Gruppe hatten keinerlei Drogenprobleme und waren auch schlanker und wiesen ein gesünderes Allgemeinbild auf.

Ob für den zwischenmenschlichen Bereich oder für den beruflichen Alltag, es schadet somit nicht an der Selbstdisziplin zu arbeiten. Natürlich ist es wichtig, den inneren Schweinehund zu besiegen. Und ebenfalls ist es ein Kampf, der nie vorbei sein wird. Immer und überall lauern Verführungen, die uns vom Weg ablenken möchten. Es kostet Überwindung aufzustehen und etwas im Leben zu ändern. Doch Sie sollten hier nicht die Anstrengung sehen, sondern die Belohnung, die hinterher auf Sie wartet.

Selbstdisziplin beeinflusst somit unser gesamtes Leben. Ob in der Schule oder der Ausbildung, im Arbeitsleben, im privaten Umfeld und sogar oder ganz besonders als Eltern, wenn wir als Vorbilder fungieren sollten, um wieder eine neue Generation an disziplinierten Menschen heranzuziehen.

BEISPIELE FÜR SELBSTDISZIPLIN AUS DEM ALLTAG - FAILS UND LÖSUNGEN

IN DIESEM KAPITEL BEFASSEN wir uns mit vielen verschiedenen Situationen, in welchen Selbstdisziplin erforderlich wäre. Wir zeigen auf, wie diese ohne Selbstdisziplin aussehen könnten und wie sich dies mit ein wenig gutem Willen ändern lässt, daher auch Fails und Lösungen. Wichtig ist jedoch, dass Sie hier nicht nur sehen, was Sie falsch machen, sondern welche Verlockungen konkret lauern können, und wie Sie diesen gekonnt aus dem Weg gehen.

Eine Situation, die wir vielleicht alle kennen, ist der Sport. Möglicherweise hat der Arzt zu mehr Bewegung gemahnt, oder die Waage erinnert an schlankere Zeiten. Der Entschluss steht somit fest, Sie wollen von nun an jeden Tag etwas für Ihre Gesundheit tun und zumindest eine Runde im Park zügig spazieren gehen. Dies lässt sich beliebig auf Joggingrunden, Radfahren oder das Fitness-Studio ummünzen.

Der Entschluss ist gefasst und die ersten drei Tage funktionieren auch einwandfrei. Danach wird es schon etwas holprig und an Tag fünf bekommen Sie Ihren Körper einfach nicht vom Sofa hoch. Einmal ist keinmal sagen Sie sich und denken sich, einen Tag pausieren ist halb so schlimm. Doch auch einen Tag später hat sich die Lage nicht verändert. Die nächsten Tage plagt Sie zwar noch das schlechte Gewissen, wenn Sie Ihre tägliche Sporteinheit nicht einhalten, doch zwei Wochen später verschwenden Sie nicht einen Gedanken daran.

Wie können Sie nun diesen Fail wieder gut machen? Zuerst ist es wichtig, dass Sie ganz genau überlegen, warum der Plan fehlgeschlagen ist. Häufig liegt es daran, dass Ihre Ziele einfach zu hoch gesteckt waren. Sie können sich zum Beispiel nicht zum täglichen Laufen zwingen, wenn Sie vorher noch nie gelaufen sind oder Probleme mit den Knien haben. Überlegen Sie gut, welchen Ausgleichssport Sie gerne machen würden und auch könnten. Es gibt wunderbare Alternativen. Auch zu Hause täglich 15 Minuten Gymnastik zu machen ist Bewegung. Zudem lässt sich jede Aktivität kontinuierlich steigern. Wenn Sie sich jedoch von Anfang an überfordern, dann ist das Vorhaben dem Scheitern geweiht. Auch sollten Sie anfangs nicht vom täglichen Sportprogramm träumen. Passen Sie die Ziele Ihren tatsächlichen Möglichkeiten an. Es reichen dreimal pro Woche absolut aus, wenn dies der Garant dafür ist, dass Sie auch wirklich durchhalten.

Wenn aber nur pure Faulheit oder Bequemlichkeit dahinter steckt, dann sollten Sie ebenfalls nach Lösungen suchen. Und: Ausreden zählen hier nicht. Wenn Sie laufen gehen, dann darf Sie der Regen nicht abhalten. Mit einem Regenponcho lässt es sich genauso toll laufen, und die Luft ist doppelt angenehm, wenn sie vom Regen rein gewaschen wurde. Sturm und Hagel lassen Sie zwar nicht ins Freie, halten Sie jedoch nicht davon ab zu Hause auf den Heimtrainer zu klettern oder Liegestütze und Kniebeugen zu absolvieren.

Denken wir nun an das legendäre Marshmallow Experiment, so fehlt nun noch ein ausschlaggebender Teil - die Belohnung. Eigentlich sollte es Belohnung genug sein, durch Sport eine bessere Kondition und eine stabilere Gesundheit zu erhalten. Doch wir wollen mehr. Halten Sie sich eine neue Hose oder einen entspannten Wellness-Urlaub vor Augen, wenn Sie eine gewisse Zeitspanne konsequent durchhalten. Anfangs benötigen Sie vielleicht diese Art der Motivation, später werden Sie nicht einmal mehr daran denken.

Ähnlich geht es mit dem Thema Süßigkeiten zu. Wenn Sie ein Junkie sind und sich schleunigst von Zucker und Co befreien sollten, ist auch hier der erste Schritt Ziele setzen. Falsch wäre auch in diesem Fall sofort alle zuckerhaltigen Lebensmittel zu streichen. Denn seien wir uns ehrlich, dass Sie dies auf Anhieb durchhalten ist eher utopisch. Versuchen Sie zuerst Limonaden durch Wasser zu ersetzen und rationieren Sie Ihre üblichen Süßigkeiten. Gönnen Sie sich zuletzt nur mehr einmal pro Woche etwas Süßes, so lange, bis Sie gar keinen Appetit und Heißhunger mehr darauf verspüren und die Schokolade nur mehr ein seltener Genuss wird.

Auch hier ist es wichtig, dass Sie es wirklich wollen. Alleine nur zu denken, weniger naschen wäre toll, reicht nicht aus. Sie können sich auch hier belohnen. Weniger Süßes bedeutet Gewichtsverlust und als Anreiz können auch in diesem Fall ein neuer Badeanzug oder eine neue Hose sein. Als Motivation können Sie sich auch Post-its an den Kühlschrank kleben. Auch ein Foto, welches Sie vielleicht etwas unvorteilhaft zeigt kann viel Selbstdisziplin hervorrufen.

Denselben Ablauf können Sie mit sämtlichen Genussmitteln anwenden. Egal ob es Alkohol ist, oder Sie auf Zigaretten verzichten möchten, am Anfang steht der Vorsatz, dann setzen Sie sich ein erreichbares Ziel und Motivation. Doch ohne starken Willen dürfen Sie nicht beginnen. Seien Sie von Anfang an mit ganzem herzen und vollster Überzeugung dabei. Enthusiasmus ist das Wort, welches Sie empfinden sollten.

Aber es gibt auch viele Themen und Situationen in welchen Sie Selbstdisziplin benötigen, die nichts mit Genuss oder Sport zu tun haben. Auch diese wollen wir nicht vernachlässigen. Ein wichtiges Thema ist für viele das soziale Umfeld. Sie können zum Beispiel kein Netzwerk an Freunden und Hilfe erwarten, wenn Sie selbst im Gegenzug nie Zeit für andere haben.

Situation: Sie ziehen um und wollen Ihre Freunde zusammentrommeln, damit diese Ihnen beim Schleppen helfen. Sie sind ganz überrascht, da sich keiner Ihrer Bekannten bereit erklärt. Niemand scheint Zeit für Sie zu haben. Nun sollten Se überlegen, warum dies passieren kann. Wahrscheinlich haben Sie auch nie Zeit für andere. Es geht einfach nicht, immer nur Hilfe einzufordern, aber niemals selbst welche anzubieten. Dabei ist es vielleicht nicht einmal wichtig, dass Sie den anderen nicht geholfen haben. Wahrscheinlich fragen sich die anderen, warum sie jemandem helfen sollten, den sie nur zweimal pro Jahr sehen.

Auch wenn es Ihnen oft unangenehm ist und Sie lieber den Abend auf der Couch verbringen würden, nehmen Sie sich Zeit für andere. Egal ob Sie sich einmal pro Woche oder zweimal pro Monat mit Ihren Freunden und Bekannten treffen, wichtig ist, dass Sie dies nicht vernachlässigen. Natürlich ist hier Selbstdisziplin angesagt, damit Sie die Termine einhalten. Garantiert werden Sie nach Ausreden suchen, doch als Belohnung lockt ein stabiles soziales Umfeld und Freunde, die in der Not auch für Sie da sind.

Andere Situation. Jahrelang werden Sie schon von Ihrem Chef ermutigt, die Fortbildung zu besuchen. Bislang hatten Sie nur Ausreden als Antwort gehabt. Zeit, Familie, Kosten und noch mehr haben Sie angeführt anstatt zu verhandeln. Ihr einziger Grund aber, die Fortbildung nicht anzutreten ist, Sie waren in der Schule grottenschlecht, da Sie unter einer Lernschwäche leiden. Das zu verraten waren Sie nun nicht mutig genug. Wenn Sie damals mit Selbstdisziplin die wöchentlichen Stunden bei der Logopädin verfolgt hätten und nicht vom Lerncamp nach zwei Tagen nach Hause gefahren wären, dann hätten Sie jetzt die Chance auf eine tolle Fortbildung mit garantierter

Aussicht auf Lohnerhöhung.

Sie verstehen die Quintessenz aus der Geschichte? In dem Moment in welchem Sie das Training, die Nachhilfe oder die psychologischen Sitzungen schwänzten erschien dies eine gute Idee. Anstatt langweiliger 50 Minuten konnten Sie durch die Stadt streifen und verspürten vielleicht auch den Hauch von Abenteuer und Verwegenheit. Doch wir sind alle keine Eintagsfliegen. Unser heutiges Tun und Handeln zieht Konsequenzen nach sich. Auch wenn die Konsequenzen in dem Moment so weit weg zu sein scheinen, sie folgen unweigerlich auf den Fuß. Die einen früher, die anderen später.

Jetzt wurde zwar die Wurzel des Übels gefunden, doch wie lässt sich das wieder ausbügeln? Natürlich können Sie sich 25 Jahre später nicht mehr in Ihr 12-jähriges Ich zurück beamen. Doch es ist noch nicht alles verloren. Wichtig ist: Sie haben Ihren Fehler erkannt. Nun können Sie alles daran setzten, dass Sie sich heute fit für eine Ausbildung oder einen Lehrgang machen.

Suchen Sie sich einen Kurs in der Erwachsenenbildung oder besuchen Sie ein Einzelseminar, welches genau Ihr Problem mit Lernschwäche und Konzentrationsstörungen behandelt. Es ist nie zu spät. Haben Sie diesen durch, können Sie auch beruhigt endlich das Angebot Ihres Chefs annehmen und die berufliche Weiterbildung starten. Doch jetzt muss der absolute Wille Zum Durchhalten vorhanden sein.

Egal ob es beim Erlernen eines Instruments ist, Sprachen, Tanz, eine Sportart oder eine künstlerische Tätigkeit wie malen, schnitzen oder töpfern - je eher Sie bei diesen Projekten mit Selbstdisziplin ans Werk gehen, um so größer ist der Erfolg. Wenn Sie Jahre später bereuen, etwas nicht konsequent verfolgt zu haben, nutzt es wenig, nur zu jammern. Auch jetzt können Sie all diese Tätigkeiten wieder aufgreifen und neu beginnen. Was spricht dagegen, mit 66 Jahren noch einen Gitarrenkurs zu beginnen? Warum sollten Sie nicht mit 70 Jahren noch Russisch lernen oder mit 40 Jahren einen Töpferkurs absolvieren.

Ein sehr wichtiger Bereich für Selbstdisziplin ist die finanzielle Ebene. Geld spielt in unserem Leben eine enorm wichtige Rolle und leider ist genau dieses Geld bei den meisten knapp bemessen. War es vor 30 Jahren noch selbstverständlich, dass bereits in jungen Jahren ein Bausparvertrag oder ein Sparplan abgeschlossen wurde, so ist dies heute eher die Seltenheit. Dies liegt jedoch eher an den schlechten Zinsen und Renditen und die Arten der

Anlage und Sparformen haben sich einfach geändert.

In früheren Zeiten wurden diese einmal abgeschlossenen Verträge auch kaum, und wenn nur in Situationen großer Not, vorzeitig aufgelöst. Heute ist es so, dass diese Vorsorgen und Verträge lockerer gesehen werden. Die Moral zum Durchhalten hat sich stark verändert. Passt es gerade nicht, wird die monatliche Rate nicht bezahlt, oder der Vertrag komplett storniert. Hier fehlt es eindeutig an Selbstdisziplin zum Sparen.

Zu wichtig scheint oft ein feucht fröhliches Wochenende und die 50 Euro die in den Sparfond gelangen sollten, landen in der Cocktailbar. Nie war es wichtiger, einen kleinen finanziellen Polster zu besitzen und paradoxerweise waren wir Menschen nie weniger zum Sparen aufgelegt als heute.

Dabei kann jeder sparen. Es gibt hier keine Ausreden, egal wie groß oder wie klein der eigene Verdienst ist. Selbst 10 Euro pro Monat sind ein Anfang wenn diese konsequent zur Seite gelegt werden. Ziehen Sie jedoch diesen Betrag nicht ins Lächerliche, sondern nehmen Sie ihn ernst. Und nein, es ist nicht egal, wenn Sie diesen Monat diesen Betrag nicht zur Seite legen. Hier müssen Sie mit absoluter Selbstdisziplin zur Sache gehen. Und auch wenn Sie das Ersparte zu Hause horten, greifen Sie es nicht an, niemals.

Wenn bis jetzt die Selbstdisziplin zum Sparen gefehlt hat, überlegen Sie warum. Wie gesagt, auch wenn die finanziellen Möglichkeiten nicht viel Spielraum bieten, auch der kleinste Betrag ist ein Anfang. Nur diesen gilt es ab nun konsequent und diszipliniert zur Seite zu legen. Sie können ja jederzeit aufstocken, sofern es die Finanzlage zulässt.

Sie sehen, es gibt so viele Beispiele aus dem Alltag, in welchen mangelnde Selbstdisziplin schlimme Konsequenzen mit sich zieht. Doch genauso sehen Sie, dass es für jede auch eine oder mehr Lösungen gibt. Auch wenn jetzt nicht jede Situation auf Sie zutrifft, so lassen sich anhand dieser Beispiele viele andere Szenarien ableiten. In jedem Fall denken Sie nach warum und setzen Sie sich ein neues Ziel. Fokussieren Sie sich darauf und halten Sie mit viel Willenskraft durch.

VON VERPASSTEN CHANCEN

Wie sie im vorherigen Kapitel gelernt haben, müssen verpasste Chancen in der Vergangenheit nicht das totale Aus bedeuten. Natürlich sind verpasste Chancen ärgerlich. Doch, sobald Sie sich darüber ärgern, ist dies auch ein positives Zeichen. Sie haben die verpasste Chance erkannt. Genau dieser Punkt ist wichtig und von hier an kann es nur bergauf gehen und besser werden. Auch hier greift wieder ein altes Sprichwort, dass Einsicht der beste Weg zur Verbesserung ist.

Dieselbe Chance kommt natürlich nicht in dieser Weise nochmal. Doch mit etwas Mehraufwand können Sie dieselben Situationen wieder erzeugen. Der Mehraufwand kann mehr Kraft, mehr Energie, oder auch ein finanzieller Aufwand sein. Haben Sie die kostenlose Ausbildung in jungen Jahren verpasst, so ist die Erwachsenenbildung eine oft kostenintensive Geschichte. Doch, Sie wissen was Se wollen und sollten alles daran setzen, um dies auch zu erreichen.

Verpasste Chancen, die Sie erkennen, bewahren Sie in Zukunft davor, eine Chance dieser Art noch einmal ungenutzt vorbeiziehen zu lassen. Verpasste Chancen bieten Ihnen die Möglichkeit zu wachsen. Sie haben die Moral aus der Geschichte erkannt und ziehen daraus Ihre Lehren. Sehen Sie somit die verpassten Chancen nicht negativ. Im Endeffekt ist es immer noch so, das Fehler menschlich sind. Und wer noch nie in seinem Leben einen Fehler begangen hat, der hatte auch keine Chance daran zu wachsen.

WARUM VORSÄTZE ZU NEUJAHR NIE VON ERFOLG GEKRÖNT SIND

SIND NEUJAHRSVORSÄTZE WIRKLICH ABSOLUT freiwillig, oder nehmen wir uns diese nur vor, weil es einfach dazu gehört? Überlegen Sie wirklich im Vorfeld, ob oder was Sie im neuen Jahr besser oder anders machen können oder wiederholen Sie einfach die Vorsätze der letzten Jahre, wenn Sie danach gefragt werden. Vorsätze zum neuen Jahr sind meist nicht mehr als leere Floskeln. Sie haben eine Ernsthaftigkeit wie das „Danke gut" auf die Frage wie es Ihnen geht.

Zudem sind diese Vorsätze ein Ritual, das ohnehin nicht ernst genommen wird. Diese Vorsätze sind nicht verbindlich sondern werden ausgesprochen, einfach weil sie dazugehören wie Raketen starten, Sekt trinken und Blei gießen. Wenn Sie tatsächlich genau zum Beginn des neuen Jahres mit einem guten Vorsatz starten möchten, und diesen auch diszipliniert verfolgen wollen, dann darf dies auf keinen Fall eine Spontanentscheidung sein. Dann ist auch der Zeitpunkt für den Entschluss nicht relevant.

Legen Sie auch hier ein Ziel fest. Was spricht dagegen, diesen Vorsatz auf Papier niederzuschreiben? Nichts, und meist lassen sich Vorsätze, die schriftlich verfasst wurden, einfacher umsetzen. Einfach daher, es steckt mehr Ernsthaftigkeit dahinter. Das wichtigste ist, dass Sie auch sofort am Ersten des Jahres mit der Umsetzung beginnen. Dies ist enorm wichtig, denn wer am Neujahrstag seinen inneren Schweinehund bezwingen kann, der dürfte auch im restlichen Jahr klare Vorteile haben.

DIE MACHT DER GEDANKEN

Jedes Vorhaben muss im Vorfeld formuliert werden. Die Vorsätze und Ideen entstehen im Kopf. Hier gibt es eine enorm wichtige Sache, die Sie beachten müssen. Formulieren Sie alle Vorhaben ausschließlich positiv. „Ich möchte mich nicht mehr so ungesund ernähren" ist eine negative Formulierung. „Ich will mich von nun an gesund ernähren" ist hingegen die positive Formulierung des selben Ziels. Hier spielt die Macht der Gedanken eine große Rolle. Sobald das Wörtchen nicht vorkommt, haben die Gedanken einen Schlupfweg.

Mit der Macht der Gedanken lässt sich im Prinzip alles erreichen. Unsere Gedanken beeinflussen unser Leben und unser Handeln. In der Quantenphysik spricht man hier von positiven und negativen Schwingungen, die von unseren Gedanken ausgehen. Positive Gedanken ziehen positives Handeln nach sich. Dadurch wird es auch kinderleicht, das Vorhaben erfolgreich durchzuziehen. Der Aufwand den Sie aufbringen müssen und die benötigte Selbstdisziplin werden dadurch geringer.

Bereits unsere Gedanken bestimmen über unsere Gefühle. Unsere Gefühle sind dafür verantwortlich, wie wir in den einzelnen Situationen handeln. Positive Gefühle sind motivierend und lassen uns durchhalten. Negative Gefühle hingegen werden uns eher aufgeben und abbrechen lassen.

Das beste Beispiel dafür, wie Gedanken und Selbstdisziplin zusammenhängen können wir wieder anhand einer Diät geben. Stellen Sie sich vor, Sie sind auf Diät, sehen einen Kuchen und ständig kreisen nun Ihre Gedanken um dieses verführerische Stück Zucker. Nun wird es hart, genügend Selbstdisziplin aufzubringen, um dem Kuchen zu widerstehen. Wenn Sie diese Gedanken jedoch nicht zulassen, dann denken Sie 10 Minuten später nicht mehr daran. Sie sehen denn Kuchen, denken sich „schön, aber ich brauche den nicht" und gehen weiter. Damit ist die Situation auch schon geklärt.

Versuchen Sie daher auch die Dinge die Sie nicht möchten, nicht zu erwähnen oder sich bildlich vorzustellen. Ein Beispiel dafür: Wenn Sie denken „Ich will nicht rauchen“ haben Sie dennoch vor dem geistigen Auge ein Bild mit Zigarette vor sich. Besser ist hier ein. „Gott sei Dank bin ich ewig rauchfrei“. Bei diesem Satz kommen eher Bilder von guter Luft als vom qualmenden Aschenbecher zustande.

Doch wie können wir nun die Macht der Gedanken effizient einsetzen? Auch hier ist es wichtig, dass Sie Ihr Ziel kennen und sich darauf fokussieren. Beim Arbeiten mit der Macht der Gedanken dürfen Sie auch ruhig etwas vorgreifen. Sie können sich direkt das Ziel bildlich vorstellen.

Auch hier wollen wir wieder einige Praxisbeispiele aufführen, da es so verständlich und nachvollziehbar wird. Das Ziel ist erfolgreich die neue Abteilung zu leiten. Stellen Sie sich nun in Anzug und Krawatte vor, wie Sie vor der versammelten Mannschaft stehen und die Arbeit delegieren.

Wenn das Ziel Gewichtsverlust ist, stellen Sie sich mit der Wunschfigur voll, wie Sie in einem Club tanzen und spüren Sie die neidischen Blicke. Thema Nichtraucher sehen Sie sich ohne Glimmstengel usw. Rufen Sie einfach sämtliche positiven Bilder auf, die Ihnen zu diesem Thema einfallen. Sie können auch ruhig tagträumen. Dazu müssen Sie natürlich genau wissen was Sie wollen. Zu beginn steht auch hier wieder: Fokussieren Sie sich absolut auf Ihr Ziel.

SELBSTDISZIPLIN IM SOZIALEN UMFELD

SIE WERDEN SICH FRAGEN, was denn damit schon wieder gemeint ist. In diesem Kapitel geht es darum, wie Sie auch im Umgang mit anderen immer wieder viel Selbstdisziplin aufbringen müssen. Was haben soziale Kontakte mit Selbstdisziplin zu tun? Jedes Gespräch, jede Diskussion und besonders jeder Streit entfachen Gefühle in uns. Genau um diese Gefühle geht es in diesem Kapitel und darum, diese zu kontrollieren.

Doch warum sollten Sie Ihre Gefühle kontrollieren? Sollten wir uns nicht immer so präsentieren wie wir sind? Soll dies nun eine Aufforderung dazu sein, sich zu verstellen? Nein auf keinen Fall, es ist jedoch ein gravierender Unterschied dazwischen, ob Sie Ihre Gefühle auf der Zunge tragen, oder ob Sie sich in weiser Zurückhaltung üben können. Und genau hier kommt die viel zitierte Selbstdisziplin ins Spiel.

Damit Sie auch hier genau verstehen, wie Selbstdisziplin zum Einsatz kommt, wollen wir verschiedene Beispiele bringen. Stellen Sie sich vor, Sie arbeiten in einem Großraumbüro. Tagtäglich treffen Sie dort mit weiteren 10 Kollegen zusammen und natürlich wird dort auch getratscht und geklatscht was das Zeugs hält. Seien Sie sich jedoch bewusst, das Tratsch das gefährlichste überhaupt sein kann. Auch wenn viele Dinge hinter vorgehaltener Hand erzählt werden, alles kommt am Ende des Tages ans Licht. Egal wer über wen gelästert hat, am nächsten Tag dreht sich der Wind und Sie können der Buhmann sein.

Halten Sie sich bei diesen Aktivitäten zurück. Bleiben Sie dabei jedoch freundlich, aber weisen Sie alle anderen darauf hin, dass Sie an Tratsch nicht interessiert sind, ohne jemanden verletzen zu wollen. Vergessen Sie nie, auch wenn sich heute alle gegen den Chef verbünden, bei der nächsten Gelegenheit wird vielleicht genau Ihre Aussage gegen Sie verwendet und könnte Ihnen im schlimmsten Fall den Job kosten.

Gefährliche Stolperfallen im Arbeitsalltag sind auch Aktivitäten wie Weihnachtsfeiern und Firmenausflüge. Seien Sie hier besonders diszipliniert. Verzichten Sie auf Alkohol und halten Sie sich von Spielen fern, die am Ende nur peinlich werden können. Was heute lustig ist, kann Sie schon morgen im Erdboden versinken lassen.

Selbstdisziplin im Umgang mit Freunden und Bekannten schließt ebenfalls Tratsch und Klatsch ein. Viel wichtiger ist es aber hier, dass Sie nicht immer nur Ihr Ego in den Vordergrund stellen. Lassen Sie auch andere Meinungen gelten und drängen Sie nicht auf Biegen oder Brechen anderen Ihre Ansichten auf.

Auch im Streit sollten Sie stets so viel Selbstdisziplin aufbringen, dass dieser nicht ausartet. Sie werden sich jetzt fragen, warum Sie sich zusammenreißen sollen. Streit entsteht doch immer zwischen zwei Parteien - und das ist auch richtig. Nur sollte es bei jedem Streit eben eine Partei geben, welche die Sache unter Kontrolle oder mehr oder weniger im Griff hat. Streit ist ein negativer Faktor, der Ihr Leben belastet. Es sei denn, er ist gefüllt mit konstruktiver Kritik, cleveren Argumenten und fairen Worten. Um dies so hinzubekommen müssen Sie viel Selbstdisziplin aufbringen, damit nicht im größten Ärger unüberlegte Worte über Ihre Lippen kommen.
Doch wie soll das funktionieren? Bevor Sie in rasender Wut antworten, halten Sie einen Moment inne. Zählen Sie innerlich langsam bis zehn und überlegen Sie, wie sehr Sie selbst verletzt wären, wenn jemand Ihnen die Worte an den Kopf werfen würde, die Sie gerade auf den Lippen haben. Denken Sie nach, wie sehr Sie verletzen können und was Sie mit diesen Worten anrichten können.

Sehr unterschätzt wird die Macht des Internets. Auch hier ist es schlau, wenn Sie mit Selbstdisziplin am Keyboard sitzen. Sie kennen das garantiert. Wenn Sie auf den sozialen Netzwerken durch Beiträge scrollen und lesen, dann verstecken sich hinter vielen anonymen Profilen oft die aggresivsten Menschen. Lassen Sie sich jedoch von solchen Worten nicht anstacheln. Egal ob es sich um Forenbeiträge, Kommentare oder Posts zu Ihren eigenen Bildern handelt. Es kostet nur sinnlose Energie, gegen diese vermeintlichen Ritter vorzugehen, die sich hinter dem Bildschirm verstecken. In Wirklichkeit handelt es sich hierbei meist um Menschen, die in der realen Welt kaum etwas zu sagen haben. Bewahren Sie hier die Selbstdisziplin und sparen Sie sich Worte und Gefühle. Der Zeitaufwand ist es nicht wert. Die Zeit können Sie mit weitaus schöneren Dingen verbringen.

SELBSTDISZIPLIN, SELBSTBEHERRSCHUNG UND TREUE

UNSER LEBEN IST SCHNELLLEBIG und alles ändert sich in Windeseile. Genau in diesem Tempo scheint es oft, ändern sich auch Beziehungen. Warum heute Beziehungen so schnell auseinander gehen hat natürlich vielerlei Gründe. Und garantiert gab es vor 50 Jahren bedeutend weniger Scheidungen, weil es einfach in der Gesellschaft nicht akzeptiert wurde, und weil alleinstehende Frauen auch bedeutend weniger Chancen hatten um zu überleben. Doch dies alleine ist nicht der Grund.

Früher hatte man andere Werte. Nicht jeder Streit wurde zum Anlass genommen, um sich zu trennen. Und natürlich waren auch die Verführungen nur halb so groß. Konnte man in früherer Zeit einen Partner für einen Seitensprung nur auf dem Dorffest kennen lernen, so genügt heute ein Klick auf eine Dating App und die Sache ist gebongt. Darum ist es so wichtig, auch hier diszipliniert zu sein, und nicht jeder Verführung in die Falle zu tappen. Denn Hand aufs Herz, wir alle wünschen und doch eine Beziehung, die glücklich ist und funktioniert.

Selbstdisziplin ist vor allem bei Dingen wie schnelle und vermeintlich geheime Chats gefragt. Wer in einer Beziehung ist sollte sich fragen, ob es wirklich das ist, was man möchte. Sie müssen nicht, nur weil Sie können. Setzen Sie Prioritäten. Wenn die Beziehung an oberster Stelle steht, sollten Sie es nicht wegen kleiner Spielereien aufs Spiel setzen.

Selbstdisziplin sollten Sie auch in allen Situationen praktizieren, in welchen Versuchungen drohen. Egal ob auf der Firmenfeier, dem Junggesellenabschied oder im Büro, wenn der oder die neue Mitarbeiterin auf der Pirsch ist. Der einzige Weg, wie man hier Selbstdisziplin üben kann ist, kein Interesse zeigen, höflich bleiben und diverse Angebote freundlich aber dankend ablehnen.

Ebenfalls ein wichtiger Punkt bezüglich Selbstdisziplin und Beziehungen ist das Vertrauen. Laut einer neuen Studie haben mehr als 80% der Paare, egal ob männlich oder weiblich so wenig Vertrauen in Ihren Partner, dass Sie Taschen, Ordner und sogar Computer und Mobiltelefone durchsuchen. Wer an diesem Punkt angelangt ist zeigt nicht nur, dass er keinerlei Vertrauen und Respekt zu und vor seinem Partner hat, auch das eigene Selbstwertgefühl sinkt drastisch ab.

Haben Sie die Selbstbeherrschung und sparen Sie sich diese Aktionen. Wenn Sie wirklich so interessiert am Inhalt der Ordner Ihres Partners haben, dann klären Sie dies in einem vernünftigen Gespräch. Auch wenn es juckt in den Fingern, weil das Handy unverschlossen vor Ihnen liegt und der Partner gerade nicht im Raum ist, nehmen Sie all Ihre Selbstdisziplin zusammen und lassen Sie die Finger davon. Aktionen wie diese bringen nichts, außer böses Blut und Ärger.

Ihre kostenfreies Hörbuch

Dieses Buch können Sie als neuer Audible Nutzer kostenlos als Hörbuch genießen. Folgen Sie dem Link um sich dieses Hörbuch jetzt kostenfrei zu sichern:

http://link.cherrymedia.de/CF17CD

WICHTIGE FRAGEN, DIE SIE SICH BEANTWORTEN SOLLTEN

IN DIESEM KURZEN KAPITEL wollen wir einige Fragen aufzeigen, die Sie sich für die Zielfindung und Selbstdisziplin beantworten sollten. Dabei wäre es von Vorteil, wenn Sie die Fragen nicht nur während des Lesens und nebenbei beantworten, sondern sich Zeit dafür nehmen. Verwenden Sie dazu ruhig einen Notizblock und formulieren Sie die einzelnen Fragen und schreiben Sie Ihre persönlichen Antworten auf.

Erstellen Sie eine Liste, in welchen bereichen Sie sich für sich selbst mehr Selbstdisziplin wünschen. Nun lesen Sie sich die einzelnen Sätze durch und überlegen, wofür Sie sich das alles wünschen. Denn wichtig ist, dass Sie auch die Motivation dahinter realisieren. Wichtig ist, dass Sie all diese Ziele auch aus persönlichen Gründen verfolgen.

Wenn der erste Satz lautet, dass Sie endlich mit dem Rauchen aufhören möchten, so sollte hinter dem wofür eine persönlich ambitionierte Antwort stehen. Das bedeutet, Sie machen es, damit Sie in Zukunft besser atmen können, damit Sie Geld sparen, gesünder leben, oder die Vorhänge in Ihrer Wohnung nicht jede Woche zu waschen sind. Falsche Motivationen wären, wenn Sie das Rauchen für andere aufgeben möchten. Ausgeschlossen sind hier natürlich Situationen, wenn Sie mit Ihrem Partner der Nichtraucher ist zusammen ziehen oder Sie vielleicht Nachwuchs erwarten. Generell aber sollten alle Ziele für Sie selbst sein. Wenn Sie Dinge anderen Menschen zuliebe machen, ohne wirklich selbst dahinter zu stehen, dann sind die Chancen hoch, dass auch die beste Selbstdisziplin nicht reicht.

Daher ist es wichtig, alle Ziele zu hinterfragen. Danach beantworten Sie die Frage: „Was wird sein, wenn ich mein Ziel erreicht habe?"

Können Sie sich vorstellen, was sich verändert hat? Stellen Sie sich dies ebenfalls bildlich vor. Arbeiten Sie so den gesamten Fragenkatalog ab. Dies muss natürlich nicht an einem Tag geschehen. nehmen Sie sich Zeit. Am Ende aber werden Sie bemerken, dass dadurch Ihre Motivation enorm gestiegen ist.

Nun wird es sicher einige Ziele geben, für die Sie keine vernünftige Antwort finden. Diese Ziele sollten Sie noch ein weiteres Mal hinterfragen. Aller Wahrscheinlichkeit nach handelt es sich hier um Ziele, die Sie entweder halbherzig gefasst haben oder aus den falschen Motivationsgründen. Vielleicht handelt es sich auch um ein bedeutungsloses Ziel, oder Sie haben es nur aufgeschrieben, weil Sie durch äußere Einflüsse dazu animiert wurden.

Hinterfragen Sie die Ziele ein weiteres Mal. Sie sollten Freude dabei verspüren, wenn Sie daran denken. Es kann im Bauch kribbeln und Sie sollen sich gut dabei fühlen. Sie sollen keine Abneigung und keinen Widerstand verspüren. Es soll kein Ziel sein, das Sie gewählt haben, um anderen zu gefallen. Auch soll es kein Ziel sein, dass Sie aus Not gewählt haben. Ziele müssen immer frei von Zwängen sein.

Nach diesem weiteren Check-up und dem Beantworten des Fragenkataogs können Sie nun die Verwirklichung in Angriff nehmen.

WIE SIE SICH SELBST EIN BISSCHEN ÜBERLISTEN KÖNNEN

AUF DEM WEG ZU mehr Selbstdisziplin kann es nicht schaden, wenn Sie sich selbst den ein oder anderen kleinen Schubs geben. Mit kleinen Kniffen machen Sie sich selbst das Durchhalten leichter. Dabei sind es meist nur ein paar Handgriffe und ein paar Tricks, wie Sie sich selbst psychologisch quasi überlisten können.

Wenn Sie zum Beispiel gleich nach der Arbeit joggen gehen möchten, bereiten Sie bereits am Vorabend oder am Morgen die Jogging-Klamotten und die Laufschuhe vor. Stellen Sie alles griffbereit hin. Wenn Sie nach Hause kommen müssen Sie so nur mehr zugreifen und können sofort wieder das Haus verlassen. Dadurch ist die Gefahr geringer, dass der innere Schweinehund noch zuschlägt.

Wenn nach der Arbeit der Hausputz auf dem Plan steht, räumen Sie schon morgens den Staubsauger aus der Kammer und bereiten Sie Putzmittel und Kübel vor. So können Sie ebenfalls sofort nach der Arbeit starten und schieben es nicht aus Bequemlichkeit wieder auf.

Wenn Sie für die Abendschule lernen müssen, achten Sie darauf, dass Sie immer Unterlagen griffbereit haben. Für den Sprachkurs können Sie das Vokabelheft direkt auf den Frühstückstisch platzieren und wenn abends der Ordner für die Buchhaltung bereits am Tisch wartet werden Sie auch eher rangehen.

Diese kleinen Tricks nennen sich Streamlines. So können Sie jedes Ziel mit wenig Aufwand vorbereiten, damit anschließend die Durchführung einfacher fällt. Bereiten Sie dies am besten am Morgen vor, oder zu jenem Zeitpunkt an dem Sie die meiste Energie und Motivation aufbringen. Stellen Sie es sich so vor, als würden Sie schon am Vorabend den Frühstückstisch decken, damit Sie sich morgens nur mehr gemütlich hinsetzen müssen. Kleiner Trick- große Wirkung.

HABEN GROSSE PERSÖNLICHKEITEN UND STARS ENORM VIEL SELBSTDISZIPLIN? IST DIES DER SCHLÜSSEL ZUM ERFOLG?

Es gibt einige dieser sogenannten Celbrities, bei denen es ganz offensichtlich ist, dass hinter ihrem Erfolg auch sehr viel Selbstdisziplin steckt. Genau diese Eigenschaften können wir uns von den großen und kleinen Berühmtheiten abgucken und uns diese zum Vorbild machen. Dafür müssen Sie jedoch etwas genauer hinsehen und hinter die Kulisse blicken. Auf der Bühne werden Sie nur strahlende Gesichter sehen, der Schweiß und die Anstrengung dahinter bleibt meist verborgen. Sie können dazu jede x-beliebige Persönlichkeit hernehmen. Hinterfragen Sie nun, was diesen menschen so groß, stark und berühmt gemacht hat. Versuchen Sie den Lebensweg aufzuschlüsseln und lernen Sie von den Eigenschaften, Angewohnheiten und Charakterzügen, die den Stars zu Ihrer Berühmtheit verholfen haben.

Anhand einiger Beispiel wollen wir Ihnen dieses Thema wieder etwas näher bringen, damit Sie sehen, dass es ganz einfach ist. Und damit Sie zudem sehen, dass auch diesen Menschen der Erfolg nicht in den Schoss gefallen ist.

Beginnen wollen wir hier mit Heidi Klum, da sie ein ganz ausgezeichnetes beispiel dafür ist, wie man sich jahrelang ganz oben hält. Begonnen hat dieses heutige Supermodel ebenfalls klein, hatte natürlich das Glück durch eine Misswahl ins Fernsehen zu kommen. Doch hier endet für viele der Erfolg bereits, denn was jetzt kommt ist harte Arbeit. Disziplin beim Essen und viel Sport gehören zu dem leben als Model dazu. Oder denken Sie, eine Frau über 40 hat von Natur aus eine perfekte Figur? Auch Heidi Klum musste nach ihren Kindern hart trainieren um wieder in Form zu kommen. Natürlich werden Sie sagen, dass dies der Job der Models ist und die Mädchen nichts anderes machen müssen, als sich um ihre Schönheit zu kümmern. Doch auch das ist Arbeit. Work-out noch vor Sonnenaufgang, Verzicht auf Junk-Food und Alkohol, Meditation, Yoga und viel Schlaf gibt es hier anstatt Party und faule Wochenenden. Und ja, es ist richtig, es ist der Job der Models, gut auszusehen. Doch genauso ernst sollten Sie Ihren eigenen Beruf nehmen. Nur so können Sie auch dauerhaft erfolgreich werden. Da gehören längere Arbeitstage, Wochenenden, an denen Sie sich Arbeit mit nach Hause nehmen und Seminare einfach dazu.

Ein weiterer Prominenter, der mit viel Schweiß sehr viel erreicht hat ist Arnold Schwarzenegger. Der Österreicher kam aus einer armen Familie und hatte einen Traum. Er wollte Bodybuilder werden und er wollte es in Amerika schaffen. Für diesen Traum gönnte er sich selbst jahrelang nichts und arbeitete an seinem Körper, der sein wichtigstes Instrument werden sollte. Nach seiner sportlichen Karriere kämpfte er verbissen für seinen Traum Schauspieler zu werden und genauso hart verfolgte er danach sein Ziel, in die Politik zu gehen. Heute könnte sich dieser Mann auf seinen Lorbeeren ausruhen, doch immer noch reist er um die Welt und gibt spannende Seminare um andere zu begeistern und zu motivieren.

Arni hat ein Ziel nach dem anderen verfolgt. Er hat seine Ziele visualisiert und nicht aufgegeben, bis er alles erreicht hat. Dazu gehört eine ordentliche Portion Selbstdisziplin. Eines haben diese Menschen ebenfalls gemeinsam. Sie sind extrovertiert und großartig im Umgang mit Menschen. Ihr hoher Level in Kommunikation ist bewundernswert und auch die Fähigkeit sich selbst zu vermarkten einfach grandios. Es ist jedoch auch offensichtlich, dass diese Personen Feuer unter dem Hinterteil haben und alles aus eigener Initiative schaffen. Daran können wir uns ein Beispiel nehmen und gleichzeitig erkennen, dass sich Selbstdisziplin und harte Arbeit auszahlen.

Doch auch jeder Schriftsteller und jeder Autor benötigt Selbstdisziplin. Die Ideen für einen Bestseller kommen nicht über Nacht auf Papier. Und auch wenn heute die meisten Autoren nicht mehr mit Papier und Bleistift arbeiten, so müssen die Worte dennoch geschrieben werden. Wenn Sie also die grandiose Idee für ein Buch haben und der Kopf vor Geschichten überquillt, Sie benötigen dennoch einen strikten Plan, eine gewisse Wortanzahl pro Tag niederzuschreiben.

Jeder Selbständige muss sich seine Arbeit präzise einteilen und dafür sorgen, dass Geld in die Kasse kommt. Egal ob Restaurantbetreiber, Handwerker oder Kreativer. Natürlich wirkt es so, als könnten Selbständige frei über ihren Urlaub und ihre Freizeit bestimmen und in gewisser Weise stimmt das auch. Doch wer als Selbständiger nicht arbeitet, verdient auch nichts.

Wer hier also faul ist und mit wenig Selbstdisziplin ans Werk geht, der wird bald dem Untergang geweiht sein.

Egal welcher Arbeit Sie nachgehen, immer kommen Sie mit Selbstdisziplin weiter als andere. Verlockend klingt natürlich Arbeit in einem Homeoffice. Hier können Sie zu Hause arbeiten, frei von Kleidervorschrift, Pausen und nervenden Chefs, welche den ganzen Tag ein wachendes Auge übers Büro haben. Damit die Büroarbeit zu Hause jedoch genauso erfolgreich funktioniert dürfen Sie auch hier nicht mittags noch im Pyjama durchs Haus laufen, nachmittags zum ersten Mal den Computer einschalten und nach drei Stunden Arbeit bereits wieder erschöpft aufgeben.

Fokussieren Sie Ihr Ziel und überlegen Sie, ob es auch das richtige Ziel ist, welches Sie aus den richtigen, persönlichen Motivationen gewählt haben. Nun müssen Sie sich offen und ehrlich eingestehen, wieviel Sie bereit sind, dafür zu geben. Wenn Sie an die Spitze möchten, dann müssen Sie auch alles geben. Es ist jedoch auch absolut legitim, wenn Sie sich mit weniger zufriedengeben. Nicht jeder will an die Spitze und bevorzugt es, mehr Freizeit zu haben.

Ob Sie nun ein florierendes Amazon-Shop betreiben und zu den Top-Sellern zählen möchten bedeutet einen anderen Arbeitsaufwand als für einen Shop, der sich mit einigen Verkäufen pro Woche ebenfalls gut hält. Sie entscheiden ja auch als private Friseurin oder Masseurin selbst, wieviele Kunden pro Tag Sie betreuen möchten. Genau wie im Büro müssen Sie auch für die Arbeit zu Hause konsequent Regeln aufstellen. Natürlich ist es hier flexibler und die Arbeitszeiten können fließend sein. Doch wenn Sie sich anfangs besser fühlen, sollten Sie sich auch hier an den 9 to 5 Job anlehnen. Trennen Sie Ihr Privatleben vom Beruf und nehmen Sie die Arbeit zu Hause ernst. Denken Sie auch selbst an Weiterbildung und kämpfen Sie sich die Erfolgsleiter hoch.

IN KLEINEN SCHRITTEN ZUM ERFOLG

IST ERST DAS ZIEL fokussiert und Sie haben sich das Endergebnis bildlich vorgestellt und verinnerlicht, dann kann es mit viel Elan, Fleiß und Selbstdisziplin an die Durchführung gehen. Nun ist es jedoch wichtig, dass Sie kontrolliert, konzentriert und effizient arbeiten. Eile muss jetzt nicht mehr sein, denn es ist besser, das Ziel sicher, dafür in Babyschritten zu erreichen.

Lassen Sie sich jetzt nicht vom Tatendrang überwältigen. Dadurch geschieht es nur zu schnell, und Sie stolpern über Ihre eigene Füße. Teilen Sie sich den Weg in kleine Etappen ein und feiern Sie jeden Tag Etappenziele. Die meisten Dinge lassen sich ohnehin nicht von heute auf morgen erledigen.

Oft st es so, dass Sie in der ersten Minute von einer Idee so hellauf begeistert sind, dass Sie alles auf einmal wollen. Egal ob es jetzt der neue Sprachkurs ist, die Yoga Klasse oder das Fitness Studio. Wenn Sie es in der ersten Woche jedoch heillos übertreiben, dann verlieren Sie sofort die Lust dran.

Es reicht, wenn Sie einmal pro Woche den Sprachkurs besuchen. Die restlichen Tage sollten Sie natürlich nicht ungenutzt verstreichen lassen, doch ist es übertrieben, jeden Tag zusätzlich mehrere Stunden zu büffeln. Nicht, weil Fleiß sinnlos wäre, es jedoch zu hundert Prozent bewiesen ist, dass Sie das Tempo und den Zeitaufwand niemals durchhalten können. Wenn Sie jedoch jeden Tag dafür maximal 10 Minuten einplanen, dann entspricht dies der Realität. 10 Minuten Vokabel- und Grammatik-Training täglich bringt enorme Fortschritte und Sie verlieren auch nach einem Jahr nicht die Lust daran.

Genauso hält niemand täglich jahraus jahrein stundenlanges Yogatraining durch, doch 10 Minuten pro Tag dehnen, stretchen und posen entspricht absolut der Realität. Und genau der Realität müssen Ihre Ziele, Wünsche und Träume entsprechen. Nur dann können Sie diese auch mit Disziplin verfolgen. Alles, das Sie überfordert wird über kurz oder lang schief gehen.

Wenn Sie an einem Buch arbeiten, überfordern Sie sich nicht. Recherchieren,

Gedanken aufschreiben und im Endeffekt täglich maximal 1000 Wörter zu schreiben bringt Sie in kleinen Schritten aber sicher ins Ziel. Am Ende haben Sie nach einem halben Jahr ein Buch mit 400 Seiten in den Händen.

Auch eine Diät bringt nicht innerhalb einer Woche einen Gewichtsverlust von 20 Kilogramm. Jeden Tag arbeiten Sie an Ihrem Ziel und jeder Tag bringt Sie Ihrem Wunschgewicht in kleinen Schritten näher. In diesen Babyschritten gelangen Sie mit Disziplin garantiert ans Ziel. Und es ist einfacher jeden Tag kleine Mengen an absoluter Selbstdisziplin zu investieren, als jeden Tag für 24 Stunden verbissen dahinter zu stehen.

KEINE ZEIT FÜR BABYSCHRITTE?

DER ALTBEWÄHRTE SPRUCH „DAFÜR habe ich keine Zeit" darf ruhig aus Ihrem Wortschatz gestrichen werden. Und zwar aus dem Grund - es handelt sich hierbei simpel um eine Ausrede. Genau aus diesem Grund wird der Weg ans Ziel in Babyschritte unterteilt, damit Ausreden keine Chance mehr haben. Genau hier lässt sich der Unterschied zwischen erfolgreichen und erfolglosen Menschen erkennen. Während erfolglose Menschen nie um eine Ausrede verlegen sind, greifen erfolgreiche Mensch ohne wenn und aber an.

Ausreden sind nicht nur Entschuldigungen für Faule, Ausreden sind auch Bremsklötze, die Sie auf dem Weg zum Erfolg behindern. Natürlich ist man nicht jeden Tag höchst motiviert und ab und an hat man einfach keine Lust. Doch genauso wenig Lust sollten Sie haben, in zehn Jahren immer noch erfolglos an der selben Stelle zu sitzen.

Es gibt viele Gründe für Ausreden und meist werden diese Ausreden hervorgekramt, um das eigene Scheitern irgendwie zu beschönigen. Sie suchen Ausreden aus Bequemlichkeit, um so wenig Stress als möglich zu haben und um sich selbst zu entlasten. Sobald Sie eine Ausrede gefunden haben müssen Sie kein schlechtes Gewissen mehr haben, dass Sie die Aufgabe nicht bewältigen. Sie können sich entspannt zurücklehnen und den Tag genießen. Doch passieren wird nichts, jedenfalls nichts, das Sie in Ihrem Leben voranbringt.

Um mit den ewigen Ausreden aufzuräumen müssen Sie beginnen, ehrlich mit sich selbst zu sein. Hier ist schonungslose Ehrlichkeit gefragt. Keine Zeit, Kopfschmerzen, körperliche Schwäche, mangelnde Ausbildung, es einfach nicht können, Angst und noch vieles mehr sind die beliebtesten Ausreden.

Wenn Sie heute Ihren Babyschritt auf dem Weg zum Erfolg nicht absolviert haben, welche Ausrede haben Sie verwendet? Kopfschmerzen, und dennoch sind Sie schon stundenlang am Computer und spielen ein Onlinegame oder vor dem Fernseher? Raffen Sie sich auf, es geht nur um 10 Minuten, die Sie mit Ihrem täglichen Schritt füllen sollten.

Warum haben Sie das Angebot des Chefs abgelehnt, das nächste Meetup zu organisieren. Doch nicht wirklich, weil Sie sich zu dumm dafür halten die Zahlen zu koordinieren, Hotels und Meetingräume zu organisieren und für einen Transfer für die Gäste aus Übersee zu sorgen. Seien Sie nun ehrlich zu sich selbst. Was denk Ihr Chef wohl nun über Sie? Wird er Sie zum Mitarbeiter des Monats küren, oder doch überlegen, Sie bei der nächsten Gelegenheit durch eine kompetente Arbeitskraft zu ersetzen?

Hinterfragen Sie selbst Ihre eigenen Ausreden. Was steckt dahinter? Haben Sie wirklich keine Zeit, oder einfach keine Lust. Ist Ihnen die Angelegenheit doch nicht so wichtig oder sind Sie einfach schlecht organisiert? Wenn Ihre Standard-Ausrede ist, dass Sie dieses und jenes nicht können, fragen Sie sich doch einmal, ob Sie es jemals versucht haben? Wenn nicht, versuchen Sie es, immer und immer wieder. Sie werden sehen, Sie können alles schaffen. Haben Sie keine Angst sich zu blamieren. Es ist viel peinlicher stets zu kneifen, als einige Male in der Öffentlichkeit zu scheitern.

Bringen Sie die Disziplin auf, einfach keine Ausreden mehr zu benutzen. Stattdessen motivieren Sie sich und halten Sie durch. Denken Sie auch an die Konsequenzen, die Ihre Ausreden haben können. Nicht nur, dass Sie den Job verlieren könnten, Ausreden können auch im Kleinen unangenehme Nebeneffekte haben.

Am einfachsten ist dies anhand eines Hundebesitzers erklärt. Der Hund muss raus, Hundehalter jedoch ist faul und hat zur Ausrede, dass er gerade viel zu beschäftigt ist oder Kopfschmerzen hat. Der Hund jedoch ist ein Lebewesen und muss sein Geschäft verrichten. Also passiert dies nun im haus, was soll der Vierbeiner nach stundenlanger Pein auch machen. Der Hundebesitzer hat nun die undankbare Aufgabe, die Misere zu beseitigen. Dies ist ärgerlich, unangenehm und bei weitem stressiger als es der kleine Spaziergang mit seinem Hund gewesen wäre.

GELASSENHEIT UND SELBST-DISZIPLIN - GEHT DAS?

DIESE KOMBINATION IST SOGAR äußerst wichtig, denn Selbstdisziplin sollte Sie nicht stressen. Wenn Sie zusätzlich mit Gelassenheit arbeiten, dann wird jedes Ihrer Vorhaben effizient, gewissenhaft und ruhig durchgeführt. Je hektischer Sie bei der Sache sind, desto größer auch die Chance, dass Sie nicht durchhalten. Doch woher nehmen Sie die Gelassenheit?

Gelassenheit bedeutet innere Ruhe. Sobald Se glücklich sind, auf Ihrem Weg Zufriedenheit ausstrahlen und in einer harmonischen Balance arbeiten, haben Sie den Punkt erreicht, an dem Sie Gelassenheit und Selbstdisziplin vereinen. Auch hier gibt es einige wichtige Punkte, die Sie beachten müssen, die sich jedoch mit den wichtigen Punkten für Selbstdisziplin gut decken.

Legen Sie Ihre Prioritäten fest. Dabei reihen Sie die wichtigsten Dinge nach oben und erledigen jene zuerst, die Ihnen persönlich am Wichtigsten sind. Damit arbeiten Sie an Dingen, die für Ihr Leben persönlich wichtig sind, dadurch lässt es sich auch viel disziplinierter arbeiten.

Zusätzlich ist es wichtig, dass Sie auch körperlich entspannt sind. Gerade wenn Sie hart arbeiten, und verbissen ein Projekt erledigen, kommt die körperliche Entspannung zu kurz. Erste Abhilfe schafft, wenn Sie zwischendurch immer wieder Ihre Schultern lockern, aufstehen, sich durchstrecken oder dehnen. Emotionelle Anspannungen haben häufig eng mit körperlichen Verspannungen zu tun. Sie kennen das sicher, wenn Sie sich stark konzentrieren, dann wird auch der Gesichtsausdruck verbissen.

Versuchen Sie Ihre Mimik zu kontrollieren. Sobald Sie bemerken, Sie sitzen jetzt stundenlang am Computer, die Falten brennen sich tief in die Stirn ein, machen Sie kurze Gesichts-Gymnastik. Lassen Sie zwischendurch die Schultern kreisen, schütteln Sie die Handgelenke und bewegen Sie die Zehen. Alleine diese kleinen Übungen lockern enorm auf und geben Ihnen den kleinen Kick zwischendurch.

Zu Hause wäre es hervorragend, wenn Sie für einige Minuten meditieren könnten. Es reicht auch, wenn Sie nur fünf Minuten auf der Couch liegen können. Dabei darf kein Telefon, kein TV und kein Radio stören und Sie versuchen einfach an nichts zu denken. Auch durch diese kleine Übung tanken Sie in nur kurzer Zeit ungemein schnell auf.

Der nächste Schritt zu mehr Gelassenheit ist, sich vom Perfektionismus zu verabschieden. Natürlich muss alles ordnungsgemäß erledigt werden und gerade disziplinierte Menschen neigen dazu überperfektionistisch zu sein. Wenn eine Arbeit erledigt ist müssen Sie diese jedoch nicht mehrmals kontrollieren und verzweifelt nach einem Weg suchen, diese weiter zu optimieren. Erledigt ist erledigt und da Sie ohnehin gewissenhaft arbeiten, sollten Sie dies auch dabei belassen.

Lassen Sie sich nicht ärgern. Häufig kommt es zu Ärger im Büro, wenn einige Mitarbeiter mehr arbeiten als andere. Sie jedoch haben sich für Ihren Weg entschieden, und andere Mitarbeiter verfolgen eine andere Strategie. Dies sollten Sie auch genau so akzeptieren. Verschwenden Sie keine Zeit und keine Energie dafür, sich stundenlang über die faule Kollegin zu beklagen. Lassen Sie sich auch auf keine Diskussionen ein. Konzentrieren Sie sich auf Ihre Arbeit, auf Ihre Ziele und schenken Sie alleine sich selbst die Aufmerksamkeit. Versuchen Sie auch, nicht darüber nachzudenken und nehmen Sie den Ärger auch nicht mit nach Hause.

Ärger bedeutet Stress und Stress raubt Ihnen die Energie. Dennoch wird es sich nicht vermeiden lassen, dass Sie sich in manchen Situationen gestresst fühlen. Nun ist es wichtig, dass Sie die Auslöser dafür eruieren und danach eliminieren. Fragen Sie sich wann Sie sich gestresst fühlen. Überlegen Sie, wie Sie in diesen Stress-Situationen reagieren. Häufig ist es so, dass Sie sich selbst unter Stress setzen und kein äußerer Einfluss bemerkbar ist.

Für mehr Gelassenheit sollten Sie auch den Arbeitstag zu Hause aufschlüsseln. Überlegen Sie, welche Aufgaben Sie erledigt haben und welche Projekte Sie begonnen oder abgeschlossen haben. Nun bewerten Sie diese neutral und finden heraus, welche Bereiche gut oder etwas schlechter gelaufen sind.

Nun versetzen Sie sich in die Momente zurück und erinnern sich an die jeweilige Reaktion. Haben Sie gelassen reagiert, auch wenn etwas daneben gegangen ist. In welchen Situationen hätten Sie besser anders reagiert? Haben Sie den Kollegen angebrüllt, hatten Sie einen Zornausbruch, mussten Sie vor Ärger schwitzen? Wie hätte sich dies vermeiden lassen? Spielen Sie dies ruhig in Szenen in Ihrem Kopf durch.

Dadurch verarbeiten Sie den Arbeitstag auf eine kompakte und gute Weise. Danach aber sollten Sie mit dem Arbeitstag abschließen und sich nur mehr auf Ihre Freizeit konzentrieren. Denn auch Erholung ist wichtig, dass Sie gelassen bleiben und die Lust an der Arbeit nicht verlieren. Lust an der Arbeit ist das A und O für diszipliniertes Arbeiten.

Vergleichen Sie sich niemals mit anderen. Egal ob im Berufsleben oder im Alltag. Es ist nicht relevant ob der Kollege drei Ordner mehr als Sie bearbeitet hat, ob der Nachbar ein größeres Haus hat und mehr verdient oder die Haare der Freundin glänzender sind. Machen Sie sich frei von diesen Vergleichen.

Es bringen keinerlei Vergleiche etwas. Die sogenannten Vergleiche nach unten können hingegen richtig gefährlich sein und Sie auf dem Weg zu mehr Selbstdisziplin sogar um Meilen zurück werfen. Wenn Sie sich mit halben Ergebnissen zufrieden geben, nur weil andere noch weniger leisten konnten, dann schrauben Sie die Ansprüche deutlich unter Ihr Niveau zurück.

Der letzte Punkt für mehr Gelassenheit ist die Formulierung Ihrer Aufträge und Ziele. Auch das kennen Sie bereits und wissen, dass negative Formulierungen Tabu sind. Anstatt müssen setzen Sie wollen oder dürfen. Anhand eines Beispiels sieht das folgendermaßen aus:

„Ich muss den Auftrag heute noch erledigen" wird ganz einfach zu „Ich will den Auftrag heute noch erledigen". Anstatt sich zu ärgern, dass Sie um 8 Uhr arbeiten müssen, freuen Sie sich, dass Sie um 8 Uhr arbeiten dürfen. Das bedeutet, Sie haben einen Arbeitsplatz. Sie müssen nicht die Wohnung putzen, sondern haben das Glück, eigene vier Wände zu besitzen, die Sie in Ordnung halten dürfen. Sie müssen nicht ins Fitness Center, sondern sind in der glücklichen Lage, dass Sie sich den Mitgliedsbeitrag leisten können und etwas Gutes für Ihren Körper tun dürfen. Sehen Sie die Fortbildung nicht als lästige Pflicht, sondern seien Sie stolz darauf, dass Ihr Boss so viel in Ihnen sieht. Sehen Sie sich selbst in keiner Situation und niemals als Pechvogel, sondern immer nur als Glückspilz. Entschärfen Sie Worte wie Probleme oder Schwierigkeiten. Anstatt ein Problem oder ein Hindernis zu besprechen, sollten Sie hier die Mitarbeiter aufrufen, die Angelegenheit aus einer anderen Perspektive zu betrachten und alternative Lösungen zu finden.

Mit diesen wenigen Schritten erreichen Sie es mühelos, Ihre Selbstdisziplin mit innerlicher Gelassenheit zu verbinden. Durch Gelassenheit nehmen Sie den enormen Druck aus allem was Sie tun. Mit Ruhe und Gelassenheit können Sie sich auch intensiv auf die Kontrolle Ihrer Ziele konzentrieren.

HABEN WIR HEUTZUTAGE WENIGER SELBSTDISZIPLIN ALS FRÜHER UND WARUM?

„FRÜHER WAR ALLES BESSER", das kann man häufig von der älteren Generation hören. Doch haben Sie bei einer Aussage wie dieser schon einmal genauer hinterfragt, was denn genau so viel besser war, und vor allem warum? Wahrscheinlich nicht, denn in den Augen der meisten Menschen sind diese Anhänger der guten alten Zeit Spinner, die nicht loslassen können. Oder Sie gehören zu jener Gruppe die sagt: „ Ja früher war alles einfacher und besser, daher ist es nicht unsere Schuld, dass heute so viel schief läuft. Wir sind einfach in der falschen Zeit geboren und können dies nicht ändern."

Denn, ist es nicht so, dass eigentlich heute alles viel einfacher ist? Die wenigsten müssen ums nackte Überleben kämpfen und auch das tägliche Brot ist eine Selbstverständlichkeit. Es ist sogar so, dass wir im Überfluss leben. Maschinen vereinfachen sämtliche Arbeiten, für die vor Jahren noch viel Schweiß geflossen ist. Doch vielleicht ist genau hier der Hund begraben und die Ursache ist dafür genau darin zu finden, warum es mit der Selbstdisziplin nicht mehr allzu gut bestellt ist.

Beginnen wir mit der Arbeit. Früher war es so, dass man seine Ausbildung, die sogenannten Lehrjahre begann und dann meist bis zum Umfallen diesem Betrieb treu blieb. Eine Kündigung kam vor einigen Jahrzehnten noch einem Weltuntergang gleich und jedem, der seinen Arbeitsplatz verlor stand die Scham ins Gesicht geschrieben. Heute, obwohl der Arbeitsmarkt ebenfalls nicht rosig aussieht, zuckt man die Schultern, freut sich über ein paar zusätzliche freie Tage, geht aufs Arbeitsamt und wartet, was passiert.

Auch wenn früher ein neuer Arbeitsplatz zu finden war, so war es doch von der Gesellschaft her geprägt, dass es ein Manko ist, gekündigt zu werden. Heute entlockt es der Gesellschaft höchstens ein „Jo mei!". Alleine durch den Druck des sozialen Umfeld war man früher eher gezwungen, die Arbeit gewissenhaft, fleißig und zielstrebig zu erledigen. Auch dem Großvater hat es keinen Spaß gemacht tagein und tagaus im Kohlebergwerk zu schuften. Doch er hielt durch, freute sich auf die kleine Feier und Ehrung zu seinem 30. Betriebsjubiläum und war froh, wenn er nach seiner Pensionierung noch einige ruhige Jahre erleben durfte.

Durch die gesellschaftlichen Veränderungen haben wir es verlernt, stolz darauf zu sein, durchzuhalten. Die goldene Anstecknadel für langjährige Betriebszugehörigkeit lockt niemanden mehr hinter dem Ofen hervor. Wenn ein Job unerträglich oder einfach auch langweilig ist, dann wird eine neue Tätigkeit gesucht. Dies ist einerseits so, weil wir heute viel mehr Selbstbewusstsein haben, und auch vom Umfeld nicht verachtet werden. Dies hat jedoch auch viel mit der Oberflächlichkeit zu tun, die heutzutage herrscht. Es ist auch nicht schlecht, dass wir keine Angst vor Veränderung haben, doch leider machen wir es uns in vielen Situationen einfach eine Spur zu einfach.

Machte sich der Nachbar vor 30 Jahren noch Sorgen, wenn ein anderer aus dem Dorf seinen Job verlor, so weiß der heutige Nachbar meist nicht, in welcher Firma die Frau von Wohnung 101 arbeitet. Mit diesem Gefühl im Hinterkopf lässt es sich natürlich ganz ungeniert Job wechseln. Das hat einerseits sehr viel Positives, andererseits aber nehmen wir uns selbst die Chance für das starke Gefühl von Zusammengehörigkeit, das früher an der Tagesordnung stand.

Dies soll nun kein ermahnender Finger dafür sein, dass auf Biegen und Brechen verbissen an der Arbeitsstelle gehangen werden muss. Vielmehr sollte es zum Denken animieren. Haben Sie dies einfach im Kopf, wenn Sie schon wieder den ganzen Tag nur am Kopierer standen und Zettel abheften durften. Denken Sie daran, wenn Sie tagein tagaus Geschirr spülen und Kartoffel schälen, obwohl Sie eigentlich als Koch arbeiten möchten. Schmeißen Sie nicht alles sofort hin, halten Sie nur noch ein bisschen durch. Denken Sie an das große Ziel am Ende. Kein Koch hat am Chefplatz begonnen und kein Steuerberater wurde vom ersten Tag an zu Terminen mit Multi-Milliardären eingeladen. Etwas mehr Selbstdisziplin kann uns ans Ziel bringen. Denn bedenken Sie: Wenn Sie immer wieder den Job wechseln, dann fangen Sie immer und überall wieder ganz unten an. Nur wer durchhält und diszipliniert durchbeißt, der kann die Sprossen der Hühnerleiter erklimmen. Und wie bei einer Hühnerleiter ist es auch im Job so, die untersten Sprossen sind stets die schmutzigsten.

Auch bei den Ehen von früher verlief es in ähnlichem Muster. Natürlich hatte man auch vor 40 Jahren ab und an Probleme und es war nicht immer alles eitler Sonnenschein. Doch anstatt gleich bei den ersten hohen Wellen vor den Scheidungsrichter zu treten, wurde gekämpft. Und natürlich gehörte auch eine ordentliche Portion Selbstdisziplin dazu.

Früher brachte man die Selbstdisziplin auf und konnte sich auch einmal zurücknehmen. Es wurde kein Staatsakt daraus gemacht, wenn der Partner sich nach der Arbeit einmal nicht unterhallten wollte. Dieses zum richtigen Moment schweigen zu können erfordert natürlich Selbstdisziplin. Heute wird dies häufig als Unterwürfigkeit belächelt. Doch gilt es zu überlegen, ob es nicht schöner ist, das gemeinsame Ziel zu verfolgen. Gemeinsam wurden mit Selbstdisziplin wilde Wasser durchschwommen.

Heute fragt man sich, ob man sich in einer Beziehung quälen muss. Natürlich nicht, jedoch kommen auch in den neuen Beziehungen immer wieder dieselben Themen und Probleme auf. Darum sollten wir uns heute auch öfter darauf besinnen, dass mit Selbstdisziplin viel zu meistern wäre. Wenn Sie also an einem Punkt angekommen sind, an dem sich die Frage stellt, aufgeben oder kämpfen, rufen Sie sich die gemeinsamen Ziele wieder ins Gedächtnis.

Natürlich waren es andere Zeiten, doch Tugenden, auch wenn das Wort selbst altbacken klingt, bleiben für die Ewigkeit gültig. Damals wie heute war und ist es nicht verkehrt mit Selbstdisziplin für die gemeinsame Liebe und das gemeinsame Leben zu kämpfen.

Ein weiterer Punkt ist unser heutiges Konsumverhalten. Auch dieses hat sich über die Generationen enorm verändert. Jetzt können Sie auch sofort den Kopf schütteln und sagen „Ja, früher musste man mehr sparen, da man nichts hatte" - doch muss man nur diszipliniert mit seinem Geld umgehen, wenn es knapp ist?

Heute ist es einfach, einen Kredit zu bekommen, das Konto zu überziehen, oder Kredite aufzustocken oder umzuschlichten. Wir leasen Autos und kaufen teure TV-Geräte auf Raten, shoppen online und bezahlen Monate später und zücken ohne einen Gedanken zu verschwenden unsere Kreditkarten. Diese Möglichkeiten, die es früher nicht gab, machen es natürlich verführerisch einfach, die Selbstdisziplin zu vergessen und kräftig das Geld zum Fenster hinauszuwerfen.

Wie kann man die einstige Selbstdisziplin von früher in die heutige Zeit transportieren? Hier steht wieder das große Ziel zu Beginn. Sei es der nächste Urlaub, das eigene Häuschen, die Eigentumswohnung, das Auto oder jede beliebige Anschaffung, egal ob groß oder klein. Finden Sie heraus, welche Ziele Sie aus welchem Grund verfolgen wollen und erstellen Sie einen Plan. Hier sollten Sie jedoch nicht den vermeintlich einfachen Weg verfolgen. Freilich ist es bequem auf die Bank zu gehen und einen Kreditvertrag zu unterschreiben oder die neue Küche mit Kreditkarte zu bezahlen. Selbstdisziplin bedeutet jedoch, einen Sparplan zu erstellen, das Geld für die Ausgaben zu sparen und diese im Anschluss ohne Schulden zu machen zu erstehen.

Diese Selbstdisziplin in unserem Konsumverhalten schärft nicht nur den Blick für das wirklich Wichtige im Leben, sondern bewahrt auch vor so mancher Schuldenfalle. Wer diszipliniert sein Vermögen verwaltet, der hat erstens einen näheren Bezug zum Geld und verliert auch nicht den Überblick.

Ebenfalls wichtig wäre es, wieder mehr Selbstdisziplin beim täglichen Einkauf walten zu lassen. Wir kaufen und kaufen Lebensmittel, nur weil diese im Angebot sind, weil diese gerade so lecker aussehen, weil es uns die Werbung vorgaukelt, oder einfach because we can. Der Kühlschrank ist zum bersten voll und täglich landen unzählige Mengen an Lebensmittel im Mülleimer.

Wer hier mit Selbstdisziplin einkaufen geht kann nicht nur eine Menge Geld sparen, sondern hinterlässt auch einen positiven ökologischen Fußabdruck. Doch wie soll das funktionieren? Schreiben Sie sich einen Wochenplan. Erstellen Sie ruhig einen Menüplan für ein Monat und kaufen Sie konsequent nach Plan ein. Kaufen Sie dabei auch vernünftig ein und überlegen Sie stets, wie lange das Gemüse haltbar sein wird. Lassen Sie sich nicht dazu hinreißen, vier Köpfe Salat zu kaufen, nur weil diese im Großpack um 4 Cent billiger sind. Kaufen Sie nur Lebensmittel, die Sie auch tatsächlich aufbrauchen können. Es kostet viel Selbstdisziplin, sich nicht von knalligen Promotions-Tafeln und Werbeslogans verführen zu lassen. Halten Sie sich hier ebenfalls immer das Ziel vor Augen. Sie möchten Geld sparen und weniger Lebensmittel verschwenden. Spätestens, wenn nach einigen Monaten eine beachtliche Summe mehr am Konto verbleibt, werden Sie über Ihre Selbstdisziplin begeistert sein.

Unserer Umwelt zuliebe gibt es noch einige Punkte mehr, die Sie mit Selbstdisziplin verfolgen können. Es beginnt mit der Mülltrennung. Es ist unheimlich bequem und praktisch, den gesamten Müll in der Tonne verschwinden zu lassen. Dass dies für unsere Umwelt nicht unbedingt das beste ist, das ist bekannt, doch meist siegt Faulheit über Selbstdisziplin.

Es kostet nicht nur Überwindung, Glas, Papier, Karton, Plastik, Biomüll und Restmüll zu trennen, sondern auch, diesen anschließend ordnungsgemäß zu entsorgen. Wenn Sie es sich zum Ziel gemacht haben, weniger Plastik zu verwenden, ist ebenfalls etwas Selbstdisziplin ganz hilfreich. Haben Sie das Ziel vor Augen, hinterfragen Sie auch das warum. Gründe für weniger Plastik kann natürlich unser Planet sein, oder dass Sie weniger Plastik entsorgen möchten. Das Wie ist dann eigentlich ganz einfach, muss nur mit Selbstdisziplin verfolgt werden.

Bringen Sie zum Einkaufen Ihre eigene Einkaufstasche mit. Wenn Sie Kaffee in Take-aways trinken, können Sie diesen ebenfalls in eigene Kaffeebecher abfüllen lassen. Sie müssen nicht jeden Tag einen Plastikbecher mit Plastikdeckel verwenden. Kaufen Sie keine Ware, die abgepackt ist, sondern bitten Sie den Metzger und die Feinkost, die Ware in Ihre mitgebrachten Behälter zu packen. Verzichten Sie im Supermarkt auf das berühmte Obstsackerl. Bananen, Orangen oder Kiwis müssen nicht doppelt und dreifach in Plastik gewickelt werden. Dies klingt alles sehr einfach und auch sehr löblich. Die Umsetzung kostet aber ebenfalls ordentlich Selbstdisziplin.

Selbstdisziplin kann in vielen dieser Fälle auch mit Vernunft, Hausverstand oder Verantwortungsgefühl gleich gesetzt werden. Und es ist tatsächlich so, dass diese Eigenschaften Hand in Hand gehen. Vielleicht haben Sie durch diese kleinen Beispiele auch bereits erkannt, warum Selbstdisziplin in der heutigen Zeit immer weniger wird. Ganz klar liegt es an der Gesellschaft. Wir sind fauler und oberflächlicher geworden und auch wenn offensichtlich immer mehr Leistung gefordert wird und überall mehr Druck herrscht, bei vielen Dingen wird mit Gleichgültigkeit gehandelt.

Wir sind selbstbewusster geworden und genieren und nicht mehr so sehr, wenn wir etwas machen, dass der allgemeinen Mehrheit nicht so gut gefällt. Dies ist an und für sich wunderbar, nur sollte man hier eindeutig unterscheiden. Diese Gleichgültigkeit ist in vielen Fällen auch Schuld, dass uns der Ansporn fehlt. Gleichgültigkeit kann auch sehr verletzend sein, denken Sie immer daran.

Hat man eine abgeschlossene Berufsausbildung oder nicht? Sind die Noten im Gymnasium gut oder nur unterdurchschnittlich? Trägt man täglich blank geputzte Schuhe? Es ist uns alles egal geworden. Die Gleichgültigkeit ist der große Killer der Selbstdisziplin. Lieder wie „Ist mir egal", welche die Hitparaden stürmen und sich in den Gehirnen unserer Teenager einbrennen sind dabei keine große Hilfe.

Es reicht somit nicht nur, selbst mehr Selbstdisziplin aufzubringen. Ebenso wichtig ist es, sich wieder mehr für andere zu interessieren. Ein offenes Ohr für den Neffen, der sich über den Job beklagt. Motivierende Worte und eventuell auch Ratschläge, wie er die harte Lehrzeit überstehen kann haben noch nie geschadet. Der Freundin zuhören, wenn Sie über Beziehungsprobleme sprechen möchte ist ebenso wichtig, wie der verantwortungsvolle Umgang mit unseren Ressourcen und unserem Haushaltsgeld.

Um die Selbstdisziplin wieder mehr zu steigern gilt es also, die Gleichgültigkeit zu durchbrechen. Auch wenn wir heute nicht mehr um jeden Cent kämpfen müssen, wenn wir viel mehr Möglichkeiten für schulische Bildung und Fortbildung haben, oder genau aus diesem Grund müssen die Pobacken zusammengepresst werden. Etwas mehr Schweiß und Fleiß und etwas weniger Couchsurfing sind bereits ein Anfang.

Selbstdisziplin bringt auch einige zusätzliche Pluspunkte. Nicht nur, dass vieles schneller erreicht werden kann, am Ende des Tages können Sie auch unheimlich stolz auf sich sein. Stolz, den Verführungen zu widerstehen, stolz, weniger Geld verschwendet zu haben und stolz darauf, anderen als gutes Beispiel zu dienen. Wenn Sie aus tiefstem Herzen auf sich stolz sein können, das sollte doch die größte Motivation dafür sein, auch in Zukunft wieder mehr Selbstdisziplin in den Alltag zu integrieren.

WIE KANN DER VERLUST VON SELBSTDISZIPLIN VERHINDERT WERDEN?

Es gibt jetzt sicher keine Wunderwaffe, mit der man verhindern kann, dass Selbstdisziplin total verloren geht, doch gibt es einige Dinge in unserem Leben, die maßgeblich beitragen uns abzulenken. Diese Ablenkung sorgt auch immer häufiger dafür, dass wir unsere Selbstdisziplin vergessen oder aufgeben.

Eine große Gefahr für Selbstdisziplin ist die Digitalisierung. Es ist so, dass bereits in Kinderzimmern iPad und Handy Einzug gehalten haben. Ein dreijähriges Kleinkind darf heute schon am Tablet der Eltern spielen oder Filme gucken. Gegen Technik an sich ist auch nichts einzuwenden. Doch auch hier macht das Gift die Droge. Es sollte jedoch jede Mutter und jeder Vater überlegen, ob Handy und Co für Kleinkinder wirklich pädagogisch wertvoll sind.

Doch was haben die modernen Medien mit Selbstdisziplin zu tun? Wenn Kinder schon daran gewöhnt werden, ständig am Bildschirm zu hängen, dann wird es schwierig, dies wieder abzulegen. Bereits mehr als die Hälfte aller 12-jährigen sind quasi abhängig von Facebook und Co. Heute zählen keine Strafen mehr wie Hausarrest oder Fernsehverbot. Doch jeder Teenager verzweifelt, wenn das Internet abgeschaltet wird und der Zugang zu den sozialen Netzwerken gekappt wird.

Wenn Sie für einen Test lernen sollten, oder sich auf einen Vortrag vorbereiten müssen und ständig liegt das Telefon in Greifweite und piepst auch ohne Unterlass, so wird es schwierig werden, die Konzentration nicht zu verlieren. Ein großer Schritt zu mehr Selbstdisziplin ist, den Umgang mit Medien von vorne herein zu dosieren. Dafür benötigen Sie natürlich wieder viel Willenskraft und Selbstdisziplin, um dies auch durchzuhalten.

Beginnen Sie in kleinen Schritten. Wie wäre es zum nächsten Abendessen mit Freunden einfach ohne Telefon aufzubrechen. Oder Sie behalten es, auf lautlos gestellt, in der Tasche. Wahrscheinlich wird es Sie einige Überwindung kosten, nicht bei jedem Gang das Telefon zu zücken und Fotos für Instagram und Facebook zu schießen. Sie werden aber schnell bemerken, es ist nicht so tragisch, wenn die virtuelle Welt nicht über jede Sekunde Ihres Lebens bescheid weiß. Zudem erhalten Treffen mit Freunden und auch das Essen viel mehr Qualität. Es bleibt bedeutend mehr Zeit für Unterhaltungen und auch das Essen können Sie endlich wieder einmal genießen, bevor es kalt wird.

Halten Sie im nächsten Schritt auch zu Hause Handy freie Zonen oder Zeitspannen ein. Nach der Arbeit sollten Sie Zeit für Gespräche mit der Familie einplanen, oder sich etwas Ruhe zum Relaxen gönnen. Versuchen Sie auch nachts, das Handy aus dem Schlafzimmer zu verbannen. Sie werden bemerken, dass Sie plötzlich viel besser schlafen, und auch für die Gesundheit ist es ohne Handy im Schlafzimmer besser.

Ebenfalls eine extreme Ablenkung sind Videospiele. Was harmlos mit einer Konsole zu Weihnachten für die Kinder beginnt, kann sich zu einem enormen Problem entwickeln. Studien haben ergeben, dass Videospiele und Online-Games sogar ein enormes Suchtpotential bergen. Sobald etwas süchtig macht, lenkt es von anderen Tätigkeiten ab. Wer sich stundenlang in einer virtuellen Welt aufhält, der kann natürlich keine Zeit für Ziele aufbringen. Dies in den Griff zu bekommen ist auch deutlich schwieriger, als nur das Telefon für einige Stunden unberührt zu lassen.

Die Wurzel des Übels könnte man somit nur packen, wenn wir wieder einen besseren Umgang mit sämtlichen Unterhaltungsmedien pflegen. Dies beginnt in der Kindheit und sollte von verantwortungsbewussten Eltern reguliert werden. Freilich ist es bequemer, dem Kind während der Autofahrt das Tablet in die Hand zu drücken. Doch die Aufgabe der Eltern wäre es eigentlich, das Kind zu lehren, zu unterhalten und nicht einfach ruhig zu stellen. Das erfordert jedoch wiederum Selbstdisziplin und viele der jungen Eltern der heutigen Generation kennen es auch nicht anders. Genau jetzt und hier beginnt der Teufelskreis.

Den Eltern soll jetzt aber auch keine böse Absicht unterstellt werden. Es ist durchaus toll, Kinder schon früh mit modernen Medien und Technik in Berührung kommen zu lassen. Jedoch in niedrigen Dosen. Ein Kind, das jetzt eine einstündige Autofahrt nur mit Hilfe eines Tablets oder Telefons übersteht, wird es später in der Schule oder der Berufswelt schwer haben. Die Digitalisierung der Kinderzimmer ist mit ein Grund, warum sich in Schulen

Konzentrationsstörungen häufen und kaum ein Kind mehr Selbstdisziplin aufbringen kann, um Hausaufgaben oder Lernstoff selbständig zu bearbeiten.

Egal aus welcher Generation Sie entstammen und in welchem Alter Sie gerade sind, versuchen Sie, die Probleme mit den Medien mit unparteiischen Augen zu sehen. Wo verwenden wir zu viel des Guten? Vielleicht ist es bei Ihnen auch nur der TV, der den ganzen Tag läuft. Vielleicht sind Sie aber süchtig nach Instagram oder Facebook und können keinen einzigen Schritt tun, ohne diesen auf Twitter zu dokumentieren. In allen Fällen sollten Sie nun beginnen, diese „Süchte" Step by Step um eine Stunde pro Tag zu reduzieren. Sie wissen schon: Ziel - warum will ich das - Umsetzung.

MACHT SELBSTDISZIPLIN GLÜCKLICH?

GENERELL WERDEN SEHR DISZIPLINIERTE Menschen häufig als hart und wenig humorvoll bezeichnet. Doch das trifft meist nur auf eine Gruppe zu, die eher zur schädlichen oder auch toxischen Selbstdisziplin neigen. Dieses spezielle Kapitel möchten wir im Anschluss ausführlich betrachten. Hier geht es jedoch darum, dass Menschen durchaus Spaß haben können, auch wenn Sie eisern ihre Ziele verfolgen. Vielleicht sogar mehr Spaß als andere, die nur ohne Ziel in den Tag hinein leben.

Kürzlich wurde hierzu sogar eine Studie veröffentlicht, welche von einem amerikanischen und deutschen Team rund um den Wissenschaftler Wilhelm Hofmann von der Universität in Chicago durchgeführt wurde wurde. Dabei wurden in drei verschiedenen Studien jeweils 400 Teilnehmer untersucht und befragt. Dabei ging es in einer Studie um die eigene Einschätzung der Selbstkontrolle im Alltag und mit der Zufriedenheit damit. In einer weiteren Studie sollten die Teilnehmer über ihre täglichen Bedürfnisse sprechen, und wie stark sie den jeweiligen Bedürfnissen nachgeben. Auch in der dritten Studie wurde nach einem gemeinsamen Nenner von Selbstdisziplin, Selbstkontrolle und Zufriedenheit gesucht. Das Ergebnis war verblüffend. Denn je mehr sich der einzelne Teilnehmer unter Kontrolle hatte, um so zufriedener war er auch mit seinem Tagesablauf und seinem Leben. Ausschlaggebend für die Zufriedenheit der Probanden war stets, dass temporäre Wünsche zu Gunsten größerer Ziele zurückgestellt werden konnten. Eine Teilnehmerin freute sich, dass sie sich keine neue Tasche gekauft hatte und stattdessen den Betrag in der Urlaubskasse verwahrt hatte. Wieder andere waren stolz und glücklich, keine Schokolade oder Pizza gegessen zu haben, im Hinblick auf das große Ziel Wunschfigur.

Auch gaben viele Teilnehmer an, dass es sie glücklich machte, wenn sie Verführungen aus dem Weg gehen konnten. Auch Sie können sich den Weg zur Selbstdisziplin etwas ebnen indem Sie eben nicht die Einkaufsstraße entlang laufen, oder vor der Konditorei stehen bleiben, aus der verführerische Düfte strömen.

Probanden, die jedoch den kleinen Bedürfnissen immer nachgaben fühlten sich auf Dauer weniger glücklich, ja sogar unzufrieden und frustriert. Denn nur wegen der kleinen Freuden zwischendurch, rückt das große Ziel in immer entferntere Weiten. Was im ersten Moment toll scheint, ist rückblickend nur ein Hindernis und man ärgert sich, nicht diszipliniert gewesen zu sein. Und denken Sie zurück an die Marshmallow Studie, die besagt, dass disziplinierte Kinder später erfolgreicher und glücklicher im Leben werden. Dies sollte die Frage nach der Verbindung von Glück, Zufriedenheit und Selbstdisziplin am besten erklären.

WAS IST TOXISCHE ODER SCHÄDLICHE SELBSTDISZIPLIN?

HIER MUSS ZUERST GANZ offen darüber gesprochen werden, dass alles, was verbissen und einfach zu sehr gewollt wird, nicht gesund sein kann. So ist es auch mit der Selbstdisziplin. Wenn Sie ein Ziel verfolgen, dann sollten Sie niemals darüber hinaus schießen. Sie können alles im leben übertreiben und eben auch die Sache mit der Selbstdisziplin. Und genau dann beginnt es toxisch und ungesund zu werden. Am besten kann dies wieder mit einigen Beispielen aus dem täglichen Leben beschrieben werden. Denn nur so können Sie am besten erkennen, wo Grenzen gesetzt werden sollten.

Eine junge Frau leidet seit ihrer Teenager-Zeit an Übergewicht. In der Schule und auch in der Ausbildung wird sie gehänselt und wird dadurch sehr eigenbrötlerisch und depressiv. Immer wieder nimmt sie sich vor, mehr Sport zu treiben, doch jeder Versuch scheitert. Die vielen Diäten führen nur zum Jo-Jo-Effekt und die junge Frau wird immer unglücklicher. Eines Tages liest sie von einem Seminar über Selbstverwirklichung und Selbstdisziplin und beschließt, diesen Strohhalm zu ergreifen. Nach dem Seminar ist sie überglücklich und startet motiviert das Programm. Sie setzt sich Ziele, hinterfragt die Ziele und greift an. Sie beginnt mit Jogging und besucht das Fitness-Center. Zudem stellt sie ihre Ernährung komplett um und nimmt im Laufe der nächsten 6 Monate ordentlich ab. Ihr Körper wird definiert und sie hat im Großen und Ganzen endlich die Figur, die sie sich lange erträumt hat. Mit Selbstdisziplin hat sie den Weg verfolgt, auch wenn es nicht immer einfach war. Sie hat den Versuchungen widerstanden und es sich selbst bewiesen. Nun wäre der Zeitpunkt gekommen, die Sache einzupendeln. Doch die junge Frau versucht immer noch weniger zu essen und noch härter zu trainieren. Ihre Selbstdisziplin hat sich in einen gefährlichen Wettbewerb mit ihrem eigenen Willen verwandelt. Anstatt der gesunden Ernährung versucht sie sich nun soweit zu kasteien und isst pro Tag einen Apfel und trainiert für mehrere Stunden. Sie fordert ihren Körper immer mehr und mehr. Ihre bislang schöne Figur verwandelt sich in eine Karikatur ihrer selbst, Doch das erkennt sie selbst nicht mehr. Sie hat es mit der Selbstdisziplin übertrieben und sich dadurch in eine gefährliche Sucht hineingesteigert.

Ein weiteres Beispiel ist der junge Mann, der immer schon sehr unordentlich war. Nun hat er seine erste eigene Wohnung bekommen und natürlich funktioniert es auch dort mit der Ordnung und Hygiene nicht sonderlich gut. In kurzer Zeit sieht die Küche aus wie ein Schlachtfeld. Schimmel wächst in den Kochtöpfen, die Spüle ist voll mit schmutzigem Geschirr, im Wohnzimmer stapeln sich Pizza-Kartons und Take-away Geschirr, Aschenbecher quellen über und der zuvor helle Teppich ist beinahe schwarz. Der junge Mann erkennt dies zwar, kann sich jedoch nicht aufraffen, gegen diese Situation vorzugehen. Seine Freunde kann er schon lange nicht mehr zu sich einladen, weil er sich so geniert und wird dadurch immer einsamer und trauriger. Ein guter Freund erkennt das Problem und bietet ihm mit einem Seminar zur Selbstdisziplin Hilfe an. Es scheint auch wirklich der Groschen zu fallen und Schritt für Schritt setzt er sich Ziele und rafft sich auf, das Problem in Angriff zu nehmen. Er erstellt einen Plan, räumt die Wohnung auf und hält diese mit einem Putzplan auch dauerhaft sauber. Hier wäre der Punkt erreicht, wo keine Steigerung mehr notwendig wäre. Doch auch hier hat sich das Messie-Dasein von zuvor ins gegenteil verwandelt. Die Selbstdisziplin hat sich zu einem immer größeren Wettbewerb gesteigert und bald darf niemand mehr und hygienische Überzieher aus Plastik an den Füßen die Wohnung betreten. Der Geruch von Desinfektionsmittel liegt in der Luft und der junge Man wischt und putzt den ganzen Tag. Auch wenn dieser Wandel keinen körperlichen Schaden mit sich bringen kann, so kann es doch zu einer enormen psychischen Belastung werden.

So kann sich das gesunde Kalorien zählen in ein obsessives Verfolgen sämtlicher Brennwerte steigern. Wenn Sie nicht mehr nur Ihre Tagesumsätze verfolgen, sondern allen Freunden jeden einzelnen Bissen in Kalorien umrechnen und Sie den ganzen Tag an nichts anderes mehr denken als Nährwerte und Stoffwechsel, dann sollten Sie die Handbremse ziehen.

Gerade im bereich Abnehmen und Selbstdisziplin verschwimmen die Grenzen allzu schnell und alles kehrt sich ins negative. Nicht nur Diäten bis hin zur Nulldiät, sondern auch die Einnahme von Medikamenten, Appetitzügler und Anabolika sind meist die Folgen von aus dem Ruder geratener Selbstdisziplin.

Manche Fälle von toxischer Selbstdisziplin sind eben für den Körper sprichwörtlich Gift, während andere Fälle zwar harmlos aber auch absolut nervend sein können. Nervend meist für die Umwelt, die mit diesem Gehabe oft nicht klar kommt. Gemeint sind hier zum Beispiel die Anwandlungen, wenn man vom starken Raucher zum intoleranten und militanten Nichtraucher wird. Wichtig ist, dass Sie, auch wenn Sie schlechte Eigenschaften durch viel Selbstdisziplin losgeworden sind, dennoch tolerant bleiben.

Nicht alle verfolgen die gleichen Ziele. Auch wenn Sie sich mit viel eisernem Willen das tägliche Glas Whisky verkneifen, akzeptieren Sie, dass es für andere vielleicht die Krönung des Tages ist, einen guten Schluck zu trinken.

Alles, was zuviel ist, kann schnell ungesund werden. Doch wie findet man heraus, wo die Grenze zu setzen ist? Darum sind die Ziele, die Sie sich zu Beginn setzen so wichtig, ebenso wie die Fragen, warum Sie diese umsetzen möchten. Selbstdisziplin bedeutet nämlich auch, die gesetzten Ziele in genau dem Rahmen einzuhalten, den Sie sich gesetzt haben.

Wenn Sie sich als Ziel gesetzt haben, jeden Tag zwei Stunden zu lernen, dann halten Sie diese zwei Stunden auch ein. Selbstdisziplin bedeutet nämlich auch, die Grenzen nicht zu überschreiten und nicht zu übertreiben. In diesem Fall hat Selbstdisziplin sehr viel mit Selbstkontrolle zu tun, doch diese zwei Begriffe sind ohnehin untrennbar miteinander verbunden.

Eine weitere Gefahr, die sich zeigen kann, wenn Sie plötzlich Selbstdisziplin für sich entdeckt haben ist, dass sich der Freundeskreis über kurz oder lang verlagern und ändern kann. Dies sollten Sie jetzt an sich nicht als Gefahr sehen, die Gefahr liegt vielmehr darin, dass viele daran verzweifeln und dadurch wieder in alte Muster zurückfallen.

Natürlich können Sie viele sogenannte Freunde verlieren, wenn Sie plötzlich einen seriösen Weg einschlagen. Wenn Sie mehr Zeit im Sportstudio verbringen als auf der Couch, vorm Computer und in der Eckkneipe ist es ganz natürlich, dass Sie sich plötzlich auch mit anderen Menschen umgeben. Die Interessen verändern sich, alte Kumpanen verabschieden sich und neue Freundschaften können entstehen.

Auch kann die Selbstdisziplin gefährlich werden, wenn Sie den inneren Zwang haben, immer besser und noch besser als alle anderen zu sein. In jeder Lebenslage müssen Sie sich einfach profilieren, weil Sie sonst keinen Sinn im Leben sehen. Darum arbeiten Sie härter und länger als alle anderen und stellen das Privatleben an letzte Stelle. Dies passiert, wenn es keine Werte im Leben gibt, nichts Wichtiges worauf sie sich fokussieren können.

Sobald Sie eine hohe Kompetenz beweisen, werden auch die Ansprüche der anderen an Sie immer höher und automatisch kann sich dies in die Höhe schrauben. Hier ist es wichtig, dass Sie ebenso konsequent lernen, Grenzen zu ziehen und lernen auch einmal nein zu sagen. Nein nicht nur zu anderen, sondern auch zu sich selbst. Ansonst können Sie in Gefahr laufen, bis hin ins Burn-out oder Depressionen abzutriften. Denn auf Dauer kann niemand nur perfekt sein. Und es ist auch nicht der Sinn des Lebens, immer nur Perfektion zu fordern. Weder von sich selbst, noch von anderen. Sobald Sie dies verstanden haben, können Sie auch Ihren Ehrgeiz und Ihre Selbstdisziplin besser dosieren.

DER GROSSE UNTERSCHIED ZWISCHEN SELBSTDISZIPLIN UND DISZIPLINIERT WERDEN

SELBSTDISZIPLIN BEDEUTET, EIGENE WEGE zu gehen. Sie setzen sich Ziele und verfolgen diese konsequent. Äußerlich ist oft kein Unterschied zwischen selbstdisziplinierten Menschen und disziplinierten zu erkennen. Wer jedoch diszipliniert handelt, der wird von jemand anderem gesteuert. Es ist ein Unterschied , ob Sie sich freiwillig hinsetzen und die Buchführung abarbeiten, oder ob Sie die Arbeit erledigen, weil jemand mit der Peitsche hinter Ihnen steht.

Wenn Sie sich nur disziplinieren lassen, dann steckt keinerlei eigener Wille dahinter. Das bedeutet, sobald der mahnende Finger oder die Rute am Fenster verschwinden, so lässt auch der Fleiß nach. Nordkorea ist als absolut diszipliniertes Volk bekannt. Doch denken Sie, sind die Bewohner dieses Landes auch selbstdiszipliniert? Folgen Sie nur den Worten Ihres Herrschers oder würden Sie auch ohne Zwang und Androhungen jeden Tag um 6 Uhr zum kollektiven Frühsport antreten?

Ein diszipliniertes Klassenzimmer sagt nichts über die tatsächliche Selbstdisziplin der einzelnen Schüler aus und auch beim Militär geht die Disziplin nicht von den Soldaten aus, die steif und salutierend in Reih und Glied stehen. Selbstdisziplin ist ein Handeln, das aus eigenem Willen geschieht um die eigenen Ziele zu verwirklichen, und nicht um zu gehorchen. Um jedoch den Anweisungen zu folge gehört wiederum eine Portion Selbstdisziplin dazu.

SELBSTDISZIPLIN UND DER WEG DER SHAOLIN

VIELLEICHT HABEN SIE SCHON von den Shaolin gehört. Hierbei handelt es sich um buddhistische Mönche aus China, die für ihren Kung-Fu Sport, und für ihre enorme Selbstdisziplin berühmt wurden. Bereits Kinder im Alter von 3 Jahren lernen absolute Selbstdisziplin, sobald sie in den Orden eintreten. Der Weg der Shaolin ist beschwerlich und die Mönche leben nahe an der Selbstaufgabe, und doch gibt es einige sehr interessante Techniken, die auch Sie von den Shaolin lernen können.

Die Shaolin lehren ein ganzheitliches Programm, welches sich aus vielen Komponenten zusammensetzt. Daraus resultieren Menschen, die absolutes Selbstvertrauen besitzen, selbstbewusst und mit Selbstdisziplin durchs Leben gehen und dennoch mitfühlend und achtsam gegenüber den Mitmenschen sind.

Die Shaolin lehren, Körper, Geist und Seele zu nutzen. Sie haben erkannt, dass vieles sich mit dem eigenen Denken steuern lässt. So wie Sie denken, so füllen Sie sich auch mit Energie. Sie lernen mit den Regeln der Shaolin, wie wichtig es ist, dass Sie sich von unnötigem Ballast befreien müssen, um Ihre Ziele zu erreichen. Unnötiger Ärger verbraucht Energie, die Sie für andere Aufgaben viel dringender benötigen und auch effizienter einsetzen könnten.

Sie müssen beginnen, in der Gegenwart zu leben. Hängen Sie nicht an vergangenen tagen und machen Sie sich keine Sorgen wegen morgen. Wichtig ist, dass Sie den heutigen Tag optimal gestalten. Halten Sie zwar Ihr Ziel vor Augen und sehen Sie dieses bildlich vor sich, ärgern Sie sich jedoch nicht, wenn Sie am Vortag Ihr gewünschtes Pensum nicht erreicht haben. Heute ist ein neuer Tag und es ist nur wichtig, dass Sie heute wieder alles geben.

Lernen Sie achtsam zu sein. Achtsamkeit bedeutet nicht nur den Mitmenschen gegenüber mitfühlend zu sein. Achtsamkeit beginnt bei Ihnen selbst. Lernen Sie auf Ihren Körper zu hören. Er gibt Ihnen Signale, was gut und was nicht gut für Ihn ist. Dies ist besonders wichtig, wenn Sie sich Ihre Ziele setzten und diese hinterfragen warum.

Die Shaolin lehren auch das Prinzip der Entschlossenheit. Dies ist besonders wichtig, da Sie hier erkennen, welche Dinge Sie tun sollten und von welchen Sie besser die Finger lassen. Für das Prinzip der Entschlossenheit sollten Sie sich wieder eine Liste anlegen. Hier können Sie nun alle nicht materiellen Dinge, Ihre eigenen Ziele, notieren. Dazu zählen jene Ziele wie das Rauchen aufhören, mehr Sport betreiben oder mehr für den eigenen Typ zu tun. Hier sollten Sie mindesten zehn verschiedene Dinge auflisten, die Sie gerne ändern würden.

Nun geht es daran, dass Sie diese Ziele auf Herz und Nieren prüfen. Lesen Sie sich alle Punkte genau durch und hören Sie achtsam in sich hinein. Zu welchen Dingen sind Sie wirklich fest entschlossen? Wenn Sie bereits überlegen müssen und zögerliche Worte wie eigentlich oder sollte in Ihre Gedanken kommen, dann können Sie diesen Punkt sofort wieder streichen. Dieses Ziel scheint Ihnen nicht wichtig genug zu sein.

Übrig bleiben nun vielleicht drei Punkte, und genau diese sind nun die Ziele, die Sie mit Selbstdisziplin verfolgen können. Bewerten Sie diese nun mit Noten, wie einfach es sein wird, Sie von diesem Weg abzubringen. 1 bedeutet, kaum etwas kann Sie davon abbringen und 5 bedeutet, dass nur ein Lied im Radio genügen würde, Sie ausreichend abzulenken und vom Weg abzubringen. Notieren Sie auch die Gründe, die Sie abbringen oder ablenken können und überlegen Sie, wie Sie diese verhindern könnten.

Nur wenn Sie sich absolut sicher sind, dass Sie das Ziel auch erreichen möchten, kann es auch funktionieren. Damit Sie dies besser verstehen, sollte auch hier ein kleines Beispiel dienen.

Unter Ihren drei wichtigsten Zielen ist eine gesunde Ernährung verblieben. Sie sind sich jedoch nicht so sicher, wie einfach es sein könnte, dass Sie sich von diesem Entschluss abbringen lassen. Sie müssen nun sämtliche Situationen durchspielen, die eine Gefahr für den Weg bedeuten könnten. Stellen Sie sich also vor, Sie gehen einkaufen und haben eine schöne Einkaufsliste mit gesunden Lebensmittel mitgebracht. Sie packen auch brav Eissalat und Radieschen ein, vor der Tiefkühl-Theke aber merken Sie, wie Sie langsamer werden und gierig die TK-Pizzen betrachten. Sie müssen sich nun sicher sein, dass Sie dieser Versuchung widerstehen können. Freuen Sie sich stattdessen auf eine selbstgemacht Low Carb Pizza aus Karfiol und auf einen gesunden Chia Pudding.

Wichtig ist, dass Sie bei jedem Ihrer Ziele auch die Gefahren im Auge haben. Seien Sie sich stets bewusst, dass der Weg nicht eben ist und dass Sie immer mit Hindernissen rechnen müssen. Nur wenn Sie sich diesen bewusst sind, können Sie der Gefahr ins Auge blicken und mit viel Selbstdisziplin weiter gehen.

Ein weiteres Prinzip der Shaolin, welches Ihnen hilfreich sein kann, ist das Prinzip der Gelassenheit. Gelassenheit bedeutet, dass Sie sich niemals zu schnellen Handlungen verleiten lassen sollen. Weder zu spontanen Zielen, noch zum frühzeitigen Abbrechen. Gelassenheit bedeutet Selbstbeherrschung und diese ist auf Ihrem Weg zu mehr Selbstdisziplin enorm wichtig. Durch Gelassenheit schaffen Sie es, nicht wegen plötzlichen Emotionen zu handeln. Gerade durch Gefühle wie Hass, Wut, Zorn, Freude und Eifersucht lassen wir uns zu Taten hinreißen, die so an sich nicht geplant waren. Auch hier wieder ein Beispiel.

Sie haben seit etwa fünf Wochen durchgehalten und keine einzige Zigarette angerührt. Gerade sitzen Sie im Büro und Ihr Chef stürmt herein und brüllt los. Irgendetwas im Betrieb scheint schief gegangen zu sein und ob Sie eine Mitschuld daran tragen oder nicht, spielt hier keine Rolle. Sie brüllen zurück und spüren wie Ihr ganzer Körper bebt. Die Finger ballen Sie zu Fäusten bis sie weiß werden und es wirkt fast als würden Sie schäumen wie ein tollwütiger Hund. Kaum hat der Chef das Büro verlassen laufen Sie auch schon in den Garten hinaus und zünden sich eine Zigarette an, die Sie für alle Fälle immer noch in der Innentasche Ihrer Jacke versteckt hatten.

In diesem Fall haben Sie sogar zwei Fehler gemacht. Das größte No-go ist natürlich, selbst noch für die Möglichkeit zum Misserfolg zu sorgen. Wenn Sie zu rauchen aufhören, dann müssen Sie absolut konsequent sein. Keine einzige Zigarette wird aufgehoben oder versteckt. Auch nicht für den Fall der Fälle. Hätten Sie in diesem Moment keine Zigarette in der Jackentasche gehabt, so hätten Sie sich diesen Fehltritt sparen können.

Auch wenn Sie mit Gelassenheit reagiert hätten, wäre das Gespräch anders verlaufen. Das bessere Szenario wäre wie folgt abgelaufen. Der Chef verlässt das Büro und natürlich schäumen Sie vor Wut. Jedoch schließen Sie nun sofort die Augen und konzentrieren sich rein auf Ihre Atmung. Atmen Sie bewusst ein und aus und zählen Sie dabei bis zwanzig. Schon spüren Sie, wie Sie ruhiger werden.

Auch während des Gesprächs können Sie kleine Tipps und Tricks davon abhalten, richtig wütend zu werden. Diese können Sie von nun an immer anwenden, sobald Sie merken, Ihr Gesprächspartner könnte Sie in Rage versetzen.

Führen Sie die Fingerspitzen von Daumen und Zeigefinger beider Hände zusammen. Sofort können Sie spüren, wie positive Energie durch Ihren Körper fließt. Dies können Sie unbemerkt machen und Sie werden dennoch immer ruhiger. Die Worte des Gegenübers prasseln an Ihnen ab und können Ihnen nichts anhaben.

Eine weitere Möglichkeit st es, wenn Sie sich auf ein beliebiges Mantra konzentrieren. Dazu suchen Sie sich einfach ein Wort aus, an das Sie denken, dass Sie eine Situation oder ein Gespräch wütend machen könnte. Dieses Wort kann Insel, Brot, Hund, rot oder was auch immer sein. Dieses Mantra funktioniert von nun an als Ihr ganz persönliches Wut-Stoppwort. Sobald Sie an dieses Wort denken, verfliegt jede Wut und Sie spüren automatisch, wie sich auch Ihre Atmung wieder beruhigt.

Diese kleinen Hilfsmittel können Sie in jeder Situation anwenden. Egal ob es Ihr Teenager ist, der Sie zur Weißglut bringt, ob Sie sich am Telefon über einen Telefonverkäufer ärgern oder im Job mit der Stupidität der Kollegen auskommen sollten. Mit diesen wertvollen Tricks verfliegt Ihre Wut und Sie laufen nicht in Gefahr, Ihre Ziele nur wegen des Störfalls zu vernachlässigen.

Ein weiteres Prinzip der Shaolin ist das Prinzip der Langsamkeit. Auch dieses ist wichtig, um Ziele zu verfolgen. Es besagt, dass Sie Eile und Hetze mit Langsamkeit besiegen können. Eile verleitet dazu, Fehler zu machen. Durch Eile schießen Sie auch zu schnell über das Ziel hinaus.

Stress bedeutet Ärger und Anstrengung und nur durch Langsamkeit können Sie hier entschleunigen. Warum soll Stress gefährlich sein, dass man vom Weg abkommt? Dann lassen Sie dies ebenfalls anhand eines Beispiels erklären. Sie haben sich als großes Ziel gesetzt, von nun an auf Zucker zu verzichten und konnten dies schon zwei Monate erfolgreich durchziehen. Nun werden Sie schon den ganzen Tag von einem Ort zum nächsten gehetzt. Ständig verlangt jemand etwas neues, die Ordner und Aufträge stapeln sich und Sie versuchen immer schneller und noch schneller zu arbeiten. Nach Stunden hatten Sie immer noch keine Zeit Ihren Lunch zu genießen und es ist auch in den nächsten Stunden keine Pause in Sicht. Nach Stunden greifen Sie in die Lade Ihrer Kollegin, fischen sich den dort versteckten Schokoriegel heraus, reißen gierig das Papier ab und stecken den Riegel fast ganz in den Mund. Er ist auch kein Genuss und schon während des Essens plagt Sie das schlechte Gewissen. Nur weil Sie es nicht geschafft haben etwas Langsamkeit in Ihre Arbeit zu bringen, haben Sie Ihr Ziel verfehlt.

Dabei ist es so einfach, sich nicht von der Eile der anderen anstecken zu lassen. Im Prinzip geht nichts schneller, nur weil Sie sich selbst hetzen. Lernen Sie nein zu sagen, schieben Sie konsequent 10 Minuten Pause ein und arbeiten Sie gewissenhaft, jedoch in einem langsameren Tempo. Dies ist keineswegs provokativ, sondern kann durchaus produktiv sein. Nicht umsonst heißt ein altes chinesisches Sprichwort: „In der Ruhe liegt die Kraft".

Ein letztes und vielleicht eines der wichtigsten Prinzipien der Shaolin ist das Prinzip der Gemeinsamkeit. Erkennen Sie, dass Selbstdisziplin alleine noch keine Führungskraft aus Ihnen machen. Oft ist es nur möglich, gemeinsam mit anderen Ihre Ziele zu erreichen. Schon Theodore Roosevelt sagte, dass eine wirkliche Führungskraft mit Selbstdisziplin arbeitet, mit Klugheit die Arbeiten delegiert und danach viel Selbstdisziplin aufbringen muss, um den Angestellten nicht ins Handwerk zu pfuschen.

Um Ihre Ziele zu erreichen ist es häufig notwendig, dass Sie sich Partner, Verbündete und Vertraute suchen. Diese brauchen Sie sowohl in allen privaten bereichen, als auch im Beruf. Auf diese Vertraute müssen Sie sich absolut verlassen können. Dafür ist es natürlich wichtig, dass Sie mit Ihren Mitmenschen stets achtsam umgehen. Seien auch Sie ein Mensch, dem man vertrauen kann und den man auch gerne unterstützt.

Diese Vertrauten an Ihrer Seite helfen Ihnen beim Sport durchzuhalten. Suchen Sie sich einen Laufpartner oder Freunde, mit denen Sie zum CrossFit gehen. Freunde helfen Ihnen, bei der Diät durchzuhalten und gehen auch gerne mit Ihnen auf ein Gemüseplatte und einen Salat anstatt in die Pizzeria. Verbündete Kollegen übernehmen auch gerne einen Stapel an Arbeit oder erledigen Aufgaben, unter welchen Sie zu ertrinken drohen.

Sie sehen also auch mit den Prinzipien der Shaolin finden Sie viele Möglichkeiten, Ihre Selbstdisziplin zu stärken. Und wenn Sie genau hinsehen, so unterscheiden sich diese alten buddhistischen Weisheiten auch kaum von jenen Werten, die auch in unserer heutigen Welt noch besonders wertvoll sind. Sie werden nun auch erkennen, dass uns immer das große Ganze zum Erfolg bringt. Es bringt nichts, wenn Sie sich nur auf Selbstdisziplin alleine konzentrieren und alle anderen Faktoren außer Acht lassen. Bei allen Vorhaben ist es notwendig, dass Sie absolut mit allem im Einklang stehen. Ihr Körper muss fit sein, Ihr Geist aufnahmebereit und auch mit der Umwelt und den Mitmenschen sollten Sie sich im Einklang befinden.

Nach alter asiatischer Lehre hilft es Ihnen auch, wenn Sie immer wieder meditieren um sich von Belastungen zu befreien. Dabei ist es nicht nötig, dass Sie plötzlich zum Yogi werden. Kurze Meditationen von 10 Minuten sind völlig ausreichend. Kurze Meditationen können sich auch jederzeit am Arbeitsplatz oder sogar auf dem Weg zur Arbeit durchführen. Wichtig ist nur, dass Sie die Augen schließen, sich auf Ihre Atmung konzentrieren und den Geist frei machen. Diese kleinen Meditationen können sowohl Rettungsanker als auch Energieschub sein.

Auch die Grundsätze der Shaolin können Sie sich immer wieder ins Gedächtnis rufen. Diese helfen Ihnen in allen Lebenslagen. Diese lauten:

- Selbsterkenntnis
- Achtsamkeit
- Gelassenheit
- Respekt
- Furchtlosigkeit
- Aufgeschlossenheit
- Konzentration auf das Wesentliche
- Ziele erkennen und verfolgen

Diese Werte und Prinzipien werden Sie stets auf dem Weg zu mehr Selbstdisziplin begleiten. Diese Werte müssen miteinander verschmelzen wie eine Kette. Nur so kann das Große und Ganze erschaffen werden. Sie können sich zum beispiel noch so sehr auf Ihre Ziele konzentrieren. Wenn Sie jedoch stets Angst vor dem Versagen haben, dann werden Sie über kurz oder lang wahrscheinlich auch wirklich versagen und das Ziel aus den Augen verlieren. Wenn Sie absolut entschlossen und aufgeschlossen für alles sind, jedoch mit Ihrer Umwelt respektlos umgehen, so können Sie sich keinerlei Unterstützung erwarten. Und genau diese Unterstützung kann oft bitter nötig sein. Wenn nur ein kleiner Teil im großen Ganzen fehlt, dann wird es einfach bedeutend schwieriger und Sie müssen noch mehr Energie aufbringen, die Ihnen an anderen Orten später fehlt.

CHECKLISTE - WIE IST ES UM IHRE SELBSTDISZIPLIN BESTELLT?

FÜR DIESES KAPITEL BENÖTIGEN Sie wieder Papier und Bleistift, oder Sie schreiben diese Checkliste in Ihr eigenes und persönliches Büchlein für mehr Selbstdisziplin, welches Sie sich extra für dieses Projekt anlegen. Diesen Check-up können Sie auch immer wieder und zu jeder Zeit wiederholen. So sehen Sie sofort, ob Sie Fortschritte gemacht haben, oder an welchen Punkten es noch Raum für Verbesserung gibt. Nehmen Sie nun Ihr Heft oder den Notizblock und schreiben Sie folgende Fragen auf.

Erinnern Sie sich an sämtliche Ziele, die Sie im Laufe des Lesens aufgeschrieben oder auch nur gedanklich notiert haben. Welche dieser Ziele haben sich als solche erwiesen, die Sie wirklich verfolgen möchten? Welche Ziele haben Sie auch wirklich in Angriff genommen und wie sieht es mit den Erfolgen aus?

In welchen Bereichen haben Sie besonders viel Selbstdisziplin gezeigt? Wie war Ihre Strategie? Ist es Ihnen immer leicht gefallen? Wann und warum war es manchmal nicht ganz zu einfach? Wie haben Sie sich selbst motiviert? Was hat sich dadurch verändert? Fühlen Sie sich stärker, mutiger, mächtiger, wichtiger, gesünder, fitter oder verantwortungsvoller? Schreiben Sie sämtliche Emotionen auf, die Ihnen dazu einfallen.

Nun hinterfragen Sie jedes einzelne Gefühl. Warum fühlen Sie sich mächtiger? Wie sieht Sie jetzt Ihr Umfeld? Haben Sie Rückmeldungen erhalten? Wurde eine Veränderung bemerkt? Wenn ja, von wem und wie? Beantworten Sie diese Fragen, nehmen Sie es jedoch nicht persönlich, sondern als Bestätigung oder als konstruktive Kritik.

Bei welchen Zielen sind Sie gescheitert? Welche Ziele haben Sie erst gar nicht in Angriff genommen? Warum ist es so gekommen? Woran sind Sie gescheitert? Nun versuchen Sie diese Gründe für Ihr Scheitern zu analysieren. Denken Sie , es war alleine Ihre Schuld, oder sind auch äußere Einflüsse zur Verantwortung zu ziehen?

Welche Ziele möchten Sie erneut in Angriff nehmen? Haben Sie alle Stolpersteine aus der Vergangenheit beseitigt? Wie haben Sie dies geschafft? Welche Stolpersteine und Hindernisse müssen Sie noch beseitigen? Wie sehen dafür Ihre Pläne aus?

Nach diesem kleinen Check-up wissen Sie genau, wo Sie stehen. Haben Sie wenigsten eines Ihrer Vorhaben erfolgreich umwandeln können? Wenn nicht, dann ist es am besten, Sie beginnen dieses Buch noch einmal von vorne. Oft ist es so, dass man den Ratgeber zwar leist, aber nicht gleichzeitig umsetzen kann. Das ist aber überhaupt nicht schlimm. Ganz im Gegenteil, nehmen Sie sich Zeit und beim nächsten Anlauf klappt es garantiert. Heben Sie jedoch alle Check-ups auf, die Sie im Laufe der Zeit machen. Nur so können Sie vergleichen und auch sofort erkennen, wo Sie Fortschritte, und wo vielleicht sogar Rückschritte gemacht haben.

SELBSTDISZIPLIN IN DER PARTNERSCHAFT

IN ALLEN ZWISCHENMENSCHLICHEN BEREICHEN wird eine gewisse Portion an Selbstdisziplin und Toleranz benötigt. Selbstdisziplin kommt immer dann zum Einsatz, wenn Wünsche beider Partner aufeinander abgestimmt werden müssen und Kompromisse gefunden werden sollten. Ob beim Streitgespräch oder beim gemeinsamen Einkaufen, versuchen Sie einfach, sich selbst etwas mehr zurückzunehmen. Dafür wird eben häufig Selbstdisziplin benötigt.

Selbstdisziplin in der Partnerschaft unterscheidet sich jedoch von jener Selbstdisziplin, die am Arbeitsplatz oder im Alltag angewendet wird. Man spricht hier von der sogenannten natürlichen Selbstdisziplin. Diese besagt zum Beispiel, dass Sie alles nur aus absoluter Hingabe und Leidenschaft tun sollten, oder komplett lassen. In der Partnerschaft und im Familienleben muss diese Disziplin von innen heraus kommen.

Wichtig ist in der Partnerschaft auch das Verstehen von Ursache und Wirkung. Dies ist die Kraft, die für unsere Motivation und letztendlich auch für unsere Selbstdisziplin verantwortlich ist. Auch ist es wichtig, dass Sie in der Familie und Partnerschaft auch offen dafür sind, die Einstellung zu den unterschiedlichsten Sichten und Aufgaben zu ändern.

Beantworten Sie folgende Fragen und versuchen Sie danach Ihre Selbstdisziplin dahingehend zu aktivieren. Finden Sie heraus, welche Dinge in der Partnerschaft Ihnen besonders schwer fallen. Überlegen Sie, wofür Sie sich extra überwinden müssen und warum. Versuchen Sie diese Dinge nicht mehr mit Abneigung zu erledigen sondern bemühen Sie sich, Freude daran zu haben.

Ein schönes Beispiel, wo mangelnde Selbstdisziplin häufig zu Problemen in der Partnerschaft führt, darf natürlich auch nicht fehlen. Denn nur so merken Sie vielleicht, wo der Hase begraben ist und an welchen Baustellen es sich lohnt, schleunigst zu arbeiten.

Der Wasserhahn tropft. Frau weist Mann darauf hin und bittet, es sich doch bei Zeiten anzusehen. Mann verspricht es, hat es aber eine Stunde später schon wieder vergessen. Wochen vergehen, der Wasserhahn tropft immer noch. Frau weist Mann wieder einmal lieb darauf hin. Mann hebt den Kopf als hätte er von dem Problem das erste Mal gehört und verspricht, den Wasserhahn so bald als möglich zu reparieren. Doch auch das gerät wieder in Vergessenheit und noch Monate später tropft der Wasserhahn gemütlich vor sich hin.

Hier gibt es nun sogar zwei Parteien, die Selbstdisziplin benötigen. Die Frau muss sich zusammenreißen, um Ihren Man nicht tagtäglich anzubrüllen. Gleichzeitig wäre es vielleicht sinnvoller, ihn jeden Tag, freundlich und liebevoll an den Wasserhahn zu erinnern. Der Mann aber sollte die Prioritäten in einer Partnerschaft erkennen. Wünsche der Partner, sofern Sie erledigt werden können, sollten auch wirklich sofort erledigt werden. In diesem Fall würde es dem Herrn der Schöpfung vielleicht 10 Minuten Arbeit kosten, eine neue Dichtung an das Sieb des Wasserhahns anzubringen. So aber läuft er in Gefahr, dass diese kleinen Wassertropfen, unbeirrt tagaus tagein tropfen, sich über kurz oder lang als Gefahr für die Beziehung entwickeln.

Selbstdisziplin in der Partnerschaft bedeutet auch, die Socken und anderen Kleidungsstücke vom Boden aufzuheben und in den Wäschekorb zu befördern, bevor der Partner nach Hause kommt und auf den Missstand aufmerksam macht. Selbstdisziplin in der Partnerschaft bedeutet auch, morgens beim Frühstück auf das Handy zu verzichten und abends nicht stundenlang im Home-Office zu sitzen, nur weil das neue Online-Game gerade einen spannenden neuen Level erreicht hat.

Was jedoch, wenn man an der Seite eines überaus selbstdisziplinierten Menschen lebt und selbst eher zur eher gemütlichen und unentschlossenen Kategorie Mensch zählt? Dann ist viel Toleranz von bedien Seiten gefragt. Denn wenn jemand partout nicht diszipliniert handeln möchte, lieber faul auf dem Sofa liegt als zu putzen, Sport zu treiben oder sich weiterzubilden, dann kann dieser auch nicht gezwungen werden. Selbstdisziplin funktioniert nur, wenn am Anfang der eigene, freie und eiserne Wille steht. So gibt es nichts anderes zu tun als zu hoffen, dass im Laufe der Beziehung etwas von beiden auf den jeweiligen Partner abfärbt.

WILLENSKRAFT - GEDULD - SELBST-BEWUSSTSEIN - SELBSTDISZIPLIN

Willenskraft oder auch Willensstärke ist Voraussetzung für Selbstdisziplin. Willensstärke wird heute auch häufig als Tugen erster Klasse bezeichnet. Genau genommen handelt es sich um die Fähigkeit, die eigenen Taten und Handlungen zu kontrollieren und zu steuern. Willensstärke wird sowohl in den Religionen respektiert und verwendet und auch die Metaphysik besagt, dass Willensstärke stets nur dem freien Willen entspringen darf.

Lediglich in der Psychoanalyse wird Willenskraft immer noch angezweifelt. Hier baut man auf das Konzept, dass sich alle Handlungen aus dem Unterbewusstsein entwickeln. Während in der Psychologie Fehler als Wegweiser des Unterbewusstseins bezeichnet werden, gilt dies in der Metaphysik als mangelnde Selbstdisziplin. Dies klingt so etwas verwirrend, daher sollte auch hier ein Beispiel für besseres Verständnis sorgen.

Sie leben in einer ungesunden Beziehung und haben es endlich geschafft sich zu trennen. Sie haben alle Selbstdisziplin aktiviert um nicht immer wieder mit der für Sie toxischen Person im Bett zu landen. Dennoch führt Sie der Weg eines Abends in das ehemalige Lieblingslokal. Und natürlich ist auch Ihr ehemaliger Partner anwesend. Es kommt zu einem Drink und einem weiteren und nach einigen Shots und Gekuschel an der Bar wachen Sie am nächsten Morgen gemeinsam im Bett auf. Hier kann man nun eindeutig von mangelnder Selbstdisziplin sprechen. Sie haben sich verführen lassen. Sei es, weil Sie Ihr Ziel nicht effektiv genug vor Augen hatten, oder einfach zu viel getrunken haben. In der Psychologie aber schiebt man das Geschehene auf das Unterbewusstsein. Dieses hat Ihnen suggeriert, dass man der Beziehung eine weitere Chance geben sollte. Sie hatten im Unterbewusstsein Zweifel an Ihrem Ziel sich fern zu halten.

Sie sehen, egal aus welcher Sicht man es sieht, das Ergebnis ist dasselbe. Das Unterbewusstsein kann auch als kleiner Teufel gesehen werden, der uns den vielleicht einfacheren oder lustigeren Weg zeigt. Hier ist der Wille also keine Kraft, sondern nur ein unterbewusster Wunsch, den Sie nicht zulassen möchten. Der Wille sollte somit nicht dem Unterbewusstsein, sondern dem bewussten Denken entspringen, damit er mit Selbstdisziplin verfolgt werden kann. Darum ist es so wichtig, dass Sie, nachdem Sie sich ein Ziel gesetzt haben, dieses auch hinterfragen und dabei tief in sich hinein hören. Nur so finden Sie heraus, ob zweifel bestehen und ob diese Ziele auch wirklich mit dem Bewusstsein gesetzt wurden und nicht irgendwie dem Unterbewusstsein entsprungen sind.

Wenn Sie dies nicht genau trennen, dann passiert es immer wieder, dass Sie Ihre Ziele verfehlen. Dies ist auch der Grund, warum Sie unbedingt ehrlich hinterfragen müssen, wie wichtig die Ziele für Sie sind und warum. Es bringt nichts, eine Diät zu beginnen, obwohl Sie eigentlich nicht abnehmen möchten. Nur weil vielleicht dieses Jahr Kleidergröße Null angesagt ist oder die Freundin gerade auf Twiggy Größe geschrumpft ist, müssen Sie es nicht anderen gleich tun. Selbstdisziplin bringt nur Erfolg, wenn Sie sich mit Ihrer Willenskraft vereinbaren lässt und nicht im Unterbewusstsein eine Stimme auf das Gegenteil pocht.

Dies setzt jedoch auch ein tiefes Verständnis für uns selbst voraus. Hier kommt wieder die Achtsamkeit ins Spiel. Sie sehen, alles ist eng miteinander verbunden. Durch Achtsamkeit lernen Sie, tief in sich hineinzuhören. So werden Sie erkennen, dass ein sogenannter Fail nichts mit Selbstdisziplin, oder eben nicht vorhandener Selbstdisziplin zu tun hat, sondern ein Wink des Unterbewusstseins war. Wenn Sie dies erkennen, dann sehen Sie auch sofort, dass das Ziel kein wirkliches Ziel ist, das Sie mit Ernsthaftigkeit verfolgen möchten. Dies ist auch die Erklärung dafür, warum wir nicht alle Ziele erreichen können. Es wird immer etwas geben, das für uns unerreichbar ist, und das gilt es zu akzeptieren.

Und doch lässt sich Willenskraft trainieren. Denn alles kann und soll auch nicht auf unterbewusste Wünsche und Verlangen geschoben werden. Erfahrene Trainer für mehr Selbstbewusstsein, Erfolg und Disziplin behaupten sogar, dass sich Willenskraft wie ein Muskel trainieren lässt.

Eines der wichtigsten Übungen für Willenskraft ist die fokussierte Meditation. Dabei konzentrieren Sie sich während einer kurzen Meditation darauf, Ihren Willen zu stärken.

Ebenfalls eng mit Willenskraft in Verbindung gebracht wird die Körperhaltung. Wenn Sie für nur zwei Wochen konsequent darauf achten, immer aufrecht zu sitzen und aufrecht zu stehen, mit erhobenem Kopf durch die Stadt zu gehen und stets auf Körperspannung zu achten, dann haben Sie einen großen Schritt in Richtung mehr Willenskraft unternommen.

Sie sollten sich auch angewöhnen, Tagebuch zu führen. Dafür müssen Sie nicht jeden Tag einen Roman verfassen, sondern den Tag in Stichworten festhalten. Am Ende der Woche sollten Sie sich diese Stichworte durchlesen und bewerten. Hat sich die Situation oder ihr Blick auf die Situation verändert? Ebenfalls ein Training für mehr Willenskraft ist, Ihre Koordination zu schärfen. Hier ist es wirksam, wenn Sie zum Beispiel immer wieder Ihre schwache Hand benutzen, öfter auf einem Bein stehen, blind durch die Wohnung marschieren oder barfuß über die Wiese oder den Kieselweg gehen. Versuchen Sie täglich etwa 30 Minuten oder besser eine Stunde für dieses Training einzuplanen.

Auch sollten Sie an Ihrer Sprache arbeiten. Garantiert gibt es ein spezielles Wort, welches für Sie typisch ist. Versuchen Sie dieses zu streichen und durch andere Wörter zu ersetzen. Zudem sollten Sie ebenfalls negative Worte wie Wahnsinn oder Elend komplett eliminieren. Ebenfalls gestrichen sind von nun an Kraftausdrücke und Schimpfworte. Fluchen zählt der Vergangenheit an und schon sind Sie wieder einen Schritt weiter für mehr Willenskraft und Selbstdisziplin.

Schreiben Sie zum Wochenbeginn eine To-do Liste und versuchen Sie diese auch einzuhalten. Auch ist es Zeit, um ein Haushaltsbuch anzulegen. All diese strukturierten Übungen helfen Ihnen sehr, damit der Wille über das Unterbewusstsein siegt.

Führen Sie sich in Versuchung und widerstehen Sie. Für einen Tag tragen Sie eine Packung Zigaretten mit sich rum oder lassen eine Tafel Schokolade vor sich auf dem Tisch liegen. Es kann sich hier auch um eine Flasche Wein, den neuesten Modekatalog oder der Online Poker am Laptop handeln. Hauptsache ist, dass Sie die Verführung einen ganzen Tag ständig vor Augen haben und widerstehen. Der Tag wird garantiert nicht einfach sein, aber am nächsten Morgen werden Sie ein enormes Glücksgefühl verspüren.

Beobachten Sie Ihren Tagesablauf. Garantiert gibt es in Ihrem leben Tätigkeiten und Handlungen, die Sie immer wieder automatisch durchführen.

Stehen Sie morgens auf und gehen schnurstracks zur Kaffeemaschine? Schalten Sie zuerst den Laptop an oder holen Sie die Zeitung herein? Versuchen Sie nun die Abläufe anders zu gestalten. Versuchen Sie diese Automatismen zu löschen.

Und bei allem sollten Sie sich wieder in Geduld üben. Geduldig sein, eine Eigenschaft, die nur die wenigsten Menschen wirklich besitzen. Doch einfacher als andere Tugenden lässt sich Geduld erlernen und üben.

Viele denken, Geduld und Selbstdisziplin schließen sich aus. Denn meist werden geduldige Menschen als Esel gesehen, mit denen man alles machen kann. Doch das ist absolut nicht der Fall. Was hier vermeintlich als geduldig bezeichnet wird ist lediglich gleichmütig und desinteressiert. Geduld jedoch ist die große Kunst, etwas erwarten zu können. Nicht alles überhastet erledigen zu wollen, sondern mit Bedacht und Gewissenhaftigkeit auf den richtigen Zeitpunkt zu warten.

Auch Sie sollten in Zukunft abwarten und ruhig bleiben, auch wenn etwas länger dauert als erhofft. Geduld fängt bei Kleinigkeiten im Alltag an und erstreckt sich über das gesamte Leben. Es bedeutet geduldig zu sein, wenn es heute keine Kohlenhydrate zu essen gibt und Sie bis Sonntag warten müssen. Sie brauchen Geduld an der Ampel, wenn diese für gefühlte Stunden nicht auf Grün umschalten möchte. Sie müssen geduldig sein, bis Sie den richtigen Partner finden und Geduld aufbringen, bis der Urlaub endlich kommt.

Wenn Sie nicht geduldig sind, steigern Sie sich in eine Erregung. Egal ob Sie an der Ampel wild hupen und bereits spüren, wie Ihnen die Röte ins Gesicht steigt, oder Sie Woche für Woche jammern, weil es noch unendlich lange bis zum nächsten Urlaub ist - in allen Fällen regen Sie sich nur künstlich auf, denn an der tatsächlichen Situation ändert sich nichts.

Natürlich ist es schwer, wenn der Zug Verspätung hat und Sie schon längst beim nächsten Termin sein sollten. Doch der Zug fährt nicht schneller, nur weil Sie sich tobend und schreiend am Boden rollen und vom Zugbegleiter bis hin zu den Mitfahrenden alle anbrüllen. Einzig und alleine Sie verschwenden Ihre Energie, die Sie später am Meeting gut gebrauchen könnten. Sie verbreiten negative Energie, verseuchen dadurch Ihren Körper und Ihren Geist und alle anderen nehmen Sie nicht für ernst.

Ruhe bewahren und geduldig sein wäre eher angebracht, auch wenn es in vielen Situationen besonders schwierig ist, die Fassung nicht zu verlieren. Doch die Sache mit der Geduld ist eng mit unserem heutigen Lifestyle verbunden. Wenn Sie sich vielleicht an Ihre Großmutter erinnern. Vielleicht war Sie so eine Person, die man als eine Frau mit Engelsgeduld bezeichnet hatte. Früher war es einfach so, dass man auf Dinge warten musste. Das beginnt mit der Post, zieht sich hin über Geschäfte, die nur zu gewissen Zeiten geöffnet hatten und endet noch lange nicht bei Lebensmittel, die nur zu gewissen Saisonen erhältlich waren.

Heute haben Sie Lust auf chinesisches Essen, klicken auf Ihre App und 20 Minuten später steht die dampfende Ente süß-sauer vor Ihnen. Egal was Sie einkaufen möchten, online können Sie aus aller Herrenländer Waren bestellen und bekommen dies frei haus geliefert. Informationen sind über das Internet jederzeit frei verfügbar und Sie müssen nicht stundenlang in der Bibliothek nach der richtigen Literatur suchen. Die Geschäfte haben beinahe rund um die Uhr geöffnet und wenn der Supermarkt geschlossen hat, können Sie an Spätis oder Tankstellen-Shops auch nach Mitternacht noch einkaufen.

Doch für alle Dinge des Lebens gibt es auch heute noch keine Lösung und genau hier müssen Sie Geduld aufbringen. Genauso wenig, wie Sie die Ampel beeinflussen können, außer mit einem illegalen Hack-Trick, können Sie erwarten, dass sich der Erfolg von einem Tag auf den anderen einstellt. Sei es beruflich oder auch privat.

Wenn Sie nun nicht geduldig warten möchten, können Sie natürlich immer nach Alternativen suchen. Sie können aufgeben und sich einem anderen Projekt zuwenden, anstatt der Diät die Kleider eine Nummer größer kaufen und das Abo im Fitness-Center verfallen lassen, nur weil sich nach drei Tagen noch keine Anzeichen des versprochenen Waschbrettbauchs zeigen.

Sie können sich jedoch auch durchbeißen und den langen und steinigen Weg gehen, weil Sie wissen, dass es sich lohnt. Wenn Sie geduldig sind, dann fällt es Ihnen nicht schwer. Denn automatisch, wenn Sie ungeduldig sind, setzen Sie sich unter Druck. Durch diesen Druck entstehen Stress und Anspannung und dies belastet natürlich Körper, geist und Seele. Sie werden gereizt, ärgerlich, zornig und bremsen sich dadurch nur selbst aus. Die Konzentration schwindet und die Anfälligkeit für Fehler steigt. Dadurch benötigen Sie nur noch mehr Zeit und Sie sind in einem Teufelskreis gefangen.

Auf dem Weg zu mehr Geduld sollten Sie im Vorfeld bereits dafür sorgen, dass Sie sich einen gewissen Spielraum geben. Vorbereitung ist hier alles. Versuchen Sie stets, sich genügend Zeit zu geben. Planen Sie die Meetings nicht zu knapp hintereinander. Lassen Sie sich zwischen den einzelnen Aufgaben einen ordentlichen Puffer.

Wenn Sie auf ein Ziel hinarbeiten, unterteilen Sie die Strecke in kleinere Etappen. So können Sie zwischendurch immer wieder Erfolge feiern. Dadurch werden Sie auch nicht ungeduldig, wenn das Ziel selbst noch nicht in Reichweite ist. Auch ist es wichtig, dass Sie akzeptieren, dass jeder Weg eine gewisse Zeit benötigt.

Schreiben Sie sich eine Tabelle mit Situationen, in welchen Sie ungeduldig reagieren. Nun notieren Sie alle Situationen, in welchen Sie durchaus geduldig sein können. Sie werden überrascht sein, aber es ist nur natürlich, dass jeder von uns sowohl geduldig als auch ungeduldig ist. Und auch wenn Sie schon länger daran arbeiten geduldiger zu sein, so wird es dennoch häufiger vorkommen, dass der Geduldsfaden wieder und wieder zu reißen droht.

Wenn Sie sich intensiver mit Ihrer Ungeduld beschäftigen, dann bemerken Sie schon einige Sekonden zuvor, dass es wieder einmal so weit ist, und die Ungeduld durchschlägt. In diesem Moment versuchen Sie, einen kühlen Kopf zu bewahren. Atmen Se durch, kämpfen Sie nicht an und versuchen Sie nicht, die Wut oder den Ärger zu verstecken. Versuchen Sie diese zu verarbeiten und abzukühlen. Atmen Sie ruhig und spüren Sie, wie Sie langsam ruhiger werden.

Machen Sie sich in diesem Moment der Ungeduld bewusst, dass diese Sie nicht wirklich weiter bringt. Der stampfende Fuß ist genauso unnötig, wie der Wutausbruch und das Gebrülle. Die Kassiererin kann auch wenn Sie noch so toben die Waren nicht schneller über den Scanner ziehen und auch wenn Sie Feuer und Schwefel spucken repariert sich der Drucker nicht spontan und von alleine.

Machen Sie sich stattdessen klar, dass die Ungeduld sich im Moment nur negativ auswirkt. Ihr Herz beginnt zu klopfen, Sie verspüren Hitze und Wallungen und der Blutdruck steigt gefährlich an. Der Stress und die Anspannung sorgen für Ärger und für Unzufriedenheit, doch an der Situation, über die Sie sich ärgern ändert sich nichts. Wenn Sie zum Beispiel am Computer sitzen und an einem Blogeintrag arbeiten und sich dabei ständig vertippen, dann verzögert ein Wutausbruch den Ablauf sogar noch zusätzlich.

Sie müssen einsehen, dass manches Mal die Dinge auch von außen bestimmt werden und Sie nicht der Herrscher der Welt sind. Die Ampel lässt sich nicht von Ihnen beeinflussen und auch wenn das Internet ausfällt und Sie Ihre Mails nicht beantworten könne, so können Sie es nicht wirklich beeinflussen.

Lernen Sie, die von außen auferlegten Pausen zu lieben. Nutzen Sie die Zeit ohne Internet für Entspannung, für eine vorverlegte Mittagspause oder zu Hause um zu putzen oder ein gutes Buch zu lesen. Während einer langen Ampelphase können Sie eine kleine Meditation durchführen, kurz die Augen schließen oder sich ordentlich strecken. Drehen Sie das Radio laut und singen Sie einfach mit. Auf jeden Fall sollten Sie die zusätzliche Zeit als Geschenk sehen und Energie sammeln.

Versuchen Sie, wenn sich der nächste ungeduldige Wutanfall anbahnt, ein kleines Rollenspiel durchzuführen. Stellen Sie sich vor, Sie währen ein buddhistischer Mönch. Lächeln Sie stoisch, falten Sie die Hände und suchen Sie Ihre innere Mitte. Lassen Sie sich mit keiner Miene Ihren Unmut oder Ihre Ungeduld anmerken.

Nehmen Sie sich ein Beispiel an Kindern. Wenn diese an einem neuen Platz verweilen und warten müssen, so wird zuerst die Umgebung betrachtet. Denken Sie daran, wenn Sie das nächste Mal im Stau stehen.

Als nächstes Element reiht sich das Selbstbewusstsein ein, ohne das es auch keine Selbstdisziplin gibt. Nur wenn Sie Vertrauen in sich selbst haben, können Sie auch mit Disziplin vor eine Menge schreiten und als Vorbild fungieren. Nur wenn Sie Selbstvertrauen haben, können Sie auch daran glauben, alles zu schaffen, das Sie sich vorgenommen haben.

Sie müssen überzeugt sein von sich selbst und von Ihren Fähigkeiten. Sie müssen wissen, wer Sie sind, wohin Sie wollen und über welche Stärken und Schwächen Sie verfügen. Auch Selbstliebe und auch Selbstakzeptanz fällt unter diesen Begriff. Es bedeutet, Sie müssen sich akzeptieren, mit allen Stärken und Schwächen.

Meist definiert sich Selbstbewusstsein über Statussymbole. Doch weder ein großes Auto, noch eine Villa mit Pool, ein Motorrad, Designerkleidung oder teure Uhren sagen wirklich etwas über Ihr Selbstbewusstsein aus. Diese Dinge können Ihnen helfen, dass Sie sich besser fühlen, meist aber übermalen diese Statussymbole ein mangelndes Selbstbewusstsein.

Um selbstbewusst zu werden, müssen Sie aktiv dafür arbeiten. Es ist keine Eigenschaft, die als Geschenk vom Himmel fällt, auch wenn manche Menschen von Natur aus stärker auftreten als andere. Doch Sie müssen sich auch trauen, vor eine Menge zu treten und zu sprechen. Sagen Sie einfach „Hallo, ich bin auch da." Achten Sie darauf, dass Sie eine ordentliche Körperhaltung zeigen und Menschen bei der Begrüßung in die Augen blicken. Ein fester Händedruck und eine laute Stimme drücken ebenfalls Selbstbewusstsein aus.

Stehen Sie zu Ihren Worten und hinter Ihren Ideen. Werden Sie nicht zum Ja Sager, nur um anderen zu gefallen. Selbstbewusstsein drückt sich nicht in Beliebtheit, sondern durch Ehrlichkeit und Authentizität aus. Auch Ihrem Chef gegenüber müssen Sie nicht immer klein bei geben. Wenn Sie eine andere Meinung haben, und diese auch vertreten können, dann können Sie ihm dies auch mitteilen. Natürlich soll Ihre Meinung auch Hand und Fuß haben. Viele widersprechen nur um des Widerspruchs wegen. Doch auch das zeugt nicht von Selbstbewusstsein, sondern eher von Dummheit.

Sicher es gehört auch viel Selbstbewusstsein dazu, anderen immer zu widersprechen. Garantiert kennen auch Sie eine Person, die von Haus aus immer das Gegenteil sagt, egal worum es sich handelt und ob es Sinn macht oder nicht. Doch an diesen Menschen müssen Sie sich nicht orientieren. Als rational und normal denkender Mensch können Sie sicher erkennen, was echtes Selbstbewusstsein wiederspiegelt und was nur ein sich ständig in den Mittelpunkt drängen ist.

Mit Willenskraft, Geduld und Selbstbewusstsein zusammen, wird es auch ganz einfach, alles mit mehr Selbstdisziplin anzugehen. Nicht nur, weil vieles mit dem selben Training zu erlernen ist, sondern auch weil Sie mit dem Training lernen, Körper, Geist und Seele in Einklang zu bringen. All diese Elemente und eine innere Gelassenheit sind die Grundpfeiler für Ihre Selbstdisziplin.

WIE SIE SICH BESSER DURCHSETZEN KÖNNEN

DURCHSETZUNGSVERMÖGEN IST EINFACH WICHTIG. Wenn Sie sich durchsetzen können, dann haben Sie es eindeutig einfacher im Leben. Nicht nur im Beruf als Führungskraft, sondern auch im Privatleben ist es besser, nicht als Mauerblümchen zu agieren. Doch vor dem Durchsetzungsvermögen steht das Selbstbewusstsein. Sie sehen, es reiht sich ein weiteres Element ein.

Sie können sich nur durchsetzen, wenn Sie immer gut vorbereitet sind. Hier müssen Fakten sprechen um zu überzeugen. Nicht nur im Büro oder bei Meetings, sondern auch im Alltag. Wenn Sie mit Freunden einen bestimmten Film sehen möchten, dann müssen Sie diesen auch anpreisen und verkaufen können, genauso spannend wie Ihre Ideen bei einem Vortrag. Lernen Sie, gut vorbereitet zu sein und die Menschen mit Ihrem Pitch zu fesseln.

Versuchen Sie immer klar und verständlich zu sprechen. Nur so können Sie verstanden werden, und nur wer verstanden wird, kann seine Ideen auch durchsetzen. Bei allen versuchen sich durchsetzen zu wollen, sollten Sie jedoch niemals auf die anderen vergessen. Hören Sie sich deren Argumente an, zeigen Sie Verständnis, auch wenn die Meinung der anderen gegensätzlich ist. Gehen Sie explizit auf die Gegenargumente ein. Dafür ist es natürlich wichtig, dass Sie gut vorbereitet sind. Sobald Ihnen die Argumente ausgehen, sind Sie verloren.

Um sich durchzusetzen können an dieser Stelle auch Emotionen mit ins Spiel kommen. Das bedeutet nicht, dass Sie mit Krokodilstränen Ihren Verhandlungspartner erpressen sollten. Sie können jedoch Ihre Argument mit Emotionen vorbringen. Ob lustig, traurig, ergreifend, berührend, alles ist erlaubt. Die wichtigste Emotion jedoch ist Enthusiasmus. Wenn Ihnen diese Begeisterung für Ihr Projekt fehlt, dann ist es ebenso sicher, dass Sie scheitern werden.

Auch für mehr Durchsetzungsvermögen ist es wichtig, dass Sie Ihre Ziele genau kennen und diese definieren. Sie können keine Wünsche vortragen, wenn Sie sich nicht sicher sind, was Sie überhaupt wollen. Stehen Sie absolut hinter Ihrer Meinung. Wenn Sie von Ihrem Vorhaben sprechen und andere überzeugen möchten, dann ist es auch wichtig, dass Sie niemals im Konjunktiv sprechen. Die Möglichkeitsform rund um hätte und wäre, könnte oder würde hat bei knallharten Verhandlungen nichts zu suchen. Egal ob es sich darum handelt, eine Gehaltserhöhung zu besprechen, den Partner vom exotischen Urlaubsort zu überzeugen oder den Kollegen eine neue Location für den gemeinsamen Lunch schmackhaft zu machen. Sagen Sie immer klar und deutlich, und ohne Umschweifen was Sie wollen. Ob Sie den Kindern sagen, dass Sie wollen, dass diese schlafen gehen, oder die Musik leiser drehen, oder der Kollegin mitteilen, dass Ihnen der Tratsch nicht recht ist, mit diesen Aussagen und der Demonstration Ihres Willens erhalten Sie viel Respekt. Dies ist gut für Ihr Selbstbewusstsein und bringt Sie ein Stück weiter selbstdiszipliniert zu sein. Alleine schon aus dem Grund, da Sie sehen, dass Sie alles schaffen können, das Sie sich vornehmen.

WARUM SICH HARTE ARBEIT LOHNT

NICHT JEDER IST MIT der gleichen Portion Intelligenz oder Talent gesegnet. Das bedeutet für den einen mehr Arbeit als für den anderen, um dasselbe zu erreichen. Das zeigt sich bereits in der Schule. Während Sie vielleicht dem Unterricht nur aufmerksam folgen mussten und dadurch bereits den Stoff für die nächste Prüfung im Kopf hatten, musste die Sitznachbarin Tage und Nächte büffeln, um das Gelernte halbwegs umsetzen zu können.

Auch die Erfolgsgeschichte vom Tellerwäscher zum Millionär erzählt von Fleiß, Hartnäckigkeit und harter Arbeit. Es ist immer noch so, dass es möglich ist, sich von ganz unten in die obersten Chefetagen zu arbeiten. Auch wenn häufig andere Kriterien wie Beziehungen und ein gutes Netzwerk eine Rolle spielen, so wird harter Einsatz immer noch sehr geschätzt und auch belohnt. Die wichtigsten Eigenschaften für Erfolg sind Lernbereitschaft, Neugier, Leidenschaft, Sorgfalt, Manieren, Pünktlichkeit, Engagement, Integrität, Zuverlässigkeit und natürlich Selbstdisziplin. Auch hier spielen wieder alle Elemente zusammen und nur mit dem kompletten Package können Sie heutzutage noch richtig erfolgreich werden.

Lernbereitschaft liegt klar auf der Hand. Wenn sich die Telefonistin nicht für Weiterbildung interessiert, auch wenn diese kostenlos angeboten wird, dann muss sie sich nicht wundern, wenn sie nach zehn Jahren immer noch die Telefonate im Vorzimmer entgegen nimmt und nicht schon längst als Sekretärin in der Chefetage werken kann. Jeder Betrieb entwickelt sich weiter. Egal ob es die Gastronomie ist, die Fertigung oder die Verwaltung, nirgends bleibt die Zeit stehen. Egal ob es sch um neue Medien handelt, ob neue Marketing-Strategien vorhanden sind, oder technische Neuheiten anstehen, wichtig ist, dass sich alle Mitarbeiter gemeinsam weiterbilden und mit der Moderne gehen.

Neugierde ist der innere Antrieb, der uns immer wieder zu Neuem motiviert. Es bedeutet, dass Sie keine Angst vor Neuerungen haben und allem aufgeschlossen gegenüber stehen. Neugierde bedeutet nicht, dass Sie sich für das intime Privatleben von Chef und Co interessieren sollen, sondern

Ihre Nase gerne in neue Entwicklungen stecken und die Fühler ausstrecken, wie Arbeitsabläufe optimiert werden könnten. Neugierde bedeutet, Veränderungen auch mitzumachen und nicht aus Angst vor dem Versagen von vorne herein abzulehnen. Auch wenn Sie schon 20 Jahre Küchenchef sind, der neuen vegetarischen Welle können und sollen Sie sich nicht verschließen, nur weil das nie so gemacht wurde und auch im Bereich Marketing können Sie nicht nein sagen zu sozialen Netzwerken und Online-Promotions.

Leidenschaft ist das Feuer, das uns antreibt. So wichtig die Leidenschaft in einer Partnerschaft ist, genau so wichtig ist diese auch im Berufsleben. Sie müssen für Ihre Arbeit brennen und mit Körper, Geist und Seele dahinter stehen. Sie können keine Sommerkleider der neuen Kollektion verkaufen, wenn Sie sich damit nicht identifizieren können. Zeigen Sie Körpereinsatz und lassen Sie auch alle anderen spüren, wie überzeugt Sie von Ihren Produkten sind. Nur so können Sie andere mitreißen und motivieren.

Sorgfalt ist ebenfalls ein Punkt, der sehr wichtig ist, wenn Sie erfolgreich sein möchten. Niemand möchte, dass im Büro geschludert wird. An der Rezeption können Sie nicht einfach Termine vergessen, weil Sie diese nur nebenbei auf einen Zettel geschrieben haben und in der Buchhaltung können diese kleinen Fehler schnell sehr kostspielig werden. Sorgfalt ist ebenfalls im Beruf und im Privaten wichtig. Der Haushalt lässt sich erfolgreich führen, wenn Sie sorgfältig das Haushaltsbuch führen und so den Überblick niemals verlieren.

Die guten Manieren sind ebenfalls in allen Lebenslagen wichtig, vielleicht im Berufsleben noch mehr, doch auch im Zwischenmenschlichen wird heute wieder mehr Wert auf gute Manieren gelegt. Rüpelhaftes Verhalten ist out und das Gehabe und der Slang der Gosse wirken wenig attraktiv. Manieren bedeutet jedoch nicht nur für Männer, den Damen die Türe aufzuhalten oder den Stuhl zurecht zu rücken. Manieren umfassen viel mehr. Es ist das Tischverhalten beim gemeinsamen Lunch oder die Umgangsformen, auch wenn Sie auf der Firmenfeier zwei Gläser Champagner getrunken haben. Manieren bedeutet nicht zu tratschen und zu lästern. Manieren bedeuten höfliche Umgangsformen zu verwenden und mit „bitte, danke, sehr gerne und guten Morgen“ nicht sparsam umzugehen. Ein Angestellter mit schlechten Manieren wird es in nur sehr seltenen Fällen zur rechten Hand der Chefetage zu werden und auch in allen anderen Berufen werden Mitarbeiter mit miserablen Umgangsformen eher versteckt. Privat machen Sie sich ebenfalls eher Freunde, wenn Sie höflich sind, eine gepflegte Sprache führen und mit Charme und nicht mit Rüpelhaftigkeit und Aggressionen auf sich aufmerksam machen.

Pünktlichkeit ist die Höflichkeit der Könige und Sie sollten sich nie unter diesem Wert verkaufen. Das bedeutet: Pünktlichkeit ist wichtig. Wer andauernd zu spät kommt ist nicht nur unzuverlässig, sonder zeichnet auch von sich selbst ein schlechtes Bild. Es geht einfach nicht, zum Meeting zu spät zu kommen, und auch den laden können Sie nicht einfach zu einer Zeit aufschließen, die Ihnen gerade in den Sinn kommt. Wenn Sie einen Termin vereinbaren, dann erwarten Sie von Ihrem Gegenüber doch auch Pünktlichkeit. Mit demselben Respekt sollten Sie deshalb auch allen anderen entgegen kommen.

Engagement hat viel mit dem eigenen Feuer zu tun. Doch auch wenn Sie nicht unbedingt für diese Aufgabe brennen, Sie muss dennoch mit demselben Feuereifer erledigt werden. Sicher ist es spannender, filigrane Vorspeisen zu zaubern, als stundenlang Kartoffel zu schälen, aber auch diese Aufgabe muss erledigt werden. Wenn jemand im Betrieb ausfällt und kein Ersatz vorhanden ist, dann müssen diese Aufgaben von allen anderen übernommen werden. Hier können Sie Engagement zeigen und auch niedrigere Posten mit Freude ausführen. Engagement zeigen Sie, wenn Sie auch mit neuen Ideen und Vorschlägen ankommen und sich nicht unter dem Tisch verstecken, wenn es darum geht, Aufgaben zu verteilen oder die individuellen Meinungen abzufragen.

Integrität, viele wissen nicht einmal was das bedeutet und dementsprechend wird häufig auch gehandelt. Integrität bedeutet ehrlich, aufrichtig und unbestechlich zu sein, und dem Freund von heute nicht morgen schon einen Dolch von hinten in den Rücken zu rammen. Integrität bedeutet jedoch auch, die eigenen Wertvorstellungen mit Überzeugung zu leben und immer echt aufzutreten. Integrität versteht sich auch als diese Aufrichtigkeit, die uns echt auftreten lässt. Sie sollen sich nicht verstellen, sondern Ihr wahres Gesicht zeigen. Wer ehrlich ist, hat auch keine Veranlassung dazu, sich zu verstellen und anderen etwas vorzuspielen.

Zuverlässigkeit ist Paket, welches die meisten oben genannten Eigenschaften vereint. Wer unpünktlich ist, wird nie Verantwortung erhalten und wer keine Manieren vorzuweisen hat, dem wird man auch nicht die Präsentation der Firma übertragen. Nur wenn man sich auf Sie in allen Lagen verlassen kann, dann wird man Ihnen auch in ebenso allen Lagen vertrauen. Dies stärkt das Selbstbewusstsein und Sie erkennen, dass sich die harte Arbeit gelohnt hat.

Schreiben Sie nun alle Punkte auf und bewerten Sie sich offen und ehrlich im Schulnoten-System. Überlegen Sie, wo und wie Sie manche Punkte verbessern können. Natürlich kosten manche mehr Selbstdisziplin als andere, gerade wenn Sie vielleicht eher zur legeren Gruppe zählen, die morgens gerne Gleitschicht einführen würden und prinzipiell 15 Minuten zu spät kommen. Doch alles lässt sich mit etwas guten Willen und Disziplin umsetzen.

Harte Arbeit lohnt sich jedoch auch wegen der Ernte. Und als Ernte sollten Sie jedes kleine Lob und jede Anerkennung sehen. Bewundern Sie nicht auch Menschen, die es mit eigenen Händen, viel Schweiß und Spucke an die Spitze gebracht haben? Sind nicht die sogenannten Selfmade Millionäre beeindruckend und lesen wir nicht gerne Erfolgsgeschichten in welchen es Jugendliche aus schlechtem Hause geschafft haben, ein Studium abzuschließen und diese sich nun als erfolgreiche Broker oder Geschäftsfrauen präsentieren? Möchten Sie nicht auch dazugehören und bewundert werden? bewundert dafür, was Sie selbst geleistet haben?

Es imponiert doch viel mehr, wenn Sie jemanden kennen lernen, der sich mit eigener harter Arbeit die Wohnung gekauft hat, als wenn dieselbe Person die Wohnung mit dem Geld der reichen Eltern erstanden hat. Viele werden nun sagen, hm, Reichtum ist Reichtum, doch das ist sehr materialistisch und oberflächlich. Erinnern Sie sich doch zurück, wie stolz Sie waren, als Sie sich zum ersten Mal im leben vom eigenen und selbst verdienten Geld etwas kaufen konnten. Diese Dinge wurden auch wie Augäpfel behütet und viele hängen noch heute an dem ersten selbst gekauften Buch oder an der ersten eigen erworbenen Jeans.

Wenn Sie andere beobachten, die durch harte Arbeit erfolgreich wurden, was fühlen Sie dabei? Ist es Neid, Eifersucht und Missgunst? Oder kommt in Ihnen das Gefühl auf, dass Sie dies doch auch erreichen könnten? Lassen Sie keine negativen Gefühle zu. Neid bremst Sie nur. Sehen Sie dies jedoch als Ansporn und geben Sie Ihr bestes. Jeder kann erfolgreich werden, Sie müssen nur diszipliniert daran arbeiten.

Sind Sie mit enormem Talent und hoher Intelligenz gesegnet, so fällt natürlich alles leichter. Doch hier kommt meist eine Stolperfalle auf. Gerade besonders talentierte Menschen neigen häufig dazu, sich auf den eigenen Lorbeeren auszuruhen. Das bedeutet, dass Sie niemals aufhören sollten an sich zu arbeiten, egal wie clever und wie talentiert Sie auch sind. Ruhen Sie sich nicht zu lange aus und überlegen Sie auch nicht zu lange. Wie es in einem alten

Sprichwort heißt, stürmen die dummen aber hart arbeitenden Menschen die Burg, während die cleveren und talentierten Menschen noch überlegen.

Zudem ist es so, dass niemand absolut talentfrei ist. Freilich wurde nicht jeder mit einer Engelsstimme gesegnet, hat die Voraussetzungen Ballett-Tänzerin zu werden oder ist für den Spitzensport geeignet. Doch irgend ein Talent schlummert in jedem. Es liegt nur an Ihnen, diese Talent zu erkennen und dementsprechend zu fördern. Es bringt nichts wenn Sie im Alter jammern, dass Sie ein begnadeter Maler hätten werden können. Wenn Sie nicht selbst zu Pinsel, Farbe und Papier greifen und Ihre Kunst verewigen, dann wird niemand Ihr Talent erkennen.

Überlegen Sie nun, wo Ihre besonderen Talente liegen. nehmen Sie den zettel zur Hand und schreiben Sie mindesten fünf Talente aus, die in Ihnen schlummern. Ja, es müssen fünf sein. Sind Sie gut in technischen Dingen, beherrschen Sie ein Instrument, können Sie exzellent backen, kochen, fotografieren, malen, schreiben oder singen? Sind Sie gut im Umgang mit Tieren oder haben Sie eine besonders ausgeprägte soziale Ader? Diese Talente müssen auch nichts mit Ihrem jetzigen Betätigungsfeld zu tun haben.

Versuchen Sie nun eines dieser Talente zu finden, welches Sie auch mit einer Ernsthaftigkeit verfolgen möchten. Womit können Sie erfolgreich werden? Erfolgreich bedeutet nicht unbedingt, dass Sie damit das große Geld machen. Das kann sein, steht jedoch nicht im Vordergrund. Erfolgreich kann auch bedeuten, dass Sie sich rundum glücklich fühlen, weil Sie einer der besten im Chor werden und bald ein Solo erhalten, oder weil Sie nach wenigen Besuchen der Star im Kochclub sind. Sie können Erfolge mit einem Roman oder Gedichtband feiern, oder auch durch premierte Fotos. Wichtig ist nur, dass Sie Ihr Talent erkennen, fördern und verfolgen. Dazu ist, Sie wissen es, Selbstdisziplin nötig.

Lassen Sie sich auch nicht so schnell aus der Bahn werfen. Auch hier können Sie immer wieder Rückschläge erleiden und müssen mit der ein oder anderen Niederlage rechnen. Vielleicht nimmt nicht der erste Verlag Ihr Manuskript an und Sie müssen es an zehn verschiedene Verlage senden. Eventuelle will die Galerie nur eines Ihrer 10 Bilder veröffentlichen oder Sie kommen nicht sofort als erste Klarinette in der Kapelle zu spielen. Doch damit müssen Sie lernen umzugehen.

Diese Niederlagen sollen Sie jedoch nicht aufhalten, sondern anspornen, noch mehr zu tun und noch härter zu arbeiten. Sehen Sie jeden Rückschlag als konstruktive Kritik. Nur wenn Sie wissen, was Sie verbessern können, kann auch hart daran gearbeitet werden. Sind Sie beim Vorstellungsgespräch am Übersetzen aus dem Englischen gescheitert, so wissen Sie, was Sie verbessern müssen.

Machen Sie nicht den Fehler und ziehen Sie sich nicht zurück, wenn etwas misslingt. Gehen Sie auch weiter Risikos ein, denn nur so können Sie auf Dauer gewinnen. Ohne Einsatz kein Gewinn, das ist nicht nur in der Lotterie so. Wenn Sie nur zu Hause für sich singen, wird niemand entdecken, wie gut Sie sind. Ob Karaoke, Probe mit einer Band oder Youtube Videos, Sie haben so viele Möglichkeiten Ihre Talente zu zeigen - nutzen Sie diese auch.

Sie werden rasch merken, dass andere auf Sie aufmerksam werden, wenn Sie hart arbeiten. So bekommen Sie Gleichgesinnte oder auch Mentoren. Auf dem Weg zu mehr Erfolg ist es nie schlecht, in einem breit gefächerten Netzwerk zu arbeiten. Lassen Sie dies zu. Zudem arbeitet es sich in der Gruppe häufig viel einfacher und Sie können sich gegenseitig motivieren und inspirieren. Auch Neider werden Ihnen auf diesem Weg begegnen. Nehmen Sie den Neid als Kompliment an und lassen Sie auf keinen Fall die negative Energie an sich ran. Neid kommt nur dann, wenn Sie etwas vermeintlich besser können oder meistern als andere. Sie tragen jedoch keine Schuld daran, dass sich andere weniger schnell oder effektiv entwickeln. Sie können nichts für die Unzulänglichkeit anderer und sind auch nicht dafür verantwortlich, ob diese sich gut oder schlecht fühlen. Sie selbst arbeiten hart an Ihrer Selbstdisziplin, und Sie arbeiten wirklich hart. Daher können Sie auch mit ruhigem Gewissen Ihren Erfolg genießen, und dass zum Erfolg Neider gehören, das liegt leider in der Natur der Menschen.

DURCHHALTEN, ABER WIE?

ES WÄRE ALLES SO einfach, wenn da nicht immer Verführungen lauern würden. Wie oft haben Sie sich vorgenommen, beim Fernsehen keine Chips oder Schokolade zu essen, und doch wird bereits morgen zum großen Greys Anatomy Special die Chipspackung aufgerissen. Dabei hatten Sie doch extra Staudensellerie, Möhren und Kohlrabi eingekauft und auch für einen leckeren Dip aus Joghurt und Knoblauch gesorgt. Leider ist es so, dass sich die Chipspackung schneller öffnen lässt, als das Gemüse geschnitten ist. Sie hatten einen langen Tag, sinken erschöpft auf die Couch, schalten den TV ein und wenn sich der kleine Appetit meldet, dann muss schnell etwas zur Hand sein. Zum Gemüse schneiden haben Sie jetzt keine Energie mehr. Wenn doch die Gemüse-Sticks schon fix fertig im Kühlschrank warten würden, ja dann wäre es wohl kein Problem. Sie haben also die Ursache für das Scheitern erkannt und können nun auch dagegen vorgehen. Morgens stecken Sie noch voll Energie und haben im Handumdrehen das Gemüse zu Sticks verarbeitet. Diese packen Sie nun in einer Tupper-Box in den Kühlschrank, so sind sie auch am Abend noch knackig frisch. Einige Sticks können Sie sich auch mit zur Arbeit nehmen. Auch dort sind die Sticks gesünder als der Schinken-Käse-Toast aus der Kantine oder der Döner. Bereiten Sie auch morgens bereits den Dip zu. Abends brauchen Sie nur mehr die Box öffnen, auf den Tisch stellen und schon ist alles gut. Sie kommen garantiert nicht auf den Gedanken, die Chipstüte zu öffnen oder eine Tafel Schokolade anzubeißen. Vorbereitung und Planung sind hier die Zauberworte. Es darf natürlich nicht nur bei dieser einen Vorbereitung bleiben. Das müssen Sie nun durchziehen. Außer Gemüsesticks finden Sie sicher noch viele andere leckere Rezepte, die sich als gesunde Nahrung für den Fernsehabend eignen. Ob kleine Salat-Wraps, im Ofen gebackene Chips aus Grünkohl und Wirsing oder Cherrytomaten mit Kichererbsen-Aufstrich, erlaubt ist alles was gesund und leicht ist. Wenn Sie dies eine gewisse Zeit durchgezogen haben, dann haben Sie plötzlich abends auch absolut kein Verlangen mehr nach ungesundem Junk Food und auch wenn Sie nichts vorbereitet haben, würden Sie niemals mehr zu Chips, Snips und Co greifen. Dies ist nur ein Beispiel dafür, dass sich Selbstdisziplin lohnt und es nicht so schwierig ist durchzuhalten.

Wichtig ist, dass Sie sich selbst immer motivieren. Und noch wichtiger ist, dass Sie von Ihrem Vorhaben absolut überzeugt sind. Das bedeutet, falls Sie wieder einmal gescheitert sind, gehen Sie zurück zum Anfang dieses Buches. Machen Sie noch einmal die Übungen durch, wie Sie Ihr Ziel finden und hinterfragen. Nur wenn ein starkes Motiv dahinter steht, kann es auch gelingen.

Vergessen Sie nie, dass Sie sich das Ziel in den schönsten Farben und Bildern ausmalen. Ob es das neue Auto ist, dass Sie sich von der Gehaltserhöhung kaufen können, sobald Sie den Kurs abgeschlossen haben oder ob es das tolle Strandoutfit ist, in das Sie im Sommer passen möchten - Sie müssen alles deutlich in Bildern sehen.

Sie müssen auch vom Sinn Ihres Vorhabens überzeugt sein. Es bringt überhaupt nichts, wenn Sie sich vornehmen Vegetarier zu werden und genau wissen, dass Ihnen fleischloses Essen absolut nicht schmeckt.

Überlegen Sie schon vor Beginn Ihres Vorhabens, welche Hürden auf Sie zukommen könnten. So sind Sie am besten gewappnet und können rechtzeitig reagieren. Wer zum Rauchen aufhören möchte wird wissen, in welchen Situationen die Lust auf den Glimmstengel am größten ist. Überlegen Sie, in welchen Situationen Sie automatisch immer zur Zigarette greifen. Dies werden auch in Zukunft die Momente sein, die Sie am Durchhalten hindern wollen. Ist es der Kaffee nach der Arbeit? Dann trinken Sie in Zukunft Tee und versuchen so, den Automatismus auszuschalten. Ist es beim Telefonieren mit der Freundin? Dann legen Sie sich schon vor dem Telefonat zuckerfreie Bonbons oder Kaugummi zurecht. Ist es der Moment, an dem Sie sich abends gemütlich ein Bier aufmachen? Dann streichen Sie das Bier ebenfalls und trinken Sie Wasser. Das mag anfangs doppelt so hart, aber sehr effektiv sein.

Und wenn ein Rückschlag passiert, Sie zur Zigarette greifen oder der Schokolade nicht widerstehen können, dann sehen Sie dies als Malheur, das unweigerlich passieren muss. Nehmen Sie dies jedoch nicht als endgültiges Zeichen dafür, wieder aufgeben zu müssen sondern sagen Sie sich: „Jetzt erst recht!"

Zum Durchhalten gehören auch die Belohnungen. Wenn Sie eine Woche nicht geraucht haben, belohnen Sie sich doch mit einem Besuch im Spaßbad, im Kino oder mit einer Party Bowling mit Freunden. Wählen Sie die Orte aber clever aus. Es sollten absolute Nichtraucher-Locations sein. Man muss sich ja nicht zusätzlich quälen.

Belohnen Sie sich mit einem schönen Schaumbad oder einem Saunabesuch, wenn Sie sich brav an Ihren Ernährungsplan gehalten haben und laden Sie sich selbst zum Chinesen ein, wenn Sie eine Woche erfolgreich Ihren Kurs absolviert haben. Dies muss nach dem Wenn-Dann-Prinzip funktionieren. Wenn Sie jetzt ordentlich durchhalten, dann gibt es später eine Belohnung.

Ebenfalls leichter durchhalten lässt uns ein strukturierter Tagesablauf. Das bedeutet, Sie erstellen Sich einen detaillierten Plan, vom Aufstehen bis zum zu Bett gehen. Dieser Plan darf keine Lücken enthalten. So kommen nach dem Frühstück, duschen und dem Arbeitsweg die Arbeit, die Mittagspause, die Sie genau planen, der Weg nach Hause und jede einzelne Stunde des Tages. Halten Sie sich auch unbedingt an diesen Plan. Greifen Sie zum Buch, wenn Sie eine halbe Stunde lesen geplant haben und setzen Sie sich mit einem Eiskaffee auf den Balkon, wenn dies in Ihrem Tagesplan notiert ist. Hängen Sie den Plan gut sichtbar auf und haken Sie alle erledigten Aufgaben grün ab. Falls etwas schief gelaufen ist, markieren Sie dies mit einem roten Kreuz. Am Ende der Woche wäre es gut, wenn Sie so wenig rote Kreuze als möglich zählen müssen. Die vorhandenen roten Kreuze geben Ihnen nun wieder die Aufgabe nachzudenken, warum es nicht geklappt hat. Auch wenn ein Wochenplan etwas aufwendig ist, dieser ist eine enorme Unterstützung beim Durchhalten.

Noch wichtiger ist, dass Sie an allem was Sie geplant und sich vorgenommen haben Spaß haben. Das klingt jetzt natürlich absurd, gerade wenn Sie zum Rauchen aufhören wollen oder sich auf Diät gesetzt haben. Doch der Spaß liegt im Detail. Spaß macht es, dass die Wohnung besser riecht, die Wände nicht so schnell vergilben und Sie plötzlich alles besser riechen können und freier atmen. Bei einer Diät macht jedes verlorene Kilo Spaß und Sie freuen sich auf die neuen Klamotten und darauf, auch wieder mühelos den Berg hoch marschieren zu können. Bei einer Ausbildung, einem Kurs macht es Spaß jeden Tag etwas neues zu lernen. Sie müssen nur ganz genau hinsehen und die täglichen Vorteile erkennen.

Sie müssen sich auch täglich vor Augen halten, wie wichtig dieses Ziel für Sie ist. Erinnerns Sie sich auch täglich daran, dass es nicht aus Jux und Tollerei geschieht. Sie hören zu Rauchen auf, weil es Ihrer Lunge besser tut. Sie nehmen ab, weil Sie so die Risiken für Herzinfarkt und Bluthochdruck mindern und Sie gerne auch noch mit den Enkelkindern spielen wollen. Sie machen die Ausbildung, um sich später ein besseres Leben leisten zu können und Sie halten sich an den Haushaltsplan, um aus der Schuldenfalle zu kommen. Es ist immer die Aussicht auf ein besseres, gesünderes Leben und mehr Lebensqualität, die Sie zum Durchhalten animiert. Halten Sie sich immer vor Augen, dass Sie nur mit Selbstdisziplin dies alles erreichen können, und dass es einzig und alleine in Ihrer Hand liegt. Sie alleine sind verantwortlich für das Gelingen oder das Scheitern aller Aktionen.

Was sind intelligente Ziele?

Ein wichtiger Punkt, damit Sie auch durchhalten sind sogenannte intelligente Ziele. Auch hier ist die Voraussetzung, dass Sie sich Ziele setzen und sich anschließend damit auch auseinander setzen. Wenn Sie abnehmen möchten, muss die perfekte Diät gefunden werden. Es ist nicht sinnvoll, eine Eierdiät zu starten, wenn Sie keine Eier mögen, oder Low-Carb zu praktizieren, wenn Sie ohne Kohlenhydrate nicht existieren können.

Der häufigste Fehler wird beim Sport gemacht. Sie entscheiden sich vielleicht fürs Laufen, weil das gerade modern ist, oder schreiben sich im Fitness-Center ein, weil dort die Marketing Strategie perfekt gegriffen hat. Bevor Sie sich jedoch für eine Sportart entscheiden, sollten Sie einen Check-up beim Arzt durchführen lassen. Es bringt nichts, teure Laufausrüstung zu kaufen, nur um eine Woche später festzustellen, dass die Knie dabei nicht mitmachen. Erst wenn körperliche Defizite ausgeschlossen sind, können Sie sich für eine Sportart entscheiden. Diese soll natürlich Spaß machen, sich aber auch in den Alltag integrieren lassen. Es muss eine Sportart sein, die Sie auch wirklich regelmäßig durchführen können. Klettern ist unmöglich, wenn Sie nur einmal im Monat die Möglichkeit haben, eine Bolderwand zu besuchen. Recherchieren Sie im Vorfeld, damit Sie nicht an bösen Überraschungen scheitern.

Feiern Sie sich selbst

Sie brauchen Lob und Anerkennung, zwischendurch, einfach um besser durchzuhalten. Belohnen Sie sich, seien Sie stolz auf sich und transportieren Sie dies auch nach außen. Es darf die ganze Welt wissen, dass Sie an Ihren Zielen und Träumen arbeiten und dass Sie so enorm selbstdiszipliniert sind.

Spüren Sie, dass sich nun etwas Gravierendes in Ihrem Leben ändert. Lernen Sie, dieses neue Lebensgefühl zu präsentieren. Das kann sich in einem absolut neuen Körpergefühl äußern. Verstecken Sie sich nicht länger. Reden Sie mit und lassen Sie Ihrer Meinung freien Lauf. Kommen Sie aus dem Schatten hervor und zeigen Sie sich im Rampenlicht.

Wenn Sie zu den schüchternen Menschen zählen, so kann es manchmal schwer sein, die Euphorie für Ihre Ziele vor anderen Menschen zu zeigen. Hier bringt die Digitalisierung eine große Erleichterung. Legen Sie sich ein Profil bei Facebook oder Instagram an und feiern Sie dort Ihre Erfolge. Posten Sie Bilder, auf welchen Sie sich stolz und voll Freude zeigen. Halten Sie Ihre Erfolge beim Abnehmen fest. Dadurch machen Sie auch anderen Mut und erhalten zusätzlich Motivation und Zuspruch.

Posten Sie Bilder von Ihrer Laufstrecke, Ihren verschiedenen Aerobic Kursen oder Ihren Yoga Übungen. Vielleicht finden Sie so Verbündete und Sie können sich fachmännisch austauschen. Erfahren Sie so von neuen Meditations-Übungen oder tauschen Sie sich über die optimale Musik für den nächsten Marathon aus.

Erzählen Sie anderen stolz, dass Sie gerade die dritte Prüfung erfolgreich abgelegt haben und schon bald in die Geschäftsleitung aufsteigen können. Stoßen Sie mit Freunden darauf an und tanzen Sie vor Freude. Schwärmen Sie davon, wie gut es tut, nicht mehr zu rauchen, viel Sport zu machen oder jede Woche etwas weniger zu wiegen.

Freilich sollten Sie nicht pausenlos damit angeben und Sie sollten auch so viel Feingefühl haben, wann es genug ist. Doch lassen Sie sich nicht einschüchtern, wenn andere nur mit den Schultern zucken und fragen, was denn großes dabei ist. Erklären Sie, dass es für Sie viel Mut und Selbstdisziplin bedeutet, diese kleinen Schritte erreicht zu haben. Geben Sie ruhig zu, wie sehr Sie dafür gekämpft haben und wie schwer immer noch der tägliche Kampf ist. Lassen Sie sich auch nicht beeindrucken, wenn andere dasselbe Ziel schneller erreichen. Jeder Mensch ist individuelle und ein Unikat. Das Tempo der anderen hat nichts damit zu tun, dass Sie Ihre Sache vielleicht schlechter machen. Es ist lediglich Ihr eigenes Tempo, mit dem Sie Ihre eigenen Ziele verfolgen. Andere verfolgen deren Ziele und Sie verfolgen Ihres.

AUSREDEN UND LEBENSLÜGEN

AUSREDEN, DIESE SIND ALLEN von uns nur zu bekannt und zu gerne werden Ausreden in allen Lebenslagen verwendet. Wir sind nie verlegen um eine Ausrede, warum wir die eine oder andere Aufgabe nicht erledigen können, oder warum irgendetwas schief gelaufen ist. Egal ob im Beruf oder im Privatleben, Ausreden begleiten uns den ganzen Tag. Wenn Sie nun ehrlich darüber nachdenken, es ist eigentlich traurig, oder?

Warum benutzen wir so viele Ausreden? Sind wir zu bequem oder zu feige geworden, oder haben sich ausreden bereits so automatisiert, dass sie ohne nachzudenken über unsere Lippen huschen? Nehmen Sie sich nun die Zeit und gehen Sie der Sache auf den Grunde. Garantiert werden Sie erschüttert sein.

Dazu nehmen Sie wieder ein Blatt Papier und einen Stift, oder Ihr eigens angelegtes Büchlein zur Hand. Dies machen Sie am besten abends und lassen den gesamten Tag Revue passieren. Schreiben Sie nun alle kleinen und großen Ausreden auf, die Sie am heutigen Tag verwendet haben. Auf den ersten Blick werden Sie jetzt vielleicht sagen: „Ich habe keine einzige Ausrede verwendet". Das ist jedoch beinahe ein Ding der Unmöglichkeit, außer Sie haben Ihr Denken und Handeln bereits erfolgreich umgestellt. Dennoch wollen wir nun in vielen Beispielen die Situationen während eines Tages durchgehen, in welchen wir diese Ausreden nur zu gerne verwenden - und wahrscheinlich auch nicht einmal bemerken.

Es beginnt bereits beim ersten Weckerläuten. Sie haben den Wecker extra eine Stunde eher gestellt, damit Sie noch gemütlich Ihr morgendliches Training, Ihre Laufrunde oder die Wiederholung des Lernstoffes absolvieren können. Doch, ein kurzer Blick auf den Wecker, ein Grummeln und schon ist der Schlaf um eine weitere Stunde verlängert. Hier dienen die Ausreden wie, Muskelkater vom Vorabend, Vorhaben diesen Abend länger zu laufen oder zu trainieren oder Lernstoff sitzt bereits perfekt. Diese Überlegung dauert meist keine drei Sekunden und geht schon automatisch. Hier fehlt es eindeutig an Selbstdisziplin. Hierfür gibt es auch keinen Trick. Sie müssen einfach den inneren Schweinehund überwinden.

Doch schon beim Frühstück wartet die nächste Ausrede lachend auf uns. Eigentlich wollten Sie sich doch einen leckeren grünen Smoothie zum Frühstück zubereiten. Doch, ein Blick auf die Uhr und Sie greifen zur Packung Cerealien, schütten Milch in die Schüssel, einen Löffel Zucker und viele bunte Flocken und schon ist das Frühstück fertig. Was sind denn nun die Ausreden, warum es mit dem Smoothie nicht geklappt hat - wieder einmal? Natürlich der Zeitfaktor, weil es ja so lange dauert, die Kiwi zu schälen und zusammen mit dem Apfel, dem Kohl, dem Spargel und dem Ingwer und etwas Tee in den Smoothie Maker zu werfen. Wenn Sie aber ganz ehrlich wären und interessehalber die Zubereitung beider Frühstücks-Arten abstoppen würden, dann käme kaum ein Zeitunterschied heraus.

Die nächste Ausrede ist die Mehrarbeit beim Spülen. Doch, Sie spülen kurz die Schüssel der Cerealien ab und stellen diese in den Geschirrspüler, ebenso geht es mit dem Aufsatz des Smoothie Makers. Selber Aufwand, selbe Arbeit, selbe Zeit. In Wahrheit ist es so, dass Sie einfach keine Lust auf Gesundes haben, und es sich aber nicht eingestehen wollen. Es sieht besser aus und ist auch fürs schlechte Gewissen idealer, wenn nicht die Unlust, sondern ein anderer Faktor für dieses Versagen verantwortlich ist. Genau darum geht es nämlich bei den Ausreden in Wahrheit. Sie sollen unser Gewissen beruhigen und als Entschuldigung fungieren, immer dort, wo unsere Selbstdisziplin wieder versagt hat.

Weiter geht es zur Arbeit. Sie haben sich vorgenommen, in Zukunft mehr auf den eigenen ökologischen Fußabdruck zu achten. Zur Auswahl stehen Fahrrad, zu Fuß gehen, Bus oder Bahn. Zum gehen sind Sie zu spät dran, fürs Fahrrad ist es zu kühl, die Bahn ist zu überfüllt und der Bus ist gerade vor Ihrer Nase abgefahren. Auch hier gibt es zig Ausreden, die Sie wieder zum Autoschlüssel greifen lassen und schwupp sitzen Sie auch schon in Ihrem gemütlichen Gefährt. Beim ersten Stau und der langen roten Ampelphase ärgern Sie sich zwar wieder, haben die besten Vorsätze für den nächsten Tag, doch auch da wird sich wieder dasselbe Schauspiel abspielen, wenn Sie Ihre Selbstdisziplin nicht besser unter Kontrolle bekommen.

Weiter geht es mit der Arbeit. Sie haben sich extra vorgenommen, achtsam, gleichmütig, selbstbewusst, freundlich und ausgeglichen zu sein. Doch, Sie betreten das Gebäude, zwängen sich noch gerade so in den Aufzug, und da steht sie, die Cruella de Ville der Firma, und blickt Sie von oben herab an. Sie spüren genau, was der Blick sagen will und die Frage: „Na, gestern wieder spät geworden?“ macht die Sache nicht besser. Sie spüren, wie es zu brodeln beginnt, verkneifen sich noch eine spitze Antwort, planen jedoch in Gedanken bereits, wie Sie der ungeliebten Kollegin eine Retourkutsche verpassen können. Als Ausrede haben Sie ein „Sie hat angefangen, oder ein ich wurde provoziert“ parat. Wenn Sie gleichmütig und selbstbewusst sind, prallt jedoch alles an Ihnen ab und Sie können mit einem freundlichen und aufrichtigen Lächeln antworten. Dies ist natürlich schwer und es gehört Selbstdisziplin dazu, sich nicht immer sofort rächen zu wollen. Für Ihren Körper, geist und Seele ist es jedoch besser. Atmen Sie tief durch, stellen Sie sich vor Sie lächeln Ihre beste Freundin an und zeigen Sie der verhassten Kollegin auf die schönste Art der Welt die Zähne.

Die Ausreden ziehen sich weiter durch den Tag wie ein roter Faden. Ob der ungesunde Lunch, weil der Fast-Food Laden näher oder billiger ist als das Bistro, welches gesunde Salate serviert, ob die vorgeschobene Arbeit, nur um nicht der Kollegin einen kleinen Gefallen tun zu müssen oder der wichtige private Termin, der Sie hindert Überstunden zu machen.

Ausreden sind nichts anderes als Lügen. Und lügen verpesten unseren Geist. Versuchen Sie also mit Nachdruck, diesen an die Pelle zu rücken. Die benötigte Selbstdisziplin ist in den meisten Fällen gar nicht so enorm. Oft ist es nur ein kleines bisschen Faulheit und Bequemlichkeit, die Sie überwinden müssen.

Diese Ausreden zeugen nicht nur von wenig Selbstdisziplin, mit manchen dieser Ausreden können Sie sogar Menschen ordentlich verletzen. Auch wenn diese Menschen nicht unbedingt die Lüge hinter den Ausreden entlarven, so kann es doch sehr verletzlich sein, dass Sie immer für alles andere mehr Zeit haben. Bei diesen Ausreden spricht man von sogenannten Lebenslügen.

Eine Lebenslüge ist mehr als nur eine Ausrede, sondern eine komplette Selbsttäuschung. Es handelt sich hier nicht mehr um ein kleines Flunkern oder Schwindeln und es kann in Folge, zu schwerwiegenden Konsequenzen kommen. Dabei ist es noch harmlos, wenn Sie stets eine Ausrede haben, sobald Sie Ihre Großmutter um einen besuch bittet. Doch auch hier sollten Sie etwas nachdenken und Ihre Bequemlichkeit überwinden. Auch wenn Sie sich dieselben Geschichten immer wieder anhören müssen, und wenn die alte Dame schon etwas sonderbar wird, diese Person war einst für Sie da, als Sie noch Brei spuckten und in die Windeln machten. Seien Sie so diszipliniert und geben Sie etwas von der Liebe und Dankbarkeit zurück.

Lebenslügen sind Lügen, die aus Bequemlichkeit, Angst, Profitsucht, Profiliersucht oder Feigheit geplant werden. Um sich von diesen Lebenslügen zu befreien gehört schon etwas mehr Mut und Selbstdisziplin als nur eine kleine Ausrede wieder gut zu machen. Das kann die Lüge beim Einstellungsgespräch sein, das Fälschen der Lebenslaufs, das Schwindeln über die finanzielle Situation beim Beginn einer neuen Partnerschaft oder das Vorspielen falscher Tatsachen in so vielen Bereichen des Lebens.

Ständig müssen Sie auf der Hut sein, dass diese Lebenslüge nicht aufgedeckt wird. Das zehrt nicht nur an den Nerven, sondern prägt auch Ihr gesamtes verhalten und Ihren Charakter. Es bedarf einer großen Portion Selbstdisziplin, sich diesen Lügen zu stellen. Voran natürlich Mut und Einsicht. Doch gerade diese Lebenslügen sollten Sie auflösen, um ein freies und selbstbestimmtes, glückliches leben zu führen. Denken Sie immer daran, eine Lüge zieht die nächste nach sich und bald sind Sie in einem dichten Dschungel verstrickt, aus dem Sie sich so schnell nicht mehr befreien können.

Doch wie gelingt es, dass Sie sich von eingefahrenen Lebenslügen befreien können? Zuerst müssen Sie für Sicherheit sorgen. Sie müssen selbstsicher werden und sich von Ängsten befreien. Sehen Sie der Wahrheit ins Gesicht und haben Sie keine Angst vor der Wahrheit. Spielen Sie die Worst-case Szenarien durch. Sie werden erkennen, dass die Wahrheit meist halb so schlimm ist, es dafür eine enorme Entlastung ist, wenn diese endlich ans Licht kommt.

Lernen Sie, nicht immer den einfachen und gemütlichen Weg zu gehen. Auch wenn die Wahrheit oft komplizierter ist und eine Lüge oder auch nur eine Ausrede handlicher wirken, auf Dauer sind Sie immer mit der Wahrheit besser bedient. Verabschieden Sie sich von dem Gedanken, dass die Wahrheit grausam ist. Suchen Sie sich Trost in harter Arbeit, in Zielen und in Erfolgen. Lügen sind kein tröstlicher Hafen.

Zeigen Sie sich selbstbewusst. Sie müssen sich für nichts schämen. Sie müssen keine schöne Welt kreieren in der Sie glänzen können. Wenn Sie sich zeigen so wie Se sind, aufrecht und ehrlich, so ist dies schön genug. Sie sind genug, so wie Sie sind.

Verleugnen Sie nicht länger, dass Sie etwas unternehmen müssen. Dass Sie aktiv sein sollen und Ausreden und Lügen alles nur verzögern, aber nicht endgültig lösen, sollten Sie nie vergessen.

Vergessen Sie auch nie, dass Sie kein Opfer sind, wenn Sie es nicht selbst zulassen. Niemand kann Sie provozieren, ärgern oder herausfordern, wenn Sie es nicht zulassen. Übernehmen Sie die Zügel Ihres Lebens und erkämpfen Sie sich die Kontrolle zurück. Verabschieden Sie sich von Schuldzuweisungen. Es ist natürlich bequem, nie an etwas Schuld zu sein, bringt Sie jedoch nicht voran. Denken Sie nur daran, wie mühsam es ist, wenn im Betrieb etwas schief gelaufen ist, und keiner will die Verantwortung dafür übernehmen. Der verlorene Schlüssel, den keiner gehabt hat, die zerbrochene Fensterscheibe, für die keiner verantwortlich ist und die falsche Abrechnung, die niemand gemacht haben will sind nur einige Beispiele dafür, wie Feigheit zu Aufruhr am Arbeitsplatz führt.

Wenn diese Situationen, eine oder mehrere, Ausreden oder Lebenslügen, immer noch häufig bei Ihnen vorkommen, dann wäre es am besten, Sie beginnen das Buch noch einmal von vorne zu lesen und versuchen alles auch umzusetzen. Denn auch bei der Selbstdisziplin ist es so, dass lesen und wissen alleine nicht reicht.

Lügen und Ausreden in den Medien - erkennen für mehr Selbstdisziplin

Immer wieder lesen wir diese bunten Magazine, die mehr oder weniger journalistisch oder wissenschaftlich abgehandelt werden. Wir lieben diese Geschichten und neuen Erkenntnisse und ganz besonders solche, die uns zusätzlich in unserer Bequemlichkeit und Faulheit unterstützen.

Immer wieder erfahren wir durch Umfragen und neuen Studien, dass Selbstdisziplin eigentlich gar nicht wichtig ist. Menschen ohne Disziplin sind glücklicher, diese Thesen lassen alle aufatmen, die sich gerne auf die faule Haut legen. Doch was steckt dahinter? Ist es nur eine Manipulation der breiten Masse, eine gute Marketing Strategie der Medien, weil die breite Masse mit komfortablen News besser erreicht werden kann? Sind solche Beiträge Online ein gieriges Einheimsen und Sammeln von Klicks? Meist werden von solchen Artikeln nur die Überschriften und vielleicht die ersten Absätze gelesen, weiter dringt kaum jemand vor. Doch das wäre so wichtig.

Nehmen Sie sich die Zeit und lesen Sie sich auch Artikel durch, die diese

Thematik behandeln. Und zwar von Anfang bis zum Schluss. Bald werden Sie dahinter kommen, dass auch hier am Ende des Tages alles auf Selbstdisziplin zurückzuführen ist. Bei der Recherche nach diesem Buch wurden vielleicht hunderte dieser Artikel gegen Selbstdisziplin gelesen und studiert. In 90 Prozent aller Artikel lief es darauf hinaus, den Menschen das Gefühl von weniger Zwang zu geben. Dies schafft man ganz einfach, indem die harten und oft sehr strikten Worte für unsere Tugenden einfach sanft umschrieben wurden. Statt Selbstdisziplin spricht man von dem Willen, etwas seinen Träumen und Wünschen nach zu verwirklichen. Sehen Sie jetzt ganz genau hin. Im Endeffekt handelt es sich hier genau um die eigentlich verteufelte Selbstdisziplin nebst den Anweisungen für die ersten Schritte, diese zu erreichen.

Auf diese Art können Sie alles im Leben umschreiben, damit es für unsere Ohren lieblicher oder einfacher klingt. Die Wahrheit ist und bleibt jedoch, dass Sie nur mit Disziplin, Ordnung, Aufrichtigkeit, Wahrheit, Willen und Stärke etwas erreichen können. Wie Sie es dabei gerne benennen, bleibt Ihnen selbst überlassen. Hauptsache ist, dass Sie auf einen geordneten und strukturierten Weg im leben finden.

VOM GLÜCK ÜBER VERÄNDERUNG

OB NUN MENSCHEN MIT viel Selbstdisziplin glücklicher sind, oder ob glückliche Menschen automatisch disziplinierter werden, das ist vielleicht auch ähnlich der berühmten Frage nach der Henne und dem Ei. Ein wichtiger Punkt, der Ihnen ebenfalls zu mehr Glück verhelfen kann ist die Veränderung. Auf diese wollen wir nun auch etwas intensiver eingehen. Da alles zusammenhängt und verbunden ist wie eine Blockchain, sollte man diese einzelnen Bausteine nicht außer acht lassen.

Doch zuerst sollten Sie für sich persönlich definieren, was Glück bedeutet. Natürlich ist Gesundheit ein großes Glück. Die Familie, Partner, Kinder, Beruf, Geld, Statussymbole und vieles mehr können hier auf der Liste landen. Schreiben Sie ruhig auf, was Glück für Sie bedeutet. Die Liste kann beliebig lange sein. Danach bewerten Sie wieder, wie sehr Sie dieses Glück jeweils schon erreicht haben. Punkte können Sie im Schulnotensystem vergeben. Wenn Sie im Bereich Liebe sehr glücklich sind, dann erhält Liebe eine Eins.

Nun wenden Sie sich jenen Punkten zu, die nicht so gut abgeschnitten haben. Dies sind jene Punkte bei welchen Sie die Veränderung zum Glück führen soll. Die erste Frage ist, warum sind Sie in diesem Bereich nicht so glücklich. Was wünschen Sie sich? Was läuft falsch?

Beginnen wir mit der Gesundheit. Dafür, dass Sie gesund sind und bleiben, können Sie eine Menge beitragen. Nur müssen Sie dazu vielleicht, oder sogar sicher, Ihre Lebensumstände ändern. Rauchen und trinken Sie? Dann wissen Sie auch schon, wo Sie zum Beispiel ansetzen können. Leiden Sie ständig unter Migräne? Lesen Sie sich zu diesem Thema ein. Es gibt unzählige natürliche Tipps und Tricks gegen diese Beschwerden. Ob grüne Äpfel, viel Frischluft oder der Verzicht auf spezielle Lebensmittel wie Parmesan und Rotwein können Sie einen Schritt in Richtung Genesung bringen. Sie müssen nur aktiv werden. Sie müssen erkennen, was Ihnen zum Glück fehlt und selbst etwas dafür tun. Beklagen Sie sich nicht ständig über Sodbrennen auf der einen Seite, wenn Sie auf der anderen Seite die Finger nicht von Schweinebraten und Co lassen können und nicht darauf achten wollen, sich basisch zu ernähren. Gerade im Bereich Gesundheit können Sie so viel mehr zum eigenen Glück beitragen, als nur regelmäßig den Arzt aufzusuchen. Seien Sie sich dessen bewusst, dass das Glück in Ihren Händen liegt. Sie müssen jedoch diese Hände auch benutzen.

Etwas komplizierter wird es schon, wenn Sie bei der Arbeit nicht wirklich glücklich sind. Hier müssen wir tiefer in die Materie hineinbohren. Was genau macht Sie unglücklich? Ist es das Gehalt? Sind es die Kollegen? Ist es der Aufgabenbereich? Fühlen Sie sich unter- oder überfordert oder macht dieser Job generell längst keinen Spaß mehr? Wenn Sie dies herausgefunden haben, sind Sie schon ein gutes Stück weiter. Viele jammern nur über den Job, wissen jedoch nicht konkret, was sie gerne verändern würden.

Gehaltsverhandlungen liegen in Ihrer Hand. Achten Sie darauf, dass Sie sich gut darauf vorbereiten, bevor Sie den Boss um ein Gespräch bitten. Haben Sie alle Fakten im Kopf und bringen Sie fundierte Gründe vor, warum Sie tatsächlich mehr verdienen sollten. Seien Sie während des gesamten Gesprächs diszipliniert, höflich und sachlich. Vergessen Sie nicht, Ihre Vorzüge zu betonen, bleiben Sie jedoch realistisch.

Sprechen Sie Probleme mit Kollegen direkt an. Suchen Sie dafür stets das Gespräch unter vier Augen. Sicher, es ist unbequem, ehrlich auf jemanden zuzugehen und Probleme anzusprechen, doch nur so lassen sich diese auch aus der Welt schaffen. Bemühen Sie sich um ein diszipliniertes Gespräch und erwähnen Sie jene Punkte, die Sie so stören, oder die für Sie unerträglich sind. Ob es der Tratsch ist, das schlampige Arbeiten oder der ungehobelte Ton - bringen Sie alles auf den Tisch und versuchen Sie alles zu klären. Oft wissen Kollegen nicht, wie nervend Ihre Geschichten sind, die Sie ungefragt jedem erzählen. Manche Menschen verwenden einfach einen ruppigen Ton, ohne sich bewusst zu sein, wie verletzend dies sein kann. Und eventuell wird es Ihnen die Kollegin danken, wenn Sie dank Ihnen ebenfalls mehr Disziplin lernt und es kehr wieder Ordnung ins Büro ein.

Sprechen Sie mit dem Chef über die Aufgabenverteilung. Zeigen Sie, dass Sie mehr können und dass Sie durchaus fähig sind, diese Mehraufgaben zu übernehmen. Doch auch hier ist es wichtig, dass Sie die Initiative übernehmen und sich beweisen. Es nutzt nichts, nur zu sagen, dass Sie nicht mehr nur niedrige Dienste verrichten wollen. Sie müssen zeigen, dass Sie auch mehr draufhaben. Hier zählen die Taten und nicht die Worte.

Doch auch wenn Sie heillos überfordert sind, müssen Sie dies ansprechen, sofern Sie es verändern möchten. Sagen Sie nein zu den vielen Überstunden, nein zu den Aufgaben, für die Ihnen die Ausbildung fehlt und nein zu den Kollegen, die ständig Ihren Papierkram bei Ihnen ablegen. Bitten Sie um eine dementsprechende Ausbildung, um der Arbeit gewachsen zu sein, und sprechen Sie das Thema weitere Teilzeitkraft bei Ihrem Boss an, um Sie selbst zu entlasten. Oder verlangen Sie eine angemessene Entlohnung.

Auf jeden Fall müssen Sie die Initiative ergreifen. Jammern Sie nicht über Chef und Job, ohne etwas zu unternehmen. Sie machen sich lächerlich vor all Ihren Freunden und Bekannten, wenn Sie jahrelang über Ihre ach so bescheidene Arbeit wüten, ohne etwas zu ändern. Wenn es wirklich so schlimm ist, unternehmen Sie etwas. Wenn Sie nichts unternehmen sind Sie entweder Masochist, dumm, oder sehen sich einfach gerne in der Opferrolle. Wenn Sie jedoch auf Dauer nur leiden, laufen Sie in Gefahr, richtig krank zu werden. Auch viele Probleme im Alltag ließen sich verhindern, wenn auf Arbeit alles passt. Gerne nimmt man die Unzufriedenheit vom Arbeitsplatz mit nach Hause. Darunter leiden dann alle anderen. Häufig werden sogar Aggressionen, die sich eigentlich gegen Job oder Chef wenden, auf den Partner projiziert. Dass dabei der Ärger vorprogrammiert ist, liegt auf der Hand.

Mit einer unglücklichen Beziehung verhält es sich ähnlich wie mit einer unpassenden Arbeitsstelle. Wer hier nicht die Initiative ergreift, geht über lang oder kurz unter. Es kann an so vielen Punkten hapern, und so viele Aspekte können Schatten auf eine ansonst perfekte Beziehung werfen. Es kann an den unterschiedlichsten Stellen zwicken. Sei es finanziell oder auf der erotischen Ebene. Aber auch Eifersucht, Kontrollzwang, Unordentlichkeit, Unehrlichkeit, Unzuverlässigkeit oder übermäßige Dominanz können zu massiven Problemen in der Partnerschaft führen. Zerlegen Sie nun Ihre Beziehung und Überlegen Sie, welche Punkte in der Partnerschaft Sie absolut glücklich machen, und wo Sie unzufrieden sind.

Es kostet Mur und Überwindung das Thema Finanzen anzusprechen. Häufig wird in Beziehungen dieses Thema gerne unter den Teppich geschoben. Einer der Partner ist für die Finanzen verantwortlich und verheimlicht oft bis zum bitteren Ende die tatsächliche Sachlage. Rechnungen werden versteckt, Anrufe der Bank nur heimlich angenommen und Ausreden für nicht abgebuchte Aufträge gesucht. Dabei sollten Sie gerade hier Ihrem Partner vertrauen. Es ist unmöglich, Geld zu sparen, wenn der Partner nicht weiß, dass dies unbedingt nötig wäre. Sie können den Gürtel noch so eng schnüren, wenn der Partner immer noch denkt, es sei alles Geld der Welt verfügbar. Legen Sie die Fakten auf den Tisch, besprechen Sie die Sachlage gemeinsam und planen Sie gemeinsam. Halten Sie sich gemeinsam an einen zusammen entwickelten Sparplan. Hier ist es wichtig, dass beide Partner mit Selbstdisziplin an die Sache heran gehen. Doch alles kann nur erreicht werden, wenn Sie das Thema offen und ehrlich ansprechen.

Es kann alles perfekt sein. Sie haben ein schönes Haus, führen eine liebevolle Beziehung und haben auch keine finanziellen Sorgen. Doch wenn es im Bett nicht klappt, dann nagt etwas an Ihrer Beziehung. Auch dieses Thema wird gerne tot geschwiegen. Vielen ist es peinlich, oder sie möchten keine schlafenden Hunde wecken. Doch worauf wollen Sie warten? Darauf, dass der Partner doch eines Tages nach Befriedigung außerhalb des heimischen Schlafzimmers sucht? Egal ob er oder sie keine Lust mehr auf Sex hat - das Thema muss besprochen werden. Sachlich und voller Liebe, jedoch konsequent, ernsthaft und respektvoll. Oft sind es nur Kleinigkeiten an denen es liegt. Diese können schnell beseitigt werden. Vielleicht sehnt sich die Partnerin einfach nur nach etwas mehr Zärtlichkeit und würde dann gerne auch wieder mit Ihnen schlafen. Vielleicht stecken auch Vorlieben dahinter, über die Sie vorher noch nie gesprochen haben. Manches Mal finden Sie vielleicht den Partner nicht mehr so attraktiv, weil er etwas zu dick geworden ist. Wenn dies die Ursache ist, dass das erotische Knistern erloschen ist, sollten Se das ebenfalls klären und gemeinsam an eine Veränderung denken. Nur wenn Sie sich zuhören und auch verstehen, können Sie so heikle Themen wie Sexualität rasch und unkompliziert besprechen und klären. Nur so kann es zu einer Veränderung kommen, die mehr Glück in Ihrem gemeinsamen Leben bedeutet.

Ist einer der beiden Partner extrem eifersüchtig, kann dies die Beziehung enorm belasten. Doch auch dieses Thema muss besprochen werden. Doch hier sollten Sie behutsam an die Sache heran gehen. Häufig ist es der Fall, dass Sie über Eifersucht sprechen, sobald es akut zu einem Zwischenfall gekommen ist. Dies ist jedoch eher kontraproduktiv, da zu viele Emotionen im Spiel sind und die Situation aufgeheizt ist. Es gehört viel Selbstdisziplin dazu, nicht auszuflippen, wenn der Partner schon wieder eifersüchtig das Verzeichnis im Telefon kontrolliert oder den Chat auf Facebook verfolgt. Ebenso viel Selbstdisziplin müssen eifersüchtige Menschen auch aufbringen dies nicht zu tun. Setzen Sie sich zusammen, reden Sie über alle Punkte, die Ihnen in den Sinn kommen. Warum versteckt ein Partner ständig sein Telefon? Warum telefoniert der eine Partner dem anderen ständig hinterher und verlangt für jede Minute der Abwesenheit ein bestätigtes Alibi? Woher kommt der Mangel an Vertrauen? Klären Sie dies und halten Sie sich in Zukunft mit viel Selbstdisziplin an die Lösungen, die Sie gemeinsam gefunden haben. Eine Beziehung verläuft viel entspannter, wenn niemand etwas vor dem anderen verstecken muss. Sie können viel glücklicher gemeinsam leben, wenn Sie nicht ständig ein schlechtes Gewissen haben, weil Sie Ihrem Partner schon wieder hinterher spioniert haben.

Eng mit Eifersucht ist auch der Kontrollzwang verbunden, geht jedoch darüber hinaus. Oft handelt es sich hier auch um einen Partner mit toxischer Selbstdisziplin, die sich in zwanghaftes Verhalten verwandelt hat. Sie müssen nicht ständig kontrollieren, ob der Partner auch wirklich den Deckel der Toilette geschlossen hat, oder genau 5 Minuten die Zähne bürstet. Viele leiden still unter diesem Kontrollzwang, bis es eines Tages nicht mehr geht und die Beziehung vermeintlich von heute auf morgen vor dem Scheitern steht. Kontrollzwang ist häufig eine Unsicherheit, die dadurch überspielt wird. Vielleicht ist Ihr Partner froh, wenn Sie dies endlich ansprechen und gemeinsam daran arbeiten. Auch wenn bei Diskussionen und Gesprächen dieser Art einige gespannte Tage zu erwarten sind, im Endeffekt aber läuft alles auf eine bessere Zeit hinaus.

Unordentlichkeit ist häufig ein Thema, das zwar lächerlich klein scheinen mag, die Betroffenen jedoch zur Weißglut bringen kann. Nur wenn Sie es nie ansprechen, dass Sie innerlich vor Zorn beben, wenn Sie tagtäglich die Käsesocken des geliebten Partners vom Boden aufheben und in den Wäschesack verfrachten, wird er es nie wissen. Der Partner macht dies in der Regel nicht extra oder in böser Absicht. Es ist ihm schlicht und endlich egal und meist hätte er auch kein Problem Ihre Socken am Boden zu sehen und zum Waschen in die Maschine zu stecken. Nur, wenn Sie hier den Mund nicht sofort aufmachen, dann kann diese Sache eskalieren und richtig schmutzig werden. Mit einem vernümftigen Gespräch kann aber das Verhalten des Partners geändert werden und diese Veränderung bringt das Glück zurück in die Beziehung.

Anders sieht es mit Themen wie Unehrlichkeit und Untreue aus. Egal auf welcher Seite Sie sich befinden, ob Sie der unehrliche und untreue Part oder der betrogene und belogene Partner sind, in einer Beziehung unter diesem Stern lässt es sich nicht glücklich leben. Sprechen Sie die Lügen an und überlegen Sie gemeinsam, ob diese sich verzeihen lassen. Auch wenn eine Beziehung dadurch endet, denken Sie immer daran dass ein Ende mit

Schrecken besser ist als ein Schrecken ohne Ende.

Das gesamte Leben ist Veränderung und nichts ist für die Ewigkeit in Stein gemeißelt. Auf dem Weg zum Glück müssen Sie diese Veränderung in Kauf nehmen. Und nur wenn Sie glücklich und ausgeglichen sind, können Sie selbstbewusst und selbstdiszipliniert leben. Sie müssen akzeptieren, dass Veränderung zur Entwicklung dazu gehört.

Es ist nicht gesagt, dass Sie für ewig am selben Ort leben, derselben Arbeit nachgehen und mit demselben Partner zusammen leben. Versuchen Sie die vielen Möglichkeiten, die sich bieten, aus den unterschiedlichsten Blickwinkeln sehen. Auch wenn Sie akut nichts ändern müssen oder wollen, so ist es doch wichtig zu verstehen, dass veränderung absolut normal und nichts tragisches ist.

Durch Veränderung machen Sie neue Erfahrungen, die Ihnen sonst verwährt geblieben wären. Diese neuen Erfahrungen geben Ihnen Kraft, Mut und Energie. Diese benötigen Sie um auch in Ihrer Selbstdisziplin gestärkt zu werden. Durch neue Erfahrungen wird Ihnen zusätzlich Freude geschenkt und Sie erfahren viele neue positive Dinge.

Veränderung zulassen und doch die eigene Mitte nicht verlieren

Bei aller Veränderung ist es jedoch wichtig, dass Sie sich selbst nicht verlieren. Vielleicht haben Sie das letzte Kapitel gelesen und sich gedacht: „Ja, das spricht mich total an, das mit der Veränderung passt perfekt zu meiner sprunghaften Art."

Doch genau dies ist mit Veränderung nicht gemeint. Es soll keine Animation dazu sein, die Meinung zu wechseln wie die Unterwäsche und sich im Wind zu drehen wie eine Fahne an der Ostsee. Das schaffen Sie jedoch nur, wenn Sie einen stabilen Charakter haben und selbstsicher sind. Es ist wichtig, dass Sie wissen, wer Sie sind und wo Sie im leben stehen. Dann macht es auch nichts, wenn Sie Ihren Lebensmittelpunkt von A nach Z verlagern, den Job wechseln und auch eine Veränderung in der Partnerschaft wirft Sie dann nicht aus der Bahn.

Veränderungen sollten Sie demnach auch nicht der Veränderung wegen durchziehen. Es sollten die eigenen Wünsche und Ziele sein, die Sie zu diesen Veränderungen motivieren. Wenn eine Veränderung entgegen Ihren Wünschen stattfindet, werden Sie schnell merken, dass alles sehr anstrengend und mühsam werden kann.

Für die Veränderungen sollten Sie auch immer einen wichtigen Aspekt miteinbeziehen. Wollen oder müssen Sie sich verändern? Vergessen Sie niemals, dass es Ihr Leben ist, um das es sich handelt. Daher sollten die Veränderungen auch von Ihnen aus gehen. Sonst kann es schnell vorkommen, dass Sie Ihr Leben nicht mehr selbst leben. Wenn Sie dann das Leben der anderen leben, werden Sie schnell bemerken, dass es unmöglich ist, irgendetwas mit Selbstdisziplin durchzuführen. Sie sind zum Spielball oder zur Marionette geworden und funktionieren anstatt zu handeln.

Veränderung 2.0 - der Wandel des Bewusstseins

Unser Bewusstsein ist es, das uns handeln lässt. Es ist verantwortlich, wie wir zu vielen Aspekten des Lebens stehen und wie wir die Umwelt wahrnehmen. Es ist verantwortlich für unsere Überzeugung und dadurch auch veränderbar.

Vor Jahren waren Sie vielleicht Allesesser und sind durch einige Recherchen, Dokumentationen und Erlebnisse zum Vegetarier oder Veganer geworden. Ihr Bewusstsein für eine gesunde Ernährung hat sich verändert. Das bedeutet jedoch nicht, dass Sie sich auf dem einzigen allgemein richtigen Weg befinden. Es ist lediglich der für Sie perfekte Weg.

Wenn sich Ihr Bewusstsein verändert, dann steht häufig eine Sehnsucht dahinter. Meist verspüren Sie eine Sehnsucht nach Harmonie, Frieden, Liebe und Glück. Sie versuchen, den inneren Frieden zu finden und fokussieren sich auf mehr Achtsamkeit. Sie handeln spontaner aus dem Herzen heraus und versuchen, andere Menschen nicht zu verletzen.

Durch die Bewusstseinsänderung erfahren Sie, was Ihnen noch zu Ihrem Glück fehlt. Vielleicht ist es genau die perfekte Situation, nun eine Weiterbildung zu beginnen, da Sie erkennen, die mangelnde Ausbildung war der Bremsklotz an Ihrem Bein. Sie übernehmen nun endlich Verantwortung für Ihr eigenes Leben und handeln endlich, anstatt immer nur inaktiv und passiv zu sein. Sie erkennen die wirklich wichtigen Dinge im Leben, die Sie weiter bringen. Sie lassen sich nicht mehr von Nebensächlichkeiten ablenken und richten die Aufmerksamkeit auf Ihre eigenen Prioritäten. Dadurch können

Sie eigene Visionen entwickeln und diese auch in Taten umsetzen.

PRAXIS-GUIDE FÜR EIN BESSERES SELBSTMANAGEMENT

BISHER HABEN WIR AUF dem Weg zu mehr Selbstdisziplin sämtliche Ebenen behandelt. Wir sind auf die Gefühlsebenen eingegangen und haben Ihnen auch für sämtliche Szenarien verschiedene Beispiele geboten. Wichtig ist dabei, dass Sie wirklich erkennen können, worauf es dabei ankommt und dass Sie sich in den einzelnen Szenen auch tatsächlich selbst erkennen. Zuletzt fehlen eigentlich nur mehr die kleinen Tipps und Tricks rund um das Thema Selbstmanagement. Mit diesem kleinen Praxisguide wird es Ihnen einfach gemacht, sich selbst zu kontrollieren und Selbstdisziplin und Selbstmanagement in Ihren Alltag zu integrieren.

Selbstmanagement bedeutet nichts anderes, als Ihr Leben in geordnete Bahnen zu lenken. Es ist eine Hilfe für Sie, die Zeit besser einzuteilen und Ziele dadurch schneller und effektiver zu erreichen. Viele Menschen verfallen in Depressionen oder schlittern ins Burn-out, da einfach diese Strukturen fehlen. Auch jedes Suchtverhalten ist auf mangelndes Selbstmanagement zurückzuführen.

Machen Sie nicht den Fehler und assoziieren Sie Selbstmanagement damit, noch mehr Aufgaben zu übernehmen. Selbstmanagement ist dazu da, Sie zu entlasten. Dazu ist es wichtig, dass Sie alle Dinge, die Sie zu erledigen haben aufschreiben. Ja, es stimmt schon, Se müssen zu Beginn wirklich viele Listen schreiben und Protokolle führen, doch das bedeutet nicht, dass Sie diese bis an Ihr Lebensende führen müssen. Mit der Zeit geht dies so in Fleisch und Blut über, dass vielleicht nur mehr Stichworte in Ihrem Kalender genügen. Viele aber führen diese Listen und Pläne konsequent immer. Einfach, weil Sie ein Stück Sicherheit verleihen.

Schreiben Sie alle Aufgaben des Tages auf. Beginnen Sie mit trivialen Dingen wie Frühstück, Sport und notieren Sie sämtliche Aufgaben, die Sie am Arbeitsplatz erwarten. Wichtig ist, dass Sie hier auch sofort die veranschlagte Dauer der einzelnen Aufgaben dazu notieren. Hier achten Sie darauf, dass Sie ausreichend Zeit einplanen.

Zwischen den einzelnen Aufgaben müssen zwingend immer Puffer eingetragen werden. Dies ist kein Leerlauf, sondern schützt Sie davor, von unvorhergesehenen Ereignissen überrascht und überfordert zu werden.

Kontrollieren Sie nun den Plan. Ist alles realistisch? Haben Sie auch de zeit richtig geplant? Spätestens jetzt erkennen Sie, warum Sie bis jetzt immer nur gestresst waren, denn für die Aufgaben müsste der Tag mindestens 30 Stunden haben. Nun beginnen Sie zu streichen. Fragen Sie sich, wie dringend die einzelnen Aufgaben wirklich sind. Welche können verschoben, oder sogar ersatzlos gestrichen werden?

Diese To-do Liste kostet Sie am Anfang etwas mehr Zeit. Sehen Sie diese Arbeit jedoch nicht als zusätzliche Bürde sondern setzen Sie sich ganz entspannt hin. Machen Sie Musik oder zünden Sie Duftkerzen an. Sorgen Sie für eine angenehme Atmosphäre. Das verfassen des Plans soll nicht eine zusätzliche Belastung sein. Sie können die To-do Liste auch am Computer verfassen. Oder Sie besorgen sich eine abwaschbare Pinwand, oder Sie greifen auf Papier und Bleistift zurück. Wählen Sie die Methode, die Ihnen am sympatischsten ist.

Bei dem Punkt die Aufgaben zu streichen können Sie auch sofort überlegen, welche Aufgaben Sie delegieren können. Vom Staubsaugen oder Müll wegbringen bis zum Akten ablegen oder Post sortieren können viele der Aufgaben auch an andere weiter gegeben werden.

Zuletzt kategorisieren Sie die Aufgaben in drei Sparten. Streichen Sie die wirklich wichtigen Aufgaben rot an. Sie erkenne dann sofort, dass diese nicht zu verschieben sind. Danach sind Aufgaben mit mittlerer Dringlichkeit zu markieren und zuletzt jene, die eventuell auch am nächsten Tag erledigt werden können.

So gestalten Sie nun die nächsten Tage. Am besten wäre, jeweils einen Plan für eine ganze Woche zu gestalten. Am Ende jedes Tages gehen Sie den Tagesplan kurz durch und haken alle erledigten Termine ab. So erkennen Sie sofort, ob Sie eine Aufgabe übersehen, vergessen oder einfach nicht geschafft haben. Diese unerledigten Termine müssen nun natürlich noch untergebracht werden. Haben Sie einen Termin übersehen, überlegen Sie, ob dieser nicht tatsächlich gestrichen werden kann.

Ein Tipp für die Gestaltung: Versuchen Sie immer, die unangenehmen Aufgaben sehr zeitig anzusetzen. Sie werden eine Erleichterung spüren, wenn die Aufgaben erledigt sind und nicht wie üblich, den ganzen Tag vor sich hergeschoben werden. Weiter ist wichtig, dass Sie immer einen Platzhalter frei haben, für Termine, die Sie vom Vortag zu erledigen haben. Wenn Sie diese nicht einplanen, wird es ein ewiges Geschiebe und Getausche. Für diesen Platzhalter können Sie sich eine Alternative vermerken, oder, falls Sie keinen Termin einfügen müssen, dafür nutzen, sich etwas auszuruhen. Für Ihr Selbstmanagement benötigen Sie Struktur in allen Lebensbereichen. Dafür spielt auch Ordnung eine große Rolle. Versuchen Sie, sämtlichen Räumen Ihres Zuhauses eine klare Struktur zu geben. Beginnen Sie in der Küche und sortieren Sie Ihre Schränke mit den Vorräten. Füllen Sie sämtliche Kräuter und Gewürze in Gläser und beschriften Sie diese gut sichtbar. Auch Mehl, Körner, Reis und andere Trockenware sollten Sie in gut beschriftete Gläser füllen. Sortieren Sie aus und befreien Sie sich von längst abgelaufenen und nicht mehr zu verwendenden Waren. Es sollen keine offenen Tüten und Verpackungen herumstehen. Auch der Kühlschrank hat sich eine akribische Reinigung verdient. Vergessen Sie auch nicht, den Schrank mit den Putzmittel ordentlich zu sortieren. Leere Flaschen und Verpackungen die auslaufen, nicht verwendete Mittel und ähnliches sollten Sie aussortieren.

Weiter geht es mit dem Büro, dem Schlafzimmer und vor allem mit den Kleiderschränken. Gehen Sie rigoros vor und sortieren Sie gnadenlos aus. Trennen Sie sich von allem, das Sie nicht mehr benötigen. Das unnötige Horten von Dingen ist eine zusätzliche Belastung. Ob es der Bücherschrank ist oder das Regal mit den Nippes, trennen Sie sich von Dingen, an denen Sie nicht emotional hängen und die Sie bereits mehr als ein Jahr nicht verwendet haben. Was zu schade zum Wegwerfen ist, können Sie ja getrost online verkaufen, einen Flohmarkt veranstalten, oder für einen guten Zweck spenden.

Neben der Ordnung im Zuhause und dem Zeitmanagement ist es auch wichtig Ordnung in alle Bereiche des Lebens zu bringen. Schreiben Sie eine Einkaufsliste und einen wöchentlichen Speisenplan. Sie können auch einen Putzplan aufstellen, wenn Sie sich damit besser fühlen. Auch ein Haushaltsbuch ist absolut ratsam. Einnahmen und Ausgaben, Sparpläne, Abrechnungen der Kreditkarte und alles rund um das Thema Finanzen werden dort täglich genau eingetragen. Hier können Sie zum altmodischen Kassenbuch greifen, oder Excel Dateien erstellen oder auch vom Mobiltelefon Apps verwenden.

Zu einem ordentlichen Selbstmanagement zählt auch, dass Sie der Umwelt bescheid geben. Das bedeutet, sagen Sie, wenn Sie keine Zeit haben, bestehen Sie darauf, dass Verabredungen zu einer Zeit abgehalten werden, die Ihnen angenehm ist und sagen Sie nein. Treffen Sie sich nur mit Leuten, wenn Sie wirklich Lust darauf haben und geben Sie auch offen zu, dass Sie lieber zu Hause auf der Couch liegen, als in einem Pub zu sitzen.

Sie müssen immer wissen, dass Selbstmanagement die große Kunst ist, das Leben nach eigenen Bedürfnissen zu gestalten und zu strukturieren. Es bedeutet mehr, als nur eine super Zeiteinteilung. Sie müssen lernen, die Ziele sinnvoll zu setzen und vor allen Handlungen ordentlich zu planen. Vor einer Reise recherchieren Sie doch auch den Weg ausführlich im Navigationssystem, bevor Sie sich auf den Weg machen. Sie müssen Prioritäten setzen lernen und sich konsequent daran halten. Dadurch lernen Sie, die richtigen Entscheidungen zum richtigen Zeitpunkt zu treffen. Nur wenn rund um Sie herum alles geordnet ist, kann sich der Geist frei entfalten und Sie können frei und unbelastet handeln.

Alleine durch ein gutes Selbstmanagement reduzieren Sie den Stressfaktor enorm. Auch der innere Schweinehund lässt sich dadurch einfacher bezwingen und Sie erreichen Ihre Ziele scheinbar mühelos. Gute Vorbereitung bedeutet später weniger Aufwand, denken Sie daran, wenn Sie Ihre Tage planen und strukturieren.

Stellen Sie sich Ihren Tag und Ihre Aufgaben wie ein kompliziertes Gericht vor. Ohne Rezept und Vorlage ist es beinahe unmöglich das Kunstwerk eines Sternekochs nachzukochen. Mit einem ausführlichen Rezept und einem Tutorial aber wird es zur Spielerei.

TAGEBUCH FÜR ERFOLGE

SIE SOLLEN NICHT NUR ein Buch für Ihre Aufgaben führen. Ganz wichtig ist es auch, die Erfolge nicht zu vergessen. Erfolge sind Motivation und jeder kleine Teilerfolg bringt Sie ein Stück voran. Oft übersehen wir diese kleinen Erfolge, die wir im laufe des Tages erlangen. Eher verzweifeln wir an Dingen, die misslungen sind. Daher ist es wichtig, dass Sie am Ende des Tages Bilanz ziehen.

Sie müssen jetzt nicht wirklich ein Tagebuch führen und täglich Romane eintragen. Es reicht auch wenn Sie die Erfolge in Stichworten oder in einer Tabelle festhalten. Wichtig ist, dass Sie sich der täglichen Erfolge bewusst werden und diese auch schätzen lernen.

Denken Sie jetzt nicht sofort an die großen Erfolge wie den abgeschlossenen Millionen-Deal. Erreichte Ziele, und wenn es nur das Widerstehen der Nachspeise in der Kantine war, zählen zu diesen erreichten Zielen. Alle Ergebnisse, die sich so entwickelt haben wie vorgenommen und positive Erlebnisse und schöne Gefühle gehören ebenfalls ins Erfolgstagebuch.

Die lächelnden Menschen, die Ihnen auf der Straße begegnet sind, das nette Telefonat mit einem Vertreter, die dankbaren Augen der Dame, der Sie die Tasche getragen haben und das schöne Abendessen, dass Sie zu Hause erwartet hat zählen hier dazu.

Unterscheiden Sie in Ihrem persönlichen Erfolgs-Journal zwischen privaten und beruflichen Erfolgen. Führen Sie es wirklich täglich, denn dadurch erleben Sie täglich das Hochgefühl, wenn Sie stolz auf Ihre Erfolge sind. Studien zufolge bringt ein Erfolgstagebuch auch viele zusätzliche positive Nebeneffekte mit sich. Durch das Aufschreiben werden Sie auf jeden Fall kreativer und trainieren Ihre schriftliche Leistung. Zudem werden Sie bemerken, dass Sie abends besser einschlafen können, wenn Sie nicht nur an Negatives denken, sondern explizit an die vielen positiven Momente des Tages erinnert wurden. Dadurch können sich sogar Kopfschmerzen bessern, die meist dann auftreten, wenn Sie zu sehr grübeln. Auf jeden Fall werden Sie sich freier fühlen und somit auch fitter und gesünder. Durch das Aufschreiben werden auch die Gedanken frei und der Geist gereinigt.

Mit dem Führen eines Tagebuchs für Erfolge erhält auch Ihr Selbstwertgefühl viel Auftrieb. Sie werden selbstbewusster, wenn Sie sich die Erfolge direkt vor Augen halten. Es schmeichelt Ihrem Ego, wenn Sie Ihre vielen positiven Momente des Tages bemerken, bewusst bemerken.

Dieses Tagebuch für Erfolge wirkt sich auch auf Ihr Mindset aus. Sie programmieren sich dadurch positiv und am Ende des Tages werden Sie dankbar sein, so viele tolle Dinge erleben zu dürfen.

Durch das Aufschreiben verarbeiten Sie den Tag zugleich. Sie müssen sich nicht mehr im Bett wälzen und im Kreis denken. Dadurch verarbeiten Sie auch die stressigen Momente des Tages besser. Auch wenn Sie an einem Tag einen Misserfolg verbuchen mussten, so sehen Sie doch, dass auf der anderen Seite so viele Dinge sehr gut geklappt haben.

Mit dem Erfolgstagebuch haben Sie auch stets den Weg zum großen Ziel im Auge. Durch die kleinen Etappensiege verlieren Sie auch das große Endziel nicht aus den Augen. Das motiviert und lässt Sie viel eher durchhalten. Sie verlieren nicht den Mut, auch wenn das große Ziel noch weit entfernt ist. Sie sehen durch die Bilanz, dass es jeden Tag bergauf und ein Stückchen weiter geht.

Dadurch, dass Sie Ihre Erfolge täglich vor Augen haben, werden Sie sich bewusst, wo Ihre Stärken liegen. Viele Menschen haben Probleme, die eigenen Stärken aufzuzählen, wenn Sie danach gefragt werden. So aber befassen Sie sich täglich mit Ihren eigenen Leistungen und werden dadurch weniger schüchtern auch dazu zu stehen.

Sie erkennen Ihre Stärken und können auch aufrichtig dazu stehen. Sie wissen wo Ihre Vorzüge und Talente liegen und wissen auch genau, wie Sie diese einsetzen müssen. Dadurch werden Sie stark, selbstbewusst und zuversichtlich. Dadurch werden Sie zu einem motivierten und positiven Menschen. Die wenigen Minuten, die Sie täglich zum Führen des Tagebuchs benötigen, zeigen eine enorme Wirkung.

Ein kleiner Tipp zum Abschluss: Machen Sie sich mit dem Tagebuch keinen Stress und keinen Druck. Das bedeutet, es gibt Tage, da passiert nichts extra

Gutes. Doch denken Sie nach. Am heutigen Tag ist Ihnen auch nichts Negatives Widerfahren. Alleine das ist schon ein Erfolg, und dass Sie das auch erkennen.

FAZIT

IN DIESEM BUCH HABEN wir Sie durch das breite Spektrum der Selbstdisziplin begleitet und Ihnen gezeigt, welche Aspekte und Komponenten hier zusammenspielen. Sie haben gelernt, was Selbstdisziplin wirklich ist und wofür diese verantwortlich ist. Wenn Sie diese letzten Worte im Fazit lesen, lassen Sie alles noch einmal Revue passieren und versuchen Sie genau zu rekapitulieren. Rufen Sie sich Momente ins Gedächtnis zurück, in denen Selbstdisziplin so ungemein wichtig ist. Denken Sie an die Unterschiede zwischen Selbstdisziplin und toxischer Selbstdisziplin und überlegen Sie in welchen Momenten im Leben Ihnen diese beiden schon begegnet sind.

Greifen Sie nun zu Ihrem Notizbuch und schreiben Sie, wie und in welchen Momenten Ihnen das Buch bis jetzt geholfen hat. Haben Sie es geschafft, einige Dinge in Ihrem Leben zu verändern? Wo happert es immer noch und woran könnte es liegen? Haben Sie alle Anweisungen und Ratschläge verstanden und auch umgesetzt? Meist scheitert es an Kleinigkeiten. Vielleicht haben Sie nur bis jetzt noch kein Erfolgstagebuch geführt, einfach weil es Ihnen komisch vorkommt. Werfen Sie die Zweifel über Bord und versuchen Sie es. Sie werden staunen, wie oft ganz kleine Dinge im Leben sehr viel bewirken können.

In diesem Sinne wünschen wir Ihnen viel Erfolg und auch Spaß bei der Umsetzung. Und greifen Sie ruhig öfter zum Buch. manches Mal muss man etwas zweimal oder öfter lesen, um es komplett aufnehmen zu können. Machen Sie sich Notizen und vor allem, stressen Sie sich nicht. Halten Sie durch und lassen Sie sich nicht von kleinen Rückschlägen vom Pferd werfen. Alleine der Versuch ist ein großer Erfolg und garantiert sind Sie bereits auf dem besten Weg dazu sehr selbstdiszipliniert, erfolgreich und ausgeglichen zu werden.

Zugangscode - Kostenfreies e-Book

Gehen Sie auf **https://link.cherrymedia.de/EPUB** und geben Sie Ihren Zugangscode ein um Ihr kostenfreies e-Book herunterzuladen.

ZD11-A3K6-C15L

Printed in Poland
by Amazon Fulfillment
Poland Sp. z o.o., Wrocław

65006047R00336